Rainer Pomp

Bauern und Großgrundbesitzer auf ihrem Weg ins Dritte Reich

ELITENWANDEL IN DER MODERNE

Herausgegeben von Heinz Reif
Band 8

Band 4
Stephan Malinowski
Vom König zum Führer
Sozialer Niedergang und politische Radikalisierung im deutschen Adel zwischen Kaiserreich und NS-Staat

Band 5
Wolfram G. Theilemann
Adel im grünen Rock
Adliges Jägertum, Großprivatwaldbesitz und die preußische Forstbeamtenschaft 1866–1914

Band 7
Martin Kohlrausch
Der Monarch im Skandal
Die Logik der Massenmedien und die Transformation der wilhelminischen Monarchie

Band 9
Mathias Mesenhöller
Ständische Modernisierung
Der kurländische Ritterschaftsadel 1760–1830

Band 10
Karsten Holste, Dietlind Hüchtker, Michael G. Müller (Hg.)
Aufsteigen und Obenbleiben in europäischen Gesellschaften des 19. Jahrhunderts
Akteure – Arenen – Aushandlungsprozesse

Rainer Pomp

Bauern und Großgrundbesitzer auf ihrem Weg ins Dritte Reich

Der Brandenburgische Landbund 1919–1933

Akademie Verlag

Abbildung auf dem Einband:
Traktor mit Balkenmäher in der Uckermark. – Foto, undatiert (um 1930).
Privatsammlung Profitlich (akg–images)

Bibliografische Information der Deutschen Nationalbibliothek
Die Deutsche Nationalbibliothek verzeichnet diese Publikation in der Deutschen Nationalbibliografie; detaillierte bibliografische Daten sind im Internet über http://dnb.d-nb.de abrufbar.

ISBN 978-3-05-004486-6

Der Akademie Verlag ist ein Unternehmen der R. Oldenbourg-Gruppe.

Das eingesetzte Papier ist alterungsbeständig nach DIN/ISO 9706.

Covergestaltung: Jochen Baltzer, Berlin
Druck und Bindung: Druckhaus „Thomas Müntzer“, Bad Langensalza

Printed in the Federal Republic of Germany

Für Bettina

und für meine Kinder

Nepomuk, Gundel und Philipp

Inhaltsverzeichnis

Anmerkungen zu den Zitaten

In den Zitaten wurden die Rechtschreibung, die Fettschrift und die Sperrungen vom Original übernommen. Eigene Anmerkungen in den Zitaten sind in eckige Klammern gesetzt.

Danksagung

In den Jahren der Arbeit an dieser Dissertation bzw. auch Phasen, in denen ich diese Arbeit leider immer wieder unterbrechen musste, gab es eine Menge Menschen, die mich dabei unterstützt, mir neue Impulse gegeben und mich im positiven Sinne kritisiert haben. Ohne alle nennen zu können, sag ich ihnen: Danke!

Einige wenige werde ich dennoch hier erwähnen. Zunächst danke ich der Kommission zur Vergabe von Promotionsstipendien in Berlin für das zweijährige NaFöG-Stipendium, das mir die wichtigsten Recherchen ermöglichten.

Eine weitere wichtige Unterstützung erhielt ich von meinen Eltern jahrelang – nicht nur finanzieller Natur. Wichtige familiäre Unterstützung erhielt ich auch durch meinen Sohn Nepomuk und meinen Bruder Gerhard, die mir beim Erstellen der Tabellen und Kopieren von Quellen geholfen haben.

Wichtige Anregungen erhielt ich bei Gesprächen mit Teilnehmern der Tagung „Wege und Auswege aus der Krise. Stabilisierungskonzepte und Modernisierungsstrategien der ostdeutschen Landwirtschaft an der Wende vom 19. zum 20. Jahrhundert“ in Gosen 1992, der Forschungscolloquien an der TU und der HU Berlin und der Tagungen des Arbeitskreises Agrargeschichte. In Gosen traf ich Jens Flemming, der mich ermunterte dieses Thema auszuarbeiten. Er sollte später der Zweitgutachter der Dissertation werden.

Die Mitarbeit an dem von der DFG geförderten Forschungsprojekt unter Heinz Reif „Elitenwandel in der gesellschaftlichen Modernisierung“ beschleunigte zwar nicht unbedingt den Fortgang der Dissertation, gab mir aber die Gelegenheit mich intensiver mit dem deutschen Adel und der Frage nach Elite zu beschäftigen. Außerdem habe ich da liebe Kollegen kennengelernt, mit denen es Spaß gemacht hat zu diskutieren und zu arbeiten.

An dieser Stelle möchte ich mich auch bedanken bei den Mitarbeitern der verschiedenen Archive, die ich besucht habe, sowie bei den Mitarbeitern der Bibliotheken, insbesondere der beiden (damals noch getrennten!) Staatsbibliotheken und der Nationalbibliothek in Leipzig, ohne deren Arbeit und Hilfe wir Historiker nicht arbeiten könnten.

Eine ganz große Hilfe waren mir diejenigen, die meine Arbeit gelesen und korrigiert haben: Andreas Lapos, Bettina Grandt, Gunter Heinickel, Monika Bönisch und Rüdiger Hachtmann. Ihr habt mir so viele Fehler korrigiert und für diejenigen, die doch noch enthalten sind, bin ich verantwortlich. Ein ganz dickes Lob auch an Andreas Kort, der die Karten nach meinen Vorstellungen mit großem Einsatz hergestellt hat.

Ohne Heinz Reif wäre diese Arbeit nie zustande gekommen. Er half mir von der Themenfindung und Antragstellung, über viele Jahre dann als Gutachter und sogar bis zur Drucklegung. Oft musste ich ihm wegen der Fertigstellung der Arbeit vertrösten, dafür entschuldige ich mich und danke nicht nur für seine große Hilfe, sondern auch für seine Geduld.

Dies Buch ist die überarbeitete Fassung meiner Dissertation „Bauern und Großgrundbesitzer auf ihrem Marsch ins Dritte Reich". Diese wurde im Februar 2007 an der Fakultät I der TU Berlin eingereicht. Am 20. Juli 2007 fand die wissenschaftliche Aussprache statt.

A Einleitung

Forschung

Die Agrargeschichtsschreibung hat in den letzten Jahren gewaltige Fortschritte gemacht. Längst ist diese kein Stiefkind der Forschung mehr.[1] Nachdem lange Zeit Jens Flemmings Arbeit über den BdL und Reichslandbund nahezu die einzige zu landwirtschaftlichen Verbänden in der Weimarer Republik war,[2] erweiterten Jonathan Osmond und Robert G. Moeller[3] die Agrargeschichte mit neuen sozialgeschichtlichen Fragestellungen und einem Perspektivwechsel: Die Bauern standen nun als handelnde Subjekte im Vordergrund. Dieser Paradigmenwechsel wurde erfolgreich in den Untersuchungen von Benjamin Ziemann und Bernd Kölling[4] zur bayerischen Landbevölkerung und zu den pommerschen und

---

1 Deutlich wird dies an der Entwicklung des „Arbeitskreises Agrargeschichte". Dessen Vortagsveranstaltungen und dessen newsletter zeigen die epochenübergreifende Dynamik der Agrargeschichtsforschung auf. Vgl. hierzu auch: Agrargeschichte. Positionen und Perspektiven. Hrsg. von Werner Troßbach und Clemens Zimmermann, Stuttgart 1998.

2 Vgl. Jens Flemming, Landwirtschaftliche Interessen und Demokratie. Ländliche Gesellschaft, Agrarverbände und Staat 1890 – 1925, Bonn 1978. Hans-Jürgen Puhle, Agrarische Interessenpolitik und preußischer Konservatismus im wilhelminischen Reich (1893 – 1914). Ein Beitrag zur Analyse des Nationalismus in Deutschland am Beispiel des Bundes der Landwirt und der Deutsch-Konservativen Partei, Hannover 1966.

3 Robert G. Moeller, German Peasants and Agrarian Politics, 1914-1924. The Rhineland and Westphalia, Chapel Hill and London 1986. Jonathan Osmond, The Free Peasantry. Agrarian Protest in the Bavarian Palatinate 1893-1933, D. Phil. (MS) Oxford 1986. Vgl. auch Robert. G. Moeller, Indroduction: Peasants and Lords in Modern German Historiography, in: Peasants and Lords in Modern Germany. Recent Studies in Agricultural History. Hrsg. v. R. G. Moeller, London und Sydney 1986, S. 1-23.

4 Benjamin Ziemann, Front und Heimat, Ländliche Kriegserfahrungen im südlichen Bayern 1914 – 1923, Essen 1997. Bernd Kölling, Familienwirtschaft und

norditalienischen Landarbeitern aufgegriffen. Wichtige Lücken in der Forschung zum ländlichen Organisationswesen schlossen die Arbeiten von Stephanie Merkenich über den Reichslandbund, Thomas Nabert über den Großgrundbesitz der Provinz Sachsen, Markus Müller über die Christlich-nationale Bauern- und Landvolkpartei und Guido Dressel über den Thüringer Landbund.[5] Die Habilitation von Wolfram Pyta untersucht gewinnbringend die schon von Moeller aufgeworfene Frage nach der politischen Meinungsbildung durch lokale Meinungsführer auf dem Land: Pfarrer, Lehrer und Großgrundbesitzer.[6]

Wie die meisten Arbeiten über Landwirte und Agrarorganisationen während der Weimarer Republik geht auch diese Arbeit vom Ende der Republik aus. Sie sucht nach Antworten auf die Frage, warum die evangelischen Bauern recht früh zur NSDAP gekommen sind, in Massen als Mitglieder und vor allem auch als Wähler, wie die neueren Wahlforschungen bestätigt haben.[7]

Die ersten großen Wahlerfolge auf dem Lande erzielte die NSDAP ab 1930 vor allem durch die Mitglieder des Reichslandbundes. Der Reichslandbund (RLB) wurde am 1. Januar 1921 ins Leben gerufen durch die Vereinigung des 1893 gegründeten Bundes der Landwirte (BdL) mit dem 1919 gegründeten Deutschen Landbund. Mit etwa 1 Million Mitgliedern war der RLB die stärkste agrarpolitische Organisation in der Weimarer Republik.[8] Insbesondere seine dezentrale Struktur verhinderte aber, dass er in der deutschen Politik ebenso dominant wurde wie der BdL im Kaiserreich. Lediglich gegen Ende der Weimarer Republik schien der RLB seiner Rolle als einflussreiche „pressure group“[9] wieder Geltung zu ver-

---

Klassenbildung. Landarbeiter im Arbeitskonflikt – das ostelbische Pommern und die norditalienische Lomellina 1901-1921, Vierow 1996.

5 Stephanie Merkenich, Grüne Front gegen Weimar. Reichs-Landbund und agrarischer Lobbyismus 1918 – 1933, Düsseldorf 1998. Thomas Nabert, Der Großgrundbesitz in der preußischen Provinz Sachsen 1913-1933. Soziale Schichtung, Ökonomische Position und politische Rolle, Köln u. a. 1992. Markus Müller, Die Christlich-Nationale Bauern- und Landvolkpartei 1928-1933, Düsseldorf 2001. Guido Dressel, Der Thüringer Landbund – Agrarischer Berufsverband als politische Partei in Thüringen 1919-1933, Weimar 1998; letztere Arbeit behandelt den wichtigen, bäuerlichen Thüringer Landbund, ist allerdings zu unkritisch insbesondere gegenüber seiner rechtsextremen politischen Ausrichtung.

6 Wolfram Pyta, Dorfgemeinschaft und Politik. Die Verschränkung von Milieu und Parteien in den protestantischen Landgebieten Deutschlands in der Weimarer Republik, Düsseldorf 1996.

7 Vgl. Jürgen W. Falter, Hitlers Wähler, München 1991.

8 Vgl. als Überblick: Jochen Cerny und Lutz Fahlbusch, Reichs-Landbund (RLB) 1921 – 1933, in: Lexikon zu Parteiengeschichte Bd. 3 Leipzig 1985, S. 688-712; Klaus Müller, Agrarische Interessenvertretung in der Weimarer Republik, in: Rheinische Vierteljahresblätter 38 (1974), S. 386-405.

9 Vgl. zum Begriff Puhle, Agrarische Interessenpolitik, S. 293-294.

schaffen, als die im RLB führenden Großagrarier Druck auf Hindenburg ausübten, und dadurch zum Sturz Brünings im Mai 1932 und zur Ernennung Hitlers zum Reichskanzler im Jahre 1933 beitrugen.[10] Doch zumindest die freiwillige Überführung des RLB in den „Reichsnährstand“ im September 1933 zeigte ihn als das Gegenteil einer starken unabhängigen Organisation: Nicht der Reichslandbund bestimmte die Politik der Parteien, sondern die NSDAP hatte es innerhalb von wenigen Jahren geschafft, führende Positionen im RLB zu besetzen und vor allem die bäuerlichen Landbundmitglieder als Anhänger zu gewinnen.

Die Forschung hat zur Erklärung des raschen Erfolgs der NSDAP bei der Gewinnung der bäuerlichen Massen zwei Erklärungsansätze geliefert. Der eine setzt die Ursachen für den Erfolg der Nationalsozialisten recht kurzfristig an: Zwei Entwicklungen führten demnach zu den Wahlerfolgen der NSDAP auf dem Lande. Zum einen bedingte die sich ab 1928 verschärfende wirtschaftliche Lage der Landwirtschaft eine politische Radikalisierung der Bauern. Dies zeigte schon die Studie Rudolf Heberles über die schleswig-holsteinische Landvolkbewegung schon, deren radikale Massenaktionen in den Jahren 1929/30 ihren Höhepunkt fanden.[11] Zum anderen, so die Darstellung in den Arbeiten von Dieter Gessner,[12] wurde ab 1928 der Konflikt in der Reichslandbundführung zwischen den so genannten Agrargouvernementalisten und den Anhängern Hugenbergs um eine Mitarbeit am Staate oder Fundamentalopposition offen ausgetragen. Die Auseinandersetzungen, bei denen die Hugenberganhänger 1930 den Sieg errangen, führten zu einer schweren Führungskrise im Reichslandbund und der DNVP. Nach Gessner wurden die Bauern im RLB – radikalisiert und ohne stabile Führung – ein leichtes Opfer der NSDAP, die Anfang 1930 ihre Landpropaganda umstellte und mit ihrem „agrarpolitischen Apparat“ in die Landbünde einzudringen begann.

Das andere Erklärungsmuster für den Erfolg der NSDAP bei den Bauern bietet Hans-Jürgen Puhle in seinen Untersuchungen.[13] Er betonte die

---

[10] Vgl. hierzu: Karl Dietrich Bracher, Die Auflösung der Weimarer Republik. Eine Studie zum Problem des Machtverfalls in der Demokratie, Königstein / TS. 1978, S. 449-455 und S. 627.

[11] Rudolf Heberle, Landbevölkerung und Nationalsozialismus. Eine soziologische Untersuchung der politischen Willensbildung in Schleswig-Holstein 1918 – 1923, Stuttgart 1963. Gerhard Stoltenberg, Politische Strömungen im schleswig-holsteinischen Landvolk 1918 – 1933. Ein Beitrag zur politischen Meinungsbildung in der Weimarer Republik, Düsseldorf 1962.

[12] Vgl. Dieter Gessner, Agrarverbände in der Weimarer Republik. Wirtschaftliche und soziale Voraussetzungen agrarkonservativer Politik vor 1933, Düsseldorf 1976, S. 234 – 242.

[13] Neben dem schon genannten Werk vgl. Hans-Jürgen Puhle, Von der Agrarkrise zum Präfaschismus. Thesen zum Stellenwert der agrarischen Interessenverbände in der deutschen Politik am Ende des 19. Jahrhunderts, Wiesbaden 1972. Ders., Politi-

Kontinuitätslinie von der Gründung des Bundes der Landwirte 1893 bis zur Errichtung der nationalsozialistischen Diktatur, bzw. der Gründung des Reichsnährstandes 1933: Hinsichtlich der Ideologie, der Politik und der Methoden sei der von den ostelbischen Großgrundbesitzern geführte BdL eine „präfaschistische Interessenorganisation“ gewesen. Zwar habe der RLB in der Weimarer Republik, im Unterschied zum BdL vor 1918, seine Rolle als straff geführte, einflussreiche ‚pressure group‘ verloren, doch habe, bei der Dominanz der Großgrundbesitzer, die Kontinuität in der Ideologie und der Programmatik des RLB wichtige Voraussetzungen für den Erfolg der Nationalsozialisten geschaffen. Ähnlich argumentiert auch Flemming in seiner Studie über die Anfangsjahre des Reichslandbundes. Zwar schufen Weltkrieg und Revolution auf dem Land ein diffuses Protestpotenzial, doch hätten die Großgrundbesitzer es verstanden, durch die „Integration der ländlichen Gesellschaft“ [14] innerhalb weniger Jahre diese Massenbewegung zu kanalisieren. Undifferenzierter waren hier die DDR-Forschungen, die den RLB als Organisation der „Junker“ bezeichnen. Diese hätten die Bauern verführt und dem Nationalsozialismus zugetrieben.[15] Auch die Arbeit von Ralf Müller, die etwas differenzierter die DNVP, den Landbund und das Wahlverhalten im Regierungsbezirk Frankfurt / Oder untersucht, berücksichtigt kaum die Rolle der Bauern.[16]

---

sche Agrarbewegungen in kapitalistischen Industriegesellschaften. Deutschland, USA und Frankreich im 20. Jahrhundert, Göttingen 1975.

14 Zur „Integration der bäuerlichen Gefolgschaft“ vgl. Flemming, Landwirtschaftliche Interessen, S. 161-251.

15 Kurt Neumann, Die Rolle des Reichslandbundes bei der Vorbereitung und Errichtung der faschistischen Diktatur in Deutschland (1928 – 1933), Diss. A. (MS) Rostock 1977. Irma Block, Das Zusammenwirken des Reichslandbundes mit den bürgerlichen Parteien, insbesondere der DNVP, in der Weimarer Republik, Diss. A. (MS) Potsdam 1970. So auch die Examensarbeit über den BLB: Gerhard Döring, Der Brandenburgische Landbund 1918 bis 1923 – eine reaktionäre wirtschaftspolitische Organisation der Agrarier, Staatsex. (MS) PH Potsdam 1965.

16 Ralf Müller, Wählerbewegung und Gestaltung der Beziehungen zwischen DNVP und Landbund in den Jahren der Weimarer Republik im Regierungsbezirk Frankfurt (Oder), Diss. (A) MS. Frankfurt/Oder 1991. Die Arbeit ist noch im Duktus der DDR-Geschichtsschreibung gehalten. In Verkennung der realen Lage sah Ralf Müller in der Landbundagitation v. a. angesichts der Landagitation der KPD „das Bestreben, einer Annäherung der werktätigen Bauernschaft an die Arbeiterklasse entgegenzuwirken“ (S. 69). Die Kommunisten hatten jedoch nie eine Chance gehabt, ernsthaft ins bäuerliche Lager einzubrechen. Die Vision der Eroberung der Bauern durch die Kommunisten war zum einen eine realitätsferne kommunistische Propaganda. Zum anderen diente diese Version als propagandistisches Schreckgespenst der Landbünde. Der Duktus von Müller ist umso bedauerlicher, da trotz einiger Fehlschlüsse seine Thesen vom Verhältnis Großgrundbesitz, DNVP und NSDAP zutreffend sind.

Den Übertritt der Bauern zur NSDAP sieht auch Puhle als Folge der Radikalisierung durch die Wirtschaftskrise. Die Thesen von Puhle und Gessner bilden also keinen Widerspruch und stehen in der heutigen Forschung nebeneinander. So wird in der neuesten Arbeit über den RLB zum einen die „junkerliche Präponderanz“ auch nach dem Ersten Weltkrieg festgestellt. Zum anderen werden die Krise der Führungsorgane und die Wirtschaftskrise als Ursachen der Radikalisierung der Bauern gesehen; diese „trieb sie einer politischen Kraft in die Arme, die ein noch nicht beschriebenes politisches Blatt war“.[17]

Sowohl das Erklärungsmuster von Gessner als auch das von Puhle reduzieren die Rolle der Bauern entweder auf die einer verführten Anhängerschaft oder auf die einer freigesetzten, radikalisierten und führerlosen Masse, die ein willfähriges Opfer der Nationalsozialisten wurde. Demgegenüber betonten die Forschungen von Moeller und von Osmond stärker das eigenständige Handeln der Bauern.[18] In ihren Studien über die Rheinischen und Westfälischen Bauernvereine bzw. über die „Pfälzer Freie Bauernschaft“ sehen sie in den massiven staatlichen Eingriffen in die Betriebsführung der Bauern während der Zwangswirtschaft im Ersten Weltkrieg und in der Nachkriegszeit die Ursache für das aktive politische Handeln der Bauern. Die radikalisierten und politisierten Bauern schufen sich entweder eigene Organisationen oder bildeten innerhalb der alten Verbände einen eigenständigen Faktor, den die etablierte Führung zwar in gewissem Umfang für ihre eigene Politik ausnutzen konnte, auf den sie aber auch Rücksicht nehmen musste.

Die Arbeiten von Moeller und Osmond sind wegweisend für die Erforschung des politischen Verhaltens der Bauern. Allerdings tragen sie zur Frage, warum die Bauern massenhaft zur NSDAP übergelaufen sind, nur in einem begrenzten Umfang bei: Zum einen war die Pfälzer Freie Bauernschaft im landwirtschaftlichen Organisationsgefüge der Weimarer Republik durch ihre eigene Verbandspolitik eine Randerscheinung; zum anderen waren die vorwiegend katholischen Bauern in den Bauernvereinen bis 1932 relativ resistent gegenüber den Vereinnahmungsversuchen der Nationalsozialisten.[19]

[17] Merkenich, S. 351 und 360.

[18] Vgl. neben den erwähnten Dissertationen: Robert G. Moeller, Economic Dimensions of the Peasant Protest in the Transition from Kaiserreich to Weimar, in: Peasant and Lords, S. 140-167. Jonathan Osmond, A Second Agrarian Mobilization? Peasant Associations in South and West Germany, 1918-24, in: Peasant and Lords, S. 168 – 197.

[19] Vgl. auch: Elke Fröhlich und Martin Broszat, Politische und soziale Macht auf dem Lande. Die Durchsetzung der NSDAP im Kreis Memmingen, in: Vierteljahreshefte für Zeitgeschichte 5. Jg. 1977, S. 546-572, hier: S. 551-553.

Während die Bauern ab 1928 begannen, massenhaft zur NSDAP überzulaufen, blieben die meisten adligen Großgrundbesitzer bis 1933 der DNVP treu. Wie Stephan Malinowski zeigte, traten Mitglieder des Adels auch vor 1933 massenweise zur NSDAP über. Doch nur vereinzelt traten adlige Großgrundbesitzer, die den Kern des deutschen Adels ausmachten, der NSDAP bei.[20] Parteipolitisch gingen also die Mehrheit der Bauern und die Mehrheit der adligen Großgrundbesitzer getrennte Wege. Diese Auflösung der Vorherrschaft der Großgrundbesitzer um 1930 sieht Puhle als Auswirkung der landwirtschaftlichen Krise, die um 1928 begann.

Ähnlich wie Gessner beschreibt er diesen Prozess als ein kopfloses Übertreten zur radikalsten Partei.[21] Die These suggeriert, dass die Bauern um 1930 eine völlige Kehrtwendung gemacht und ihre politische Entscheidung für die NSDAP aus irrationalen Erwägungen (Hinwendung zu einer radikalen Partei) getroffen hätten. Gegen diese These einer politischen Kehrtwendung oder einer Protestwahl argumentierte Peter Fritzsche: „Daß so viele Deutsche Nazis wurden, war kein Zufall, kein unvorstellbares Ergebnis katastrophaler ökonomischer und politischer Bedingungen. Es sollte deutlich ausgesprochen werden, daß Deutsche Nazis wurden, weil sie Nazis werden wollten und weil die Nazis ihre Interessen und Neigungen so deutlich bestätigten. In Anbetracht der illiberalen Ziele und gewalttätigen Methoden des Nationalsozialismus ist diese allgemeine Unterstützung ein ernüchterndes, schreckliches Faktum."[22] Betrachtet man die evangelischen Bauern, so muss, wenn man Fritzsches These folgt, gefragt werden, ob die Interessen und Neigungen der Bauern von den Nazis unterstützt wurden. Man muss fragen, warum sie nicht bei der DNVP blieben. Ist der Schritt von der DNVP rational nachvollziehbar oder war er doch nur eine spontane Protestwahl, bei der die radikalsten Schreier und Hetzer gewählt wurden?

Hierzu sollen die Standpunkte und Perspektiven der Bauern zu Anfang und Mitte der Zwanziger Jahren untersucht werden, das heißt vor der landwirtschaftlichen Krise ab 1928. Voraussetzung für den Perspektivenwechsel ist dabei, dass die Bauern hier als handelndes Subjekt und nicht als passive anonyme Masse oder „Massenanhang" in den Mittelpunkt gestellt werden. Hierbei muss man sich von Topoi über die Bauern lösen. Das häufigste Topos ist, dass die Bauern „von Natur aus" politisch konservativ seien – von hier aus wird oft die Linie gezogen zum Rechtsradikalismus und zur NSDAP. Damit wird aber unterschlagen, dass es doch

---

[20] Zwar betont Malinowski, dass sich "der preußische Adel in seiner Mehrheit der NS-Bewegung angeschlossen" hatte, den grundbesitzenden Landadel nimmt er dabei aber heraus; Stephan Malinowski, Vom König zum Führer. Sozialer Niedergang und politische Radikalisierung im deutschen Adel zwischen Kaiserreich und NS-Staat, Berlin 2003, S. 603; vgl. auch S. 577 u. 608.

[21] Puhle, Agrarbewegungen, S. 90-92.

[22] Peter Fritzsche, Wie aus Deutschen Nazis wurden, Zürich 1999, S. 18.

einen bedeutsamen Anteil von Bauern gab, die während der Weimarer Republik nicht die rechtsradikalen Parteien unterstützten. Wenige Bauern fanden zwar zu den sozialistischen Parteien SPD, USPD oder KPD. Dies lag unter anderem auch an deren Standpunkt zu den Bauern.[23] Mehr Bauern finden sich bei dem liberalen Bauernbund und den liberalen Parteien. Noch höher war der Anteil der Bauern, die sich in den katholischen Bauernvereinen organisierten. Diese waren nicht rechtsradikal und antisemitisch eingestellt, sondern unterstützen die Zentrumspartei, die Partei der Großen Koalition.

Fragestellung

In dieser Arbeit wird die Frage, warum die bäuerlichen Massen ab 1928/29 massiv zur NSDAP wanderten, anhand des Brandenburgischen Landbundes, einer Provinzialorganisation des RLB untersucht. Die recht unterschiedlichen politischen und verbandpolitischen Entwicklungen in den Provinzial- oder Landesorganisationen, deren Ursache die dezentrale Organisationsstruktur des RLB war, ließen es ratsam erscheinen, sich auf eine Regionalstudie zu beschränken. Der Schritt von der nationalen auf die regionale Ebene ermöglichte zudem eine sozialgeschichtliche Analyse, die stärker die Entwicklungen an der Basis der Landbünde berücksichtigt. Eine Mikrostudie, eine Untersuchung eines Kreises oder Ortes käme zwar diesem Ziel näher; jedoch ist solch eine Untersuchung – angesichts fehlender Forschungen über die Provinzial- oder Landesorganisationen – der Gefahr ausgesetzt, ein zu stark verzerrtes Bild der Entwicklungen wiederzugeben.[24] Für die Entscheidung, den Brandenburgischen Landbund als Untersuchungsobjekt zu wählen, sprechen mehrere Gründe: In Brandenburg gab es sowohl eine mächtige Großgrundbesitzerschicht als auch eine starke Bauernschaft. Der Brandenburgische Landbund war nach dem Pommerschen Landbund die mitgliederstärkste Provinzialorganisation im RLB. Er war im Herzen Ostelbiens und nicht zuletzt durch den gemeinsamen Ort der Zentralen von RLB und BLB, in der Dessauer Straße in Berlin, hatte er einen erheblichen Einfluss auf die RLB-Führung. Schließlich ist die Quellenlage im Vergleich zu anderen landwirtschaftlichen Organisationen der Weimarer Republik relativ

---

[23] Vgl. einleuchtend: Martin Schumacher, Land und Politik. Eine Untersuchung über politische Parteien und agrarische Interessen 1914 – 1923, Düsseldorf 1978, S. 317-386.

[24] So auch Moeller. „... the present absence of regional case studies makes it difficult to select a village or an administrative district (Kreis) with any sure sense of the extent to which it might be considered representative." Robert G. Moeller, Peasant, Politics and Pressure Groups in War and Inflation: A Study of the Rhineland and Westphalia, 1914 – 1924, Diss. (MS) Berkeley 1980, S. 8.

günstig,[25] da seine Verbandszeitschrift, ein Großteil der Kreislandbundzeitschriften und auch ein ansehnlicher Bestand an Restakten aus der Zentrale des Brandenburgischen Landbundes noch vorhanden sind.

Wenngleich die Arbeit einen wichtigen Beitrag zur Organisationsgeschichte des Brandenburgischen Landbundes und des Reichslandbundes leistet, so handelt es sich keineswegs um eine reine Verbandsgeschichte. Die vorliegende Untersuchung des BLB will vor allem die politische Willensbildung der Bauern im BLB herausarbeiten. „Politik“ wird im Rahmen dieser Arbeit über den engeren Sinn der Parteienunterstützung und Wahlwerbung hinaus verstanden.[26] Untersucht wurde darüber hinaus die politische Ideologie und Programmatik, deren Vermittlung, Veränderung und Rezeption. Hervorgehoben in dieser Arbeit ist die Analyse der politischen Protestaktionen zur Durchsetzung wirtschaftspolitischer Interessen der Landwirte ein.

Eine wichtige Rolle für die politische Willensbildung der Landbevölkerung spielen die dörflichen Meinungsführer. Wolfram Pyta sieht in den Lehrern, Pfarrern und Großgrundbesitzern jene sozialen Gruppen, die in ostelbischen ländlichen Gebieten die Landarbeiter und Bauern politisch beeinflussten. Die Bedeutung von Bauern als Meinungsführern betonte schon Zdenek Zofka in seiner Studie über den bayerischen Kreis Günzburg. Diese waren ein wichtiger Schlüssel für den Erfolg der NSDAP auf dem Lande.[27] Solche bäuerlichen Meinungsführer, „peasant opinion lea-

---

[25] Vgl. zu den Archivbeständen landwirtschaftlicher Organisationen während der Weimarer Republik: Martin Schumacher, Quellen zur Geschichte der Agrarverbände und Agrarpolitik [u.a. Landwirtschaftskammern] in der Weimarer Republik, in: Archivbestände zur Wirtschafts- und Sozialgeschichte der Weimarer Republik. Übersicht über Quellen in Archiven der Bundesrepublik Deutschland. Bearb. von Thomas Trumpp und Renate Köhne, Boppard am Rhein 1979, S. 125-159; Jens Flemming, Quellen zur Agrargeschichte [u.a. Landwirtschaftskammern] in Archiven der Deutschen Demokratischen Republik, in: ebda., S. 160-189.

[26] Nicht zu Unrecht behauptete Siegfried Weichlein: „Der begriffliche Koloß „Politik" darf als zertrümmert gelten." Siegfried Weichlein, Sozialmilieus und politische Kultur in der Weimarer Republik. Lebenswelt, Vereinskultur, Politik in Hessen, Göttingen 1996, S. 17. Eine Analyse der „politischen Kultur" wäre hier auch lohnenswert, man denke an die Feiern oder die Symbole, wurde hier aber nur ansatzweise durchgeführt, da die Spannungslinien innerhalb des sozialen Milieus aufgezeigt werden.

[27] Vgl. Zdenek Zofka, Die Ausbreitung des Nationalsozialismus auf dem Lande. Eine regionale Fallstudie zur politischen Einstellung der Landbevölkerung in der Zeit des Aufstiegs und der Machtergreifung der NSDAP 1928-1936, München 1979, S. 98-105; ders., Between Bauernbund and National Socialism. The Political Reorientation of the Peasants in the Final Phase of the Weimar Republic, in: The Formation of the Nazi Constituency 1919-1933. Hrsg. v. Thomas Childers, London u. Sydney 1986, S. 37-63, hier. S. 48-51. Verfolgt Zofka vor allem den Einfluss der

ders“, deren Bedeutung schon von Osmond und Möller herausgearbeitet wurde, finden wir im Westen und Süden Deutschlands. Pyta bestreitet deren Gewicht für die vom Großgrundbesitz dominierten östlichen Gegenden. Dies bedeutete, dass Lehrer, Pfarrer und eben auch Großgrundbesitzer die Bauern zum Nationalsozialismus geführt hätten oder sie aber als führerlose Masse dahin gekommen wären. In dieser Studie soll aber untersucht werden, ob es auch in Brandenburg solche „peasant opinion leaders“ gab, und nach deren Rolle und Bedeutung gefragt werden.

Zur Untersuchung der politischen Willensbildung der Bauern in Brandenburg wurde die Geschichte des Brandenburgischen Landbundes analysiert, immer mit Blick auf die politischen Meinungsführer und auf das Verhältnis von Bauern und Großgrundbesitzern. Wichtig ist hierbei, nicht nur auf die Endphase der Weimarer Republik und den Siegeszug der Nationalsozialisten zu schauen. Vielmehr sollen auch die Entstehung und die Entwicklung des Brandenburgischen Landbundes untersucht werden.

Für die Anfangsphase hat schon Flemming die Reintegration der ländlichen Gesellschaft in der Landbundbewegung herausgearbeitet. Unter dem Begriff „Reintegration“ wurde nach Flemming folgender Prozess verstanden: Mit der Revolution und der Errichtung der Republik verlor der Adel, der adlige Großgrundbesitz, nicht nur führende Stellungen im Staat, auch sein Führungsanspruch wurde ihm durch die Verfassung und die Gesellschaft aberkannt. Gerade auf dem Lande brach seine Dominanz zusammen. Bauern und Landarbeiter kritisierten das Verhalten des Adels vor, während und nach dem Krieg: Der Adel sei seiner Führungsrolle nicht wie in der Vorkriegszeit gerecht geworden. Sozialistische und liberale Parteien brachen die konservative Dominanz auf dem Land. Die adligen Großgrundbesitzer verstanden es aber rasch, ihren Herrschaftsanspruch wieder durchzusetzen und die Bauern in ihr Herrschaftssystem zu integrieren. Sie schafften es, die Führungspositionen in den neuen Landbünden zu besetzen und dadurch das Land wieder ideologisch und politisch an sich zu binden. Augenfällig wurde dies beim Wahlerfolg der DNVP von 1924. In dieser Partei hatten sich die ehemaligen Konservativen gesammelt und auch hier konnten die adligen Großgrundbesitzer Führungspositionen erobern.

Doch von dieser Reintegration bis zum Wahlerfolg der Nationalsozialisten musste ein Bruch erfolgen. Die bisherige Forschung sieht den Zeitpunkt des Ablösens der Bauern von den Großgrundbesitzern in den Krisenjahren ab 1928/29.[28] In dieser Arbeit soll jedoch die These überprüft werden, ob dieser Prozess schon vor der landwirtschaftlichen Krise einsetzte.

---

nationalsozialistischen opinion leaders so verweist er aber auch auf die Bedeutung und Bindungskraft der opinion leaders des katholischen Bauernvereins.

[28] Vgl. Nabert, S. 151, Merkenich, S. 328.

Im ersten Kapitel wird deshalb zunächst die Entstehung und Anfangsphase des Brandenburgischen Landbundes untersucht und die Reintegration der ländlichen Bevölkerung nachgezeichnet. Wie haben die Großgrundbesitzer die Bauern unter ihre Ägide bringen können? Welche Bedeutung und Stoßrichtung hatte diese Bewegung? Welche Veränderungen gab es zur Vorläuferorganisation Bund der Landwirte? Schließlich soll auch gefragt werden, ob es bei den Bauern in Brandenburg, ähnlich wie es andere Forschungen für den Westen Deutschlands gezeigt haben,[29] nach dem Ende des Ersten Weltkrieges auch einen Aufbruch, ein „awakening" gab. Gegen wen war dieses gerichtet und wie haben die Großgrundbesitzer dieses kanalisiert?

Dem zweiten Kapitel ist der Zeitraum von 1924 bis 1928 zugeordnet. Eckpunkte sind hier die Reichstagswahlen vom Dezember 1924, bei denen die DNVP ihr bestes Ergebnis erreicht hatte, und die Wahlen vom Mai 1928, bei denen die DNVP erste Verluste erlitt. Jedoch setzen einige Entwicklungsstränge zeitlich vorher an oder gehen auch über den Mai 1928 hinaus. Das Kapitel behandelt die Zeit vor dem Durchbruch der Nationalsozialisten 1930 und untersucht potentielle Entwicklungslinien zur späteren Wahlentscheidung für die NSDAP. Im Zentrum der Analyse stehen die Fragen, ob die Großgrundbesitzer die politischen Meinungsführer geblieben sind und ob und wo Brüche zwischen Bauern und Großgrundbesitzern erkennbar sind.

Im dritten und letzten Kapitel soll der Siegeszug der Nationalsozialisten auf dem Brandenburgischen Land nachvollzogen werden. Im Zeitraum von 1928 bis 1933 wandelten sich die Bauern von Wählern der DNVP zu Wählern der NSDAP. Die eine Frage ist dabei, ob dieser Prozess so geradlinig war? Hatte die Landvolkpartei auch in Brandenburg eine Bedeutung, und wenn, dann bei wem und mit welcher Akzentsetzung. Wer führte die Bauern wann zur NSDAP? Waren dies die Großgrundbesitzer, die in die NSDAP eintraten und ihren bäuerlichen Anhang mitnahmen oder gab es dafür andere „opinion leader"? Gibt es Entwicklungsstränge aus der Zeit vor 1928, die zum einen zum Abfall von der DNVP beitrugen und zum anderen zur NSDAP führten? Oder war es eine Protestwahl und die ländliche Bevölkerung hat führerlos die NSDAP gewählt?

---

[29] Neben Osmond und Moeller siehe Ziemann, Front und Heimat, S. 332-333; Andreas Lapos, Landwirtschaft und Politik in Baden 1918 bis 1925. Agrarverbände, Parteien und Regierung von der Novemberrevolution bis zum Ende der Zwangswirtschaft, Mag. (MS) Universität Karlsruhe 1992, S. 38-47; Rainer Pomp, Landwirtschaft und agrarische Interessenvertretung in Baden 1914 – 1921, Mag. (MS) Berlin 1990, S. 47-57.

Bauern und Großgrundbesitzer

Die vorliegende Arbeit geht der Frage nach, warum die Bauern zur NSDAP überwechselten, und untersucht dabei das Verhalten und das Beziehungsgeflecht von Bauern und Großgrundbesitzern. Die Wahlergebnisse, die zur Analyse des Wahlverhaltens im Wandel herangezogen werden, beziehen sich auf die wahlberechtigte Bevölkerung in Gemeinden unter 2 000 Einwohnern, den so genannten Landgemeinden. Die veröffentlichten Statistiken lassen es nicht zu, die Ergebnisse für die Landgemeinden bei den Reichstagswahlen 1919 und 1932 zu errechnen. Für die Fragestellung sind diese Zeiten nicht interessant. Deswegen wurden nur die Wahlen zum Reichstag (wegen der Vergleichbarkeit) im Juni 1920, Dezember 1924, Mai 1928 und September 1930 eingehender analysiert und die Ergebnisse für die Landgemeinden verglichen. Auf eine weitergehende differenzierte Wahlbetrachtung wurde verzichtet, da die Quellen hierzu nicht aufbereitet sind.[30]

Die untersuchte Wahlbevölkerung kann – abgesehen von den Gemeinden im Speckgürtel Berlins und einigen Industriedörfern – als das „Landvolk“ bezeichnet werden, das sind die in der Landwirtschaft Tätigen und deren Familienangehörige, sowie kleinere Gewerbetreibende, Handwerker und sonstige auf dem Lande wohnende Berufsgruppen wie beispielsweise Pfarrer, Lehrer, Gastwirte. Erklärtes Ziel des BLB war es, das ganze Landvolk zu repräsentieren; mithin gehörte die untersuchte Gruppe zur Zielgruppe des BLB. Der Großteil des Landvolkes in Brandenburg bestand aus Bauern, Landarbeitern und deren Familienangehörigen.

Mit der Entscheidung, das politische Verhalten von Großgrundbesitzer und Bauern zu untersuchen, fallen die Landarbeiter, die zum Teil auch im Brandenburgischen Landbund organisiert waren, aus der Untersuchung heraus. Ebenfalls nicht näher analysiert wurden die Frauen. Zwar wurden sie nach der Einführung des Frauenwahlrechts nun auch zu den Wahlversammlungen eingeladen und die Gründung von Frauenlandbünden deutet daraufhin, dass die Landbünde die Frauen hofierten und politisch einbinden wollten. Aber zum einen ist die Quellenlage für das Thema „Frauen und Politik“ im Brandenburgischen Landbund sehr dünn. Die Quellen

---

[30] Der Aktenbestand des Preußischen Statistischen Landesamts im Geheimen Staatsarchiv Dahlem ist erst spät zugänglich geworden. Eine erste Untersuchung von R. Müller differenzierte für zwei Kreise (Lebus und Cottbus). Hilfreich ist die Unterscheidung in 4 verschieden Ortsgruppenklassen der Landgemeinden. Nicht nachvollziehbar dargestellt ist hingegen die statistische Differenzierung in Bauerndörfer, adlige und nichtadlige Gutsdörfer. Weder statistische Ausreißer werden hier erwähnt noch nach regionalen Besonderheiten innerhalb der Kreise (wie etwa die Oderbruchbauerndörfer) gefragt. Verwunderlich ist auch, dass selbst in den Bauerndörfern die linken Parteien so hohe Wahlgewinne hatten.

geben aber auch kaum einen Hinweis darauf, dass die Frauen von Landwirten im Landbund politisch agierten.[31]

Die zwei Gruppen, auf die sich die Arbeit konzentriert, die Großgrundbesitzer und die Bauern, lassen sich zum einen nur willkürlich voneinander abgrenzen, zum andern sind die Gruppen in sich keineswegs homogen, deren Interessenlagen sogar durchaus konträr.

Am homogensten sind auf den ersten Blick noch die Großgrundbesitzer. Unter Großgrundbesitz versteht die Reichsstatistik die Betriebe über 100 ha. Es sind die Betriebe, die ganz auf fremde Arbeitskräfte angewiesen sind und in der Regel einen Verwalter haben. Wie die Herausgeber der Reichsstatistik selbst eingestehen mussten, war die Einteilung der Betriebe nach ha-Größen nicht unproblematisch, da 100 ha auf guten Böden viel mehr wert war als 100 ha auf schlechtem Boden; doch andere Bezugskategorien, wie etwa der Grundsteuerreinertrag, sind noch komplizierter zu vergleichen. In der Regel wird in dieser Arbeit die Grenze bei 100 ha gesetzt, entsprechend der Einteilung, die nicht nur die Reichsstatistik, sondern ebenso die meisten brandenburgischen Kreislandbünde, der BLB und der RLB anwandten. Einige Kreislandbünde setzten die Grenze von bäuerlichem Besitz und Großgrundbesitz bei 200 ha fest, einer gar nur bei 75 ha. Die Problematik bleibt aber, dass wir bei der Einteilung der Güter nach der Flächengröße als Großgrundbesitzer nicht nur Adlige und Bürgerliche haben, sondern auch Bauern, jene Großbauern, die es geschafft haben, ihr Gut schon ab dem 19. Jahrhundert über 100 ha zu vergrößern.[32]

In den Quellen selbst begegnen wir demselben Problem. Einige Kreislandbünde definierten die Grenze von Großgrundbesitz und bäuerlichen Besitz bei 200 ha. Dies lag durchaus in der Logik der betrieblichen Struktur dieser Kreise. Die *Großgrundbesitzer* lassen sich zum einen wiederum nach der Betriebsgröße differenzieren. Unterste Ebene dieser Hierarchie bilden die Besitzer unter 200 ha, verächtlich auch als „Krautjunker" bezeichnet. Die Spitze bilden die „Latifundienbesitzer". Theodor Häbich listete in seiner Untersuchung über die Deutschen Latifundien für Brandenburg 83 Grundbesitzer mit über 1 500 ha landwirtschaftlich genutzter Fläche oder 2 500 ha Gesamtfläche auf.[33] Gegenüber dieser vor allem finanziellen, am Umsatz ablesbaren Differenzierung gab es noch die ältere soziale Scheidung: die standesmäßige Trennung von Adel und Bürgern.

---

[31] Selten tauchen Frauen bei den Landbünden auf, wie weiter unten Frau Adda v. Klitzing bei den Kyritzer Unruhen.

[32] Vgl. zu dieser Problematik: René Schiller, Vom Rittergut zum Großgrundbesitz. Ökonomische und soziale Transformationsprozesse der ländlichen Eliten in Brandenburg im 19. Jahrhundert, Berlin 2003, S. 180-189.

[33] Vgl. Theodor Häbich, Deutsche Latifundien. Ein Beitrag zur Berichtigung unserer Vorstellung von der bestehenden Verteilung des ländlichen Grundeigentums, Königsberg Pr. 1929, S. 119-122; darunter war auch das Preußische Hausfideikommiss und Stiftungen.

Bürgerliche Großgrundbesitzer verdrängten sowohl absolut wie relativ die adligen Großgrundbesitzer; dies galt aber vor allem bei den unteren Besitzgrößen. Je größer die Betriebe waren, desto höher war der Anteil der adligen Großgrundbesitzer.[34] Für unsere Untersuchung sind aber gerade die adligen Großgrundbesitzer von Bedeutung. Sie bestimmten die Politik der Großgrundbesitzer im Landbund, sie waren – nach ihrem Selbstverständnis – die Führer im Landbund. Von bürgerlichen Großgrundbesitzern sind leider nur wenige Quellen vorhanden; oft schlossen sie sich den adligen Großgrundbesitzern an, saßen in den gleichen Organisationen und Ausschüssen, manchmal jedoch vertraten sie durchaus „bäuerliche“ Positionen.

Noch komplizierter wird die Differenzierung der *Bauern*, den Landwirten mit unter 100 ha landwirtschaftliche Nutzfläche. Die Begriffe Ganzbauer, Halbbauer, Hüfner, Kossät, Büdner, Gutsbesitzer, Ackerbürger geben zwar vage Hinweise auf die Größe des Hofes oder die soziale Stellung. Ob diese Begriffe allerdings tatsächlich noch zutrafen oder tradierte Bezeichnungen waren, lässt sich nicht klären; im Vergleich sind sie hier nicht nützlich. Die Einteilung nach Betriebsgrößen, wie sie die Reichsstatistik vornahm, bietet die einzig sinnvolle Vergleichsgröße, zudem die Landbünde sich ebenfalls nach dieser Einteilung richteten. Die Landwirte mit Betrieben mit einer LNF von 20 bis 100 ha wurden als Großbauern bezeichnet. Sie waren ständig auf fremde Arbeitskräfte angewiesen. Die mittleren Bauern hatten Betriebe mit einer LNF zwischen 5 und 20 ha, vorwiegend waren dies Familienbetriebe, die nur wenig ständige Arbeitskräfte beschäftigten. Die Kleinbauern hatten Betriebe mit einer LNF von 2 bis 5 ha; in der Regel waren dies reine Familienbetriebe, die höchstens noch saisonal Arbeiter beschäftigten. Die Landwirte, die unter 2 ha LNF bewirtschafteten, waren Kleinstbauern. In Brandenburg dürften dies vor allem Nebenerwerbslandwirte gewesen sein, die ihren Haupterwerb in der Industrie hatten; insbesondere in der Umgebung von Berlin und in der Niederlausitz. Keineswegs dürfte es sich hier noch um Vollbauern gehandelt haben, waren doch schon einige Kleinbauern auf einen Nebenverdienst angewiesen. Unter „Bauern“ werden in der vorliegenden Arbeit nur die Bauern mit einer LNF über 2 ha zusammengefasst, jene, die Vollbauern waren.

Die Grenzen sind selbstverständlich fließend, nicht nur was die Nebenbeschäftigungen oder die beschäftigten Arbeiter betrafen. Auch die Gewinne ließen sich nicht an der Betriebsgröße festmachen. Gerade bei den Bauern spielten andere Faktoren eine größere Rolle: die Bodenqualität, die Marktnähe, Viehhaltung oder angebaute Produkte hatten Einfluss auf die Gewinnchancen der Betriebe. Insbesondere Brandenburg mit der Großstadt Berlin im Zentrum bot ein breites Spektrum an Möglichkeiten:

[34] Schiller, S. 213-217.

So konnten die Milchbauern oder die Bauern mit Spezialkulturen (Spargel, Obst etc.) in der Nähe Berlins mit weniger LNF größere Gewinne einfahren als die Getreidebauern am Rande der Provinz.

Es kann nicht Ziel dieser Arbeit sein, herauszufinden, welche bäuerliche Schicht wie dachte und politisch handelte. Zu beachten ist aber, ob bestimmte Betriebsgrößen und ob bestimmte Betriebsstrukturen (bedingt durch die Marktlage) bestimmend auf das Selbstverständnis der Bauern wirkten. Hier sollen die Kreise nach ihrer Struktur befragt werden und diese dann mit der Entwicklung der Kreislandbünde und der Wahlergebnisse in den Kreisen verglichen werden.

Quellengrundlage

Diese Untersuchung der politischen Willensbildung bei den Bauern versucht die bäuerliche Perspektive zu erfassen, allerdings sind Quellen von Bauern (Tagebücher, Briefwechsel u. ä.) kaum überliefert. In öffentlich zugänglichen Archiven liegen solche für Brandenburg nicht in nennenswertem Umfang vor.[35] Selbst wenn solch ein Bestand zugänglich wäre, bestände hier doch ein hoher Interpretationsbedarf. Zum einen wären die wenigen bäuerlichen Zeugnisse, ähnlich wie Lokalstudien, erst einmal nach einer Gesamtentwicklung, die hier erst erarbeitet wird, einzuordnen gewesen. Zum anderen dürften solche schriftlichen Quellen mit politischen Aussagen möglicherweise nur bei Funktionären der Partei oder des Landbundes zu finden sein, also schon bei einem über den „normalen" Bauern herausgewachsenen „Agrarier". Aussagen über die politische Einstellung der Bauern haben wir nur indirekte. Neben den Ergebnissen von Wahlen und Abstimmungen, Reden und Artikeln bäuerlicher Funktionäre sind von besonderem Wert die Aussagen über bäuerliche Meinungen von Funktionären des Landbundes und der Parteien, von Großgrundbesitzern und auch von Landräten; diese sind allerdings gefiltert und spiegeln oft allein die Meinung des Schreibers wider.[36]

Hauptaugenmerk dieser Arbeit wurde aber auf die Multiplikatoren politischer Auffassungen gelegt. Untersucht wurden nicht die dörflichen Meinungsführer, wie Pyta dies getan hat. Vielmehr stehen hier die Landbundorganisationen auf Provinz-, Kreis- und auch Bezirksebene als

---

[35] In geringem Maße beinhalten die benutzten Archivbestände selbstverständlich Briefe von Bauern, meist Funktionären des Landbundes.

[36] So sind die unten zitierten Berichte der Landräte oft nach deren politischer Haltung gefärbt. Jene, die dem Landbund nahe standen, beklagten ebenso die landwirtschaftliche Not und berichteten nicht von der scharfen Agitation der Landbünde. Eine weitere Quellengattung wären die Berichte der Pfarrer gewesen, wie sie etwa Baranowski für ihre Untersuchung in Pommern benutzt hat. Shelley Baranowski, The Sanctity of Rural Life. Nobility, Protestantism and Nazism in Weimar Prussia, New York u. a. 1995.

politische Meinungsbildner des „Landvolkes" im Zentrum der Analyse und damit Meinungsführer auf Kreis- und Bezirksebene.

Lokale Tageszeitungen spielten für die politische Meinungsbildung auch der Landbevölkerung schon zu Beginn der Weimarer Republik eine wichtige Rolle und deren Bedeutung dürfte noch zugenommen haben.[37] Es gab jedoch keine rechte Tageszeitung für die gesamte Provinz Brandenburg. Eine Analyse mehrerer Tageszeitungen hätte jedoch den Umfang der Recherchearbeit überstiegen; zudem sind die Tageszeitungen oft nur lückenhaft überliefert.

Zur Ideologisierung der ländlichen Bevölkerung waren die Landbundzeitschriften und vor allem die Agitationsreden auf den Landbundversammlungen von entscheidender Bedeutung. Für die Untersuchung dieser Ideologisierung im BLB ist die Quellenlage noch recht günstig. Es gibt neben dem Restbestand des RLB-Archivs einen ansehnlichen Bestand des Archivs des BLB, der die politische Taktik, die internen Kämpfe und die Meinung der Basis im Landbund wiedergibt. Vom Brandenburgischen Landbund steht nicht nur die Verbandszeitschrift der Provinzialorganisation zur Verfügung, sondern fast jede Kreisorganisation gab zumindest bis 1930 ein Vereinsblatt heraus; nach diesem Jahr wurden viele Kreisblätter eingestellt oder mit anderen Kreisblättern zusammengelegt. Von diesen Kreislandbundzeitschriften sind etwas mehr als zwei Drittel überliefert. Ergänzend wurde das Reichslandbundpressearchiv benutzt.

Die Gestaltung der zumeist wöchentlich erscheinenden Zeitschriften differierte inhaltlich und äußerlich stark. So hatten einige wenige Zeitschriften den Charakter eines Arbeitgeberorgans, in dem vorwiegend über Tarifkämpfe berichtet und schwarze Listen von streikenden Landarbeitern veröffentlicht wurden. In anderen nahmen Rätsel und Romane einen größeren Platz ein. Doch die Berichte über Versammlungen der eigenen Organisation waren wesentlicher Bestandteil der meisten Kreislandbundzeitschriften. Hier erfährt man nicht nur, wer welche Funktionärsposten erhalten hatte, sondern auch, wer geredet hat und was der Inhalt der Reden war. Bemerkenswert ist dabei, dass nicht nur die Reden auf Kreisversammlungen sondern auch auf Bezirksversammlungen und zu Beginn der Zwanziger Jahre sogar von einigen Ortsgruppenversammlungen wiedergegeben wurden. Wichtig sind auch die Artikel politischen Inhalts, die entweder von anderen Zeitschriften übernommen oder den Vorsitzenden, den Geschäftsführern oder anderen Agrariern des Kreises geschrieben wurden. Vor allem mit Hilfe dieser KLB-Zeitschriften kann die Ideologisierung und Politisierung des Landvolkes nachvollzogen werden.

---

[37] Wie weiter unten gezeigt wird, wurde aus diesem Grunde zu Beginn der Weimarer Republik eine Tageszeitung gegründet. Auch die Hinweise von Landbundführern und in Landbundzeitschriften, rechte Tageszeitungen zu lesen und Warnungen vor den liberalen Tageszeitungen deuten auf die wachsende Bedeutung dieser Organe für die Beeinflussung auch der Bauern hin.

Leider liegt für keine rechte Partei in Brandenburg eine eigene größere Studie vor; im Rahmen dieser Arbeit über den BLB konnten nur einige Entwicklungslinien aufgezeigt werden. Gerade für die Deutschnationale Volkspartei, die doch phasenweise die stärkste Partei der Provinz war, macht sich das Fehlen einer historischen Aufarbeitung bemerkbar. Die Gutsarchive liefern uns Einblicke in die Auseinandersetzungen der Partei, das Restarchiv der DNVP im Bundesarchiv Potsdam enthält nur wenige Quellen, die die Tätigkeit der Partei beleuchten können. Eine dringend nötige Untersuchung der Funktionärsebene der Partei konnte im Rahmen dieser Arbeit nicht geleistet werden. Ein Archiv der Christlichnationalen Bauern- und Landvolkpartei ist nicht mehr vorhanden, umso dienlicher ist hierbei die Untersuchung von Markus Müller. Relativ günstig ist die Quellenlage für die NSDAP ab 1928 in Brandenburg.[38] Neben den Verbandszeitschriften der beiden brandenburgischen NSDAP-Gaue existiert im Bundesarchiv Koblenz noch ein ansehnlicher Aktenbestand eines Bezirksleiters der NSDAP, der von 1927 bis 1930 in der Niederlausitz tätig war. Dessen Berichte und Korrespondenzen geben Einblicke in die Taktik, Propagandaaktivitäten und Werbeerfolge der NSDAP jener Zeit.

Landwirtschaft in Brandenburg

Die vorliegende Arbeit geht von der These aus, dass eine starke Bauernschaft während der Zwanziger Jahre in Brandenburg ein hohes Potenzial an Eigenständigkeit und Selbstbewusstsein gegenüber den Großgrundbesitzern aufwies. Aufzuzeigen wäre dies an den Entwicklungen in den Landbünden und den Parteien. Letztendlich könnte sich dies auch auf das Wahlverhalten ausgewirkt haben.

„Starke Bauernschaft“ ist hier im doppelten Sinne gemeint, zum einen in wirtschaftlicher und zum anderen in zahlenmäßiger Hinsicht, insbesondere im Vergleich zum Großgrundbesitz. In wirtschaftlicher Hinsicht bestimmten der Boden, das Klima und vor allem die Marktnähe Arten der Viehzucht und den Anbau bestimmter Produkte. Dies hatte Auswirkungen auf das zahlenmäßige Verhältnis bestimmter Betriebsgrößenklassen – so werden sich in einer marktfernen Region mit schlechten Böden und ungünstigem Klima nur wenig kleinere und mittlere Vollbauern und auch weniger Großbauern im Vergleich zur Anzahl der Großgrundbesitzer finden lassen. Aber auch historisch-politische Prozesse wirkten sich auf dieses Verhältnis aus, wie die Besiedlungspolitik oder das Verhältnis Monarch und Grundadel.

Brandenburg liegt im ostelbischen Preußen und ist deswegen von der Agrargeschichte vor allem als eine Region des ostelbischen Großgrundbesitzes betrachtet worden. Arbeiten, die die brandenburgischen Bauern untersuchten, sind selten.

---

[38] Erstaunlich ist nur, dass daraus bisher keine größere Untersuchung entstanden ist.

Dabei ist Brandenburg eine Provinz nicht nur mit einer starken Großgrundbesitzerschicht, sondern ebenso mit einer starken Bauernschaft; die Verteilung innerhalb der Provinz war eben recht unterschiedlich.

Betrachtet man die strukturellen Bedingungsfaktoren für die Landwirtschaft so ist die Großstadt Berlin im Herzen der Provinz prägend für die Struktur der Landwirtschaft.[39] Sie war nicht nur ein sich im 19. und 20. Jahrhundert rasant vergrößernder Absatzmarkt. Das schnelle Wachsen der Stadt führte auch zur Verdrängung der Landwirtschaft. Die Industrie bot Verdienstmöglichkeiten, die sich auch auf die Löhne der landwirtschaftlichen Arbeiter auswirkte und landwirtschaftliche Betriebsarten, die auf fremde Arbeitskräfte angewiesen waren, nicht mehr zuließen. Im Gegensatz dazu hatte die Provinz Brandenburg einen überwiegend ländlichen Charakter; 41 % der Erwerbstätigen (das waren 564 000 Personen) arbeiteten 1925 in der Land- und Forstwirtschaft.[40]

Die Agrarstatistik für Brandenburg im Jahre 1925 zeigt die typisch ostelbische landwirtschaftliche Betriebsstruktur: Hier dominiert der Großgrundbesitz mit über 100 ha landwirtschaftlich benutzter Fläche (LNF) und der großbäuerliche Besitz mit 20-100 ha LNF. Relativ wenig Anteil an der gesamten landwirtschaftlich benutzten Fläche in Brandenburg hatte der kleinbäuerliche (2-5 ha LNF) und mittelbäuerliche Besitz (5-20 ha LNF).[41]

Anzahl der landwirtschaftlichen Betriebe nach LNF, Anteile in %

	< 2 ha	≥ 2 bis < 5 ha	≥ 5 bis < 20 ha	≥ 20 bis < 100 ha	≥100 ha
Brandenburg	61,1	13,9	18,7	5,6	0,7
Preußen	62,8	15,3	17,1	4,3	0,5
Deutsches Reich	59,6	17,5	18,7	3,9	0,4

39 Vgl. zum Folgenden auch: Rosemarie Baudisch, Geographische Grundlagen und historisch-politische Gliederung Brandenburgs, in: Brandenburgische Geschichte. Hrsg. v. Ingo Materna u. Wolfgang Ribbe, Berlin 1995, S. 15-44.

40 Vgl. Ingo Materna, Brandenburg als preußische Provinz in der Weimarer Republik (1918 bis 1933), in: ebda., S. 561-618, hier: S. 573.

41 Vgl. Statistik des Deutschen Reiches (StDR) 412, S. 4 u. 16.. Die folgenden Zahlen sind daraus errechnet. Zu den absoluten Zahlen vgl. auch Tabelle 1 und 2 im Anhang.

LNF der landwirtschaftlichen Betriebe nach Größe der LNF, Anteile in %

	< 2 ha	≥ 2 bis < 5 ha	≥ 5 bis < 20 ha	≥ 20 bis < 100 ha	≥100 ha
Brandenburg	4,3	6,4	27,1	27,9	34,4
Preußen	5,7	9,3	30,9	28,4	25,7
Deutsches Reich	6,2	11,4	35,8	26,4	20,2

Als weitere Bedingungsfaktoren struktureller Unterschiede innerhalb Brandenburgs müssen die Bodenverhältnisse gesehen werden.[42] Weniger die Zusammensetzung des Bodens (Sandboden, der im Norden der Provinz etwas günstiger war) als vielmehr die Höhenlagen prägten die Besitzstrukturen. Denn die Niederungen (vor allem die vielen Urstromtäler und das Odertal) boten durch den höheren Grundwasserspiegel auch günstigere Böden für kleinere Betriebe, solange diese Gebiete melioriert, entwässert waren. Hierzu war die staatliche Politik von entscheidender Bedeutung: Herausragendes Beispiel ist die Melioration des Oderbruchs unter Friedrich II. und die Ansiedlung von Kolonisten (Oderbruchbauern). Betrachtet man die drei historischen Landschaften der Provinz, so waren zwar die Mittelmark und die Neumark verschieden besiedelt, hatten aber ähnliche Strukturen. Die Niederlausitz kam in ihrem Großteil erst im Jahr 1815 zur Provinz, zu Preußen. Hier ist der Anteil des Großgrundbesitzes geringer als in den anderen Gegenden.

Entscheidend ist für uns die Untersuchung auf Kreisebene. Für die Landbünde waren die Kreisorganisationen die kleinste Organisationsform mit ausschlaggebendem politischen und wirtschaftspolitischen Charakter. Die veröffentlichte Statistik bietet als unterste Ebene erst auf Kreisebene brauchbare Daten zu Berufsstatistiken und landwirtschaftlichen Betriebsstrukturen. Auch die Wahlergebnisse sind erst auf Kreisebene sinnvoll für uns greifbar. Obwohl innerhalb der Kreise große Gefälle in der Betriebsstruktur auftraten, (v. a. auf Grund unterschiedlicher Höhenlagen), gestattet uns die eben skizzierte Quellenlage kaum weitere Differenzierungen.[43]

---

[42] Dem Klima kommt innerhalb der Provinz nicht die Bedeutung zu, dass es Einfluss auf die Besitzverhältnisse gehabt haben könnte.

[43] Zu den Betriebsstrukturen siehe Tabelle 1 und 2 sowie die Karte 1, die die Dominanz von kleinbäuerlichem, mittel- und großbäuerlichem und Großgrundbesitz aufzeigt (nach Tabelle 2). Für die Tabellen der Betriebsstrukturen in den Kreisen auf dem Gebiet des brandenburgischen Landbundes wurden die Zwerg- und Parzellenbetriebe weggelassen; diese waren in Brandenburg selten hauptberuflich bewirtschaftet. Die Karte ist bearbeitet auf der Grundlage der Karte: „Die Verwaltungsgliederung der Provinz Brandenburg im Jahre 1920“, in: Übersicht über die Bestän-

Zu Charakterisierung der Kreise aufgrund der Struktur der Landwirtschaft werden die Kreise zu folgenden Gruppen, entsprechend den Ausführungen des Preußischen Statistischen Landesamtes zusammengefasst.[44]

Die mittlere Mark: West- und Osthavelland, Nieder- und Oberbarnim, Lebus, Beeskow-Storkow, Teltow. Zauch-Belzig und Jüterbog-Luckenwalde. Diese Kreise sind stark vom Berliner Markt geprägt, die Produktion hochwertiger, leicht verderblicher Ware spielt hier eine große Rolle. Bedeutend sind hier die großbäuerlichen und auch noch die mittelbäuerlichen Betriebe.

Die Niederlausitz: Luckau, Lübben, Cottbus, Calau, Spremberg, Sorau, Guben und Crossen. Neben der Belieferung des Berliner Marktes, versorgte die Niederlausitzer Landwirtschaft den sächsischen Raum vor allem auch die im südlichen Teil der Niederlausitz im Braunkohletagebau Beschäftigten. Die Böden der Niederlausitz waren von schlechterer Qualität als in den übrigen Gegenden der Provinz. Hier waren die klein- und mittelbäuerlichen Betriebe stark gegenüber den Großbauern und dem Großgrundbesitz.

Die Neumark: Königsberg, Soldin, Landsberg, Friedeberg, Arnswalde, Ost- und Weststernberg und Züllichau-Schwiebus.

Die nördliche Mark: West- und Ostprignitz, Ruppin, Templin, Prenzlau und Angermünde.

In der Neumark und der nördlichen Mark ist der Großgrundbesitz bestimmendes Element der Landwirtschaft; die Böden sind hier besser als in den anderen Gebieten. Vom Markt sind diese Kreise aber weiter entfernt.

Diese Strukturen hatten Einfluss auf das bäuerliche Bewusstsein oder besser gesagt die Durchsetzungsmöglichkeit bäuerlicher Interessen, wie zu zeigen sein wird. Bei der Betrachtung der Entwicklung der Kreislandbünde und der Wahlergebnisse muss gefragt werden, ob sich Relationen zur Struktur der landwirtschaftlichen Betriebe abzeichnen lassen. Auf Sonderentwicklungen ist aber genauso zu achten und zu fragen, ob andere, lokale Faktoren für bestimmte Entwicklungen eine Rolle spielen.

Gegenüber dieser strukturellen Einteilung ist die weitere verwaltungspolitische Gliederung der Provinz im Rahmen der vorliegenden Arbeit zu berücksichtigen. Die Provinz Brandenburg bestand in der Weimarer Republik aus zwei Regierungsbezirken: Potsdam und Frankfurt/Oder.[45] Die-

---

de des Brandenburgischen Landeshauptarchivs Potsdam, Teil II, Weimar 1967. Die Kreisgrenzen sind dabei nicht exakt nachgezogen.

44 Vgl. Betriebsverfassung und Besitzverhältnisse in der preußischen Landwirtschaft, in: Zeitschrift des Preußischen Statistischen Landesamtes 67.1927, Brandenburg, S. 222-224. In der folgenden Aufzählung sind die Stadtkreise nicht aufgeführt.

45 Der Regierungsbezirk Potsdam umfasste die Landkreise: West- und Ostprignitz, Ruppin, Templin, Prenzlau, Angermünde, West- und Osthavelland, Zauch-Belzig, Jüterbog-Luckenwalde, Teltow, Beeskow-Storkow, Nieder- und Oberbarnim; der Regierungsbezirk Frankfurt/O. die Landkreise Arnswalde, Königsberg, Soldin,

se Gliederung ist hier vor allem für die Parteienstruktur wichtig, denn die beiden Regierungsbezirke gehörten verschiedenen Wahlkreisen an. Nach diesen richteten sich die Organisation der Parteien: sowohl die DNVP als auch die NSDAP hatten keine Provinzorganisation, sondern zwei relativ unabhängige Unterorganisationen, die im Wesentlichen die Regierungsbezirke umfasste.

Landsberg, Friedeberg, West- und Oststernberg, Züllichau-Schwiebus, Lebus, Luckau, Lübben, Cottbus, Calau, Crossen, Sorau, Guben und Spremberg.

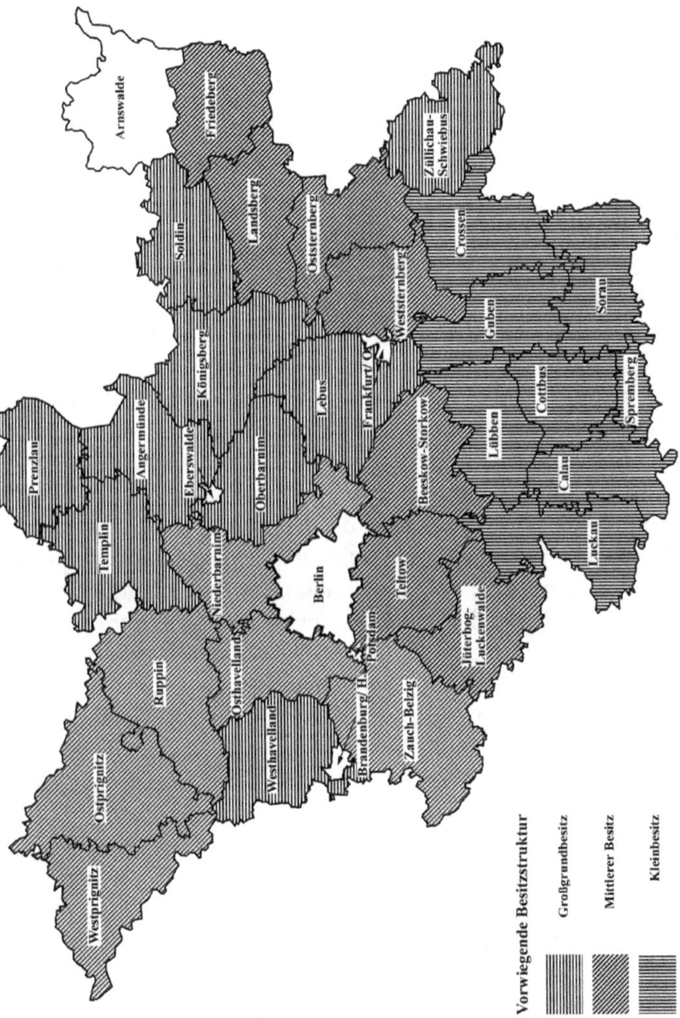

Die Besitzstrukturen der Landwirtschaft in den Kreisen des BLB im Jahr 1925

B Aufbruch und Sammlung der Bauern unter adliger Vorherrschaft – die Reintegration (1919-1924)

Mit der Revolution 1918/19, dem Kriegsende und der Errichtung der Republik war auch die bäuerliche Bevölkerung politisch erwacht. Die traditionellen Agrarverbände, Bund der Landwirte, Bauernverein und Bauernbund erlebten einen rasanten Mitgliederzuwachs und deren Funktionäre spürten eine vor dem Krieg nicht dagewesene Erregtheit der Bauern. Ursache dieser Erregung waren die seit Kriegsbeginn erfolgten Eingriffe des Staates in die Landwirtschaft, die nicht nur den Handel einschränkten, sondern stark die landwirtschaftliche Betriebsführung beeinflussten. Diese Erregung richtete sich teilweise gegen die Führung der eigenen Organisationen, die an der staatlichen Landwirtschaftspolitik partizipiert hatten. Es kam sogar zur Gründung von neuen Bauernverbänden zunächst auf lokaler Ebene. Während die katholischen Bauernvereine die Bauern binden konnten und es nur begrenzt Übertritte katholischer Bauern zu den neuen Organisationen gab, gelang es dem Bund der Landwirte nicht, die Masse der evangelischen Bauern in seine Organisation zu integrieren. Diese wurden aber auch nicht Mitglieder im demokratischen Bauernbund, sondern formierten sich in jenen neuen Organisationen, die ab Ende des Jahres 1918 gegründet wurden und sich im „Deutschen Landbund" zusammenschlossen.

Insbesondere im Westen Deutschlands war die Propaganda der Landbundorganisationen in den ersten Monaten von einer distanzierten, ja feindlichen Haltung gegen den ostelbischen Großgrundbesitz geprägt gewesen. Doch spätestens mit der Verschmelzung von Deutschem Landbund und Bund der Landwirte zum Reichslandbund am 1.1.1921 waren diese Stimmen verstummt, ja die Führungsrolle der ostelbischen Großgrundbesitzer wieder gefestigt.

Im Folgenden soll diese von Flemming so bezeichnete „Reintegration der ländlichen Gesellschaft" für das Verhältnis von Bauern und Großgrundbesitzern in Brandenburg nachgezeichnet werden. Bei der Untersuchung der Gründungsphase des Brandenburgischen Landbundes soll nach den Hauptakteuren gefragt und aufgezeigt werden, ob diese Bewegung von Bauern oder von Großgrundbesitzern initiiert worden war.

Die Durchsetzung adlig-großgrundbesitzerlicher Dominanz in den Jahren 1919 bis 1923/24 zeigte sich dann auf verschiedenen Ebenen. Denn nicht nur auf wirtschaftspolitischem Gebiet, sondern auch in politischen, parteipolitischen und in paramilitärischen Handlungsfeldern wirkte sich die Mobilisierung der Bauern unter der Fahne der Großgrundbesitzer aus.

I. Das landwirtschaftliche Organisationswesen in Brandenburg

1. Die Landbünde: Entstehung und Ausbau

Die Organisation

Am 14. April 1919 wurde der Brandenburgische Landbund (BLB) gegründet. Dieser Gründungsakt war der Zusammenschluss der bis dahin in fast allen Kreisen Brandenburgs entstandenen wirtschaftspolitischen Organisationen unterschiedlichen Namens.[1]

Lediglich in den Kreisen Ost- und Weststernberg[2] waren noch keine Organisationen entstanden, die Kreisorganisation von Arnswalde hatte

---

1 Ackerbaugewerk Angermünde (gegründet: 28.2.1919), Landwirtschaftlicher Kreisverband Beeskow-Storkow (9.6.1919), Gewerkschaftliche Bauernvereinigung Kreis Calau, Kreisbauernverband Cottbus (12.2.1919); Landbund des Kreises Crossen (29.12.1918); Brandenburgischer Landbund Kreisverband Friedeberg (14.3.1919); Landbund Guben (18.3.1919); Wirtschaftsbund Königsberg (19.3.1919); Wirtschaftsverband der Landwirte des Kreises Landsberg (22.3.1919); Landbund Kreis Lebus (9.4.1919); Kreisbauernverein Luckau (1.7.1919); Landbund Lübben (5.4.1919); Kreiswirtschaftsverband Niederbarnim (15.5.1919); Landbund Oberbarnim (13.5.1919); Landbund Osthavelland; Landbund Ostprignitz (7.3.1919); Wirtschaftsverband der Landwirte des Kreises Prenzlau (5.3.1919); Verband zur Wahrung der Interessen der Landwirte des Kreises Ruppin (5.2.1919); Landbund Sorau-Forst (7.3.1919); Wirtschaftsverband deutscher Landwirte des Kreises Soldin (19.3.1919); Spremberger Landbund, Wirtschaftsverband für Landwirte und Gärtner im Kreise Teltow (3.3.1919); Wirtschaftsverband des Kreises Templin; Verband zur Wahrung der Interessen der Landwirte des Kreises Westhavelland (19.3.1919); Verband zur Wahrung der Interessen der Landwirte des Kreises Westprignitz (19.4.1919); Kreislandbund Zauch-Belzig (20.7.1919) und Kreislandbund Züllichau-Schwiebus (25.3.1919). Die Gründungsdaten wurden den in den KLB-Zeitschriften abgedruckten Satzungen oder den anlässlich der ein-, fünf- oder zehnjährigen Jubiläen verfassten Rückblicken entnommen.

2 Im Juni 1920 wurden die Landsbünde von Ost- und Weststernberg gegründet; vgl. Jahresbericht 1920 des Brandenburgischen Landbundes“, in: Der BLB 2.1921, Nr. 3 (3. Januar-Nr.).

sich dem Pommerschen Landbund angeschlossen und eine Kreisorganisation in Jüterbog-Luckenwalde, jenem Kreis in dem der BdL-Vorsitzende Roesicke sein Gut hatte, wurde erst 1921 gegründet.[3]

Am selben Tag (14.4.1919), an dem sich der Brandenburgische Landbund konstituierte, wurde die „Arbeitsgemeinschaft der deutschen Landwirtschaft“ in Berlin gegründet.[4] Diese Organisation sollte zur Dachorganisation aller deutschen landwirtschaftlichen wirtschaftspolitischen Organisationen werden. Gründungsmitglieder waren die im ganzen Reich neu entstandenen Landbünde und der Bund der Landwirte (BdL). Doch weder der liberale Deutsche Bauernbund noch die katholisch geprägten Bauernvereine, die darin – nicht zu Unrecht – eine vom ostelbischen Großgrundbesitz dominierte Schöpfung sahen, schlossen sich dieser Organisation an. Aus diesem Grunde benannte sich die Arbeitsgemeinschaft am 9./10. Juli in „Deutscher Landbund“[5] um, der BdL trat aus.

Der „Bund der Landwirte“, 1894 gegründet, war die größte landwirtschaftliche Interessenorganisation während des Kaiserreichs (1914: 330 000 Mitglieder). In den ostelbischen Gebieten, von wo er seinen Ausgang nahm und mit den darin organisierten Großgrundbesitzern die meisten Funktionäre und die Haupteinnahmequelle hatte, agierte er fast konkurrenzlos. Der Deutsche Bauernbund, gegründet 1909, war an Mitgliedern und Finanzen schwach (1914: 50 000 Mitglieder). Die „Christlichen Bauernvereine“, obwohl an Mitgliedern etwa gleichstark wie der BdL,[6] waren vorwiegend in katholischen Gebieten, und damit vorwiegend im Westen dominant.

Die Kriegszwangswirtschaft verschärfte nicht nur die Stadt-Land-Gegensätze, sondern erzeugte auch Spannungen innerhalb der Landwirtschaft. Vor allem bei den Klein- und Mittelbauern erzeugten die Erfahrungen, Vermutungen und Gerüchte über die Bevorzugung des Großgrundbesitzes bei der Zwangswirtschaft eine Missstimmung gegen die Groß-

---

3 Die von Flemming angegebene Gründung des „Verbandes landwirtschaftlicher Unternehmer“ war keine Kreislandbundorganisation; vgl. Flemming, Landwirtschaftliche Interessen, S. 199 Anm.147. Im Januar 1921, nach der Verschmelzung von BdL und DLB zum RLB, wurde die Kreisgruppe Jüterbog-Luckenwalde des BdL in den Brandenburgischen Landbund „übergeführt“. Der Name wurde in „Wirtschaftsverband Kreis Jüterbog-Luckenwalde“ geändert, der Vorstand wurde neu zusammengesetzt. Vgl. Schreiben (Schr.) Tauscher an Roesicke v. 31.1.21, in: BArch R8034 I RLB, Nr. 16b, Bl. 18.

4 Vgl. Flemming, Landwirtschaftliche Interessen, S. 193-197; Merkenich. S. 57-68.

5 Vgl. auch die Selbstdarstellung: Der Landbundgedanke. Zur Organisation des Landvolkes. Hrsg. v. Deutschen Landbund, Berlin[1920].

6 Die „Vereinigung der christlichen deutschen Bauernvereine“ hatte 1902 250.000, 1920 450.000 Mitglieder; vgl. Fahlbusch, Ludwig und Edgar Hartwig, „Vereinigung der deutschen Bauernvereine (VdB) 1900-1934“, in: Lexikon zur Parteiengeschichte, Bd. 4, Leipzig 1986, S. 344-357.

grundbesitzer. Da der BdL dieses zwangswirtschaftliche System mitgetragen, ja sogar 1914 initiiert hatte, richtete sich das Misstrauen der Bauern auch gegen dessen Funktionäre.[7] Nach der Revolution trug die Agitation des liberalen Bauernbundes, aber auch der Arbeiter- und Soldatenräte, dazu bei, diese Gegensätze zu verschärfen.

Der BdL versuchte dagegen durch massive Propaganda, vor allem antisemitische, aber auch durch stärkere organisatorische Einbindung der Bauern, die bäuerlichen Massen zu gewinnen.[8] Doch die organisatorische Umbildung des BdL nach dem Krieg war nur halbherzig und kam zu spät. Längst hatten die neu entstandenen Landbünde eine Stärke gewonnen, die die Versuche des BdL, sich diese einfach einzuverleiben, zunichte machte. Die Verschmelzung des BdL mit dem DLB zum 1. Januar 1921 war kein eindeutiger Sieg des BdL.

Die neue Landbundorganisation zeichnete sich durch eine dezentrale Organisationsstruktur und eine wirklich stärkere Einbindung der Bauern aus. Schon die Namen der verschiedenen Verbände in den brandenburgischen Kreisen, im Folgenden als „Kreislandbünde“ bezeichnet[9], geben einen Einblick auf den Charakter und den Zweck der Gründungen.

Eine der ersten Gründungen eines Kreislandbundes war der des Kreises Ruppin. Am 10. Januar 1919 versandte der Großgrundbesitzer v. Brockhusen-Langen eine Einladung zu einer Sitzung an Ruppiner Landwirte. Er begründete dies folgendermaßen: „Die Verhandlungen mit den Landarbeitern sind nach Meinungen des Soldatenrates gescheitert. Die Lohnfrage wird immer dringender. Wir müssen schnellstens gemeinsame Beschlüsse fassen. ...Das Erscheinen weiterer Arbeitgeber aus Ihrer Gemeinde ist erwünscht.“[10] Bei der Versammlung am 15. Januar erschienen etwa 80 Grundbesitzer, in der Mehrzahl Großgrundbesitzer und Großbauern. Man gründete den „Verband zur Wahrung der Kreis Ruppiner Landwirtschaftsinteressen“ und wählte einen vierzehnköpfigen Ausschuss. Dieser wählte zwei Vorsitzende (v. Brockhusen als 1. Vorsitzenden) und beschäftigte sich dann „mit Lohnfragen, die überhaupt in der ersten Zeit der Verbandsgründung eine Hauptrolle spielten.“ Am 5. Februar konstituierte sich der „Verband zur Wahrung der Interessen der Landwirte des Kreises Ruppin“. Bei dieser Versammlung, bei der auch Vertreter der

---

7 Vgl. Merkenich, S. 51-52. Auch die Funktionäre der Bauernvereine mussten nach der Revolution ihre Beteiligung an der Zwangswirtschaft rechtfertigen. Vgl. Pomp, Landwirtschaft, S. 47-48; Ziemann, Front und Heimat, S. 329-334.

8 Vgl. Flemming, Landwirtschaftliche Interessen, S. 175-179.

9 Auch im Sprachgebrauch der Landbünde wurde von „Kreislandbünden“ gesprochen, einige Kreisorganisationen nannten sich später in "Kreislandbünde" um oder benutzten diesen Begriff als Zusatz.

10 „Festausgabe zum 10-jährigen Bestehen des Kreislandbundes Ruppin.“, in: Landbund Ruppin 10.1929, Nr. 6 (7.2.) Hieraus auch die folgenden Zitate.

Nachbarkreise zugegen waren, war die Landarbeiterfrage nicht mehr Hauptgegenstand der Reden. Vielmehr beschworen die drei Hauptredner v. Brockhusen, Hillger und v. Schwerin die Einheit von Groß- und Kleinbesitz, die für die zukünftigen Aufgaben (Einwirkung auf Wirtschaftspolitik und Politik, Errichtung einer Bauernwehr) nötig sei. Laut der Satzung war der Vorstand aus vier Vertretern des Großgrundbesitzes (über 100 ha), vier Vertretern des mittleren Besitzes (20-100 ha) und sieben Vertretern des Kleinbesitzes (unter 20 ha) zusammengesetzt. Der 1. Vorsitzende (Brockhusen) war ein Großgrundbesitzer und der 2. Vorsitzende war ein Großbauer. Die starke numerische Stärke der kleineren und mittleren Bauern (Kleinbesitz) zeigt jedoch, dass es den Großbauern und Großgrundbesitzern vor allem darum ging, die mittleren und kleineren Bauern an sich zu binden.

Der erste Kreislandbund, der in Brandenburg gegründet wurde, war der des Kreises Crossen. Hier waren es ein Kleinbauer, Gottlob Stein, und ein Leutnant Karl Eifler, die Ende Dezember zur Gründung eines Bauernverbandes aufriefen. Am 29. Dezember 1918 wurden als 1. Vorsitzender Karl Malke und als 2. Vorsitzender Gottlob Stein gewählt, beide Vertreter des Kleinbesitzes.

> „Die erste Arbeit des Landbundes war gleich nach der Gründung das Losmachen der Centrifugen und Butterfässer. …Man kann wohl sagen, daß diese Tat des Landbundes für den Kreis der Nagel zum Sarg der Zwangswirtschaft war. Die zweite Arbeit war die Wahl der Bauernräte als Gegengewicht zu den Soldatenräten.“[11]

Für die Bauern war das „Losmachen“ der Milchzentrifugen und der Butterfässer das Symbol für den Kampf gegen die Zwangswirtschaft. Denn das Verbot der Entrahmung der Milch und das Verbot der Verbutterung auf dem eigenen Hof, dies waren wichtige Zwangsmaßnahmen zur Durchsetzung der staatlich gelenkten Milchwirtschaft, griffen stark in die bäuerliche Betriebsführung ein.[12]

Auch im Kreis Crossen war ein Motiv der Gründung der Kampf gegen „Links“. Doch das wirtschaftspolitische Motiv lag in diesem kleinbäuerlich geprägten Kreis nicht zuerst in der Vertretung der Arbeitgeberinteressen gegenüber den Landarbeitern. Für die Bauern, vor allem Kleinbauern, ging es in erster Linie um die Vertretung der Produzenteninteressen gegen die Arbeiter- und Soldatenräte, die die Konsumenteninteressen vertraten,

---

[11] Vgl. „Unsere 10-Jahres-Feier im ‚Löwen‘ am 28. Dezember 1928.“, in: Crossener Landbund 10.1929, Nr. 1 (6.1.) und Nr. 2 (12.1.); Zitat aus Nr. 2.

[12] Insbesondere die Milchwirtschaft war seit dem 19. Jahrhundert die wirtschaftlich bedeutendste Säule der Bauern geworden. Die Direktvermarktung der Frischmilch oder die Veredelung durch Verbutterung waren wichtige wirtschaftliche Spielräume der Betriebe gewesen. Die Verbote des Zentrifugierens und der Verbutterung traf die Bauern hart und auf die illegale Benutzung der Zentrifugen und Butterfässer reagierte der Staat oft mit der Beschlagnahme der Maschinen.

das hieß zu jener Zeit Bekämpfung des Hungers in den Städten. Der Kampf der Bauern gegen die Zwangswirtschaft wurde Triebfeder für das schnelle Anwachsen der Landbünde.

Wie in Crossen so waren vor allem in den bäuerlich geprägten Kreisen Bauern federführend bei den Gründungen. Aber auch hier waren die Großgrundbesitzer schnell dabei, die neuen Organisationen mit aufzubauen. Denn wollten sie nicht außen vor bleiben und wollten sie Führungspositionen übernehmen. so mussten sie sich aktiv am Aufbau der neuen Organisationen beteiligen. Adlige Großgrundbesitzer, obwohl selbst BdL-Mitglieder, waren bald fast ausnahmslos Mitglieder und viele in den führenden Funktionen der Landbünde. Dabei war es im Norden der Provinz der Großgrundbesitzer v. Brockhusen aus dem Kreis Ruppin, der zum eifrigsten Agitator der Landbundbewegung auch in den Nachbarkreisen wurde. In der Niederlausitz war dies der Großgrundbesitzer Gneomar v. Natzmer-Gahry, der zum 1. Vorsitzenden des KLB Cottbus gewählt worden war. Unter seiner Führung bildeten die Niederlausitzer Landbünde einige Jahre eine Sondergruppe innerhalb des BLB.

Für die Großgrundbesitzer war klar, dass mit der alten BdL-Struktur die bäuerlichen Massen nicht zu gewinnen waren. Um diese aber politisch und ideologisch zu beeinflussen, und um eine Massenbasis – in der Republik noch wichtiger – zu haben, waren sie bereit, Kompromisse hinsichtlich der Organisationsstruktur einzugehen.

Der dezentrale Aufbau der Landbünde bedeutete, dass die Zentralorganisation DLB bzw. RLB keine Entscheidungsbefugnis gegenüber den Landes- oder Provinziallandbünden, der BLB keine gegenüber den Kreislandbünden hatte. Die Mitgliedsbeiträge setzten die Kreislandbünde selbst fest, sogar innerhalb der Provinz Brandenburg gab es unterschiedliche Beitragssätze und Beitragsklassen (Staffelung nach Besitz). Diese verwalteten sie autonom, mussten aber nach den Richtlinien des BLB Beiträge an die Provinzialorganisation zahlen, diese wiederum ihren Beitrag an den RLB. Im Gegensatz dazu wurden beim zentralisierten BdL alle Beiträge zunächst an die Zentrale abgeführt, die ihrerseits das Geld wieder an die Unterorganisationen verteilte.

Die Mitglieder des BLB bestanden aus den Kreislandbünden und korporativ angeschlossenen landwirtschaftlichen Berufsorganisationen. Einzelpersonen konnten keine direkten Mitglieder des BLB werden, sondern mussten Mitglieder ihrer entsprechenden Kreisorganisation werden. Die Kreislandbünde waren somit die kleinste autonome Einheit der Landbünde mit eigener Finanzhoheit, eigener Geschäftsstelle und eigenem Organisationsaufbau, der in der Provinz Brandenburg auch sehr verschieden war. Diese relative Autonomie der Kreislandbünde trug zu eigenständigen organisatorischen und politischen Entwicklungen in den Landbundorganisationen, aber auch in den Kreisen bei. Dies erhöhte die Attraktivität der

Kreislandbünde, da diese sich mehr auf die Bedürfnisse ihrer Mitglieder einstellen konnten. Andrerseits aber erschwerte die dezentrale Organisationsstruktur eine politische und wirtschaftliche Lenkung oder die Stoßkraft gemeinsamer Aktionen.

Die wichtigsten satzungsgemäßen Organe des BLB waren die Vertreterversammlung, der Gesamtvorstand, der Arbeitsausschuss, der Engere Vorstand (1. Vorsitzender und zwei Stellvertreter) und die Geschäftsführung.[13] Die Vertreterversammlung bestand aus Vertretern der korporativ angeschlossenen Organisationen von den Kreislandbünden zu benennenden Vertretern (bis zu fünf), wobei jedem Kreislandbund zunächst 5 Stimmen zustanden, später die Stimmenanzahl sich nach Mitgliederanzahl und Beitragspflicht/-leistung errechnete.[14] Die Wahl der Vertreter sowie die Stimmausübung (evtl. Splitterung) waren den Kreislandbünden überlassen. Zu den Aufgaben der Vertreterversammlung, die etwa drei mal im Jahr tagte, gehörte die Wahl des 1. und der stellvertretenden Vorsitzenden, Festsetzung des Etats, Satzungsänderungen und Mitgliederaufnahme und -ausschluss. Der (Gesamt-)Vorstand bestand aus dem Engeren Vorstand und je einem Vertreter der Kreislandbünde (meist die Vorsitzenden der KLB) sowie der angeschlossenen Organisationen. Bei den Vorstandssitzungen, die etwa sieben Mal im Jahr stattfanden, waren aber, vor allem bei wichtigen Tagesordnungspunkten, mehrere Vertreter aus den Kreisen zugegen. Vertreterversammlung und Gesamtvorstand bestimmten die wirtschaftspolitischen und politischen Entscheidungen des BLB, versandten Entschließungen an RLB und die Regierung, beschlossen gemeinsame Aktionen und wählten für bestimmte Themen Ausschüsse. Der Arbeitsausschuss des BLB war ein verkleinerter Vorstand, der sich aus dem Engeren Vorstand und Vertretern des Gesamtvorstandes zusammensetzte. Zunächst waren dies 6 Vertreter, satzungsgemäß 4 vom „Kleinbesitz“ und 2 Großgrundbesitzer. 1921 wurde ein Vertreter vom BdL (1 Großgrundbesitzer) zusätzlich aufgenommen; ab 1930 wurden nur noch 5 Mitglieder gewählt, davon 3 Kleingrundbesitzer.[15] Der Arbeitsausschuss bereitete die Vertreterversammlung vor und diente als Vorinstanz für grundlegende Entscheidungen des BLB. Für die laufenden Arbeiten des BLB war der 1. Vorsitzende verantwortlich; die Stellvertreter übernahmen diese Aufgaben nie. Er konnte wichtige Angelegenheiten zwar nicht entscheiden, wohl aber dirigieren: Er bestimmte meist die Tagesordnung der Versammlun-

---

13 Vgl. „Satzungen des Brandenburgischen Landbundes.“ v. 10.10.1919, in: BArch R8034 I RLB, Nr. 42b, Bl. 553-556.

14 Immer wieder führte dies zu Streitereien zwischen den Kreislandbünden; so die Diskussion über die Abstimmung nach Mitgliedern und bezahlten Beiträgen in: „Niederschrift über die Vertreterversammlung am 8. Juli 1925.“, in: BArch R8034 I RLB, Nr. 49a, Bl. 199-214.

15 Vgl. „Niederschrift über die Vertreterversammlung des BLB am 29. Januar 1930.“, in: BArch R8034 I RLB, Nr. 50, Bl. 8-15, hier: Bl. 12-13.

gen und bestimmte Haupt- und Gastredner. Durch den Schriftverkehr mit den KLB-Vorsitzenden konnte er Stimmungsbilder gewinnen und beeinflussen, schließlich wurde auf seine Meinung viel Wert gelegt. Ihm zur Seite stand der Hauptgeschäftsführer, der zwar vom Vorstand angestellt wurde, aber eng mit dem Vorsitzenden zusammenarbeitete, ihn bei Abwesenheit auch vertrat.[16]

Die Struktur der Kreislandbünde war – ebenfalls ein Kennzeichen der dezentralen Organisation – nicht einheitlich, sie veränderte sich auch bei einigen KLB vor allem in den ersten Jahren. Die Bauern waren in den Ortsgruppen organisiert, bald wurden Bezirksgruppen eingeführt, in einigen Kreisen auch Gaugruppen (zwischen 2 und 4). Die Großgrundbesitzer waren nicht Mitglieder einer Ortsgruppe, nahmen aber an den Bezirks- und Gauversammlungen teil. Die meisten Kreislandbünde hatten die jährlich mindestens ein Mal tagende Mitgliederversammlung (Jahreshauptversammlung) als satzungsmäßiges Organ. Die Vertreterversammlung hingegen bestand aus den Ortsgruppenvorsitzenden und den Großgrundbesitzern. Die Vorstandswahlen, teilweise auch die Vorsitzendenwahlen gehörten zu den Aufgaben der Vertreter- oder der Mitgliederversammlung. Es gab einen Vorsitzenden, mit zumeist zwei Stellvertretern (teilweise nur ein Stellvertreter oder zwei Vorsitzende und zwei Stellvertreter). Diese bildeten den Engeren Vorstand, in einigen KLB waren zusätzlich Vertreter hinzugewählt (das entsprach dann in etwa dem Arbeitsausschuss des BLB). Der Gesamtvorstand (in der Regel um die 20 Personen) bestand aus gewählten Ortsgruppenvorsitzenden und Vertretern des Großgrundbesitzes. In den KLB, in denen Bezirksgruppen eingeführt wurden, stellten die Bezirksgruppenvorsitzenden und deren Stellvertreter zusammen mit Vertretern des Großgrundbesitzes den Engeren Vorstand. Sowohl für den Engeren Vorstand als auch für den Gesamtvorstand wurde in den Satzungen festgelegt, dass die verschiedenen Besitzgrößen repräsentiert waren: je ein Drittel Großgrundbesitz (über 100 oder über 200 ha), Mittelbesitz (Großbauern 20-100 bzw. 200 ha) und Kleinbesitz (Mittel- und Kleinbauern unter 20 ha). Die 200-ha-Grenze war in einigen Kreisen, in denen der Großgrundbesitz dominierte, eingeführt worden. Auch die Sonderausschüsse, die gebildet wurden (Finanzausschuss, Steuerausschuss, politischer Ausschuss etc.) waren in der Regel paritätisch besetzt.

Die bedeutendsten Funktionärsposten in einem Kreislandbund waren die des Ersten Vorsitzenden und des Hauptgeschäftsführers, der in seinen Entscheidungen i. d. Regel mit dem 1. Vorsitzenden konform ging. Sie waren es, die mit Behörden, anderen landwirtschaftlichen Organisationen und Parteien verhandelten. Sie waren es, die die Ortsgruppen besuchten. Sie wussten über die Stimmung der bäuerlichen Bevölkerung ihres Kreises am besten Bescheid, konnten diese auch am besten beeinflussen. Trotz

[16] Vom Frühjahr 1919 bis zu seinem Tod am 5. September 1925 war Rudolf Weyland Hauptgeschäftsführer des BLB. Sein Nachfolger war bis Ende 1932 Walter Lechler.

der Dreiteilung der Vorstandposten und der bei Abstimmungen entscheidenden zahlenmäßigen Dominanz der bäuerlichen Besitzer waren die Posten des Ersten Vorsitzenden nicht nur bei der Provinzialorganisation, sondern auch bei den meisten Kreislandbünden von Großgrundbesitzern besetzt.[17]

Mit der Verschmelzung des deutschen Landbundes mit dem Bund der Landwirte zum RLB zum 1.1.1921 wurden in die Vorstände des BLB und der Kreislandbünde Vertreter des BdL zusätzlich aufgenommen. Der Verzicht einiger Kreislandbünde auf diese Maßnahme erfolgte nicht aus einem BdL- oder Großgrundbesitzer-feindlichem Motiv, sondern wurde damit begründet, dass die meisten BdL-Mitglieder des Kreises ohnehin Mitglieder des Kreislandbundes waren und BdL-Mitglieder bereits im Vorstand saßen. Selbst der Vorsitzende des BLB, Jean Nicolas, fungierte als Bezirksvorsitzender des BdL noch bis zu dessen Auflösung.[18] Im Kreis Jüterbog-Luckenwalde wurde erst mit der Verschmelzung eine Landbundorganisation aufgebaut, der dortige BdL-Vorsitzende Roesicke zum Vorsitzenden des neuen Reichslandbundes.

Nur wenige Großgrundbesitzer traten nicht in die neue Organisation ein, wie der bisherige Vorsitzende der Brandenburgischen Landwirtschaftskammer, Bernhard Graf v. d. Schulenburg-Grünthal, der gegen die neue Organisationsform war und deswegen vor der Verschmelzung von BdL und DLB aus dem BdL Ende 1920 austrat[19] Als ehemaliges BdL-Mitglied gehörte er zu den vom Landbund angegriffenen „Handvoll scheinbar unbelehrbarer Großgrundbesitzer[n], die die neue Zeit nicht verstehen wollen, den Landbund als eine revolutionäre Erscheinung ansprechen und immer noch mit dem alten gönnerhaften Wohlwollen an Stelle der auf ehrlicher Achtung aller Berufsgenossen beruhenden Gleichberechtigung in der Organisation weiter zu kommen glauben..."[20]

Doch das war eher die Ausnahme, fast alle brandenburgischen Großgrundbesitzer waren nun im Landbund. Die personelle Dominanz des Großgrundbesitzes im BdL zur Kaiserzeit blieb trotz Revolution und Organisationsneubau auch im RLB gewahrt. Wie zu zeigen sein wird, wurde die politische und ideologische Ausrichtung des BLB in den ersten Jahren auch eindeutig vom Großgrundbesitz bestimmt.

---

[17] So als Beispiel die Vorsitzenden von 1925: Von den 30 Kreislandbundvorsitzenden waren 12 Bauern (die meisten Großbauern) und 18 Großgrundbesitzer, die Hälfte davon adlige.

[18] Vgl. Schr. Nicolas an Roesicke v. 7.5.1920, in: BArch R8034 I RLB, Nr. 16b, Bl. 59 (a).

[19] Vgl. Schr. Schulenburg-Grünthal an BdL (Abtlg. Org.) v. 28.12.1920, in: BArch R8034 I RLB, Nr. 16b, Bl. 210.

[20] „Die Zusammensetzung der neuen Landwirtschaftskammer und der Landbund.", in: Der BLB 2.1921, Nr. 19 (2. Mai-Nr.).

Aufgaben der Landbünde

Der wohl wichtigste Schlüssel zum Verständnis dafür, dass nicht nur die großen und mittleren Bauern, sondern auch die meisten kleinen Bauern massenweise dem Landbund beigetreten waren, lag in der Tätigkeit dieser Organisation. Eine rein politische Organisation gegen Revolution und Republik oder Arbeitgeberorganisation gegen die Landarbeiterforderungen, Charakteristika der ersten Gründungszeit, hätte die Masse der Bauern nicht erreicht.

Auch die Mobilisierung gegen die „Enteignungsgefahr“ diente nur bedingt zur Sammlung der bäuerlichen Massen. Bei den Diskussionen um die letztendlich eher vagen Vorstellungen der Arbeiter- und Soldatenräte zur Enteignung des Großgrundbesitzes schürten die Agrarier die Ängste der Bauern, dass die Enteignung nicht beim Großgrundbesitz stehen bleiben würde. Dieselben Ängste schürten die Großgrundbesitzer nochmals bei den Diskussionen um das Reichssiedlungsgesetz; bis zur Verabschiedung des Gesetzes war von Enteignung nichts mehr übrig geblieben. Doch das Thema Enteignung war sehr brisant. Die Ausweitung der Enteignung auf die kleineren und mittleren Bauern stand nie zur Diskussion. Andrerseits hätte die Enteignung großgrundlichen Besitzes zugunsten der Bauern geschehen können; auch bei der Diskussion um das Siedlungsgesetz hätte anstatt der Schaffung von Neusiedlerstellen, das bedeutet neue Konkurrenz für die Bauern, die Anliegersiedlung, also die Erweiterung des eigenen Besitzes, im Vordergrund stehen können.[21]

Wichtigstes movens zur Bindung der Bauern an die von den Großgrundbesitzern dominierte Organisation war der Kampf gegen die „Zwangswirtschaft“. Dieser umgangssprachliche und in die Literatur übernommene Begriff steht für die staatliche Kriegsernährungswirtschaft, das heißt staatliche Eingriffe in die Produktion von und den Handel mit (landwirtschaftlichen) Produkten. Diese Eingriffe wurden schon am 4. August 1914 vorgenommen, in größerem Umfang begann die Zwangswirtschaft mit der staatlichen Regelung des Verkehrs mit Brotgetreide und Mehl am 15. Januar 1915. Die Regelungen wurden recht chaotisch eingeführt als Reaktionen auf einen Mangel eines Produktes, die wiederum einen anderen Mangel provozierten und bald immer mehr Produkte erfassten.[22] Das System der Erzeugerhöchstpreise verärgerte die Landwirte, nutzte aber kaum den Konsumenten. Nach dem Kriege wurde die Zwangswirtschaft nicht sofort abgeschafft, aber auch nicht grundlegend modifiziert. Beim allmählichen Abbau der zwangswirtschaftlichen Bestimmungen gab es, ähnlich wie bei der Einführung, keine klare Linie,

---

[21] Vgl. Schumacher S. 210-214; speziell zur SPD und ihrer unentschlossenen Landwirtschaftspolitik, die sich letztendlich auch gegen Kleinbauern richtete: S. 335-351.

[22] Vgl. Schumacher, Land und Politik, S. 33-69.

sondern ein planloses Lavieren zwischen Produzenten- und Konsumenteninteressen.

Wie vor allem Moeller und Osmond zeigten,[23] griff die Kriegszwangswirtschaft stark in die bäuerliche Wirtschaft ein, und drang mit ihren Erfassungs- und Kontrollmaßnahmen direkt auf den Hof. Die Bauern erfuhren eine in diesem Ausmaß bisher unbekannte staatliche Intervention, die zur Politisierung der Bauern beitrug. Vor allem nach dem Krieg machte sich dies bemerkbar: Viele Bauern waren nun wieder von der Front an ihren Hof zurückgekehrt und erlebten die Zwangswirtschaft direkt. Mit Kriegsende verschlimmerte sich die Ernährungssituation weiter und die zwangswirtschaftlichen Maßnahmen wurden noch verschärft. Dagegen war der Anlass der zwangswirtschaftlichen Maßnahmen, der Krieg, zu Ende und die „Heimatfront", die den Zwang zur solidarischen Pflicht erhob, kein Thema mehr. In den Augen der Bauern sollte die Zwangswirtschaft, das von Anfang an ein fehlerhaftes Konstrukt gewesen war, so schnell wie möglich beseitigt werden.

Die neugeschaffenen Landbünde griffen die Missstimmung der Bauern gegen die Zwangswirtschaft auf und machten deren Abschaffung zu ihrer Hauptforderung. Sowohl an Lautstärke als auch an der Radikalität der Forderungen übertrafen sie BdL, Bauernvereine und Bauernbund. Die Aktionen umfassten Versammlungen, Protestresolutionen, Eingaben an Regierungsstellen, Presseerklärungen und Artikelserien. Vorläufiger Höhepunkt der Bewegung war das Jahr 1922. Die erste größere Massendemonstration veranstalteten die Niederlausitzer Landbünde unter der Führung des KLB-Vorsitzenden von Cottbus, Gneomar v. Natzmers. Offen riefen die Landbünde ihre Mitglieder zum Boykott der zwangswirtschaftlichen Erfassung auf.[24]

Der Kampf gegen die Zwangswirtschaft, dessen allmähliche Abschaffung der RLB als seinen Erfolg feierte, war mitentscheidend für den starken Mitgliederzuwachs der Landbünde. Der staatliche Zwang brachte die Landwirte dazu, sich zu organisieren. Großgrundbesitzer und Bauern fanden sich zusammen für ein gemeinsames wirtschaftspolitisches Ziel. Mit dem Ende der Zwangswirtschaft 1923/24 ließ auch die Mobilisierungskraft der Landbünde nach, die Mitgliederzahlen fingen an zu sinken, wie manch ein Geschäftsbericht bedauernd zur Kenntnis gab. Doch die nun einsetzenden wirtschaftspolitischen Kämpfe um die Steuer-, Zoll- und

[23] Vgl. Robert G. Moeller, Winners as Losers in the German Inflation: Peasant Protest over the Controlled Economy, 1920 – 1923, in: Die deutsche Inflation. Eine Zwischenbilanz. Hrsg. v. Gerald D. Feldmann u. a., Berlin u. New Yorck 1982, S. 255-288. Jonathan Osmond, Peasant Farming in South and West Germany during War and Inflation 1914 to 1924: Stability or Stagnation?, in: Die deutsche Inflation, S. 289 – 307. Ziemann, Front und Heimat, S. 308 – 328. Pomp, Landwirtschaft, S. 25 – 29.

[24] Siehe hierzu unten.

Handelspolitik blieben, wie noch zu zeigen sein wird, ein stetiger Mobilisierungsfaktor, der neue bzw. ausgetretene Mitglieder an die Organisation binden konnte.

Über die großen wirtschaftpolitischen Kämpfe hinaus, vermehrte sich bald der Aufgabenkatalog des in den Anfangsjahren groß ausgebauten Apparats der Landbundorganisation. Jeder brandenburgische Kreislandbund bot seinen Mitgliedern kostenlose Rechtsauskunft an und die mit den Kreislandbünden zusammenarbeitenden Rechtsanwälte vertraten die Mitglieder entweder kostenlos oder zu ermäßigten Gebühren bei Ämtern und vor dem Gericht. Insbesondere den kleineren Landwirten gewährten die Landbundgeschäftsführungen Hilfe bei der Buchführung; die meisten Kreislandbünde stellten sogar besondere Geschäftsführer an, die die Buchführung für die kleinen Landwirte übernahmen. Sogar Versicherungen konnten über die Kreislandbünde abgeschlossen werden. Die wirtschaftliche Beratung war zwar Aufgabe der Landwirtschaftskammer und der Landwirtschaftlichen Vereine, doch auch hier war der Landbund tätig. Über seine Presse und seine Versammlungen, bot er, meist in Verbindung mit der Landwirtschaftskammer oder den Lehrern der landwirtschaftlichen Schulen, Hilfestellung zu wirtschaftlichen Fragen an.

Die Landbünde waren innerhalb von fünf Jahren zu einer Organisation ausgewachsen, die mehr als nur die rein wirtschaftpolitische Interessenvertretung darstellte. Nutznießer der Berater- und Vermittlerfunktionen waren die Bauern. Die Großgrundbesitzer waren auf diese Landbundangebote weniger angewiesen, hatten sie doch ihre eigenen Rechtsanwälte, ihre Verwalter, die die Buchführung selbst machten, und wenn der Verwalter Probleme mit den Behörden hatte, so schaltete sich der Großgrundbesitzer ein, der mit den höheren Beamten oft persönliche Bekanntschaft hatte. Die zusätzlichen Aufgaben kosteten aber eine Menge Geld, vor allem für das Personal. Jeder Kreislandbund hatte einen Hauptgeschäftsführer und ein bis zwei weitere Geschäftsführer, dazu ein bis zwei SekretärInnen. Dieser Aufwand wurde bis zum Ende der zwanziger Jahre aufrechterhalten. Erst ab 1930 begann eine rigorose Sparpolitik, in deren Folge Geschäftsführer und SekretärInnen entlassen, die Beratungsleistungen eingeschränkt und auch einige Kreislandbundzeitungen eingestellt wurden. 1932 überlegte man sogar die Geschäftstellen zu reduzieren und für nur vier bis fünf Kreise eine Geschäftsstelle zu errichten.[25]

---

[25] Bei den Überlegungen zu Einsparungen wurde auch der Aufbau von Bezirksorganisationen behandelt, die mehrere Kreislandbünde umfassen und deren Verwaltung zusammenziehen sollten. Dies kam aber nie zur Umsetzung; vgl. Rschr. Vorstand BLB „Die Organisation des Brandenburgischen Landbundes.“, in: BLHA Rep. 37 Herrschaft Neuhardenberg, Nr. 1896, Bl. 128-198, hier: Bl. 171-189.

Das Geld für den Aufbau und den Erhalt der Organisation kam zu einem großen Teil von den Mitgliedsbeiträgen des Großgrundbesitzes, der erst in zweiter Linie Nutznießer der vielfältigen Aufgaben der Landbünde war. Die Beitragszahlung erfolgte nach der land- und forstwirtschaftlichen Fläche. Auf Grund der Flächenzahl trugen die Großgrundbesitzer mehr als ein Drittel des Etats der Kreislandbünde. In vielen Kreisen war die Beitragszahlung sogar so gestaffelt, dass die Beiträge je Morgen mit den Besitzklassen anstiegen. So wurden im Kreislandbund Prenzlau im Jahre 1925 die Beiträge folgendermaßen festgesetzt; für 1 - 50 Morgen 1,50 Mark, für 51 – 150 Morgen 3 Mark, für 151 – 400 Morgen 4,50 Mark und für über 400 Morgen 6 Mark je 100 Mark Grundsteuerreinertrag. Das heißt, die Großgrundbesitzer über 100 ha (etwa 400 Morgen) hatten die höchste Beitragsklasse.[26]

Diese Mehrausgaben der Großgrundbesitzer sind nur dadurch zu erklären, dass diese eine Massenorganisation zur Durchsetzung ihrer wirtschaftspolitischen und politischen Ziele brauchten und die Landbünde deswegen für die kleineren Besitzer attraktiv machen mussten.

Der Erfolg bei der Organisierung auch der kleineren Besitzern gab der Landbundstrategie Recht. Der Kampf gegen die Zwangswirtschaft und der Ausbau der Organisation führten zu einem enormen Anstieg der Mitgliederzahlen. Den höchsten Mitgliederstand erreichte der BLB im Jahre 1923 mit etwa 120 000 vollzahlenden Mitgliedern. Das waren in der Mehrheit Besitzer landwirtschaftlicher Betriebe; zu einem geringen Prozentsatz waren das auch Nichtlandwirte, die jedoch mit den Landwirten in Verbindung standen: Lehrer, Pfarrer, Gastwirte, Handwerker.[27] In den meisten Kreislandbünden waren um 1922 die Großgrundbesitzer komplett organisiert, die Großbauern zu etwa 90 % und selbst die Klein- und Mittelbauern waren zu über 70 % Landbundmitglieder. Im Vergleich zu den Gewerkschaften beispielsweise bedeutete dies einen sehr hohen Organisationsgrad. Maßgeblich für diese Entwicklung waren einzelne Ortsgruppenvorsitzende, die es schafften, die widersprüchlichen Interessen in den Dörfern auszugleichen. Meldungen, dass nun in diesem oder jenem Ort alle Landwirte im Landbund organisiert seinen, wurden in den Landbundzeitschriften besonders hervorgehoben.

---

[26] Vgl. „Bericht über die Generalversammlung am 16. März 1925.“, in: Landbund Prenzlau 6.1925, Nr. 12 (21.3.). Auch die Beitragsfrage behandelten die Kreislandbünde recht unterschiedlich. Der KLB Westhavelland unterschied nicht nach Größen der Betriebe sondern hatte drei verschiedene Beitragsklassen nach den Bodenertragsklassen. Vgl. „Mitgliederbeiträge 1925“, in: Landbund Havelland 6.1925, Nr. 13 (28.3.).

[27] Vgl. Angaben zum Wirtschaftsverband des uckermärkischen Kreises Templin 1919 bei Flemming, Landwirtschaftliche Interessen, S. 201. So waren im KLB Cottbus Mitte 1924 von insgesamt 5.150 Mitgliedern 446 Nichtlandbesitzer; vgl. Zöllner, Paul (Hrsg.), Landbund-Heimatkalender auf das Jahr 1925, Cottbus, S. 39.

Die „Aktivität“ der Mitglieder bestand in dem Besuch der Landbundversammlungen. Insbesondere die Kreislandbünde um Berlin herum gehörten zu den zahlreichen Besuchern des Brandenburgischen Landbundtages und des Reichslandbundtages, falls dieser in Berlin stattfand. In den Kreisen selbst gehörten aber die Mitgliederversammlungen der Kreislandbünde zu den Pflichten der einfachen Mitglieder. Ein vollständiges Erscheinen erreichten diese Versammlungen nie. Wenn einige hundert Mitglieder versammelt waren, so gehörte dies schon zu einer gut besuchten Mitgliederversammlung. Vollzählig sollten die Mitglieder aber bei den Ortsgruppenversammlungen erscheinen. Diese Versammlungen fanden, entsprechend der arbeitsarmen Zeit für Landwirte, konzentriert im Winter statt. Teilweise wöchentlich wurden hier politische, wirtschaftspolitische und landwirtschaftliche Themen vorgetragen und diskutiert. Im Winter wurden die Stimmungen der Bauern eingefangen und auch aufgebaut für die Proteste und Forderungen, die ab dem Frühjahr verstärkt an die Öffentlichkeit drangen.

Obwohl die Landwirte hoch organisiert und einige Funktionäre überaus motivierend waren, waren die Landbünde doch nicht so schlagkräftig: Immer wieder gab es wirtschaftliche Interessen, die Konflikte innerhalb der Mitglieder schafften, oder es gab Dorfstreitigkeiten, deren Ursache eigentlich niemand mehr kannte und schließlich verhielten sich viele Mitglieder eher passiv. So berichtete ein recht aktiver Ortsgruppenvorsitzender des KLB Cottbus von seinen Enttäuschungen über schwach besuchte Ortsgruppenversammlungen, die ihn zum Rücktritt veranlassten:

> „Es sind immer dieselben Mitglieder, die für den Verband nichts übrig haben. Wenn es heißt, etwas zu holen, da marschieren sie allen anderen voran, wenn es aber geht um Leistungen für den Verband oder einzelne in Not geratene Mitglieder, da bleiben sie zurück und lauschen nur von ferne! Wenn durch die Dorfstraße ein fremder Hund oder eine fremde Katze läuft, stehen sie stundenlang auf der Straße und sammeln Neuigkeiten, die dann in der ganzen Umgebung verbreitet werden, aber zur Versammlung kommen des Abends haben sie keine Zeit.“[28]

Den größten Zuspruch hatten noch Protestkundgebungen. Aber als die Mitglieder 1925 aufgefordert wurden, die Notlage ihrer Betriebe für die Argumentation des Landbundes aufzuzeigen und eine Aufstellung über ihre Betriebe zu machen, war der Rücklauf so schwach, dass der Landbund keine Veröffentlichung machen konnte.[29]

---

[28] „Ortsgruppe Radewiese“, in: Der Landbund 1922, Nr. 31 (4.8.).

[29] Vgl. „Vorstandssitzung ...“, in: Der BLB 7.1926, Nr. 11 (3. März-Nr.).

2. Die anderen landwirtschaftlichen Organisationen

Die Konkurrenz: Der liberale Deutsche Bauernbund

Der Brandenburgische Landbund hatte als wirtschaftspolitische Interessenorganisation bis zum Ende der Republik fast ein Monopol. Kein anderer Konkurrenzverband konnte die Substanz des BLB ernsthaft gefährden. Angesichts des geringen Anteils an katholischer Bevölkerung in Brandenburg, hatten es die Bauernvereine schwer, in Brandenburg Fuß zu fassen. Lediglich im Kreis Züllichau-Schwiebus war ein Bauernverein entstanden. Der von den Kommunisten geführte Bauernverband konnte zwar in der näheren Umgebung Berlins Mitglieder anwerben, doch eine größere Organisation entstand daraus nicht. Die kommunistische Propaganda sowie die massive Propaganda des Reichslandbundes gegen diese Organisation machten daraus einen Papiertiger. Auch die völkischen Bauernschaften, die ab 1924 in Brandenburg aktiv wurden, konnten sich nicht weiter ausbreiten.

Lediglich der Deutsche Bauernbund hatte in Brandenburg einen nennenswerten Umfang; aber auch er konnte die Vorherrschaft des Landbundes nie ernsthaft gefährden. Dabei hatte er 1918/19 die größten Chancen, sich in Brandenburg fest zu verankern.[30] Seit seiner Gründung 1909 verstand er sich als Gegenorganisation zum BdL, da auch er v. a. die evangelischen Bauern sammeln konnte. Mit seinen Forderungen nach Schaffung von Neusiedlerstellen und Anliegerland durch Teilenteignung des Großgrundbesitzes sowie einer stärkeren Interessenvertretung durch die Bauern selbst, konnte er auch in Brandenburg Mitglieder anwerben.

Doch die Blüte des DBB währte nur kurz. Die Landbünde verstanden es durch die paritätische Besetzung der Vorstände, sich als Vertretung der gesamten Landwirtschaft darzustellen und nahmen so den Vorwürfen des DBB, der RLB sei wie der BdL die „Großgrundbesitzer"-Organisation, den Wind aus den Segeln. Die Anliegersiedlung war nach der Verabschiedung des Reichssiedlungsgesetzes 1919 kaum noch ein Thema. Dagegen bot der Kampf gegen die Zwangswirtschaft propagandistischen Zündstoff gegen den DBB. Der parteipolitische Bündnispartner des DBB, die Deutsche Demokratische Partei (DDP), wurde als mitregierende Partei und Partei vor allem des städtischen Bürgertums ("Konsumentenpartei"), für das Weiterbestehen der Zwangswirtschaft von den Landbünden und rechten Parteien angeprangert. 1922 führte der DBB in Brandenburg nur noch ein Schattendasein: an Mitgliedern hatte diese Organisation in ganz Bran-

[30] Zum DBB: Gerhard Müller u. Herbert Schwab: „Deutscher Bauernbund (DB)", in: Lexikon zur Parteiengeschichte, Bd. 2, Leipzig 1984, S. 33-41; zur Deutschen Bauernschaft: Werner Fritsch, „Deutsche Bauernschaft (DBs) 1927-1933", in Lexikon zur Parteiengeschichte, Bd. 1, Leipzig 1983, S. 570-573.

denburg unter 2 000.[31] 1927 kam für den DBB das endgültige Ende, als ein Teil seiner Mitglieder zum Reichslandbund wechselte. Der Rest schloss sich mit dem Bayerischen Bauernbund und dem sozialdemokratischen „Reichsverband landwirtschaftlicher Klein- und Mittelbetriebe" zusammen, in Brandenburg unter dem Namen „Märkische Bauernschaft".

Der Bauernbund bzw. die Bauernschaft konnten immer wieder die mit dem Landbund unzufriedenen Bauern sammeln, gerade auch ab Mitte der zwanziger Jahre, als der Brandenburgische Landbund in eine schwere Krise stürzte. Doch schafften die Bauernbünde es in Brandenburg nie, größeren Einfluss zu erreichen, obwohl zum einen um Berlin und in der Niederlausitz eine stärkere Bauernschaft existierte und, gerade um Berlin, die liberale Presse, die den RLB vehement angriff und die liberalen Organisationen unterstütze, auch auf dem Lande Verbreitung fand.

Doch gegen die liberalen Bauernbünde zogen die Landbundfunktionäre alle Register zur Bekämpfung der Konkurrenzorganisation. Die massive Propaganda richtete sich nicht nur gegen die politische und wirtschaftspolitische Ausrichtung der Bauernbünde, sondern verunglimpfte die Organisation und deren führende Personen. Insbesondere antisemitische Ausfälle, bei denen einzelne Personen entweder als Juden „entlarvt" oder als Judenfreunde bezeichnet wurden, prägten diese Propaganda.[32] Heftiger waren die Störungen von lokalen Versammlungen der Bauernbünde, die jegliche Organisationsansätze im Keim ersticken sollten und wohl auch taten. Wachsam sollten die Landbundmitglieder jegliche Propagandatätigkeit der Bauernbünde den Landbundgeschäftsstellen mitteilen. Schließlich wurde auch mit einem der stärksten Pressionsmittel gegen Bauernbundmitglieder gedroht: dem wirtschaftlichen und gesellschaftlichen Boykott.

Doch nicht nur durch diese Repressionsmaßnahmen konnte der RLB den Bauernbund klein halten. Gerade in Brandenburg waren die Großgrundbesitzer jene, die die Organisation hauptsächlich finanzierten. Mit ihrem Geld schufen sie aber ein attraktives Angebot vor allem für die mittleren und kleineren Bauern und schafften es, dass die Beiträge für die Bauern niedrig blieben. Dem konnte der DBB nichts Vergleichbares gegenüberstellen.

Die Landwirtschaftskammer

Die 1896 gegründete „Landwirtschaftskammer für die Provinz Brandenburg und für Berlin" war die gesetzlich verankerte Berufsvertretung der brandenburgischen Landwirtschaft.[33] Die Mitgliedschaft war für alle

---

[31] 1924 hatte der DBB im ganzen Deutschen Reich etwa 20.000 Mitglieder.

[32] Dies war eine Propaganda, die später die NSDAP gegen einzelne RLB-Funktionäre wandte.

[33] Vgl. Die Landwirtschaftskammer für die Provinz Brandenburg und für Berlin. Wesen und Wirken von 1896 –1930, Berlin 1930.

Landwirte obligatorisch. Die Aufgaben der Kammer bestanden in der Erstellung von Gutachten, Beratungstätigkeit, Forschung und Lehre zur Land- und Forstwirtschaft. Unterstellt waren ihr mehrere Forschungsinstitute, Tierzuchtinspektionen, Forstämter, Buchführungsstellen, Versuchsanstalten und -felder und schließlich auch die landwirtschaftlichen Schulen. Zur weiteren Wissensvermittlung dienten nicht nur die Zeitschrift der Landwirtschaftskammer sondern auch die mit ihr kooperierenden Landwirtschaftlichen Vereine. Diese ab Anfang des 19. Jahrhunderts gegründeten Vereine sahen ihre Hauptaufgabe in der Vermittlung der technischer Neuerungen im Pflanzenbau und der Tierzucht durch Vorträge. In Brandenburg gab es 1928 rund 250 Landwirtschaftliche Vereine.[34]

1921 wurde das Landwirtschaftskammergesetz für Preußen reformiert, eine von den Sozialisten geforderte Vertretung der Landarbeiter wurde darin aber nicht verankert. Im selben Jahr wurden die Organe der Landwirtschaftskammer neu konstituiert. Die Hauptversammlung wurde gebildet aus den in den Kreisen von den selbständigen Landwirten gewählten 109 Vertretern (je Kreis zwischen 2 und 5) und zugewählten Mitgliedern, das waren 10 im Jahre 1921. Bei der Wahl in den Kreisen setzten sich fast überall die Landbundlisten durch; lediglich ein Vertreter des DBB konnte ein Mandat erringen: im Kreis Westprignitz der Landwirt Otto Liese.[35]

Auf der ersten Sitzung der neukonstituierten Landwirtschaftskammer am 3. Mai 1921 erfolgte die Zuwahl von Kammermitgliedern, die Wahl des Präsidenten und dessen Stellvertreters, des Vorstandes sowie von Ausschüssen. Dieser Sitzung vorausgegangen war eine Vertrauensmännerversammlung des BLB, die für diese Wahlen schon die entsprechenden Kandidaten aufgestellt hatte und die Landbund-Kammermitglieder „im Interesse der auch nach außen hin zu zeigenden Einheitsfront und im Interesse der gewerkschaftlichen Disziplin"[36] ermahnte, diese zu wählen. Gegen die „an sich naheliegende Zuwahl" des bisherigen Präsidenten der Landwirtschaftskammer, Graf v. d. Schulenburg-Grünthal, richtete sich die Versammlung, da dieser „nicht nur abseits vom Landbund steht, sondern auch noch in letzter Zeit besonders scharf zum Ausdruck gebracht hat, dass er mit dem Landbund nichts zu tun haben will."[37]

Neuer Präsident der Landwirtschaftskammer wurde der Rittergutsbesitzer Joachim v. Oppen-Dannenwalde, Vorsitzender des Kreislandbundes

---

[34] Vgl. Niekammer's Landwirtschaftliche Güter-Adreßbücher, Bd. VII. Landwirtschaftliches Adreßbuch der Rittergüter, Güter und Höfe der Provinz Brandenburg, Leipzig 1929, S. XXI-XXVI.

[35] Vgl. „Die Landwirtschaftskammerwahlen.", in: Der BLB 2.1921, Nr. 15 (2. April-Nr.).

[36] Schr. BLB v. 25.4.1921, in: BArch R8034 I RLB (BLB), Nr. 176, Bl. 24-26; hier: Bl. 24. Weitgehend stimmen die Kandidaten, die im Rundschreiben genannt werden, mit den tatsächlich Gewählten überein.

[37] Ebda., Bl. 25+RS.

Ostprignitz (diesen Posten gab er bald nach seiner Wahl zum Kammerpräsidenten ab). Stellvertreter wurde der Großbauer Albert Bethge, Vorsitzender des KLB Guben. Anders als bei den Landbünden wurde der Vorstand der Landwirtschaftskammer nicht paritätisch nach Besitzgrößen besetzt. Von den weiteren 11 Mitgliedern des Vorstandes waren 6 Großgrundbesitzer, 3 Großbauern, ein Gärtnereibesitzer mit immerhin 8 ha und der Kleinbauer Robert Schlimber, der stellvertretende Vorsitzende des KLB Sorau-Forst.[38] Schon bei der Zusammensetzung der in den Kreisen gewählten Kammermitglieder zeigte sich ein Übergewicht der größeren Betriebsklassen.[39] Von den 109 gewählten Mitgliedern hatten 3 einen Besitz von unter 5 ha LNF, 13 waren mittlere Bauern (5 bis 20 ha), 38 waren Großbauern und 55 hatten einen Besitz von über 100 ha; von den Großgrundbesitzern hatten sogar 43 einen Besitz über 250 ha. Mehr als die Hälfte der gewählten Mitglieder waren also Großgrundbesitzer.[40] In den folgenden Jahren 1924 und 1927, in denen jeweils in der Hälfte der Kreise gewählt wurde, änderte sich dieses Verhältnis nur geringfügig zugunsten der kleineren Besitzgrößen. Erst 1931, als die NSDAP sich in den Wahlkampf einmischte, gab es einen grundlegenden Wandel.

Besondere Bedeutung maßen die Bauern, anders als beim Landbund, dieser Organisation als ihrer Interessenvertretung wohl nicht zu. Diese Form der Wissensvermittlung und auch Aneignung überließ man gern den Großgrundbesitzern und Großbauern. Dies zeigte sich auch bei den Landwirtschaftlichen Vereinen: Die meisten Vorsitzenden waren Großgrundbesitzer und Großbauern, auch in den Versammlungen waren kleinere und mittlere Bauern selten vertreten. So berichtete ein Kleinbauer im Crossener Landbund von einer Versammlung des Landwirtschaftlichen Vereins, an der er als Gast teilnahm: „Ueberrascht war ich durch die stattliche Zahl der Herren vom Großgrundbesitz, die vertreten waren; ich hätte nie geglaubt, daß dies möglich wäre; denn in den Landbundversammlungen sind viele der Herren unbekannte Größen, die stets durch Nichterscheinen glänzen.“[41]

Zwar waren die kleineren Bauern, wie die Landbünde mitteilten, auch an einer Wissensvermittlung interessiert, das heißt an Vorlesungen über oder Schulungen in landwirtschaftlicher Betriebsführung, Marktwesen,

---

38 Vgl. „30. Hauptversammlung der Landwirtschaftskammer für die Provinz Brandenburg vom 3. Mai 1921“, in: Märkischer Landwirt 2.1921, Heft 20 (14.5.1921).

39 Eine paritätische Besetzung der Listen auf Kreisebene setzte sich nicht durch; Beispiel einer paritätischen Besetzung war die Liste des KLB Teltow. Hier verhinderte der KLB-Vorstand sogar den Vorstoß der Wahlkommission zur Aufstellung eines Gärtners, der den Kandidaten des Kleinbesitzes auf einen aussichtslosen Platz versetzt hätte. Vgl.: „Aus der Vorstandssitzung vom 9. Februar 1921.“, in: Landbund Teltow-Niederbarnim 1921, Nr. 7 (13.3.).

40 Zahlen nach: Der BLB 2.1921, Nr. 22 (5. Mai-Nr.).

41 „Seid einig, einig, einig!“, in: Crossener Landbund 5.1924, Nr. 14 (16.2.).

Landwirtschaftstechnik und ähnlichem. Die Kreislandbünde veranstalteten dazu auch besondere Veranstaltungen oder nahmen landwirtschaftliche Vorträge in ihre Hauptversammlungen mit auf. Aber entweder fehlte den Bauern die Zeit, bei den Landwirtschaftlichen Vereinen mitzumachen oder es lag doch an der Atmosphäre dieser von den Großgrundbesitzern getragenen Versammlungen, die meist im Hotel der Kleinstadt und nicht in der Dorfkneipe stattfand, dass ihre Teilnahme dort die Ausnahme blieb.[42]

Die Anforderungen und Aufgaben der Landwirtschaftskammer stiegen immens an. 1930 hatte die Brandenburgische Landwirtschaftskammer einen Etat von 5,7 Millionen Reichsmark. Davon brachte sie 2,3 Millionen durch Einnahmen und Gebühren für Beratungstätigkeiten, Gebühren etc. auf. 1,3 Millionen erhielt sie an Zuschüssen aus öffentlicher Hand, den Großteil vom Preußischen Staat und der Provinz. 2,1 Millionen erhielt sie von den Land- und Forstwirten in Form von Beiträgen, auch Landwirtschaftskammerumlage genannt. Unbestreitbar bleibt der Nutzen der Landwirtschaftskammer für die Landwirte. Doch die Kritik der Bauern an den hohen Beiträgen nahm vor allem während der Krise, als die finanziellen Spielräume enger wurden, stetig zu.

Landarbeiter- und Arbeitgeberorganisationen

Neben dem Brandenburgischen Landbund als fast konkurrenzloser wirtschaftspolitischer Interessenvertretung und der Landwirtschaftskammer waren die Genossenschaften die „dritte Säule" der selbständigen Landwirte. Wegen der besonderen Entwicklung im brandenburgischen Genossenschaftswesen werden die Genossenschaften weiter unten dargestellt.

Im Folgenden sollen einige Verbände vorgestellt werden, die Sonderinteressen innerhalb der Landwirtschaft vertraten.

Die sozialdemokratischen und christlichen Landarbeiterverbände erlebten auch in Brandenburg nach der gesetzlich verankerten Koalitionsfreiheit einen enormen Mitgliederzuwachs. Doch die Enttäuschung über das Ergebnis der Revolution, die verlorenen Streiks Anfang der 20er Jahre sowie der zunehmende Druck der Arbeitgeber führten zu einem Mitgliederschwund dieser Gewerkschaften – sie blieben aber noch stark. Im Gegenzug begannen die Landbünde die Landarbeiter selbst zu organisieren. Vor allem in den Kreisen, in denen der Großgrundbesitz dominierte, wurden bald Landarbeiterbünde gegründet, die korporative Mitglieder der Kreislandbünde waren. 1920 wurde der Brandenburgische Landarbeiterbund als korporatives Mitglied des Brandenburgischen Landbundes gegründet; die Gründung des Reichslandarbeiterbundes erfolgte im Mai

[42] Der Kleinbauer aus Crossen empfahl auch nicht, dass die Bauern in die Landwirtschaftlichen Vereine kommen sollten, sondern die Vorträge sollten in die Landbundversammlungen importiert werden.

1920.[43] Der brandenburgische Provinzialorganisation war nach dem Pommerschen Landarbeiterbund die mitgliederstärkste: in seiner Hochphase hatte er über 16 000 Mitglieder.[44] Die Gründung dieser Verbände war von den Großgrundbesitzern initiiert und gefördert worden und sollte der Landbundparole von der „Einigung des Landvolkes" dienen. Tatsächlich lag das Motiv der Großgrundbesitzer darin, die Löhne niedrig zu halten, Arbeitskämpfe zu verhindern und die Landarbeiter politisch-ideologisch zu binden.[45] Da die Landarbeiterbünde als gelbe Gewerkschaften nicht tariffähig waren, schrumpfte auch deren Mitgliederzahl. 1928 schließlich kam es aus diesem Grunde auch zum großen Bruch: Der langjährige Vorsitzende Giese wollte den Verband auflösen und geschlossen dem christlichem Landarbeiterverband überführen. Dieser Schritt gelang ihm mit dem Großteil des Brandenburgischen Landarbeiterbundes. Ein kleinerer Teil schaffte es – mit massiver Hilfe der Großgrundbesitzer – die Reste der Organisation noch zu retten.

Nach der Revolution 1918/19 waren Tarifverhandlungen mit den Arbeitnehmern für viele Großgrundbesitzer, als Arbeitgeber, das Motiv zur Gründung der Landbünde gewesen. Doch die Vertretung der Arbeitgeberpolitik rückte in den Versammlungen und der Presse der meisten Kreislandbünde in den Hintergrund. Die Arbeitgeberinteressen wurden bald in besonderen Ausschüssen behandelt oder es wurden eigene Organe geschaffen. So verstand sich der KLB Westprignitz noch 1924 als Arbeitgeberverband, der KLB Zauch-Belzig hatte wie viele andere einen Arbeitgeberausschuss eingerichtet.[46] In der Ostprignitz wurde aus dem KLB heraus der Arbeitgeberverband als Sondergruppe eingeführt. So hieß es in der neuen Anlage I der Satzung des KLB Ostprignitz: „Die Mitglieder des Landbundes Ostprignitz, die entlohnte Arbeitskräfte beschäftigten, bilden, ohne daß es einer besondren Beitrittserklärung bedarf, zur Wahrnehmung der Arbeitgeberinteressen eine Sondergruppe des Landbundes unter dem Namen ‚Landwirteverband Ostprignitz'."[47] Als Beispiel eines vom KLB

[43] Unterschiedlich war dies in den Kreisen. So erfolgte die korporative Aufnahme des Landarbeiterbundes in den KLB Sorau-Forst erst auf der Generalversammlung am 21. 2. 1922; vgl. „Mitteilungen des Landbundes.", in: Landbund Sorau-Forst 3.1922, Nr. 10 (10.3.).

[44] Vgl. Flemming, Landwirtschaftliche Interessen, S. 299-304. Ders., Landarbeiter zwischen Gewerkschaften und „Werksgemeinschaft". Zum Verhältnis von Agrarunternehmern und Landarbeiterbewegung im Übergang vom Kaiserreich zur Weimarer Republik, in: Archiv für Sozialgeschichte 16. 1974, S. 350-418, hier: S. 406-409. Zum Reichslandarbeiterbund siehe auch: Fricke, Dieter, „Der Reichslandarbeiterbund (RLAB) 1920-1933, in: Lexikon zur Parteiengeschichte, Bd. 3, Leipzig 1985, S. 684-687.

[45] Vgl. dazu die Arbeiten von Baranowski und Kölling.

[46] Vgl. „Der Landwirteverband 5 Jahre als Arbeitgeberverband.", in: Landbund Westprignitz 5.1924, Nr. 16 (19.4.) [Jubiläumsausgabe].

[47] „Satzungsänderungen. (Fortsetzung.)", in: Landbund Ostprignitz 1.1920,18. (5.11.).

getrennten Arbeitgeberverbandes mag der des Kreises Züllichau-Schwiebus herangezogen werden. „Der Verband wurde am 22. Dezember 1919 aus dem damaligen Wirtschaftsverbande heraus als selbständiger Verband mit eigenem Vorsitzenden, eigenem Vorstand und eigener Geschäftsführung gegründet.“[48] Ende 1920 hatte er 120 Mitglieder; der KLB hatte zu jener Zeit etwa 2 000 Mitglieder.[49]

Trotz dieser organisatorischen Trennung waren Arbeitgeberverband und KLB eng miteinander verbunden. So mussten im Kreise Züllichau-Schwiebus laut Satzung die Mitglieder des Arbeitgeberverbandes Mitglieder des KLB sein (§ 3).[50] Die Geschäftsführer der meisten Arbeitgeberverbände waren Geschäftsführer oder gar Hauptgeschäftsführer der Kreislandbünde[51] und die Arbeitgeberverbände waren den Kreislandbünden in der Regel korporativ angeschlossen.

Auf Provinzebene existierte der „Märkische Verband ländlicher Arbeitgeber“ zunächst als Teil des Brandenburgischen Landbundes.[52] Erst 1920 wurde der Verband organisatorisch getrennt und korporatives Mitglied des BLB. In ihm waren die Arbeitgebergruppen der Kreise, ob eigenständig oder Teil der KLB, zusammengeschlossen.

Für die innere Struktur der Kreislandbünde hatten diese Arbeitgeberorganisationen insofern eine Bedeutung, da hier in den Ausschüssen oder eigenständigen Kreisverbänden die Großgrundbesitzer – abgesehen von einigen Großbauern – unter sich waren. In diesen, von der Zusammensetzung dem BdL ähnlichen, Organisationen wurden Themen behandelt, die auch über die reine Arbeitgeberpolitik hinausgingen.

---

48 „Die Generalversammlung des Verbandes ländlicher Arbeitgeber im Kreise Züllichau-Schwiebus am 25. April 1921 in Schwiebus.“, in: Landbund Züllichau-Schwiebus 2.1921, Nr. 19. (8.5.). Der Bericht enthält auch eine Zusammenfassung des Geschäfts- und Kassenberichts des Verbandes für das Jahr 1920.

49 Vgl. „Die Generalversammlung unseres Kreislandbundes am 9. März 1921 in Schwiebus.“. in: Landbund Züllichau-Schwiebus 2.1921, Nr. 12 (20.3.).

50 „Satzungen des Verbandes ländlicher Arbeitgeber im Kreise Züllichau-Schwiebus (E.V.)“, in: Landbund Züllichau-Schwiebus 2.1921, Nr. 19. (8.5.).

51 So war der HGF des KLB Niederbarnim (Evers) Geschäftsführer des Arbeitgeberverbandes; vgl.: „Die Mitgliederversammlung des Arbeitgeberverbandes am 1. Februar 1921.“, in: Landbund Teltow-Niederbarnim 2.1921, Nr. 6 (27.2.)

52 Vgl. Kauffmann, „Die Organisation des Brandenburgischen Landbundes und des Märkischen Verbandes ländlicher Arbeitgeber.“, in: Der BLB 1.1920, Nr. 6. Kauffmann, der damalige HGF des KLB Züllichau-Schwiebus, betonte, dass der Name des Arbeitgeberverbandes eine Selbständigkeit vortäuschte. Er selbst plädierte im Artikel für die organisatorische Trennung, vor allem wegen der unterschiedlichen Beitragserhebung (nach Fläche bzw. beschäftigten Arbeitern), bei gleichzeitiger Verbundenheit (so die Mitgliedschaft im KLB als Grundbedingung für die Mitgliedschaft im Arbeitgeberverband.)

Pächter- und Verpächterorganisationen

Mit der Integration von Arbeitgebern und zumindest teilweise auch der Arbeitnehmer durch den gelben Landarbeiterbund wurden die Gegensätze innerhalb der Landwirtschaft zumindest vordergründig abgebaut und der Einigkeitsanspruch vorangetrieben.

Ende 1920 traten jedoch neue Organisationen hervor, die diese Einheit gefährden konnten.

> „Durch die Presse geht die Nachricht, daß sich die landwirtschaftlichen Verpächter zu einer Kampforganisation zusammenschließen, um angesichts der neuen Pachtschutzordnung der Regierung und den Pächtern gegenüber ihre Interessen zu wahren. Die natürliche Folge davon ist selbstverständlich die, daß sich die Pächter ebenfalls organisieren und daß beide Organisationen sich wie kampfbereite Hähne gegenüberstehen. So wird ein neuer Zankapfel in die Landwirtschaft getragen, und die einfältigen Landleute fallen wieder darauf hinein."[53]

Der Appell zur Einigkeit und Aufruf, diese Organisationen nicht zu gründen, fruchtete nichts. Auf der Vorstandssitzung des BLB am 4. März 1921[54] beschwor der Hauptgeschäftsführer, Weyland, die „Gefahr der Zersplitterung" durch die neuen Pächter- und Verpächtervereinigungen. „Diese besonderen Berufszweige der Landwirtschaft könnten die vollwertige Vertretung, auch ihrer S o n d e r i n t e r e s s e n, sehr wohl in den Kreisverbänden [=Kreislandbünden] und im Landbund finden. Dazu bedarf es nicht neuer Organisationen." Kritik übte Weyland nicht nur an der Entstehung der neuen Organisationen, sondern auch an den Kreislandbünden, „die sich davor scheuten, derartige Arbeiten zu übernehmen." Weyland machte demgegenüber einen konkreten Vorschlag, um den Aufbau von Kreisorganisationen der Pächter- und Verpächterverbände zu verhindern:

> „Die Kreisverbände hätten, wenn sie wirklich die gewerkschaftlichen Organisationen des Landvolkes sein wollten, die Pflicht, die Interessen a l l e r ihrer Mitglieder wirkungsvoll zu vertreten, und daraus ergebe sich ohne Weiteres die Bildung sachverständiger Commissionen für die verschiedenen Sonderinteressen im Berufe. So müssten aus den im Kreise ansässigen sachverständigen Pächtern und Verpächtern Kommissionen gebildet werden, in die dann die im Kreise ansässigen angesehensten und einflussreichen Berufsgenossen der betreffenden Kategorie hineinberufen werden. Durch diese würden nicht nur die neuen Sonderorganisationen überflüssig, sondern es würde auch kein Landwirt so dumm sein, für solche Organisation noch besondere Beiträge zu

[53] „Überorganisation und Zwietracht statt fester Zusammenschluß!", in: Der BLB 1.1920, Nr. 47 (1. Dez.-Nr.).

[54] Vgl. „Niederschrift über die am 4. März 1921 stattgefundene Gesamtvorstandssitzung des Brandenburgischen Landbundes um 11 Uhr vorm. in der Landwirtschaftskammer Berlin.", in: BArch R8034 I RLB, Nr. 49a, Bl. 283-302, hier Bl. 292-293. Daraus auch folgende Zitate.

> bezahlen, wenn er die Erfahrung macht, dass seine Sachen im Kreisverband unter seiner Mitwirkung mindestens ebensogut bearbeitet werden."

Diesem Kommissionsmodell stimmten zwar die anwesenden Vorstandsmitglieder zu, aber umgesetzt wurde es nicht.
Schon vor der Vorstandssitzung des BLB hatten sich am 1. März die Pächterorganisationen, „Domänenpächterverband" und „Reichsbund landwirtschaftlicher Pächter",[55] und die Verpächterorganisation „Reichsschutzbund landwirtschaftlicher Verpächter und Grundeigentümer" dem RLB korporativ angeschlossen, später auch die brandenburgischen Unterorganisationen, der „Gutspächterverband für die Provinz Brandenburg" und der „Verpächterverein der Mark Brandenburg" dem BLB. 1923 propagierte der BLB sogar die Gründung der Pächterorganisationen auf Kreisebene:

> „Pächtervereine werden augenblicklich an vielen Orten in der Mark durch den ‚Gutspächterverband für die Provinz Brandenburg'...gegründet. Im Kreise Westhavelland wirken bereits drei solcher Vereine sehr segensreich und wurde am letzten Sonntag durch den Geschäftsführer des Verbandes, Oekonomierat Buhl, in Klessen bei Friesack unter warmer Befürwortung unseres Landbund-Vertrauensmannes Schmidt ein solcher von über 50 Kleinpächtern aus Klessen und Umgebung mit etwa 4000 Morgen Pachtfläche ins Leben gerufen."[56]

Die Integration der einander entgegengesetzten Interessenorganisationen durch den korporativen Beitritt ermöglichte dem Landbund nicht nur eine Duldung, sondern auch eine Propagierung v. a. der Pächterorganisation mit der viele Kleinbesitzer für die Landbundorganisation gewonnen bzw. gehalten werden konnten. Die Auseinandersetzungen zwischen Pächtern und Verpächtern nahmen nach der Währungsumstellung zunächst stark ab.

Der Reichsgrundbesitzerverband

Eine andere neue Organisation stieß dagegen auf erbitterten Widerstand des Landbundes: der „Reichsgrundbesitzerverband". Auf der Vorstandssitzung des BLB am 4. März 1921, auf der Weyland schon die Gründung der Verpächter- und Pächterorganisationen gerügt hatte, verdammte dieser die Gründung des Reichsgrundbesitzerverbandes:

> „Dieser Reichsgrundbesitzer-Verband ist hervorgegangen aus dem Zusammenschluß der Zentrale der Standesherren, der Geschäftsstelle der Hofkammern und aus den Fideikommissbesitzer-Verbänden. So lange diese Vereinigung sich lediglich auf die Vertretung der besonderen Interessen des b e f e s -

---

55 Vgl. Die Landwirtschaftskammer für die Provinz Brandenburg und für Berlin, S. 129 u. 169; Organisationsbuch des Reichs-Landbundes 1930, S. 27-29. Die Pächterorganisationen waren zusammengeschlossen in der „Reichsarbeitsgemeinschaft landwirtschaftlicher Pachtbetriebe".

56 „Pächtervereine", in: Der BLB 4.1923, Nr. 2 (2. Januar-Nr.).

tigten Grundbesitzes beschränkt hat, hat sie ihre Berechtigung gehabt, da die Landbünde sich dieser Aufgabe ihrer ganzen Struktur nach nicht ausreichend unterziehen konnten. Sie seien aber jetzt über diesen Aufgabenkreis weit hinausgegangen und propagierten auch den Zusammenschluss des nicht befestigten Grundbesitzes in ihren Reihen. In Brandenburg hat der bisherige Fideikommissbesitzerverband diese Aufgabe übernommen. An der Spitze steht ein Herr von Waldow (Oststernberg). Nach den Satzungen umfassen sie den gleichen Personenkreis wie die Landbünde; auch die Ziele beider Verbände sind die gleichen. In der Praxis wird die Organisation von den Bauern mit Recht als der Versuch eines Zusammenschlusses der Grossgrundbesitzer betrachtet. Der Landbund sieht in der Bildung dieses Verbandes eine in Brandenburg durch die Verhältnisse nicht bedingte Konkurrenz, die in ihrer praktischen Auswirkung personell und finanziell eine neue Zersplitterung der Landwirtschaft hervorruft in einem Augenblick, indem es gerade gelungen ist, im Reichslandbund die Einheitsfront herzustellen, und wo nur diese Einheitsfront den Grossgrundbesitz vor dem Untergang retten kann."[57]

Die Ziele des Reichsgrundbesitzerverbandes gehörten tatsächlich zum Aufgabenbereich der Landbünde: Propaganda und Lobbyarbeit für den Großgrundbesitz.[58] Die Großgrundbesitzer mussten sich von diesem Verbande lossagen, wollten sie nicht ihren propagierten Anspruch gegenüber den Bauern konterkarieren: die gemeinsame Vertretung des Landbesitzes, ob groß oder klein, vor der Öffentlichkeit, den Regierungen und Parlamenten. Zwei Wochen später, am 18. März 1921, verfasste die Versammlung der Großgrundbesitzer des Kreises Lebus eine Stellungnahme gegen den Reichsgrundbesitzerverein, der die Großgrundbesitzer, die bisher dem Verein beigetreten waren, aufforderte wieder auszuscheiden und der neuen Organisation empfahl, sich wieder auf die Vertretung der Fideikommisse zu konzentrieren.[59]

Die Versammlung der Großgrundbesitzer des Kreises Züllichau-Schwiebus veröffentlichte in der KLB-Zeitschrift Anfang Mai eine Entschließung, die die Stellungnahme der Lebuser Großgrundbesitzer unterstützte und insbesondere den Zusammenhalt von Bauern und Großgrundbesitzern beschwor.[60] Im Juni wurde in derselben Zeitschrift ein Schreiben des Großgrundbesitzers v. Wentzel-Mosau veröffentlicht, der in scharfen Worten die Werbearbeit des Reichsgrundbesitzervereins im Kreise verur-

[57] „Niederschrift über die am 4. März 1921 stattgefundene Gesamtvorstandssitzung des Brandenburgischen Landbundes um 11 Uhr vorm. in der Landwirtschaftskammer Berlin.", in: BArch R8034 I RLB, Nr. 49a, Bl. 283-302, hier Bl. 293-294.

[58] Vgl. Die Landwirtschaftskammer für die Provinz Brandenburg und für Berlin, S. 128-129.

[59] Veröffentlicht zunächst in der Zeitschrift des KLB Lebus, nachgedruckt von anderen KLB-Zeitschriften und auch in der Provinzialzeitschrift. Vgl. „Zur Nachahmung empfohlen.", in: Der BLB 1921, Nr. 14 (1. April-Nr.).

[60] „Für die Einigkeit des ganzen Landvolkes", in: Landbund Züllichau-Schwiebus 2.1921, Nr. 20 (15.5.).

teilte: „Ich für meine Person werde im Kreise meiner Berufsgenossen alles daransetzen, um gegen Sie zu arbeiten...“[61]

Der Gesamtvorstand des BLB bekräftigte am 12. Mai 1921 in einer Entschließung nochmals seine ablehnende Haltung gegen den Reichsgrundbesitzerverband und forderte die Großgrundbesitzer auf, diesem nicht beizutreten bzw. wieder auszutreten. Der Zusatz unterhalb der Entschließung aber verdeutlicht nochmals die ganze Schärfe: **„Der Reichsgrundbesitzer-Verband zersplittert also ebenso wie der Böhmesche Bauernbund** [= DBB] **die Einheitsfront der Landwirtschaft und ist deshalb zu bekämpfen.**“[62]

Diese harte Kampfansage ist zu verstehen als Appell zur Einigkeit und beabsichtigte, jedes Misstrauen der Bauern im Keim zu ersticken. Über den Erfolg dieses Aufrufs lassen sich keine Aussagen machen. Der Reichsgrundbesitzerverband wurde nie in den RLB oder BLB korporativ aufgenommen. Sein Vorsitzender 1930 war aber ein dem Landbund zugehöriger Großgrundbesitzer: v. Arnim-Kröchlendorff.[63] Ein Ausschluss seitens des Landbundes auf Grund der Doppelmitgliedschaft wurde nicht vollzogen.

Zusammenfassung

Der BLB war schon bald nach der Gründung <u>die</u> organisatorische Klammer von Bauern und Großgrundbesitzern in Brandenburg, dem Kernland Ostelbiens. Umfangreiche Angebote gerade für Kleinbauern und die Mitvertretung der verschiedenen Betriebsgrößen in den Führungsgremien machten ihn für die Bauern attraktiv.

Die einzige ernsthafte bäuerliche Konkurrenzorganisation, der Bauernbund, wurde vom BLB scharf beobachtet und mit allen propagandistischen Mitteln bekämpft.

Innerhalb des Landbundes versuchte man die divergierenden Interessenkonflikte zu überbrücken. Mit den Landarbeitern gelang dies nur ungenügend. Der gelbe Landarbeiterbund war in Brandenburg schwächer als in Pommern. Die sozialistischen und christlichen Konkurrenzorganisationen hier stärker. Schließlich bedeutete der Abfall des Großteils der Landarbeiter vom Landbund einen Bedeutungsverlust für den Brandenburgischen Landarbeiterbund und eine Schwächung für die Allianz von Großgrundbesitzern und Landarbeitern.

Anders jedoch wurden die Interessenkonflikte von Großgrundbesitzern und Bauern überbrückt. Hierbei diente der BLB als Dachorganisation der konträren Verbände von Verpächtern und Pächtern. Trotz etlicher Kon

---

[61] „Gegen den Reichsgrundbesitzerverein“, in: Landbund Züllichau-Schwiebus 2.1921, Nr. 24 (12.6.).

[62] „Die Gesamtvorstandssitzung“, in: Der BLB 2.1921, Nr. 20 (3. Mai-Nr.).

[63] Dieser war u. a. auch Vorsitzender des Verpächtervereins.

flikte auch Anfang der 30er Jahre sprengte dies nicht den Landbund. So wurde der BLB die umfassende Organisation der brandenburgischen Bauern und Großgrundbesitzer.

Die Dominanz des BLB zeigte sich dann auch in der Landwirtschaftskammer, der halbstaatlichen Berufsvertretung, in der der BLB fast uneingeschränkt vertreten war.

War die Landwirtschaftskammer mehr für agrartechnische Fragen zuständig, so suchte man im BLB agrarpolitische Forderungen der Landwirte durchzusetzen. Wie gezeigt wird, wurde dabei der agrarpolitische Kampf weit überschritten zu politischen und gar paramilitärischen Auseinandersetzungen mit der jungen Weimarer Republik.

II. Die Mobilisierung des Landbundes als Kampforganisation

1. Der wirtschaftpolitische Kampf gegen die Zwangswirtschaft und für politische Ziele

Der Kampf gegen die Zwangswirtschaft

Die Landbünde hatten mit ihrem Kampf gegen die Zwangswirtschaft viele Bauern mobilisieren können. Unter dem Druck der Basis hatte der Reichslandbund, stärker noch als die Christlichen Bauernvereine und der Deutsche Bauernbund, mit steigender Vehemenz den Abbau der zwangswirtschaftlichen Regelungen vorangetrieben und auch durchsetzen können. Hierbei wurde der RLB federführend, war dies doch für ihn gleichzeitig ein Kampf gegen die Regierung, gegen die republikbejahenden Parteien. Anfangs wurde dieser Kampf mit den traditionellen wirtschaftpolitischen Mitteln geführt: Landbundversammlungen mit Petitionen an die Regierungen und die Parteien. Hierbei wurde immer die massenhafte Unterstützung der Forderungen durch die eigene Basis betont, die die parlamentarische Lobbyarbeit der Reichslandbundspitze unterstützen sollte. Ziel war 1922 die Abschaffung der zwangswirtschaftlichen Erfassung des Getreides, der „Getreideumlage"[64]

Am 14. Februar beschloss der Brandenburgische Landbundtag den Kampf für die Aufhebung der zwangswirtschaftliche Erfassung des Ge-

[64] Die Getreideumlage, 1921 eingeführt, bedeutete, dass bestimmte Getreidemenge mit zwangswirtschaftlich festgesetzten Preisen zur Verteilung aufgebracht werden mussten (maßgeblich waren die für die Kreise bestimmten Mengen). Darüber hinaus erzielte Mengen konnten die Landwirte frei verkaufen.

treides für das Wirtschaftsjahr 1922/23.[65] Neu war in diesem Jahr die Vehemenz und die neuen Formen des Protestes.

Im Anschluss an die Generalversammlung des KLB Cottbus am 9. Februar wurde die Resolution gegen die Getreideumlage nicht von einer Abordnung zum Landrat gebracht, sondern, so die Landbundzeitschrift, „mehrere Bauernredner … erzwangen schließlich unter stürmischen Beifall einen Demonstrationszug durch die Stadt zum Landratsamt“[66]. Straßendemonstrationen waren als Kampfmittel bisher unüblich. Doch, so der KLB-Vorsitzende von Cottbus, v. Natzmer, sei es „unerläßlich …, wenn man im neuen Staat … sich ... dieser neumodischen republikanischen Manieren bedient.“[67] Es ist davon auszugehen, dass der Demonstrationszug von ihm mitgeplant war.

Auch im Kreis Jüterbog-Luckenwalde kam es nach der Generalversammlung am 13. Mai 1922 zu einem Straßenumzug von etwa 1 000 Leuten, der zum Landratsamt führte, wo die Resolution gegen die Umlage überbracht wurde.[68]

Doch in der weiteren Auseinandersetzung um die Umlage spielten solche Straßendemonstrationen keine Rolle. Als Kampfmaßnahmen wurden neben dem Lieferstreik, d.h. der Boykott der Ablieferung des Getreides, vor allem der Umlageboykott ins Auge gefasst. Dieser Umlageboykott betraf zum einen die Angabe über Anbauflächen, zum anderen sollte auch die Mitarbeit bei den Ernteabschätzungen verweigert werden.[69] Das Muskelspiel während der parlamentarischen Verhandlungen um die Umlagegesetze war immens. Die Chancen für die Aufhebung standen nicht schlecht, denn die lobbyistischen Verhandlungen des RLB waren so weit, dass die Getreideumlage abgeschafft oder doch das Ablieferungssoll ganz erheblich reduziert worden wäre.

---

[65] Vgl. „Fort mit der Umlage!“, in: Der BLB 3.1921, Nr. 9 (4. Feb.-Nr.).

[66] „Generalversammlung am 9. Februar.“, in: Der Landbund 3.1922, Nr. 7 (17.2.).

[67] v. Natzmer (Gahry), „Erfahrungen und Schlußfolgerungen aus meiner Tätigkeit in der Landbund-Organisation.“, in: Der BLB 3.1922, Nr. 11 (2. März-Nr.).

[68] Vgl. Schr. Schliebs, W. an Rösicke v. 16.5.1922, in: BArch N 2244, Nr. 165.

[69] So plädierte v. Natzmer gegen den Lieferstreik, aber für den Umlageboykott: v. Natzmer (Gahry), „Erfahrungen und Schlußfolgerungen aus meiner Tätigkeit in der Landbund-Organisation.“, in: Der BLB 3.1922, Nr. 11 (2. März-Nr.). Zu den Maßnahmen siehe auch: „Richtlinien der organisierten Landwirtschaft gegen die Getreideumlage.“, in: Der BLB 3.1922, Nr. 24 (2. Juni-Nr.). Diese waren vom KLB Lebus verfasst und auch in anderen KLB-Zeitschriften wie auch in der liberalen und linken Presse veröffentlicht worden. Auf Grund dieser Veröffentlichung durchsuchte die Berliner Kriminalpolizei die Geschäftsräume des BLB; vgl. Hogrefe o.T o.D., in: RLB 59b Bl. 210.

Der Rathenau-Mord und die Folgen

Doch eine Tat von rechtsradikalen Terroristen machte alle Hoffnungen zunichte: der Mord am Reichsaußenminister Walter Rathenau am 24. Juni 1922. Die Deutschnationalen wiesen nicht nur jede Mitschuld an dem Attentat zurück, sondern verurteilten dieses als „fluchwürdiges Verbrechen".[70] Lobend hervorgehoben wurde sogar, dass ein Mittäter (Techow) von seinem Onkel, einem Rittergutsbesitzer bei Frankfurt/O, ergriffen und der Berliner Kriminalpolizei übergeben wurde.[71]

Solch ein Attentat zählte nicht zum Repertoire des politischen Kampfes der DNVP und die Verurteilung ist deshalb glaubwürdig.[72] Auch eine direkte Verbindung zur das Attentat ausführenden Organisation Consul gab es nicht.

Doch schwer wog die Verantwortung der Deutschnationalen für die indirekte Unterstützung des Attentats. Offensichtlich unterstützt wurden andere paramilitärische Organisationen (wie die Orgesch), die wiederum Querverbindungen zur Organisation Consul hatten. Hochgehalten und unterstützt wurden solche ehemaligen Freikorpsangehörige ("Baltikumer"), aus deren Reihen sich die Attentäter rekrutierten. In den Reihen der DNVP selbst waren Vertreter des äußerst rechtsradikalen Flügels, die dieses Attentat zumindest billigten.

Nicht zuletzt aber war die rechtsradikale Propaganda der Deutschnationalen in einer Hochphase: Antirepublikanische und antisemitische Parolen wurden nicht nur allgemein politisch, bzw. auf Parteien bezogen gebraucht, sondern erstreckten sich auch auf Attacken gegen einzelne Personen. Ganz konkret hatte der Deutschnationale Karl Helfferich, der „in den Jahren zuvor schon Matthias Erzberger mit einer gnadenlosen Kampagne überzogen und zum Rücktritt vom Amt des Finanzministers gezwungen hatte"[73], im Laufe der Reichstagsverhandlungen sich Walter Rathenau als Opfer erkoren. Seine verbalen Attacken erstreckten sich nicht nur auf die Politik Rathenaus, sondern griffen an, ja verunglimpften die Person Rathenaus und die Angriffe waren mit antisemitischen Tiraden übersät. Die-

---

70 „Schutz der Verfassung!", in: Der Landbund 3.1922, Nr. 28 (14.7.)

71 Vgl. „Maßnahmen der Deutschnationalen Volkspartei", in: Neumärkischer Landbote 1922, Nr. 74 (2.7.).

72 Andrerseits ist das Eintreten für die Amnestie der Attentäter, Mitglieder der Schwarzen Reichswehr und Fememörder seitens der DNVP hierzu ein Widerspruch wie schon Annelise Thimme betonte; vgl. Annelise Thimme, Flucht in den Mythos. Die Deutschnationale Volkspartei und die Niederlage von 1918, Göttingen 1969, S. 134-141.

73 Martin Sabrow, Märtyrer der Republik. Zu den Hintergründen des Mordanschlags vom 24. Juni 1922, in: Walther Rathenau 1867 – 1922. Die Extreme berühren sich, Berlin 1993, S. 221-236, hier S. 221. Vgl. zur Hetzkampagne gegen Rathenau: ders., Der Rathenaumord. Rekonstruktion einer Verschwörung gegen die Republik von Weimar, München 1984, S. 70-81.

se wurde von der deutschnationalen Presse (v. a. der Hugenbergpresse) weitertransportiert und fanden auch in der Landbundpresse Widerhall.[74]

Es war konsequent aber für die Deutschnationalen ein Schock, als gerade ein bürgerlicher Politiker, der Reichskanzler Wirth (Zentrum), in seiner Rede zum Rathenau-Mord seine Finger auf die deutschnationale Fraktion richtete und ausrief: „Der Feind steht rechts!"

Die Deutschnationalen waren empört, aber begannen sich erst jetzt von ihrem äußersten rechten Flügel zu distanzieren. Ihre extrem rechte Propaganda wurde, zumindest für eine Weile, abgemildert.

Die Maßnahmen der Regierung beinhalteten ein Gesetzespaket, die „Gesetze zum Schutz der Republik". Darin enthalten waren Verbote rechtsradikaler Parteien und Organisationen, aber auch von deutschnationalen Versammlungen. Im weiteren Verlauf gerieten auch die Landbundfeste ins Visier staatlicher Überwachungsorgane. So wurde gegen die Landbundfeste in den Kreisen Züllichau-Schwiebus und Soldin ein Verbot ausgesprochen, da diese die Farben Schwarz-Weiß-Rot in Bändern, Schleifen oder Fahnen auf den Umzügen mitführen wollten. Diese Farben waren bewusst als Symbol gegen die Republik gerichtet. Nur durch Nachgeben der Landbünde konnten die Feste abgehalten werden.[75]

Die Reaktion des Parlaments ging aber noch in eine andere Richtung. Alle Hoffnungen auf den Erfolg der Lobbyarbeit des Reichslandbundes bezüglich der Getreideumlage (ob Abschaffung oder Reduzierung) wurden infolge der Reaktion auf das Attentat zunichte gemacht. Deutschnationale Wünsche wurden nicht mehr einbezogen. Mehrheitlich stimmte der Reichstag einer Getreideumlage zu, die in etwa der des letzten Jahres entsprach. Die Anzahl der von der Umlage befreiten Betriebe wurde erhöht, indem die Mindestgrenze der Betriebsgröße der an der Umlage beteiligten Betriebe erhöht wurde. Das bedeutete aber auch, dass die anderen Betriebe mehr abzuliefern hatten.[76]

---

[74] So z. B. in dem Verbandsorgan des KLB Landsberg: „Rathenau, er, der typische Vertreter des internationalen Großkapitals, er wird auch den feinen Plan ausgeheckt haben, mit dem angeblich die Entente, tatsächlich Alljuda, Deutschland und die Welt in Fesseln schlagen will.", in: „‚Eigentum ist Diebstahl.' Ein teuflischer Plan.", in: Neumärkischer Landbote 1921, Nr. 81 (13.7.). Oder höhnend im Ruppiner Verbandsblatt: „Und **Rathenau** aus dem Tale des Jordan ist – **Minister des Aeußeren im Deutschen Reiche!** Welch' unheimliches Gefühl der Sicherheit und des Geborgenseins im deutschen Vaterlande!! Nicht wahr, märkischer Bauer?", in: „Umschau!", in: Landbund Ruppin 3.1922, Nr. 8 (25.2.)

[75] Vgl. „Die Stellung des Brandenburgischen Landbundes zu den Verboten von Kreislandbund-Festen.", in: Der BLB 2.1921, Nr. 37 (2. Sept.-Nr.); „Verbot der Landbundfeste.", in: Der BLB 2.1921, Nr. 40 (1. Okt.-Nr.); „Landbundfest.", in: Landbund Soldin 3.1921, Nr. 37 (16.9.); „Unser Landbundfest.", in: Landbund Züllichau-Schwiebus 2.1921, Nr. 37 (11.11.); „Die staatsgefährlichen Landbundfeste.", in: Neumärkischer Landbote 1921, Nr. 107 (11.11.).

[76] Vgl. „Zur Getreideumlage", in: Reichslandbund 2.1922, Nr. 27/28 (15.7.).

Die erste Reaktion des BLB auf die Fortführung der Getreideumlage blieb im Kanon der Zeit vor der parlamentarischen Abstimmung:

> "Die Vertreterversammlung bleibt daher auch nach Annahme des Umlagegesetzes bei dem Beschluß der Generalversammlung des Brandenburgischen Landvolks im Zirkus Busch und lehnt in Uebereinstimmung mit den Beschlüssen des Reichs-Landbundes jede Mitwirkung an der Getreideumlage ab. Sie erwartet von sämtlichen angeschlossenen Verbänden mit allen Mitteln dahin zu wirken, daß kein Mitglied des Brandenburgischen Landbundes sich an der Durchführung des Gesetzes in irgendeiner Form beteiligt."[77]

Einige Kreislandbünde und Redner forcierten nun den Kampf gegen die Umlage. So hielt der Hauptgeschäftsführer des KLB Ruppin, Peter Hermann, auf der Mitgliederversammlung des KLB Templin am 30. Juli eine scharfe Rede gegen die Umlage mit folgender Forderung: "Jede Mitwirkung des Landbundes und aller seiner Mitglieder an der Durchführung des Umlagegesetzes ablehnen."[78] Diese Forderung wurde von der Versammlung nahezu wörtlich in einer Entschließung übernommen.

Bei der großen Mehrheit der Kreislandbünde wurden zwar Entschließungen gegen die Umlage gefasst, diese blieben aber eher schwach und beinhalteten keine konkreten Kampfmaßnahmen – im Unterschied zu denen vor der Verabschiedung des Gesetzes.[79]

Gänzlich gegen den Kampf eingestellt war die Spitzenorganisation, der RLB. So wurde folgendes in einem Rundschreiben vom 25. Juli 1922 den untergeordneten Hauptgeschäftsstellen angeordnet:

> "1.) Sabotage und passive Resistenz gegenüber dem Gesetz werden abgelehnt.
> 2.) Landwirte, die in den Ausschüssen ... zur Mitarbeit berufen sind, haben das Recht, diese Mitarbeit abzulehnen.
> Es ist aber in jedem Einzelfalle zu überlegen, ob die Ablehnung zweckmäßig ist; denn in den Ausschüssen ist den Landwirten die Möglichkeit gegeben, die Bedürfnisse der Landwirtschaft und die Schwierigkeiten, die die Umlage der Landwirtschaft bereitet, zur Geltung zu bringen."[80]

Ähnlich äußerten sich auch einige brandenburgische Kreisverbände. So erklärte der Vorstand des KLB Züllichau-Schwiebus: „Nachdem trotz der eingehend begründeten Vorstellungen und Warnungen der organisierten Landwirtschaft die Getreideumlage unter dem augenblicklichen politi-

---

77 "Die Vertreterversammlung am 11. Juli", in: Der BLB 3.1922, Nr. 28/29 (2. und 3. Juli-Nr.).

78 "Die Mitgliederversammlung", in: Nachrichtenblatt des Wirtschaftsverbandes des Kreises Templin 4.1922, Nr. 31 (4.8.).

79 Vgl. die schwachen Entschließungen des KLB Ostprignitz oder auch des KLB Ruppin (wo Hermann HGF war!); "Vertreterversammlung am 19.7.22.", in: Mitteilungen vom Landbund Ostprignitz 3.1922, Nr. 29 (21.7.); "Entschließung" [v. 6.8.], in: Landbund Ruppin 3.1922, Nr. 32 (12.8.).

80 "Zur Getreideumlage!" Rschr. RLB Dir. K. v. 25.7.1922, in: BArch R8034 I RLB, Nr. 55b, Bl. 150-152, hier Bl. 150.

schen Druck Gesetz geworden ist, erklären wir, daß wir von seiten unserer Organisation der Durchführung des Gesetzes zunächst keinen Widerstand entgegensetzen werden."[81]

Die Erklärung, die an den Landrat weitergereicht wurde, beinhaltete einen grundsätzlichen Protest gegen die Umlage, Begründungen, warum man gegen sie sei, und die Forderung, die Preise zu erhöhen. Im Anschluss an den Abdruck der Erklärung entschuldigte sich der Autor, Hauptgeschäftsführer Fink, für die Zustimmung zur Mitarbeit am Umlageverfahren:

> „Die Leitung, das heißt der Vorstand des Landbundes weiß sehr wohl, wie stark die Mißstimmung über die Umlage unter den Landwirten ist, denn die Vorstandsmitglieder sind ja selbst von der Umlage betroffen.
> Ueber das Verhalten des Landbundes zur Umlage hat sich der Vorstand lange den Kopf zerbrochen. Das Ergebnis ist unseren Mitgliedern bekannt.
> Heute wollen wir nur feststellen, daß alle unsere Ortsgruppen zwar nicht zufrieden sind, so doch das Verhalten des Landbundes billigen. Die einsichtigen Leute haben eingesehen, daß es eben nicht anders geht."[82]

Im Anschluss an diese schwache Erläuterung appellierte er, nicht aus dem Landbund auszutreten, und begründete das Scheitern des Umlagekampfes damit, dass „der Landbund leider noch nicht stark und geschlossen genug ist,um ein glattes ‚Nein!' zu sprechen."

Der Umschwung der Funktionäre vom Aufruf zum Abwehrkampf bis zum Aufruf zur Durchführung des Umlagegesetzes war vielgründig. Zum einen war das politische Klima nach dem Rathenau-Mord gegen die äußerste Rechte, also auch gegen die Landbünde, eingestellt. Die vom Reichstag erlassenen Gesetze „Zum Schutz der Republik" hatten indirekt zur Folge, dass einige Behörden ein schärferes Auge auf die Landbundorganisationen warfen. Ein Aufruf zum Boykott und zur Sabotage des Umlagegesetzes hätte rechtliche Konsequenzen nach sich ziehen können. Auffallend ist zumindest die Beteuerung in einigen Entschließungen, dass das Umlagegesetz nicht „sabotiert" werden solle. In der damaligen aufgeputschten Situation hätte der Boykott, der Kampf gegen die Umlage nicht nur bei den Kommunisten und Sozialdemokraten, sondern auch bei den liberalen und bürgerlichen Parteien, und sogar bei einigen Rechten (selbst in der eigenen Organisation) kein Verständnis gefunden.

Ein Boykott der Durchführung des Gesetzes hätte auch bedeutet, sich von der weiteren Umsetzung des Umlageverfahrens zurückzuziehen. So begründete der KLB Sorau-Forst die weitere Mitarbeit am Beschwerdeaus-

---

[81] F[in]k, "Zur Getreideumlage.", in: Landbund Züllichau-Schwiebus-Bomst 3.1922, Nr. 32 (6.8.). Daraus auch die beiden folgenen Zitate.

[82] Ebda.

schuss, nachdem, angeblich unzulässig, dieser um zwei Konsumentenvertreter verstärkt worden war:

> „1. Um jeden Eindruck einer Sabotage des Gesetzes zu widerlegen;
> 2. Um durch Erledigung der Beschwerden einen einigermaßen gerechten Verteilungsmaßstab im Kreis zu schaffen;
> 3. Um vielleicht auch die Konsumentenvertreter davon zu überzeugen, daß die Aufbringung des dem Kreise auferlegten Solls für viele Betriebe aus pekuniären Gründen unmöglich ist."[83]

Tatsächlich schaffte es der KLB Sorau-Forst (wie andere auch) die Konsumentenvertreter von einer gemeinsamen Protestresolution gegen die Umlage zu überzeugen. Kurz nach dem Rathenau-Mord und bei einem Boykott der Umlage wäre dies nicht möglich gewesen.

Am 16. September 1922 sprach sich der Haushaltsausschuss des Reichstages für eine erhebliche Erhöhung der Preise für die erste Rate der Umlage aus – gegen die Stimmen der sozialistischen Parteien.[84] Die weitere Durchführung der Umlage wurde immer mehr ausgehöhlt. Im Jahre 1923 waren die zwangswirtschaftlichen Bestimmungen nahezu abgeschafft; lediglich für Milch hielt man noch an Sonderregelungen fest.

Die Wirkung des Umlagekampfes für den Landbund selbst war zwiespältig. Zum einen hatte es der Landbund geschafft, mit dem Kampf gegen die Umlage die Interessen aller Landwirte zu treffen, die „Einheitsfront" von groß bis klein aufzubauen. Die Mobilisierungen zu den Protestkundgebungen aktivierten die Mitglieder und erreichten auch viele Landwirte, die dem Landbund noch fern standen. Das Jahr 1922 bedeutete nochmals einen erheblichen Mitgliederzuwachs für den BLB.

Bei der ungehemmten Forderung nach Abschaffung der Umlage (ohne Alternativvorschläge) verbanden sich die rücksichtslose Vertretung partikularer wirtschaftlicher Interessen und der Kampf gegen die Republik. Die Landbundorganisationen gingen so weit, dass sie ihre Mitglieder zu einer kampfbereiten Masse formierten, die – so schien es – einhellig die Mitwirkung an der Umlage boykottiert hätte. Nachdem die Getreideumlage Gesetz geworden war, bliesen die Landbundspitzen sehr schnell jegliche Kampfaktion ab. Angesichts der politischen Lage war dies auch nachvollziehbar. Andrerseits zeigen ähnliche Aktionen in den späteren Jahren, dass die Landbund-Führungen sich immer scheuten, den Kampf gegen die Regierung, den Staat aufzunehmen.

Die Kehrtwende der Führung stieß bei vielen Mitgliedern auf Unzufriedenheit. Die Entschuldigungen der Landbundführung, die Appelle zur Einigkeit und zum weiteren Kampf zeigen dies. Wegen dieser Unzufrie-

---

[83] "Bericht über die Verhandlungen im Umlage-Beschwerde-Ausschuß.", in: Landbund Sorau-Forst 3.1922, Nr. 43 (27.10.).

[84] Vgl. Schumacher, S. 172.

denheit, wohl mehr aber noch weil das größte gemeinsame Kampfobjekt, die Zwangswirtschaft, abgeschafft wurde, waren die Mitgliedszahlen in den Landbünden ab 1923 erstmals rückläufig.
Die Mobilisierung und Radikalisierung fand zwar nicht die uneingeschränkte Zustimmung der Mitglieder. Doch jene, die vor der Reichstagsabstimmung zur Getreideumlage mäßigend auftraten oder sich gegen Boykottmaßnahmen aussprachen, wurden an die Wand gedrückt. Im KLB Angermünde traten[85], nachdem sie auf einer Generalversammlung wegen ihrer Haltung gegen den Umlagekampf von der Versammlung angegriffen wurden, der Vorsitzende, Pastor Doyè, sowie drei weitere Vorstandsmitglieder, alle Gemeindevorsteher, von ihren Vorstandsposten zurück. Bei der kommenden Versammlung wurde der gesamte Vorstand neu gewählt. Vorsitzender wurde der radikalere Bauer Behnke. Der einzige brandenburgische KLB-Vorsitzende, der Pastor war, trat nach drei Jahren zurück.

Der Lieferstreik als politische Waffe

Der Lieferstreik wurde aber nicht nur als (potentielle) wirtschaftspolitische Waffe von den Landbünden verstanden. Schon im zweiten Jahr ihres Bestehens wurde der Lieferstreik als Mittel des „gewerkschaftlichen" Kampfes verstanden, die Formulierung zielt auf das Selbstverständnis der Landbünde als „Landbund-Gewerkschaft".[86] Ausgangspunkt der Diskussionen war der Generalstreik der Arbeiterschaft, der auf das Putschvorhaben Kapps folgte. Wie dieser, so sollte der „ländliche Generalstreik", der Lieferstreik, als „Abwehrwaffe" benutzt werden, gegen den Generalstreik der Arbeiter oder auch gegen revolutionäre Erhebungen.[87]

Dass dies keine rein theoretischen Diskussionen auf Reichs- oder Provinzebene waren, zeigen die Berichte von Landbundversammlungen. Auf einer Versammlung am 9. Mai 1920 der Ortsgruppe Benau (KLB Sorau-Forst) erklärte der 2. Vorsitzende des KLB, Peper, zum „Abwehrstreik der Landwirtschaft gegen einen neuen Generalstreik der Arbeiter", „daß die Landwirtschaft in einen solchen Streik nur im äußersten Notfalle eintreten würde und auch nur dann, wenn sie von gegnerischer Seite dazu gezwun-

---

[85] Vgl. hierzu: „Sitzungsbericht über die ordentliche Mitgliederversammlung am 10. Juli.", in: Landbund Angermünde 3.1922, Nr. 28 (15.7.), in: BArch R8034 II RLB-Pressearchiv, Nr. 2913, Bl. 198.

[86] Vgl. Kalckreuth-Casel, Eberhard, „Die Landbund-Gewerkschaft.", in: Der BLB 1.1920, Nr. 38 (5. Sept.-Nr.). Dieser Artikel des Vorstandsmitglied im BLB und späteren RLB-Vorsitzenden war eine Erwiderung auf einen Artikel v. Oertzens im Pommerschen Landbund, der die „Landbund-Gewerkschaft" als Schlagwort verurteilte. Demgegenüber propagiert hier Kalckreuth den (Liefer-) Streik als Kampfmittel der Landwirtschaft.

[87] Vgl. „Generalstreik und Lieferstreik.", in: Der BLB 1.1920, Nr. 20 (3. Mai-Nr.).

gen würde."[88] Bei der Vertreterversammlung des KLB Calau am 4. Mai fand eine „Aussprache statt über die Beteiligung der Landwirtschaft am nächsten Generalstreik. Es wurde schließlich einstimmig beschlossen, entsprechend dem Aufruf der landwirtschaftlichen Zentralorganisationen schleunigst den Abwehrstreik für den Fall eines politischen Generalstreiks der Arbeiterschaft zu organisieren." Die Ortsgruppenvorsitzenden wurden aufgefordert „für die heute vorgetragenen neuen Gedanken eifrig zu agitieren."[89]

Praktisch eingesetzt wurde der Streik als Waffe im politischen Kampf der Landbünde bei den Disziplinarmaßnahmen der Regierung gegen Landräte, die beschuldigt wurden, den Kapp-Putsch unterstützt zu haben.

Gerade um die Posten der Landräte, mit der Zwitterstellung von Vollzugsorgan der Regierung und Funktionsträger der kommunalen Selbstverwaltung, entzündeten sich die Konflikte zwischen Landbevölkerung und Staat. Hier konnte der Landbund massiv gegen die (preußische) Regierung vorgehen, wie an den folgenden drei bekannten Aktionen gezeigt wird.

Im Landkreis Westprignitz wurde gegen den dortigen Landrat Spiritus wegen vorgeworfener Beteiligung am Kapp-Putsch ein Disziplinarverfahren eingeleitet und von der Regierung ein kommissarischer Landrat, in den Augen des Landbundes „unzulässig", eingesetzt.[90]

> „So war die Lage eine solche, dass die Möglichkeit durchaus gegeben war, der Regierung eine entscheidende Niederlage beizubringen, die Regierung in volles Unrecht zu setzen und damit das Interesse der ländlichen Teile des Kreises dadurch zu wahren, dass man die Regierung zwang, den Landrat Sp. von rechtswegen im Amt zu belassen. Der Landwirte-Verband [KLB] hatte zwei Möglichkeiten. Er konnte den Lieferstreik proklamieren oder aber die Amts-, Gemeinde- und Gutsvorsteher veranlassen, ihren unrechtmässig eingesetzten Vorgesetzten ... als solchen nicht anzuerkennen und infolgedessen Befolgung seiner Verfügungen und einen amtlichen Schriftverkehr mit ihm abzulehnen. Man entschloss sich zu letzterem ... ."

Man hatte die größten Hoffnungen auf Erfolg, da alle ländlichen Amts-, Gemeinde- und Gutsvorsteher Mitglieder des KLB waren außer jenen Amtsvorstehern, die gleichzeitig Bürgermeister der kleineren Städte waren und einem Amtsvorsteher, „der der welfischen Partei angehört und infolgedessen bedauerlicherweise trotzdem er Rittergutsbesitzer im Kreise ist, das erforderliche Solidaritätsgefühl mit seinen Berufsgenossen im Kreise vermissen lässt."

---

88 „Bericht über die Versammlung der Ortsgruppe Benau.", in: Landbund Sorau-Forst 1.1920, Nr. 14 (14.5.).

89 „Bauernvereinigung Calau", in: Der Landbund 1.1920, Nr. 10/11 (7.5.).

90 Vgl. auch die folgenden Zitate: Rschr. BLB an alle angeschlossenen Verbände v. 2. 6. 1920, in: BArch R8034 I RLB (BLB), Nr. 176, Bl. 13-17.

Dieser Streik – passive Renitenz – scheiterte, da es dem kommissarischen Landrat gelang, eine nicht unbedeutende Zahl von Amtsvorstehern zur Aufgabe des Streiks zu bewegen. Der KLB machte in der Hauptsache den Amtsleiter der welfischen Partei dafür verantwortlich, musste aber selber eigene Fehler eingestehen. So hatte er es versäumt, die Amtsvorsteher auf den Streik festzulegen (schriftliche Bekundung) und während des Streiks selbst Überzeugungs- und Überwachungsarbeit zu leisten.

Anders endete eine ähnliche Aktion im Nachbarkreis Ostprignitz. Hier wurde ebenfalls vom KLB ein Streik der Amts-, Gemeinde- und Gutsvorsteher organisiert, nachdem gegen den Landrat v. Winterfeld ein Disziplinarverfahren eingeleitet und ein kommissarischer Landrat eingesetzt worden war.[91] Nicht alle, aber doch die große Mehrheit der Ortsvorsteher (150 von 200) beteiligten sich am Streik und führten ihn relativ erfolgreich zu Ende. Zwar wurde v. Winterfeld als Landrat nicht wiedereingesetzt, doch das Disziplinarverfahren gegen ihn wurde aufgehoben, der kommissarische Landrat abberufen und ein dem „Kreis" (dem Landbund) genehmer Landrat (Egidi) eingesetzt. Der ehemaligen Landrat v. Winterfeld, den der KLB in seinen Vorstand zuwählte[92], wurde nicht entlassen, sondern versetzt und fiel die Karriereleiter – wie sein Kollege aus der Westprignitz – hinauf.

Zu einem ländlichen Lieferstreik kam es im Kreis Königsberg.[93] Hier hatte die Regierung ebenfalls den Landrat, den späteren Innenminister Walter v. Keudell, wegen des Kapp-Putsches entlassen und einen kommissarischen Landrat eingesetzt. Dieser Landrat hatte, so der Landbund, einen Landarbeiterstreik „zumindest begünstigt". Der Landbund beschloss, dass der Kreis von den Landwirten zwar beliefert werden, aber nichts aus diesem herauskommen sollte. Dies traf besonders empfindlich die Milchlieferung nach Berlin. Dieser Lieferstreik hatte den Erfolg, dass die Regierung mit dem Landbund schnell einen Kompromiss aushandelte. Von der linken und liberalen Presse aber wurde dieser Streik als Anlass

[91] Vgl. „Zur Amtsenthebung des Landrats v. Winterfeld", in: Mitteilungen des Landbundes Ostprignitz 1.1920, Nr. 3 (23.7.); „Bericht über die Versammlung der Amts-, Guts- und Gemeindevorsteher der Ostprignitz am Sonntag, den 22. August.", in: ebda., Nr. 4 (30.7.); „Auch der Landrat der Ostprignitz. Bericht über die Versammlung der Amts-, Guts- und Gemeindevorsteher der Ostprignitz am Sonntag, den 25. Juli.", in: Landbund Westprignitz 1.1920, Nr. 5 (7.8.). Das Datum, das im Organ des KLB Ostprignitz angegeben wurde, kann nicht stimmen.

[92] Vgl. „Zuwahl zum Vorstande des Landwirteverbandes.", in: Mitteilungen des Landbundes Ostprignitz 1. 1920, Nr. 8 (27.8.).

[93] Vgl. „Lieferstreik.", Landbund Ruppin 1.1920, Nr. 23 (2.10.); „Der Verband zur Wahrung der ländlichen Interessen des Kreises Königsberg-Nm.", in: Der Brandenburgische Landbund, 1.1920, Nr. 36 (3. Sept.-Nr.); „Der ländliche Lieferstreik.", in: ebda., Nr. 37 (4. Sept.-Nr.). Vgl. auch Müller, Wählerbewegung, S. 39.

genommen, gegen den Lieferstreik – den Streik mit Lebensmitteln – massiv zu protestieren.

Diese Reaktion wirkte auch auf die Diskussion in den Landbünden: „Wir sind uns schon heute klar darüber, daß die uns feindlich gegenüberstehende Presse, vielleicht auch die Regierung, uns das Verbrechen, das wir angesichts der Ernährungslage mit einem Streik begehen, vorwerfen wird." Über die Frage des Eintritts in einen Lieferstreik wurde nun vorsichtiger diskutiert, mit der Betonung dass man nicht bei „geringfügigen Fragen", sondern nur dann, wenn „lebenswichtige Fragen der Landbevölkerung auf dem Spiele stehen" in einen Streik treten würde.[94]

Fast ein Jahr später, am 29. Juni 1921, war der Lieferstreik („Abwehrstreik") Tagungspunkt der Sitzung des Gesamtvorstandes des BLB. Die politische Lage wurde als Grund genannt, dass für die Durchführung eines Lieferstreiks organisatorische Vorbereitungen getroffen werden sollten. Insbesondere die Kämpfe rechter Freikorps in Oberschlesien, bei denen diese viele Waffen erhielten, sowie die Fememorde und Attentate (Erzberger) verschärfte die Lage im Innern Deutschlands. Im einleitenden Referat stellte Hermann, der Geschäftsführer des KLB Ruppin, die Richtlinien für den ländlichen Lieferstreik dar. Bei der Diskussion wurden auch schon Möglichkeiten eines Lieferstreiks nach Aufhebung der Zwangswirtschaft angedacht. Für die Organisation des Abwehrstreikes stimmten alle Kreisverbände außer dem KLB Sorau-Forst und man verabschiedete folgende Richtlinien:

> „1). Der Ablieferungsstreik (in besonderen Fällen auch der Steuerstreik) wird als äusserstes Mittel zur Durchsetzung der Landwirtschaft im Staate anerkannt. Er muss von den Kreisverbänden gründlich vorbereitet werden.
> 2). Dazu werden sofort in jedem Kreise Kommissionen von 2-3 sachverständigen Landwirten, die den Kreis genau kennen, gebildet, die die Durchführungsmöglichkeiten im einzelnen prüfen und daraufhin die Vorbereitungen treffen, bezw. die bisherigen Vorarbeiten eingehend überprüfen und nötigenfalls ergänzen.
> 3). Für die Provinz wird eine 6 gliedrige Kommission (3 Herren vom Landbund, 3 von der Arbeitsgemeinschaft) demnächst zusammentreten und Richtlinien für das Arbeiten in den Kreisen festlegen."[95]

Bemerkenswert ist hierbei, dass die Organisation des Lieferstreiks von der „Arbeitsgemeinschaft" (der paramilitärischen Organisation des BLB)[96] mitorganisiert werden sollte. Ja die Diskussion selbst war, wie der Vorsitzende v. Schütz einleitend wiedergab, von der Arbeitsgemeinschaft ange-

[94] „Die Frage des Lieferstreiks.", in: Landbund Ruppin 1.1920, Nr. 31 (27.11.).

[95] BLB, „Niederschrift über die Sitzung des Gesamtvorstandes des Brandenburgischen Landbundes am 29. Juni 1921 im Grossen Saal des Reichslandbundes.", in: BArch R8034 I RLB, Nr. 49a, Bl. 267-282, hier: Bl. 271RS.

[96] Zur Arbeitsgemeinschaft siehe unten.

regt worden. Dies zeigt, dass es sich bei der Diskussion um den Lieferstreik mehr als nur um eine wirtschaftliche Boykottmaßnahme handelte. Es handelte sich hierbei (auch) um einen Teil der Kampfmaßnahmen gegen die politische Linke, sei es in der Regierung oder auch außerparlamentarische Aktivitäten, wie beim Generalstreik gegen den Kapp-Putsch. Diese Maßnahmen schlossen auch die aktive Beteiligung bei einem erneuten Putschversuch der Rechten mit ein. Einige Punkte der von Hermann als Diskussionsgrundlage vorgebrachten Richtlinien weisen in dieselbe Richtung: So beinhalteten diese die Aufnahme von „Familien der Bürger, die am tätigsten für uns wirken", aus aufrührerischen Städten, sowie die Errichtung von Straßensperren und Eisenbahnkontrollen.[97]

Für die weitere Organisierung des Lieferstreiks wurde bald darauf, am 19. Juli 1921, eine außerordentliche Vertreterversammlung des BLB zusammengerufen, die in einer Entschließung den Lieferstreik als nicht nur wirtschaftliches, sondern auch politisches Kampfmittel bestätigte. Trotz teilweise vorsichtiger Formulierungen handelte es sich hier um eine den Lieferstreik-Gedanken vorwärtstreibende Entschließung. Der Lieferstreik von „Unternehmern" wurde gleichgesetzt mit dem Streik der Arbeiter. Die besondere Bedeutung des Lieferstreiks für die Gesamtbevölkerung wurde nicht berücksichtigt: der Entzug von lebenswichtigen Grundmitteln („Lebensmitteln"), insbesondere da Teile der Bevölkerung in der unmittelbaren Nachkriegszeit immer noch hungerten. Die Gründe für eine Ausrufung des Lieferstreiks wurden nicht eingeschränkt, sondern durch die schwammige Formulierung noch ausgeweitet: „zur Wiederherstellung der bedrohten Ruhe und Ordnung und zur Sicherung der Existenz der Landwirtschaft". [98] Diese Gründe konnten also viel bedeuten, so die Gefahr der teilweisen Enteignung des Großgrundbesitzes (obwohl diese zu jenem Zeitpunkt nicht wirklich drohte), die Verschärfung der Zwangswirtschaft, Steuererhöhungen oder die zu jenem Zeitpunkt umkämpfte Abschaffung der paramilitärischen Organisationen der Rechten. Als Grund für den Lieferstreik wurden aber auch immer wieder Streiks der Landarbeiter oder der Generalstreik (wie es ihn als Reaktion auf den Kapp-Putsch gab) genannt.[99]

Die Entschließung des BLB rief demzufolge heftigste Reaktionen der linken und der liberalen Presse und Politiker hervor, denen der BLB in seinem Organ immer wieder entgegentrat.[100] Betont wurde in der Vertei-

---

[97] Hermann, „Referat: Richtlinien für den Abwehrstreik" (Anlage Nr. 4), in: BArch R8034 I RLB, Nr. 49a, Bl 282+RS.

[98] Vgl. „Der Existenzkampf der Landwirtschaft.", in: Der BLB 2.1921, Nr. 30 (4. Juli-Nr.).

[99] Vgl. Fk. [Fink], „Die politische Lage.", in: Landbund Züllichau-Schwiebus 2.1921, Nr. 33 (14.8.).

[100] Vgl.: „Entrüstungs-Rummel.", in: Der BLB 2.1921, Nr. 34 (4. Aug-Nr.); „Lieferstreik.", in: ebda. Nr. 38 (3. Sept.-Nr.); „Gassenton", in: ebda., Nr. 39 (4.Sept.-Nr.);

digung, dass der Ablieferungsstreik als letztes Mittel und zur Abwehr benutzt werden würde, was angeblich aus der Entschließung hervorging. Lediglich die politischen Feinde würden diese Entschließung – absichtlich – falsch verstehen.

Doch es waren nicht nur die politischen Feinde, die gegen die Entschließung waren:

> „In der Aussprache über den Lieferstreik auf der Vertreterversammlung des Reichs-Landbundes haben wir erfahren müssen, dass die Stellung des Brandenburgischen Landbundes in der Streikfrage nicht nur von der linksradikalen Presse, sondern auch in weiten Kreisen der Landwirtschaft, besonders außerhalb der Provinz Brandenburg, mißverstanden wird.“

Dieses „Missverstehen“ erfolgte also ebenso von der eigenen Organisation und musste mit einer vier Punkte umfassenden Erklärung richtig gestellt werden:

> „1. Der Brandenburgische Landbund hat nie daran gedacht, den Streik als politische Angriffswaffe zu gebrauchen.
> 2. In der Aussprache des Brandenburgischen Landbundes, wie man sich bei etwaigen, die Existenz der Landwirtschaft bedrohenden steuerlichen Maßnahmen der Regierung gegenüber benehmen soll, wurde ausdrücklich betont, daß gegen derartige Maßnahmen nicht der Ablieferungsstreik in Frage kommen könne.
> 3. Das Mißverständnis ist entstanden durch die kurzgefaßten stichwortartigen Richtlinien über die Vorbereitung des Streiks, die zwar allen Teilnehmern an der Versammlung ohne weiteres verständlich waren, die aber in den Verbänden, denen diese Richtlinien vom Reichs-Landbund zugestellt sind und die naturgemäß unseren Gedankengängen ferner stehen, offenbar falsch aufgefaßt sind. In der Linkspresse sind sie dann durch willkürliche Streichung ganzer Sätze in hetzerischer Absicht noch weiter entstellt und agitatorisch gegen die Landwirtschaft ausgeschlachtet worden.
> 4. Nach diesen Feststellungen ist die Behauptung sinnlos, der Brandenburgische Landbund habe mit einem Angriffsstreik gedroht. Wir halten fest an den alten Beschlüssen des Reichs-Landbundes und werden das Streikmittel lediglich als äußerste Maßnahme zur Abwendung der die Existenz der Landwirtschaft bedrohenden Gefahren vorbereiten, wie das auch kürzlich in Franken geschehen ist.“[101]

Nicht bekannt ist, inwieweit die Richtlinien für die Vorbereitungen eines Lieferstreiks in den Kreisen umgesetzt wurden. Zumindest enthielten die Richtlinien Anweisungen, die, die negativen Erfahrungen in der Westprignitz berücksichtigend, die Chancen für die erfolgreiche Durchführung eines Lieferstreiks erhöhten: Der Effekt der Diskussion war zumindest, dass die Stimmung der Mitglieder aufgeputscht wurde und sie als

---

„Lieferstreik und kein Ende.“, in: ebda. Nr. 44 (1. Nov-Nr.); „Die Angst vor dem Lieferstreik“, in: Landbund Züllichau-Schwiebus 2.1921, Nr. 34 (21.8.).

[101] „Lieferstreik.“, in: Der BLB 2.1921, Nr. 40 (1. Okt.-Nr.).

Teil des politischen und paramilitärischen Kampfes angesprochen wurden. Dass die vage und damit weitgreifende Entschließung des Brandenburgischen Landbundes nicht nur von den Gegnern aufs heftigste angegriffen wurde, sondern bei den eigenen Verbänden auf Unverständnis stieß, bedeutete eine herbe Niederlage und verursachte einen peinlichen Rückzieher. Doch dass die Diskussion von einem völkischen Geschäftsführer vorangetrieben wurde und die Entschließung eine fast unwidersprochene Annahme ergab, zeigt die Radikalität auch führender Köpfe im Brandenburgischen Landbund. Im Folgenden wird dies am Beispiel der paramilitärischen Aktivitäten des BLB gezeigt.

2. Die paramilitärische Organisierung: Von den Einwohnerwehren zur Schwarzen Reichswehr

Die Einwohnerwehren

Obwohl der „politische" Lieferstreik über wirtschaftspolitische Zielsetzungen hinausging, benutzte er die Kampfmittel einer wirtschaftspolitischen Organisation. Doch schon zur Gründungszeit erachteten es die Landbünde als ihr Ziel, die „Einwohnerwehren" zu unterstützen. Die auf dem Land vor allem von Bauern getragenen Einwohnerwehren wurden ab Ende 1918 ins Leben gerufen, ab März 1919 nahm deren Ausbreitung nochmals enorm zu.[102] Die preußische Regierung versuchte die Einwohnerwehren zu regulieren – Zirkular vom 18. März 1919, Neufassung am 15. April – und die eindeutig reaktionäre Zusammensetzung der Einwohnerwehren zu durchbrechen. Andrerseits gab es Bestrebungen von rechter Seite, die Einwohnerwehren auf provinzieller oder staatlicher Ebene zusammenzufassen. So wurde vom Gardelegener Bauern- und Landarbeiterbund der „Schutzverband der deutschen Landwirtschaft" gegründet, im Sommer wurden in Ostpreußen die Einwohnerwehren in einem „Heimatbund" zusammengefasst.

Aufgabe der Einwohnerwehren sollte der „Flurschutz" sein, das heißt die Verhinderung des Diebstahls der Ernte auf den Feldern, bzw. auch auf den Höfen. Schon während des Krieges, vor allem aber in der Nachkriegszeit, nahmen die Felddiebstähle angesichts der Lebensmittelknappheit zu. Es waren nicht nur einzelne Personen, die durch diese Diebstähle ihre Ernährung aufbesserten, sondern es gab immer mehr organisierte Banden, die die Lebensmittel in den Städten auf dem Schwarzmarkt verkauften. Die Landgendarmen waren mit der Überwachung der Felder weit überfordert.

[102] Vgl. zu folgendem insbesondere: Jens Flemming, Die Bewaffnung des „Landvolks". Ländliche Schutzwehren und agrarischer Konservatismus in der Anfangsphase der Weimarer Republik, in: MGM 2/79, S. 7-36, v. a. S. 12-14.

Die andere selbstzugewiesene Aufgabe der Einwohnerwehren war der Kampf gegen den „Bolschewismus von innen und außen" und gegen die Ausbreitung des „Bolschewismus auf dem Lande". Damit wurde den Einwohnerwehren weit über eine begrenzte polizeiliche Funktion (Schutz der Landwirtschaft) hinaus eine politische Funktion zugestanden. Das Schlagwort „Kampf gegen den Bolschewismus", später wurde meist von „Aufrechterhaltung von Ruhe und Ordnung" geredet, zum einen Tätigkeiten, die auch die Freikorps ausübten: Kampf gegen die „Siegermächte" und gegen die Streiks und Aufstände der Linken. Die Einwohnerwehren verstanden sich als Ordnungsmacht, die die Reichswehr unterstützen oder ersetzen sollte. Eindeutig sahen sie ihre Aufgabe im Kampf gegen Links.[103] Der propagierte Kampf gegen die „Ausbreitung des Bolschewismus auf dem Lande" beinhaltete vor allem die Bekämpfung von Landarbeiterstreiks. Dass diese wohl auch von sozialdemokratischen oder den christlichen Landarbeitergewerkschaften getragen waren, machte in der Sichtweise der rechtsradikalen (Groß-) Grundbesitzer kaum einen Unterschied.

Dass staatlicherseits diese paramilitärischen Organisationen, die eindeutig gegen die Republik eingestellt waren, nicht nur nicht verboten, sondern auch noch mit Waffen versorgt wurden, kann nur so verstanden werden, dass das Schlagwort „Bolschewismus" nicht nur die Liberalen, sondern auch die Sozialdemokraten blind gemacht hat. Wie zu zeigen sein wird, waren die Einwohnerwehren bzw. ihre Nachfolgerorganisationen nicht defensiv, sondern spielten eine aktive Rolle bei den reaktionären Putschvorbereitungen und Putschversuchen.

Im Folgenden wird die Entwicklung dieser paramilitärischen Organisationen in Brandenburg bis 1923 nachvollzogen. Mehr noch als für die Landbundorganisationen ergibt sich dabei ein Quellenproblem. Denn die meisten Aktionen lagen am Rande der Legalität und in der Illegalität. Schwer einzuschätzen ist auch die Qualität der paramilitärischen Formationen. Einzelne Abteilungen oder Gruppierungen dürften zwar für militärische Aktionen geschult gewesen sein (weit über das im Weltkrieg Erlernte hinaus). Der Großteil der Wehren bestand aber lediglich aus Bauern, für die Waffen vorgesehen waren oder die diese besaßen. Selbständig hätten sie keinen Putsch durchführen aber sicherlich diesen tatkräftig unterstützen können.

Der erste Putschversuch der Rechten, der Kapp-Lüttwitz-Putsch, war zu Ende bevor er richtig begonnen hatte. Nachdem es nicht gelungen war, die Reichswehr(-führung) zum Sturz der Republik zu überreden, scheiterte das „Unternehmen" kläglich. Der Brandenburgische Landbund, obwohl er den Putschisten in ihren Zielen zustimmte, konnte sich angesichts des

---

[103] Vgl. „Aufruf!", in: Der BLB 1.1920, Nr. 34 (1. Sept.-Nr.).

jähen Endes von dem Putsch distanzieren. Gleichzeitig aber verurteilte er den von den Gewerkschaften ausgerufenen Generalstreik.[104]

Wesentlichen Anteil am Scheitern des Putsches hatte auch der von den Gewerkschaften ausgerufene Generalstreik der Arbeiter gegen den Putsch. Ziel des Streiks war es unter anderem, Maßnahmen zur Stabilisierung der jungen Republik von der Regierung zu erzwingen. Dazu zählte auch die Entwaffnung und Auflösung der rechten Einwohnerwehren.

In der Ostprignitz kam es zu bewaffneten Auseinandersetzungen zwischen Arbeiterwehren und Einwohnerwehren.[105] Hier hatte der Landrat v. Winterfeld die Einwohnerwehren gegen den Streik der Arbeiter (zur „Wiederherstellung von Ruhe und Ordnung“) mobilisiert. Die Arbeiterwehr von Pritzwalk zog auf das Land und begann Einwohnerwehren zu entwaffnen und Waffenlager auszuheben. In dem Dorf Kuhbier stellte sich jedoch die Einwohnerwehr gegen die Arbeiterwehr. In dem bewaffneten Kampf (später als die „Schlacht von Kuhbier“ bezeichnet) gab es einige Verletzte und die Arbeiterwehr musste von ihrem Unternehmen ablassen. Der Landrat hatte mit der Mobilisierung gegen den Generalstreik gegen die Regierung gehandelt. Die Stoßrichtung der Einwohnerwehr – als Unterstützer eines Putschversuches – war offensichtlich.

In Cottbus und Umgebung kam es ebenfalls zu Kämpfen. Die Einwohnerwehren unterstützen hierbei die in Cottbus stationierten Reichswehreinheiten. Diese, unter der Führung des den Putsch unterstützenden Majors Bruno Ernst Buchrucker, gingen massiv gegen die Arbeiter vor.[106] Angeblich vermittelnd trat hier der KLB-Vorsitzende v. Natzmer auf.[107]

Laut v. Natzmer hatte der KLB, nachdem auch die Landarbeiter den Generalstreik gegen den Putsch mitmachten, eine Versammlung der Landarbeitergewerkschaften, des Kreislandbundes, des städtischen Gewerkschaftskartells und des Landrates zusammengerufen. Diese endete mit einem Aufruf, die landwirtschaftliche Produktion zu sichern: es war ein Appell an die Landarbeiter, den Streik abzubrechen, an die Landwirte, Produktion und Lieferung aufrechtzuerhalten und an die städtische Arbeiterschaft, keine Übergriffe auf landwirtschaftliche Betriebe zu unternehmen.

Inzwischen waren, vor allem aus dem Senftenberger Kohlenrevier, bewaffnete Arbeiter über das Land in Richtung Cottbus gezogen. Ziel der Aktionen der Arbeiterschaft waren weniger „Aufhebung illegaler Le-

---

[104] Hillger, Hermann, [Aufruf], in: Der BLB 1.1920, Nr. 11/13.

[105] Vgl. Schr. Polizeiverw. Pritzwalk v. 20.3.1920, in: BLHA 2A Reg. Potsdam I Pol., Nr. 1459, Bl. 375-377.

[106] Vgl. hierzu insbesondere [Bruno Ernst] Buchrucker, Der Aufruhr bei Cottbus im März 1920. Mit 8 Kartenskizzen, Cottbus 1920. Die Broschüre erschien in v. Natzmers Zeitschriftenverlag.

[107] Vgl. dazu auch. Natzmer, Gneomar v., „Verständigung oder Hungersnot.“, in: Der Landbund 1.1920, Nr. 7 (2.4.).

bensmittelverstecke" bzw. „Plünderungen" (so die Interpretation der Landbünde). Die Notiz im KLB-Organ zeigt, trotz Blickwinkel und Sprachgebrauch („Spartakisten") der Rechten, das Ziel der Arbeiterwehren: die Entwaffnung der Einwohnerwehren:

> „Wilmersdorf. Am Dienstag der Revolutionswoche erschien hier ein Trupp von etwa 25 Mann bewaffneter Spartakisten und forderten die Gewehre der Einwohnerwehr. Als ihnen diese verweigert wurden, versuchten sie ihren Zweck mit Drohungen zu erreichen. Dem Gemeindevorsteher wurde eine Pistole auf die Brust gesetzt. Schließlich zogen sie von Haus zu Haus und forderten unter Androhung von Gewalt die Abgabe der Gewehre. Etwa 20 Stück fielen ihnen in die Hände."[108]

Die Lage in und um Cottbus hatte sich jedoch erheblich verschärft. Der Garnisonsälteste, Major Buchrucker, hatte auf Grund des vom Reichswehrminister am 13. März 1920 erlassenen Ausnahmezustands am 15. März die vollziehende Gewalt in Cottbus übernommen. Obwohl Buchrucker keine öffentliche Erklärung für Kapp-Lüttwitz abgab, ließ er keinen Zweifel aufkommen, dass er für die Putschisten war und massiv gegen streikende Arbeiter vorgehen würde. So verbreitete er schon am 15. März eine Verordnung gegen Maßnahmen der Streikenden (Vorgehen gegen Streikbrecher), die von v. Lüttwitz erlassen worden war.

Am 16. März ließ er Einheiten aus der Kaserne gegen die Streikenden ausrücken, mit dem Ergebnis, dass das Militär fünf Leute erschoss. Eine Durchsuchung der Druckerei der sozialdemokratischen Märkischen Volksstimme brachte zwar nicht die vermuteten Waffen zu Tage, wohl aber wurden die Druckerpressen durch Handgranaten zerstört.

Aus dem Senftenberger Kohlenrevier waren bewaffnete Arbeitereinheiten am 16. März nach Cottbus gesandt worden und waren mit der Bahn nur bis nach Drebkau, 15 km südöstlich von Cottbus, gekommen. Von hier aus rückten sie gegen Cottbus vor. In den Dörfern entwaffneten sie die Einwohnerwehren.

Buchrucker schickte Militär gegen diese Arbeitereinheiten. Es kam zu mehreren Kämpfen, in denen das Militär die Arbeiter zurückschlug. Mit dem Rücktritt der Regierung „Kapp-Lüttwitz" in Berlin endeten auch die Kämpfe in Cottbus.

Hatten die Truppen Buchruckers fünf Tote und 18 Verwundete zu vermelden, so waren nach Angaben der Staatsanwaltschaft von den streikenden Arbeitern 48 getötet worden. „Ihre Gesamtzahl war wohl wesentlich höher; sie und die Zahl der Verwundeten wird niemals genau festgestellt werden."[109]

---

[108] „Aus den Ortsgruppen.", in: Der Landbund 1.1920, Nr. 7 (2.4.).
[109] Buchrucker, Aufruhr, S. 32.

Die „Arbeitsgemeinschaft landwirtschaftlicher Organisationen"

Obwohl es klar war, dass die Einwohnerwehren, wie die Freikorps, den Putsch unterstützt hatten, und die Arbeiter deren Entwaffnung (zum Schutz der Republik!) forderten, machte die Reichsregierung keine Anstalten zu deren Auflösung. Erst auf Druck der Entente erließ sie eine Verordnung zur Auflösung von Freikorps und Einwohnerwehren, die von der Preußischen Regierung rasch und konsequent auch umgesetzt wurde.

Die Landbünde legten gegen die Auflösung der Einwohnerwehren Protest ein. Unverholen war gar die Eingabe des Kreislandbundes Züllichau-Schwiebus – unterschrieben von 83 Vertrauensmännern und Mitgliedern – an den Landrat im April 1920:

> „In Anbetracht der stets drohenden Gefahr eines polnischen Überfalles, und um das Eigentum und die für die Volksernährung so überaus wichtige Ernte gegen plündernde Horden sichern zu können, halten wir die Aufrechterhaltung der Einwohnerwehren für unumgänglich notwendig, insbesondere mit Rücksicht auf den sich stets weiter ausbreitenden Bolschewismus. Die organisierten Landwirte des Kreises werden sich gutwillig einer Waffenabgabe nicht fügen und nötigenfalls in einen Lieferstreik eintreten."[110]

Der Protest fruchtete zwar nichts, die Landbünde umgingen aber die vollkommene Auflösung, indem sie die Einwohnerwehren in andere paramilitärische Formationen umwandelten. Auf Kreisebene nannten sich diese „Selbstschutz"-Organisation oder „Heimatschutz" und waren den Kreislandbünden angegliedert. Als provinzieller Zusammenschluss dieser paramilitärischen Verbände wurde im Mai 1920 die „Arbeitsgemeinschaft landwirtschaftlicher Organisationen" gegründet, die im BLB eingegliedert war.[111] Auf Reichsebene war diese der „Organisation Escherich" (Orgesch) angegliedert.

Die Orgesch wurde im Mai 1920 vom „Forstrat" Georg Escherich, dem Landeshauptmann der bayerischen Einwohnerwehren, gegründet.[112]. Sie diente als Tarn- und Auffangorganisation für die verbotenen Einwohnerwehren. In Preußen wurde die Orgesch im Juli 1920 verboten, existierte aber in anderen Ländern weiter. Wieder kam es zu Protestschreiben gegen deren Auflösung.[113]

---

[110] „Gegen die Auflösung der Einwohnerwehren.", in: Landbund Züllichau-Schwiebus 1.1920, Nr. 16 (25.4.).

[111] Vgl. „AG der landwirtschaftlichen Organisationen Brandenburgs", in: Der BLB 1.1920, Nr. 33 (4. Aug.-Nr.).

[112] Vgl. Erwin Könnemann, Organisation Escherich (Orgesch) 1920-1921, in: Lexikon zur Parteiengeschichte Bd. 3, Leipzig 1985, S. 555-563.

[113] Vgl. „Aufruf!", in: Der BLB 1.1920, Nr. 34 (1. Sept.-Nr.). Vgl. auch das Schreiben des KLB Züllichau-Schwiebus, das am 25. 8. 1920 an den Landrat übergeben wurde: „Verbandsnachrichten. Aus der Vorstandssitzung am 24. August 1920.", in: Landbund Züllichau-Schwiebus 1.1920, Nr. 34 (29.8.).

In Brandenburg wurde die „Arbeitsgemeinschaft landwirtschaftlicher Organisationen“ zwar nicht verboten, musste aber ihre Waffen abliefern. Keineswegs jedoch stellte sie ihre Tätigkeit vollends auf die „geistige Führerschaft ihrer Anhänger“ – wie es nun hieß – um.

Von den Einwohnerwehren wurden die „Baltikumer“ (ehemalige Freikorpsoffiziere) als Organisatoren und Ausbilder übernommen und wohl auch angestellt. Der Besitz der Waffen wurde verheimlicht. So hatte ein Angestellter des Großgrundbesitzers Bodo v. d. Marwitz ein illegales Waffenversteck („21 Infanteriegewehre und 1 Maschinengewehr mit Munition, Leuchtpistolen etc.“) angelegt, von dessen Existenz nicht einmal sein Arbeitgeber wusste.[114] Nur selten gelang es, illegalen Waffenbesitz an die Öffentlichkeit zu bringen, wie etwa dem Landrat des Kreises Westprignitz. Dieser deckte eine Waffenschiebung mit 7 Maschinenpistolen von Mitgliedern der Arbeitsgemeinschaft landwirtschaftlicher Organisationen auf. Führender Kopf der Waffenschieber (laut Landbundorgan „aufrechte Männer der Westprignitz“) war der Großgrundbesitzer Dr. Heinke, Vorstandsmitglied im KLB.[115] Vom Gericht wurden die Waffenschieber allerdings freigesprochen.[116]

Der Heimatbund

Im Frühjahr 1921 gab der Reichsrat dem Druck der Alliierten nach und verfügte die Auflösung aller Selbstschutzorganisationen. Auch die bayerische Regierung musste nun die Orgesch im Juni 1921 auflösen. Im Sommer 1921 war von der preußischen Regierung unter anderen auch die Auflösung der „Arbeitsgemeinschaft landwirtschaftlicher Organisationen Brandenburgs“ verordnet worden. Als Nachfolgeorganisation der Arbeitsgemeinschaft wurde sogleich der „Brandenburgische Heimatbund“ gegründet. Recht unverholen zeigte sich dies bei der Kreisorganisation Landsberg:

> „nach erfolgter Auflösung der Arbeitsgemeinschaft wurde sofort und spontan aus der Versammlung heraus der klare Wille laut, die Gemeinschaft der Mitglieder nicht der Vergangenheit zu überlassen. Und … die Versammlung [wurde] sich darüber schlüssig, e i n e n e u e V e r e i n i g u n g z u g r ü n d e n, den **Brandenburgischen Heimatbund**.“[117]

---

[114] Schr. Rudolf Karrer an Bodo v. d. Marwitz v. 2.3.1933, in: BLHA Rep. 37 Gut Friedersdorf, Nr. 382, Bl. 10-11. Erst mit diesem Schreiben erfuhr v. d. Marwitz von diesem Versteck. Karrer war 1920-1921 Güterdirektor in Friedersdorf.

[115] Vgl. „Aufrechte Männer der Westprignitz“, in: Landbund Westprignitz 2.1921, Nr. 19 (7.5.).

[116] „Die Waffenschiebung vor Gericht.“, in: Landbund Westprignitz 3.1922, Nr. 2 (14.1.).

[117] „Gründung des Brandenburgischen Heimatbundes.“, in: Neumärkischer Landbote 1921, Nr. 99 (24.8.).

Selbstverständlich war dies keine „spontane“ Aktion, die Statuten und das Programm wurden sogleich beraten und so abgefasst, dass daran „wohl keine Entente und keine noch so diensteifrige Regierung etwas auszusetzen haben dürfte.“

Wie schon die Arbeitsgemeinschaft nach angeblicher Waffenablieferung nur noch „durch das Wort“ die „geistige Führerschaft ihrer Anhänger“ zu erreichen suchte, so war auch der Brandenburgische Heimatbund vordergründig ein Propagandaverein für „deutsches Denken und Fühlen“.

Klar war, dass er wie der Vorgänger die paramilitärische Organisation des Landbundes bzw. der Rechten war. Um den Brandenburgischen Heimatbund zu finanzieren, hatte der Vorsitzende der Organisation, v. Schütz, Einladungen an „je 10 Angehörige des Grossgrundbesitzes sowie auch vom Handel und der Industrie“ pro brandenburgischen Landkreis verschickt. Erschienen waren bei der Versammlung am 29. November 1921 etwa „400 Herren“. In den Vorträgen von v. d. Osten und Forstrat Escherich (!) lobte man den „Selbstschutz“ gegen die „Kommunisten“. „In der darauf folgenden Aussprache wurde die finanzielle Sicherung des Heimatbundes … geklärt“ und für 1922 „eine besondere Umlage“ erhoben.[118] Der Heimatbund war zwar eine eigenständige Organisation, es gab mit dem Landbund aber ideologische und personelle Überschneidungen. Organisatorisch waren die beiden Organisationen auch auf Kreisebene verflochten.

Als Beispiel dienen hier die Organisationen im Kreis Oststernberg. Auf der Versammlung des Heimatbundes „ergriff Herr Landrat von Bockelberg das Wort. Er legte die Aufgaben des Heimatbundes dar und wies nach, dass dessen Ziele und die des Landbundes sich ergänzten und vielfach ineinander übergriffen. Aus diesem Grunde und um den Heimatbund auf eine noch breitere Grundlage zu stellen, schlug er eine Verschmelzung des Heimatbundes mit dem Landbunde vor. Der von ihm formulierte Antrag wurde von der Versammlung einstimmig angenommen.“[119] Der Landbund stimmte in einer Mitgliederversammlung diesem zu: „Der Landbund Oststernberg und der Heimatbund Oststernberg werden verschmolzen. Der Heimatbund bleibt als selbständige Abteilung des Landbundes bestehen. Sein Vermögen geht in den Landbund über. Der Landbund hat dafür für die weitere Aufbringung der Mittel zu sorgen.“[120] Grund für die Verschmelzung dürfte doch die leichtere Finanzierung des

---

[118] Schr. RLB „Kurzer Bericht über die Sitzung des Brandenburgischen Heimatbundes am 29. November 1921.“ v. 1.12.1921, in: BArch R8034 I RLB, Nr. 49b, Bl. 177-178.

[119] „Bericht über den Verlauf der Generalversammlung des Heimatbundes Ost-Sternberg am 18. Januar 1922.“, in: Nachrichtenblatt des Landbundes Ost-Sternberg 4.1922, Nr. 4 (28.1.).

[120] „Bericht über die Sitzungen des Landbundes Ost-Sternberg am 4. März 1922“, in: Nachrichtenblatt des Landbundes Ost-Sternberg 4.1922, Nr. 10 (11.3.).

Heimatbundes über den Landbund gewesen sein. Der Heimatbund wurde im Wesentlichen von den Großgrundbesitzern finanziert.[121]

Nach dem Mord an Walther Rathenau wurde auch der Heimatbund verboten. Doch diese Organisation wurde illegal weiter erhalten, inzwischen mit Waffen reichlich versorgt. Denn während der Kämpfe in Oberschlesien hatten die Freikorps viele Waffen, auch von der Reichswehr, erhalten. Nach diesen Kämpfen brachten wohl auch Brandenburger, die in Oberschlesien mitgekämpft hatten, Waffen mit oder diese wurden an die entsprechenden Organisationen (eben dem Heimatbund) verteilt.

Die Schwarze Reichswehr und der Küstriner Putsch

Im Jahr 1923 spitzte sich die Lage im Deutschen Reich zu: eine galoppierende Hyperinflation, Verarmung des städtischen Mittelstandes, Hunger in den Städten, Ruhrbesetzung, revolutionäre Bewegungen der Linken, Putschabsichten der Rechten kennzeichneten dieses Jahr.

In dieser Situation hatte die Bewaffnung des Landvolkes dreierlei Funktion: Zum einen diente sie dem „Dorfschutz", das heißt bewaffnete Patrouillen gegen plündernde Städter. Die Hyperinflation verschärfte die Lage in den Städten, Hunger breitete sich aus. Einzelne Personen, Gruppen und auch organisierte Banden zogen aufs Land, um Nahrung im Schwarzhandel zu bekommen. Vereinzelt plünderten sie auch Felder und Höfe. Meldungen über solche Überfälle füllten zu Hauf die Landbundzeitschriften. Die Landbünde verbanden damit die Forderung nach staatlichem Schutz[122]

Zum zweiten aber diente die Bewaffnung der Unterstützung der Rechten im Falle eines Bürgerkrieges, ähnlich wie die Einwohnerwehren beim Kapp-Putsch eingeplant bzw. tatsächlich eingesetzt wurden.[123] In einem Rundschreiben vom 23. 8. 1923 des KLB Züllichau-Schwiebus wurde für den Fall eines bald drohenden Bürgerkrieges gerüstet:

---

[121] [Bruno Ernst] Buchrucker, Im Schatten Seeckt's. Die Geschichte der „Schwarzen Reichswehr", Berlin 1928, S. 27.

[122] Vgl. hierzu die Entschließung des KLB Cottbus v. 9. Sept. 1923 in: BArch R8034 I RLB, Nr. 49b, Bl. 211. Abgedruckt in: „Generalversammlung.", in: Der Landbund 4.1923, Nr. 38 (21.9.). Vgl. auch die Anweisung des preußischen Innenministers Severing vom 10. September 1923 an die untergeordneten Behörden der diese auffordert, sowohl die Landwirte zur schnelleren Ablieferung von landwirtschaftlichen Erzeugnissen zu drängen als auch den staatlichen Schutz zu erhöhen. Abdruck in: „Erhöhte Wachsamkeit!", in: Landbund Prenzlau 4.1923, Nr. 41 (23.10.).

[123] Vgl. dazu auch den Aufruf zur Organisation des Abwehrkampfes im Organ des KLB Sorau-Forst im Juni 1923: „Der 9. November 1918 und heute.", in: Landbund Sorau-Forst 4.1923, Nr. 22 (1.6.).

„Alle Dörfer und Güter richten sofort zusammen den schon oft besprochenen Dorfschutz ein. Mit den Nachbardörfern ist hierin zusammen zu arbeiten. …
Wir müssen also an den zuerst bedrohten Punkten möglichst stark sein.
Jedes Dorf weiß, von welcher Seite ihm die Gefahr droht. In dieser Richtung ist die Verteidigung vor das Dorf zu verlegen.
Straßen und besondere Punkte müssen gesichert werden. ...
Alles, was an Waffen im Dorfe und auf dem Gut ist (Jagdgewehre), muß herausgeholt werden. Die Waffen sofort nachsehen!
Im Dorfe sieht die Sache folgendermaßen aus: Kommen Alarmnachrichten (Stichwort: Bauernschreck!), so bleiben die alten Leute, Frauen und Kinder auf dem Hofe.
Die Bauern, Besitzer und wehrfähigen Söhne sammeln sich auf dem Dorfplatz. Waffenverteilung.
Von einer Dorfpatrouille werden alle wehrfähigen Männer einschließlich Arbeiter aufgefordert, an der Verteidigung des Dorfes teilzunehmen. Wer nicht mitmachen will, wird als unsicher festgesetzt. (Scheune, Speicher, Bewachung davor!).
Die Bauern müssen also zunächst das Regiment im Dorfe straff in die Hand nehmen. – Ein oder mehrere energische Männer (frühere Soldaten) übernehmen die Führung. Rücksichtsloser Gebrauch der Waffen schafft am schnellsten Ruhe. Mit Plünderern wird kurzer Prozeß gemacht. Wohlgemerkt, wir handeln als die Angegriffenen in der Notwehr! ....“[124]

Die Anweisungen zielten wohl kaum gegen plündernde Banden, wie es sie in der Umgebung Berlins zur Inflationszeit gab. Geplant wurden aber paramilitärische Maßnahmen, die sich gegen linke Truppen oder einen „kommunistischen Aufstand“ richteten. Deutlich zu erkennen sind hier die Erfahrungen, die man mit den Arbeiterwehren während des Kapp-Putsches gemacht hatte. Diese hatten auf den Dörfern nach versteckten Waffen oder gehorteten Lebensmitteln gesucht (so in der Ostprignitz) oder waren auf dem Marsch in Richtung Stadt durch die Dörfer gezogen (so im Kreis Cottbus). Die paramilitärische Vorbereitung hatte kaum etwas mit dem so bezeichnetem „Dorfschutz“ gegen Plünderer zu tun.

Die Aufrüstung und Unterhaltung einer paramilitärischen Organisation waren Element zur Unterstützung eines geplanten Rechtsputsches. Denn nach dem gescheiterten Kapp-Putsch waren die Gedanken an einen gewaltsamen Sturz der Republik durch die Reichswehr oder mit Hilfe großer Teile der Reichswehr, keineswegs verflogen. Im Jahre 1923 war ein rechter Putsch greifbar nahe. Die Besetzung des Ruhrgebietes durch Frank-

[124] Der Vorwärts hatte diese vertrauliche Rundschreiben veröffentlicht: „„Stichwort: Bauernschreck.'“, in: Vorwärts 421 v. 9.9.1923, in: BArch R8034 II RLB-Pressearchiv, Nr. 2914, Bl. 11. Der KLB Züllichau-Schwiebus verurteilte jenen, der das Rundschreiben weitergereicht hatte und versuchte den Inhalt herunterzuspielen, dementierte ihn aber nicht: „„Bauernschreck' oder viel Lärm um Nichts!“, in: Landbund Züllichau-Schwiebus-Bomst 4.1923, Nr. 38 (23.9.).

reich, die Hyperinflation mit Not und Hunger in den Städten, damit verbunden Plünderungen auf dem Lande, schließlich linke Umsturzbewegungen und Separatistenbewegungen in Bayern stürzten das Reich in eine tiefe Krise. Die Haltung der Reichswehr zu jener Zeit war nicht gewiss.

Inwieweit führende Köpfe des RLB und BLB in diese Putschvorbereitungen einbezogen waren ist ungewiss. Relativ sicher ist aber, dass auch brandenburgische Adlige 1923 an Diskussionen über einen Rechtsputsch beteiligt waren. So war der brandenburgische Großgrundbesitzer Bodo v. d. Marwitz nach Berlin zu einem Geheimtreffen eingeladen, dass „ein wichtiges staatspolitisches Thema" behandelte und ein „Referent Hitlers" dazu extra angereist kam. Es ging höchstwahrscheinlich um die Unterstützung (v. a. finanziell) für einen geplanten Umsturz, so sein Cousin: „Ich empfehle dir sehr zu diesem Vortrag zu kommen, da die Dinge zur Entscheidung drängen. Ich bin der Ansicht, daß wir zu dieser Bewegung klar Stellung werden nehmen müssen, da sie in dem kommenden Kampf mit dem Marxismus entscheidend sein wird."[125]

Über die defensive Rolle des Dorfschutzes hinaus aber war der Landbund beteiligt an der Aufstellung einer aktiv putschenden Truppe: Der Schwarzen Reichswehr.[126]

Hauptakteur bei der Vorbereitung und Durchführung des Putsches war der Garnisionsälteste von Cottbus, Major Bruno Ernst Buchrucker. Wegen seiner eigenständigen militärischen Aktivitäten im Anschluss an den Kapp-Putsch wurde er im Oktober 1920 aus der Reichswehr entlassen. „Er trat in den Dienst der Orgesch der Provinz Brandenburg", das war die Arbeitsgemeinschaft landwirtschaftlicher Organisationen, „die sich in dieser Provinz später in den Heimatbund umwandelte. Der Heimatbund wurde dann durch den preußischen Innenminister aufgelöst, bestand aber heimlich weiter." Buchrucker hatte militärische Vorbereitungen zu treffen und gewann dabei die Ansicht, dass „ohne enge Anlehnung an die Reichswehr nicht weitergearbeitet werden dürfe. Er trat daher mit dem Wehrkreis III (Berlin) in Verbindung und begann mit ihm eine gemeinsame Tätigkeit."[127]

---

[125] Schr. Achim v. Arnim-Criewen an Bodo v. d. Marwitz v. 23.8.1923, in: BLHA Rep. 37 Gut Friedersdorf, Nr. 346, Bl. 11.

[126] Vgl. hierzu: Bernhard Sauer, Schwarze Reichswehr und Fememorde. Eine Milieustudie zum Rechtsradikalismus in der Weimarer Republik, Berlin 2004. Unverständlicherweise hat Sauer den Nachlass v. Oppen-Tornows nicht genutzt, darin sind umfangreichere Schriftwechsel mit Buchrucker und Fememördern enthalten, die von v. Oppen und seiner Organisation „Nationale Nothilfe" unterstützt worden waren.

[127] Buchrucker, Im Schatten, S. 5. In seinem Bericht über den Küstriner Putsch beschreibt er seine Rolle in 3. Person. Vgl. auch: Irma Nagel, Fememorde und Fememordprozesse in der Weimarer Republik, Köln u. Wien 1991, S. 39-40.

Gelegenheit boten dazu die nach den oberschlesischen Kämpfen zurückgebrachten und über das Land verstreuten Waffen und sonstiges militärisches Gerät. Buchrucker stellte dazu so genannte „Arbeitskommandos“[128] auf. Deren Mitglieder bestanden aus

> „Leuten, die mit ihm vom Heeresdienst in Verbindung standen, ferner aus dem Heimatbunde und aus anderen mit ihm Fühlung haltenden Verbänden... Die Angehörigen der Arbeitskommandos wurden formell als Zivilangestellte und Zivilarbeiter bezeichnet. Sie trugen aber die Uniform von Reichswehrtruppenteilen, lagen in Reichswehrkasernen und hatten Reichswehrausweise... . Die Angehörigen der Arbeitskommandos fühlten sich daher als Soldaten und zwar als Reichswehrsoldaten.“

Nach diesem Waffensammeln begann Buchrucker mit dem Aufstellen von Truppenkörpern; die Verknüpfung zum Heimatbund, und damit Landbund war klar:

> „Für diese Truppen sollten im Bedarfsfalle Offiziere und Mannschaft von den vaterländischen Verbänden und von einer Bezirkskommando-Organisation gestellt werden, die der Wehrkreis mit Hilfe des Heimatbundes einrichtete, trotzdem dieser vom preußischen Innenminister verboten war. In jedem Kreise hatte der vom Heimatbund gewählte Obmann oder ein von diesem einzusetzender älterer Offizier a. D. die Geschäfte als Bezirkskommandeur zu führen... . Der Heimatbund hatte sämtliche 4 Kreise der Provinz in 4 Gruppen unter von ihm gewählten Gruppenführern zusammengefaßt; der Wehrkreis ernannte alte Offiziere a. D., denen es oblag, die von den Gruppen und Kreisen des Heimatbundes zu treffenden militärischen Vorbereitungen zu leiten und zu beaufsichtigen.“[129]

Buchrucker schaffte es, dass diese Truppen, zu denen immer mehr jüngere Leute stießen, ab dem Sommer 1922 militärische Übungen absolvierten und zwar auf dem Gelände der Reichswehr und mit deren Unterstützung. So entstanden sogar „Maschinengewehr-Kompagnien“ oder „Minenwerfer-Kompagnien“. Die neuen Formationen, die eigentlich von der Entente verbotene Reservetruppen waren, nannte sich bald selbst „Schwarze Reichswehr“. Anfang September 1923 sah diese so aus: „4 Infanterie-Regimenter zu 3 Bataillionen, zusammen 12 000 Mann; 4 selbständige Bataillione und Sonderformationen, zusammen 6 000 Mann.“

Mit dem vermehrtem Umfang wuchs der Geldbedarf. Nur zu einem geringen Teil erhielt die Schwarze Reichswehr Geld über die Reichswehr. „Die Geldgeber gehörten der Industrie und der Landwirtschaft an.“[130]

---

[128] Arbeitskommandos gab es „beim Wachregiment Berlin, in der Spandauer Zitadelle, im Lager Döberitz, im Fliegerlager Elsgrund, in Lankwitz, Potsdam, Rathenow, Jüterbog, Beeskow, Fürstenwalde an der Spree, Küstrin, Lübben, Cottbus, Frankfurt/Oder, Schwedt/Oder, Spremberg und Wünsdorf bei Zossen, Crossen, Neuhammer, Prenzlau, Züllichau, Torgau und Perleberg.“ Nagel, Fememorde, S. 46-47.

[129] Buchrucker, Im Schatten, S. 6-7.

[130] Ebda., S. 27 u. 32.

Buchrucker betonte in seiner Schrift, dass die Schwarze Reichswehr nur zur Unterstützung der Reichswehr gegen äußere Feinde aber auch gegen linke Umsturzversuche im Innern eingesetzt werden sollte, angeblich war dies seine Motivation und die seiner Geldgeber. Er „dachte ... nicht an den Sturz der Verfassung.“ Dass auch ein Putsch beabsichtigt gewesen war, wissen wir aus anderen Bestrebungen, den Aussagen von Großgrundbesitzern, Zeugenaussagen in den Fememordprozessen wie auch dem Vorgehen Buchruckers selbst. Angeblich hatte der „Landbund ... zugesagt, mit Beginn des Unsturzes eine Liefersperre von Lebensmitteln für Berlin zu verhängen."[131]

Angeblich wollte er die Reichswehr und Reichsregierung dazu zwingen, die Schwarze Reichswehr in die Reichswehr zu integrieren und so eine Heeresverstärkung durchzusetzen. Dazu hatte er einen Plan ausgearbeitet:

> „Die vier selbständigen Bataillone und die Sonderformationen sollten geheim zusammengezogen werden und in einer Nacht überraschend das ‚Regierungsviertel' und andere wichtige Punkte Berlins besetzen, so dass der Regierung praktisch gezeigt wurde, welche Macht ihr zur Verfügung stand; hierfür war alles im einzelnen vorbereitet, das Küstriner Bataillon sollte mit bereitstehenden Lastkraftwagen herangezogen werden. Zu Beginn derselben Nacht sollte die Versammlung der vier Infanterie-Regimenter in der Provinz Brandenburg befohlen werden, sie waren dann am übernächsten Tage morgens verwendungsbereit. Die zur Mitwirkung bereiten militärischen Verbände im Reiche sollten sich versammeln, sobald sie hörten, daß der Schlag in Berlin ausgeführt sei; sie sollten lediglich ihre Truppen aufstellen und keinerlei Angriffe ausführen.“[132]

Der Beginn des Unternehmens war auf die Nacht vom 29. auf den 30. September festgesetzt. Angesichts des Aufwandes und Parallelen zum Kapp-Putsch kann man davon ausgehen, dass Buchrucker einen Putsch geplant hatte und die Reichswehr zum Mitmachen zwingen wollte.

Doch am 27. September erfuhr Buchrucker, dass der Reichspräsident den Ausnahmezustand ausgerufen hatte und die vollziehende Gewalt dem Reichswehrminister übertragen hatte. Offen und für Buchrucker klar war nun, dass die Reichswehr keinen Putsch mehr beabsichtigte. Im Gegenteil war damit zu rechnen, dass sich die Reichswehr gegen Buchruckers Unternehmen stellen würde.

Buchrucker befahl angeblich jetzt die Auflösung der vier Bataillone, von denen schon 4 500 Mann versammelt waren. Doch die Auflösung ging nur langsam voran, Teile seiner Einheiten wehrten sich gegen die Auflösung.

Am 30. September erfuhr Buchrucker, dass das Reichswehrministerium einen Haftbefehl gegen ihn erlassen hatte. Er fuhr nach Küstrin. Hier

---

[131] Sauer, S. 328.

[132] Buchrucker, Im Schatten, S. 35.

war ein Bataillon (mit etwa 550 Mann) versammelt. Den Kompanie- und Batterieführern teilte er mit, „daß er nun gewaltsam vorgehen und die Festung Küstrin besetzen würde; dies solle eine Fanfare für den nationalen Aufstand in Deutschland sein; es müsse erreicht werden, daß die Reichswehr mitmache oder wenigstens neutral verhielte. Buchrucker sagte dies, um die Truppe hinter sich zu bringen. Wenn er gesagt hätte, was er wirklich wollte, dann hätte sie sich versagt."[133] In seiner Verteidigungsschrift behauptete er, dass er mit einem Scheinangriff erreichen wollte, dass seine Truppenteile entweder in die in Küstrin stationierten Reichswehreinheiten integriert und dann aufgelöst werden würden oder aber dass sie sich den Reichswehreinheiten ergeben; angeblich wollte er eine friedliche Auflösung der Schwarzen Reichswehr. Dagegen sprachen aber sein Vorgehen und Zeugenaussagen der Mittäter.[134]

Am 1. Oktober morgens zog er mit den Einheiten nach Küstrin, da die Reichswehr aber eindeutig sich gegen das Unternehmen stellte, gab das Bataillon auf. Dies führte dann dazu, dass sich auch die Truppen in Berlin auflösten. Lediglich eine Kompanie des Küstriner Bataillons, das bei der Festung Gorgast bereitstand, kam mit der Reichswehr in Konflikt, es gab einen Toten und sieben Verletzte bei den Putschisten. Ansonsten verlief die Auflösung recht friedlich.

Dies Unternehmen ist bekannt als „Buchrucker-Putsch" oder „Küstriner Putsch". Beteiligt waren daran Mitglieder des Heimatbundes, das waren auch Mitglieder des Landbundes. Da nur Buchrucker und einige Offiziere verhaftet wurden, kann man wenig über die Zusammensetzung der Putschisten sagen. Auch Mitglieder des Junglandbundes Lebus waren in der Schwarzen Reichswehr und haben am Küstriner Putsch teilgenommen.[135]

In der Landbund-Presse ist wenig über den vereitelten Putsch berichtet worden. Der Landbund distanzierte sich davon – es handelte sich schließlich um Hochverrat. Chancen hätte er ja nur gehabt, wenn die Reichswehr mitgezogen hätte. Immerhin aber waren die Truppen umfangreich und gut ausgerüstet. Im Vergleich mit dem einen Monat später stattfindenden „Hitler-Putsch", der dagegen eher eine Farce war, hatte das Buchruckerunternehmen eher das Potenzial, einen rechten Putsch einzuleiten.

Nach dieser Putschepisode und dem Wandel in der Reichswehr spielte ein gewaltsamer Sturz der Regierung lange Zeit keine Rolle mehr in den Ü-

---

[133] Ebda., S. 49.

[134] Vgl. Sauer, S. 57-60 u. S. 331.

[135] Wilhelm Bredow und sein Cousin Theodor Bredow gaben dies in ihren Personalbögen für den Landesbauernrat an. Theodor Bredow gehörte demnach seit 1922 der Schwarzen Reichswehr an, absolvierte Ausbildungskurse in den Forsts Gorgast und Tschernow und nahm am Küstriner Putsch teil. Vgl. Personalbögen in: BArch R 16 I; Nr. 1317 und 1318.

berlegungen des Brandenburgischen Landbundes und seiner führenden Mitgliedern.

Paramilitärische Übungen blieben trotzdem Bestandteil der Rechten. Insbesondere der „Stahlhelm. Bund der Frontsoldaten" führte nun militärische Übungen, wenn auch in bescheidenem Umfange fort, ebenso die Organisation „Wehrwolf". Der Stahlhelm war mit dem Landbunde personell eng verflochten und organisatorisch durch korporative Mitgliedschaft. Obwohl der Stahlhelm viele Mitglieder in den Städten hatte, hatte er auch auf dem Lande viele Mitglieder, oft Landbundleute; ein Großteil des Geldes kam wohl von den Großgrundbesitzern und schließlich war der Vorsitzende des Stahlhelms in Brandenburg, Elhard v. Morozowicz, auch Funktionär im Landbund (oft bei den Vorstandssitzungen des BLB als Stahlhelmvertreter zugegen).[136] Als weitere paramilitärische Kraft dienten die Junglandbünde, wie unten gezeigt wird.

Eine andere paramilitärische Organisation, doch eng mit den eben genannten verknüpft, war der von Udo v. Alvensleben geführte geheime „Wehrbund Ostmark". Er wurde im Herbst 1924 gegründet und im Mai 1926 durch das Preußische Innenministerium aufgelöst. Immerhin hatte er 6 Kreisverbände mit etwa 32-34 Ortsgruppen. Er wurde aufgehoben, weil er trotz Verbots mit Maschinengewehren geübt hatte. Möglicherweise waren das noch Bestände des aufgelösten Heimatbundes bzw. der Schwarzen Reichswehr. Hauptsitz der auf die Neumark beschränkten Organisation war Frankfurt a.d.O; v. Alvensleben selbst hatte sein Gut im Kreis Lebus.[137]

Zusammenfassung

Die Selbstbezeichnung der Landbünde als „Kampfgemeinschaft" zeigte in den Anfangsjahren der Organisation viele Facetten. Bedeutsam für die Mobilisierung der bäuerlichen Bevölkerung war der wirtschaftspolitische Kampf gegen die Zwangswirtschaft. Mit Erfolg gelang es, die Bauern zu Protestversammlungen und auch schon zu bisher unüblichen Straßende-

[136] Zum Stahlhelm vgl. Volker R. Berghahn, Der Stahlhelm. Bund der Frontsoldaten 1918-1935, Düsseldorf 1966. Alois Klotzbücher, Der politische Weg des Stahlhelm, Bund der Frontsoldaten in der Weimarer Republik. Ein Beitrag zur Geschichte der „Nationalen Opposition", Diss. Phil. Erlangen-Nürnberg 1964. Vgl. zum Stahlhelm in Brandenburg : Wolfram Müller, Die volksfeindliche Tätigkeit des militaristischen Wehrverbandes „Stahlhelm" in Groß-Berlin und im Regierungsbezirk Potsdam in den Jahren 1924 bis 1933, Staatsex. PH Potsdam 1963.

[137] Vgl. Rschr,. Pr. MdI v. 12.5.1926, in: BLHA Rep. 6 B Kreisverwaltung Lebus Landratsamt, Nr. 218. Dort auch die Aktennotiz über die Beschlagnahme von Material des Wehrbundes Ostmark bei Udo v. Alvensleben. Vgl. auch die Akten im Preußischen Innenministerium: GStA PK I. HA Rep. 84a, Nr. 14342.

monstrationen zu aktivieren und damit auch weitere Mitglieder zu gewinnen. Auch konnten wirtschaftliche Boykottmaßnahmen zu politischen Zwecken benutzt werden und zur Aufrechterhaltung der Boykottaktionen war die Benutzung von Waffen zumindest eingeplant.

Von Anfang an war aber die Landbundbewegung mit der paramilitärischen Rechten verknüpft. Gerade in Brandenburg zeigte sich, dass diese paramilitärischen Organisationen (Einwohnerwehr, Heimatbund) nicht nur für den Flurschutz oder Grenzlandschutz als vielmehr sogar bei einem Bürgerkrieg oder einem Putsch eingesetzt werden sollten, ja eingesetzt wurden. Wie beim Kapp-Putsch so auch beim Buchrucker-Putsch sollten diese eine rechte Armee bzw. rechte Armeeteile beim Sturz der Republik unterstützen. Nach 1923 war jedoch diese Option in weite Ferne gerückt. Dazu trug sicher auch die Stärkung der Rechten in den Parlamenten und damit auch die Option legaler Veränderung bei.

Gerade die Verknüpfung mit den paramilitärischen Organisationen zeigt, dass der Landbund keine konservative, sondern eine rechtsradikale Organisation war, die mit Hilfe eines Putsches von Anfang an die Republik stürzen wollte.

III. Die Fixierung auf die DNVP und die Landbundideologie

1. Der Kampf gegen die liberalen Parteien

Parteienspektrum

Der Reichslandbund und seine Unterorganisationen bezeichneten sich als überparteiliche Berufsvertretung der Landwirtschaft. Seinen Einfluss auf Parlamente und Parteien wollte der RLB – wie im Kaiserreich der BdL – unter anderem dadurch vermehren, dass er auf den Kandidatenlisten der rechten Parteien seine eigenen Leute an aussichtsreicher Stelle zu platzieren suchte. Die gewählten Vertreter des Landbundes, die „Landbundabgeordneten", sollten dann parteienübergreifend die Wirtschaftspolitik des Landbundes vertreten. Doch während der BdL dies im Kaiserreich relativ erfolgreich praktizierte, vermochte der RLB „nicht einmal mehr die DNVP zu kontrollieren."[138] Seine dezentrale Struktur verhinderte, dass die RLB-Zentrale selbst die Kandidaten aufstellte, und die gewählten Vertreter sich dann nicht an die Weisungen der Zentrale hielten. Die Parteipolitik hatte während der Weimarer Republik mehr Gewicht als die wirtschaftspolitischen Landbundinteressen.

---

[138] Puhle, Agrarische Interessenpolitik, S. 306.

Die Auswahl der Parteien, bei denen Landbundkandidaten aufgestellt wurden und die man auch unterstützte, hing stark von der regionalen Situation ab. Eindeutig abgelehnt wurden die sozialistischen Parteien. Die liberale Partei DDP galt zwar als „bürgerlich", trotzdem wurde sie als nicht wählbar bezeichnet. Gegen sie richtete der Landbund vor allem seine massive antisemitische Propaganda. So wurde in einer Ortsgruppenversammlung des KLB Friedeberg kurz vor der Reichstagswahl 1920 konstatiert,

> „daß die Deutsche-demokratische Partei, die Veranstalterin des letzten Generalstreiks mit seinen traurigen Folgen, nie und nimmer landw. Interessen vertreten könnte. Dies gehe zur Genüge aus der maßlosen Hetze gegen die gesamte Landwirtschaft, gegen Groß und Klein, hervor, die hierbei mit Hilfe russischer und galizischer Juden in den Großstädten betrieben wurde. Man erinnere sich nur zahlloser Artikel im ‚Berliner Tageblatt'. Eine Partei, die in erster Linie von jüdisch-international-großkapitalistischen Interessen geleitet und beherrscht wird, kann unmöglich als bodenstandsfeindlich auch die Interessen der Bauern vertreten."[139]

Allein diese wenigen Sätze enthalten die rechtsradikalen antisemitischen Stereotype jener Zeit: Drahtzieher von Umstürzen, „Ostjuden", großstädtisch, Großstadtpresse, international, großkapitalistisch.

Die Parteien, die der Brandenburgische Landbund v. a. unterstützte, waren das Zentrum, die DVP und die DNVP. Das Zentrum, die Partei der Katholiken, konnte lediglich im Kreis Züllichau-Schwiebus nennenswerte Wahlergebnisse erreichen. In den anderen Kreisen Brandenburgs war sie – entsprechend der konfessionellen Struktur – unbedeutend.

Die rechtsliberale DVP, die weitgehend das Erbe der Nationalliberalen Partei des Kaiserreichs antrat, präsentierte sich zum einen als Partei des städtischen Bürgertums, zum anderen als Partei der bäuerlichen Besitzer. Ein Manko gegenüber der DNVP war gerade auf dem Land das Aufbringen von Wahlkampfgeldern, wie die DVP selbst bedauerte: „Die Deutschnationalen haben es in dieser Beziehung ausserordentlich leicht. Mit Hilfe der ungeheuren Mittel des Grossgrundbesitzes sind sie mit Leichtigkeit in der Lage die Wahlkampfkosten und die der gesamten Organisation zu tragen."[140]

Die DNVP wurde Ende Dezember 1918 als Sammelbecken von rechten Nationalliberalen, Altkonservativen, der Deutsch-Konservativen Partei und anderen rechten Parteien des Kaiserreichs gegründet. Zunächst waren in den Spitzenpositionen der Partei kaum adlige Großgrundbesitzer vertreten, erst 1919/20 gelang es ihnen, mehr Einfluss zu gewinnen und führende Positionen zu übernehmen.

---

[139] „Verbandsnachrichten. Kreisverband Friedeberg Nm. des Brandenburgischen Landbundes.", in: Der Neumärkischer Landbote 1920, Nr. 58 (7.5.).

[140] Schr. BLB (Weyland) an alle angeschlossenen Verbände v. 20.5.1920, in: BArch R8034 I RLB (BLB), Nr. 176, Bl. 10-12, hier: Bl. 10.

Auf dem Land hatten die (adligen) Großgrundbesitzer weiterhin einen bedeutenden Einfluss. Sie waren es, die auf lokaler Ebene die Partei mit aufbauten. Als Beispiel sei der Großgrundbesitzer v. Werben-Schönfeldt genannt, der eine deutschnationale Ortsgruppe gründete und leitete. [141] Auch auf Kreisebene und Wahlbezirksebene waren adlige Großgrundbesitzer führend in der Partei. So war der bei den Landbundgründungen so aktive Gneomar v. Natzmer-Gahry auch Kreisvorsitzender der DNVP für Cottbus.

Der Großteil der Mitgliedsbeiträge und Wahlspenden des Landes kam von den Großgrundbesitzern.[142] Zwar wehrte sich die DNVP vehement gegen den Vorwurf, sie sei die Partei der „Junker", aber de facto war sie dies – eindeutig zumindest auf dem Lande.

Als rechte Abspaltung von der DNVP wurde 1922 die Deutschvölkische Freiheitspartei (DVFP) gegründet.[143] Anlass waren die Bemühungen der DNVP nach dem Rathenau-Mord, sich von ihren rechtsradikalvölkischen Mitgliedern zu distanzieren. Die DVFP galt lange als das norddeutsche Pendant zur NSDAP. Doch war sie stärker an die Großgrundbesitzer gebunden und hatte einen schwach ausgebauten Parteiapparat. Ihr Hauptverbreitungsgebiet war Mecklenburg, relativ stark war sie aber für eine Zeit auch in Brandenburg.[144]

Landbundpartei oder Landliste

Nachdem bei den Wahlen zur Nationalversammlung am 19. Januar 1919 die Landwirte sehr wenig Mandate erreicht hatten und die Parteien, einschließlich der DNVP, Großgrundbesitzer und Bauern auf hinteren Listenplätzen aufgestellt hatten, kamen von einigen Landbünden Vorschläge, mit eigenen Listen zur Reichstagswahl 1920 anzutreten.

---

[141] Überliefert sind Briefe, Redekonzepte und -notizen von Ernst v. Schönfeldt in: BLHA Rep. 37 Gut Werben I, Nr. 292 und 293.

[142] Prekär wurde es für die Partei, als selbst die Großgrundbesitzer kaum noch ihre Mitgliedsbeiträge zahlten. So beschwerte sich im Jahr 1928 v. Arnim-Kröchlendorff bei seinem Vetter v. Arnim-Boitzenburg, dass andere Großgrundbesitzer nicht oder nachlässig zahlten; er bat Arnim-Boitzenburg, der nicht mehr in der DNVP war, doch etwas in die Parteikasse einzuzahlen; vgl. Schr. Arnim-Kröchlendorff an v. Arnim-Boitzenburg v. 7. 2. 1828, in: BLHA Rep. 37 Herrschaft Boitzenburg, Nr. 4426, Bl. 42 u. 44.

[143] Vgl. Reimer Wulff, Die Deutschvölkische Freiheitspartei 1922 – 1928, Diss. Marburg 1968, S. 8-14; Manfred Weißbecker, Deutschvölkische Freiheitspartei (DVFP) 1922-1933, in: Lexikon zur Parteiengeschichte Bd. 2, Leipzig 1984, S. 550-558.

[144] Zur Propaganda von Graefe-Goldebee vgl. Rschr. RLB v. 19.1. 1924 und v. 4. 1. 1924, in: BArch R8034 I RLB, Nr. 56, Bl. 265-268 und 297.; vgl. auch RLB an Dir. K „Bericht über die Reichsvertretertagung der Deutschvölkischen Freiheitspartei." v. 29. 2. 1924, in: BArch R8034 I RLB, Nr. 49b, Bl. 52-53.

So beschloss auch die Vertreterversammlung des BLB am 8. April 1920 nach „sehr langer Aussprache“, sich für die Aufstellung vereinigter Landlisten mit den anderen Landbünden einzusetzen; 22 Kreisen stimmten dafür, 9 enthielten sich der Stimme. Am 12. April hatte die gemeinsame Sitzung der drei Wahlkommissionen des BLB (für die Wahlbezirke Potsdam I, Potsdam II und Frankfurt) die Aufstellung eigener Landlisten gefordert, unter der Bedingung, dass:

> „1. Das neue Wahlgesetz die technischen Möglichkeiten dafür gibt, ohne daß ein erheblicher Stimmenverlust eintreten kann, 2. Wenn die landwirtschaftlichen Organisationen der Provinz Brandenburg mitgehen und 3. Wenn außer in Brandenburg noch zwei andere Landbünde eigene Listen aufstellen.“[145]

Bei der tags darauf stattfindenden vereinigten Versammlung von DLB und BdL sprach sich die Mehrheit der Provinzial- und Landes-Landbünde gegen eigene Listen aus. Trotz dieses Ergebnisses rief der Hauptgeschäftsführer des BLB, Weyland, in einem Leitartikel dazu auf, eigene Listen für Brandenburg aufzustellen.[146]

Doch die Stimmung in den brandenburgischen Kreislandbünden war gekippt. Vor der Versammlung von DLB und BdL machte der 2. Vorsitzende des KLB Sorau-Forst, Schlimber, auf einer Bezirksversammlung am 10. April 1920 noch Propaganda für die Landlisten und erntete dafür Beifall. Bei der Aussprache wurde gar ein Landwirt zitiert, der „die Wahl-Landlisten das schönste Ideal, dessen Erfüllung längst sein Wunsch sei“, nannte.[147] Nach der Versammlung von DLB und BdL sprach sich beispielsweise die Vorstandssitzung des KLB Cottbus am 14. April ebenso wie die Ausschusssitzung am 26. April gegen die Landlisten aus. „Allgemein kam in der Aussprache zum Ausdruck, daß der Gedanke eigener Landlisten nicht fallen gelassen werden soll, daß es aber für die jetzigen Wahlen zu spät sei und daß vor allen Dingen infolge ungenügender Beteiligung anderer landwirtschaftlicher Organisationen der Landbund sich zur Zeit nicht daran beteiligen könne.“[148] Mit letzterem war die Entscheidung der anderen Verbände im DLB gegen die Landbundlisten gemeint. Auch andere Kreislandbünde des BLB, die sich am 8. April für die Landlisten eingesetzt hatten, sprachen sich auf Grund der Stimmung im gesamten Reich nun gegen eigene Listen aus.

So entschied die Vertreterversammlung des BLB am 27. April 1920 mit 82 gegen 48 Stimmen: „Da in der Frage der Aufstellung eigner Landlisten Einmütigkeit im Brandenburgischen Landbund noch nicht zu errei-

---

[145] „Stellungnahme des Brandenburgischen Landbundes zu den Wahlen.“, in: Der BLB 1.1920, Nr. 14/15.

[146] Weyland, „Was tut not?“, in: Der BLB 1.1920, Nr. 16.

[147] „Bezirksversammlung des Landbundes in Forst.“, in: Landbund Sorau-Forst 1.1920, Nr. 11 (23.4.).

[148] „Bekanntmachungen des Vorstandes.“, in: Der Landbund 1.1920, Nr. 8/9 (1.5.).

chen ist, sieht er für die nächsten Reichstagswahlen von der Aufstellung eigener Listen ab."[149] Der BLB setzte sich bei den Reichstagswahlen am 6. Juni 1920 für diejenigen Parteien ein, die Landbundmitglieder als Kandidaten aufgestellt hatten: DNVP, DVP und das Zentrum.[150]
Nach den Wahlen war das Thema Landlisten wieder auf der Tagesordnung. Der Arbeitsausschuss des BLB setzte sich in der Vorstandssitzung am 23. Juni 1920, kurz nach der Reichstagswahl, für die Aufstellung eigener Landlisten bei den Wahlen zum Preußischen Landtag ein: **„sie müssen in den einzelnen Kreisen mit allen Mitteln propagiert werden.“**[151]

Doch die Mehrheit der Kreislandbünde war nun gegen Landlisten. So lehnte die Vertrauensmännerversammlung des KLB Landsberg am 7. Juli 1920 „den Vorschlag des Brandenburgischen Landbundes, für die Preußenwahlen eigene Landlisten aufzustellen, ab, da die Verhältnisse seit den Reichstagswahlen sich selbst bis zum Herbst noch nicht soweit geändert haben können, daß für die Stellungnahme veränderte Umstände eingetreten sein können.“[152] Der KLB Züllichau-Schwiebus lehnte das „Vorgehen des Landbundes mit eigenen Listen“ ab, „da die Aufgaben des Landbundes in erster Linie auf wirtschaftspolitischen Gebiete liegen.“[153] Von vielen Kreislandbünden kam keine oder eine sehr späte Reaktion; in einem Rundschreiben des BLB wurde kritisiert, dass sich die „größere Zahl der Wirtschaftsverbände ... sich hierzu trotz der Dringlichkeit der Sache bisher nicht geäußert“ hätten.[154]

Auf die interne Kritik an der Aufstellung einer Land(wirte)-Partei, die das städtische rechte Klientel ausschließen könnte, wurde Anfang September vom Vorstand des BLB der Vorschlag gebracht, eine Bürger- und Bauernpartei (-liste) in Angriff zu nehmen.[155] Da diese aber auch Arbeiter

---

[149] Weyland, „Nach der Entscheidung!“, in: Der BLB 1.1920, Nr. 17.

[150] Vgl. den Wahlaufruf: „Wen wählt das Landvolk?“, in: Der BLB 1.1920, Nr. 20 (4. Mai-Nr.). In den Kreisen spielte die Propaganda für das Zentrum keine Rolle, abgesehen von Züllichau-Schwiebus. Hier war im Vorstand des KLB der Rittergutsbesitzer Paul Rzegotta, der 1920 an zweiter Stelle der Kandidatenliste des Zentrums für den Wahlkreis Frankfurt platziert war.

[151] „Landlisten.“, in: Der BLB 1.1920, Nr. 27 (1. Juli-Nr.).

[152] „Vertrauensmänner-Versammlung des Wirtschaftsverbandes“, in: Der Neumärkische Landbote 1920, Nr. 85 (11.7.). Fast schon entrüstet wurde das Thema „Landliste“ behandelt und für die DNVP geworben; vgl. auch „Zur Vertrauensmänner-Versammlung des Wirtschaftsverbandes des Kreises Landsberg (Warthe).“, in: Ebda., Nr. 86 (14.7.).

[153] „Verbandsnachrichten. Aus der Vorstandssitzung am 24. August 1920.“, in: Landbund Züllichau-Schwiebus 1.1920, Nr. 34 (29.8.).

[154] Rschr. BLB v.23.7.1920, in: BArch R8034 I RLB (BLB), Nr. 176, Bl. 18.

[155] Vgl. Landbund Ostprignitz 1.1920, Nr. 12 (24.9.). Der Vorstand des KLB Ostprignitz lehnte diesen Vorschlag des Vorstandes des BLB ab.

als Wähler gewinnen wollte, wurde der Name „Ordnungsblock" für die Liste gewählt.[156]

Für die Landtagswahl am 20. Februar 1921 fanden sich weder in der Mehrheit der Kreislandbünde noch der Provinziallandbünde Unterstützer für eine eigene Liste und der BLB empfahl wieder die rechten Parteien. Auch für die am selben Tag stattfindende Provinziallandtagswahl hatte der BLB keine eigene Liste aufgestellt. Seine Anstrengungen zur Aufstellung einer gemeinsamen Liste der rechten Parteien[157] scheiterte in den Wahlbezirken Potsdam I und II und die Landbünde riefen zur Wahl der DNVP oder DVP auf.

Lediglich im Wahlbezirk Frankfurt/Oder gelang es den Landbundfunktionären (vor allem aus der Niederlausitz) eine „Bürgerliche Vereinigung" als Liste aufzustellen. Doch im Unterschied zu den angestrebten Landlisten konnte der Landbund nicht selbst ihre Kandidaten bestimmen. Vielmehr war diese Liste eine gemeinsame Liste der DNVP und DVP, die ihre Kandidaten dort aufstellten.[158] Für die Agitation galt die Parole eine „unpolitische" Liste für den Provinziallandtag zu wählen. „Unpolitische Liste" bedeutete dabei eine rechte Liste, die das vom Landbund präferierte Parteienspektrum umfassen sollte.

Die Betonung des „Unpolitischen" wurde bei den ebenfalls am 20. Februar 1921 stattfindenden Kreistagswahlen noch stärker hervorgehoben. Die Listen, die aufgestellt wurden, sollten das ganze „bürgerliche" Lager vereinen. Schon in den Namen kam dies zum Ausdruck: „Bürgerliche Vereinigung" (Kreis Ruppin), „Einheitsliste der Rechtsparteien" (Niederbarnim), „Freie unpolitische Vereinigung" (Teltow) oder etwa „Stadt und Land" (Crossen). Bei diesen Wahllisten hatten die Parteien eine unbedeutendere Rolle als die wirtschaftlichen Verbände der Kreise. So waren am Zusammenkommen der „Bürgerlichen Vereinigung" im Kreise Cottbus folgende Wirtschaftsverbände beteiligt: „Kreis-Bauernverband [KLB] Cottbus, Wirtschaftliche Vereinigung Peitz, Bürgerliche Vereinigung Ströbitz, Haus und Grundbesitzer-Verein Ströbitz und Verband der Gemeindevorsteher."[159] Es waren also

---

[156] Vgl. Rschr. BLB v. 20.9.1920, in: BArch R8034 I RLB (BLB), Nr. 176, Bl. 19-20.

[157] So beschlossen auf der Vertreterversammlung des BLB am 20. Januar. Am folgenden Tag versandte Nicolas diesen Vorschlag an die Parteien; vgl. „Vom Landbund", in: Der BLB 2.1921, Nr. 4 (4. Jan.-Nr.).

[158] Vgl. „Nach den Wahlen!", in: Der Landbund 2.1921, Nr. 9 (4.3.).

[159] „Zu den Wahlen.", in: Der Landbund 2.1921, Nr. 6 (11.2.). So auch im Kreis Sorau; hier waren neben den bürgerlichen Parteien, dem Landbund, landwirtschaftlichen Vereinen noch folgende Gruppierungen vertreten: Arbeitgeberverband des Kleinhandels Sorau, Bürgerverein Sorau, Beamte der Kreisverwaltung (Sorau), Deutscher Bankbeamtenverband (Sorau), Deutscher Gewerkschaftsbund (Kartell Sorau), Gewerkschaft der Arbeitgeber (Sorau), Ortsgruppe der Beamten und Angestellten der Landesirrenanstalt Sorau u. a.; vgl.: „Was sind die neuen Aufgaben des Kreistages?", in: Landbund Sorau-Forst 2.1921, Nr. 7 (18.2.).

Listen des städtischen Bürgertums und der Landwirtschaft (vertreten durch den KLB).

Meistens waren aber auch die Parteien bei der Aufstellung der Listen vertreten. In der Regel waren dies die DNVP, die DVP und in einigen Kreisen das Zentrum. Als Kuriosum darf aber gelten, dass in einigen Kreisen auch die Deutsche Demokratische Partei (DDP) bei den gemeinsamen Kreistagswahllisten beteiligt war.[160] Diese Partei, die man bei den Landtags- und Reichstagswahlen aufs heftigste bekämpfte und mit antisemitischer Propaganda als unwählbar hinstellte, war nun bei den Kreistagswahlen ein Partner bei der Aufstellung der bürgerlichen Liste.

Mit den Wahlen vom 20. Februar 1921 war für längere Zeit das Projekt Landlisten oberhalb der Kreisebene begraben. Bei den zwei Reichstagswahlen und der Landtagswahl im Jahre 1924 spielte das Thema „Landlisten" auch im Vorfeld keine erkennbare Rolle mehr. Besprochen wurde es auf der ersten Sitzung des Politischen Ausschusses des RLB Anfang Juli 1924. Die Mehrheit der Provinzial- und Landesverbände sprach sich gegen die Aufstellung von Landlisten aus, obwohl in Thüringen, Hessen-Darmstadt, Baden und Württemberg positive Erfahrungen gemacht worden waren.[161] In der Presse und bei den Provinzial- und Kreislandbundversammlungen in Brandenburg wurden sie kaum erwähnt. Lediglich als Druckmittel wurde das Thema „Landliste" bei der Besetzung von Kandidatenstellen für Landbundmitglieder eingesetzt.

Die Befürworter der Landlisten hatten eine heftige Niederlage einstecken müssen. Der Versuch, durch eine agrarische Partei mehr Landwirte in die Parlamente zu bringen, die vor allem landwirtschaftliche Interessen vertreten sollten, war gescheitert. Die Gegner der Landlisten hatten jedoch überzeugende Argumente. Eine rein agrarische Partei hätte, angesichts der numerischen Unterlegenheit der in der Landwirtschaft Beschäftigten, im Parlament nie eine Mehrheit bekommen. Zu stark waren unter den in der Landwirtschaft Beschäftigten auch die sozialen und konfessionellen Gegensätze, um alle Landwirte, geschweige denn noch Landarbeiter, in einer Landpartei zu vereinen. Demgegenüber war es eher möglich, agrarische Interessen mit Vertretern anderer Bevölkerungsgruppen in den vorhandenen Parteien durchzusetzen. Eine parteienübergreifende Lobbyarbeit konnte hier vieles leisten, wie auch schon die Vergangenheit gezeigt hatte. Außerdem hatten die bestehenden Parteien Erfahrung und Leute, die das politische Geschäft beherrschten, was eine neue Partei sich erst einmal

---

[160] Vgl. „Die Wahlen am 20. Februar 1921 im Kreise Züllichau-Schwiebus.", in: Landbund Züllichau-Schwiebus 2.1921, Nr. 7 (13.2.); „Wahlen", in: Crossener Landbund 2.1921, Nr. 6 (11.2.).

[161] Vgl. Rschr. RLB „Bericht über die erste Sitzung des Politischen Ausschusses im Reichs-Landbund am 8. Juli 1924." in: BArch R8034 I RLB, Nr. 56, Bl. 57-61.

aneignen müsste. Gerade diese politische Professionalisierung war ein Argument vieler Landwirte gegen die Parlamente, aber in diesen von immenser Bedeutung.

Es gab unter den Befürwortern der Landlisten auch Großgrundbesitzer, doch in der Tendenz waren es bäuerliche Funktionäre, vor allem aus bäuerlich dominierten Regionen, die sich für eigenständige Listen der Agrarier einsetzten. Auf der Reichsebene waren insbesondere in den bäuerlich dominierten Ländern Thüringen, Baden und Hessen, die von den Landbünden aufgestellten Land(bund-)listen erfolgreich in die Landtage eingezogen. Die ostelbischen Gebiete stellten lange Zeit keine Landlisten auf Provinz-, Landes- oder Reichsebene auf. In Brandenburg waren es die Niederlausitzer Kreise, d.h. die bäuerlich dominierten, die sich für die Landlisten 1920 stark machten. Federführend war hierbei aber nicht der KLB-Vorsitzende von Cottbus, v. Natzmer-Gahry; dieser warb, nachdem die Option Landlisten fallengelassen war, in den Niederlausitzer Kreisen für die DNVP (er war deren Kreisvorsitzender in Cottbus).[162] Dagegen scheinen die neumärkischen und uckermärkischen Kreise, dort, wo der Großgrundbesitz dominierte, gegen die Landlisten mobil gemacht zu haben.[163]

Wenn auch die Deutschnationalen es für sich verbuchen konnten, das Thema Landlisten bis 1924 von der Tagesordnung gestrichen zu haben, so war es doch auch nach dem Wahlerfolg der Deutschnationalen im Dezember 1924 nicht vom Tisch. So veröffentlichte das Organ des KLB Luckau (Niederlausitz!) auf der ersten Seite eine „Zuschrift von bäuerlicher Seite“[164]. Der Verfasser, der sich selbst als deutschnationalen Bauern hinstellt, berichtet über die Kandidatenaufstellung der DNVP (Wahlkreis Frankfurt) bei der Reichstags- und Landtagswahl im Dezember 1924. Danach hatte die DNVP dem Landbund bzw. den Landwirten zu wenige sichere Kandidatenplätze zugestanden. Tatsächlich hatte dies schon der Vorsitzende des BLB, Nicolas, kritisiert. Seiner Meinung nach hätte auf Grund des Ergebnisses der Maiwahlen die DNVP dem Landbund „4-5 sichere Stellen auf der Landtagsliste und 3 Stellen auf der Reichstagsliste“

---

[162] So auf der Vertreterversammlung des KLB Calau am 4. Mai 1920; vgl. „Vertreterversammlung“, in: Der Landbund 1.1920, Nr. 10/11 (7.5.). Dagegen betonte der Rittergutsbesitzer Brase-Linderode, bis 1920 Vorsitzender des KLB Sorau-Forst, dass „er persönlich sich stets für eigene Listen eingesetzt habe“. „Bekanntmachungen des Landbundes.“, in: Landbund Sorau-Forst 2.1921, Nr. 1 (7.1.).

[163] Ein Zeichen ist auch die Vehemenz, mit der im KLB Landsberg, wie gezeigt, nach der Reichstagswahl 1920 die Diskussion über Landlisten blockiert wurde. Ein weiteres Beispiel ist das Verhalten des vom Großgrundbesitz dominierten KLB Königsberg. Vor den Wahlen 1921 sprach er sich als einziger Kreislandbund (von 15) des Wahlkreises Frankfurt/Oder gegen Aufstellung der Liste der „Bürgerlichen Vereinigung“ für den Provinziallandtag aus; vgl. „Nach den Wahlen.“, in: Der Landbund 2.1921, Nr. 2 (14.1.)

[164] „Eigene Landbundwahllisten?“, in: Niederlausitzer Land-Warte 1925, Nr. 6 (14.2.).

zugestehen müssen. „Für den Reichstag hat man uns mit 2 Kandidaten abgespeist, von denen noch einer aus der Grenzmark ist. Für den Landtag ist es uns nicht gelungen, einen dritten Kandidaten an sicherer Stelle unterzubringen.“[165] Nicolas folgerte aus dieser Niederlage des Landbundes, dass mehr landwirtschaftliche Delegierte in den Wahlausschuss kommen müssten und diese auch den Landbundinteressen verpflichtet sein sollten.

Der Bauer aus dem Kreise Luckau ging in seinen Forderungen im Leitartikel des Kreislandbundblattes viel weiter:

> „Ist bei den Herren der Parteileitung das Verständnis für die Landwirtschaft so gering, daß sie glauben, sich über durchaus berechtigte Forderungen des Landbundes einfach hinwegsetzen zu dürfen? Ich als deutschnationaler Bauer hoffe und erwarte jedenfalls vom Brandenburgischen Landbund, daß er sich eine derartige Behandlung unter gar keinen Umständen jemals wieder gefallen läßt! Aber es gibt noch einen anderen Ausweg und das ist die Aufstellung eigener Landbundlisten.“[166]

Das Gefühl, dass die Landwirtschaft selbst in der landwirtschaftsfreundlichen DNVP zu kurz käme, saß tief.

> „Die ländlichen Interessen werden m. E. sowohl im Reichstag als auch im Landtag viel zu wenig von den einzelnen Parteien, teilweise auch von den Deutschnationalen vertreten. Wir sind immer die dummen Bauern, die für die anderen Berufsstände das Stimmvieh stellen und die dann bei entsprechenden Abstimmungen in den Parlamenten zu kurz kommen.“

Es wurde nicht nur moniert, dass zu wenig landwirtschaftliche Abgeordnete in den Parlamenten vertreten seien. Vorgeworfen wurde selbst der DNVP, dass die Partei sich zu wenig um landwirtschaftliche Belange („fehlende Abgeordnete bei der Abstimmung über die Schutzzollvorlage“) kümmere und bei ihr die „Politik“ über den Interessen der Landwirtschaft stünde. Schließlich ging der Autor weit über die Forderung nach Landbundlisten hinaus: „Warum sollte nicht aus diesen Listen dann im Laufe der Zeit eine Bauernpartei entstehen, wie wir sie in Schweden und in anderen Ländern in vorzüglicher Weise kennen?“ Dass der Artikel so im Kreislandbundblatt erscheinen konnte, zeigt, dass im Vorstand zumindest Sympathien für die Gedankengänge vorhanden waren. Es verwundert nicht, dass der KLB Luckau später zu einem der ersten und führenden Unterstützer der Landvolkpartei wurde.

[165] Rschr. BLB (Nicolas) an Vorsitzenden der Kreisverbände v. 11.11.24, in: BArch R8034 I RLB (BLB), Nr. 176, Bl. 73-74, hier Bl. 74.

[166] Dies und folgende Zitate: „Eigene Landbundwahllisten?“, in: Niederlausitzer Land-Warte 1925, Nr. 6 (14.2.).

2. Der Siegeszug der DNVP

Wahlpropaganda

Obwohl der Brandenburgische Landbund sich als „unpolitisch“ oder „überparteilich“ darzustellen versuchte, war er massiv am Wahlkampf beteiligt. Erklärtes Ziel war es, das „Landvolk“ dazu zu bringen, die rechten Parteien zu wählen. Massive Propaganda schmückte die Vereinsblätter, kurz vor der Wahl wurden den Kreislandbundblättern Wahlaufrufe der rechten Parteien beigegeben. Ebenfalls fehlten nicht die Appelle in den Reden auf den großen Versammlungen, sei es auf Reichs- Provinz- oder Kreisebene. Je niedriger die Ebene, desto eindringlicher und direkter wurden die Rufe. Ja schließlich wurden auf Kreisebene und auch in den Landbundbezirken besondere Vertrauensmännerversammlungen oder gar Generalversammlungen einberufen, die nur die Wahlen zum Thema hatten. Hier wurden die Kandidaten vorgestellt und Parteienredner unterstützten diesen Wahlkampf. So konnten jene Bauern erreicht werden, die nie zu einer normalen städtischen Wahlkampfveranstaltung der Parteien gegangen wären.

Schließlich nutzten die Redner die Versammlung, um, wie auf der Gesamtausschusssitzung des KLB Teltow, darauf hinzuweisen, „dass unbedingt Mittel für eine großzügige Propaganda gesammelt werden müssen … womit gleich der Anfang gemacht werden soll. (Die Sammlung ergab 73,02 Mark.)“[167] Tatsächlich gingen die Wahlfonds der Kreise in die Tausende Mark, die in den Ortsgruppen und vor allem bei den großen Gütern gesammelt wurden oder als Zusatzbeitrag zum üblichen Landbundbeitrag extra erhoben wurden. Es lag an der Kreislandbundführung, diese Gelder für eigene Wahlausgaben zu verwenden und an die Parteien zu verteilen. So berichtete 1921 der Hauptgeschäftsführer des KLB Crossen, dass von den Wahlfondsgeldern „eine Pauschalsumme von 3000 Mk. an die Deutschnationale Volkspartei gezahlt worden sei, trotzdem aber noch ein erheblicher Reservefonds geblieben ist.“.[168]

Die Mobilisierung der ländlichen Wähler, die 1924 ihren ersten Höhepunkt erreicht hatte, ging aber noch weiter. Es fanden in den meisten Kreisen besondere Wahlkampfbereisungen statt: Der Kreislandbundvorsitzende, der Geschäftsführer oder noch ein anderes Vorstandsmitglied besuchten in den drei Wochen vor der Wahl besonders einberufene Wahlversammlungen in den Dörfern. Die in den KLB-Zeitschriften abgedruckten Pläne dieser Wahlkampftouren zeigen, dass in dieser Zeit fast alle Dörfer besucht wurden, ein Mammutprogramm für die Landbundfunktionäre.

---

[167] „Bericht über die Sitzung des Gesamtausschusses am Donnerstag, den 20. November 1924 ...“, in: Landbund Teltow und Berlin 5.1924, Nr. 43 (9.12.).

[168] „Bericht über die Haupt-Versammlung am 23. Juni 1921.“, in: Crossener Landbund 2.1921, Nr. 26 (1.7.).

Neben dieser Wahlkampftour erweiterte etwa der KLB Luckau seine Propagandatätigkeit 1924:

> „Insbesondere sollen die Herren Bezirksvorsitzenden für jeden Ort ihres Bezirkes besondre Wahlvertrauensleute aufstellen, mehrere Ortschaften in Wahlpropagandabezirke zusammenfassen und an der Spitze dieser Bezirke geeignete Herren als Propagandaleiter einsetzen."[169]

Diese schon generalstabsmäßige Werbearbeit des „unpolitischen" Landbundes endete aber nicht beim reinen Wahlkampf. So empfahl der Reichslandbund 1924,

> „dass, sobald die Wählerlisten ausgelegt sind, sie durch die Ortsvertrauensmänner genauestens geprüft werden. Vor allem ist festzustellen, ob unsere Freunde eingetragen sind, gegebenenfalls ist die Nachtragung schnellstens zu veranlassen. Abschrift der Wählerlisten ist zu empfehlen, um in der Lage sein zu können, am Wahltermin die säumigen Wähler zur Wahl zu bewegen."[170]

Die Mobilisierung endete erst am Ende des Wahltages. Hier war es der „Schlepperdienst", der die Landbündler nochmals aktivierte, wie im Folgenden an Hand der Anweisungen des KLB Züllichau-Schwiebus abzulesen ist:

> „Alle größeren Besitzer müssen um Gestellung von **Wagen zur Heranschaffung** der älteren und alten, kranken und schwachen Wähler gebeten werden.
> Einige Landbundmitglieder oder ältere Junglandbundmitglieder müssen sich ständig im Wahllokal aufhalten und allen Landbundmitgliedern und Landwirten, soweit erforderlich, mit Rat und Tat zur Seite stehen.
> Jedes einzelne Mitglied muß dafür sorgen, daß auch die **Frauen und wahlberechtigten Töchter zur Wahlurne** gehen."[171]
> „Durch geeignete Personen ist gegen Mittag im Wahllokal festzustellen, welche Leute noch nicht gewählt haben. Diese sind zur Wahl heranzuholen."[172]

Dieses immense Aufgebot des Schlepperdienstes diente zum einen dazu, die Wähler an die Wahlurne zu bringen, zum anderen zielte es auf den Appell des Landbundes: „Alle Mitglieder müssen dafür sorgen, daß von der Landwirtschaft nur die Kandidaten des Landbundes gewählt werden."[173] Die Wahlbeeinflussung bis fast in die Wahlkabine hinein war hier perfektioniert.

---

[169] „Bericht über die Vorstandssitzung am 24. Okt. 1924 in Luckau.", in: Niederlausitzer Landwarte 1924, Nr. 46 (7.11.).

[170] Rschr. RLB an Hauptgeschäftsstellen v. 17.3.24, in: BArch R8034 I RLB, Nr. 56, Bl. 179-180, hier Bl. 179.

[171] „Auf zur Reichstags- und Landtagswahl!", in: Landbund Züllichau-Schwiebus-Bomst 5.1924, Nr. 49 (5.12.).

[172] „Dringender Appell an alle Vertrauensmänner zu den Wahlen am 7. Dezember.", in: Landbund Züllichau-Schwiebus-Bomst 5.1924, Nr. 48 (28.11.).

[173] „Auf zur Reichstags- und Landtagswahl!", in: Landbund Züllichau-Schwiebus-Bomst 5.1924, Nr. 49 (5.12.).

Offiziell sollte die Wahlpropaganda „überparteilich“ sein und alle rechten Parteien stärken. Tatsächlich unterstützte sie vorwiegend die DNVP. So führte der Ehrenvorsitzende des KLB Sorau-Forst und Kandidat für den Reichstag 1920, Rittergutsbesitzer Brase, auf einer Ortsgruppenversammlung 1921 betreffend der Wahlen aus, „daß es für ihn eine undankbare Aufgabe sei, darüber zu sprechen, da er ja bekanntlich auf der deutschnationalen Liste gestanden habe und es könne evtl. angenommen werden, daß er für diese Partei werben wolle, das liege ihm aber fern, wer heute noch nicht wisse, wem er seine Stimme zu geben habe, dem sei auch nicht mehr zu helfen.“[174]

Das offene Werben für die Deutschnationalen wurde zunächst vermieden, versteckt. Doch die Auswahl der Redner, die indirekten Anspielungen und die mündliche Propaganda zeigten, dass es sich um Wahlkämpfe für die DNVP handelte. Zu den Wahlen im Jahre 1924 wurden schließlich in fast der gesamten Provinz die selbst auferlegten Hemmnisse zur öffentlichen Wahlkampfunterstützung der DNVP fallengelassen.

Der Brandenburgische Landbund rief zur Reichstagswahl im Mai 1924 seine Mitglieder auf, in den drei Wahlkreisen nur die DNVP zu wählen. Die Wahlempfehlung richtete sich nicht danach, ob die Parteien Landbundmitglieder auf ihren Listen hatten, sondern ob Landbundmitglieder an aussichtsreicher Stelle standen. „Aus diesen Erwägungen heraus hat unser Vorstandsmitglied Staffehl ... sich leider in letzter Stunde genötigt gesehen, seine Kandidatur an zweiter Stelle der Liste der Deutschen Volkspartei im Wahlkreis Potsdam I zurückzuziehen. Die zweite Stelle ist aussichtslos geworden, nachdem sich die Nationalliberale Vereinigung von der Deutschen Volkspartei getrennt hat.“[175] Der Landbund war nun weit davon entfernt eine alle rechte Parteien unterstützende, damit aber auch die Parteien beeinflussende Organisation zu sein. 1924 wurde die Parole wählt „Schwarz-Weiß-Rot“ dem Landvolk eingehämmert.[176] Damit stellte man sich nicht nur gegen die „schwarzrotgoldene“ DDP, sondern auch gegen das „schwarzrote“ Zentrum. Ebenfalls wurde die „schwarzweißrote“ DVP, die wie das Zentrum auf ihren Listen Landbundleute führte, als Kompromisspartei abgelehnt.[177] Die Wahlparole hieß:

„Links Schwarz-rot-gold – Rechts Schwarz-weiß-rot!

---

[174] „ Die Ortsgruppe Linderode...“, in: Landbund Sorau-Forst 1921, Nr. 5 (4.2.).

[175] „Richtlinien für die Reichstagswahl am 4. Mai.“, in: Der BLB 5.1924, Nr. 18 (5. Apr.-Nr.).

[176] Vgl. die Titelseite des Luckauer KLB-Organs: „Auf zur Wahl!“, in: Niederlausitzer Landwarte 1924, Nr. 50 (6.12.). Nicht nur schriftlich wurde hier aufgefordert „schwarz-weiß-rot“ zu wählen und die Liste der DNVP dazu empfohlen, sondern das ganze wurde quasi auch bildlich dargestellt: Die Titelseite erhielt einen schwarz-weiß-roten Rahmen.

[177] „Zur Reichstagsneuwahl“, in : Crossener Landbund 5.1924, Nr. 122 (1.11.). Der Artikel wurde vom Organ des KLB Calau übernommen.

> Wählt deutschnational, das ist Schwarz-weiß-rot!"[178]

Zu den Wahlen 1924 waren zwei neue rechte Parteien aufgetreten, die sogar rechts von den Deutschnationalen standen: die Deutschvölkische Freiheitspartei (DVFP) und die NSDAP. 1924 spielte in Brandenburg die DVFP eine größere Rolle als die NSDAP, die in Preußen nach dem „Hitler-Putsch" verboten war; zur Wahl im Dezember 1924 traten beide zusammen auf als „Nationalsozialistische Freiheitsbewegung".

Schon zur Mai-Wahl agitierte der Brandenburgische Landbund gegen die DVFP. Eigentlich hätte der Landbund die DVFP wie jede andere rechte Partei zumindest „neutral" behandeln müssen und auch eine Wahlempfehlung für die DVFP geben können. Doch es waren die Deutschvölkischen selbst, die durch eine ungeschickte Taktik den deutschnationalen Landbündlern die Propagandamunition in die Hand gaben. Am 16. Dezember 1923 gründeten sie einen eigenen Bauernverband, die „Völkische Bauernschaft", die sogleich mit heftigen Angriffen gegen den RLB auftrat.[179] Neben Mecklenburg, dem Zentrum der völkischen Bauernschaften, waren es vor allem die Provinzen Pommern, Schlesien und Brandenburg, in denen sich die Bauernschaften stärker ausbreiteten. Der Vorstand des BLB stellte sich bei seiner Sitzung am 19. März 1924 auf dem Standpunkt,

> "daß solange die Deutschvölkische Freiheitspartei eine Partei ist, wie die anderen Rechtsparteien, sie vom Landbund ebenso zu behandeln ist. Wenn sie sich dagegen als Linkspartei entwickelt mit einem innerpolitisch sozialistisch-kommunistischem Programm und wenn sie vor allen Dingen die Geschlossenheit des Landvolkes im Brandenburgischen Landbund durch Gründung von völkischen Bauernschaften zu untergraben sucht, wird ihr schärfster Kampf angesagt."[180]

Aggressiver wandten sich einige Kreislandbünde gegen die Konkurrenzorganisation „Völkische Bauernschaft":

> „Die Gründung deutschvölkischer Bauernschaften ist überflüssig. Der Landbund ist völkisch eingestellt.
> Da, wo es an völkischem Empfinden hier und da noch fehlen sollte, muß und wird der Landbund seine Mitglieder im deutschvölkischen Sinne erziehen.

---

[178] „Deutschland den Deutschen!", in: Crossener Landbund 5.1924, Nr. 122 (1.11.). Die Kombination von „Schwarz-weiß-rot" und DNVP war selten so direkt. Doch es wird klar, wenn z. B. nach einem Artikel „Warum muß das Landvolk schwarz-weiß-rot wählen?", in dem die DNVP gar nicht erwähnt wird, dann nur die deutschnationalen Kandidaten aufgeführt sind; so in: Landbund Soldin 6.1924, Nr. 49 (5.12.)

[179] Schr. RLB an Hauptgeschäftsstellen v. 19.1.24, in: BArch R8034 I RLB, Nr. 56, Bl. 265-268.

[180] „Die Vorstandssitzung...", in: Der BLB 5.1924, Nr. 13 (4. März-Nr.).

> Durch die Gründung deutschvölkischer Bauernschaften wird nichts anderes erreicht, als eine weitere Zersplitterung der Landwirtschaft zu ihrem Schaden."[181]

Die Gründung und Ausbreitung der völkischen Bauernschaften waren in der DVFP selbst nicht unumstritten, da auch hier viele Landbündler wirkten. Gegenüber den Verfechtern der völkischen Bauernschaften vertraten die deutschvölkischen Landbündler die Ansicht, dass „eine Umstellung des Reichs-Landbundes von unten herauf erfolgen [müsse]. Es darf also nicht heissen: Heraus aus dem Landbund, sondern allein: Hinein in die Landbünde. Das Landvolk sei völkisch, diese Grundeinstellung müsse auch in seiner Organisation zum Ausdruck kommen, deren Organe überall mit völkischen Männern durchsetzt werden müssten."[182] Diese Strategie, die 6 Jahre später von der NSDAP aufgegriffen und erfolgreich durchgesetzt wurde, hatte bei der DVFP keinen Nachhall gefunden.

Die Deutschvölkischen verknüpften die Wahlpropaganda mit der Propagierung der Gründung völkischer Bauernschaften, die mit heftigen Angriffen gegen führende RLB-Funktionäre verbunden war. Dies löste eine immense Gegenpropaganda aus. Die Deutschvölkischen wurden als Spalter des rechten Lagers angeprangert.[183] Sie wurden gewarnt, bei den ‚völkisch' eingestellten Bauern Mitglieder zu werben („Welch' Wahnsinn!") und ihnen die Aufgabe zugewiesen, die (städtischen) Arbeiter zu organisieren.[184]

Die Propaganda der DVFP hatte aber den Effekt, dass die antisemitische Propaganda und Bekenntnisse zum Völkischen in der DNVP und im Landbund zunahm, was noch als „Positives" an der DVFP erkannt wurde: „Wir freuen uns, daß in der deutsch-nationalen Partei der völkische Gedanke schärfer zum Durchbruch kommt und diese Partei zu einer wahrhaft deutsch-völkischen machen wird."[185] Zur durch die DVFP gesteigerten antisemitischen Agitation gehörten der Gesetzesvorschlag der deutschnationalen Landtagsfraktion gegen die „Ostjuden"[186] wie die programmati-

---

181 „Unsere Generalversammlung am 13. März. (Fortsetzung.)", in: Landbund Züllichau-Schwiebus-Bomst 5.1924, Nr. 13 (29.3.).

182 Schr. RLB Abt. So an Direktion K. v. 29.2.1924 „Bericht über die Reichsvertretertagung der Deutschvölkischen Freiheitspartei.", in: BArch R8034 I RLB, Nr. 49b, Bl. 52-53. Diese Reichsvertretertagung fand bezeichnenderweise im Großen Sitzungssaal des RLB in Berlin statt.

183 Vgl. vor allem „Zerstörer an der Arbeit.", in: Landbund Ruppin 5.1924, Nr. 3 (17.1.); „Richtlinien für die Reichstagswahl am 4. Mai.", in: Der BLB 5.1924 (5. April-Nr.).

184 „Von völkischen Bauerngruppen, Bonzen und Oberbonzen.", in: Landbund Angermünde 5.1924, Nr. 6 (9.2.).

185 „Landbund und völkische Bewegung.", in: Landbund Friedeberg 3.1924, Nr. 14 (5.4.).

186 Vgl. „Gegen die Ostjuden", in: Crossener Landbund 5.1924, Nr. 26 (15.3.).

schen Stellungnahmen des RLB zum Antisemitismus, die nochmals den Kampf gegen „das Judentum." beschworen und betonten, dass „Juden" aus der Reichslandbundorganisation ausgeschlossen seien.[187]

Auch die adligen Großgrundbesitzer, die mit ihrer scharfen antisemitischen, völkischen Propaganda die Gründung und Ausbreitung der Landbünde forciert hatten, v. Natzmer-Gahry und v. Brockhusen stellten sich vehement gegen die DVFP. So wandte sich v. Natzmer in einem Brief, veröffentlicht in einem Rundschreiben des BLB, gegen die Bemühungen eines Deutschvölkischen, ihn für die DVFP und die völkischen Bauernschaften zu gewinnen.[188] Der Kreislandbund Ruppin, dessen Vorsitzender v. Brockhusen war, griff in den Leitartikeln der letzten beiden Nummern des KLB-Organs vor der Maiwahl massiv die DVFP an, gleichzeitig verteidigte das Blatt den Vorsitzenden und den Hauptgeschäftsführer gegenüber den Angriffen der Deutschvölkischen.[189]

Von fast allen Kreislandbünden wurde es abgelehnt, eine Wahlempfehlung für die DVFP auszusprechen. Auch wenn etwa ein Wahlaufruf der DVFP im Organ des KLB Lebus beigegeben wurde, wurde dies vom KLB-Vorstand nachträglich gerechtfertigt: „Wir haben die Belange [der DVFP] stattgegeben, um nicht den Vorwurf auf uns zu nehmen, gegenüber der deutschvölkischen Freiheitspartei parteiisch zu sein. An der grundsätzlichen Einstellung des Landbundes bei der diesmaligen Wahl wird hieran nichts geändert. ... **Unsere Landbundkandidaten stehen auf der Liste der Deutschnationalen Partei.**"[190] Die anderen Nummern des KLB-Organs enthielten auch Angriffe gegen die Deutschvölkischen.

Eine Ausnahme bildete hier der KLB Züllichau-Schwiebus. Nachdem er ebenfalls die DVFP bekämpft hatte, kam es zu einer Aussprache zwischen der Kreisparteileitung der DVFP und der Geschäftsführung des Landbundes mit dem folgenden Ergebnis:

> „Der Leiter der Partei erklärte, daß er in unseren Kreisen alle Versuche, den Landbund anzugreifen oder seine **Kreise zu stören, unterlassen würde.** Er erklärte ferner unter Vorlegung der **neuesten** Richtlinien der Partei, die eine Ueberholung früherer uns bekannt gewordener Leitsätze sind, **daß die Partei keinerlei Angriffe auf die Freiheit des Grundbesitzes plane** und **auch den Großgrundbesitz** in gesunder Mischung zwischen Groß- Mittel- und Kleinbesitz erhalten wissen will.
> Nach diesen Erklärungen, deren Einhaltungen wir von den deutschvölkischen Männern – ein Mann, ein Wort! – sicher erwarten können, liegt für den Land-

---

[187] Vgl. „Für deutsches Volkstum! Gegen undeutsche Art!" und „Reichslandbund u. Judentum.", in: Crossener Landbund 5.1924, Nr. 30 (25.3.).

[188] Rschr. BLB v. 30.1.24, in: BArch R8034 I RLB (BLB), Nr. 176, Bl. 56-57.

[189] Vgl. „Zur Schicksalswahl!", in: Landbund Ruppin 5.1924, Nr. 17 (24.4.); „Vor der Entscheidung!", in: ebda. Nr. 18 (2.5.). Beide Artikel sind mit „H." gezeichnet; also vom HGF Hermann.

[190] „Wahlen.", in: Landbund Kreis Lebus 5.1924, Nr. 18 (3.5.).

> bund in unserem Kreise nunmehr kein Grund mehr vor seine Warnung [vor der DVFP] aufrecht zu erhalten.
> Wir nehmen diese Warnung umso lieber zurück, als gerade wir vom vaterländischen Standpunkt aus den Bruderkampf zwischen im Grunde gleich gesonnenen Menschen auf tiefste bedauern."[191]

Die Versicherung, den Landbund nicht anzugreifen, keine Bauernschaften zu gründen und Angriffe auf den Großgrundbesitz sein zu lassen, genügte diesem Kreislandbund, seinerseits die Angriffe gegen die DVFP zu beenden. Zwar war dies die letzte Nummer des KLB-Organs vor der Mai-Wahl. Doch bei den Dezemberwahlen empfahl der KLB Züllichau-Schwiebus neben dem Zentrum, der DVP und der DNVP auch die „Nationalsozialistische Freiheitsbewegung".[192]

Wahlergebnisse

Die DNVP erhielt bei den Wahlen zur Nationalversammlung am 19. Januar 1919 relativ wenig Stimmen. Selbst in den ostelbischen Hochburgen schnitt sie nur mäßig ab. So kam sie im Wahlkreis Frankfurt/Oder auf 19,2 % und war hinter SPD 52,5 % und DDP 22,6 % nur drittstärkste Partei. Allerdings war ihr Anteil auf dem Lande höher. So erreichte sie im Kreis Lebus in den Orten von 250 bis 500 Einwohnern 37,9 % in den Orten unter 250 Einwohnern 26,3 %. Die SPD lag in beiden Ortsgrößenklassen um 40 %. In demselben Kreis erhielt die DNVP in den Bauerndörfern 24,5 %, in den adligen Gutsdörfern 33,7 % und in den nichtadligen Gutsdörfern 27,3 %. Die SPD lag hierbei jeweils um die 50 %. In allen Dorftypen lag die DDP bei über 15 %.[193]

Die DNVP konnte die „Bauern und Landarbeiter aus den ostelbischen Stammlanden des preußischen Konservatismus ... im Januar 1919 nur teilweise mobilisieren, weil nicht zuletzt viele bäuerliche Wähler aus Protest gegen die Kriegsfolgen einer konservativen, mit der alten monarchischen Ordnung so eng verschwisterten Partei einen Denkzettel verpassen wollten."[194] Man kann davon ausgehen, dass einige Bauern wohl auch die SPD gewählt haben, ein größerer Teil jedoch die linksliberale DDP. In den folgenden Wahlen erfolgte eine Steigerung des Wähleranteils für die DNVP und ein Abwandern der liberalen Wählerschaft, v. a. auf dem Lande, zunächst teils zur DVP, dann doch überwiegend zur DNVP.

Ein Vergleich der Reichstagswahl von 1920 und der vom Dezember 1924 mag dies anhand der Ergebnisse für die Landgemeinden unter 2 000

---

[191] F[in]k, „Landbund und deutschvölkische Freiheitspartei.", in: Landbund Züllichau-Schwiebus-Bomst 5.1924, Nr. 18 (3.5.).

[192] Vgl. „Wahlrecht ist Wahlpflicht!", in: Landbund Züllichau-Schwiebus-Bomst 5.1924, Nr. 49 (5.12.).

[193] Müller, Wählerbewegung, S. 19.

[194] Wolfram Pyta, Die Weimarer Republik, Berlin 2004, S. 35.

Einwohnern noch einmal verdeutlichen.[195] Die Deutschnationalen hatten dank ihrer Mobilisierungsbemühungen eine Steigerung von 36,6 % auf 46,4 %, also nahezu 10 Prozentpunkte. Sie war nun auf dem Lande die stärkste, die dominierende Partei.

Die Zentrumspartei, die vorwiegend katholische Wählerschichten vertrat, kann in unserer Untersuchung vernachlässigt werden, da auf dem Lande nur im Kreis Züllichau-Schwiebus ein größerer Anteil von Katholiken wohnte und nur hier die Partei über 5 % hinauskam.

Etwa 40 % der ländlichen Bevölkerung in Brandenburg hat hierbei die linken Parteien SPD, USPD und KPD gewählt (1920: 41,3 %; 1924: 33,2 %). Wanderungsbewegung, v. a. der Landarbeiter hin zu den Deutschnationalen kennzeichnen diese Entwicklung. Auch hier dürfte der Landbund mit seiner gelben Landarbeitergewerkschaft zur Mobilisierung beigetragen haben. Abwanderungen der Landarbeiter von den linken Parteien, insbesondere auch zu den Nichtwählern, waren in den enttäuschten Hoffnungen, die man in der Revolution 1918/19 noch hatte, und der defensiven bis ablehnenden Haltung der SPD während der Landarbeiterstreiks Anfang der 20er Jahre begründet.

Für die uns interessierenden bäuerlichen Wählerschichten (das beinhaltet die Großgrundbesitzer und Bauern nebst Verwandten) ist die Entwicklung des Votums für die liberalen Parteien DDP und DVP wichtig. Die DDP war die Partei, zu denen der liberale Deutsche Bauernbund die meisten Verbindungen hatte. Sie war schon 1920 nur schwach vertreten auf dem Lande in Brandenburg und neben wenigen bäuerlichen Wählern waren es wohl eher nichtlandwirtschaftliche Schichten, die auf dem Lande diese wählten.[196] Aber um diese kämpfte auch der Landbund. Insbesondere die DDP bekämpften die Deutschnationalen mit heftigster Propaganda. Von 1920 bis 1924 war die Partei von 6,2 % auf 4,1 % geschrumpft.

Lediglich im Kreis Westhavelland hatte diese Partei 1924 noch über 10 %, konnte ihr Ergebnis von 1920 noch steigern. In diesem Kreis war der Bauernbündler Otto Liese aktiv. Er war DDP-Kandidat für den Reichstag von 1920 und der einzige liberale Bauernbündler, der in der Brandenburgischen Landwirtschaftskammer Mitglied war.

Bedeutender aber waren die Verluste der DVP. Noch 1920 hatte sie größere ländliche, ja bäuerliche Wählermassen binden können. Insgesamt hatte sie in diesem Jahr 14,8 % der ländlichen Wählerstimmen erhalten. Wie stark der Wahlausgang von im Kreis führenden Landbundfunktionären abhing, zeigt das Beispiel Guben. Im Kreis Guben hatte die DVP im Jahr 1920 mit 42,1 % ihr bestes Ergebnis in den brandenburgischen Krei-

---

195 Vgl. die Tabelle 3-8 im Anhang.

196 Im Jahre 1928 trat die liberale Deutsche Bauernpartei, verbunden mit dem Deutschen Bauernbund und abgespalten von der DDP an. Sie erhielt dort etwas mehr Anteile als die DDP; vermutlich war der Anteil bäuerlicher und nichtbäuerlicher Wähler bei der DDP bis 1924 etwa gleich hoch.

sen. Spitzenkandidat der DVP im Wahlkreis Frankfurt war dort Martin Zeschke, der Vorstandsmitglied im KLB Guben war. Im Nachbarkreis Crossen, mit einer dem Kreis Guben vergleichbaren Struktur, war der KLB-Vorsitzende Malke Spitzenkandidat der DNVP im Wahlkreis Frankfurt. Hier erreichten die Deutschnationalen im selben Jahr mit 59,0 % ihr bestes Ergebnis.

1924 rutschte die DVP im Kreis Guben auf 11,6 %. Insgesamt verlor sie auf dem brandenburgischen Land 6,3 Prozentpunkte. Entscheidend war dafür, dass die meisten Kreislandbünde eine mehr oder weniger offen ausgesprochene Wahlempfehlung für die Deutschnationalen abgaben. Vordergründig ging es um die Verhandlungen zwischen Landbund und DVP und deren Weigerung an Spitzenplätze Landwirte zu stellen. Doch auch die ideologisch-programmatische Einstellung der Landbünde, ihr zutiefst antirepublikanische Einstellung, entfernte sich immer mehr von den Vorstellungen der DVP.

Es war 1924 der Erfolg der Großgrundbesitzer in der DNVP, die Bauern auf ihre Seite zu ziehen. Ein aggressiver nationalistischer, antisemitischer und antirepublikanischer Wahlkampf trug zu diesem Sieg der DNVP bei. Fast die Hälfte der brandenburgischen Landbevölkerung, die Mehrheit der bäuerlichen Wähler, wählte diese rechtsradikale Partei.

Einen Wermutstropfen für die Deutschnationalen hatten die Reichstagswahlen 1924 doch. Zwar hatte die DNVP den liberalen Parteien Wähler abgewinnen können und war zur stärksten Partei geworden, doch hatte sie 1924 zwei neue Konkurrenten: die Deutschvölkische Freiheitspartei und die Nationalsozialistische Deutsche Arbeiterpartei, die bei den Dezemberwahlen (Reichstag und Preußischer Landtag) unter dem Namen Nationalsozialistische Freiheitsbewegung zusammen angetreten waren. Zwar hatten die Landbünde nach den Maiwahlen, bei denen die DVFP überraschend gut abgeschnitten hatte, Propaganda gegen diese neue Partei gemacht und die völkische Ausrichtung von Landbund und DNVP betont. Doch auch im Dezember konnte die NSFB immerhin noch 2,6 % ländliche Wählerstimmen gewinnen. Inwieweit hier auch Stimmen von zuvor links oder liberal Wählenden gewonnen wurde, lässt sich nicht so einfach nachvollziehen. Interessanterweise jedoch erreichte die NSFB im Kreis Beeskow-Storkow ihr bestes Ergebnis mit 8,9 %. Gerade hier tobte ein Konflikt von Kleinbauern gegen den bäuerlichen KLB-Vorsitzenden, nicht wenige Stimmen waren Proteststimmen gegen den deutschnationalen Landbund.

Neben der Entwicklung der Landbünde als gemeinsame wirtschaftspolitische Organisation von Großgrundbesitzern und Bauern und dem Verdrängen des liberalen Konkurrenten DBB waren es die Wahlen, die die Reintegration der ländlichen Bevölkerung, insbesondere der Bauern, unter die Vorherrschaft des Großgrundbesitzes verdeutlichen: Von 1919, als wohl auch Bauern möglicherweise gar sozialdemokratisch, sicher aber auch linksliberal wählten, bis zum Jahr 1924 war es ein erfolgreicher Kampf der (adligen) Großgrundbesitzer, den Großteil der Landbevölkerung, die überwiegende Mehrheit der bäuerlichen Bevölkerung, als Wähler der von ihnen geführten rechtsradikalen DNVP zu gewinnen. Die Stimmen für die faschistischen Parteien, DVFP und NSDAP, waren 1924 marginal geblieben. Bäuerlich akzentuierte Landlisten hatten die Großgrundbesitzer erfolgreich verhindert. Maßgeblich für diesen Reintegrationserfolg waren über die Wahlpropaganda hinaus die wirtschaftspolitischen Kämpfe und auch die Landbundideologie, die das ganze Landvolk integrieren sollte.

3. Von der BdL-Ideologie zur Landbundideologie

Über die Ideologie und Programmatik des Bundes der Landwirte bzw. des Reichslandbundes ist schon viel geschrieben und die Hauptlinien, Schwerpunkte und Funktionen der Ideologie herausgearbeitet worden.[197] Nichtsdestotrotz soll hier, zumindest in Kürze, die bündische Ideologie nochmals untersucht, sollen vor allem die Kontinuitätslinien, Veränderungen und Brüche vom Kaiserreich zur Republik aufgezeigt werden.

Zwar war die Ideologie wohl das größte Kontinuum bei der Entwicklung vom BdL zum RLB, doch Weltkrieg, Revolution und die Republik übten auf diese große Einflüsse aus. Es fanden hier Veränderungen statt, die diese Ideologie als Vorstufe zu der weiter unten beschriebenen Bauerntumsideologie bzw. der daraus entstandenen Blut- und Bodenideologie erscheinen lassen. Nicht zu unrecht bezeichnete Puhle diese Ideologie schon für das Kaiserreich als „präfaschistisch". Sie war geprägt durch das Konglomerat aus „dem rassistischen Nationalismus, dem konservativen Antiliberalismus und der bündischen Mittelstandsideologie" verbunden mit einem „ausgeprägten und militanten Antisemitismus".[198]

Bei der Kette: BdL-Ideologie – RLB-Ideologie – völkische Bauerntumsideologie – nationalsozialistische Blut-und-Boden-Ideologie handelt es sich um keinen notwendigen, geradlinigen, sich auch überlappenden Prozess. Zudem sind die Abstufungen oft kaum klar erkennbar. Für das Verhältnis Bauern – adlige Großgrundbesitzer ist der größte Bruch wohl zwischen RLB-Ideologie und der völkischen Bauerntumsideologie auszumachen, während der größte Sprung in antisemitischen Inhalten beim

[197] Hans-Jürgen Puhle, Der Bund der Landwirte im Wilhelminischen Reich. Struktur, Ideologie und politische Wirksamkeit eines Interessenverbandes in der konstitutionellen Monarchie (1893-1914), in: Zur soziologischen Theorie und Analyse des 19. Jahrhunderts. Hrsg. v. W. Rüegg und O. Neuloh, Göttingen 1971, S. 145-162; Puhle, Agrarische Interessenpolitik, 72-142; Flemming, Landwirtschaftliche Interessen, S. 29-38; Merkenich, S. 111-127.

[198] Puhle, Der Bund der Landwirte, S. 154.

Übergang von BdL- zu RLB-Ideologie erfolgte. Aber nicht nur die inhaltlichen Elemente veränderten sich, sondern auch die Mittler dieser Ideologie, die Funktionen, Ursachen und Gründe der Veränderungen.

Der Krieg und die Revolution bewirkten die größten Veränderungen. Betrachten wir das Verhältnis Bauern – adlige Großgrundbesitzer im Ersten Weltkrieg, so müssen wir die Perspektive der Bauern einnehmen, um die Spannungen zwischen den beiden Gruppen zu verstehen: Der Krieg war für den grundbesitzenden Adel so etwas wie sein zweiter Beruf, gar „Berufung", um die Ruhmestafel der Familie zu vermehren. Der Grundbesitzer und die Söhne, die in den Krieg zogen, hinterließen nur eine kleine Lücke in der landwirtschaftlichen Betriebsführung, denn die Frau und der Verwalter konnten die Aufgaben übernehmen, größere richtunggebende Anweisungen waren brieflich oder beim Heimaturlaub zu erledigen. Je größer das Gut war, desto üblicher waren auch längere Abwesenheiten des Besitzers in Friedenszeiten. Besaß der Adlige gar mehrere Güter, so wurden diese aus der Ferne geleitet.

Eine ganz andere Bedeutung hatte der Krieg für die Bauern. Bei den bäuerlichen Betrieben, je kleiner desto gewichtiger, bedeutete das Fehlen schon eines Sohnes den Verlust einer wichtigen Arbeitskraft, wenn alle Söhne und der Grundbesitzer fehlten, so bedeutete dies einen enormen Einbruch in die Betriebsweise, denn die Frauen, die gerade im Ersten Weltkrieg bis zur völligen Erschöpfung arbeiteten, konnten die fehlenden Arbeitskräfte nicht ersetzen. Das Anstellen von Personal, die Freiwilligeneinsätze oder gar die Beschäftigung von Kriegsgefangenen konnten die Verluste der männlichen Familienarbeitskräfte nur zum Teil, und dann mit neuen unbekannten Strukturen, auffangen.

Es muss bezweifelt werden, dass die Bauern mit ebensolchem „Hurra!" in den Krieg zogen wie der Adel oder das städtische Bürgertum. Belastend aber wurde der Krieg als er über den Winter – der landwirtschaftlichen saisonalen Ruhepause – hinausging. Ganz anders war dagegen der letzte große Krieg gegen Frankreich 1870/71 gewesen. Damals war der Krieg gewonnen gewesen, bevor die landwirtschaftliche Arbeit wieder voll einsetzte.

Der Krieg bedeutete auch, dass man aus seinem Dorf hinausging, andere Welten sah und etwas anderes erlebte als die ländliche Struktur von Landarbeitern, Bauern, Großgrundbesitzern und vielleicht noch ländlichem Kleingewerbe. Dies galt insbesondere für den Stellungskrieg in Frankreich. Hier lag man neben dem Bürger und dem Industriearbeiter im Graben, während der Adel eher im Generalstab oder in der Etappe war oder bei den Kavallerieeinheiten an der Ostfront fast unter sich war. Für den Bauern war der Arbeiter Kriegskamerad, nicht der Großgrundbesitzer(-sohn).

Es ist unwahrscheinlich, dass die Bauern sich über die Ausrufung der Republik freuten, den Sieg nicht gewünscht hätten, aber doch waren sie froh über das Ende des Krieges. Denn der Weltkrieg hatte auch viel „Bauernblut“ gekostet, die Betriebe waren (trotz finanziellem Aufschwung) am Ende ihrer Substanz, die Frauen ausgezehrt.[199]

Es mögen einige Bauern die Abdankung des Kaisers (mehr noch der Kaiserin) bedauert haben. Aber wer hat denn in den Krieg geführt, lange vorher diesen gepredigt und dann auch noch verloren? Es waren der Kaiser, seine adligen Berater, der vom Adel dominierte Generalstab und schließlich der Adel, der auf seinem Gut saß, selbst den Krieg predigend und Söhne, Brüder, Onkel beim Militär hatte, dessen Kinder in Gardeuniform mit den Dorfkindern ‚Krieg‘ spielten.

Es war ein gewaltiges Misstrauen gegen den Adel auch bei den Bauern vorhanden. Nicht umsonst gehörte eine gewaltige Propaganda, ja letztendlich auch die neue Organisation „Landbund“ dazu, dieses Misstrauen abzubauen oder zumindest abzumildern. Wichtigstes Instrumentarium bildete hierbei die bündische Ideologie des BdL, die Auftrieb bekam, und durch die Erfahrungen von Krieg, Revolution und Republik verändert wurde.

Zunächst wurde die Bedeutung des Landes als „Lebensborn des Volkes“ durch den Krieg in doppelter Weise ins Bewusstsein der gesamten Gesellschaft gerückt. Die ungeheuren, bisher nicht gekannten Menschenverluste im Krieg ließen das Land wieder als Menschenlieferant, als biologische ‚Fabrik‘ wichtig erscheinen. Mehr aber noch rückte der Krieg das Land, die Landwirtschaft als Lieferant der wichtigsten Lebensgrundlage, der Nahrungsmittel, in das Denken einer in einer hochindustrialisierten Gesellschaft lebenden Bevölkerung.

Das Postulat von der „Landwirtschaft als wichtigster Beruf und Stand der Gesellschaft“ stand in der BdL-Ideologie im Gegensatz zur tatsächlichen Entwicklung der Verstädterung: eine rasanter Rückgang des Anteils der in der Landwirtschaft Beschäftigten und des Anteils der Landwirtschaft am Bruttosozialprodukt, insbesondere während des Kaiserreiches, sind Merkmale des enormen Bedeutungsverlustes der Landwirtschaft; diese Entwicklung sollte sich in dem langfristigen Prozess noch weiter fortsetzen. Letztendlich konnte schon vor dem Krieg die deutsche Landwirtschaft die deutsche Bevölkerung nicht allein ernähren, was während des Krieges sich bitter zeigte.

Das vom BdL geforderte korporative Staatsmodell, bei dem der Landwirtschaft der Vorrang eingeräumt würde, schien nun quasi ‚legitimiert‘ durch die Erfahrungen des Krieges. Die alte, insbesondere in der Krise immer

[199] Vgl. für Bayern: Ziemann, Front und Heimat, S. 290-328; für Baden: Klaus-Peter Müller, Politik und Gesellschaft im Krieg. Der Legitimitätsverlust des badischen Staates 1914-1918, Stuttgart 1988, S. 421-427.

wieder wiederholte Formel „Geht die Landwirtschaft zu Grunde, so geht der Staat zu Grunde“ war im Krieg scheinbar greifbar: Geht die Landwirtschaft zu Grunde, so bricht die „Heimatfront“ zusammen, damit bricht auch die militärische Front zusammen.

Mit der Ausrufung der Republik und der weitgehenden Demokratisierung des Staatswesens setzte sich der Parlamentarismus durch, der nun auch für Preußen das Drei-Klassen-Wahlrecht und das Mehrheitswahlrecht abschaffte. Es zählte nun die vom BdL so bekämpfte „Macht der Stimmen“. Hier mussten die Landwirte ins Hintertreffen geraten, auch ein Zusammenschluss aller Landwirte und Landarbeiter hätte keine Mehrheit mehr in den Parlamenten gebracht. Geschickt verstand es der BdL und der RLB die Landwirte gegen die Republik zu mobilisieren. Die Aufrechterhaltung der Zwangswirtschaft durch die Räteregierung, später durch das Parlament, war für die Landbünde der „Beweis“, dass das neue System rein konsumentenfreundlich und damit landwirtschaftsfeindlich sei. Dies obwohl die Räteregierungen und die Regierungen der jungen Republik sich bei der Zwangswirtschaft keineswegs einseitig konsumentenorientiert verhielten, aber sie „stellte weder Erzeuger noch Konsumenten zufrieden.“[200]

Die neuen Steuergesetze, die Auswirkungen waren für die Landwirtschaft eigentlich erst nach der Inflation relevant, waren für die landwirtschaftlichen Betriebe keineswegs so drückend; allerdings war es doch mit der im Kaiserreich praktizierten Privilegierung der Landwirtschaft vorbei. In der Propaganda der Landbünde wurde daraus die „schleichende“ Sozialisierung der Landwirtschaft.

Gekonnt wurde aus den wirtschaftspolitischen Zielvorstellungen eine Propaganda gegen Republik und Parlamentarismus geformt. Letztendlich konnte die BdL-Propaganda des Kaiserreichs gegen Demokratisierung „bewahrheitet“ werden.

Der Kampf gegen Republik, Parlamente und Parteien („Parteienherrschaft“) hinderte die Landbünde aber nicht daran – ebenso wie der BdL im Kaiserreich – , die Parteien für ihre Arbeit (Lobbyismus) und den Wahlkampf wie auch die Parlamente als ihre Bühne zu nutzen.

Nach dem Weltkrieg war die im Kaiserreich gestützte „Monarchie“ nicht mehr so eindeutig die erstrebte zukünftige Staatsform bei den Landbünden.[201] Ein autoritärer Führerstaat war – zumindest als Übergangslösung – denkbar. Ein Blick auf das faschistische Italien zeigte einen Alter-

---

[200] Schumacher, Land und Politik, S. 142.

[201] Selbst bei der DNVP war die Monarchie meist nur noch ein Fernziel geworden. Vgl. Friedrich Frhr. Hiller von Gaertringen, Monarchismus in der deutschen Republik, in: Die Weimarer Republik. Belagerte Civitas. Hrsg. v. Michael Stürmer, S. 254-271.

nativweg zu dem Modell „Monarchie" auf, den man durchaus zu gehen bereit war.[202]

Krieg und Zwangswirtschaft verstärkten auch die Abneigung gegen den „(Industrie-) Kapitalismus" und die „Stadt". Obwohl die Landwirtschaft finanziell durchaus als Gewinner des Krieges angesehen werden muss, sah man sich gegenüber der Industrie als Verlierer. Industrielle Produkte fielen während des Krieges erst später unter eine zwangswirtschaftliche Regulierung, nach dem Krieg wurden diese als erste aufgehoben. Aus der Stadt kamen Plünderer und Hamsterkäufer; letztere brachten zwar viel Geld bzw. Wertsachen mit, aber „verführten" eben zum illegalen Handel. Aus der „Stadt" kamen die zwangswirtschaftlichen Gesetzte zugunsten der (städtischen!) Konsumenten, hier saßen die Zentralgesellschaften für den zwangswirtschaftlich geregelten Handel (Berlin), in den Städten saßen die Beamten, die diese durchsetzten und kontrollierten.

Notgemeinschaft

Der Widerstand der Landbevölkerung gegen die Moderne, die antidemokratischen, antikapitalistischen, antisozialistischen und antiurbanen Denkweisen erhielten durch den Krieg und vor allem die Zwangswirtschaft Nahrung. War die Landwirtschaft im langfristigen Trend der Verlierer der Moderne, so wurden gerade die Jahre, in denen es der Landwirtschaft einigermaßen gut ging, durch die Propaganda wieder als Verlustjahre der Landwirtschaft hingestellt. In dieser Propaganda waren Großgrundbesitzer und Bauern, ja sogar die Landarbeiter, zusammengeschweißt als das von der Moderne „übergangene" Landvolk. Man fand sich zur „Notgemeinschaft" zusammen.

Der Begriff „Notgemeinschaft", als alte bäuerliche Tradition, hat seinen Ursprung auf dörflicher Ebene. War ein Hof etwa in Brand geraten, so halfen die anderen Bauern dem Geschädigten. Auch in der Gründungsphase der Landbünde hatten sich auf Ortsebene so genannte Pferde- oder Vieh-Notgemeinschaften gegründet, die bei Verlust von Vieh eines Bauern die solidarische Hilfe der anderen Dorfbauern einfordern konnten. Diese Notgemeinschaft wurde von den Landbünden auch als Druckmittel der Organisation eingesetzt: Wer Aktionen des Landbundes nicht mitmachen wollte oder dem Landbund nicht beitreten bzw. austreten wollte, dem wurde auch der Ausschluss aus der Notgemeinschaft angedroht. Ein Beweis solidarischer Hilfe der Notgemeinschaft war für den Landbund das

---

[202] Dabei war die Rolle König Emanuels weniger wichtig, als vielmehr, dass Mussolini „eine Vereinbarung mit der traditionellen Führungselite" machte und eine Agrarpolitik gestaltete, die „weitaus günstiger für die Interessen der Agrarelite" war; Gustavo Corni, Die Agrarpolitik des Faschismus: Ein Vergleich zwischen Deutschland und Italien, in: Tel Aviver Jahrbuch für deutsche Geschichte Bd. XVII, 1988, S. 391-432, hier: S. 398-399.

Hochwasser von 1927. Hier halfen Bauern, Großgrundbesitzer, ja ganze Dörfer der höher gelegenen Gegenden den vom Hochwasser betroffenen Gütern.

Der Begriff „Notgemeinschaft" wurde von den Landbünden in den 20er Jahren ausgeweitet und als Gemeinschaft der Landwirtschaft bzw. der Landbünde gegen die wirtschaftliche Not, vor allem gegen die staatliche Wirtschaftspolitik bei den Demonstrationen, bei Eingaben und Reden benutzt. Ende der 20er Jahre schlossen sich die ostelbischen Landbünde als Notgemeinschaft zusammen, als Propagandamittel zur Durchsetzung ihrer wirtschaftspolitischen Ziele. Ebenfalls mit wirtschaftspolitischer Zielsetzung wurden, wie unten gezeigt wird, Anfang der 30er Jahre die Notgemeinschaften gegen Zwangsversteigerungen gegründet. So wurde der Begriff, auf mannigfache Aktionen ausgedehnt, zum Symbol des Bündnisses, des Zusammenhaltens von „Groß und Klein".

Antisemitismus

Als konstitutives Element der bündischen Landvolkideologie diente der Antisemitismus. Doch handelte es sich nun nicht mehr um einen „bäuerlichen" Antisemitismus: Die Bauern machten zwar mit dem jüdischen Viehhändler („Viehjude") oder dem jüdischen Kreditgeber („Geldjude") Geschäfte, sahen diese aber vor allem als Verursacher ihrer materiellen Not. Besonders in den landwirtschaftlichen Krisenjahren waren diese die Sündenböcke.

Die Bauern waren aber nicht per se Antisemiten. Vielmehr war den Bauern der Antisemitismus, insbesondere der moderne, wie schon Wachhorst de Wente meinte, von politischen Parteien vor allem aber vom BdL bzw. RLB „eingeimpft" worden.[203] In der Propaganda der katholischen Bauernvereine spielte der Antisemitismus keine Rolle, im Gegenteil wurde dort gegen die antisemitische Propaganda sogar zu Felde gezogen.

Schon während des Kaiserreiches verliefen die Wege des Kredits und des Handels über Gesellschaften und Genossenschaften und die Juden wanderten in die Städte, insbesondere Berlin, ab.[204] Das heißt die Präsenz der Juden (Wohnsitz oder Handlungsreise) nahm auf dem Lande rapide ab. Der Anteil der jüdischen Bevölkerung in Brandenburg lag im Regierungsbezirk Frankfurt bei 0,208 %, im Regierungsbezirk Potsdam bei 0,275 %. Den niedrigsten Anteil in letztgenanntem Regierungsbezirk hatte der Kreis Ostprignitz mit 0,061 % - jener Kreis, in dem die NSDAP ihre ersten und ihre größten Erfolge in Brandenburg erzielte. Das heißt weniger

---

[203] Heinz Reif, Antisemitismus in den Agrarverbänden Ostelbiens während der Weimarer Republik, in: Ostelbische Agrargesellschaft im Kaiserreich und in der Weimarer Republik. Agrarkrise – junkerliche Interessenpolitik – Modernisierungsstrategien. Hrsg. v. Heinz Reif, Berlin 1994., S. 379-411, hier: S. 389.

[204] Ebda., S. 380 Anm. 2.

Kontakte der Bauern zu Juden bedeuteten nicht ein Weniger an Antisemitismus.

Zwar gab es auch noch in der Weimarer Republik jüdische Viehhändler und Kreditgeber und ein Jammern, auf alle Fälle in der Propaganda, darüber. Aber der Handel und das Kreditwesen waren nun durch Gesellschaften anonymisiert, die zudem ihren Sitz in den Städten hatten.

Eine Vielzahl von Juden war in diesen Banken und Handelsgesellschaften beteiligt und ziemlich erfolgreich. Schon die bündische Ideologie hatte dies zu einem neueren Antisemitismus instrumentalisiert: Nicht die Bankiers oder die Händler an sich waren schlecht, sondern die jüdischen Bankiers, die jüdischen Händler. Darüber hinaus war es das jüdische Kapital, nicht der Kapitalismus an sich, was bekämpft werden musste.

So konnte man Gegensätze entschärfen, Bündnisse schaffen. Ein wichtiger Faktor für das Bündnis von „Roggen und Eisen", den Großagrariern und der Schwerindustrie, war der Antisemitismus, der als ideologische Klammer wirkte. Mit der „nichtjüdischen" Industrie durfte man Bündnisse eingehen. Aber auch mit dem städtischen Bürgertum und sogar mit den Arbeitern wurden mit Hilfe des Antisemitismus Bündnisse geschaffen: Die Konservative Partei und die Nationalliberale Partei, in der Weimarer Republik v. a. die DNVP, setzten sich auch aus städtischem Bürgertum, Angestellten und in geringerem Ausmaß auch Arbeitern zusammen. Der Antisemitismus diente hier, wie schon Puhle insbesondere auch am Beispiel des Deutschnationalen Handlungsgehilfenverbands gezeigt hat, als integrative Klammer des Mittelstandes.[205]

Diese Klammer zum „nationalen" Bürgertum und zur „nationalen" Arbeiterschaft wurde nach dem Ersten Weltkrieg noch verstärkt. Die Propaganda gegen den Sozialismus, den Liberalismus, die Demokratie und die junge Republik suchte man zu verschärfen, in dem man diesen das Adjektiv „jüdisch" anhängte.

Beliebt war es, führende Leute der Republik und der sozialistischen Parteien als Juden zu „identifizieren", kennzeichnend war die Abstammung („Rasse"). Dies führte dann auch in doppelter Weise zur Verfemung und Verfolgung, bis hin zur Begründung von Morden. Luxemburg, Rathenau waren prominente Opfer dieser Diffamierungskampagnen. Selbst Erzberger wurde unterstellt, dass er Jude sei – mit der Wahrheit nahm man es nicht so genau.

Wie politische Richtungen, politische Gegner als „jüdisch" diffamiert wurden, so funktionierte das auch umgekehrt: weil „die Juden" Bankiers waren, waren sie schlecht, weil „die Juden" Sozialisten waren, waren sie schlecht.

Diese Taktik war schon vor dem Ersten Weltkrieg erfolgreich. In der Republik erhielt diese aber neue Nahrung, da jetzt mehr Juden die ihnen

---

[205] Vgl. Puhle, Agrarische Interessenpolitik, S. 148-155.

bisher versperrten Wege der politischen Einflussnahme einschlugen. Dabei wurden die Widersprüche skrupellos zusammengeworfen: „der Jude" als Sozialist und Liberaler, Bankier in Dahlem und aus Galizien eingewanderter armer Scheunenviertelbewohner („Ostjuden").

In einem Wahlflugblatt der Deutschnationalen vom Januar 1919 kommt die Verquickung von der Abwehr von Schuldzuweisungen und der Kreierung des Sündenbocks „Jude" besonders zur Geltung.[206] Dieses Flugblatt wehrte die Vorwürfe gegen den Adel als (Mit-)Verursacher des Krieges, als (Mit-)Schuldiger am Verlauf des Krieges, der Zwangswirtschaft sowie das Ende des Krieges ab und legte dies alles den „Juden" zur Last. Damit, das Flugblatt wurde auf dem Lande verteilt, suchte man das Misstrauen bei der eigenen potentiellen Massenbasis, den Bauern und Landarbeitern, abzubauen: Die weitere antisemitische Propaganda trug mit zum Zustandekommen des Bündnisses von Großgrundbesitzern und Bauern bei.

In einem weiteren Punkt hatte sich die Landbund-Ideologie gegenüber der Ideologie des BdL verändert: Nunmehr handelte es sich um einen radikalen Rassenantisemitismus. Weniger die Religionszugehörigkeit, sondern vor allem die Abstammung bestimmte das „Jüdischsein". Dieser schon vor dem Ersten Weltkrieg von den radikal Völkischen vorangetriebene Antisemitismus – kennzeichnend ist hier etwa die Herausgabe des „Semigotha"[207] 1913 – grenzte Menschen mit jüdischer Abstammung aus den eigenen Reihen, aus bestimmten Bereichen, ja aus der Gesellschaft aus. Zudem war schon vor dem Krieg der „neue Antisemitismus ...völkisch-deutschnational", eingebunden in die „Trias von Antisozialismus, Antisemitismus und Antikapitalismus" und wurde vor allem von der Vaterlandspartei verbreitet.[208]

Der Antisemitismus diente den Landbünden zur Mobilisierung der Bauern. Insbesondere jene Adligen, die mit Erfolg die Bauern zu gewinnen vermochten, waren Vertreter des völkischen, modernen Antisemitismus: der Vorsitzende des KLB Cottbus, v. Natzmer, der Vorsitzende des KLB Ruppin, v. Brockhusen und der Vorsitzende des KLB Oberbarnim, v. Oppen-Tornow.

---

[206] Flugblatt DNVP „Landleute, laßt Euch nicht beschwindeln!", in: BArch R8034 II RLB-Pressearchiv, Nr. 1483, Bl. 11. Vgl. auch Merkenich, S. 123.

[207] Der „Semigotha" war ein von Völkischen herausgegebener Nachweis von Adligen mit jüdischen Vorfahren; benannt nach den „Gothaischen Taschenbüchern des Adels". Innerhalb des Adels war er nicht unumstritten, da er sehr viele Fehler enthielt.

[208] Dirk Stegmann; Vom Neokonservatismus zum Proto-Faschismus. Konservative Partei; Vereine und Verbände 1893-1920, in. Deutscher Konservatismus, S. 199-230, hier: S. 209-210.

Für die Adligen bedeutete dieser Antisemitismus weit mehr als nur ein Propagandamittel zur Gewinnung der bäuerlichen Basis. Er war vielmehr auch Mittel zur Legitimation des eigenen Führungsanspruchs: Ihr Stand sollte „rein“ sein. Es war wichtigstes Element einer „vorwiegend vom nordostdeutschen Adel geforderten rassischen Adelsreform."[209] Doch die „Adelsprobe“ - mit Nachweis der Vorfahren bis zur dritten oder vierten Generation zurück – diente vormals zur Begrenzung des Hohen Adels bzw. der Reichsritterschaft bei der Heiratspolitik; sie schränkte die Erbberechtigten und die Zahl der Bewerber bei politischen und geistlichen Ämtern ein.

Die Ausdehnung der ‚Adelsprobe‘ auf den niederen Adel, der stark vermischt war mit bürgerlichen Vorfahren, unterschied in der völkischen Variante nicht zwischen Adel und Bürgertum: Statt der „Verunreinigung“ durch „bürgerliches Blut“ wurde nun die Verunreinigung durch „jüdisches Blut“ als Ausschlusskriterium genommen.

Die Diskussion und das Ausschlussverfahren waren nicht auf die extrem völkisch gesinnten Adligen beschränkt, sondern insbesondere in der Nachkriegszeit auf weite Teile des preußischen Adels ausgeweitet, wie die Diskussionen in der Deutschen Adelsgenossenschaft (DAG) zeigen.[210] Insbesondere der ostelbische Adel versuchte die „jüdischen“ Adligen aus der Deutschen Adelsgenossenschaft auszuschließen[211]; das von der Adelsgenossenschaft herausgegebene „Eiserne Buch Deutschen Adels Deutscher Art“ (EDDA) ab 1. 12. 1920 war schließlich der Versuch, einen positiven Nachweis der Elitelegitimation zu erreichen.[212] Die „Judenfreiheit“ wurde zu einem wichtigen Legitimationskriterium des adligen Führungsanspruchs. Hierbei spielte es keine Rolle, ob der völkische Adel damit einen „neuen Adel“ propagierte oder aber der Adel das alte Elitenkonzept mit einem plumpen Antisemitismus verband.[213]

Der moderne Antisemitismus in den Nachkriegsjahren schloss aber nicht nur Juden von Führungspositionen und gesellschaftlichen Gruppen aus, sondern zielte darüber hinaus auf die Verdrängung (bis zur Vernichtung)

---

[209] Heinz Reif, Adel im 19. und 20. Jahrhundert, München 1999, S. 117.

[210] Vgl. Malinowski, Vom König zum Führer. S. 336-337.

[211] Besonders die brandenburgischen Regionalorganisationen der DAG (Potsdam und Frankfurt/O.) setzten in ihren Satzungen einen rigiden „Judenparagraphen“ fest. Bei der Diskussion über die Satzung des Bundesverbandes konnten sie diese Form nicht gegen die Unterverbände im Westen Deutschlands durchsetzen und eine abgemilderte Form kam zur Annahme. Vgl. Iris Freifrau v. Hoyningen-Huene, Adel in der Weimarer Republik. Die rechtlich-soziale Situation des reichsdeutschen Adels 1918-1933, Limburg 1992, S. 66-68.

[212] Das EDDA nahm nur solche Adligen auf, die den Nachweis von 32 arischen Vorfahren erbringen konnten. Vgl. Hoyningen-Huene, S. 68.

[213] Vgl. Malinowski, Vom König zum Führer, S. 317.

der Juden aus der Gesellschaft. Die völkischen Rassentheoretiker um F. K. Günther setzten in ihren sozialdarwinistischen Theorien die ‚Juden' als Konterpart zur ‚nordischen Rasse'. Der ‚Überlebenskampf' zielte auf Beherrschung oder gar Vernichtung der anderen Rassen. Diese Diskussionen wurden von den Adligen mitverfolgt und auch mitgetragen.

Ein Höhepunkt dieser pseudowissenschaftlichen Propaganda war das von völkischen Kreisen verbreite, in Russland gefälschte „Protokoll der Weisen von Zion". Diese Fälschung „verbreitete den Mythos einer jüdischen Weltverschwörung"[214] und verstärkte die paranoiden Verschwörungstheorien. „Letzte Konsequenz dieses Denkens war die größte und grausigste Mordkampagneder bisherigen Menschheitsgeschichte."[215]In der Konsequenz zielte das Werk auf die Vernichtung der Juden. Die Schrift wurde von den Deutschnationalen in adligen Kreisen herumgereicht, fand auch Einfall in Reden und in Artikel des Landbundes.[216]

Landvolkgemeinschaft

Für den inneren Zusammenhalt der Landbünde war die Idee der „Landvolkgemeinschaft" ausschlaggebend. War dies nur auf die Organisation bezogen so sprach man oft von: „Landbundgemeinschaft", beinhaltete dies eine wirtschaftliche Stoßrichtung, so sprach man von „Landbundgewerkschaft". Grundgedanke der „Landvolkgemeinschaft" war, dass sich die Großgrundbesitzer, Bauern, ja Nebenerwerbslandwirte, die Landarbeiter und schließlich auch die auf dem Lande lebenden anderen Berufsgruppen (Handwerker, Gewerbetreibende, Lehrer, Gastwirte, Pfarrer etc.) in einer machtvollen Organisation – eben dem Landbund – zusammenschließen. Vorrangiges Ziel war die Stärkung der Landwirtschaft und laut Ideologie dadurch auch der anderen Berufszweige, die auf dem Land vertreten waren.

Die Akzentsetzung war in den verschiedenen Landbünden unterschiedlich. So strebte der Pommersche Landbund mit der „Landvolkgemeinschaft" vor allem die Bindung von Großgrundbesitzern und Landarbeitern an. In Brandenburg dagegen zielte der Begriff vor allem auf das Verhält-

---

[214] Wolfgang Benz, Was ist Antisemitismus?, Bonn 2004, S. 110.

[215] Ernst Piper, Achtes Bild: „Die jüdische Weltverschwörung", in: Antisemitismus. Vorurteile und Mythen. Hrsg. v. Julius H. Schoeps und Joachim Schlör, Frankfurt a. M. 1995, S. 127 – 135, hier: S. 133.

[216] So versandte der Geschäftsführer des Landesverbands Frankfurt a. O. der DNVP, Brauer, das Buch an v. d. Marwitz mit der Bitte „dem Buch und den in ihm vertretenen Gedanken möglichst weite Verbreitung zu verschaffen" und es nicht nur Standesgenossen, sondern auch an „Pastoren, Lehrer, verständige Gutsbeamte usw." weiter zu leiten; Schr. Brauer an v. d. Marwitz v. 5. 6. 1920, in: BLHA Rep. 37 Gut Friedersdorf, Nr. 477, Bl. 93.

nis Großgrundbesitzer – Bauern.[217] Emphatisch wurde hiermit an das Zusammengehörigkeitsgefühl von „Groß und Klein“ appelliert. Schon mit den ersten Gründungen war dies ein Instrumentarium, mit dem die Großgrundbesitzer in ihrer Propaganda die Bauern zu gewinnen suchten und zwar mit Erfolg!

Auch der erste und langjährige Vorsitzende des Brandenburgischen Landbundes, Nicolas, und der Hauptgeschäftsführer Weyland suchten gleich von Anfang an den inhaltlichen Schwerpunkt der „Landvolkgemeinschaft“ auf das Verhältnis Großgrundbesitzer – Bauern zu setzen. Denn stärker als in den nördlichen Nachbarprovinzen mussten hier die Bauern angebunden werden, die in der Provinz Brandenburg stärker vertreten waren. Diese Propaganda diente nicht nur innerhalb der Kreise als Klammer von Bauern und Großgrundbesitzern, sondern auch innerhalb der Provinz als Klammer der von Bauern geprägten und der von Großgrundbesitzern geprägten Kreise.[218]

„Landvolkgemeinschaft“ bedeutete dann auch, dass die Vorstände und Ausschüsse paritätisch besetzt wurden: Groß-, Mittel- und Kleinbesitz. Neben diesen Zugeständnissen an politischer Machtteilhabe waren aber die Großgrundbesitzer bereit, viel, ja sehr viel Geld für diese Organisation zu zahlen. Bei den meisten Kreislandbünden zahlten die Großgrundbesitzer schon allein höhere Pro-Hektar-Beiträge. Zusätzliche Sammelaufrufe wurden, v. a. in den Anfangsjahren, insbesondere von den Großgrundbesitzern bestritten, war es für Wahlen, das Landbundhaus, die Jahresfeier etc.

Sicher hatten die Großgrundbesitzer während der Inflationszeit sehr viel Geld – viele Bauern allerdings auch. Aber es war nicht das Vorhandensein finanzieller Mittel, das die Großgrundbesitzer motivierte, so viel Geld in die neue Landbundorganisation zu stecken und schließlich auch die Stellung der Bauern in dieser Organisation (gegenüber der Stellung im BdL) aufzuwerten.

Es war die durch die Revolution hervorgerufene Schwächung der politischen Stellung des adligen Großgrundbesitzes. Es galt, Stimmen für ‚seine‘ Partei, jene, in der sich die adligen Großgrundbesitzer in der Republik wieder sammelten – eben die Deutschnationalen – zu gewinnen. Hierzu brauchte man insbesondere die Stimmen des ‚Landvolkes‘. Insbesondere galt es aber, die wirtschaftspolitische Organisation auszubauen und politischen Einfluss durch diese Massenorganisation zurück zu gewinnen. Von Machtpositionen entfernt und vom Zentrum politischer Ein-

---

[217] In einigen Kreisen, so in Königsberg (Neumark), wurde wie in Pommern vor allem die Zusammenfassung von Landwirten und Landarbeitern angestrebt. Punktuell wurden auch Konflikte zwischen Großbauern und Kleinbauern überbrückt oder die Gewerbetreibenden eingebunden.

[218] Für den Reichslandbund war dies vor allem eine Klammer für die westlichen und östlichen Landbünde.

flussnahme weggerückt, versuchte man die Lobbyarbeit in Parlamenten und Regierungen verstärkt durch einen Massenvertretungsanspruch (Zahl der Mitglieder) zu untermauern. Man startete auch neue Massenaktionen wie die Demonstrationen, die die eigene Stärke belegen und politischen Druck ausüben sollten.

Dass der Adel federführend in der Partei, v. a. im Landbund sein sollte, war klar; man versprach ja, sich auch für die Interessen der Bauern einzusetzen. Die Führerschaft begründete man nur bedingt mit der „Tradition“, in der Republik doch eher sachrational: der Adlige / Großgrundbesitzer hatte mehr Zeit für „Politik“, eine höhere Bildung und einen erweiterten Horizont gegenüber dem einfachen Bauern. Tatsächlich setzten sich einige Großgrundbesitzer mit voller Kraft für die Landbundbewegung ein. Herausragendes Beispiel war hier der führende Kopf der Niederlausitzer Bewegung: Gneomar v. Natzmer-Gahry. Das Engagement ging bei ihm weit über den Landbund hinaus. Er führte den Vorsitz des KLB Cottbus, unter seiner Führung traten die Niederlausitzer Kreislandbünde geschlossen auf; er engagierte sich, wie unten gezeigt wird, in der Genossenschaftsbewegung, war Kreisleiter der DNVP, Führer der Einwohnerwehren, später Kreisführer des Stahlhelms. Als Alldeutscher hatte er schon im Kaiserreich rechtsradikales Gedankengut verbreitet. Anfang 1919 war er federführend bei der Entstehung der Lausitzer Landeszeitung, ein Massenmedium, das rechte Propaganda verbreiten sollte.[219] v. Natzmer verkörperte durch seine Führungspositionen in den verschiedenen rechten Verbänden den führenden Adligen, dem die Bauern und auch Landarbeiter folgten, wie an den Wahlergebnissen in der Niederlausitz zu sehen ist. Er schuf dies mit einer extrem rechten, oft antisemitisch gewichteten Propaganda.

Natzmer war in Brandenburg der wohl typischste Vertreter der von Geoff Eley so beschriebenen Gruppe der „politischen Makler" der Rechten“[220]. Perfekt beherrschte er die Massenmobilisierung über Verbände, Partei und Presse. Unter den brandenburgischen Adligen war die Zahl jener „politischen Makler“ sicherlich klein; darunter zu zählen wären auf alle Fälle noch die am Anfang der Landbundbewegung aktivsten Adligen, wie der Vorsitzende des KLB Ruppin, v. Brockhusen, oder der Vorsitzende des KLB Oberbarnim, v. Oppen-Tornow.

Unter den politisch aktiven brandenburgischen Adligen darf die Mehrheit zu der von Eley so bezeichneten Gruppe der „Vertreter der klassischen industriell-agrarischen Koalition“ gezählt werden. Im Unterschied

---

[219] Vgl. die Einladung zur Gründung Schr. v. Natzmer an Graf Lynar v. 25.1.1919, sowie das Manuskript: „Gründung einer rechtsstehenden Tageszeitung in Cottbus", in: BLHA Rep. 37 Herrschaft Lübbenau, Nr. 6426.

[220] Vgl. Geoff Eley, Konservative und radikale Nationalisten in Deutschland: Die Schaffung faschistischer Potentiale 1912-1928, in: Eley, Geoff, Wilhelminismus, Nationalismus, Faschismus. Zur historischen Kontinuität in Deutschland, Münster 1991, S. 209 – 247, hier S. 242-243.

zu den „politischen Maklern“ spielten sie keine aktive Rolle bei der Mobilisierung der Massen, sie waren „‚Offiziere‘ auf der Suche nach ‚Truppen‘“.[221] waren. Der Großteil der adligen Landbundfunktionäre dürfte hierzu gerechnet werden.

Zusammenfassung

Das Konzept der Landvolkgemeinschaft ging für die Großgrundbesitzer auf. Unter der bündischen Parole „Groß und Klein vereint“ gelang es führenden Großgrundbesitzern das Landvolk zu mobilisieren und in einer modernen Kampforganisation, dem RLB, zu organisieren. Bei einer differenzierteren Sichtweise erkennen wir, dass auch Bauern, insbesondere in der Mitte und im Süden der Provinz, schon bei der Gründung aktiv, teilweise federführend waren. Aber gerade dort, wo die Bauern offensichtlich am aktivsten waren, in der Niederlausitz, setzte sich der agile Großgrundbesitzer v. Natzmer-Gahry an die Spitze der Landbundbewegung.

Über den Mobilisierungsfaktor – Kampf gegen die Zwangswirtschaft – durch den man das Gros der Bauern gewinnen konnte[222], führte man diese zum politischen Lieferstreik, ja zur Unterstützung eines rechten Putsches. Vom Kampf gegen die Zwangswirtschaft wiesen führende Kräfte den Weg zum Kampf gegen die Republik. Den Großgrundbesitzern, die sich in ihrer Mehrheit der DNVP angeschlossen hatten und diese bestimmten, gelang es, ihrer Partei auf dem Land zum Siege zu verhelfen. Dabei konnten sie jenen Teil der Bauern, die 1919 und 1920 noch liberal gewählt hatten, über die Landbundorganisation zur DNVP ziehen. Die bäuerlichen Funktionäre, die für die Landvolkpartei plädierten – ganz stark in der Niederlausitz – unterlagen. Die DNVP wurde 1924 zur zweitstärksten Partei im Deutschen Reich, auf dem brandenburgischen Land zur stärksten Kraft mit oft über 50, ja 60 % des Wähleranteils.

Die BDL-Ideologie hatte sich in der neuen Landbund-Ideologie „modernisiert“, insofern das Miteinander von „Groß und Klein“ stärker betont wurde. Es war eine rechtsradikale Ideologie, die für das Land nun bestimmend war: extrem antisemitisch, antirepublikanisch, nationalistisch. Es war das Verdienst der adligen Großgrundbesitzer, die Bauern vom liberalen Lager entfernt zu haben und alle Bestrebungen, in ein gemäßigtes Fahrwasser zu kommen, verhindert zu haben. So präsentierte sich der Brandenburgische Landbund als eine der bedeutendsten Organisationen im RLB, als eine rechtsradikale Organisation, die bereit war, den Sturz der Republik voranzutreiben und die größte rechtsradikale Partei, die DNVP, uneingeschränkt unterstützte.

---

[221] Ebda., S. 243. Eindeutig zu trennen sind diese Gruppen selbstverständlich nicht immer.

[222] Vgl. auch Reif, Adel, S. 113, zu Recht vorsichtig: Es „schien mit dem Kampf gegen die Zwangswirtschaft auch die Führung auf dem Lande wieder gewonnen zu sein."

C Steigerung des Selbstbewusstseins der Bauern und Scheitern adliger Führerschaft (1924-1928)

Die für die Weimarer Republik in der Forschung so bezeichnete „Phase der relativen Stabilisierung“ der Jahre 1924-1929 bedeutete für die Landwirtschaft zunächst eine Phase der „Normalisierung“. Nach der Währungsreform und der Abschaffung fast aller zwangswirtschaftlichen Regelungen 1923 waren die Preise wieder frei, die Kontrollen abgeschafft. Aber nun setzte das wieder ein, was die Unterbrechung durch den Weltkrieg verhindert hatte: die zunehmende Konkurrenz des ausländischen Marktes. Zudem war nun das Ende der Phase der Entschuldung der Landwirtschaft gekommen. Nach der Währungsstabilisierung erreichte die Verschuldung der Landwirtschaft wieder den Stand der Vorkriegsjahre."[1] Durch die Steuergesetzgebung der Weimarer Republik waren zudem viele Privilegien, die es im Kaiserreich für die Landwirtschaft gab, abgeschafft. Das „Steuerparadies fand mit dem Untergang der preussisch-deutschen Monarchie und dem verlorenen Krieg sein Ende."[2] Spürbar wurde dies mit dem Ende der Inflation.

Der RLB führte, recht erfolgreich, die Politik des BdL fort und kämpfte, wie auch die katholischen Bauernvereine und der demokratische Bauernbund, für eine für die Landwirtschaft günstigere Zoll- und Handelspolitik, sowie für Steuererleichterungen. Mit der Ostpreußenhilfe war 1926 die später auf andere Gebiete ausgeweitete Osthilfe begonnen worden, die maßgeblich zur Entschuldung der Landwirtschaft beitrug. „Als reine Produzentenpolitik war die Agrarpolitik im gesamten Zeitraum vor allem Einkommenspolitik zugunsten der selbständigen Landwirte gewesen."[3]

---

1 Harold James, Deutschland in der Weltwirtschaftskrise 1924-1936, Stuttgart 1988, S. 249.

2 Wolfram Pyta, Besteuerung und steuerpolitische Forderungen des ostelbischen Großgrundbesitzes 1890-1933, in: Ostelbische Agrargesellschaft, S. 361-378, hier: S. 364.

3 Zur landwirtschaftlichen Wirtschaftspolitik vgl. insbes.: Heinrich Becker, Handlungsräume der Agrarpolitik in der Weimarer Republik zwischen 1923 und 1929, Stuttgart 1990. Dies gegen Panzer, der allerdings nur bezüglich der Zollpolitik und

Die Agrarsubventionen übertrafen gar „die Industrieförderung um ein mehrfaches".[4] Probate Mittel des RLB zur Durchsetzung seiner Forderungen waren hier zum einen die Unterstützung durch die Massenbasis und zum anderen die Eroberung politischer Entscheidungsposten bis hin zum Landwirtschaftsministerium.

Stimmen zum Sturz des Systems wurden nun leiser und Putschpläne waren nach dem Scheitern von 1923 vom Tisch. Doch begann 1924 keine Phase der „relativen Stabilisierung", die – so die bisherige Forschung[5] – erst mit der Wirtschaftskrise ab 1928 zur Radikalisierung der Bauern führte. Es handelte sich eher um eine Phase der, so Peukert, „trügerischen Stabilisierung".[6] Denn nicht erst 1928, sondern schon 1924 forcierte sich die Radikalisierung und Politisierung der Bauern. Diese setzte aber nicht den Prozess der „Reintegration des Landvolkes" fort, sondern führte zu Verwerfungen mit dem Großgrundbesitz. Im Folgenden werden diese Brüche in der Ideologie, im Organisationsgefüge und anhand der Aktionsformen verfolgt. In diesen Jahren wurde der Führungsanspruch der adligen Großgrundbesitzer in Frage gestellt.

Zeigte das erste Kapitel, wie die Bauern in Brandenburg bis 1923/24 unter die Ägide des Großgrundbesitzes gebracht und ins rechtsradikale Lager eingebettet wurden, so soll in diesem Kapitel analysiert werden, wie entscheidende Weichenstellungen für den Übertritt der Bauern zum Nationalsozialismus gelegt wurden.

I. Die Erweckung des Standesbewusstseins der Bauern

Eine wichtige Rolle für die Verschiebung des Verhältnisses von Bauern und adligen Großgrundbesitzern in den Landbünden spielte die völkische

---

der Handelsverträge argumentierend, die Landwirtschaft gegenüber der Industrie im Nachteil sah; Arno Panzer, Das Ringen um die deutsche Agrarpolitik von der Währungsstabilisierung bis zur Agrardebatte im Reichstag im Dezember 1928, Kiel 1970.

4 Hans Mommsen, Aufstieg und Untergang der Republik von Weimar. 1918-1933, Berlin 2004, S. 285.

5 Vgl. Ulrich Kluge, Agrarwirtschaft und ländliche Gesellschaft im 20. Jahrhundert, München 2005, S. 22.

6 Zu Recht wies schon Peukert auf die Radikalisierungsprozesse in den Jahren ab 1924 hin und sprach von einer Phase der „trügerischen Stabilisierung"; gleichwohl bringt auch er die Radikalisierung der Bauern mit den Reaktionen auf Zwangsversteigerungen in Verbindung, also erst ab dem Jahr 1928. Detlev J. K.. Peukert, Die Weimarer Republik, Krisenjahre der Klassischen Moderne, Frankfurt a. M. 1987, S. 231.

Bauerntumsideologie, die eng mit Bruno Tanzmann, dem Begründer der Deutschen Bauernhochschulbewegung, verknüpft ist. Tanzmann und seine Ideen initiierten zwar nicht die Stärkung des bäuerlichen Selbstbewusstseins, forcierten aber diesen schon im Gang befindlichen Prozess und gaben ihm eine bestimmte Richtung. Die Bauerntumsideologie wurde von Bergmann ausführlich dargestellt, an dieser Stelle werden die Gemeinsamkeiten vor allem aber die Unterschiede zur BdL- und Landbund-Ideologie nachverfolgt. Darüber hinaus soll die Verwandtschaft der Tanzmannsche Bauerntumsideologie mit der nationalsozialistischen „Blut- und Bodenideologie" aufgezeigt werden. Im Vergleich wird sich zeigen, dass die Blut- und Bodenideologie, die mit dem Namen Ricardo Walther Darré verbunden ist[7] und eine wichtige Variante des Ideologiekonglomerats des Nationalsozialismus[8] war, nur eine weitere Abart der völkischen Bauerntumsideologie war. Das heißt in der Entwicklung von der präfaschistischen BdL-Ideologie zur nationalsozialistischen Blut- und Boden-Ideologie ist die Tanzmannschen Bauerntumsideologie das entscheidende Bindeglied. So fand die Bauerntumsideologie auch einen wichtigen Platz in dem NS-Ideologienkonglomerat.[9]

1. Die Bauerntumsideologie als Grundlage

Die völkische Bauerntumsideologie wurde maßgeblich geprägt von Bruno Tanzmann. Er war, so Klaus Bergmann, der „einzige wirkliche Bauer, der in der langen Geschichte der modernen Großstadtfeindschaft und Agrarromantik einen folgenschweren ideologischen Beitrag leistete."[10] Mit seiner „Denkschrift zur Begründung einer deutschen Volkshochschule" (1917) legte er den Grundstein für eine völkische Bauernhochschulbewegung. 1919 gründete er in Hellerau bei Dresden den völkischen „Hakenkreuz-Verlag" und im selben Jahr die Zeitschrift „Die Deutsche Bauern-

7 Vgl. Frank-Lothar Kroll, Utopie als Ideologie. Geschichtsdenken und politischen Handeln im Dritten Reich, Paderborn 1998, S. 158.

8 Schieder spricht gar von der NSDAP als „ideologische ‚Omnibuspartei'"; Wolfgang Schieder Die NSDAP vor 1933. Profil eine faschistischen Partei, in: GG 19.1993, S. 141-154, hier: S. 143.

9 Dieser Aspekt kann im Rahmen dieser Arbeit nicht untersucht werden. Hinzuweisen ist aber darauf, dass die Blut-und-Boden-Ideologie nicht auf die Propaganda für Bauern beschränkt blieb. Vor allem die SS nahm wesentliche Elemente davon auf; vgl. Mathias Eidenbenz, „Blut und Boden". Zu Funktion und Genese der Metaphern des Agrarismus und Biologismus in der nationalsozialistischen Bauernpropaganda R. W. Darrés, Bern 1993, S. 4 und Gustavo Corni und Horst Gies, „Blut und Boden". Rassenideologie und Agrarpolitik im Staat Hitlers, Idstein 1994, S. 19-20. Dies erfolgte aber nicht allein über Darré, sondern auch über Himmler selbst, der als Artamane die Tanzmannsche Bauerntumsideologie kennengelernt hat.

10 Bergmann, Agrarromantik, S. 220.

hochschule“. Im März 1921 fand der „Erste Germanische Bauernhochschultag“ statt, auf dem die „Schirmherrschaft der deutschen Bauernhochschule“ als Verein ins Leben gerufen wurde. Vorsitzender wurde Bruno Tanzmann. Im gleichen Jahr fanden in Hellerau Beispiellehrgänge statt, die als Vorbild für die Arbeitsweise der zukünftigen Bauernhochschulen dienten. In den folgenden Jahren gründeten Mitkämpfer und Schüler Tanzmanns völkische Bauernhochschulen, die auch zur Unterscheidung von den christlichen Bauernhochschule (oder ländlichen Volkshochschulen) „Bauernhochschulen der Hellerauer Richtung“ genannt wurden. Zu den Tanzmannschen Bauernhochschulen darf auch die brandenburgische Bauernhochschule in Neuruppin gerechnet werden, obwohl diese nicht von Schülern Tanzmanns gegründet wurde, aber eben ähnliche Lerninhalte vermittelte und dann auch in die „Schirmherrschaft“ eintrat.[11]

Die „Schirmherrschaft“ geriet immer mehr unter den Einfluss des Reichslandbundes und 1925 trat Tanzmann, nach einem heftigen Streit mit dem Reichslandbund, als Vorsitzender zurück. Tanzmann engagierte sich noch einige Jahre bei der von ihm 1924 mitbegründeten Artamanenbewegung. Wenngleich sich Tanzmann aus der Bauernhochschulbewegung und 1928 auch aus der Artamanenbewegung zurückzog, so ist sein Einfluss bis dahin doch prägend für die Bauerntumsideologie gewesen.

Ausgangspunkt dieser von Tanzmann und seinen Mitstreitern verbreiteten Ideologie war die im rechten Lager verbreitete, zu jener Zeit vor allem von Oswald Spengler geprägte Kulturkritik. Bedroht sah man sich von der Moderne und allem was man damit verband: der Großstadt, der Industrialisierung, den Juden, dem Liberalismus und dem Sozialismus. Doch im Unterschied zu den Agrarromantikern, die die Reste der imaginären ‚heilen Welt’ eines Agrarstaates erhalten wollten, oder wie in Spenglers fatalistischem „Untergang des Abendlandes“ dieser nur noch nachtrauerten, war die Bauerntumsideologie nicht konservativ, sondern reaktionär, ja „revolutionär-aggressiv“.[12] Tanzmann wollte Deutschland wieder zu einem Agrarstaat, oder besser zu einem „Bauernland“ machen; das deutsche Volk müsse wieder ein „Bauernvolk“ werden. Hierzu wollte er die Bauern, die „einzigen organischen“ (das heißt „noch nicht verstädtert und rassisch entarteten“) Menschen, aktivieren, was durch die Bauernhochschulen erreicht werden sollte. Auf diesen Schulen sollten die Bauern „wiedererweckt“ werden und die „Keimzellen“ zur „Erneuerung“ Deutschlands gelegt werden. Dass seine Mitstreiter und die Lehrer an den Bauernhochschulen aus städtischen und bürgerlich-intellektuellen Kreisen kamen, ist ein gewisser Widerspruch in dieser Ideologie der Erneuerung

11 Vgl. Hans Georg Miller, Die deutsche Bauernhochschule (Die „ländlichen Volks-“ und „Bauernhochschulen“) auf entwicklungsgeschichtler, weltanschaulicher und agrarpolitischer Grundlage, Stuttgart 1928, S. 247-254. Miller gruppierte sie aber nicht in die Hellerauer Richtung ein.

12 Bergmann, Agrarromantik, S. 230.

durch die Bauern; umgedeutet wurde dieser Widerspruch als „Hilfe zur Selbsthilfe“.[13]

Als Element zur „Erneuerung“ und Wiedererweckung des Bauerntums sollte die Wiederaneignung „deutscher Bauernkultur“ dienen. Die „deutsche Bauernkultur“ enthielt den Begriff „deutsch“ im Sinne von „germanisch“. Wie im rechten, verstärkt im völkischen Lager war auch bei der völkischen Bauerntumsideologie der Germanenkult ein wichtiges konstitutives Element. Der Begriff „Bauernkultur“ war sehr umfassend und wurde zum einen in die Richtung des Bäuerlichen benutzt: so in der Renaissance bäuerlicher Feste, bäuerlicher Trachten, der Verbreitung von Romanen aus dem bäuerlichen Leben (entweder idyllisch oder kulturpessimistisch). Zum anderen war die „Bauernkultur“ im Sinne von „germanischer Kultur“ gedeutet: so die Aneignung germanischer Zeichen, Worte, Feste aber auch etwa so genannter „germanischer Architektur“. Oft ging „bäuerlich“ und „germanisch“ ineinander über: so etwa in dem Roman, bei dem der bäuerliche Held „blond und groß gewachsen“ war. Der Germanenkult und das Wiederaufleben heidnischer Bräuche bedeutete nicht unbedingt eine Abkehr vom Christentum. Für Tanzmann war die christliche Religion die Grundlage seines Unterrichts. Die Vermittlung christlich-religiöser Werte war aber mit keiner Konfession verknüpft, die Bauernschulen sollten sowohl Protestanten als auch Katholiken offen stehen. Religion war auch kein Unterrichtsfach in den völkischen Bauernhochschulen.[14]

Zur ideologischen Selbstfindung der Bauern diente die Geschichtsbetrachtung als „die Geschichte der Bauern“. Schwerpunkt dabei waren die „freien, germanischen Bauern“, aber auch der Bauernkrieg von 1525. Von dort wurden auch Bezüge zu den Anfangsjahren der Weimarer Republik gezogen: vom Bollwerk gegen die Revolution wären nur die Bauern zum Befreiungskampf gegen die „Feindstaaten“ und das „internationale Kapital“, „die Juden“ in der Lage.

Einen wichtigen Bestandteil der völkischen Bauerntumsideologie bildete die Rassenideologie, die vor allem durch F. K. Günther mit seinem populär-/ pseudowissenschaftlichen Buch „Rassenlehre“ (1921) einen enormen zusätzlichen Auftrieb erhielt. Für Deutschlands „Erneuerung“ war nach völkischer Rassenlehre die Grundvoraussetzung die Reinhaltung der nordischen Rasse und die Verdrängung anderer Rassen (vor allem der „semitischen“ / „jüdischen“). Dies konnte nur durch das Land geschehen, denn

---

13 Ansonsten habe ich bei der Darstellung der Bauerntumsideologie auf Hinweise auf Widersprüchlichkeiten und Hirngespinste verzichtet; vgl. die vielen Hinweise bei Klaus Bergmann.

14 Demgegenüber spielte die Religion in den christlichen Volkshochschulen oder den Bauernschulen der Bauernvereine eine größere Rolle, vgl. Miller, Bauernhochschulen S. 77.

die Stadt war „rassisch vermischt". Vor allem in den Bauern sahen die Rassenideologen den Teil des Volkes, der rassisch „rein" sei; dies zum einen im biologischen Sinne, zum anderen auch im geistigen Sinne (nicht „verseucht von fremden Gedankengut"). Durch gezielte Heiratspolitik der Bauern, den einzigen „organischen Menschen", sollten „neue deutschbäuerliche Menschen rassereinen Geblüts" gezüchtet werden.[15] Für diese „Aufnordung" oder „Aufartung" sollte sogar ein „Eugenisches Heiratsamt" errichtet werden, das unter Leitung von Ärzten und Rassehygienikern rassisch einwandfreie Eheschließungen ermöglichen sollte.[16]

Die Bauernhochschulen sollten aus Bauern durch geistige und auch körperliche Schulung politische Führungskräfte heranbilden. Diese neue geistige und körperliche Elite wurde schon von Tanzmann und seinen Anhängern als „Bauernadel" bezeichnet: „Unser Adel ist vor allem ein Bauernadel, weil der Bauer der wahre freie Mann ist, der König auf seiner Scholle. Der neue deutsche Adel ist ein Adel des Blutes und der Tüchtigkeit, sprießend aus der Mutter Erde"[17]. Dies deckt sich mit Darrés Auffassung: „Echter Adel nämlich stammt aus dem Bauerntum."[18] Darrés „Neuadel aus Blut und Boden" war in dieser völkischen Bauerntumsideologie schon längst enthalten.

Der „Bauer" erhielt durch diese Bauerntumsideologie seine Legitimation als Führungskraft - als „adlige" Elite. Der Schwerpunkt der Begründung lag bei der „Rassereinheit" der Bauern. Wie oben gezeigt, suchte der Adel nach dem Ersten Weltkrieg mit dem Argument der „Rassereinheit" sich als Elite zu legitimieren. Die rassenideologische Legitimation des Führungsanspruchs einer gesellschaftlichen Gruppe konnte von den Bauern jedoch schlüssiger angeführt werden als von den Adligen: diese galten stärker als „jüdisch versippt" und von der Großstadt „verseucht" (hier kommt wieder das Argument der geistigen Rassenmischung zum Tragen).

Das hieß aber nicht, dass Tanzmann die Adligen als zukünftige Elite ausschloss. Der Begriff „Bauer" wurde von ihm in allerweitestem Sinne gebraucht. Ab 1923 initiierte Bruno Tanzmann der Artamanenbewegung. Diese sollte die nichtbäuerliche, städtische Jugend durch ländliche Arbeitseinsätze wieder zum Bauerntum führen und wieder bäuerliche „Kultur" und „Denkungsart" erlernen. Auch diese städtischen Artamanen sollten, wie die Jungbauern, zur künftigen Elite herangezogen werden.[19]

---

[15] Bergmann, Agrarromantik, S. 243.

[16] Bergmann, Agrarromantik, S. 244.

[17] J. Scholz, Vom neuen deutschen Bauernadel, in: Deutsche Bauernhochschule, 1.1921 (H.4), S. 36; zit. nach Bergmann, Agrarromantik, S. 243.

[18] Eidenbenz, S. 77.

[19] Vgl. Bergmann, Agrarromantik, S. 247-276. Vgl. zur Artamanenbewegung auch: Wolfgang Schlicker, Die Artamanenbewegung – eine Frühform des Arbeitsdienstes und Kaderzelle des Faschismus auf dem Lande, in: ZfG XVII. Jg. (1970) Heft 1, S. 66-75.

Darré grenzte dagegen in seinem „Neuadel“ den alten Adel rigider aus. Dieser hätte sich durch die Einführung des Christentums in Deutschlands selbst disqualifiziert.[20] Allerdings gibt es keine Hinweise darauf, dass bei Darré Adlige nicht auch zum Neuadel gerechnet werden konnten.[21]

Tanzmanns Bauerntumsideologie differierte nur unerheblich von der späteren „Blut- und Boden“-Ideologie. Als deren Schöpfer gilt R. Walther Darré. Doch war dies keine Neuschöpfung, sondern ein Glied in der Kette völkischer Bauerntums-Ideologien. Tatsächlich war Darré in den zwanziger Jahren mit jenem völkischen Dunstkreis um die Bewegung der „Nordischen Denker“ verknüpft, bis 1930 in keiner Partei, nicht beim Stahlhelm oder bei den Artamanen.[22] Dabei war Darré maßgeblich daran beteiligt, diese Ideologie in die NS-Ideologie einfließen zu lassen und zur Grundlage der SS-Ideologie zu machen, zusammen mit dem Artamanenschüler Heinrich Himmler. Sein grundlegendes Werk war „Neuadel aus Blut und Boden“ von 1930. Corni und Gies betonen, „daß Darré den Begriff ‚Blut und Boden‘ nur auf der Straße aufgelesen“[23] habe. Auch sein Neuadelskonzept war nicht so neu. Neben dem Rasseideologen Günther war es auch Tanzmann, der den „Neuadel“ schon gefordert hatte.[24] Es ist fraglich, inwieweit Darré vor 1932/33 massenideologisch wirksam wurde. Zwar wurde sein Neuadel-Buch von den völkischen Ideologen gepriesen und diskutiert, doch eine weite Verbreitung fand sein Buch, gemessen an Hand der Verkäufe, nicht.[25] Eine Verbreitung bei den Bauern erfolgte bis

---

20 Vgl. Clifford R. Lovin, Blut und Boden: The Ideological Basis of the Nazi Agricultural Program, In: Journal of the History of Ideas, Vol. XXVII April – Juni 1967 Nr. 2, S. 279-288, hier: S. 283; Neuadel, S. 20. Bergmann, Agrarromantik, S. 274-275.

21 So hatte Darré selbst viele Adlige als Mitkämpfer und Förderer; die SS schloss auch keine ‚alten Adligen‘ aus.

22 Vgl. hierzu auch die ungedruckte Dissertation von Bramwell: Anna Christina Bramwell, National Socialist Agrarian Theory and Practice: With special Reference to Darré and the Settlement Movement, Diss. (MS) Michaelmes Therm 1982, S. 51-51. Die Einschätzung Darrés in dieser Dissertation fällt zu positiv aus, ja Darré wird quasi als Opfer Hitlers und des Nationalsozialismus dargestellt (S. 102-103) und nicht als Täter, der er war. Brauchbar ist die ungedruckte Dissertation trotzdem im Unterschied zu der ins Esoterische abgleitenden gedruckten Fassung „Blood and Soil“ von 1985. Zum Nordischen Gedanken, insbesondere auch zu Hans F. K. Günther und seinem Umkreis vgl.: Hans-Jürgen Lutzhöft, Der Nordische Gedanke in Deutschland 1920-1940; Stuttgart 1971.

23 Corni u. Gies, Blut und Boden, S. 17. Vgl. Lovin, S. 281: „the ideas of Darré … were not original”. Schon Topf betonte den Plagiat-Vorwurf: Erwin Topf, Die grüne Front. Der Kampf um den deutschen Acker, Berlin 1933, S. 143.

24 Vgl. Malinowski, Vom König zum Führer, S. 520-522.

25 So klagte der Verleger Lehmann dass von Darrés „Das Bauerntum als Lebensquell der nordischen Rasse" im Jahr 1928 und 1929 nur 477 im Jahr 1930 nur 285 Stück verkauft worden wären (bei einer Auflage von 1.500 Stück) und ebenso klagte er,

1930 nicht oder aber gefiltert durch jene Agitatoren, die bisher schon die Bauerntumsideologie verbreitet hatten.

Zwar war die völkische Bauerntumsideologie nicht ohne Vorläufer und viele Bestandteile, etwa die Großstadtfeindschaft oder der Antisemitismus, schon längst Bestandteil der „präfaschistischen“ Agrarideologie des BdL. Doch der alleinige Führungsanspruch des Adels – legitimiert durch die Geburt, den Stand – war Kernelement der BdL-Ideologie. Nach dem Ersten Weltkrieg erhielt der alleinige Führungsanspruch zunächst durch die Landbund-Ideologie eine empfindliche Abschwächung: die Führung in den Landbundorganisationen sollten die Großgrundbesitzer mit den Bauern teilen. Die völkische Bauerntumsideologie ging aber noch einen Schritt weiter: sie erhob einen gesamtgesellschaftlichen Führungsanspruch der Bauern. Damit waren zwar die Landadligen nicht ausgeschlossen, doch der alleinige Führungsanspruch der Adligen war damit vorbei. Führung, hier zeigt sich eine Parallele zur Landbundideologie, musste erst erlernt, angeeignet werden (nämlich in den Bauernhochschulen). Legitimiert musste sie durch rassenreine Geburt sein. Der ‚alte Adel‘ wurde ideologisch durch den ‚Bauernadel‘ ersetzt.

Landbund- und Bauerntumsideologie entstanden parallel, zu einem Zeitpunkt, als der Adel mit dem Zerfall der Monarchie seine Stütze und seine Legitimation verlor. Die Landbundideologie setzte sich früh durch und wurde benutzt, um Bauern und (adlige) Großgrundbesitzer in einer Organisation zu vereinen. Dadurch wurde scheinbar der adlige Führungsanspruch auf der staatlichen Ebene aufrechterhalten. Aber dieser Schein war trügerisch.

Wäre die Bauerntumsideologie auf einen kleinen Kreis beschränkt geblieben, dann wäre sie an den Bauern vorbeigegangen. Der Bruch zwischen Bauern und adlig-konservativen Großgrundbesitzern wäre möglicherweise erst ein Ergebnis der Krise und ab 1930 zu verorten. Die Bauerntumsideologie wäre, so die bisherige Forschung, erst durch Darrés „Blut- und Boden“-Ideologie zu den Bauern gekommen. Im Folgenden wird, wie bei Eidenbenz gefordert, die „Rezeption und Diffusion“[26] der Bauerntumsideologie untersucht, allerdings vor 1930.

---

dass „bis zum Oktober 1930 erst 60 Stück deines ‚Neuadels‘ verkauft“ worden waren; vgl. Schr. Lehmann an Darré v. 6.2.1931 und Schr. Lehmann an Darré v. 8.10.1930, in: Stadtarchiv Goslar NL Darré, Nr. 87a. Dagegen wurden nach 1933 seine Bücher schneller und in höheren Auflagen verkauft bzw. verteilt; vgl. Kroll, S. 258-259.

[26] Eidenbenz, S. 6; Eidenbenz forderte eine Untersuchung der Rezeption und Diffusion der „Blut- und Boden“ Ideologie.

Verbreitung der Bauerntumsideologie

Die Bauerntumsideologie wurde durch die Zeitschrift „Die Deutsche Bauernhochschule" verbreitet. Diese Zeitschrift hat allerdings nur eine kleine Schicht von „Agrariern", solche „Personen, die unter der Landbevölkerung missionierten"[27] erreicht. Diese Personen waren sicher, wie die Leute um Tanzmann, überwiegend Angehörige dörflicher und städtischer Bürgerschichten. Viele Artikel dieser Zeitschrift wurden aber auch in den Landbundzeitschriften abgedruckt und zwar nicht nur im „Reichslandbund", den die Bauern nicht lasen, sondern auch im Organ „Der Brandenburgische Landbund" und vermehrt sogar in vielen Kreislandbundzeitschriften.[28]

Durch die KLB-Zeitschriften, die eine hohe Akzeptanz bei den Mitgliedern hatten und von den Bauern am ehesten gelesen wurden, konnte die Ideologie sich bei den Bauern verbreiten.[29] Nicht nur in den Zeitschriften der bäuerlich geprägten Kreislandbünde, sondern auch in den Zeitschriften der von Großgrundbesitzern dominierten Landbünde wurden diese Artikel nachgedruckt.

Die Diffusion der Bauerntumsideologie selbst durch den Landbund Prenzlau, dessen Organ eher den Charakter einer Arbeitgeberzeitschrift für Großgrundbesitzer und Großbauern hatte, weist darauf hin, dass die Bauerntumsideologie, ähnlich wie die Landbundideologie, von den Großgrundbesitzern funktionalisiert wurde: man hoffte, dadurch die Bauern für den Landbund zu gewinnen. Als ab 1923 – nach Aufhebung der Zwangswirtschaft – der Mitgliederzuwachs stagnierte oder schon ein Rückgang feststellbar war, wurde in den Landbundzeitschriften die Bauernpropaganda forciert.

Die Verbreitung der Bauerntumsideologie war aber nicht nur Instrument der Großgrundbesitzer zur Integration der Bauern. Vielmehr begannen bäuerliche Funktionäre oder auch Geschäftsführer der Kreislandbünde diese Ideologie aufzunehmen und in ihrem Sinne zu verbreiten. Diesen Weg der Rezeption und Weitergabe soll im Folgenden am Beispiel des ‚Bauernführers' der Mark, Wilhelm Gauger, nachgezeichnet werden. Sicherlich hat die mündliche Vermittlung der nun übersetzten Bauerntumsideologie die Bauern nachhaltiger erreicht, und sie verstanden die Worte eines Bauern leichter und glaubten ihm mehr als einem Bürgerlichen, einem Städter.

Der dritte Weg der Verbreitung der Bauerntumsideologie in Brandenburg war der über die 1924 errichtete „Märkische Bauernhochschule".

[27] Eidenbenz, S. 6.

[28] Es wurden nicht alle Artikel abgedruckt, oft wurde aber auf die nicht abgedruckten Artikel hingewiesen.

[29] Nicht alle Bauern werden die Artikel gelesen haben, sicher aber diejenigen, die meinungsbildend waren oder diejenigen die sich eine Meinung bilden wollten.

Was die Schüler, in der Regel Jungbauern, dort gelernt hatten, verbreiteten sie mündlich und schriftlich weiter vor allem an die Jugend, aber auch an die alten Landbündler, wie unten gezeigt wird.

2. Der Bauernführer Gauger

Der Kleinbauer Wilhelm Gauger gilt als der Bauernführer der Provinz Brandenburg. Er erfüllte eine ähnliche Funktion wie andere Bauernführer in den Provinzen und Ländern des Deutschen Reiches. Als Agitator konnte er viele Bauern gewinnen, als bäuerlicher Führer diente er vielen Bauern als Vorbild.

Der 1872 geborene Gauger hatte für einen brandenburgischen Bauern eine eher untypische Jugend. Ohne Eltern war er in der Kleinstadt Beelitz, seiner Geburtsstadt, aufgewachsen. Nach der Volksschule besuchte er „einige Jahre die Höhere Bürgerschule in Potsdam".[30] Vermutlich war er von Verwandten großgezogen worden; er hatte dort in der Landwirtschaft gearbeitet und 1900 einen Hof erworben.[31] Dieser Hof hatte 30 Morgen (um 1920), also mit 7,5 ha ein mittlerer Bauernhof. Neben den üblichen Ackerfrüchten wie Roggen und Kartoffeln konnte Gauger durch den Spargelanbau, die traditionelle Sonderkultur um Beelitz, und als Imker Gewinne erwirtschaften. Untypisch für einen märkischen Bauern war auch, dass Gauger keine Frau und keine Kinder hatte. Dies erlaubte ihm möglicherweise – im Unterschied zu anderen kleinen und mittleren Bauern mit Familienanhang – das „Sparen" und später Zeit für seine Aktivitäten während der Weimarer Republik. Es gelang ihm, wie den meisten Großgrundbesitzern, abkömmlich zu sein.

Seine politische Karriere begann, soweit sich das zurückverfolgen lässt, während der Revolutionszeit als Bauernrat. Zunächst in Beelitz, dann im Kreis Zauch-Belzig, schaffte er es, Bauern gegen „Links" zu mobilisieren. Auch als im Laufe des Jahres 1919 der Landbund im Kreise aufgebaut wurde, war er wieder tatkräftig dabei und wurde bei der Konsti-

---

30 Jacobs, „Unserm Gauger zum 60. Geburtstag. 1872 – 26. November – 1932", in: Der BLB 13. 1932, Nr. 47 (4. Nov.-Nr.).

31 In seinem Personalbogen für den Landesbauernrat Kurmark gab er (1934) bei „Beruflichem Werdegang" an: „Von Jugend auf in Landwirtschaft gelebt. Durch viel Arbeit, Anspruchslosigkeit und Willensstärke verlorengegangenes Erbgut zurückgewonnen"; unter „Lebenslauf": „Bin ohne Eltern unter fremden Leuten aufgewachsen, von Jugend auf auf eigene Füße gestellt. Nach schwerstem und frühesten Lebenskampf schuldenfreie Wirtschaft errungen."; in: BArch R 16 I, Nr. 1328. Dass er doch nicht bei so fremden Leuten aufwuchs, erfährt man in dem Glückwunschschreiben zum 60. Geburtstag Gaugers vom stellvertretenden Kreislandbundvorsitzenden v. Jorck, der den übergroßen Einfluss der Tante Gaugers auf dessen Lebenseinstellung betonte; vgl. v. Jorck, „Lieber Herr Gauger!", in: Landbund Zauch-Belzig 13.1932, Nr. 47 (26. 11.).

tution des Kreislandbundvorstandes am 11. Oktober 1919 zum zweiten Vorsitzenden gewählt.[32]

Seine Fähigkeit, durch seine Reden die Bauern zu mobilisieren, bewegte wohl den Vorstand des Brandenburgischen Landbundes, ihn als Vertreter des kleinen und mittleren Besitzes auf der ersten Vollversammlung des Brandenburgischen Landbundes, des 1. Brandenburgischen Landbundtags, in Berlin am 17. Februar 1920 sprechen zu lassen. Schließlich wurde er auch noch als Vertreter der Kleinbauern am 20. Januar 1921 zum stellvertretenden Vorsitzenden des Brandenburgischen Landbundes gewählt.[33]

Der Erfolg seiner Reden lag darin, dass diese einfach waren, mit derben Aussprüchen gewürzt und aus der Sichtweise der kleinen und mittleren Bauern gehalten wurden. Gauger selbst charakterisierte sich als einen ungebildeten Bauern, wie bei seiner Rede beim ersten Brandenburgischen Landbundtag:

> „...ich weiß nichts von volkswirtschaftlichen Zusammenhängen, ich weiß nichts von Staatswissenschaften, ich weiß nichts von den Errungenschaften und Großtaten der Industrie, ich kenne nicht einmal Goethes Faust (Heiterkeit) – ein Vers daraus ist mir geläufig: Zwei Seelen wohnen in meiner Brust; das ist eigentlich meine ganze Kenntnis von der Literatur und den schönen Künsten (Heiterkeit)...“[34]

Statt bürgerlichen Bildungsethos zu vermitteln, zog er aus der bäuerlichen Lebens- und Arbeitswelt Anschauungsmaterial für seine Reden. Den Kampf mit und gegen die Natur, ein hohes Arbeitsethos und Sparsamkeit sah er als Basis aller Bauern, mit der er sich identifizierte und die er als Gegensatz zur Lebenswelt der Städter setzte. Auch wenn dieses Idealbild eines Bauern nicht mehr auf modern wirtschaftende Bauern passte und in den Jahren der Zwangswirtschaft viele Bauern wucherten und prassten, bildete dieser Mythos den Ausgangspunkt für die weiteren Betrachtungen Gaugers.

Seine zwei- bis dreistündigen Reden faszinierten die Bauern, boten sie doch etwas anderes als die Reden der (adligen) Großgrundbesitzer. Diese schwelgten in ihren Erinnerungen an das Kaiserreich, erzählten von ihren Erlebnissen im Krieg, redeten von Nation und Volkswirtschaft, zitierten andere Adlige und redeten ständig von „ihr Bauern“. Eine Identifikation mit diesen Funktionären war kaum möglich und so bot sich Gauger als die Integrationsfigur der Bauern im Brandenburgischen Landbund an.

---

[32] Vgl. „Die Grüne Front in Zauch-Belzig. 10. Jahreshauptversammlung in Belzig“, in: Landbund Zauch-Belzig 11.1932, Nr. 5 (1.2.).

[33] Vgl. „Die Vertreterversammlung des Brandenburgischen Landbundes“, in: Der BLB 2.1921, Nr. 4 (4. Jan.-Nr.).

[34] „Die Rede des Herrn Gauger-Beelitz auf dem Brandenburgischen Landbundtag“, in: Der BLB 1.1920, Nr. 10.

Er sprach aber nicht nur in seinem Kreise oder auf dem Brandenburgischen Landbundtag, sondern trat in den folgenden Jahren wohl in jedem Kreis des Brandenburgischen Landbundes als Redner bei einer Generalversammlung oder einem Landbundfest auf. Er konnte wohl sein Publikum fesseln. So berichtete der RLB-Direktor Tauscher an den Präsidenten Roesicke über die Gründungsversammlung des Jüterboger Landbundes: „Die Versammlung in Jüterbog war recht gut besucht. Natürlich hatte Herr Gauger einen stärkeren Besuch erwartet. Er kennt eben noch nicht die Verhältnisse in Jüterbog. Der Saal im Gesellschaftshaus war gefüllt. Die Stimmung nach den beinahe zweistündigen Ausführungen des Herrn Gauger war ausgezeichnet; die Versammlungsteilnehmer hatten wohl einen solchen Vortrag noch nicht gehört und auch nicht erwartet.“[35] Deutlicher war auch die Reaktion nach seinem Auftritt beim KLB Züllichau-Schwiebus:

„In Züllichau sagten zwei Bauern zu Gauger am Schluß seiner Rede: ‚Gauger, für Sie lassen wir uns totschlagen!'. Das ist gewiß ein schönes Zeichen des Vertrauens zu diesem seltenen Manne, der wirklich zum Führer des Bauernstandes, zu dem Große und Kleine gleichermaßen gehören, berufen ist.“[36]

Bald war er auch in den Kreisen, in denen der Großgrundbesitz dominierte, sehr willkommen; denn wenn es hieß „Euer Gauger kommt“[37] erschienen die Bauern in Massen und die Säle waren überfüllt.[38]

Gauger war in den Anfangsjahren die Integrationsfigur des Brandenburgischen Landbundes. Durch ihn, wie aber auch andere Bauernführer, gelang es, so viele Bauern, v. a. viele Kleinbauern zu sammeln. Insofern diente er als Handlanger der Großgrundbesitzer. Sucht man nach Beweisen für die Handlangerfunktion Gaugers, so fällt zuerst die Regieanweisung für seine Rede auf dem ersten Brandenburgischen Landbundtag auf: Für das Absingen des Preußenliedes am Schluss der Versammlung sollte Gauger am Ende seiner Rede ein Lob auf das alte Preußen einbauen und dann sollte „gewissermaßen spontan aus der Versammlung heraus, das Preussenlied angestimmt werden. Wir bitten, in geeigneter Weise diese

---

35 Schr. Tauscher an Roesicke v. 31. 1. 1921, in: BArch R8034 I RLB, Nr. 16b, Bl. 18.

36 Fink, „Unsere Vollversammlungen am 25. und 26. Januar in Züllichau und Schwiebus“, in: Landbund Züllichau-Schwiebus 2.1921, Nr. 6 (6.2.).

37 „Euer Gauger kommt.“, in: Landbund Calau 9.1928, Nr. 30 (27.7.). Hierbei handelte es sich um eine Einladung zur Generalversammlung des KLB.

38 Zu den Erfolgen von Gaugers Reden kann man auch die Kommentare über die Reaktion des Publikums heranziehen. Bekam der Vorredner Gaugers, der Reichslandbundpräsident und ehemalige BdL-Führer Roesicke, bei seiner Rede beim ersten Reichslandbundtag am 3. März 1921 „Anhaltender Beifall und Händeklatschen“ so waren die Bemerkungen am Ende Gaugers Rede doch euphorischer: „Stürmischer, lang andauernder, lebhafter Beifall, Trampeln, Händeklatschen“; Der BLB 2.1921, Nr. 10 (2. März-Nr.).

Absicht unter der Hand zu verbreiten und in der Versammlung selbst kräftig den Ton anzugeben."[39] Tatsächlich ließ Gauger das alte (= monarchistische) Preußen für die Versammlung hochleben, wenngleich es ein Bruch in seiner Rede war und die Windungen Gaugers herauszulesen sind:

> Ich komme gleich zum Schluß. Vorhin sprach ich von dem zerbrochenen Topf. Wenn ich alles zusammenfasse, was ich gesagt habe, dann kommt doch die Wehmut in uns. Wir sehen – und je älter wir werden, umso mehr – nach rückwärts auf die gute Zeiten, die waren, und **das Gute und das Herrliche, was war, wird riesengroß vor uns.** Mich hat ja die Jacke Preußens nie gejuckt, aber es gab solche, die sie sehr gejuckt hat. Aber wenn wir alt geworden sind, werden wir mit Wehmut und mit unbegrenzter Liebe immer wieder zurückdenken an das, was war, und die Liebe zu den Scherben werden wir erst mit uns begraben, wir werden immer denken und uns erinnern an die Tage, wo wir mit Stolz sagten: **wir sind Bauern von geringem Gut, wir dienen unserem Kurfürsten mit Leib und Blut!** (Bravo! Lebhafter, langanhaltender Beifall, Händeklatschen. Die Versammlung erhebt sich von den Sitzen und stimmt das Lied an: Ich bin ein Preuße.)"[40]

Gauger war aber kein Monarchist. Bei der Rede benutzte er den „Topf" als Metapher für die Monarchie, das Kaiserreich: „Wir können uns von den Scherben nicht trennen, und wir wollen es nicht. Wollte Gott, das Wunder geschehe, wir ließen den Topf wieder binden und er wüchse wieder zusammen wie früher. Aber leider müssen wir sagen, er wächst nicht wieder zusammen."[41] Auch in anderen Reden wandte er sich gegen die Wiedererrichtung der Monarchie zu einem Zeitpunkt, als wohl die meisten adligen Großgrundbesitzer noch an der Monarchie als künftige Staatsform festhielten.

Sein Bekenntnis zu ‚Preußen' (ohne monarchistische Attitüde) muss allerdings ernster genommen werden. Gauger fühlte sich als Beelitzer, Zauch-Belziger, Brandenburger („Märker") und als Preuße, wobei die Reihenfolge sicher auch die Rangfolge bedeutet. Heimatverbundenheit und die Sichtweise von unten (seinem kleinen Hof) bedingten diese Rangfolge und waren wohl typisch für den (märkischen) Bauern. Zwar bekannte er sich auch zur Nation, doch extrem nationalistische Auswüchse wie bei den Großgrundbesitzern konnte man bei ihm (zunächst) nicht finden.[42]

---

[39] Rschr. BLB an Geschäftsführer persönlich v. 7.2.1920, in: BArch R8034 I RLB (BLB), Nr. 176, Bl. 4.

[40] „Die Rede des Herrn Gauger-Beelitz auf dem Brandenburgischen Landbundtag", in: Der Br. LB 1.1920, Nr. 10.

[41] Ebda.

[42] Stark nationalistische Töne schlug Gauger erst ab etwa 1932 an; vgl. unten. Doch selbst 1934 war dieses ‚Deutschland' wohl noch nicht ganz verinnerlicht: Bei seinem Personalfragebogen für den Landesbauernrat gab Gauger unter ‚Nationalität' „Preuße" an, während bei allen anderen Fragebögen (88) „deutsch", „Deutscher"

Die Religion spielte in Gaugers Reden keine große Rolle. Seine Bekenntnisse zur Gottesgläubigkeit und zur (evangelischen) Kirche zeugen aber von der religiösen Grundlage, auf der auch die Mehrheit der märkischen Bauern stand.

Relativ zurückhaltend blieb Gauger auch mit antisemitischen Äußerungen. Zwar taucht bei ihm das Bild der Juden als „Schieber" und „Geldmächtiger" auf,[43] aber ein ausgesprochener antisemitischer Propagandist war er nicht. Dies im Unterschied etwa zu Walter Stubbendorff und Gneomar v. Natzmer, die im Landbund eine vergleichbare Rolle zur Organisierung der Massen einnahmen.[44]

Aber die Gewinnung der Bauern wäre ihm nicht gelungen, hätte er nicht die Interessen vor allem der kleineren Bauern auch gegen die Interessen der Großgrundbesitzer vertreten. So engagierte er sich für die Siedlungs- und Pachtfrage.[45] Als während der Inflationszeit die Pachtfrage zu schärferen Auseinandersetzungen zwischen Pächtern und Verpächtern führte, ergriff er in einem Artikel im Organ „Der Brandenburgische Landbund" Partei für die Pächter:

> „Ich sehe eine Kluft aufreißen zwischen groß und klein in den Dörfern, und ich sehe diese Kluft aufreißen, so groß und so weit, daß sie nicht wieder zu schließen geht. Ich sehe, wie dieser Riß schließlich den ganzen Landbund zerreißt. … Woher kommt denn dieser Riß? Menschliche Habgier hat ihn verschuldet. Drei Zentner Pacht je Morgen, noch dafür für hohes Land. Ich sage denen, die die Habgier so weit treibt: Kommt es deshalb zum Zerreißen zwischen groß und klein in den Dörfern, und trennen sich auch unsere Wege, ich gehe dann mit den Kleinen."[46]

---

oder „Deutsches Reich" angegeben wurde; vgl. BArch R 16 I, Nr. 1309-1384 und 1805-1817.

43 So etwa bei seiner Rede am Reichslandbundtag 1925: „Wenn bis in die kleinste Hütte, ins entlegenste Dorf, die Namen der ganz Großen und Großzügigen aus dem Reiche der Schieber dringen, wenn jeder auch in unserem Stande weiß, wer ist Barmat, wer ist Kutisker, dann ist der Niedergang offensichtlich."; „Reichs-Landbundtag und Reichs-Junglandbundtag", in: Der BLB 6.1925, Nr. 9 (4. Feb.-Nr.).

44 Dass gerade von führenden Großgrundbesitzern der Antisemitismus verbreitet und vorangetrieben wurde und gerade von Gauger nicht, deutet auf wichtige Funktionen des Antisemitismus im Landbund: es wurde von eigenem Versagen abgelenkt („Sündenbock") und der ‚Jude als gemeinsamer Feind' schuf eine künstliche Interessengleichheit (integrative Funktion).

45 Gauger war 1921 in den Provinzialsiedlungsausschuss gewählt worden; vgl. Der BLB 3.1921, Nr. 46 (3. Nov.-Nr.).

46 Dies und folgendes Zitat: Gauger, Wilhelm, „Landbundgedanken", in: Der BLB 3.1922, Nr. 15 (2. Apr.-Nr.). Zwei Wochen später gab es eine Replik von v. Malachowski (Vorstandsmitglied im KLB Cottbus), der auch die „Habgier" der Pächter kritisierte und sich gegen jede Form der gegenseitigen Bereicherung aussprach; vgl.

Bei dieser Kritik an Großgrundbesitzern und Großbauern benutzte er die Begriffe ‚Landbundgemeinschaft' und ‚Dorfgemeinschaft' in dem umgekehrten Sinne wie die Großgrundbesitzer. Nicht die ‚Kleinen' müssten für die gemeinsamen Interessen die Treue den großgrundbesitzenden Führern halten, sondern die ‚Großen' müssen Opfer bringen und die Interessen der ‚Kleinen' berücksichtigen:

> „Früher hieß es: Noblesse oblige – Adel verpflichtet. Heute müssen außer dem Adel, oder an Stelle des Adels, auch andere Menschen einspringen; der Besitzende und der Kluge und vor allen Dingen der Gute unter den Bauern; ohne Lohn, ohne Dank, ohne etwas zu werden."

Gauger kämpfte durch seine Reden und Taten auch darum, die Macht der Bauern im Landbund zu stärken. Noch beim ersten Reichslandbundtag griff er die Führungsrolle der Großgrundbesitzer zwar nicht direkt an, zeigte ihnen aber ihre neue, begrenzte Rolle:

> „Die großen Kräfte will ich vor den Wagen des Kleinen spannen. Gerade die Großen mit ihren besseren Kenntnissen, mit ihrer fortgeschrittenen Anwendung des Kunstdüngers, mit ihrem viel größeren beweglichen Verstande. ... In das Haus, wo „Landbund" dransteht, soll er auch mal hineingehen, er muß **mit den Bauern an einem Tisch sitzen,** und der Bauer soll ihn anders kennen lernen, als er ihn jetzt kennt, wo er in einem Auto oder in einem Dogcart an ihm vorbeifährt und der Bauer nur seinen Buckel sieht. ... Fachvorträge! Da denke ich wieder an die Großen. Gerade sie wissen längst, daß man bei Kartoffeln Riesenernten erzielt, wenn man hochwertige Kalisalze anwendet... . Deshalb sollen auch sie in die verqualmten Gaststuben gehen, wo einem manchmal schlimm wird, wenn man hineinkommt. (Heiterkeit.) Der Große soll sich da nicht scheuen. Er soll die einschlafenden Bauern aufwecken und soll sich das Herz und die Seele aus dem Leibe reden. Dann wird der Bauer ihn wieder kennen und lieben lernen, und wird er ganz automatisch von den Bauern auf die Liste gesetzt werden, wo er so gern hinwill! (Stürmische Heiterkeit und Beifall.) Dann werden die Großen wieder Führer des Volkes werden, nicht mehr von Königs Gnaden, sondern von Bauernwillen. ... Ist denn das Kunst und weithergeholt, wenn man dem Großen predigt: So gewinnst Du die Massen, so vertrauen sie Dir wieder, – wenn man ihm sagt: Ihr seid doch ohnmächtig, wenn Ihr diese Massen nicht habt. Ihr seid doch Führer ohne Heer, und ein Donnerwetter muß dreinschlagen, wenn Ihr einseht, daß Ihr den Kleinen braucht. – Er glaubt Euch nicht mehr, wenn Ihr nur alle fünf Jahre kommt. Das ist vorbei für immer. Nur wer sich in die Herzen der Kleinen durch Arbeit und Tätigkeit hineinredet, wird die Ansichten der Kleinen kennen lernen und wer sie vertreten will, der wird unser Mann sein, ob er Graf, Prinz oder Fürst ist; das wird uns egal sein. ...
> ... der Große soll einsehen, es geht ohne den Kleinen nicht, wir sind politisch ohnmächtig, wenn wir nicht die Masse hinter uns haben. Und der Kleine soll einsehen, es geht ohne die Großen nicht. Denn den Kleinen fehlt es an Idealis-

---

Malachowski, Fr. v., „Landbundgedanken", in: Der BLB 3.1922, Nr. 17 (4. Apr.-Nr.)

> mus; es fehlt ihnen … der Geist und die Zeit – und das Geld will er nicht geben. …Was nutzt es uns denn, wenn wir Leute von den Kleinen in den Reichstag schicken! Es scheitert ja alles an ihrem Egoismus. Darum brauchen wir die Großen, und wir werden sie uns auswählen, und wir werden unseren Feinden ins Gesicht schlagen können, wenn wir nicht führerlos dahinleben, sondern wenn wir unsere richtigen Führer haben.[47]

Was Gauger hier wiedergab war teils Forderung, teils aber auch schon Darstellung der Situation der großgrundbesitzenden Eliten: Wollten sie in der Führung bleiben oder dahin kommen, so mussten sie zu den Bauern gehen, um die Führung kämpfen und in der Organisation arbeiten. Gerade für die adligen Großgrundbesitzer bedeutete dies aber mehr als nur die Überwindung von Standesdünkeln. Die Bauern forderten Zeit, Arbeit und Engagement, die die Adligen nicht aufzubringen bereit waren (wahrscheinlich ahnte dies Gauger schon). Schließlich wurde die Führungslegitimation der Adligen neu definiert durch die „Bauernmassen".

Aber Gauger ging noch einen Schritt weiter: Er rief dazu auf, " aus dem Bauernstande heraus die Führer zu erziehen, die den großen Gedanken, daß die Landwirtschaft, groß und klein, das gegebene Fundament des Staates ist, erfassen und der Landwirtschaft den Platz im Staatsleben verschaffen, der ihr zukommt."[48] Er forderte die Bauern auf, selbst Führungspositionen – neben dem Adel – einzunehmen.[49]

Sein Streben nach Stärkung der Bauern und sein Engagement für die bäuerliche Jugend führten ihn zur Tanzmannschen Deutschen Bauernhochschule.[50] Er wurde Mitglied im Kuratorium der Deutschen BHS-Genossenschaft. Wahrscheinlich besuchte er einen Beispiellehrgang der Bauernhochschule. Eindeutig lässt sich aufzeigen, dass die Bauerntumsideologie seine Vorstellungen beeinflusste und er zum Apologeten dieser Ideologie wurde. Nach einem Vortrag Tanzmanns bei der Vertreterversammlung des Brandenburgischen Landbundes im Januar 1923 wurde er in den neugegründeten Bauernhochschul-Ausschuss des Brandenburgi-

---

47 „Erster Reichs-Landbund-Tag", in: Der BLB 2.1921, Nr. 10 (2. März-Nr.). Der demokratische Bauernbund meinte wohl wegen dieser Angriffe gegen die Großgrundbesitzer, dass Gauger beim nächsten Reichslandbundtag nicht mehr sprechen dürfte; vgl. „Der Brandenburgische Landvolktag.", in: Reichs-Landbund 2.1922, Nr. 8 (25.2.).

48 „Bericht über die Generalversammlung vom 2. November 1923", in: Landbund Sorau-Forst 4.1923, Nr. 44 (2.11.).

49 „Erster Reichs-Landbund-Tag", in: Der BLB 2.1921, Nr. 10 (2. März-Nr.).

50 So sandte er ein Begrüßungsschreiben an den von Tanzmann geführten 3. germanischen Bauernhochschultag; vgl. „Hauptversammlung der Schirmherrschaft am 3. germanischen Bauernhochschultag Pfingsten 1923 in Dresden.", in: BArch R8034 I RLB, Nr. 49b, Bl. 65-69. Gauger war demnach tatkräftig bei der Gründung des Ausschusses für die Brandenburgische Bauernhochschule beteiligt.

schen Landbundes gewählt[51]. Zwei Jahre später wurde er Mitglied im brandenburgischen BHS-Kuratorium.[52]

Schon früh setzte Gauger sich für die Gewinnung der bäuerlichen Jugend ein.[53] Er sah in den Jugendlichen die künftigen „Bauernführer", die künftigen Funktionäre im Landbund. Über dieses Ziel hinaus forderte er die Erziehung der Jugend, „daß sie einmal die Führung im Staate übernehmen kann".[54] Dementsprechend engagierte er sich bei den Jugendorganisationen der Landbünde, den Junglandbünden. Für seine besonderen Verdienste um die Junglandbünde wurde er 1927 zum Ehrenvorsitzenden des Brandenburgischen Junglandbundes gewählt.[55]

Gauger war nicht der einzige Landbundfunktionär, der die Bauerntumsideologie verbreitete, aber wohl der wichtigste. Wie gezeigt, hörten die Massen begeistert zu, nahmen begierig den Inhalt seiner Reden auf. Wichtig für die Verbreitung war, dass er fast jeden Kreislandbund besuchte und dort auf den Vollversammlungen sprach. Hervorzuheben ist aber auch sein Einfluss auf andere Bauernführer in Brandenburg. Wie unten gezeigt wird, gewannen diese an Zahl und Einfluss. Gauger war ihnen Beispiel. Die Bauernführer verbreiteten die Bauerntumsideologie und konnten sich immer auf den bei den Bauern beliebten Gauger berufen.

Selbstverständlich war die Intensität, mit der die Bauernführer die Ideologie verbreiteten, unterschiedlich. Nur selten wurde bei den Reden die Ideologie kompakt wiedergegeben, wie dies bei den Schulungen gemacht wurde. Einzelne Aspekte kamen aber bei den meisten Reden vor, vor allem selbstverständlich der bäuerliche Führungsanspruch, und bei den meisten Landbundversammlungen und Veranstaltungen, gerade auch den kulturellen, spielte die Bauerntumsideologie eine bedeutende Rolle. Die Diffusion der Ideologie setzte sich ab 1924 massiv auf verschiedenen Ebenen durch. Gauger war hierfür eine Leitfigur geworden.

Solange Gauger die Bauern an den Landbund binden konnte und ein gutes Zugpferd für die Deutschnationalen war, blieb er für die Großgrundbesitzer zwar ein ungemütlicher, doch nützlicher Bauernführer. Doch je mehr er für die Interessen der Bauern eintrat, die Bauerntumsideologie verbrei-

---

[51] Vgl. „Vertreterversammlung am 24.1.", in: Der BLB 4.1923 Nr. 5 (1. Feb.-Nr.).

[52] Vgl. „Vorstandssitzung", in: Der BLB 6.1925, Nr. 11 (2. März Nr.)

[53] So setzte er sich schon 1921 für die politische Schulung der Bauernjugend durch den Landbund ein; vgl. „Unsere Vollversammlung am 25. und 26. Januar in Züllichau und Schwiebus.", in: Landbund Züllichau-Schwiebus 2.1921, Nr. 6 (6.2.).

[54] So Gauger bei der Generalversammlung des Kreislandbundes Ruppin im Oktober 1925; „Unsere außerordentliche Generalversammlung", in: Landbund Ruppin 6.1925, Nr. 45 (3.11.).

[55] Vgl. „Vertreterversammlung des Brandenburgischen Junglandbundes am. 30. Mai.", in: Der BLB 8.1927, Nr. 23 (2. Juni-Nr.).

tete und gegen den Großgrundbesitz wetterte, desto gefährlicher wurde er den Deutschnationalen. Im Frühjahr 1929 schrieb v. Hoepfner, von der DNVP-Kreisleitung Landsberg, an den Vorsitzenden des Kreislandbundes Landsberg über Gauger:

> „Die erste Unruhe trat im Landbund ein durch … Herrn Gauger, deutschnat. Abgeordneter, fanatisch, eine Fakir-Natur, die 1923-24 noch nicht wusste, wohin sie mit ihren unruhigen Kräften gehen sollte. Anfangs nützte Gauger der deutschnationalen Partei und auch dem Landbund nicht unerheblich [sic!]. Von Monat zu Monat wurde Gauger eigenartiger, trat öffentlich, d. h. in Landbundversammlungen gegen seine eigene Partei auf und übte nicht unerhebliche Kritik an ihr, wie an der Landbundführung und war der Hauptveranlasser, dass die Landbundmitglieder hellhörig, unruhig wurden und von Dingen in der Partei hörten, von denen sie keine(n) Ahnung hatten und diese als Fernstehende garnicht beurteilen konnten. Dass diese Gauger'schen Bemerkungen schroffster Art nicht nur in deutschnat. Landbundmitgliederkreisen blieben, sondern bei grossen und kleinen Landwirten zur Debatte gestellt wurden, war klar. Ausserdem kam Gaugers Einfluss immer wieder im Junglandbund zur Wirkung. Aeusserlich trat er zwar als deutschnational auf, seine Worte, sein Einfluß auf die Jugend waren aber stark national-sozialistisch eingestellt, mit schwerwiegendsten Vorwürfen gegen den Grossgrundbesitz durchsetzt, dass die Jugend nicht anders konnte als das Zersetzende herauszuhören und dieses als gefundenes Fressen in sich aufzunehmen, zumal ähnliche Gedanken ja durch die Lehrer der Bauernhochschule in Neu-Ruppin ihnen auch schon zu Ohren gekommen waren, die sich mit Gauger eins fühlten."[56]

Diese Einschätzung v. Hoepfners über Gaugers Werdegang gibt einigermaßen zutreffend die Bedeutung Gaugers im Landbund wieder. v. Hoepfner irrt aber hinsichtlich des Bruches 1923/24, denn Kritik wurde von Gauger schon immer geübt und bei der Aneignung und Verbreitung der Bauerntumsideologie kann man höchstens von einer Entwicklung sprechen. Die Aussagen v. Hoepfners lassen aber die Ängste und Bedrohungen Gaugers für den brandenburgischen Großgrundbesitz erkennen: nun ist es Gauger, der die Bauern von den deutschnationalen Großgrundbesitzern wegführt. Allerdings war Gauger zu diesem Zeitpunkt kein Anhänger der NSDAP. Er war noch Mitglied in der DNVP und trat erst viel später der NSDAP bei.

Der Einfluss Gaugers auf die brandenburgischen Bauern war gewaltig, doch zum einen führten noch andere Faktoren, wie auch v. Hoepfner bemerkte und hier weiter unten beschrieben werden soll, zu Brüchen im Landbund. Zum anderen war Gauger kein Einzelphänomen. Auch in anderen Provinzen Preußens und anderen Ländern des Deutschen Reiches gab es Bauern, die während der Weimarer Republik zumindest phasenweise ihre Berufsgenossen zu aktivieren vermochten. Schließlich gab es auf

---

[56] Schr. v. Hoepfner an RGB Honig, Landsberg 10.5.29, in: BArch R8034 I RLB (BLB), Nr. 178, Bl. 51-59, hier: Bl. 51-52.

Kreis- oder Bezirksebene Bauern, die ähnlich wie Gauger auf Provinzebene in einem kleineren Radius sich als Bauernführer hervortaten.

3. Andere Bauernführer

Der innere organisatorische Aufbau des Brandenburgischen Landbundes, vor allem aber der Kreislandbünde erfuhr schon in den frühen zwanziger Jahren erhebliche Veränderungen, die die Position der Bauern stärkten. Zwar waren die meisten Kreislandbundvorsitzenden bis 1933 Großgrundbesitzer und selbst die bäuerlichen Vertreter waren Großbauern mit zum Teil über 100 ha. Auch stellten bei den Gründungen der Kreislandbünde im Jahre 1919 die Großgrundbesitzer in den zehn- bis dreißigköpfigen Vorständen oft die Mehrheit.[57]

Doch ein erster Wandel erfolgte dadurch, dass die Vorstände nicht mehr durch die Generalversammlungen, sondern durch die Vertreterversammlung, also den bäuerlichen Ortsgruppenvorsitzenden und den Großgrundbesitzern (oder deren Vertreter) gewählt wurden. Die Besetzung der Vorstandsposten wurde nun anteilig nach Besitzgrößen reglementiert: Ein Drittel fiel danach auf den „Großbesitz" (über 100 ha), ein Drittel auf den „Mittelbesitz" (20 - 100 ha) und ein Drittel auf den „Kleinbesitz" (unter 20 ha) - das entspricht dem klein- und mittelbäuerlichen Besitz.

Im Kreise Gaugers, Zauch-Belzig, sah die Position der Großgrundbesitzer im Kreislandbundvorstand noch schlechter aus: Der Ausbau der Kreislandbünde führte zur organisatorischen Zusammenfassung der Ortsgruppen in Bezirke (etwa 10), teilweise wurden diese noch zu Gauen zusammengeschlossen. Die Bezirksvorsitzenden wurden von den Ortsgruppenvorsitzenden oder einer Bezirksversammlung gewählt. Diese in der Regel bäuerlichen Bezirksvorsitzenden wurden in vielen Kreislandbünden Mitglieder des Vorstandes.[58] Die übrigen Vorstandsmitglieder wurden von diesen oder von der Generalversammlung hinzugewählt; das heißt die Vertreter des Großgrundbesitzes wurden von den bäuerlichen Vertretern gewählt, lediglich das Vorschlagsrecht ihrer Vertreter war den Großgrundbesitzern vorbehalten.

Die Position der Bezirksvorsitzenden in den KLB-Vorständen war stärker als derjenigen im bis dahin üblichen Verfahren gewählten Vor-

---

[57] So etwa im Kreislandbund Ruppin; siehe oben.

[58] So z. B. im Kreis Zauch-Belzig, vgl. „Ueber die am Sonnabend, den 19. Januar stattgefundene Vertreterversammlung.", in: Landbund Zauch-Belzig 5.1924, Nr. 4 (26.1.). Mit der Neuordnung wurden die 12 neuen Bezirksvorsitzenden als Vorstandsmitglieder betrachtet. Diese wählten weitere sechs Mitglieder hinzu „dergestalt, daß das Verhältnis des Groß-, Mittel- und Kleinbesitzes das gleiche ist". Das heißt, die bäuerlichen Bezirksvorsitzenden wählten Vertreter des Großgrundbesitzes in den Vorstand!

standsmitgliedern, die nämlich von der Generalversammlung oder der Vertreterversammlung auf Vorschlag des engeren Vorstandes gewählt worden waren. Die Bezirksvorsitzenden erhielten ihre Legitimation von den Ortsgruppenvorsitzenden, den ‚local opinion leaders'. Sie waren nun die – durch Wahlen bestätigte – ‚opinion leaders' auf einer höheren Ebene, einem Bezirk oder sogar Gau.[59] Diese Bezirksvorsitzenden traten meist selbstbewusster bei den Vorstandssitzungen, Vertreterversammlungen und Generalversammlungen auf. Nicht zuletzt darauf ist das Klagen der Großgrundbesitzer zurückzuführen, dass sie sich in den Sitzungen oft an den Rand gedrängt fühlten. Viele Vertreter des Großgrundbesitzes blieben deswegen auch den Vorstandssitzungen fern. So klagte der Geschäftsführer des KLB Oberbarnim, Mechelke, auf der Geschäftsführersitzung am 14. Januar 1926: „Heute herrscht überall eine gewisse Misstimmung zwischen Gross und Klein. Was sollen in einem Beirat von 16 Mitgliedern 3 Herren vom Grossgrundbesitz? Sie scheiden doch vollständig aus – und darum kommen sie eben nicht mehr. Ich kann es dem Grossgrundbesitzer aber nicht verdenken, wenn er nicht kommt – was soll er denn als einzelner unter so vielen tun?" Noch dramatischer beschrieb der Geschäftsführer des KLB Königsberg die Situation für die Großgrundbesitzer: „In unserem Kreise ist die Bildung von Bauerngruppen nicht beobachtet worden, aber die Leute wollen sich vom Grossgrundbesitz frei machen. Nach ihrer Ansicht nimmt dieser zu wenig Anteil an der Arbeit des Landbundes. Wenn der Grossgrundbesitz sich auf Versammlungen usw. nicht viel sehen lässt, nimmt der Bauer eben keine Notiz von ihm und wählt einen andern, keinen Grossgrundbesitzer."[60] Die Klagen über das Fehlen der Großgrundbesitzer bei Versammlungen, deren Passivität, sind Legion. Sie verstummten auch nicht gegen Ende der Weimarer Republik, als die Hugenberganhänger um Posten kämpften.[61] Von einigen Ausnahmen abgesehen war es tatsächlich so, dass die Großgrundbesitzer in den Versammlungen fehlten, deswegen auch weniger gewählt wurden und vermehrt wegblieben.

---

[59] Schon vor der Änderung des Modus der Vorstandswahl dürften viele Meinungsführer eines Bezirkes in den Vorstand gekommen sein. Einen völligen Austausch des Vorstandes hat es nirgends gegeben.

[60] Beide Zitate aus: „Niederschrift über die Geschäftsführersitzung des Brandenburgischen Landbundes am 14. Januar 1926.", in: BArch R8034 I RLB, Nr. 49a, Bl. 155-168, hier: Bl. 166-167.

[61] Pyta sieht ein verstärkte Aktivität der Großgrundbesitzer ab der Agrarkrise: „die Großagrarier fanden dann Ende der 20er Jahre den Wiedereinstieg in die Politik"; Pyta, Dorfgemeinschaft, S. 232. Doch eine stärkere Anwesenheit in den Landbundversammlungen war höchstens bei den Vorstandswahlen bemerkbar, in anderen Sitzungen mangelte es doch an ihnen. Ausnahmen bildeten die wenigen nationalsozialistischen Großgrundbesitzer.

Die bäuerlichen ‚opinion leaders' wurden durch die Landbünde durch so genannte „Führungskurse" gefördert. Diese mehrtägigen Führungskurse dienten zur Wissensvermittlung (Landwirtschaftstechnik, Agrarpolitik, Ideologie etc.) und zur Rednerschulung. Viele Ortsgruppenvorsitzende, fast alle Bezirksvorsitzende besuchten diese Kurse. Als Referenten traten in diesen Kursen die KLB-Vorsitzenden, die Geschäftsführer, deutschnationale Redner, Lehrer, Pfarrer, Großgrundbesitzer aber auch Bauernführer (wie etwa Gauger) auf. Im Laufe der Zeit nahm der Anteil adliger Großgrundbesitzer am Lehrkörper dieser Kurse ab. Auch thematisch veränderten sich (damit) die Führungskurse. Abhandlungen über die Geschichte des Kaiserreiches, die Bedeutung der Monarchie verschwanden fast völlig. Zunehmend traten Themen der Bauerntumsideologen in den Vordergrund. Als Vermittler dieser Ideologie traten zum einen die schon erwähnten Vertreter des städtischen Bürgertums auf, zum anderen aber auch die Bauern selbst.

Die Wissensvermittlung und die Rednerschulung führten zu einer Professionalisierung der bäuerlichen Landbundfunktionäre. Diese geschulten Bauernfunktionäre traten als Redner nicht nur bei den größeren Ortsgruppenversammlungen auf, sondern auch bei den Bezirksversammlungen, Gauversammlungen oder auch bei den Generalversammlungen. Neben dem Geschäftsführer waren sie es, die teilweise den Kreislandbundvorsitzenden, vor allem viele Großgrundbesitzer als Redner ablösten.

Diese opinion leaders nahmen aber nicht nur Funktionen im Landbund wahr. Wir finden Bauern in den verschiedenen Parlamenten wieder. Bei den Kreistagen achteten die Bauern darauf, dass bei den Kreistagswahllisten den Großgrundbesitzern höchstens ein Drittel der sicheren Plätze zugestanden wurden. Im Kreis Templin kam es anlässlich dieser Regelung zum Eklat.

Als der Kreislandbund Templin für die Kreistagswahl 1921 seine Kandidatenliste aufstellte,[62] war unter den acht Kandidaten, die der Vorstand des Kreislandbundes im Januar für die Liste der „Bürgerlichen Vereinigung" vorschlug, der Großgrundbesitzer v. Arnim-Mellenau.[63] Die Familie v. Arnim war empört, dass nicht mehr Familienmitglieder und vor allem nicht Dietlof Graf v. Arnim-Boitzenburg auf die Kreistagsliste gesetzt worden waren. Bei der Generalversammlung des Kreislandbundes

---

[62] Vgl. hierzu auch: Flemming, Landwirtschaftliche Interessen, S. 201-202; Pyta, Dorfgemeinschaft, S. 172-173; Rainer Pomp, Brandenburgischer Landadel und die Weimarer Republik. Konflikte um Oppositionsstrategien und Elitenkonzepte, in: Adel und Staatsverwaltung in Brandenburg im 19. und 20. Jahrhundert. Ein historischer Vergleich. Hrsg. v. Kurt Adamy und Kristina Hübener, Berlin 1996, S. 185-218, hier: S. 196-198.

[63] Schr. v. Herwarth an Nicolas v. 12.2. 1921, in: BArch R8034 I RLB (BLB), Nr. 196, Bl. 76-78.

am 28. Januar 1921 wurde bei der Abstimmung über die Kandidatenliste v. Arnim-Boitzenburg als Gegenkandidat für v. Arnim-Mellenau vorgeschlagen. Die Generalversammlung stimmte jedoch mit 160 gegen 8 Stimmen für v. Arnim-Mellenau.

Nach dieser Versammlung entbrannte ein Streit zwischen einem Teil der v. Arnimschen Familie und dem Kreislandbundvorsitzenden v. Herwarth-Stabeshöhe. Bei diesem Streit handelte es sich vorwiegend um einen persönlichen Konflikt der von Arnims mit von Herwarth. Nachdem Vermittlungsversuche des Vorsitzenden des Brandenburgischen Landbundes Nicolas gescheitert waren, trat ein Teil der Familie von Arnim aus dem Landbund aus. Da hiermit der Kreislandbund finanziell stark geschädigt wurde, musste v. Herwarth zurücktreten, um die v. Arnims zum Wiedereintritt zu bewegen.

Mehr als die persönlichen Streitigkeiten zweier Großgrundbesitzer verdient jedoch das Verhalten der Bauern unser Interesse. Das Abstimmungsergebnis der Generalversammlung zeigte, dass die Bauern nicht mehr hinter v. Arnim-Boitzenburg standen. Detlev v. Arnim-Kröchlendorff, der vor allem die Verhandlungen mit dem Brandenburgischen Landbund führte, fasste die Erfahrung der Familie v. Arnim zusammen: „Es ist daher die Nichtachtung, die in dem unter Herrn von Herwarths Führung zustande gekommenen Abstimmungsergebnis liegt, als ein Mißtrauensvotum schärfster Art aufgefaßt worden.“[64] In einem weiteren Schreiben an Nicolas betonte v. Arnim-Kröchlendorff nochmals, dass nicht „lediglich eine Personenfrage für die Differenzen maßgebend ist.“ Allerdings würde der Rücktritt v. Herwarths

> „zu einer Abspannung der jetzt hier bestehenden Gegensätze zwischen Groß und Klein beitragen. Diese meine Überzeugung stützt sich auf die Tatsache, daß vor dem Kriege zwischen Groß- und Kleingrundbesitz hier im Kreise ein so gutes Verhältnis obgewaltet hat, daß ein Beschluß, wie der neuliche, des Wirtschaftsverbandes überhaupt völlig unmöglich gewesen wäre. Besonders im Kreistage hat die Familie Arnim, die damals über 5 Mandate verfügte, es verstanden, mit den Vertretern des bäuerlichen Besitzes im Kreistage das allerherzlichste Einvernehmen herzustellen. Es wäre doch immerhin auffallend, wenn wir uns jetzt in wenigen Jahren so geändert haben sollten, daß wir etwa nicht auf dem Standpunkt der Einigkeit von Groß und Klein stehen sollten. Wenn jetzt diese Einigkeit tatsächlich zum Teil nicht besteht, so sind dafür eben andere Faktoren ausschlaggebend gewesen.“ [65]

Im selben Schreiben machte v. Arnim-Kröchlendorff vor allem die nach dem Krieg in den Kreis hinzugezogenen Kleinbesitzer für die Spannungen verantwortlich. Doch auch die Neuwahl des Kreislandbundvorsitzenden im August 1921 zeigte deutlich, dass nicht nur die Hinzugezogenen, son-

---

[64] Schr. v. Arnim-Kröchlendorff an Nicolas v. 4.2.1921, in: BArch R8034 I RLB (BLB), Nr. 196, Bl. 30.

[65] Schr. v. Arnim-Kröchlendorff an Nicolas v. 10.2.1921, in: Ebda., Bl. 27.

dern der Großteil der alteingesessenen Bauernschaft nicht mehr die von Arnimsche Politik unterstützte. Der von der Arnimschen Familie vorgeschlagene Kandidat Fürst Eulenburg-Hertefeld- Liebenberg erhielt lediglich 52 von 318 abgegebenen Stimmen. Als Vorsitzender wurde mit 253 Stimmen der Bauer Dahms gewählt.[66]

Die Besetzung von Kreislandbünden mit bäuerlichen Vorsitzenden, starken bäuerlichen Vorstandsmitgliedern und die Besetzung politischer Posten mit bäuerlichen Funktionären und schließlich auch der Aufstieg von Bauernführern zu ,opinion leaders' der Kreise zeigt zu deutlich, dass Bauern in der Landbundorganisation nicht nur lediglich als „Alibibauern" Funktionen übernommen hatten. Die Bauerntumsideologie unterstützte diese Bewegung und wurde aus diesen Gründen auch fleißig verbreitet. Diese Stärkung des bäuerlichen Elements im Gefüge der Landbundorganisation drängte den Einfluss der adligen Elite auf dem Lande zurück. Die Vorherrschaft der Großgrundbesitzer in den leitenden Funktionen war gebrochen, als Meinungsführer auf der Bezirks- und Kreisebene waren sie fast vollkommen verdrängt. Das heißt nun nicht, dass die Landbundorganisationen in Brandenburg rein bäuerlich waren. Es herrschte vielmehr ein „Miteinander von Groß und Klein". Politik und Wirtschaftspolitik konnte nun noch weniger gegen die Bauern, aber auch nicht gegen den Willen der Großgrundbesitzer gemacht werden.

Die Großgrundbesitzer hatten immer weniger direkten Einfluss auf die Bauern. Auf die Landbundpolitik nahmen sie durch ihre Organisationen Einfluss. Dies war etwa im Kreis Lebus die „Vereinigung der Großgrundbesitzer des Kreises Lebus"; aber auch in Kreisen, in denen ihnen keine Sonderorganisation gestattet war, hatten sie doch im Arbeitgeberverband oder auch im Waldbesitzerverband Organisationen, in denen überwiegend sie vertreten waren. Es war nun nicht (mehr) der Landbund, der „ihre" Organisation war. Wollten sie im Landbund Funktionen übernehmen, so mussten sie im Landbund mitarbeiten, Organisationsarbeit leisten. Auch eine politische Vertretung konnte nun nicht mehr deswegen in Anspruch genommen werden, weil man „höheren Standes" war. Es waren wenige, die den neuen Ansprüchen gerecht wurden.

Die Regelung der Drittelung der Vorstandsposten nach Besitzgrößen Anfang der Zwanziger Jahre mag als Zeichen des verstärkten Einflusses der Bauern oder Zugeständnis von Mitpartizipation gesehen werden. In einigen Kreisen im Süden Brandenburgs erscheint die Drittel-Regelung aber eher ein Schutz zur Wahrung eines Resteinflusses der Großgrundbesitzer.

---

[66] Vgl. Nachrichtenblatt des Kreislandbundes Templin 3.1921, Nr. 33 v. 19.8.; als Stellvertreter wurde v. Arnim-Mellenau von der Versammlung durch Akklamation gewählt. Die Spannungen zwischen Großgrundbesitzern und Bauern setzten sich in den folgenden Jahren weiter fort.

Zusammenfassung

In der Propaganda der Landbundzeitungen erhielten die „Bauern“ ab 1924 eine deutliche Aufwertung. Artikel von Tanzmann und seinen Epigonen nahmen einen weiten Raum ein, Aufrufe an die „Bauern“ nahmen zu. Zweck war die Mobilisierung der bäuerlichen Basis. Die Gründe hierzu waren vielfältig: Zum einen war der Mobilisierungsfaktor Zwangswirtschaft weggefallen, der andere Mobilisierungsfaktor „Sturz der Republik“ nicht mehr akut. Ein Sinken der Mitgliedszahlen setzte tatsächlich ein, man musste gegensteuern. Dann war das Jahr 1924 ein Wahljahr mit zwei Reichstagswahlen, für die man die bäuerliche Basis brauchte. Der parlamentarische Kampf um die Wirtschaftspolitik war zäh und oft nicht öffentlich wirksam, bedurfte aber der bäuerlichen Masse als Legitimationsbasis.

Doch es blieb nicht nur bei der Bauernpropaganda. Die Positionen der Bauern im Landbund wurden gefestigt oder gar ausgebaut. Insbesondere auf der Kreis- oder Bezirksebene, teilweise noch Gauebene, spielten die Bauern eine immense Rolle. Sie traten, noch gefördert durch Schulungen, als Redner, Wissensvermittler auf. Immer mehr floss in ihre Propaganda die Bauerntumsideologie ein. Diese selbst erhöhte die Rolle der Bauern, legitimierte die bäuerlichen Funktionäre auch gegenüber dem bisher üblichen Meinungsträger adliger Großgrundbesitzer. Diese bäuerlichen Funktionäre waren weit über die Dorfgrenze hinausgegangen, sie vertraten und predigten das neue Standesbewusstsein.

Regionale Nuancen sind dabei sichtbar. In den bäuerlichen Gegenden um Berlin, wie auch in der Niederlausitz finden wir viele selbstbewusste Funktionäre, die sehr wohl „die verwaiste politische Bühne ... [betraten] und dort anstelle der Gutsherren den Ton“[67] angaben. In dem vom Großgrundbesitz dominierten Norden waren selbstbewusste bäuerliche Funktionäre seltener, aber auch hier spürten die Großgrundbesitzer das neue Selbstbewusstsein, auch hier wurde Gauger von der bäuerlichen Basis herzlich aufgenommen und rezipiert.

II. Die Entdeckung der Jugend und die Erziehung von künftigen Führern

Bisher betrachteten wir vornehmlich die Landbünde als die Organisationen der selbständigen Landwirte. Bei der Frage nach der Politisierung der Landbünde, dem Erfolg der Nationalsozialisten bei der Eroberung der

[67] Pyta, Dorfgemeinschaft, S. 184. So spricht das Pyta den ostelbischen Gegenden ab und sieht diesen Politisierungsprozess eher in den südlichen und westlichen Gegenden Deutschlands.

Landbünde und der Verschiebung des Verhältnisses von Bauern und Großgrundbesitzern ist jedoch die Betrachtung der Jugendorganisationen der Landbünde, der „Junglandbünde" (JLB), eminent wichtig. Zwar gibt es auch Tendenzen zur Politisierung der Landfrauen durch die Frauenlandbünde, doch war diese Organisation schwach, die politisch-ideologischen Veränderungen – soweit vorhanden – quellenmäßig nur schwer greifbar.

Bei den Junglandbünden jedoch lassen sich zum einen parallele Entwicklungen wie bei den „Alt"-Landbünden nachweisen: von Organisationen, in denen Großgrundbesitzer anfangs initiativ und leitend waren, zu betont bäuerlich akzentuierten Organisationen. In der Regel waren die Junglandbünde hierbei sogar radikaler. Zum zweiten hatten gerade die Junglandbünde, bzw. Aktivisten dieser Organisation, nicht nur Einfluss auf die Jugend, sondern insbesondere auch auf die Organisation des Altlandbundes genommen und die betont bäuerliche Ausrichtung mit forciert.

Zum dritten ist der Zeitfaktor von besonderer Bedeutung. Jene, die Anfang der Junglandbund-Gründungen um die 20 Jahre alt waren, waren Anfang der 30er Jahre um die 30 und Anfang der 40er Jahre um die 40. Das heißt, die ersten Junglandbündler waren beim großen Umbruch der Landbünde Ende der 20er Jahre teilweise schon selbst Bauerngutsbesitzer und damit im Alt-Landbund und oft auch politisch aktiv. Eine Untersuchung dieser jungen Landbündler, der um 1900 geborenen, die eher den Weg zur NSDAP fanden als ältere Landbündler deckt sich auch mit dem in der Forschung aufgezeigten Bild der NSDAP als „junge Partei" – eine Partei , die vermehrt jüngere Wählergruppen angesprochen hatte und auch jüngere Funktionäre besaß.[68] Führungsansprüche der Jungen gegen die veralteten Funktionäre wurden auch in den Landbünden laut, es kam sogar zu offenen Konflikten, die den „Generationenkonflikt" ausdrücken, von dem die Faschisten am stärksten profitierten.[69] Doch darf diesem Generationenkonflikt keine so große Rolle beim Erfolg des Nationalsozialismus auf dem Lande zuerkannt werden. Denn viel zu stark und relativ früh wechselten bald nach den Jungen die älteren Bauern in Brandenburg zur NSDAP. Stärker als ‚Jung gegen Alt' wurden hier die Gegensätze ‚Bauer gegen Großgrundbesitzer' in der Propaganda eingesetzt.

Im Verlauf der Untersuchung über den BLB zeigte sich die besondere Bedeutung der Brandenburgischen Bauernhochschule. Diese war ein Hort

---

[68] Als junge Partei sieht dies auch Falter, Hitlers Wähler, S. 146. So waren „knapp 60 % der zwischen 1925 und 1930 neu in die Partei eintretenden Mitglieder unter 30 Jahre alt, ... das Durchschnittsalter aller Parteimitglieder [lag] zwischen 1925 und 1933 bei 31 Jahren." Die Anteile der Jungwähler sieht Falter nicht so hoch, statistische Aussagen hierzu konnte er nicht liefern. Vgl. auch Sven Reichardt, Faschistische Kampfbünde. Gewalt und Gemeinschaft im italienischen Squadrismus und in der deutschen SA, Köln u. a. 2002, S. 351.

[69] Vgl Reichardt, S. 388.

für die Weiterentwicklung der völkischen Bauerntumsideologie zur Blut-und-Boden-Ideologie sowie die Kaderschmiede für junge Aktivisten, die den politisch-ideologischen und auch politisch-kulturellen Wandel in den Landbünden mit vorantrieben. Letztendlich war sie auch die Kaderschmiede für politische Führungskräfte, die dann zum Großteil die Eroberung der brandenburgischen Landbevölkerung durch die NSDAP initiierten und im großen Stil möglich machten. Eine ausführlichere Betrachtung der Bauernhochschule zwang sich dieser Arbeit somit auf.

Die Entwicklung der Junglandbünde soll wie für die Alt-Landbünde vor allem auf der Kreisebene fokussiert werden. Doch mehr noch als bei den Alt-Landbünden gibt es hierbei quellentechnische Probleme. Die Kreislandbundzeitschriften als stärkste Quellenbasis auch für die Junglandbünde enthielten recht unterschiedlich umfangreiche Berichterstattungen über die Junglandbünde, in einigen Kreisen erfahren wir nur sehr wenig über die Jugendorganisation. Dies lag zum einen daran, dass einige Kreisjunglandbünde nur schwach entwickelt waren, zum anderen aber, dass die Alt-Landbünde diesen Organisationen oft nur geringes Interesse entgegenbrachten bzw. wenig an die Öffentlichkeit brachten. Oft erfahren wir von Junglandbundgruppen nur etwas, wenn diese in der Gesamtbewegung der Landbünde – gemeinsame Veranstaltungen, Wahlvorbereitungen u. ä. aktiv waren. Doch findet sich insgesamt in den brandenburgischen Kreisen genug Material, um die Bedeutung der Junglandbünde zu zeigen.

1. Die Junglandbund-Organisationen

Wie bei den „Alt“-Landbünden, so waren auch bei den Junglandbünden zunächst auch die Großgrundbesitzer als Initiatoren tätig. Bevor die große Welle von Junglandbund-Gründungen ab Sommer 1923 in Brandenburg einsetze, gab es einige wenige Kreislandbünde, die schon vorher ihre Kreisorganisationen aufbauten. Zu diesen frühen Gründungen zählten jene Kreise, in denen auch die ersten, von Großgrundbesitzern initiierten Kreislandbünde ins Leben gerufen worden waren: Ruppin und Cottbus, in denen v. Brockhusen bzw. v. Natzmer nun auch die bäuerliche Jugend mobilisierten.

In Ruppin war es zwar nicht der Vorsitzende des KLB v. Brockhusen, der bei der Kreisjunglandbund-Gründung in Erscheinung trat, jedoch sein enger Vertrauter, der Geschäftsführer des KLB Kapitän Hermann. In der Verbandszeitschrift machte er ab Frühjahr 1922 Propaganda für die Jugendorganisation. Am 10. Februar 1923 eröffnete er die Gründungsversammlung des „Junglandbundes der Grafschaft Ruppin“ und „legte in etwa 11/2 stündiger Rede die dringliche Notwendigkeit des festeren Zusammenschlusses der Landjugend und der jungen Manneskraft des Landes dar.“[70] Der KLB Ruppin blieb lange noch federführend für die Provinz. Er stellte nicht nur den Vorsitzenden des Brandenburgischen JLB, Walter Pritzkow, sondern hier wurde auch die erste Brandenburgische Bauernhochschule gegründet.

Der Kreisjunglandbund (KJLB) Lebus jedoch war der bedeutendste der Provinz. Er war der erste der gegründet wurde[71], am 17. November 1921 (zehn Tage vor dem Cottbuser). Er hatte lange Zeit die meisten Mitglieder und war politisch, ideologisch und paramilitärisch der aktivste und radikalste. Auf seiner Gründungsversammlung „mit zahlreichen Vertretern der ländlichen Jugend“ legte nach der Eröffnung durch den KLB-Vorsitzenden Gustav Schwarz der Geschäftsführer des KLB, v. Falkenhayn, die Ziele des Junglandbundes klar:

> „Die Jugendgruppe des Landbundes soll den Zweck haben, die Landjugend als Glied des Landbundes zusammenzufassen, die Interessen der Jugend in ihrer beruflichen Ausbildung vertreten, wozu auch die Ausgestaltung der Fortbildungsschulen auf dem Lande, Förderung und Ausbau landwirtschaftlicher Winterschulen, Schaffung von Büchereien, die praktische Berufsausbildung der Landwirtssöhne und -töchter, der Austausch von Landwirtssöhnen gehören, die Schaffung von Reit- und Fahrschulen fördern, durch Betreibung und Förderung des Sportes, besonders Reiten und Turnen, soll für die körperliche Ertüchtigung der Landjugend gesorgt, der nationale Gedanke des deutschvölkischen Staates gepflegt und für eine gesunde Geselligkeit gesorgt werden.“[72]

Kurz sprachen noch der auf der Versammlung gewählte 1. und 3. Vorsitzende des KJLB, Carl Grey und Paul Bredow (Hohenwalde); ebenso der Führer des Heimatbundes Oberstleutnant Wobeser.[73].

Gewählt wurden schon 10 Bezirksvertreter, darunter auch zwei weibliche. Die Wahl von Vorstand und Bezirksvertretern deutet nicht nur darauf hin, dass die Versammlung gut und langfristig vorbereitet war, sondern vor allem, dass die Jugendlichen bzw. jungen Erwachsenen aktiv dabei waren, die Jugendorganisation des Landbundes aufzubauen.

---

[70] „Der Junglandbundtag“, in: Landbund Ruppin 4.1923, Nr. 7 (16.2.).

[71] Schon im August 1921 war ein Aufruf zur Organisierung der Landjugend im Organ des Brandenburgischen Landbundes erschienen; vorher wurde von der Landwirtschaftskammer und dann vom BLB zur Gründung von Reitervereinen, als erste Jugendorganisationen, aufgerufen (die dann später meist in die Junglandbünde integriert wurden); vgl. „Jugendorganisationen im Landbund.“, in: Der BLB 2.1921, Nr. 31 (1. Aug.-Nr.).

[72] „Gründung der Jugendgruppe des Landbundes.“, in: Landbund Kreis Lebus 2.1922 (26.11.), in: BArch R8034 II RLB-Pressearchiv, Nr. 2913, Bl. 113.

[73] Dies ist ein Hinweis auf die paramilitärische Bedeutung, die den Junglandbünden beigemessen wurde. In der Praxis folgte ein Jahr darauf die Beteiligung von Junglandbündler aus dem Kreis Lebus beim Buchruckerputsch 1923.

Die von v. Falkenhayn propagierten Ziele lassen sich, wie auch in Aufrufen und Satzungen festgeschrieben, in drei Punkte fassen:

> „Berufliche Weiterbildung,
> Stärkung vaterländischer Gesinnung und staatsbürgerlicher Erziehung,
> Körperliche Ertüchtigung auf völkisch-national. Grundlage.“[74]

Diese drei Aufgabenbereiche, Ausbildung zu Landwirten, politisch-ideologische Bildung und Sport, bestimmten die Arbeit der Junglandbünde in allerdings unterschiedlicher Intensität.

Die Hochphase der Gründung von Kreisjunglandbundgruppen in Brandenburg lag von Ende 1923 bis zum Frühjahr 1924. Ausgangspunkt war die Propaganda in Zeitschriften und Versammlungen von RLB und BLB und dann der Kreislandbünde für den Aufbau von Junglandbundorganisationen. Die Gründung des „Brandenburgischen Junglandbundes“ wurde auf der Vertreterversammlung der Junglandbünde am 24. Januar 1924 vollzogen.[75] Auf Reichsebene wurde am 21. Juni 1924 der „Reichsjunglandbund“ aus dem seit Sommer 1922 existierenden Jugendausschuss des RLB ins Leben gerufen.[76]

Der Aufbau und die Entwicklung der Kreisjunglandbünde gestaltete sich – ähnlich wie bei den „Alt-Landbünden“ – recht unterschiedlich. Konnte bei der Gründungsversammlung des Brandenburgischen Junglandbundes (BJLB) verkündet werden, dass „von den 31, dem Brandenburgischen Landbund angeschlossenen Kreisen der Provinz bereits 19 Kreise ihre Jugendorganisationen haben, und die restlichen Kreise nunmehr mit Hochdruck an die Arbeit genommen werden sollen“[77], so musste bei der Vertreterversammlung des BJLB im Januar 1930 mit Bedauern festgestellt werden, dass in drei Kreisen (von 30) noch keine Kreisjunglandbundorganisationen existierten.[78]

Trotz ihrer späteren Entstehung, ihrem schwächeren Organisationsgrad und der geringeren Mitgliederzahl waren sie im Vergleich zu den „Alt“-Landbünden von nicht zu unterschätzender Bedeutung für die Ideologisierung des Landes. Die agrarpolitische Zielsetzung rückte bei den Junglandbünden in den Hintergrund; stärker waren ihre politisch-ideologische und paramilitärische Bedeutung. Die Jugendlichen wurden ideologisiert und

---

[74] „Satzungen des Junglandbundes des Kreises Osthavelland.“, in: Landbund Osthavelland 2.1925, Nr. 7 (14.2.).

[75] Vgl. „Vom Landbund.“, in: Der BLB 5.1924, Nr. 5 (1. Feb.-Nr.).

[76] Vgl. „Reichs-Junglandbund. Seine Gründung am 21. Juni.", in: Reichs-Landbund 4.1924, Nr. 26 (28.6.); „Niederschrift über die Tagung des Jugendausschusses des Reichs-Landbundes vom 21. Juni 1924.“, in: ebda., Nr. 30 (12.7.).

[77] „Vom Landbund.“, in: Der BLB 5.1924, Nr. 5 (1. Feb.-Nr.).

[78] Vgl. „Vom Landbund.“, in: Der BLB 11.1930, Nr. 5 (5. Jan.-Nr.).

die künftigen Landbundfunktionäre großgezogen. Die Jugendlichen von 1924 waren später die neue Generation von Erwachsenen, die knapp 10 Jahre später die politischen Entwicklungen (mit-) prägten. Schließlich trugen aber die Junglandbünde, wie gezeigt wird, auch zur Ideologisierungen der „Alt"-Landbünde mit bei.

Dem Landbund diente die Jugendorganisation dazu, künftige Funktionäre des Landbundes zu erziehen und auszuwählen. Auch bei den Junglandbünden ging es darum, die gesamte ländliche Jugend im Landbund zu organisieren. Erklärtes Ziel einiger Junglandbünde war es letztendlich auch, als einzige Organisation der Jugend auf dem Lande dazustehen, ein Anspruch, den auch der Landbund gehabt hatte.

Daraus ergaben sich aber enorme Konkurrenzprobleme, vor allem für jenen Großteil der Junglandbünde, deren Kreisorganisation ab Ende 1923 – also recht spät – gegründet worden war, während andere Jugendverbände sich früher nach dem Kriege ausgebreitet oder neu gegründet hatten.

Als Lösung versuchte der Junglandbund Angermünde beispielsweise eine Kooperation mit den bestehenden Verbänden:

> „Die Aufgabe des Junglandbundes ist es zunächst, die bisher von der vaterländischen Jugendbewegung auf dem Lande noch nicht erfaßten Kreise zu sammeln. Soweit aber schon Verbände bestehen, sieht er seine Aufgabe darin, diese im Kreise in vorläufig loser Form zusammen zu schließen. Als erste Organisation verzichtet er darauf, bestehenden Organisationen mit gleichen Zielen wie z. B. dem Stahlhelm, Bismarckorden, Sport- und Turnvereinen ins Gehege zu kommen. Er will aber diese Vereine im Kreise zur gegenseitigen Fühlungnahme anregen, welche eben im ‚Junglandbund' erfolgen soll. Derartige Organisationen schließen sich also zweckmäßig dem ‚Junglandbund' korporativ an. Irgend welche Verpflichtungen werden damit nicht übernommen, die betreffenden Organisationen sollen ihre Eigenart behalten und weiter ihren Führern Gefolgschaft leisten. … **Wir wollen nicht weitere Zersplitterung, sondern Einigkeit.**"[79]

Doch Meldungen wie „Der Wehrwolf Serwest, bestehend aus 22 Mitgliedern hat sich einstimmig dem Junglandbund Angermünde angeschlossen"[80] blieben die Ausnahme, mehr wurde von Neugründungen von Junglandbundortsgruppen berichtet.

Im Kreis Züllichau-Schwiebus kam die Bildung eines Kreisjunglandbundes zunächst nicht zustande. Der Aufruf des Geschäftsführers Fink im Dezember 1923 an die bestehenden Verbände[81] beabsichtigte wohl eine Kreisjunglandbundgründung; doch diese erfolgte nicht. Auf einer Ver-

---

79 „Einigkeit, nicht Zersplitterung!", in: Landbund Angermünde 5.1924, Nr. 13 (29.3.).

80 „Vom Junglandbund .Serwest.", in: Landbund Angermünde 5.1924, Nr. 11 (15.3.).

81 Fink, „Aufruf! Die Jugend heraus!", in: Landbund Züllichau-Schwiebus-Bomst 4.1923, Nr. 49 (9.12.).

sammlung von über 20 lokalen Vereinen, vorwiegend Stahlhelm, Deutschvölkischer Turnverein und Reiterverein, wurde beschlossen:

> „Alle auf vaterländischem Boden stehenden Jugend- und Sportverbände des Kreises Züllichau-Schwiebus schließen sich zu einer Arbeitsgemeinschaft unter Führung des Landbundes zusammen......
> In das Leben und Wirken der einzelnen Vereine wird der Landbund **nicht** eingreifen. ...
> In allen Ortschaften, in denen bis jetzt ein Jugendverein noch nicht besteht, ist baldigst ein solcher zu gründen, zweckmäßig als ‚Junglandbund' bezeichnet. ...Alle Jungbauern müssen irgend einem Jungendverband angehören."[82]

Erst im Jahre 1926 gab es in diesem Kreis eine größere Gründungswelle von Junglandbund-Ortsgruppen und am 18. Dezember 1926, fast 3 Jahre nach Gründung der Provinzialorganisation, wurde ein Kreisjunglandbund gegründet.[83]

Dieser Fall blieb die Ausnahme, die Regel bei den anderen Kreisjunglandbünden war ein ähnliches Vorgehen wie im Kreis Angermünde: Die Integration anderer Verbände und der Versuch, eine Monopolstellung zumindest auf dem Lande zu erreichen. Zwar scheiterte der Versuch, alle anderen Verbände zu verdrängen, Konflikte mit „befreundeten" Verbänden tauchten immer wieder auf, doch die Junglandbünde wurden auf dem Lande die stärkste Jugendorganisation und erreichten durch ihr vielfältiges Angebot viele Jugendliche, die bisher nicht organisiert waren.

Umfang und Zusammensetzung der Junglandbünde

Ein Großteil der Kreisjunglandbünde hatte zwischen 400 und 600 Mitgliedern, wenige über 1 000. Der KJLB Zauch-Belzig erreichte bald nach Gründung über 2 000 Mitglieder und überholte damit den KJLB Lebus.[84] Wieder zeigte sich die hohe Organisationsfähigkeit dieses bäuerlichen Kreislandbundes und tatkräftig mischte auch hier Gauger mit, der zum Förderer des Junglandbundgedankens in der Provinz wurde. Im Sommer 1924 hatte der Brandenburgische Junglandbund etwa 18 000 Mitglieder, im Jahre 1929 etwa 15 000.[85]

---

[82] „Junglandbundführer-Tagung am 10. Januar in Rentschen.", in: Landbund Züllichau-Schwiebus-Bomst 5.1924, Nr. 3 (20.1.).

[83] Fk [Fink], „Die Gründungsversammlung des Junglandbundes", in: Landbund Züllichau-Schwiebus-Bomst 7.1926, Nr. 52 (31.12.).

[84] Vgl. „Tagung der Vorsitzenden der Kreisjunglandbünde.", in: Landbund Angermünde 5.1924, Nr. 37 (25.6.).

[85] Zur Mitgliederzahl im BrJLB: „Aus der Jugendorganisation des Reichs-Landbundes.", in: Reichs-Landbund 4.1924, Nr. 25 (21.6.) – zu diesem Zeitpunkt war der Brandenburgische Junglandbund die mitgliederstärkste Provinzialorganisation nach dem „Verband junger Landwirte für Sachsen (19.000 Mitglieder). Der Rückgang kann neben dem allgemeinen Trend des Rückgangs der Mitgliedszahlen

Voraussetzung für den Eintritt war ein Mindestalter von 14, in einigen Kreisen 15 Jahren. Eine direkte Altersbeschränkung nach oben gab es nicht. Laut Satzung des Reichsjunglandbundes galt: „Mit der Übernahme eigenen Besitzes oder Pachtung muss der Eintritt in den zuständigen Landbund erfolgen, ohne dass hierdurch die etwaige weitere Zugehörigkeit zum Junglandbund aufzuhören braucht.“ Die Satzung enthielt auch den offen antisemitischen Passus, dass die Mitglieder „nur deutschblütige(n) Personen männlichen und weiblichen Geschlechts und christlicher Religion“ sein sollten.[86]

Neben den Jungbauern waren vor allem auch Bauerntöchter organisiert. Obwohl sie in einigen Kreisjunglandbünden etwa die Hälfte der Mitglieder stellten, war ihnen innerhalb der Organisation nur ein bescheidener Platz zugewiesen. In den Vorständen der Kreisjunglandbünde stellten sie, falls überhaupt, nur eine Vertreterin. Politik, selbst Verbandspolitik, war den männlichen Jugendlichen vorbehalten. Auch beim Sport und bei den Sportwettkämpfen finden wir wenig Mädchen. Größeren Raum nahmen „kulturelle“ Aufgaben (Singen, Tanz) oder auch die Jungbauern unterstützende Tätigkeiten (Nähen der Fahne, Schmücken von Festräumen) ein.

Gelang es den Jungbauern schon nicht, die gesamte bäuerliche Jugend zu organisieren, so waren die Kreisjunglandbünde von ihrem Anspruch, die gesamte Landjugend zu vertreten, weit entfernt. Die Landarbeiterjugend tritt nirgends in Erscheinung und die Funktionäre des Landbundes beklagten immer wieder, dass diese kaum im Junglandbund organisiert seien.

Für die Funktionäre noch problematischer war das Fehlen der Kinder der Großgrundbesitzer in der Junglandbundbewegung. In einer Entschließung des Gesamtvorstandes des Reichsjunglandbundes vom 5. Juni 1926 wurde festgestellt, dass es „an einer positiven Mitarbeit der Jugend des Großgrundbesitzes im Rahmen der Junglandbünde, von einzelnen Ausnahmen abgesehen fehlt.“ Die Entschließung mahnte gleichzeitig, dass die

> „derzeitige Zurückhaltung der Jugend des Großgrundbesitzes in der Landbund- und Junglandbundarbeit eine ernste Gefahr bedeute, da die natürliche Anwartschaft auf Teilnahme an der Führung im Rahmen der Landbund- und Junglandbundbewegung dadurch mehr und mehr verloren gehe. Eine solche Entwicklung liegt weder im Interesse der Landbünde noch der Junglandbünde, noch der Zukunft des Großgrundbesitzes.“[87]

---

im Landbund mit dem Bruch der Jugend mit dem Alt-Landbund 1928 erklärt werden. Dazu siehe unten.

86 „Satzung des Reichs-Junglandbundes“, in: BA Potsdam 61 Re 1 Reichslandbund Nr. 163, Bl. 247-248.

87 Entschließung, als Anlage zur „Niederschrift der Sitzung des Gesamtvorstandes des RJLB vom 5. 6. 1926 in Berlin“, in: BA Potsdam 61 Re 1 RLB, Nr. 163, Bl. 187-194, hier: Bl. 193.

Die Entschließung sowie ein daraufhin von den RLB-Präsidenten verschicktes Rundschreiben, in dem die Landbünde aufgefordert wurden, die Großgrundbesitzerjugend zur Mitarbeit in den Junglandbünden anzuregen, blieben in den folgenden Monaten ohne Wirkung.[88] Daraufhin hielt der Präsident des RLB, Graf Kalckreuth, im Februar 1927 eine Besprechung mit 30 vorwiegend brandenburgischen Großgrundbesitzersöhnen ab. Ein Ausschuss wurde gebildet und „vor allem in der Provinz Brandenburg" wurden zur Gewinnung der Jugend des Großgrundbesitzes Versammlungen veranstaltet.[89] Das Scheitern dieser Bemühungen gestand der Gesamtvorstand des Reichsjunglandbundes in seiner Sitzung vom 20. Juni 1928 ein:

> „Da auch in dieser Sitzung wie fast bisher aus den Berichten fast aller Vertreter die geringe Anteilnahme der Jugend des Grossgrundbesitzes an der Bewegung und Arbeit des Reichsjunglandbundes zu erkennen war, stellte der Gesamtvorstand mit Bedauern aber auch einstimmig sich auf den Standpunkt, dass den Bemühungen des Reichsjunglandbundes in dieser Hinsicht keine neuen hinzuzufügen seien."[90]

Zwar wurde auch in den nächsten Sitzungen des RJLB-Gesamtvorstandes zur Werbung der Jugend der Landarbeiter und Großgrundbesitzer aufgerufen, immer wieder aber die Erfolglosigkeit dieser Bemühungen festgestellt. Der Junglandbund war letztendlich die Organisation der bäuerlichen Jugend.

Aktivitäten der Junglandbünde

> „Unsere Jugend ist Bannerträger eines dritten Deutschlands, **das völkisch sein** (Lebhaftes Bravo) wird im besten Sinne des Wortes und das jeglichen Einfluß fremdstämmiger Elemente auf seine Geschicke ablehnt."[91]

Diese Worte des Vorsitzenden des BLB, Jean Nicolas, auf dem Brandenburgischen Landbundtag 1924 kennzeichnen das Fernziel der Landbundführer hinsichtlich des Aufbaus ihrer Jugendorganisation.[92] Der Sturz der

---

[88] Vgl. Rschr. RLB-Präsidium (Hepp und v. Kalckreuth) an die ersten Vorsitzenden der Landbünde v. 26. 6. 1926, in: ebda., Bl. 184; Niederschrift d. Sitzung des GV des RLB v. 19. 11. 1926, in: Ebda., Bl. 180.

[89] Vgl. Niederschrift d. Sitzung des RJLB v. 18. 6. 1927, in: ebda, Bl. 150-151. Einladung: Rschr. Präsidium RLB (Hepp und Kalckreuth) v. 5.2.1927, in: BA Potsdam 61 Re 1 RLB, Nr. 42 a, Bl. 53-54.

[90] Niederschrift d. Sitzung des RJLB v. 20. 6. 1928, in: BA Potsdam 61 Re 1 RLB, Nr. 163, Bl. 98.

[91] „Unser Brandenburgischer Landbundtag.", in: der BLB 5.1924, Nr. 9 (5. Feb.-Nr.).

[92] Der gleiche Satz ist schon im Jahresbericht des Hauptgeschäftsführers Weyland enthalten; vgl. „Rückblick auf die Landbund-Arbeit 1923.", in: Der BLB 5.1924, Nr. 8 (4. Feb.-Nr.). Vermutlich wurden sowohl die Rede als auch der Jahresbericht zusammen oder in gegenseitiger Absprache verfasst. Mit „fremdstämmigen Ele-

Republik und die Errichtung eines rechten Regimes (Monarchie, Diktatur oder Militärdiktatur) waren zwar 1924 wieder in weite Ferne gerückt, aber unter den (Brandenburgischen) Landbundführern Minimalkonsens. Auch die Vorbereitungen in diese Richtung, d.h. weiterer Ausbau eigener Machtpositionen und weitere Ideologisierung zumindest der Landbevölkerung, waren Teil der Landbundpolitik.

Die Junglandbundgruppen hielten – wie die „Alt"-Landbünde – vorwiegend im Winter ihre Versammlungen ab. Neben politischen Diskussionen wurden auch betriebswirtschaftliche Fragen erörtert und Leseabende veranstaltet. Lieder, Gedichte und Theateraufführungen wurden geprobt, die dann bei Veranstaltungen der Junglandbünde, aber auch der „Alt"-Landbünde, insbesondere bei den Landbundfesten, aufgeführt wurden. Spezielle Gedenkveranstaltungen, die zunächst von den „Alt"-Landbünden organisiert waren, fielen immer stärker in die organisatorische Hand der Junglandbünde, wobei auch die „Alt"-Landbünde eingeladen waren und die Alten teilnahmen. Bei diesem Wechsel in der Verantwortlichkeit veränderten sich auch die Veranstaltungen. Die Landbund-Veranstaltungen waren anfangs vor allem „Reichsgründungsfeiern"[93], „Hindenburgfeiern" oder „Deutsche Abende". Zunehmend verbreiteten sich durch den Einfluss der Jugendbewegung „Sonnenwendfeiern", die

---

menten" dürften sowohl Juden als auch die Siegermächte des Ersten Weltkriegs gemeint sein.

93 Zu den Reichsgründungsfeiern als nationale Gedenktage des agrarisch-konservativen Milieus vgl.: Jürgen Bergmann, „Das Land steht rechts!" Das „agrarische Milieu", in: Politische Identität und nationale Gedenktage. Zur politischen Kultur in der Weimarer Republik. Hrsg. v. Detlef Lehnert und Klaus Megerle, Opladen 1989, S. 181-206. Die von Bergmann anhand der Kommentare der DTZ zum Verfassungstag ausgemachte „Mäßigung der Kritik" (S. 201) in der „Stabilisierungsphase" ist mit Vorsicht zu genießen, sie trifft wohl auf die Kommentare der DTZ zu. Doch zum einen ist zu beachten, dass die bäuerliche Basis kaum die DTZ gelesen hat und selbst die Agrarier waren spätestens ab 1925 mit der Zeitung unzufrieden und sahen in ihr ein Organ für städtische Interessen; vgl. hierzu die die Schriftwechsel des BLB mit der DTZ in: BArch R8034 I RLB (BLB), Nr. 191. Eine gewisse Mäßigung der Agrarier ist seit der potentiellen und tatsächlichen Regierungsbeteiligung der DNVP ab 1924 feststellbar. dies betrifft auch in den Organen des RLB und BLB die Kritik an der Republik wie auch den Antisemitismus – man wurde leiser, ohne aber abzukehren vom Antisemitismus und Republikkritik. Für eine Analyse der Haltung des agrarisch-konservativen Milieus sei doch auf die regionale Festkultur verwiesen. Bei den Erntefesten und gar Sonnenwendfeiern finden wir radikal antirepublikanische, antisemitische, völkische Reden, die sehr wohl dieses Milieu weiter radikalisierten. Somit kann man die Vermutung Bergmanns fast ausschließen, dass „sich bei einer längeren Dauer der Beruhigungs- und Konsolidierungsphase auch die politisch-kulturellen Voraussetzungen seitens einiger zunächst antidemokratischer und republikfeindlicher Gruppen allmählich zugunsten der Stabilitätsbedingungen der Weimarer Demokratie verändert hätten." (S. 206)

„Fahnenweihen" der Junglandbünde sowie „Schlageterfeiern". Insbesondere die „Schlageterfeiern" waren stark politisch-ideologisch beladene, ans Völkische und Militärische mahnende Gedenkveranstaltungen vor allem für die Jugend. Man gedachte Albert Leo Schlageter, ein völkischer Freikorpsführer, der in der besetzten Zone im Ruhrgebiet „für die Freiheit kämpfte", sprich Anschläge, terroristische Sabotageakte verübte und dafür von der französischen Besatzungsmacht am 12. Mai 1923 zum Tode verurteilt worden war.[94]

Den größten Teil der Aktivitäten der Jugendlichen nahm der Sport ein: vom Training bis zur Veranstaltung von Bezirks-, Gau-, Kreis- und Provinzwettkämpfen. Die Attraktivität des Sports diente zur Gewinnung neuer Mitglieder und war auch integrierender Faktor der Junglandbünde. Seinem Charakter nach gehörte er noch zu den unpolitischsten Aktivitäten der Junglandbünde, sieht man von den Reden, die auf den Sportfesten gehalten wurden, ab.

Wie schon in den Reitervereinen wurden auch alle anderen eingeführten Sportarten als Ersatz für den nach dem Kriege wegfallenden Wehrdienst angesehen. Die körperliche Ertüchtigung sollte „durchtrainierte, disziplinierte Männer" aus den Jungbauern machen.[95] Neben rein sportlichen Betätigungen wie 100-m-Lauf, Stafettenlauf oder Radfahren wurden vor allem Sportarten ausgeführt, die einen mehr oder weniger starken militärischen Charakter hatten. Reitsport galt als militärische Disziplin; Reitlehrer waren dementsprechend ehemalige Frontoffiziere. Das „Keulenwerfen" wurde als (Hand-)Granatenwerfen bezeichnet.[96] Besondere Bedeutung gewann aber beim Brandenburgischen Junglandbund das Kleinkaliberschießen. Zur ‚Übung an der Waffe' wurden von vielen JLB-Ortsgruppen eigens Schießstände eingerichtet, bzw. in den Städten die Schießstände des Stahlhelms mitbenutzt. Über den Umfang der Kleinkaliberschießstände des JLB liegen keine Angaben vor, doch dürften in jedem Kreis vier bis fünf Schießstände des JLB vorhanden gewesen sein.[97]

---

94 Vgl. auch: Nagel, Fememorde, S. 43. Zu Schlageter siehe auch: Stefan Zwicker, „Nationale Märtyrer": Albert Leo Schlageter und Julius Fucík. Heldenkult, Propaganda und Erinnerungskultur in Nationalsozialismus und Kommunismus, Paderborn 2006.

95 Die Beteiligung von Mädchen an sportlichen Aktivitäten blieb zunächst die Ausnahme und nahm nur allmählich zu.

96 So beim JLB-Sporttag in Prenzlau im September 1925: „Junglandbund-Sporttag", in: Landbund Prenzlau 6.1925, Nr. 39 (26.9.).

97 Bei einer Umfrage (im Auftrag des Preußischen Innenministeriums) des Regierungsbezirks Potsdam bei den zuständigen Landräten im März 1926 bezüglich Vorhandensein von Schießständen des SH, des Wehrwolfs und des Rotfrontkämpferbundes, wurden von den Landräten, falls überhaupt, nur die in den Städten bestehenden Kleinkaliberstände des Stahlhelms gemeldet. Lediglich der Landrat von Templin meldete vier Schützenstände des Junglandbundes und der Landrat von

Mit dem Wehrsport übernahm der Brandenburgische Junglandbund Funktionen, die zum Aufgabenbereich der rechten paramilitärischen Organisationen Stahlhelm (bzw. dessen Jugendorganisation Jungstahlhelm) und Wehrwolf[98] gehörten. Tatsächlich waren die Verbindungen zwischen diesen Organisationen und dem Junglandbund recht vielfältig. So gab es einige Junglandbündler, die auch Mitglieder des Jungstahlhelms und des Wehrwolfs waren.[99] Gerade aber in den Dörfern waren Stahlhelm und Wehrwolf weniger verbreitet und hier war der JLB die einzige paramilitärische Organisation.

Der Brandenburgische Junglandbund beschränkte sich nicht nur auf die Betonung des wehrpolitischen Aspekts des Sports, sondern hielt auch paramilitärische Übungen oft gemeinsam mit dem Stahlhelm ab. Über Anzahl und Umfang dieser als „Nachtübungen" oder verharmlosend als „Geländespiele" bezeichneten Aktivitäten lassen sich keine erschöpfenden Angaben machen. Diese standen nicht unter der Beobachtung der Landräte. Größeres Aufsehen erregte allerdings eine militärische Übung des Stahlhelms in der Nähe von Wittstock am 17. und 18. Oktober 1925.[100] Nach einem Bericht des Beamten des Berliner Polizeipräsidiums nahmen an der Übung 400 Teilnehmer zu Fuß, v. a. vom Jungstahlhelm, und etwa 100 Reiter teil. Die Teilnehmer waren in verschiedene militärische Formationen eingeteilt. Fiktives Ziel der Übung war, eine Armee, die Aufständischen zu Hilfe kommen wollte, zurückzudrängen. Nach dem Polizeibericht waren die „erwähnten Reiter … die in den Dörfern bestehenden Reitervereine des Landbundes."[101] Führer der paramilitärischen Übung war

Osthavelland meldete neben den Schießständen von SH und Wikingerbund in Nauen, eines rechtsstehenden Bürgervereins in Wustermark, des SH in Kezin, den Schießtand von SH und JLB in Falkensee noch JLB-Schießstände in weiteren vier Gemeinden. Bei einer nochmaligen Umfrage im August 1926 meldete der Landrat von Ruppin acht, der Landrat von Zauch-Belzig zwei JLB-Schießstände. Da nicht ausdrücklich nach Schießständen des JLB gefragt war, ist anzunehmen, dass nicht nur die Landräte, sondern auch die von diesen befragten Landjäger die JLB-Schießstände meist nicht angaben. Zur Befragung nebst Antworten siehe: BLHA 2A Reg. Potsdam I Pol, Nr. 1096, Bl. 143-262.

98 Der Wehrwolf war eine paramilitärische Organisation, die zunächst jene Jugendliche bzw. junge Männer ausbildete, die keine militärische Ausbildung hatten. Er stand dem Stahlhelm sehr nahe. Vgl. Kurt Finker u. Reinhard Giesch, Wehrwolf, Bund deutscher Männer und Frontkrieger (Wehrwolf) 1923-1933, in: Lexikon zu Parteiengeschichte Bd. 4 Leipzig 1986, S. 475-481

99 In den Landbundzeitschriften wurden zum einen von geschlossen Übertritten von Stahlhelm- und Wehrwolfortsgruppen in die Junglandbünde berichtet, zum anderen auch immer wieder zum Eintritt in diese Gruppen aufgefordert.

100 Vgl. zu diesem Vorfall: BLHA 2A Reg. Potsdam I Pol, Nr. 1096, Bl. 16-32; Vgl. auch Müller, Wolfram, S. 33-34.

101 Abschr. Schr. Der Polizeipräsident Berlin v. 20. 10. 1925, in: BLHA 2A Reg. Potsdam I Pol, Nr. 1096, Bl. 18 – 24, hier: Bl. 24.

Major a. D. Cordes. Cordes war zu diesem Zeitpunkt Kreisführer des Stahlhelms und langjähriger Vorsitzender der Reiterbünde der Ostprignitz und der Westprignitz und seit Ende 1924 Hauptgeschäftsführer des Landbundes Ostprignitz. Cordes legte, um mögliche staatliche Konsequenzen gegenüber der Stahlhelmorganisation auf Grund dieses Vorfalls zu begegnen, seine Ämter im Stahlhelm und den Reitervereinen im Januar 1926 nieder.[102]

Diese Wehrübungen waren nicht nur – in Vorausplanung des nächsten Krieges – ein Wehrdienstersatz, sondern dienten auch als Vorbereitung für einen rechten Umsturzversuch bzw. für einen Abwehrkampf gegen einen linken Aufstand. Junglandbünde und Stahlhelm waren in dieser Beziehung die Fortsetzung der Einwohnerwehren, Orgesch-Gruppen oder „Baltikumer". Die Beteiligung von Junglandbündlern aus dem Kreis Lebus beim so genannten Buchrucker-Putsch machte dies offensichtlich. Sie bildeten in der Hand des Großgrundbesitzes auch einen wichtigen Bestandteil des Landbundes als „Bollwerk gegen das rote Berlin". Auch gegen Linke auf dem Lande sollten diese tätig sein, wie der 2. Vorsitzende des Brandenburgischen Junglandbundes, Reuter, in seiner Rede bei der Gründungsversammlung am 24. Januar 1924 zu der Bekämpfung linker Gruppen aufrief:

> „Weiter sollen wir den Räubern, Verbrechern und Plünderern im Kreise ein Schrecken sein (Bravo!) und diesen Leuten, die es heute noch wagen, mit Sowjetsternen auf den Dörfern herumzulaufen, die Jacke vollhauen (lebhafter Beifall), auch denen das Fell über die Ohren ziehen, die es heute noch wagen, in den Dörfern und in den Städten die Internationale oder sonstige schöne Lieder zu singen! (Erneutes Bravo!)"[103]

Gewalttätige Übergriffe vor allem auf Mitglieder des „Roten Frontkämpferbundes" blieben nicht aus.[104]

Diese Kampfgruppierungen zementierten eine Ordnung zwischen „Soldaten" (Junglandbündlern) und den militärischen „Führern" (Großgrundbesitzer und deren Untergebene, die Majore a. D., Korvettenkapitäne a. D. etc.). Wie sehr diese militärische Metapher auch auf die innerverbandliche Ordnung der Landbünde bezogen wurde, zeigen die Landbundtage: Bei der „Heerschau der Landbundarmee" nahmen z. B. beim 5.

---

[102] Vgl. seine Abschiedsfeier vom Reiterbund: „Reiterbund O.P.", in: Mitteilungen vom Landbund Ostprignitz 6.1926, Nr. 6 (11.2.). Cordes war 1924 zudem als Leiter des Junglandbundes und der Sportvereine der Ostprignitz angestellt.

[103] „Vom Junglandbund", in: Landbund Zauch-Belzig 5.1924, Nr. 8 (23.2.).

[104] Wolfram Müller, erwähnt nur Zusammenstöße von Rotem Frontkämpferbund und Stahlhelm; vgl. Müller, Die volksfeindliche Tätigkeit, S. 45-47. Auch die Polizeiakten teilen selten die Teilnahme von Junglandbündlern mit; eine Ausnahme bildet hier eine Aktensammlung zu „Maßnahmen zum Schutz der Republik" im Kreis Ruppin, bei der mehrere gewalttätige Übergriffe auch von Junglandbündlern auf Linke in Neuruppin, Gransee und Rheinsberg mitgeteilt werden: BLHA Rep. 3B Ruppin, Nr. 1629 und 1630.

Reichslandbundtag, der gleichzeitig der 1. Reichsjunglandbundtag war, die Jugendlichen in Uniform teil:

> „Einen gewaltigen Eindruck machten in den ersten drei Versammlungen der Einmarsch der Fahnen, die, etwa 130 an der Zahl, naturgemäß zumeist aus der Mark stammten und sich aus Junglandbündler-Fahnen, Reiterstandarten und Fahnen des Landarbeiter-Bundes zusammensetzten. Dieser Einmarsch geschah überall unter den Klängen des Hohenfriedberger Marsches in militärischer Ordnung, und formte sich stets auf der Bühne hinter dem Vorstandstisch zu einer prachtvollen Gruppe… .“[105]

Bei den politischen Wahlen war es die den Junglandbünden zugeschriebene Aufgabe die Schlepperdienste zu übernehmen. Sie waren es, die auch den letzten rechten Wähler an die Wahlurne bringen sollten. Bezeichnend ist der Aufruf des Vorsitzenden des Junglandbundes Ostprignitz, des Jungbauern Lüdecke, zur Reichstagswahl im Dezember 1924:

> „Junglandbündler! Die Parole für uns lautet ‚Jetzt oder nie!' Es geht in diesem Wahlkampf um Sein oder Nichtsein nationaler Bewegungen. Sorgt für den Sieg der Fahne ‚Schwarz-weiß-rot'. Ihr müßt dafür sorgen, daß auf unseren Dörfern nicht 60, 70 oder 80 % zur Urne schreiten, sondern 100 % zur Urne gehen müssen. Stellt die Pferde und Wagen zur Verfügung und holt die Säumigen herbei. Es gibt für Euch nur die eine Arbeit und die heißt:
> ‚Schleppen, schleppen und nochmals schleppen!'“[106]

Die Schlepperdienste der Junglandbündler waren erfolgreich und wurden auch weiter gern genutzt. Solange die Junglandbündler für die Deutschnationalen eintraten, war dies ja auch kein Problem und von den Großgrundbesitzern gern gesehen. Später, als die Junglandbündler der DNVP den Rücken kehrten, war der Schlepperdienst in den Händen der Jugend ein Werkzeug gegen die Deutschnationalen.

Als Beispiel dafür, wie die Junglandbünde Preußentum, bäuerliche Kultur und das jugendlich-bäuerliches Selbstbewusstsein verbanden und verbreiteten, mag der 1. Kreisjunglandbundtag des KJLB Osthavelland verdeutlichen. Bei dieser Veranstaltung mit über 500 Besuchern, eben auch Altlandbündler, hielt der Kreisobmann (Vorsitzender des KJLB) die Eröffnungsrede. Nach Vorträgen über das Havelland der JLB-Ortsgruppe Falkensee zeigte die JLB-Ortsgruppe Wansdorf Turnsport mit „Fahnenfreiübungen“. Nach einem „Gedichtvortrag von Fräulein Eggert“ kam der erste Höhepunkt: Die Aufführung von Tell-Szenen der JLB-Ortsgruppe Paaren mit abschließendem Rütli-Schwur, „die als Leitwort über die Ar-

---

[105] „Reichs-Landbundtag und Reichs-Junglandbundtag.“, in: Der BLB 6.1925, Nr. 9 (4. Feb.-Nr.).

[106] Lüdecke, „Junglandbündler und Neuwahlen!“, in: Mitteilungen Landbund Ostprignitz 5.1924, Nr. 49 (4.12.).

beit des Junglandbundes gestellt werden" mögen. Die folgende Festrede des 1. Vorsitzenden des Kreislandbundes, des Großgrundbesitzer Volckmann, umriss die Hauptaufgabe des Junglandbundes: „Mögen aus dem Junglandbund Führer entstehen, die später einmal in vorderster Front für die Ziele und Aufgaben des Landbundes kämpfen werden." Nun zeigte die JLB-Ortsgruppe Vehlefanz eine Szene mit dem „Alten Fritz" und abschließendem lebenden Bild der JLB-Ortsgruppen Kremmen und Vehlefanz „Huldigung Friedrichs des Großen durch die Bauernschaft". Daraufhin gab es turnerische Vorführungen von Barrenriegen verschiedener JLB-Ortsgruppen unter anderen der „Damen-Barrenriege" der JLB-Ortsgruppe Falkensee. Zwischendurch trug der Obmann der JLB-Ortsgruppe Linum drei Schlageter-Gedichte vor zur Erinnerung an „das große Opfer unseres jüngsten Nationalhelden". Das Schlusswort hielt der Geschäftsführer des KLB, Dr. Heinke, der die Aufgaben von Landbund und Junglandbund aufzeigte:

> „Während sich der alte Landbund in der Hauptsache auf rein materielle Ziele, auf Steuerfragen, Tarifstreitigkeiten usw. beschränken muß, ist es die Aufgabe des Junglandbundes, weit höhere und schönere, ideale Ziele zu verfolgen. Seine ganze Arbeit ist auf die Hebung und Stärkung unseres deutschen Volkstums gerichtet und zielt darauf hinaus, deutschbewußte tatkräftige Führer für unseren Berufsstand und für das deutsche Volk zu erziehen."

Abgerundet wurde der Abend dann mit einem „Volkstanz in bunten Trachten" der JLB-Ortsgruppe Bornim.[107]

Eindrucksvoller konnte kaum bäuerliches Selbstbewusstsein dargestellt werden. Selbst die Szene mit Friedrich dem Großen diente zur Hochstilisierung der Bauern und der Rütli-Schwur war Symbol der bündischen Ideologie – aber mit bäuerlichem Impetus. Auch vom Landbundvorsitzenden wurde die bäuerliche Führerzukunft propagiert, für ein künftiges Deutschland, das bald kommen sollte. Die rechtsradikale Haltung zeigten schon die Gedichte über Schlageter. Aber erst die Bauernhochschule sollte jene Agitatoren produzieren, die dann unter anderem auf solchen Veranstaltungen jungen und alten Bauern und Bäuerinnen die völkische Bauerntumsideologie vermittelten.

2. Die Brandenburgische Bauernhochschule

Der Aufbau und die Tätigkeit der Schule

Die Brandenburgische Bauernhochschule (BHS) war, anders als etwa die Pommersche Bauernhochschule kein direkter Ableger der Tanzmannschen

---

[107] Vgl. hierzu und Zitate aus: „Unser 1. Kreisjunglandbundtag.", in: Landbund Osthavelland 2.1925, Nr. 47 (21.11.).

Bauernhochschule in Hellerau. War der Leiter der Pommerschen Bauernhochschule (Tonscheidt) Schüler in Hellerau gewesen und hatte danach die Schule in Pommern aufgebaut, so waren der Leiter und Lehrer der Brandenburgischen BHS nie in Hellerau ausgebildet worden. Die Brandenburgische BHS trat aber trotzdem der von Tanzmann initiierten, völkisch ausgerichteten Arbeitsgemeinschaft der Bauernhochschulen bei und galt gar als jene BHS, die die völkische Bauerntumsideologie in ihrer radikalsten Form verbreitete.[108]

Ins Leben gerufen wurde die Brandenburgische Bauernhochschule im Jahre 1923. Initiativ waren der damalige KLB-Vorsitzende in Ruppin, v. Brockhusen, und der KLB-Geschäftsführer Herrmann. Sie betrieben die erste Propaganda für die Schule, organisierten einen Schulungsort in Neuruppin und stellten den Leiter, Kurt Kerlen, und einen zweiten fest angestellten Lehrer, Alexander Freiherr v. Wangenheim, ein.

Bald übernahm der Schulleiter die Propaganda, so hielt er in der Vorstandssitzung des BLB am 4. März 1925 einen Vortrag über die Idee und Ausgestaltung der BHS[109], lancierte Artikel in Landbund-Zeitschriften[110] und schließlich wurde seine Broschüre über die Zielsetzung der BHS in den Kreislandbünden an die Vorsitzenden, Geschäftsführer der Kreislandbünde und Vorstände der Junglandbünde bzw. an aktive, interessierte Jugendliche verteilt. Eindeutig spricht aus seinen Konzepten die extrem völkische und dezidiert antisemitische Ausrichtung der geplanten Schule.

Im ersten Jahr war die Schule finanziell abgesichert durch die Schulgelder und Zuwendungen von v. Brockhusen. Am 1. April 1925 übernahm der Brandenburgische Landbund die Bauernhochschule. Träger der Schule war der am 2. Juli 1925 gegründete Verein „Brandenburgische Bauernhochschule e.V.“.[111] In dessen Kuratorium, das den Verein führte, saßen hochrangige Funktionäre des BLB: Nicolas (als Vorsitzender des BLB), v. Brockhusen, v. Arnim-Ragow (als Verbindungsmann zum JLB), Gauger, Behnke und Staffehl.[112] Später wurden noch ehemalige Bauernhochschüler in dieses Organ mit aufgenommen.

---

[108] Vgl. Miller, Bauernhochschule, S. 247-254; Gesine Gerhard, Bauernbewegung und Agrarromantik in der Weimarer Republik. Die Bauernhochschulbewegung und die Entwicklung der Blut-und-Boden-Ideologie des Nationalsozialismus, Mag. TU Berlin 1994, S. 63-66.

[109] Abgedruckter Vortrag: „Lehrweise und Ziele der Bauernhochschule.“, in: Der BLB 6.1925, Nr. 11 (2. März-Nr.).

[110] Vgl. insbesondere seinen umfangreichen Artikel im Blatt des BLB: Kerlen, Kurt, „Die Grundlagen der Bauernhochschule.“, in: Der BLB 6.1925, Nr. 29, 30 und 31. Dieser war auch als Sonderabdruck unter dem Titel „Allgemeine Bestimmungen für den Besuch der Brandenburgischen Bauernhochschule“ verteilt worden.

[111] Vgl. „Gründung des E. V.“, in: Die Märkische Bauernhochschule 1925 6. Folge (Juli).

[112] Vgl. „Die Vorstandsitzung am 4. März..“, in: Der BLB 6.1925, Nr. 11 (2. März-Nr.).

Der erste Lehrgang der Schule sollte eigentlich im November 1923 beginnen. Wegen zu geringer Anmeldungen startete der erste Lehrgang aber erst am 2. Januar 1924. Bis 1927 wurden in 14 Lehrgängen über 280 Jungbauern unterrichtet. Die Unterrichtung von Mädchen war wegen räumlicher Mängel erst für die neue Schule vorgesehen. Die „Ausbildung von Körper und Geist“ sollte auf völkischer Grundlage geschehen. Ein Blick auf den Stundenplan der BHS zeigt hier eindeutig die politisch-ideologische Ausrichtung. Rassenkunde, „nordische Geschichte, „nordisches“ Brauchtum standen im Vordergrund der Unterrichtsfächer.[113] Selbst der Sportunterricht war, noch dezidierter als in den Junglandbundorganisationen, ‚völkisch' ausgerichtet und diente zur Disziplinierung der Schüler.

Die politische Ausrichtung war zwar keiner Partei zugeordnet aber gegen „links“, gegen die Republik gerichtet und sollte „völkisch“ – eben wie der Reichslandbund – sein. Ideologisch lehnten sich Kerlen und Wangenheim stark an die Tanzmannsche Bauerntumsideologie an. Der im Unterricht abgehandelte Antisemitismus war bei diesen noch dominanter. Die von Kerlen unter dem Pseudonym Knud Flemming 1924 gedruckte Schrift „Volksbürgerkunde“ – immerhin knapp 300 Seiten stark – zeigt seine völkische Ideologie mit einem als auf einen Kampf der Rassen reduzierten Geschichtsbild.[114]

Ziel der Ausbildung war aber nicht nur die Aufnahme der politisch-ideologischen Inhalte, sondern mehr noch deren weitere Vermittlung: Auf die Schulung zu Rednern und Agitatoren legten die Lehrer ihr Hauptaugenmerk. Die Berichte, die die Jungbauern nach dem Schulbesuch schrieben und die in den KLB-Zeitschriften veröffentlicht wurden, legen ein beredtes Zeugnis davon ab, was an antisemitischer und völkischer Bauerntumsideologie weiter transportiert worden war.

Zwar waren einige Schüler zur Aufnahme politisch-ideologischer Inhalte – wie auch deren Weitervermittlung – nicht fähig oder nicht so gewillt, wie die Lehrer es erwarteten. Doch beim Großteil waren die Kurse „erfolgreich“. Die ersten beiden Lehrgänge waren mehrheitlich von den Lebuser Junglandbündler belegt, die schon stark ideologisch geprägt waren. Es schienen fast Versammlungen der „Schwarzen Reichswehr“ zu sein, jenen Teilnehmern des wenige Monate zuvor stattgefundenen Buchrucker-Putsches.[115]

---

[113] Der geplante erste Stundenplan war in einigen KLB-Zeitschriften abgedruckt. Vgl. „Stundenplan“, in: Nachrichtenblatt des Kreislandbundes Templin 6.1924, Nr. 40 (3.10.). Abgedruckt im Anhang.

[114] Knud Flemming (= Kurt Kerlen], Unterlagen zu einer deutschen Volksbürgerkunde, Köslin 1924.

[115] „Der Eröffnung der Schule waren die sog. Buchrucker- und Hitlerputsche gerade vorausgegangen. Ein beträchtlicher Teil der ersten Schüler kam unmittelbar aus Küstrin, ebenso ‚freudig und die meisten mit grimmiger Entschlossenheit, nun ein-

In den folgenden Jahren, als auch verstärkt andere Landkreise vertreten waren, mussten die Schüler jedoch erst ideologisch geschult und im völkischen Sinne „bekehrt“ werden. So berichtete Arthur Geike aus dem Kreis Crossen enthusiastisch von seiner politischen Bekehrung: „Als ich am 28. Oktober den Kreis Crossen verließ, um nach hier zu gehen, hätte ich nicht gedacht, daß dieser Lehrgang mir zu solch einem Erlebnis, zu einer Wiedergeburt werden würde.“[116] Er wurde wie viele anderen zum glühenden Fanatiker der völkischen Bauerntums-Ideologie. Ähnlich Otto Mette aus dem Kreis Teltow: „Mir ist es erst jetzt in Neuruppin klar geworden, was für ein Segen die Bauernhochschule für den deutschen Bauern ist. … Was wir vorher als ein unbegreifliches Durcheinander ansahen, beginnt sich hier vor unseren Augen zu klären.“[117]

Aus den „Berichten“ der Bauernhochschüler lässt sich die in Neuruppin „gepredigte“, dann aufgenommene und weiter geleitete Bauerntumsideologie herauslesen. Wie bei Tanzmann war auch hier ein Rückgriff auf die traditionelle Kultur gefordert, auf die „der Pflege alter Trachten, Volkstänze und Reigen.“ Gleichzeitig bedeutete dies ein Angriff gegen die Moderne: „Die Jugend muß Front machen gegen alles Undeutsche und wesensfremde, gegen die Vergnügungssucht unserer Tage.“[118] Es wurde aufgerufen zum „Kampf gegen die fremde Mode, für deutsche Tracht, gegen niedrigen fremd importierten Shimmy und Foxtrott, für deutschen Tanz, gegen das schlechte Kino, für deutsches Theater“[119] usw.

Besondere Bedeutung wurde dem Land, den Bauern zuteil als „Volkskraftspender“[120]. Selbstverständlich war auch in Neuruppin die gesellschaftliche und politische Führungsrolle der Bauern, wie sie auch von Tanzmann gepredigt wurde, wichtigstes Element der Ideologie. Die Bauernhochschule sollte ja gerade die Kaderschmiede für den jugendlichen Nachwuchs sein. Oft wurde auch der Bauernführer Gauger zitiert als Begründung für diese Ausbildung, mit Vorliebe dessen Rede am Reichslandbundtag 1927:

---

mal gründlich aufzuräumen', – wie ihre Stimmung bei ihrem Kommen nach Küstrin von Buchrucker geschildert wird...“; aus: „Der Blinddarm des Systems.“, in: Der deutsche Bauer 5.1930, 49. Folge (15.5.).

[116] Arthur Geike, „Gedanken und Erlebnisse auf der Bauernhochschule.“, in: Crossener Landbund 6.1925, Nr. 145 (15.12.).

[117] Otto Mette, „Ein Gruß und Mahnwort aus Neuruppin.“, in: Landbund Teltow und Berlin 6.1925, Nr. 51 (22.12.).

[118] A[dolf] Stahn, „Der Zweck der Bauernhochschule.“, in: Landbund Sorau-Forst 7.1926, Nr. 7 (19.2.).

[119] K[urt] Mehnert, „Warum brauchen wir einen Junglandbund?“, in: Nachrichtenblatt des Landbundes Ost-Sternberg 9.1927, Nr. 43 (29.10.).

[120] [Kurt] Jarius und [Alfons] Zabel, „Landjugend und Bauernhochschule.“, in: Landbund Kreis Lebus 8.1927, Nr. 17 (23.4.).

> „Ich erinnere nur an die unvergleichliche Rede des Abg. Gauger auf der Reichslandbundtagung in Berlin, die jedem Landbundmann und Bauer Wort für Wort eingehämmert werden müßte. Es war gewissermaßen ein Schrei nach Führern und Ersatz für die im Kampfe stehenden heutigen Führer. Es war aber auch ein Appell an die Jungbauern, das aufzubauen und zu vollenden, was unsere Väter aus der Not der Zeit als Grund geschaffen haben. Gauger hat die richtigen Wege gewiesen: Dir, Kleinbauer, gehört die Bauernhochschule, Deine Söhne sollen zu Führern werden."[121]

Die in Neuruppin verbreitete Ideologie deckt sich mit der Tanzmannschen Bauerntumsideologie. Rassenlehre und Antisemitismus waren fester Bestandteil bei Tanzmann. Doch in Neuruppin waren diese anders gewichtet, wie es in fast allen Berichten herauszulesen ist und in dem Bericht des Bauernhochschülers Rathke über den Unterricht deutlich herauskommt:

> „Der Unterricht, der nicht schulmäßig, sondern in Form von Vorträgen abgehalten wird, umfaßt alle wichtigen Tagesfragen wie Rasselehre, Staatslehre, Nationalpolitik, Wirtschaftspolitik usw. Ich habe bei diesen Vorträgen gemerkt, daß wir Jungbauern noch vielfach dümmer als Schafe sind und die Belehrungen auf all diesen Gebieten nötig haben. Schafe kennen wenigstens ihren Führer, wir aber kennen größtenteils unsere Führer nicht. Wie sollen wir dann zielbewußt an einem Wiederaufbau Deutschlands mitarbeiten? Die Bauernhochschule gibt uns einen Ueberblick, wieviel rassefremde Elemente in unseren Regierungen, in der Leitung von Banken, Börsen, Gerichten usw. sind. Wir bekommen einen Einblick in die geschäftige Tätigkeit des Judentums in Deutschland und sehen, daß der Jude, der nicht vermag, sich durch eigene Arbeit zu ernähren, bemüht ist, nur von der Arbeit anderer Völker zu leben. Der Grundsatz wird uns in der Bauernhochschule gepredigt ‚In Deutschland soll nur ganz allein ein Deutscher unser Führer sein'. Kampf wird gepredigt der Mischung mit fremden Rassen, deren Ergebnis undeutscher Charakter und schlechte Kreuzungen sind. Die Fortentwicklung fremdstämmigen Blutes im Stammbaum wird nachgewiesen und der Weg gezeigt zur Beherrschung deutschen Bodens durch Deutschstämmige. Die Befreiung von diesem inneren Feind ist die erste Aufgabe für die Befreiung unseres Vaterlandes. Kampf deshalb dem jüdischen Schrifttum in der Presse und in der schöngeistigen Literatur und Förderung deutscher Zeitungen und deutscher Buchwerke.
> Ueber Bodenreform und Bodenrecht, Verkehrswesen, Geld- und Bankwesen, Erdkunde und über Gesundheitslehre werden Vorträge gehalten. Angewandte Weltgeschichte wird gelehrt. Vorbilder aus der deutschen Geschichte werden uns vorgeführt, der vaterländische Gedanke wird erweckt durch Vorlesen von Schauspielen großer deutscher Dichter."[122]

---

[121] K[urt] Paulusch, „Was nützt die Bauernhochschule dem Landbund und dem Einzelnen?", in: Crossener Landbund 8.1927, Nr. 13 (26.3.).

[122] Fritz Rathke, „Die Brandenburgische Bauernhochschule in Neuruppin.", in: Landbund Friedeberg 3.1924, Nr. 13 (29.3.). Zur Begeisterung auch über die ungewohnte Art des Unterrichts mit „Frage- und Antwortspiel" über das Thema „Ueber die

Dieses ungekürzte Zitat zeigt den Unterrichtsstoff an und gleichzeitig dessen Gewichtung. Integraler Bestandteil der völkischen Bauerntumsideologie war die Bedrohung durch die „jüdische Weltherrschaft", wie es schon in den „Protokollen der Weisen von Zion" „bewiesen" war. Immer wieder taucht dies in der Weitervermittlung durch die Bauernhochschüler auf:

> „Was jene überstaatlichen, geheimen Mächte durch den Weltkrieg nicht ganz erreichen konnten – nämlich Zerschlagung des deutschen Bauernstandes, der ihnen mit seinem ungebundenen Freiheitsgefühl das letzte Hindernis war bei ihrem Vorhaben, Deutschland in eine Sklavenkolonie des internationalen jüdischen Großkapitals zu verwandeln, das suchen die Herren von Wallstreet jetzt durch Kleinarbeit zu erreichen."[123]

Es wurde ein rassischer, ja auf Vernichtung zielender Antisemitismus gelehrt:

> „Es ist nicht gleich, ob jemand jüdisches oder nordisches Blut in den Adern hat.
> Ein Hauptlebensziel soll für den deutschen Bauern sein, sein Blut auch fernerhin rein zu erhalten. Seine Scholle zu lieben, mag sie auch noch so klein sein."[124]

Hier in Quintessenz zeigt sich, was die Bauernhochschullehrer Kerlen und v. Wangenheim „mit Erfolg" lehrten: eine „Blut- und Boden-Ideologie" – und zwar lange bevor dies integraler Bestandteil der NSDAP-Ideologie wurde.

Der Mangel an Anmeldungen blieb bis zur Auflösung der Schule ein permanentes Problem. Es lag wohl weniger am fehlenden Interesse der Jugendlichen als vielmehr am Widerstand der Eltern (Väter). Diese Vorbehalte einiger Eltern gegen den Schulbesuch waren nicht unbegründet. Solch ein Lehrgang dauerte vier, ab 1925 acht Wochen. Da die Schüler dort ununterbrochen anwesend waren, bedeutete dies eine lange Abwesenheit einer Arbeitskraft vom Hof. Wenngleich die Kurse nur im Winter stattfanden, war dies eine schmerzlich spürbare Belastung der Hofwirtschaft.

Hinzu kam, dass das, was gelehrt wurde, fast nichts mit Landwirtschaft zu tun hatte, für viele Bauern war dies „unnützes Zeug". Denn Landwirtschaft lehrten ja die Landwirtschaftsschulen und landwirtschaftlichen

---

Rassen fremden Blutes in unserer Volksgemeinschaft", in: „Einen Tag in der Bauernhochschule Neuruppin.", in: Landbund Kreis Lebus 5.1924, Nr. 6 (9.2.).

[123] K[urt] Mehnert, „Warum brauchen wir einen Junglandbund?", in: Nachrichtenblatt des Landbundes Ost-Sternberg 9.1927, Nr. 43 (29.10.).

[124] Alfred Hübner, „Die Bauernhochschule in Neuruppin", in: Landbund Osthavelland 1.1924 Nr. 6 (9.8.).

Winterschulen. Die BHS sollte dazu bewusst keine Konkurrenz sein, vielmehr war die vorangegangene „Fachschulbildung erwünscht".[125]

Schließlich kostete die Schule nicht unerheblich, 100 Mark pro Lehrgang. Denn der Unterhalt der Schule wurde zu einem guten Teil aus dem Schulgeld bestritten.

Eine Initiative dahingehend, dass die Kreislandbünde einen besonderen jährlichen Beitrag für die Bauernhochschule abgeben sollten, wurde von diesen abgelehnt. Schon 1924 lehnte der KLB Calau, (und andere) den „Antrag des Brandenburgischen Landbundes, zur Finanzierung der Bauernhochschule Neu-Ruppin einen Beitrag zu leisten", ab.[126] In der Vorstandssitzung des BLB im März 1925 wurde vorgeschlagen, dass jeder KLB eine Umlage für die BHS in Höhe von 16 Prozent des für 1925 festgesetzten Jahresbeitrages zahlen sollte. Doch mehrere Kreislandbünde stimmten gegen diese Neubelastung.[127] Selbst als der Brandenburgische Junglandbund seine Kreisorganisationen zur Finanzierung der BHS aufrief, stieß er auf Ablehnung. Auf den Beschluss der Vertreterversammlung des BJLB, eine Mark pro Kopf für den Ausbau der BHS zu sammeln, meinten zwar die „Führer" des Crossener JLB, dass die BHS unterstützt werden müsse, kamen aber zu folgendem Ergebnis: „Im Hinblick auf die schwierige Wirtschaftslage und der damit verbundenen Geldknappheit beschlossen die Führer, von einer Erhebung der Mark abzusehen...".[128] Stattdessen wurden Sammlungen und Spenden für die BHS zu bestimmten Festivitäten vorgeschlagen. Ähnlich die Mitteilung des JLB Niederbarnim: „In der Aussprache sind alle Kameraden gegen eine feste Umlage; es wird beschlossen, nur freiwillige Spenden einzusammeln."[129] In Beeskow-Storkow ergab „die Aussprache über den Beschluss des Brandenburgischen Junglandbundes ... das Ergebnis ..., daß es den Einzelnen überlassen bleiben muß, welche Beihilfe ihre Ortsgruppe für die Bauernhochschule zahlen will."[130] Zwar begannen ab 1924, nach der Währungsumstellung, alle zu sparen und nach der Genossenschaftspleite war aus den Mitgliedern sowieso kaum Geld mehr für besondere Projekte herauszuho-

---

125 „Junglandbund und Bauernhochschule.", in: Der BLB 4.1923, Nr. 41 (2. Okt.-Nr.). Weitere Voraussetzung für den Besuch der Schule waren ein Mindestalter von 18 Jahren und „blutsreine Abstammung".

126 „Aus der Sitzung des Gesamtvorstandes am Freitag, den 14. März 1924.", in: Der Landbund 5.1924, Nr. 12 (21.3.).

127 „Bericht über die Vorstandssitzung des Brandenburgischen Landbundes am 4. März 1925.", in: Niederlausitzer Landwarte 1925, Nr. 11 (21..3.). Über die Abstimmung ist nichts erwähnt im Organ des BLB; vgl. „Die Vorstandsitzung am 4. März.", in: Der BLB 6.1925, Nr. 11 (2. März-Nr.).

128 „Junglandbund.", in: Crossener Landbund 7.1926, Nr. 24 (19.6.).

129 „Bericht über die Vertreterversammlung des Junglandbundes Niederbarnim am 9. 12.'26.", in: Landbund Niederbarnim 6.1926, Nr. 52 (31.12.).

130 „Bericht über die Vertreterversammlung des Junglandbundes am 11. Juli 1926.", in: Landbund Beeskow-Storkow 2.1926, Nr. 30 (24. 7.).

len. Doch zeigt dieser Misserfolg Geld einzutreiben ein partielles Desinteresse der unteren Organisationen. An Förderung kam es lediglich vor, dass die Kreislandbünde einzelnen Schülern aus ihrem Kreis das Schulgeld bezahlten. Der Anhänger der Bauerntumsideologie und Förderer der Junglandbundbewegung, Wilhelm Gauger, bezahlte gar persönlich das Schulgeld für mehrere Schüler aus seinem Heimatkreis Zauch-Belzig. Doch um die Schule auszubauen reichte das Geld nicht. Im Oktober 1926 wurde deswegen auf Initiative der ehemaligen Bauernhochschüler die Brandenburgische Bauernhochschul-Genossenschaft gegründet, die Geld für die Schule sammelte. Immerhin zeigten die veröffentlichen Namen der Genossenschaftsmitglieder, dass viele auch hochrangige Landbundmitglieder sich daran beteiligten.[131]

Trotz der Schwierigkeiten, die Bauernhochschule zu finanzieren, und der Hürden, die eine massenweise Anmeldung zu den Kursen verhinderten, sind die Bedeutung und der Einfluss der Schule hoch einzuschätzen. Die Ausbreitung ihrer Ideen erfolgte durch die Presse und vor allem auch durch die Schüler selbst, wie noch gezeigt wird. Diejenigen, die dort geschult wurden, wurden als künftige Elite ausgebildet. Wahrscheinlich war es gerade das Überwinden der Hürden und die Beschränkung der Teilnehmerzahl, die für den Großteil der Schüler das Bewusstsein schuf „Elite“ zu sein. Im Folgenden wird auch gezeigt, wie die Ehemaligen dieses Elitebewusstsein nach außen trugen und die Gedanken der Bauernhochschule in ihren Landkreisen verbreiteten.

Die „Ehemaligen“

Ein besonderes Charakteristikum der BHS war das Verhältnis von Lehrern und Schülern, sowie auch das der Schüler untereinander. Kerlen und v. Wangenheim bauten ein enges Vertrauensverhältnis zu den Schülern auf, dies war geprägt durch ein Führer-Gefolgschafts-Muster. Dies Verhältnis, wie es der Bauernhochschüler John als „gläubige Hingabe an die Erzieher“[132] charakterisierte, hatte schon sektenähnliche Beziehungsstrukturen. Auch nach den Kursen hielten Kerlen und v. Wangenheim mit den meisten ehemaligen Schülern weiterhin schriftlichen und persönlichen Kontakt. Einige ehemalige Schüler machten eine Nachschulung in so genannten Auffrischungskursen mit. Diese dauerten zwar nur 2 Wochen, boten

---

[131] Vgl. „Gründungsversammlung der ‚Deutschen Bauernhochschul-Genossenschaft‘“, in: Der deutsche Jungbauer 1926 7. Folge (15.11.). Zum Jahresabschluss am 30. September 1927 waren 705 Genossen eingetragen, davon 439 Bauern, 171 Jungbauern und 18 Großgrundbesitzer; vgl. „Die erste ordentliche Hauptversammlung der Deutschen Bauernhochschul-Genossenschaft.“, in: Der deutsche Jungbauer 1928 22. Folge (15.2.).

[132] [Erich] John, „Nachklänge aus meinem Bauernhochschullehrgang.“, in: Landbund Züllichau-Schwiebus-Bomst 7.1926, Nr. 27 (9.7.).

aber Gelegenheit intensive Kontakte zu den Lehrern und zu anderen Ehemaligen wiederherzustellen.

Um den Halt von Lehrern und Schülern und auch unter den Schülern weiterhin zu festigen, wurde 1924 der „Verein der ehemaligen Bauernhochschüler" gegründet. Neben dem schriftlichen Kontakt zu den ehemaligen Schülern gab er den Lehrern Gelegenheit bei den jährlich stattfindenden Treffen der Vereinsmitglieder (den „Thingen") auch persönlich direkten Kontakt zu halten. Als der Verein größer wurde, fanden zusätzlich Gau-Treffen (mehrere Kreise) statt; hier erschienen ebenfalls die Lehrer. Als Plattform zur ideologischen Weiterbildung und politischen Orientierung diente die Verbandszeitschrift „Die Märkische Bauernhochschule".[133]

Betrachtet man die Liste der Vereinsmitglieder der ehemaligen Bauernhochschüler von 1927, so fällt auf, dass dort der Kreis Lebus mit 35 von 255 Ehemaligen am stärksten vertreten war. Es folgten die Kreise Ruppin mit 23, Züllichau-Schwiebus mit 21, Ostprignitz mit 20 Vereinsmitgliedern. Schwach vertreten waren die Niederlausitzer Kreise mit je unter 10 Mitgliedern (abgesehen von Guben), der Kreis Templin hatte bis 1927 keine Schüler in die Bauernhochschule geschickt. Die Dominanz des Kreises Lebus schlug sich auch im Vorstand des Vereins nieder: Der Vorsitzende, der Schatzmeister und der stellvertretende Schatzmeister kamen aus dem Kreis Lebus.

Der „Erfolg" der Bauernhochschule lag darin, dass sie es wirklich geschafft hatte, zukünftige Funktionäre auszubilden. Dies hatte selbst Nicolas propagiert: „Die Organisation der Bewegung der Landjugend ist der Junglandbund, und die Bauernhochschule ist ihre geistige Kulturstätte und Führerschule, die das Bauerntum zu innerer, wie äußerer Befreiung führen wird."[134] So stand es ähnlich in dem Geleitwort zur ersten Ausgabe der Märkischen Bauernhochschule: „Wir haben endlich erkannt, daß die innere Befreiung unseres versklavten Volkes und Vaterlandes allein vom Bauernstande ausgehen und getragen werden kann; zu der später folgenden äußeren Befreiung wird der Bauernstand auch alle Führer stellen müssen. Diese aus dem Bauernstande herauszufinden und vorzubilden, das ist die überwältigende Aufgabe der Brandenburgischen Bauernhochschule."[135] Tatsächlich war diese Kaderschmiede von den extrem völkischen Ansichten der Lehrer geprägt. Wie wir sehen werden, kamen von dort nicht wenige NS-Funktionäre.

---

[133] Diese kam seit Juni 1924 im monatlichen Rhythmus heraus, wurde 1926 umbenannt in „Der deutsche Jungbauer", 1929 in „Der deutsche Bauer" und im Jahr 1940 eingestellt.

[134] Zitiert nach: Alfred Alter, „Kuratoriumssitzung der B.B.H.Sch.", in: Der deutsche Jungbauer 1926 7. Folge (15.11.).

[135] „Zum Geleite!", in: Die Märkische Bauernhochschule 1924 1. Folge (Juni). Nach dem Duktus ist der Artikel wohl von Kerlen geschrieben.

Entscheidend für die Verbreitung und Durchdringung der völkischen Bauerntumsideologie waren die Tätigkeiten der Ehemaligen nach ihren Kursen. Sie wurden die Multiplikatoren der Ideologie, die, so Gauger, „Apostel in den Kreisen der deutschen Bauernschaft".[136] Den ersten Schritt als Multiplikatoren taten sie, indem sie in den Junglandbünden (in den Ortsgruppen- oder Kreisversammlungen) über ihre Erlebnisse berichteten. Über das Werben für die Schule ging diese politisch-ideologische Tätigkeit jedoch weit hinaus; ja es wurde den ehemaligen Bauernhochschülern diese Ideologisierung zugewiesen. So wurden sie zum Beispiel meist für die JLB-Büchereien verantwortlich: „Es wird ein Bücherausschuß gebildet, der unter Leitung des Herrn Pfarrers Bombe aus dem ehemaligen Bauernhochschüler Näthe ... und Beuster ... besteht und an die Bücherauslese herangehen soll."[137]

Ansatzpunkt für die Beeinflussung und Ideologisierung der bäuerlichen Jugend waren die Funktionärsposten, die die Ehemaligen in der Junglandbundorganisation innehatten. Die meisten Bauernhochschüler waren recht aktiv in der JLB-Bewegung. Im Kreis Züllichau-Schwiebus wurde der Kreisjunglandbund 1926 gar auf Initiative der ehemaligen Bauernhochschüler erst gegründet. Die Ehemaligen hatten in der Organisation Funktionärsposten vom JLB-Ortsgruppenvorsitzenden bis zum Kreislandbundvorsitzenden, ja der Vorsitzende des Provinzialorganisation Walter Pritzkow hatte auch einen Bauernhochschulkurs absolviert.[138]

Als Junglandbundfunktionäre waren die ehemaligen Bauernhochschüler oft Redner in ihren Organisationen, nach dem Besuch der BHS wurde die völkische Bauerntumsideologie in ihre Ansprachen integriert. So hielt beispielsweise der „Ehemalige" Lüdecke aus der Ostprignitz die „Feuerrede" bei der Sonnenwendfeier des Junglandbundes Teltow-Groß-Berlin. Ausgehend von völkisch-germanischen Mythen zog er den Faden antiurbaner und antimoderner Kritik zur Rückbesinnung auf das Land, die Dorfgemeinschaft. Mit der Mahnung zur Treue rief er den Junglandbund und die Jugend überhaupt zum Kampfe für die Erneuerung, zum Kampfe für ein „neues" Deutschland auf.[139]

Wie diese Reden zum völkisch-nationalen Kampf verbreitete sich die Ideologie durch öffentliche Veranstaltungen, an denen auch der Kreislandbund teilnahm, über die Jugend hinaus auch zu den älteren Bauern. In

---

[136] „Thing-Bericht.", in: Die Märkische Bauernhochschule 1925 6. Folge (Juli).

[137] „Bericht der Vertreterversammlung des Junglandbundes am 23. Januar.", in: Landbund Zauch-Belzig 7.1926, Nr. 4 (30.1.).

[138] Zum Teil waren es Funktionäre des Junglandbundes, die einen Kurs absolvierten. Zum Teil aber wurden Jugendliche erst nach ihrem Besuch der Bauernhochschule zu Funktionären im Junglandbund.

[139] „Sonnenwendfeier des Junglandbundes", in: Landbund Teltow und Berlin 7.1926, Nr. 31 (6.8.).

dem eben erwähnten Fall durch Abdruck der Rede im Landbundorgan erreichte sie noch mehr Landbundmitglieder.

Über Reden und Vorträge hinaus fungierten die Bauernhochschülern als Transmitter der völkischen Bauerntumsideologie, indem sie als Dozenten in der Junglandbundsschulung eingesetzt wurden. Federführend war hier wieder der Junglandbund Lebus, der fest in Händen ehemaliger Bauernhochschüler war. Der JLB selbst veranstaltete achttägige Junglandbund-Kurse. Der Bericht über den Junglandbund-Kursus in dem Lebuser Dorf Buchholz zeigt die Ähnlichkeit zu dem Kurs in der Brandenburgischen Bauernhochschule. Neben Sport und dem Praktizieren „völkischer Kultur" gab es für die 33 Jungburschen und Jungmädchen „ernste Vorträge, wie Geschichte des Bauerntums, der Bauernhof als Quelle soldatischer und staatsmännischer Tugenden, Bedeutung der Landbundbewegung für Volk und Staat, was will der Junglandbund, ‚die Bedeutung der Bauernhochschule', ‚wie eine Ortsgruppe zu leiten ist', ‚die sittlichen Grundlagen des menschlichen Lebens'".[140] Neben der Schulung verfolgte die Veranstaltung den Zweck, „die jungen Leute näher zusammenzubringen, ein Freundschaftsband von Seele zu Seele, von Ort zu Ort schlagen und damit die Einigkeit und den Landbundgedanken im Ganzen fördern." Das heißt auch hier wurde (wie von Kerlen) versucht eine engere Gemeinschaft aufzubauen.

Der Bruch mit dem Brandenburgischen Landbund

Mit der Brandenburgischen Bauernhochschule hatte der Brandenburgische Landbund eine Schule, die eine extrem völkische Bauerntumsideologie verbreitete. Der von den Lehrern Kerlen und v. Wangenheim beeinflusste Verein der ehemaligen Bauernhochschüler bildete eine kraftvolle Organisation mit radikalen, fanatisierten jugendlichen Funktionären. Die Schule wurde allmählich eine Gefahr für den BLB. Obwohl die Führung des BLB die ideologisch radikale Ausrichtung des Leiters hätten kennen müssen, sie selbst die Schule führte und auch beobachtete, dauerte es knapp vier Jahre, bis sie diesem Treiben ein Ende setzte. Wie sich zeigen sollte, da zu spät, mit lautem Knall und dilettantisch durchgeführt.[141]

Die Ablösung von Kerlen und v. Wangenheim erfolgte in der Zeit, als die Schule von Neuruppin nach Tzschetzschnow bei Frankfurt a. d. Oder verlegt wurde. Die Gebäude in Neuruppin wurden wieder von der Reichswehr benötigt, so dass der BLB einen städtischen Gutshof in

[140] „Junglandbundkursus in Buchholz.", in: Landbund Kreis Lebus 8.1927, Nr. 50.(11.12.).

[141] Vgl. zur Kündigung und den Hintergründen, aus der Perspektive Kerlens seine unter dem Pseudonym Flemming veröffentlichte Schrift: Knud Flemming [= Kurt Kerlen], Dunkle Mächte im Landbund, Berlin 1928.

Tzschetzschnow pachtete und unter Leitung Kerlens im Jahre 1927 umbaute. Die Eröffnung des neuen Schulgebäudes fand am 15. Januar 1928 statt.

Am 12. und 13. Dezember 1927 hatten der Vorsitzende des BLB, Nicolas, und dann der Hauptgeschäftsführer, Lechler, dem Schulleiter Kerlen verschiedene Beschwerden von Landbundfunktionären gegen die BHS mitgeteilt. In der Kuratoriumssitzung der BHS am 22. Dezember wurde dies besprochen.[142] Als Ergebnis der Sitzung wurden Kerlen und der wissenschaftliche Lehrer v. Wangenheim gekündigt mit dem Vorwurf der Illoyalität.[143] Doch die Gründe für deren Abberufung waren sehr viel umfangreicher.

Im Laufe des nun folgenden Konfliktes zwischen der Landbundführung und den BHS-Lehrern, der schließlich zur endgültigen Kündigung und zu einem Rechtsstreit führte, wurden auf den verschiedenen Sitzungen des BHS-Kuratoriums, wie auch der Landbundsitzungen mehrere Argumente zur Kündigung aufgeführt. Die Auseinandersetzungen erhielten zusätzlich eine Brisanz, als der Geschäftsführer Lechler eine Aktenmappe bei einem Besuch in der Bauernhochschule vergessen hatte, die die Korrespondenz zu diesem Fall enthielt. Lechler holte zwar die Mappe am folgenden Tag ab, Kerlen und v. Wangenheim hatten jedoch die Briefe über Nacht abgeschrieben. Als sie letztendlich gekündigt waren, veröffentlichten sie diese auszugsweise in der Zeitschrift der ehemaligen Bauernhochschüler „Der deutsche Jungbauer“[144] und später in der Broschüre Kerlens „Dunkle Mächte im Landbund“.

Bis 1927 gab es drei ernsthaftere Beschwerden von Landbundfunktionären gegen die Bauernhochschule. Da war zunächst Unmut über ein Experiment in der Bauernhochschule. Im Jahre 1926 hatte ein „Rasseforscher“ aus Leipzig angefangen, von den Bauernhochschülern Blutproben zu nehmen. Aus den Proben sollte eine Statistik der Blutgruppenzugehörigkeit erstellt werden, um daraus „arische“ Blutgruppen zu identifizieren. Beim „Großthing 1927“ der Ehemaligen wurde gar von jenen Bauernhochschülern Blutproben genommen, die bisher nicht untersucht worden waren; zudem schloss sich der Verein der ehemaligen Bauernhochschüler korporativ der „Deutschen Gesellschaft für Blutgruppenforschung“ an.[145]

142 Vgl. Kerlen, Dunkle Mächte, S. 18-20.

143 Diese Argumentation benutzte insbesondere Nicolas vgl.: Nicolas, „Zur Entlassung der Bauernhochschullehrer. Erklärung des Vorsitzenden des Brandenburgischen Landbundes in der Vorstandssitzung am 29. Februar.“, in: Der BLB 9.1928, Nr. 10 (1. März-Nr.).

144 Zur ersten Veröffentlichung vgl.: „Briefe.“, in: Der deutsche Jungbauer 1928 25. Folge (15.5.). Es folgten weitere Veröffentlichungen unter „Briefe“.

145 Vgl. „Großthing 1927", in: Der deutsche Jungbauer 1927 14. Folge (15..6.).

Diese Untersuchungen waren vielen (Alt-) Landbündlern nicht geheuer und verstärkten das Misstrauen gegen die Schule. Der Vorsitzende des KLB Lebus, Hermann Mudrack, meinte gar, dass der „Unfug der Blut‚abzapfungen' die Schüler hypnotisiert und so dem Landbunde entfremdet würden" und forderte deren Einstellungen.[146]

Gegen die beiden anderen Vorwürfe veröffentlichten die Bauernhochschüler im Oktober 1926 eine Erklärung in ihrem Verbandsorgan.[147] Die eine Gegendarstellung wandte sich gegen die Behauptung, der Unterricht richtete sich gegen die evangelische Kirche, gegen die evangelische Religion. Ein Vorwurf, der sich gewiss auf die dezidiert germanisch-mythischen, ja heidnischen Versatzstücke in der Bauerntumsideologie bezog. Während dieser Vorwurf nicht weiter vertieft wurde und nicht zur Kündigung der Lehrer beitrug, tat dies der andere, gegen den die Erklärung ihr Dementi einlegte.

Die Anschuldigung, dass „in der Bauernhochschule eine dem Großgrundbesitz feindliche, mindestens ablehnende Stellung eingenommen" würde, entzündete sich zum ersten Mal anlässlich eines im Mai 1926 veröffentlichten Artikels: „‚Deutscher' Groß-Grundbesitz in der Mark Brandenburg".[148] Es handelte sich dabei um eine Auflistung von Gütern in Brandenburg (mit Eigentümername und Besitzgröße), die in Eigentum von Betrieben und Handelsunternehmen und v. a. im Eigentum von „Juden" (tatsächlichen oder vermeintlichen) waren. Vorangegangen war dieser Liste ein Artikel, der sich gegen „jüdischen" Großgrundbesitz wandte. Am Ende des Artikels wird aber sogleich eine Mahnung an die Großgrundbesitzer ausgesprochen: „Ist der Großgrundbesitzer, der Ritter, Blut von unserm Blut, - hat er getreulich die Pflichten, die sein Adel und sein Eigen ihm auferlegten, stets erfüllt, so wird er freudig von jedem Kleingrundbesitzer auch heute noch als der ‚Fürst' anerkannt werden. Ist er aber nicht mehr Fleisch von unserm Fleisch, dann fühlt der auf der Scholle geborene kleine Grundbesitzer den Unterschied, nämlich daß heute Eigentum nicht mehr verpflichtet. Dies rein gefühlsmäßige Empfinden setzt ihn leicht in wirklichen Widerspruch zum Großgrundbesitz, da es oft nicht möglich ist, den wahren, alten Adel von dem unechten neuen zu unterscheiden."[149]

Dieser Artikel war Thema im Vorstandsausschuss und der Geschäftsführersitzung des Brandenburgischen Landbundes im Juni 1926. Es wurde

---

[146] So in der Ausschusssitzung des KLB Angermünde am 17.12.1927 laut Kerlen, Dunkle Mächte, S. 15.

[147] „Erklärung", in: Der deutsche Jungbauer 1927 14. Folge (15.10.).

[148] „ ‚Deutscher' Groß-Grundbesitz in der Mark Brandenburg.", in: Der deutsche Jungbauer 1926 1. Folge (15.5.).

[149] „Hab` und Gut, Besitz und Eigentum.", in: Der deutsche Jungbauer 1926 1. Folge (15.5.).

davon Abstand genommen, eine Berichtigung in der Zeitschrift der Bauernhochschüler zu bringen, da „viele der Beteiligten von dem Artikel überhaupt nichts wissen und erst durch das Schreiben darauf gestossen würden." Dagegen wurde beschlossen, „dass Entschuldigungsschreiben nur an diejenigen Herren gesandt werden sollen, die der betreffende Kreislandbund dafür vorschlägt."[150]

Die Liste der angeblich „jüdischen Großgrundbesitzer" konfrontierte den BLB mit seinem selbst propagierten Antisemitismus; ähnlich war wohl der Adel vor dem Ersten Weltkrieg mit dem „Semi-Gotha", dem Verzeichnis Adliger mit jüdischen Vorfahren, konfrontiert worden. Neben vielen reichen jüdischen Berlinern (Mosse, Wertheim etc.), waren auch der Landwirtschaft, ja dem Landbund verbundene Großgrundbesitzer darunter. Die angeblich großgrundbesitzerfeindliche Haltung der Bauernhochschüler spielte noch bei den Kündigungen der Lehrer eine wichtige Rolle. Schon in den oben erwähnten Beschwerden von KLB-Funktionären wurde gemahnt, dass die ehemaligen Bauernhochschüler „vollkommen gegen den Großgrundbesitz verhetzt sind."[151] Der Geschäftsführer Lechler stellt in einem Brief an Gauger in Bezug auf die ehemaligen Bauernhochschüler die Frage: „was spielt sich denn hier in den Köpfen der Jugend ab: ist sie denn derart von so fanatischem Haß gegen den Großgrundbesitz erfüllt worden, daß sie nur an seine Vernichtung denkt, ganz gleichgültig, ob sie selber dabei zugrunde geht oder nicht."[152]

Der führende Kopf des KLB Westprignitz, MdR Walter Stubbendorff, beschrieb den Konflikt zwischen Bauernhochschüler und Großgrundbesitz folgendermaßen: „Kerlen lehrt, das Bauerntum sei durch Jahrhunderte durch Großgrundbesitzer und dem von ihnen beherrschten Staat zur ‚Bescheidenheit' erzogen worden; dadurch sei dem Großgrundbesitz seine Führerrolle reserviert worden. Der Landbund habe theoretisch das Programm, Bauern zu Führern zu erziehen, praktisch aber werde jede Regung eines Führerwillens von seiten der um ihre Führerrolle besorgten Großgrundbesitzer als ‚Überheblichkeit und Überschätzung der eigenen Fähigkeiten' abgetan..."[153].

Im Prinzip hatte Stubbendorff die Bedrohung des Führungsanspruchs der (adligen) Großgrundbesitzer durch die Bauerntumsideologie erfasst, ob dies Kerlen nun so explizit lehrte oder nicht: die Bauern, v. a. die sich als Elite verstehenden Bauernhochschüler strebten nach Führungspositionen, die der Großgrundbesitz nicht hergeben wollte.

---

[150] Rschr. „Niederschrift über die Geschäftsführersitzung am 10. Juni 1926.", in: BArch R8034 I RLB, Nr. 49a, Bl. 94-98, hier Bl. 98.

[151] So wurde das kleinbäuerliche Vorstandsmitglied Kientopf im Schreiben des Landbund Friedeberg zitiert, abgedruckt in: Kerlen, Dunkle Mächte, S. 22.

[152] Schr. Lechler an Gauger v. 21.1.1928, zitiert nach: Kerlen, Dunkle Mächte, S. 43.

[153] Schr. Stubbendorff an Nicolas v. 15.1.1928, zitiert nach Kerlen, Dunkle Mächte, S. 39-40.

Über diese Kritik des Landbundes an der Großgrundbesitzerfeindlichkeit der Bauernhochschule hinaus, bzw. daran angeschlossen, wurde heftig Beschwerde geführt darüber, wie eng die ehemaligen Bauernhochschüler an den Leiter, Kerlen, bzw. den zweiten hauptamtlichen Lehrer, v. Wangenheim, gebunden waren. Immer wieder kam der Vorwurf, dass die Schüler dem Landbunde entglitten und ein „willfähriges Werkzeug"[154] Kerlens seien.

Diesen Bezug zu Kerlen kritisierten auch andere, insbesondere aber der Initiator der BHS v. Brockhusen (damals Vorsitzender des KLB Ruppin). Dieser, selbst Mitglied im Kuratorium der BHS, war treibende Kraft für die Kündigung Kerlens und v. Wangenheims, die er ja selbst ausgesucht hatte. Das Motiv zur Gründung der Schule fasste er in einem Schreiben an den BLB Anfang 1927 zusammen:

> „Meine Absicht bei der Gründung der B.H.-Schule ging dahin, den jungen Leuten einen großen Ueberblick über das Weltgeschehen zu geben und ihnen zu zeigen, wie viel sie noch zu lernen haben, um überhaupt die Zusammenhänge des Lebens klar zu erfassen. Ich wollte ihnen die Grundlagen geben, um darauf weiter zu bauen. Vor allen Dingen sollten sie Bescheidenheit lernen, in der Erkenntnis, wie viel ihnen noch fehlt, um das Geschehen in der Geschichte eines Volkes zu erkennen und nutzbringend in der Gegenwart anzuwenden."

Im gleichen Schreiben beteuerte er, dass es notwendig sei, „daß nicht der Landbund das Haus für die B.H.-Schule kauft, sondern wie ich seit Jahren predige, der Großgrundbesitz."[155]

Diese Dominanz des Großgrundbesitzes sah v. Brockhusen insbesondere aber durch die Bauerntumsideologie bedroht. Diese Gefahr sah er sowohl durch die Bauernhochschule als auch durch den „Bauernführer" Gauger gegeben. Die gleiche Rede Gaugers beim RLB-Tag 1927, die wie angeführt bei den Bauernhochschülern lebhaften Beifall erntete, stieß bei ihm auf heftigen Widerspruch:

> „Ich bedaure im höchsten Grade, daß der Landbund es zuläßt, daß eine derartig verhetzende Rede.. gehalten wird. Wenn ich auf dem Podium neben Herrn Gauger gesessen hätte, würde ich ihn entweder aufgefordert haben, das Hetzen zu unterlassen, oder aber, ich würde ihn herunter geholt haben. ..Ich kann es.. unter keinen Umständen dulden, daß ein Mann.. mich in meiner Eigenschaft als Besitzer einer größeren Scholle herabzusetzen und an die Wand zu drücken versucht. Und das tut er, wenn er sich hinstellt und erklärt: Die Großen, die reden von dort oben; ich aber, der kleine Bauer, ich rede zu euch von hier unten. Das tut er,.. wenn er behauptet, diese B.H.-Schule wäre dazu da, die ganz Kleinen in möglichst kurzer Frist dahin zu bringen, daß sie die Herren da oben baldmöglichst in der Führung des Landbundes ablösten. Wie weit die Hetzerei geht, ist daraus zu ersehen, daß er sagte, er meine auch die dicknäsigen Bauern

[154] Schr. Lechler an Gauger v. 21.1.1928 zitiert in: Kerlen, Dunkle Mächte. S. 43

[155] Schr. H. v. Brockhusen an BLB v. 24.2.1927, zitiert nach: Kerlen, Dunkle Mächte, S. 41.

von 100-500 Morgen. ..Ich habe aber einen gewaltigen Schrecken bekommen, ob der Tendenzen, die Herr Gauger in die Hochschule hineinzutragen sucht. Den jungen Leuten...wird eingebläut: Ihr habt nun 8 Wochen die Hochschule besucht und ihr seid nun berufen, die seitherigen Führer aus ihrer Stellung abzulösen und zu ersetzen!... Jedenfalls bin ich nicht gesonnen, mir in meiner Gegenwart gefallen zu lassen, daß der Großgrundbesitz, und dazu gehöre auch ich, als minderwertig hingestellt wird...“[156]

Für v. Brockhusen war die Gründung der BHS-Genossenschaft 1927 Anlass für den Konflikt mit Kerlen und v. Wangenheim. Mehr noch als der BHS-Verein sah er in der Genossenschaft die Schule aus der Kontrolle durch den Großgrundbesitz (v. a. aus seiner Kontrolle!) entgleiten.

Bei diesem Konflikt mit Kerlen geriet auch die Verbindung der beiden Lehrer zu v. Brockhusen ans Licht der Öffentlichkeit. Denn v. Brockhusen war Vorsitzender („Hochmeister“) des „Skaldenordens. Bund zur Vertiefung armanischen Wissens und Brauchtums“. Dieser völkische Orden, als Verein eingetragen, war eine nach dem Ersten Weltkrieg von v. Brockhusen und anderen gegründete logenartige Vereinigung.[157] Sie war nach der Auflösung des Germanenordens, in dem v. Brockhusen schon Mitglied war[158], als Nachfolgeorden in Norddeutschland gegründet worden. In Süddeutschland gab es als Abspaltung die berühmtere Thule-Gesellschaft, die an der Ermordung Kurt Eisners beteiligt gewesen war.[159]

Kerlen und v. Wangenheim waren bei ihrer Einstellung an der Bauernhochschule zumindest Mitglieder des Ordens[160]; es ist anzunehmen, dass sie deswegen von v. Brockhusen für die Schule ausgewählt worden waren. Innere Querelen bestimmten diesen Orden und Kerlen und v. Wangenheim waren angeblich im Jahre 1926 bzw. 1927 aus dem Skaldenorden ausgetreten.[161] Vermutlich war dies auch der Grund, warum v. Brockhusen auf deren Entlassung drängte.

---

[156] Schr. H. v. Brockhusen an BLB v. 24.2.1927, zitiert nach: Kerlen, Dunkle Mächte, S. 41. Auslassungszeichen von Kerlen.

[157] Die Mitglieder des Skaldenordens gehörten zu jenem Dunstkreis völkischer Anhänger des Nordischen Gedankens. Dem Skaldenorden gehörte der Verlag „Die Sonne", zu dem auch Darré Kontakte hatte.

[158] Vgl. Detlev Rose, Die Thule-Gesellschaft. Legende – Mythos – Wirklichkeit, Tübingen 1994, S. 26; Nicholas Goodrick-Clarke, The occult roots of Nazism. The Ariosophists of Austria and Germany 1890-1935, Wellingborough 1985, S. 123.

[159] Vgl. auch Hermann Gilbhard, Die Thule-Gesellschaft – Vom okkulten Mummenschanz zum Hakenkreuz, München 1994.

[160] So gab v. Wangenheim 1934 an, dass er 1915 dem Skaldenorden beigetreten war; vgl. Fragebogen für die Mitglieder des Reichsbauernrates, in: Bundesarchiv Nachlass Darré, Nr. 164. Das war aber wahrscheinlich noch der Germanenorden gewesen.

[161] Vgl. „Erklärung.", in: Der deutsche Jungbauer 1928, 22. Folge (15.1.).

Bei der Kündigung der BHS-Lehrer wurde sowohl bei der Kuratoriumssitzung der BHS als auch bei der Vertreterversammlung des Brandenburgischen Landbundes die Mitgliedschaft Kerlens in einem „Geheimorden“ als Entlassungsgrund ins Spiel gebracht. Dies führte die bäuerlichen Vertreter, die bisher nicht gegen Kerlen eingestellt waren, letztendlich dazu, sich für die Kündigung auszusprechen – ähnlich wie das „Blutzapfen“ war ihnen der „Geheimorden“ suspekt. So schrieb der Geschäftsführer des bäuerlich eingestellten KLB Angermünde, Masberg, kurz nach der Vertreterversammlung: „Vor allem möchte ich nur das eine erwähnen, daß die beiden Lehrkräfte zusammen mit einem Kuratoriumsmitglied einem geheimen Orden angehören, von dem bisher niemand etwas gewußt hat. Dieser Orden hatte besondere Ziele und in diesem Sinne sollten die Bauernhochschüler erzogen werden.“[162]

Die Lehrer wurden gekündigt, das erwähnte Kuratoriumsmitglied, eben v. Brockhusen, konnte aber weiter im Kuratorium bleiben, obwohl er weiterhin Vorsitzender des Skaldenordens war. Insofern war diese Argumentation einer Geheimorganisation als Kündigungsgrund fadenscheinig.

Vielmehr wuchsen die herangezogenen Bauernhochschüler mit ihrem Elitebewusstsein den Funktionären – vor allem auch den großgrundbesitzenden – über den Kopf. Die Aktivitäten der Ehemaligen, ihr Zusammenschluss und ihre Einflussmöglichkeiten waren bedrohlich für die doch auf ihrem Führungsanspruch bestehenden adligen Großgrundbesitzer. Dagegen wurde die ideologische, völkische Ausbildung nicht kritisiert.

Es gab lediglich ein Mitglied aus dem Kuratorium, das womöglich doch die rechtsradikale Haltung der Schüler, auch wenn es sich sonst lobend über die Schule geäußert hatte, kritisiert hatte: v. Arnim-Ragow. Gerüchteweise soll er behauptet haben, die Bauernhochschule „dressiere die Schüler auf die Freiheitspartei, oder Hitler, oder andere Führer..“.[163]

Die Hoffnung, dass mit der Entlassung der Lehrer wieder Frieden in den Junglandbund einkehren würde, wurde enttäuscht. Schon in der Kuratoriumssitzung der BHS im Dezember 1927 konnten die Vertreter der ehemaligen Bauernhochschüler nicht durch die schwachen Argumente der Landbundführung überzeugt werden. Ein Teil der Ehemaligen begann nun diesen Konflikt in die Öffentlichkeit zu tragen. So berichtete ein Ehemaliger bei der Vertreterversammlung des JLB Oberbarnim über die Umstände der Kündigung und das fand durchaus Gehör: „Die Bekanntgabe der Vorgänge an der Bauernhochschule durch Herrn Georg Hübner löste eine lebhafte Aussprache aus, die am Ende zur Annahme des Antrages des

---

[162] Schr. Masberg v. 27.1.1927, zit. nach: Kerlen, Dunkle Mächte, S. 30.

[163] Schr. Landesgeschäftsstelle der DNVP v. 31.5.1925, zit. nach: Kerlen, Dunkle Mächte, S. 73. Falls das Gerücht zutrifft, ist es interessant, dass eine frühe Tendenz zum Nationalsozialismus wohl registriert wurde. Diese Kritik kam ausgerechnet von v. Arnim-Ragow, der später Karriere in der NSDAP machen sollte.

Herrn Wilhelm Hübner, Heckelberg, führte, Herrn v. Oppen-Haus Tornow zu bitten, nochmals mit dem Vorsitzenden des Brandenburgischen Landbundes im Sinne der Wünsche der ehemaligen Schüler der Bauernhochschule zu verhandeln. Herr v. Oppen erklärte sich hierzu gern bereit.“[164]

Nicht überall ging dies so harmonisch ab. In einigen Kreisen, insbesondere in den vom Großgrundbesitz dominierten, kam es zu schärferen, meist nicht in der Öffentlichkeit ausgetragenen Auseinandersetzungen. Der Konflikt im Kreis Königsberg wurde dagegen auch im Verbandsorgan ausgefochten. Der Geschäftsführer des KLB, Dr. Opale, führte einen äußerst scharfen Kampf gegen die ehemaligen Bauernhochschüler. Seine Haltung gegen Kerlen und v. Wangenheim trug er in den Junglandbund bis in die Ortsgruppen hinein: „Herr Dr. Opale spricht sodann über Ziele der Junglandbundorganisation und über den Verein ehemaliger Bauernhochschüler, sowie über das Verhalten einzelner Jungbauern zu beiden. Nach Beendigung der Diskussion bittet Herr Dr. Opale diejenigen Mitglieder der Ortsgruppe, die sich zu den Zielen des Junglandbundes nicht bekennen können, den Saal zu verlassen, worauf neun Jungbauern hinausgingen.“[165] Bei 54 Anwesenden der Ortsgruppe waren die neun eine beachtliche Zahl. Zu einem Bruch kam es mit den ehemaligen Bauernhochschülern Paul Maske und Herbert Hildebrandt; ein Jahr später allerdings bejubelte das KLB-Organ, dass letztgenannter „nach den trübsten Erfahrungen den Weg zum Junglandbund wieder zurückgefunden hat.“[166]

Die Vorgänge im Kreis Königsberg waren aber harmlos im Vergleich zu denen im Nachbarkreis Lebus. Im dortigen Kreisjunglandbund herrschte die Elite der ehemaligen Bauernhochschüler. Sowohl bei den Kuratoriumssitzungen der BHS als auch bei der Vertreterversammlung des BLB drängte als einziger bäuerlicher Vertreter der Vorsitzende des KLB Lebus, Hermann Mudrack, auf die Kündigung von Kerlen und Wangenheim. Dies führte 1928 zum offenen Konflikt zwischen dem KLB-Vorsitzenden Mudrack und dem Junglandbund. Mudrack war im Mai 1928 Reichstagskandidat der DNVP. Er gehörte zum rechten Flügel der Partei, wechselte als einer der wenigen Bauernführer auch in den folgenden Jahren nicht zur

---

[164] „Bericht über die Verhandlungen in der Vertreterversammlung des Kreisjunglandbundes Ober-Barnim am 15. Januar 1928.“, in: Landbundnachrichten des Kreises Ober-Barnim 10.1928, Nr. 5 (3.2.). Georg und Wilhelm Hübner kamen beide aus Heckelberg und waren ehemalige Bauernhochschüler. Der stellvertretende Vorsitzende des KLB, F. W. Hübner, kam ebenfalls aus Heckelberg. Ob diese drei verwandt waren, ließ sich nicht feststellen. v. Oppen-Tornow war der 1926 zurückgetretene Vorsitzende des KLB.

[165] „Gruppe Sellin: Bericht über die 2. Generalversammlung des Jahres.“, in: Nachrichtenblatt des Kreislandbundes Königsberg Nm. 9.1928, Nr. 26 (30.6.).

[166] „Kerlen früher und heute! Ein interessanter Brief.“, in: Nachrichtenblatt des Kreislandbundes Königsberg Nm. 10.1929 Nr. 27 (7.7.).

Landvolkpartei und erwies sich im Wahlkampf mit seinen radikalen, antisemitischen Reden als überzeugter Hugenberganhänger.[167] Im Dezember 1927 begannen er und der Geschäftsführer, v. Falkenhayn, ihre Angriffe gegen die ehemaligen Bauernhochschüler.[168] Im Wahlkampf 1928 machten die beiden einen dilettantischen Angriff gegen den Vorsitzenden des Vereins der ehemaligen Bauernhochschüler, Wilhelm Bredow.[169] Der Vorstand des Lebuser Junglandbundes, der fast ausschließlich aus Ehemaligen bestand, wurde zwar verwarnt, zu Zwischenfällen kam es aber nach der Wahl zunächst nicht. Im September 1928 warnte Mudrack in der Vertreterversammlung des Junglandbundes, „bei den Ernteumzügen anstatt der Erntekrone das Hakenkreuz auf dem Wagen mitzuführen. Dadurch werden diese Feste politisch ausgewertet, denn das Hakenkreuz stellt ein reines Parteiabzeichen dar und wirft Verwirrungen in die Dörfer."[170] Zwar waren diejenigen, die das Hakenkreuz benutzten oder benutzen wollten, NSDAP-Mitglieder und die Erntefeste hätten somit auch als Feste dieser Partei gesehen werden können. Doch war das Hakenkreuz, worauf der Vorsitzende des KJLB Lebus, Alfred Alter, hinwies, ein älteres völkisches Zeichen und nicht zuletzt prangte es schon jahrelang (ohne Widerspruch hervorzurufen) auf der Lebuser Junglandbundfahne[171]; Mudrack griff in den Augen einiger Junglandbündler hier die Fahne der Jugendorganisation an.[172] Am 11. Oktober 1928 wurde in einer Vorstandssitzung des KLB Lebus Alter aufgefordert, dem Junglandbund eine neue Satzung zu geben, die eine wesentlich stärkere Anbindung der Jugendorganisation an den (Alt-) Landbund bezweckte. Am selben Tag gründete der KLB-Vorstand (ohne Wissen Alters) eine neue Jugendorganisation.[173]

Die Vertreterversammlung des Junglandbundes sprach am 5. November 1928 Alter das Vertrauen aus und forderte die Auflösung des

---

[167] Klaus Gerbet, Carl-Hans Graf von Hardenberg 1891-1958. Ein preußischer Konservativer in Deutschland, Berlin 1993, S. 56.

[168] Vgl. zu den Vorgängen v. a.: Alter, Alfred, Denkschrift! An die Junglandbund-Ortsgruppen und Bezirke, z.H. der Vorsitzenden,. MS. , Jacobsdorf (30. Oktober) 1928. Alfred Alter war zu diesem Zeitpunkt Vorsitzender des Junglandbundes Lebus (seit 1925), im Vorstand des Vereins ehemaliger Bauernhochschüler und NSDAP-Mitglied; der Bericht auch dementsprechend gefärbt.

[169] Siehe hierzu unten.

[170] Zit. nach: Alter, Denkschrift, S. 2-3.

[171] Die Lebuser Junglandbündler hatte das Hakenkreuz nicht nur in ihrer Fahne; ebenso schwörten wohl jene, die beim Küstriner Putsch beteiligt waren, beim Eintritt in die Schwarze Reichswehr auf diese; vgl. Nagel, Fememorde, S. 40.

[172] Alter betonte in seiner Denkschrift: „Wer als Soldat von seiner Fahne schlecht spricht oder diese gar beschmutzt, ist nicht Soldat, sondern ein elender Wicht." Alter, Denkschrift, S. 3.

[173] Abdruck der Satzung in: Alter, Denkschrift, S. 6. § 6 bestimmte als Vorstand den 1. Vorsitzenden und den Hauptgeschäftsführer des KLB. Es kann nur angenommen werden, dass dieser Abdruck wahrheitsgetreu erfolgte.

Mudrackschen Junglandbundes.[174] Die Gesamtvorstandssitzung des KLB setzte am 12. November einen dreiköpfigen Vermittlungsausschuss fest, dem auch Graf Hardenberg angehörte.[175] Nachdem Hardenberg persönlich die drei Vertreter des Junglandbundes aufgesucht hatte, verhandelte am 29. November der Schlichtungsausschuss mit Vertretern des Junglandbundes vor allem über die Satzung des JLB. Am 7. Dezember fand die erste größere Schlichtungsrunde statt, bei der zwar kein Vertreter des KLB-Vorstandes, aber Vertreter des Brandenburgischen Landbundes zugegen waren: der Hauptgeschäftsführer, Lechler, der Schirmherr des JLB Zauch-Belzig, v. Jorck, und der Vorsitzende des BJLB, Pritzkow. Laut Alter kam es zu einer einvernehmlichen Regelung, bei der der Junglandbund weitgehend Zugeständnisse gemacht hatte (v. a. Bestätigung des JLB-Vorstandes durch den KLB-Vorstand). Mudrack und Falkenhayn sahen diese Regelung aber als noch nicht endgültig an. Auch Hardenberg betonte in seinem Schreiben vom 2. Januar 1929, in dem er das Ende des Schlichtungsausschusses bekannt gab, „dass die Fragen durch die Körperschaften der Provinz geregelt würden, da das Gesamtverhältnis aller Junglandbünde der Kreise zu den Kreislandbünden hierdurch berührt werde."[176]

Dem Provinzialverband war das Überwechseln der Junglandbünde zur NSDAP und vor allem die Tätigkeit der ehemaligen Bauernhochschüler nicht nur im Kreis Lebus ein Dorn im Auge. Am 23. Januar 1929 beschloss die Vertreterversammlung des BLB: „Mitgliedschaft im Verein Brandenburgischer Bauern und Bauernhochschüler schließt die Mitgliedschaft im Brandenburgischen Landbund aus."[177] Gleichzeitig rief der Vorsitzende des BJLB, Pritzkow, die Jungbauern zur Einigung und festerem Anschluss an den Altlandbund auf.

Am 25. Januar 1929 kam es im Kreis Lebus zum endgültigen Bruch zwischen dem Junglandbund und dem Kreislandbund. Am Vormittag wurde in der Vertreterversammlung Alfred Alter als Vorsitzender wiedergewählt. Einstimmig stimmten die JLB-Ortsgruppenvertreter darüber ab, dass sie sich nicht an den Beschluss des BLB über die Unvereinbarkeit der Mitgliedschaft im Verein Brandenburgischer Bauern und Bauernhochschüler und Mitgliedschaft im Landbund gebunden fühlten. Bei der am Nachmittag stattfindenden Generalversammlung kam es gleich nach dem

---

[174] Vgl. hierzu und folgendem: Alfred Alter, „Märkischer Junglandbund Kr. Lebus". Zweite Denkschrift zur Entwicklung und den Ereignissen im Junglandbund Kr. Lebus, Lebus (3.2.) 1929.

[175] Es wirkt schon ironisch, dass gerade der gemäßigte Hardenberg zwischen dem radikalen Deutschnationalen Mudrack und den nationalsozialistischen Jungbauern vermitteln sollte.

[176] Schr. Hardenberg v. 2. 1.1929, in: BLHA Rep. 37 Herrschaft Neuhardenberg, Nr. 1896, Bl. 17.

[177] Alter II, dt. Bauer, S. 299

Fahneneinmarsch („von Heilrufen begrüßt“[178]) zum Eklat: Mudrack und v. Falkenhayn versuchten die Leitung der Versammlung an sich zu reißen. Doch damit stießen sie nicht nur auf Widerstand beim JLB-Vorsitzenden, sondern der Mehrheit der Versammelten. Schließlich zogen die Anhänger Mudracks (etwa „50 Personen, jung und alt“) ab. Der überwiegende Rest der Teilnehmer beschloss die Gründung des „Märkischen Junglandbundes Kr. Lebus e.V.“ Dieser Verein wurde vom Brandenburgischen Junglandbund nicht als Mitglied anerkannt.[179]

Der neue, vom Kreislandbund initiierte Junglandbund hatte schwer zu kämpfen. Obwohl er vom Kreislandbund und dem Provinzialjunglandbund massiv unterstützt wurde, hatte er nach einem Jahr Wiederaufbauarbeit nur etwa die Hälfte der Mitglieder des bisherigen Kreisjunglandbundes.[180] Ein Großteil der Lebuser Jungbauern und -bäuerinnen hatten bei der Spaltung dem Kreislandbund den Rücken zugekehrt.

Wie noch zu zeigen sein wird, wanderten viele ehemalige Bauernhochschüler und Junglandbündler ab Anfang 1928 zur NSDAP. Ihr Organ blieb der „Deutsche Jungbauer“. Die Trennung vom Brandenburgischen Junglandbund machten aber nicht alle Ehemaligen mit. Einige blieben als „Ehemalige“ aktiv im JLB bzw. auch (Alt-) Landbund entweder als führende Köpfe oder in Opposition. Andere Ehemalige distanzierten sich vom Verein und von Kerlen und v. Wangenheim, so als prominentester Vertreter dieser Richtung der Vorsitzende des BJLB Walter Pritzkow.[181]

Die Bauernhochschule in Tzschetzschnow lehrte unter der Regie des Brandenburgischen Landbundes weiter die Bauerntumsideologie, mit wechselnder Lehrerschaft. Kerlen und v. Wangenheim machten weiterhin Lehrgänge, allerdings ohne Unterstützung der Kreislandbünde. Im Dezember 1932 (also vor der Machtergreifung!) übernahmen Kerlen und v. Wangenheim die Schule in Tzschetzschnow als „erste nationalsozialistische Bauernhochschule“.[182]

---

[178] Alter, 2. Denkschrift, S. 5.

[179] „Vom Landbund“, in: Der BLB 10.1929, Nr. 11 (3. März-Nr.).

[180] Nach knapp einem Jahr hatte er etwa 450 Mitglieder in 24 Ortsgruppen, während der Junglandbund vor der Spaltung 851 Mitglieder in 36 Ortsgruppen hatte Vgl. „Ein Jahr Landbundarbeit im Kreise Lebus“, in: Landbund Kreis Lebus 11.1930, Nr. 4 (25.1.).

[181] So erklärte Pritzkow auf der Vertreterversammlung des Brandenburgischen JLB zur Entlassung der BHS-Lehrer, „daß den Herrn Führern des B.L.B. nicht zugemutet werden kann auch fernerhin mit Leuten zu verhandeln, die direkt gegen sie eingestellt sind (Lebhaftes Bravo von allen Seiten.).“, in: F.W. [Wanke, Fritz], „Vertreterversammlung des Brandenburgischen Junglandbundes!“, in: Landbund Westprignitz 9.1928, Nr. 47 (24.11.).

[182] Flemming, Knud [= Kurt Kerlen], „Die erste nat.-soz. Bauernhochschule“, in: Der Angriff Nr. 260 v. 13.12.1932. v. Wangenheim wurde zu diesem Zeitpunkt zum Reichsreferenten für Bauernschulung ernannt. Vgl. auch die Einladung zu einem

Zusammenfassung

Stärker noch als bei den „Alt"-Landbünden zeigte sich bei den Junglandbünden die Entwicklung zu bäuerlichen Organisationen. Gerade in Brandenburg waren die Junglandbünde von völkisch eingestellten Großgrundbesitzern initiiert und gefördert worden und dienten ihnen als Fußtruppen.

Dies ist zum einen im wirklichen Sinne zu nehmen: Die paramilitärische Ausrichtung der Junglandbünde machte Jungbauern zum Teil der Schwarzen Reichswehr mit Beteiligung am Buchrucker-Putsch, aber auch später noch diente die Ausbildung im Junglandbund mit den „Geländeübungen" zur Aufrechterhaltung einer permanenten Kampfbereitschaft.

Als Fußtruppen dienten sie aber auch bei den Wahlen, bei denen die Junglandbündler mit ihren „Schlepperdiensten" zu den Erfolgen der DNVP auf dem Lande beitrugen.

Als Fußtruppen sind die Junglandbünde bei den Großveranstaltungen der „Alt"-Landbünde anzusehen, wobei die Jungen und Mädchen mit ihren Fahnen und Uniformen das schimmernde Beiwerk für die Aufmärsche bei den Reichslandbund- Brandenburgischer Landbund oder Kreislandbundtagen dienten. Hier saßen die Großgrundbesitzer (wie Generäle) auf der Tribüne; traten bei den Sportfesten als Stifter der Preise auf.

Aber die Jungbauern waren bzw. blieben nicht nur schimmerndes Beiwerk oder nur Fußtruppen unter der Führung des Großgrundbesitzes. Mehr noch als die „Alt"-Landbünde zeigte sich bei ihnen die betont bäuerliche Ausrichtung. Die Jugend des Großgrundbesitzes war dagegen im Junglandbund so gut wie gar nicht, in der BHS überhaupt nicht vertreten. Da der Junglandbund aber die künftigen Führer heranziehen sollte, ergab sich der offensichtliche Widerspruch zwischen dem Anspruch der Großgrundbesitzer, Führungsstellen einnehmen zu wollen und der Tatsache, dass sie selbst nicht in der Organisation, die diese erziehen sollte, beteiligt waren.

Viel stärker und intensiver als bei den „Alt"-Landbünden wurde die Wiederauflage bäuerlicher Kultur, „Germanischer" Kulte, bei den Junglandbünden betrieben – so Volkstänze, Theateraufführungen, Sonnenwendfeiern, Schlageterfeiern, Flammenreden und kollektiven Schwüre etc. Begieriger nahmen sie die Bauerntumsideologie auf, entweder als Schüler in Neuruppin oder als Schüler oder Zuhörer der ehemaligen Bauernhochschüler, der „Jünglinge" der Bauerntumsideologie.

Was während des „Dritten Reiches" im großen Stil umgesetzt wurde, die Wiederaneignung bäuerlicher Kultur oder alter Bräuche (wie etwa die Fastnachtsbräuche), wurde mit der Blut- und Bodenideologie getränkt. In Brandenburg (wie auch woanders) wurde dies aber schon in den 20er Jahren praktiziert. So war das Erstarken bäuerlichen Selbstbewusstseins,

---

BHS-Lehrgang v. 13.11.-18.12.1932 in der BHS Tzschetzschnow: „Bauern-Hochschul-Lehrgang", in: Der deutsche Bauer 7. Jg. 1932, 77. Folge (15.11.).

die Renaissance bäuerlicher Kultur vermischt mit einer nationalistischen, völkischen und extrem antisemitischen Bauerntumsideologie.[183]

Zu dem Bruch zwischen adligem Großgrundbesitz und der bäuerlichen Jugend kam es fast konsequenterweise. Die adligen Landbundfunktionäre beklagten sich weniger über das extrem rechtsradikale Gedankengut, das die Jungbauern verbreiteten. Vielmehr waren sie aufgebracht, ja beleidigt darüber, dass die Jungbauern nicht mehr nur Fußtruppen sein wollten,sondern Führungspositionen selbst beanspruchten, die adlige Vorherrschaft in Frage stellten. Dieser Bruch aber führte, wie auch unten zu sehen ist, die radikalisierte Jugend zur NSDAP.

III. Die permanente Mobilisierung und Radikalisierung der Bauern

1. Die Demonstrationen 1924 - 1926 - 1928

In den Jahren 1924, 1926 und 1928 haben in Brandenburg so genannte „Notkundgebungen" der Landbünde stattgefunden. In einer vom Brandenburgischen Landbund gesteuerten konzertierten Aktion wurden in fast allen Kreislandbünden am selben Tag Protestkundgebungen durchgeführt. Diese standen 1924 und 1928 im Zusammenhang mit den Protestwellen im Rest des Reiches, während 1926 fast ausschließlich in Brandenburg protestiert wurde. Bergmann und Megerle haben diese Proteste im Reich eingehender untersucht und in den Rahmen der Thesen zur Landvolkbewegung in Nordwestdeutschland gestellt: „Die Politisierung des agrarischen Protestes wurzelte in der nach 1928 zunehmend verbreiteten Überzeugung, dass die Agrarkrise und die Notlage der deutschen Landwirte nur durch radikale Veränderung des politischen Systems überwunden werden könnten.".[184] Ausgehend von der Häufigkeit und den Formen der Proteste machten sie drei verschiedene Typen der Agrarbewegung in Deutschland fest:

---

[183] Anzumerken ist hier, dass auch bei den katholischen Bauernvereinen und in deren Bauernhochschulen es zu einer Renaissance des Bauerntums, von Bauernkultur kam – allerdings war dies nicht mit jener völkischen Blut- und Bodenideologie vermischt.

[184] Vgl. Jürgen Bergmann und Klaus Megerle, Protest und Aufruhr der Landwirtschaft in der Weimarer Republik (1924-1933). Formen und Typen der politischen Agrarbewegung im regionalen Vergleich, in: Regionen im historischen Vergleich. Studien zu Deutschland im 19. und 20. Jahrhundert. Hrsg. v. Jürgen Bergmann u. a., Opladen 1987, S. 200-287, hier: S. 285-286. Quellengrundlage war hier insbesondere die Deutsche Tageszeitung.

1. Die Landvolkbewegung in Schleswig-Holstein mit gewalttätigen, unkontrollierten Protesten ab 1928;

2. Die ländliche Bewegung im südlichen und westlichen Deutschland, in katholischen Gegenden, mit geringer Proteststärke;

3. Die Protestbewegung unter der Kontrolle der Landbünde.

Als Beispiel der letzen Kategorie untersuchten Bergmann und Megerle auch die Protestbewegung des Brandenburgischen Landbundes. Hier soll nun bei der Untersuchung der drei Protestwellen das Hauptaugenmerk auf das Verhältnis von Führung und Basis, von Großgrundbesitzern und Bauern gelegt werden. Die Proteste 1924, 1926 und 1928 waren eine gezielte Aktion der Führung des Brandenburgischen Landbundes bzw. des Reichslandbundes.[185] Dabei ist zu fragen, aus welchen Motiven mobilisierte die Landbundführung die Massen und wie handelten die mobilisierten Massen und welche Lehren zogen sie daraus? Zu fragen ist auch nach regionalen Besonderheiten in der Provinz. Die Proteste des Kreislandbundes Ostprignitz werden gesondert untersucht, da hier die Kundgebung 1928 in gewalttätige Ausschreitungen ausartete. Die Radikalisierung der Landwirte in der Ostprignitz liefert ein wichtiges Erklärungsmuster für den frühen und umfassenden Erfolg der NSDAP in diesem Kreis.

Die erste gemeinsame Protestaktion 1924

Am 10. August 1924 veranstalteten die meisten Kreislandbünde in Brandenburg so genannte „Notkundgebungen“.[186] Dies waren außerordentliche Generalversammlungen, auf denen Protestresolutionen verabschiedet wurden. Die meisten Landbünde hielten sich an die Richtlinien des Reichslandbundes, die „Notlage der Landwirtschaft in eindringlicher Weise zum Ausdruck zu bringen“[187] und die Unmöglichkeit zur Steuerzahlung und zum Kauf von Betriebsmitteln zu betonen.[188] Gefordert wurden Steu-

---

[185] Bergmann und Megerle vermuteten nur, dass diese Protestaktion von oben gesteuert war; vgl. Bergmann u. Megerle, S. 216 Die Protokolle und Akten des Brandenburgischen Landbundes und Reichslandbundes bestätigen diese Vermutung. Bergmann und Megerle stützen sich v. a. auf die Artikel in der Deutschen Tageszeitung.

[186] Von 5 Kreislandbünden liegen keine Nachrichten vor. Der KLB Teltow hatte am 17. 7. 1924 eine „stürmische“ Vorstandssitzung. Der KLB Oststernberg hatte am 12. 7. eine Generalversammlung, auf der die Not besprochen wurde, am 10. 8. hielten alle Ortsgruppen Versammlungen ab.

[187] Rschr. RLB (Dir. K) an Hauptgeschäftsstellen vom 5. 7. 1924, in: BArch R8034 I RLB, Nr. 56, Bl. 69.

[188] [RLB (Dir K)] „Ein Bauer für Viele!“ o. D. [5.8.24], in BArch R8034 I RLB, Nr. 56, Bl. 38; vgl. auch: Rschr. RLB (Dir. K) an HGS v. 13. 8. 24 „Niederschrift der Sitzung der Kreisdelegierten des Reichs-Landbundes am 5. August 1924“, in BArch R8034 I RLB, Nr. 56, Bl. 32-33. Es handelte sich dabei um die Vorbesprechung für den 10. August; in dieser Sitzung meldeten sich vor allem brandenburgische Funktionäre zu Wort.

ersenkungen, Kreditgewährung und Zollschutz. Diese wirtschaftspolitischen Forderungen waren ein Teil der parlamentarischen Ziele der Landbundabgeordneten, die gerade im Reichstag verhandelt wurden.[189] Die Kundgebungen dienten also dazu, außerparlamentarischen Druck auf das Parlament auszuüben.

In den meisten Protestversammlungen und in vielen Entschließungen wurde das „Dawesgutachten", der zur selben Zeit in London verhandelte Plan zur Regelung der Reparationszahlungen, und die dazu nötigen Gesetzesänderungen („Dawesgesetze") strikt abgelehnt. Damit waren Angriffe gegen die Regierung und antisemitische Statements verbunden, wie beispielsweise bei der Entschließung des Kreislandbundes Friedeberg:

> „Trotz unzähliger sachlich eingehend begründeter Warnungen des organisierten Landvolkes des deutschen Reiches der Provinzen und der Kreise haben die seit der Revolution am Ruder befindlichen Regierungen für die Forderungen zur Abwehr des wirtschaftlichen Ruins des landwirtschaftlichen Berufsstandes nur taube Ohren gehabt. Dies kann nicht verwundern, denn es liegt in dem ganzen, seit der Revolution beliebten System, das im Gegensatz zu früher aufgebaut ist auf internationaler Händlerpolitik. Wir aber brauchen und fordern eine **starke nationale Wirtschaftspolitik**, die uns aus den Krallen des jüdisch-internationalen Großkapitals wieder befreit. Aus diesem Grunde erheben wir flammenden Einspruch gegen die Annahme des Dawes-Gutachtens."[190]

Gegenüber diesen fast durchweg eindeutigen Stellungnahmen enthielt die Gastrede des Reichstagsmitglieds v. Keudell auf der Notkundgebung in Soldin doch eine differenziertere Argumentation.[191] Auch er sprach sich gegen das Dawesgutachten aus, kritisierte die Regierung und die „internationale Hochfinanz" (er benutze aber nie die Konnexion „jüdisch") und behauptete sogar, dass der Reichstag nie die Zweidrittelmehrheit für die Änderung des Eisenbahngesetzes (zur Erfüllung des Dawesplanes) aufbringen würde. Allerdings deutete gerade er die Zwickmühle der Deutschnationalen an: Wollten sie Änderungen in der Steuer-, Zoll- und Kreditpolitik erreichen, so mussten sie Kompromisse eingehen. Nur halbherzig verurteilte er das Angebot des Landwirtschaftsministers Kanitz, bei Annahme des Dawesgutachtens landwirtschaftliche Schutzzölle zu bekommen, als „Kuhhandel". 20 Tage später war er einer der deutschnationalen

---

[189] Am 27. 6. 1924 fand eine Reichstagsdebatte über die Notlage der Landwirtschaft statt; Hauptpunkte waren das Steuer-, Kredit- und Zollproblem. Vgl. Becker, S. 319. Zur Zolldebatte vgl. Becker, S. 316-324. Zur Kredit- und Steuerdiskussion jener Zeit vgl. Becker, S. 218-233.

[190] „Große Protestkundgebung der Landwirtschaft des Kreises Friedeberg", in: Landbund Friedeberg 3. 1924, Nr. 33 (16.8.).

[191] Der MdR und spätere Innenminister Walther v. Keudell war einer jener Deutschnationalen, der mit seinem Ja für die Änderung des Eisenbahngesetzes den Weg für das Dawesabkommen frei machte.

Abgeordneten, die dem Eisenbahngesetz und damit dem Dawesabkommen zustimmten.[192]

Gegenüber der Behandlung der zweischneidigen Frage um die Dawesplanabstimmung gab es auch eher rein politische Forderungen. Ob das Datum der Kundgebungen bewusst als Kontrapunkt zur Fünfjahresfeier der Verfassung einen Tag später, 11. August, gewählt wurde ist nicht bekannt.[193] In allen Kundgebungen wurde darauf, auf Anregung v. Arnim-Ragows bei der Delegiertenversammlung am 5. August[194], erklärt, „dass wir mitten in der Ernte keine Zeit haben, und auch nicht gewillt sind, eine Verfassung zu befeiern, die nichts für den Schutz der nationalen Landwirtschaft übrig gehabt hat."[195] Das Argument, dass der Bauer keine Zeit gehabt hätte, ist, angesichts der vielen Landbundversammlungen am 10. August und in den Wochen davor, eher eine unverhohlene Provokation. Ganz offen wurden bei den Reden Bekenntnisse gegen die Verfassung „die uns in dieses entsetzliche Elend geführt, die uns vertreiben hilft vom Erbe unserer Väter"[196] abgegeben.

Massiv richtete sich die Kritik gegen die Regierung. Jean Nicolas warnte sogar, dass die Bauern vor die Ministerien in Berlin ziehen würden.[197] Einige Redner und einige Entschließungen forderten die Absetzung der Regierung, vor allem der preußischen Regierung.[198] Die Notkundgebungen waren Manifestationen gegen die Regierung, gegen das „System".

Mit diesen politischen Zielsetzungen waren die Notkundgebungen auch Bekenntnisse zur deutschnationalen Politik und gegen die gemäßigtere Linie des Zentrums und der Deutschen Volkspartei gerichtet. Mit extrem nationalistischen und völkischen Tönen wollte man aber auch der Deutschvölkischen Freiheitspartei das Wasser abgraben.

---

[192] Vgl. Heidrun Holzbach, Das „System Hugenberg". Die Organisation bürgerlicher Sammlungspolitik vor dem Aufstieg der NSDAP, Stuttgart, 1981, S. 176-178; Manfred Dörr, Die Deutschnationale Volkspartei 1925-1928, Diss. Phil. Marburg 1964, S. 63-76.

[193] Ein Zusammenstoß von Landbündlern und jenen, die den Verfassungstag schon am Sonntag davor feierten, ereignete sich in Brandenburg, soweit bekannt, nur in der Ostprignitz; hierzu weiter unten.

[194] Vgl. „Niederschrift der Sitzung der Kreisdelegierten des Reichs-Landbundes am 5. August 1924", in BArch R8034 I RLB, Nr. 56, Bl. 32-33.

[195] Rschr. „Ein Bauer für Viele" o. D. [5.8.24], in: BArch R8034 I RLB, Nr. 56, Bl. 38

[196] Rede von Fr. Dermietzel-Lunow [MdL] in: „Die Warnung des 10. August!", in: Landbund Angermünde, 5. 1924, Nr. 51 (13.8.).

[197] Rede in: „Aufmarsch und Massenkundgebung der Landwirtschaft des Kreises Soldin", in: Landbund Soldin 6.1924, Nr. 33 (15.8.).

[198] So forderte der Kreislandbund Luckau in seiner Entschließung den Rücktritt der Reichsregierung und der preußischen Regierung; vgl. „Außerordentliche General-Versammlung des Kreisbauernvereins (Kreislandbundes) Luckau am 11. (10). 8. 1924 in Sonnenwalde", in: Niederlausitzer Landwarte 1924, Nr. 34 (15.8.).

Mobilisiert wurde aber nicht nur für die Deutschnationalen, sondern auch für den Landbund selbst. Die Zeiten der Zwangswirtschaft, in denen die Bauern massenhaft in den Landbund eingetreten waren, waren vorbei und 1923 und 1924 stiegen die Mitgliederzahlen in den Kreislandbünden nur noch langsam oder fielen sogar. Die Bauern zu den Protestkundgebungen zu mobilisieren, hieß auch die Bauern von der Wichtigkeit des Landbundes zu überzeugen, die Führung des Landbundes zu stärken. So beschwor der Vorsitzende des Landbundes Osthavelland am Ende der Protestversammlung: „Nur die Einigkeit und der unbedingte Gehorsam zu seinem Führer können zum Ziele führen"[199] Der Vorsitzende des Kreislandbundes Prenzlau, Hoster-Damme, appellierte an die Versammlungsteilnehmer: „Einmal der Führung des Reichslandbundes unser Vertrauen zuzusichern, und ferner [!] einen ernsten, letzten Mahnruf an die maßgebenden Stellen des Reiches und Landes ergehen zu lassen."[200] Bemerkenswert ist hier die Reihenfolge (erst Vertrauensbeweis, dann Notschrei). Der Appell, eine geschlossene Gefolgschaft für die Landbundführung zu sein, wurde wohl von allen Landbundvorsitzenden beschworen.

Die Motive der Landbundführung, ihren Anhang zu den Protestversammlungen zu mobilisieren, waren also vielfältig. Doch die Resonanz überraschte die Funktionäre, wie der Leitartikel des Brandenburgischen Landbundorgans zeigte:

> „Die Erregung und ungeheure Erbitterung der Landwirte hat sich in den Versammlungen am 10. August im ganzen Reiche in einem Maße gezeigt, wie man es bei der sprichwörtlichen Bedächtigkeit der deutschen Landwirte nicht für möglich gehalten hätte. ... In der Mark Brandenburg waren die Versammlungen überall so stark besucht, daß die Säle die Menschen nicht zu fassen vermochten. ..."[201]

Tatsächlich waren die Protestversammlungen stärker besucht als alle anderen Generalversammlungen. Die Zahlen, die die Kreislandbünde angaben, wenn auch übertrieben, so doch in der Tendenz stimmig, lagen bei einigen hunderten, bei vielen Versammlungen bei tausend, in der Ostprignitz bei zweitausend und im Kreis Zauch-Belzig sogar bei viertausend Teilnehmern. Die hohe Teilnehmerzahl in Belzig und Beelitz erklärt sich nicht nur durch den Redner Gauger oder den sowieso schon hohen Mobilisierungsgrad der Zauch-Belziger Bauern, sondern auch durch eine optimale organisatorische Vorarbeit. Der Kreislandbund Zauch-Belzig hatte nicht nur die üblichen Aufrufe erlassen und mobilisierende Ortsgruppenversammlungen veranlasst. Vielmehr hatte er im Juni und Juli

---

199 „Unsere Generalversammlung am 10. August.", in: Landbund Osthavelland 1.1924, Nr. 7 (16.8.).

200 „Die Notkundgebung des Wirtschaftsverbandes der Landwirte des Kreises Prenzlau 5.1924, Nr. 33 (16.8.).

201 „Des Landwirts Not. Unsere Protestversammlungen am 10. August.", in: Der BLB 5.1924, Nr. 34 (3. Aug.-Nr.).

zusätzlich Bezirksversammlungen organisiert, in denen schon Protestschreiben an Regierungs- und Finanzbehörden versandt wurden.[202] Ebenso hatte er einen lebhaften Appell an seine Jugendorganisation verfasst:

> „...**Jungbauern, Jungbäuerinnen!** Ihr werdet nochmals auf **Eure Pflicht** hingewiesen, bis zum letzten Mitglied auf dieser Tagung **zu erscheinen.** ...Es ist **Eure Zukunft** noch mehr wie die der Alten, um die der Kampf geht. ...“[203]

Der Erfolg der Vorarbeit basierte jedoch auf der Stimmung der Bauern. Vor allem Gauger, der zu diesem Zeitpunkt noch nah an der Basis war, konnte diese einschätzen. Die Bauern waren gereizt und verärgert. Insbesondere die Steuerzahlungen – die Zeiten der Inflation waren vorbei, als man noch leicht die hohen Steuern bezahlen konnte – brachten einige Landwirte in Bedrängnis. Mitte Juli und Mitte August waren gestundete Steuerzahlungen fällig. Nicht umsonst richtete sich die meiste Kritik an die Finanzämter, die untersten, naheliegendsten Behörden.[204] Aber auch die Schwierigkeit, Kredite überhaupt oder mit einem nicht zu hohen Zinssatz zu bekommen, verärgerte die Landwirte. Erst ab Sommer 1924 sanken die Preise für landwirtschaftliche Produkte auf Grund von Importen. Möglicherweise deshalb kamen die Forderungen nach Agrarzöllen spät, dafür aber beständig. Die Bauern protestierten und wollten eine Reaktion ihrer Führung.

Die Frage nach dem Motor der Demonstrationen, ob die Führung die Basis mobilisierte oder ob die Basis Druck auf die Führung machte, ist mit einem deutlichen „sowohl als auch“ zu beantworten. Es war ein Wechselprozess, bei dem die Stimmung für eine konzentrierte Protestaktion als auch die Bereitschaft zum Aufruf der Aktion ständig zunahm, dies zeigten die Versammlungen im Vorfeld. Wichtiger war aber das Ergebnis der Protestaktion. Die Basis hatte ihre „Pflicht“ erfüllt, nun sollte die Führung handeln. Die Versammlungen verabschiedeten nicht nur Protestbriefe an die staatlichen Stellen, sondern auch an die Reichslandbundführung. In der Regel waren dies die gleichlautenden Entschließungen. Der KLB Osthavelland schrieb aber einen besonderen Brief an den Reichslandbund, in dem gefordert wurde: „Wir wollen Taten und Erfolge von unseren Führern sehen.“[205] Wie diese auszusehen hätten, wurde nicht erwähnt; oft fand sich die Forderung nach einer Einberufung einer „Not-Delegiertenversammlung“ des Reichslandbundes. Irgendein Handeln war

---

[202] „Bericht über die im Kreise Zauch-Belzig stattgefundenen Bezirks-Versammlungen.“, in: Landbund Zauch-Belzig 5.1924, Nr. 32 (9.8.).

[203] „Junglandbund!“, in: ebda.

[204] Bei den Protestversammlungen verwiesen anwesende Landräte und Finanzbeamte auf die Politik des Reiches und Preußens. In Cottbus kam der Vertreter des Finanzamtes wegen der entstandenen Unruhe überhaupt nicht zu Wort.

[205] „Unsere Generalversammlung am 10. August.“, in: Landbund Osthavelland 1.1924, Nr. 7 (16.8.).

gefragt, die Reichslandbundführung stand unter Zugzwang – dies vor der Verabschiedung der Dawesgesetze, bei der die DNVP vor die Wahl gestellt wurde, entweder außenpolitische Prinzipientreue zu beweisen oder die Möglichkeit zu ergreifen, Erleichterungen für die Landwirtschaft durchzusetzen.

Doch schon während der Protestversammlung machte sich Kritik an der bisherigen Tatenlosigkeit der Landbundführung laut. Von der Protestversammlung in Soldin haben wir eine ausführlichere (wenn auch gekürzte) Wiedergabe der Einwände eines Versammlungsteilnehmers. Hier ergriff nach der gemäßigten Rede von v. Keudell der

> „Gemeindevorsteher Franke-Ringenwalde das Wort zu überaus temperamentvollen, volkstümlichen Bemerkungen, die stürmischen Beifall vor allem beim Kleinbesitz finden. Er macht dem Reichslandbund den Vorwurf allzu großer Nachsicht. Die Bauern wollen mitgehen zum Landwirtschaftsminister, aber nicht in Zylinder und seidener Krawatte. Sie wollen dort aussprechen, wie sie denken. … Restlos stellen wir uns hinter unsere Führer, aber aufwachen soll man. Mit unserer Geduld ist es zu Ende.“[206]

In dieser Kritik offenbarte sich ein gewaltiges Misstrauen gegen die Landbundführung. Die eigenen Führer wurden schon auf dieselbe Stufe wie die Minister gestellt („Zylinder“ und „seidene Krawatte“). Demgegenüber vertraute man doch einem „Bauern“ eher zu, die eigenen Forderungen durchzusetzen.[207]

Brandenburgs Alleingang: Die Proteste 1926

Gegenüber 1924 zeichneten sich die Protestversammlungen des Brandenburgischen Landbundes zunächst dadurch aus, dass der Reichslandbund nicht zu Demonstrationen aufrief und die Brandenburger allein eine große, konzentrierte Protestaktion starteten. Das heißt, insgesamt gab es im Deutschen Reich weniger Protestaktionen. Die bedeutendste war die der Winzer aus dem Moselgebiet. In Bernkastel zogen am 25. Februar 1926 etwa 1500 Teilnehmer einer Versammlung, zu der das Zentrum aufgerufen hatte, mit einer schwarzen Fahne an der Spitze[208] vor das Finanzamt.

---

[206] „Aufmarsch und Massenkundgebung der Landwirtschaft des Kreises Soldin“, in: Landbund Soldin 6.1924, Nr. 33 (15.8.) Der Kreislandbundvorsitzende Stavenhagen nahm daraufhin die Führer in Schutz. Möglicherweise veranlassten die kritischen Stimmen den nachfolgenden Redner Nicolas zu einer recht forschen Ansprache, in der er zum Marsch der Bauern nach Berlin aufrief.

[207] Die Nähe von Reichslandbundführung und Ministern machte sich vor allem beim Reichslandwirtschaftsminister fest: Graf Kanitz war ja, wie viele Landbundführer, Adliger, zudem war er bis zum Anritt seines Ministerpostens in der DNVP gewesen.

[208] Spätestens seit diesem Zeitpunkt waren schwarze Fahnen das Symbol der Bauernnotkundgebung und nicht erst seit 1928, wie Weißmann behauptete. Die berühmtes-

Nachdem sie die Fenster eingeworfen hatten, stürmte eine Gruppe von Winzern das Finanzamt, jagten die Beamten aus dem Gebäude und warf Akten und Büromaterial auf die Straße. Anschließend verwüstete sie die Finanzkasse und ein Zollamt in Cues.[209].

Die meisten brandenburgischen Kreislandbünde veranstalteten ihre Protestversammlungen zwischen dem 14. und 16. Mai, zwei am 20. Mai. Drei Kreislandbünde hielten im Mai gar keine Protestversammlung ab: Luckau, Teltow und Westprignitz. Die Teilnehmerzahlen lagen dabei weit über denen von 1924. Über „50 000 Bauern" protestierten nach Angaben des Brandenburgischen Landbundes in der gesamten Provinz.[210] Einige wenige Versammlungen hatten unter 1 000 Teilnehmer, das Gros hatte mehr als 1 000, viele sogar über 2 000. Vier Kreislandbünde konnten um die 3 000 Menschen mobilisieren (Beeskow-Storkow, Königsberg, Lebus, Zauch-Belzig), die KLB Ostprignitz, Soldin und Züllichau-Schwiebus um die 4 000. In Ruppin kamen sogar 7 000 Menschen auf die Protestversammlung.

Es hatte sich aber nicht nur die Teilnehmerzahl vermehrt, sondern die Proteste waren auch öffentlicher geworden. Viele Kundgebungen fanden im Freien, oft auf dem Marktplatz der Landstädte statt. Von 10 Veranstaltungen ist bekannt, dass hier, meist nach der Kundgebung, die Menge durch die Straßen marschierte. Bäuerliche Straßendemonstrationen, die bisher nur 1922 in Cottbus und Jüterbog und 1924 in der Ostprignitz stattgefunden hatten, wurden nun als moderne Kampfform vermehrt eingesetzt; die Qualität des bäuerlichen Protestes hatte sich verändert. Nicht spontan, sondern bewusst inszeniert waren diese, wie die Ankündigung des BLB vor dem Protestwochenende zeigt:

---

te wurde, vor allem durch Falladas Roman, die Fahne von Neumünster. Vgl. Karlheinz Weißmann, Schwarze Fahnen, Runenzeichen. Die Entwicklung der politischen Symbolik der deutschen Rechten zwischen 1890 und 1945, Düsseldorf 1991, S. 110-124. Das Symbol der „Schwarzen Fahne" war hier verknüpft mit Trauer und Tod („Bauernsterben"); in der Landvolkbewegung hieß es „Lewwer duad üs Slaav!". Eine Beziehung zu den schwarzen Fahnen der Freikorps und der paramilitärischen Verbände (Wehrwolf, Bund Wiking, SS etc.) gab es wohl nicht. Spätestens 1928 stellte man die Schwarze Fahne in die Tradition der Bauernkriege. Vielleicht haben die rheinischen Weinbauern sich in die Tradition der Weinbauern aus Dürkheim (Pfalz) gestellt, die mit einer Schwarzen Fahne mit der Aufschrift „Die Weinbauern müssen trauern" zum Hambacher Fest 1832 zogen; vgl. Weißmann, S. 112.

209 Vgl. Bergmann u. Megerle, S. 215; Fritz Blaich, Der ,Winzersturm von Bernkastel'. Ursachen und Auswirkungen eines Steuerstreiks in der Weimarer Republik, in: ZfAA 33.1985, S. 2-26.

210 Die Angaben, zu hoch angesetzt, schwankten zwischen 50.000 und 55.000; vgl. „Was ist mit den märkischen Bauern los? Sturmzeichen auf dem Lande – 55.000 Bauern demonstrieren.", in Der BLB 7.1926, Nr. 21 (4. Mai-Nr.); „Was nun?", in: ebda, Nr. 24 (3. Juni-Nr.).

> " Gewiß, der deutsche Bauer ist von Grund aus kein Revolutionär, der bei jeder Gelegenheit auf die Straße läuft und demonstriert. Diese linksradikale Art, Wünsche zu erzwingen, liegt ihm nicht. Da er das staatserhaltende Element im Staate ist, sollte er eigentlich auch so stets gehört werden. Im Deutschland der Nachkriegszeit ist jedoch immer wieder das Gegenteil der Fall. Heute herrscht die Straße!"[211]

In Züllichau führten die Demonstrationszüge zur Kundgebung und zwar hier, wie auch anderswo, in „disziplinierter" Form:

> „In den acht anmarschierenden Zügen wurden allein 2.800 Mann gezählt. Dieser Masse gesellten sich auf dem Marktplatz noch mindestens 1.000 Personen, meist aus der städtischen Bürgerschaft, hinzu. Mit 4.000 Personen – darunter unserer Weisung entsprechend kaum eine Frau oder ein Kind – ist die Teilnehmerzahl nicht zu hoch angegeben. Auf die Minute pünktlich begannen die acht Züge in tadelloser Ordnung den Einmarsch in die Stadt. Und in lautloser Stille, die den Ernst der Stimmung erkennen ließ, marschierten die Züge auf dem Marktplatz auf."[212]

In Belzig forderte nach der Kundgebung der Vorsitzende Marschalleck die Teilnehmer auf,

> „bezirksweise unter Führung der Bezirksvorsitzenden auf der Straße Aufstellung zu nehmen. In mustergültiger Weise tritt alles an. In Reihen zu sechs, voran die Junglandbundtrommler, dann die Fahne, der engere Vorstand und hinterher die zwölf Bezirke. … Hervorragende Disziplin herrscht, als es zum Kreishaus geht, vor dem der schier endlose Zug aufmarschiert. Zum ersten Mal erlebt Belzig eine Demonstration von solcher Wucht. Herr Gauger steigt auf den bereitstehenden Wagen und beginnt eine klar durchdachte Rede, die bei ihren Schwerpunkten lebhafte Zustimmung der Massen fand."[213]

Nachdem der Landrat geantwortet hatte, zog die Menge vor das Katasteramt, dann vor die Landkrankenkasse, wo jeweils auch eine Rede gehalten wurde, und nach einem Schlusswort „stürmten die Scharen unserer Landbündler wieder ihrer heimatlichen Scholle zu, nach allen Teilen unseres Kreises und gingen still an die schwere Arbeit."[214]

Obwohl schon im Vorfeld der Protestkundgebungen von den Landbund-Funktionären immer mit dem Beispiel Bernkastel gedroht wurde[215],

---

[211] „Wird die Regierung der Landwirtschaft helfen?", in: Der BLB 7.1926, Nr. 19 (2. Mai-Nr.).

[212] „Unsere Notkundgebung am 14. Mai.", in: Landbund Züllichau-Schwiebus-Bomst 7.1926, Nr. 20 (21.5.).

[213] „Die Notkundgebung der Landwirtschaft im Kreise Zauch-Belzig am 15. Mai 1926.", in: Landbund Zauch-Belzig 7.1926, Nr. 20 (22.5.).

[214] Ebda.

[215] „Das Wort Bernkastel steht heute in jedes Bauern Mund! Bernkastel hat wie ein Fanal gewirkt. Sorge die Regierung dafür, daß es keine Nachahmung findet." So im Leitartikel des Organs des BLB: „Sollen wir nochmals einen Herbst 1925 erleben?", in: Der BLB 7.1926, Nr. 17 (4. April-Nr.).

in den Reden während der Kundgebung dies immer eingestreut wurde und die ohnehin erregte Stimmung dadurch noch gereizter wurde, kam es zu keinen gewalttätigen Ausschreitungen. Die Straßendemonstrationen knüpften bewusst an die Bernkasteler Unruhen an, wie das Beispiel der Kundgebung des KLB Niederbarnim zeigte. Die Versammlung in Groß-Schönebeck, quasi als Vorläufer schon am 2. Mai, war mit 300 Teilnehmern enttäuschend schwach besucht.[216] Die Teilnehmer veranstalteten nach der Versammlung eine Demonstration durch Groß-Schönebeck. „Im Zuge sah man neben Landbund- und Junglandbundfahnen auch schwarze Fahnen mit der Aufschrift ‚Bernkastel'."[217] Dies kam einer symbolischen Gewaltandrohung gleich.

Dass es nur bei Androhungen blieb, lag zum Teil an der von den Veranstaltern geforderten Disziplin. So berichtete die Deutsche Tageszeitung über die Demonstration in Züllichau: „Aber manchmal schien es doch, als wolle sich der Zorn dieser Tausende in einer impulsiven Tat Luft machen, und nur die starke Disziplin der Organisation hat dies verhindert."[218] Andrerseits hatten die staatlichen Organe selbst vorgesorgt. In einigen Orten wurde das Mitführen von Stöcken untersagt. In einigen Orten wurden Amtsgebäude, insbesondere die Finanzämter von Polizeitruppen geschützt. In Neuruppin versuchten einige Demonstranten trotz dieser Maßnahmen[219] das Finanzamt zu stürmen, während eine Kommission im Amt die Resolution überbrachte. Die auf dem Gelände des Finanzamtes stationierten Landjäger drohten mit dem Schusswaffengebrauch[220] und der Finanzamtsleiter begab sich vor das Tor, um die Menge zu beruhigen. Der Kreislandbundführung gelang es schließlich, den Demonstrationszug abziehen zu lassen, „obwohl die Riesenmassen vor dem Finanzamt ihrer Erregung gern noch in anderer Form Luft gemacht hätten".[221] Auch in Templin musste die Landbundführung die Demonstranten von Gewaltanwendung abbringen, die Polizei verhinderte wohl schlimmeres: „Die Menge war zwar unruhig, und es wäre vielleicht damit zu rechnen gewesen, daß sie in das Finanzamt eingedrungen wäre, wenn polizeilicher

[216] Vgl. B. K., „An meine Berufsgenossen!", in: Landbund Niederbarnim 6.1926, Nr. 18 (7.5.).

[217] „Große Demonstrationsversammlung der Landwirtschaft in Groß-Schönebeck", in: ebda.

[218] „Gegen die Erdrosselung des Bauernstandes" Bericht der DTZ vom 15. Mai, in: Sonderbeilage zum „Landbund Züllichau-Schwiebus-Bomst".

[219] In Neuruppin hatte der Chef der Polizeiverwaltung schon im Vorfeld vor Gewaltanwendung gewarnt und das Tragen von Stöcken verboten. Vgl. „Gegen das politische Rowdytum ...", in: Landbund Ruppin 7.1926, Nr. 16 (22.4.).

[220] Vgl. „Die Massenkundgebungen der märkischen Bauern.", in: Der BLB 7.1926, Nr. 20 (3. Mai-Nr.); Schr. BLB (Nicolas) an Präsidium des RLB v. 19.5.26, in: BArch R8034 I RLB, Nr. 17b, Bl. 311-317, hier: Bl. 313-314 (S. 3-4).

[221] „Notkundgebung des Ruppiner Landvolkes am 15. Mai 1926 in Neuruppin.", in: Landbund Ruppin 7.1926, Nr. 20 (21.5.).

Schutz gefehlt hätte; da dieser jedoch vorsorglich herangezogen war, ist ein Versuch der Demonstranten, die Polizei zu überrennen und in das Finanzamt einzudringen, nicht gemacht. Die Polizei hat somit nicht einzugreifen brauchen."[222]

In fünf Kreisen verhinderten die Landbundführer den von der Versammlung geforderten Demonstrationszug (Lübben, Angermünde, Crossen, Friedeberg, Ost-Havelland).[223] Aber auch in den anderen Kreisen mussten die Landbundführer die Versammelten zur Ruhe und Besonnenheit mahnen. Damit entstand ein Widerspruch zu der von den Landbünden in ihrer Propaganda vor den Versammlungen und in den Reden (immer wieder die Warnung „Bernkastel") aufgeputschten Stimmung. Im Westhavelland beispielsweise entspann sich nach Verlesung der vorbereiteten Resolution

> „eine scharfe Aussprache, da einem Teil der Versammlung der Wortlaut nicht scharf genug ist, ein anderer Teil, der den Protest als zwecklos und unwirksam ansieht. Die ganze Bitterkeit, der stärkste Groll gegen die Maßnahmen der Regierung, gegen diese selbst kam in der Aussprache zum Vorschein, ja der Vorstand selbst wird angegriffen, da man ihm Lauheit und Nachgiebigkeit vorwirft. Die Entrüstung wächst teilweise so stark, daß man mit Knüppel droht und mit diesem sich Recht verschaffen will, wenn der Schlendrian so weitergeht."[224]

Erst nachdem der Vorsitzende der DNVP für das Havelland, v. Bredow-Stechow, die Versammlung beruhigt hatte, konnte die Resolution mit einer kleinen Abänderung verabschiedet werden, die dann von einer vierköpfigen Abordnung dem Landrat überbracht wurde.

Hier hatte sich das alte, schon vom BdL praktizierte Modell einer Protestversammlung durchgesetzt: Von der Führung wird eine Massenversammlung einberufen, eine vorbereitete Resolution wird verabschiedet, und diese wird entweder verschickt oder durch eine vom Vorstand bestimmte Kommission dem Landrat übergeben. Auch in der nun neuen Protestform haben sich alte Elemente erhalten: die Versammlung, die Resolution und die Überreichung durch eine Abordnung. Neu war nun, dass die Kundgebung auf öffentlichen Plätzen stattfand, und ein Demonstrationszug stattfand. Das heißt die Massen zeigten sich jetzt öffentlich und übernahmen die „städtischen" Demonstrationsformen. Schließlich zeigte sich fast überall eine bisher nicht dagewesene Gewaltbereitschaft eines Teils der Protestierenden.

---

[222] Schr. LR Templin an Reg.Präs., in: BLHA 2A Reg. Potsdam I Pol, Nr. 1096, Bl. 78. Vgl. „Notkundgebung des Landvolkes.", in: Nachrichtenblatt des Kreislandbundes Templin 8.1926, Nr. 20 (21.5.).

[223] Vgl. beispielhaft den Bericht des Vorsitzenden des KLB Crossen, Malke, in: Schr. BLB (Lechler) an Präsidium des RLB, in: BArch R8034 I RLB, Nr. 17b, Bl. 308-310, hier Bl. 308.

[224] „Generalversammlung des Landbundes Westhavelland am 15. Mai 1926.", in: Landbund Havelland 7.1926, Nr. 21 (29.5.).

Diese neuen Formen des Protests entsprachen nicht unbedingt den Vorstellungen der alten Führer, der Großgrundbesitzer, obwohl vor allem auch in den von Großgrundbesitzern dominierten Kreisen Demonstrationen stattfanden. So schrieb im Februar 1924 v. Arnim-Boitzenburg an den Vorsitzenden des Kreislandbundes Templin:

> „Ich würde glauben, dass es zweckmäßig wäre, in aller kürzester Zeit Protestversammlungen einzuberufen, in dem über die steuerliche Belastung, die die Landwirtschaft zu Grunde richtet, gesprochen wird. Es müsste dann eine wohlvorbereitete Resolution gefasst werden, die schriftlich fertiggestellt ist und im Anschluss daran dem Finanzamt übergeben werden müsste. Eine Deputation von mehreren Herren müsste auf dem Finanzamt mit der Resolution erscheinen und gleichzeitig müsste diese Deputation von einer grossen Zahl von Mitgliedern des Landbundes bis vor das Finanzamt begleitet werden.“[225]

Bei der acht Tage später stattfindenden Generalversammlung des KLB Templin führte v. Arnim die Abordnung, die eine Entschließung an das Finanzamt und den Landrat überreichte, an.[226] Bei der Protestversammlung 1926 war er einer der drei Hauptredner.[227] Gleichzeitig warnte er vor einer weiteren Entwicklung der bäuerlichen Protestformen:

> „Der Grossgrundbesitz, der in früherer Zeit die Führung in der Landwirtschaft hatte – der Bauer ist dabei nicht schlecht gefahren! – muss aus seiner Reserve heraustreten, sonst sind, wie in Bernkastel die Winzerausschreitungen zeigen, Bauernrevolten – und das sind die gefährlichsten – unvermeidlich. Das Ende ist der Bolschewismus.“[228]

Noch ging es nicht um „Bauernrevolten“, sondern darum, dass bei den neuen Protestformen der Schwerpunkt auf die Massen verlagert wurde, diese kein bloßes Beiwerk waren, und die Proteste den Führern aus den Händen zu gleiten drohten.

Auffallend an den Protestkundgebungen von 1926 ist, dass hier verstärkt an die Einigkeit des Landvolkes appelliert wurde. Im Unterschied zu 1924 waren weniger Großgrundbesitzer als Hauptredner angetreten. Meist waren die Hauptredner Bauern oder deutschnationale bürgerliche Abgeordnete oder es gab mehrere Hauptredner: ein Großgrundbesitzer, ein Bauer, ein Landarbeiter und manchmal auch Vertreter des städtischen Bürgertums. Besonders hervorgehoben wurde bei den Berichten über die

---

[225] Schr. v. Arnim-Boitzenburg an Dahms v. 3.2.24, in: BLHA Rep. 37 Herrschaft Boitzenburg, Nr. 4426, Bl. 127.

[226] Vgl. „Bericht über die außerordentliche Generalversammlung am Montag, den 11. Februar 1924 im ‚Seebad' Templin.“, in: Nachrichtenblatt des Kreislandbundes Templin 6.1924, Nr. 7 (15.2.).

[227] Vgl. „Notkundgebung des Landvolkes.“, in: Nachrichtenblatt des Kreislandbundes Templin 8.1926, Nr. 20 (21.5.)

[228] Abschr. Schr. v. Arnim-Boitzenburg an Nicolas v. März 1926, in: BArch R8034 I RLB, Nr. 17b, Bl. 332+RS.

Demonstrationen, dass die „große Mehrzahl der Großgrundbesitzer … mit ihren Ortsgruppen [marschierte], so wie es unserer Auffassung nach sein muß."[229] Dieses Bild sollte die Geschlossenheit und Einigkeit von Bauern und Großgrundbesitzern repräsentieren, es zeigte noch mehr: Die Großgrundbesitzer waren bei den „Bauerndemonstrationen" ein Teil der Masse der „Bauern". Dies stand im Gegensatz zu den Erscheinungen der meisten (frühen) Landbundfeste, bei denen die Großgrundbesitzer sich als eigene Gruppe formierten oder zu den Landbund-Organisationen, in denen die Großgrundbesitzer nicht Teil der Ortsgruppe, sondern einzeln vertreten waren. Dieses Bild der Einordnung entsprach sicher auch nicht der Auffassung der meisten, vor allem der adligen, Großgrundbesitzer.

Fragt man nach dem Motiv für diese Anpassung der Großgrundbesitzer, so ist vor allem danach zu fragen, warum 1926 der Reichslandbund nicht zu einer konzentrierten Protestaktion aufgerufen hatte und warum, abgesehen von den Weinbauern, nur in Brandenburg und Sachsen massive, in Pommern und Mecklenburg vereinzelte Protestaktionen stattfanden. Mobilisiert hatte der Brandenburgische Landbund mit den bekannten wirtschaftpolitischen Problemfeldern: „Steuern", „Kredite" und „Zoll" und einem Angriff gegen die Regierung.[230] Als erste Protestmaßnahme ließ der Brandenburgische Landbund sogar seinen Landbundtag, der traditionell die Berliner Landwirtschaftliche Woche einleitete, ausfallen.[231] Wieder wurde ein Bild der trostlosen Lage der Landwirtschaft gezeichnet. Zwar war die Lage nicht rosig, aber gerade in der Agrarpolitik hatte sich die Entwicklung doch zugunsten der Landwirtschaft geändert. Die Reichssteuern wurden gesenkt, Zölle waren 1925 eingeführt worden und die Lage auf dem Kreditmarkt hatte sich durch Zinssenkungen und die Umwandlung von kurz- in langfristige Kredite entspannt. Im Oktober 1925 veranstaltete der Reichslandbund im Rahmen einer erweiterten Vertreterversammlung eine „Notversammlung", zu der Regierungsvertreter und andere Wirtschaftsführer eingeladen waren. Aber schon da war klar, dass der Reichslandbund zwar zu vereinzelten Notkundgebungen, aber zu keiner konzentrierten Notkundgebung wie am 10. August 1924 aufrufen würde. „Mitbestimmend ist dafür gewesen, dass gerade in den Bezirken in

---

[229] „Unsere Notkundgebung am 14. Mai.", in: Landbund Züllichau-Schwiebus-Bomst 7.1926, Nr. 20 (21.5.)

[230] Vgl. die Leitartikel der vier Nummern des Brandenburgischen Landbundorgans vor den Demonstrationen. Vgl. auch [Rschr.] Nicolas o. D. [1926], „Forderungen für die Demonstrationsversammlungen in der Provinz Brandenburg", in: BArch R 43 I Nr. 2538, Bl. 155.

[231] Nicolas, „Der Landbundtag", in: Der BLB 7.1926, Nr. 5 (1. Feb.-Nr.). Schon während des Kaiserreichs hielt der BdL seine Generalversammlung zu Beginn der Berliner Landwirtschaftlichen Woche ab; während der Weimarer Republik hielten dann der RLB und BLB zusammen oder, wenn der RLB-Tag an einem anderen Ort stattfand, der BLB allein dort den Landbundtag ab.

der Nähe industrieller Zentren, die den Resonanzboden für die Beeinflussung der öffentlichen Meinung abzugeben alle Voraussetzung bieten, die Notlage der Landwirtschaft nicht so deutlich erkennbar wird, weil dort Milch- und Vieheinnahmen (Schweinepreise) nach aussen hin als mildernd mehr in die Erscheinung treten."[232]

Katastrophal war dagegen die Lage auf dem Roggenmarkt. Hier hatten im Herbst viele Landwirte kurz nach Einbringen der Ernte Roggen verkaufen müssen, da sie gezwungen waren, kurzfristige Kredite zurückzuzahlen und die Steuerzahlungen fällig waren. Der Preis stürzte von über 11 Mark auf knapp 8 Mark. Vom Brandenburgischen Landbund wurden dafür die Machenschaften des „Händlerkapitals“ verantwortlich gemacht, für einen Markt, der hier der Logik von Angebot und Nachfrage folgte. Die Fehler lagen vor allem bei den Landwirten und dem Landbund selbst: Die Reichsgetreidestelle, die einen Ausgleich hätte schaffen können, war auf Betreiben der Landwirtschaft (vor allem des RLB) aufgelöst worden. Die Getreideabsatzgenossenschaften waren zu schwach entwickelt und hatten viel zu wenig Kapital. Die Preiskrise des Roggens betraf verstärkt die Hauptanbaugebiete, eben östlich der Elbe, und hier wieder stärker den Großgrundbesitz. Der brandenburgische Großgrundbesitz, vor allem der der Niederlausitz, sprach von seinem Untergang.[233] Verständlich wird dadurch, warum die Notkundgebungen vor allem in ostelbischen Gebieten stattfanden und warum die Großgrundbesitzer nicht nur dazu aufriefen, sondern sich auch einreihten in den bäuerlichen Protest und die Einigkeit von Groß und Klein so lautstark proklamierten.

Die Großgrundbesitzer und Landbundführer hatten aber 1926 noch einen weiteren Grund, die Bauern zu mobilisieren: 1925 zeichnete sich der Niedergang der Landbundgenossenschaften ab.[234] Allzu offensichtlich dienten auch die Demonstrationen dazu, von eigenen Fehlern abzulenken. Eine starke Genossenschaft hätte in Brandenburg die Katastrophe vom Herbst verhindern oder doch abmildern können. Stattdessen wurde auf die Regierung und das „internationale Händlerkapital“ geschimpft.

Gerade die Agitation gegen die Regierung Luther wirkte wie ein Bumerang – möglicherweise hat dies der Reichslandbund selbst so gesehen und auch deswegen keine große Kampagne gestartet. Denn diese Regierung war eher landwirtschaftsfreundlich eingestellt. Sie nahm auch den Protesten der brandenburgischen Bauern den Wind aus den Segeln, als sie Ende April für die kleineren Landwirte Einkommenssteuersenkungen

---

[232] Rschr. RLB Dir. H (v. Hahnke) an HGS v. 16.10.25, in: BArch R8034 I RLB, Nr. 7, Bl. 111-116, hier Bl. 112 (S. 2).

[233] Vgl. Denkschrift der landwirtschaftlichen Arbeitgeber der Nieder-Lausitz, in: BArch R8034 I RLB, Nr. 17b, Bl. 554 – 559. Natzmer-Gahry, Denkschrift betreffend Konsolidierung der landwirtschaftlichen Schulden zu tragbarem Zinsfuß, in: BArch 43 I, Nr. 2538, Bl. 97-100.

[234] Vgl. hierzu das folgende Kapitel.

beschlossen hatte. Damit wurde die am 15. Mai 1926 fällige Steuervorauszahlung für die kleineren Landwirte erheblich niedriger.[235] In Luckau wurde die groß angekündigte Protestversammlung aus diesem Grunde abgesagt und eine spätere Kundgebung angekündigt.[236] Als die Regierung Luther dann unter Mithilfe einiger deutschnationaler Hardliner gestürzt wurde, verschlechterten sich bei der neuen Regierung Marx die Aussichten auf eine landwirtschaftsfreundliche Agrarpolitik.

Der Vorstand des Brandenburgischen Landbundes und die Kreislandbünde, wohl von der Stärke der Kundgebungen positiv überrascht, versuchten trotzdem noch eine reichsweite Protestkundgebung durchzusetzen. Diese sollte entweder dezentral über das ganze Reich verteilt stattfinden; so hatten viele brandenburgische KLB die Bereitschaft zu nächsten Kundgebungen sich von den Teilnehmern absichern lassen, der Landbund Ruppin und die Niederlausitzer Landbünde sogar schon Proteste für den 20. Juni 1926 angekündigt.[237] Die zweite Möglichkeit, ein zentraler Protest in Berlin, wurde ebenfalls ins Auge gefasst; darauf bereiteten sich insbesondere die Kreislandbünde Niederbarnim und Teltow vor.

Doch der Reichslandbund dachte gar nicht daran, eine große Protestaktion zu starten. Schon bald nach den Protestaktionen beschwerten sich die Kreislandbundvorsitzenden, gedrängt von ihrer Basis über die Reichslandbundspitze. Auch die DNVP wurde wegen des Sturzes der Regierung Luther angegriffen.[238] Am 9. Juni hielt der Brandenburgische Landbund eine Vorstandssitzung, am 10. Juni eine Geschäftsführersitzung ab, in denen die Veranstaltung von Protestversammlungen im Juni abgesagt wurde. Drei Gründe sprachen gegen weitere Protestversammlungen[239]:

1. Die Proteste waren auf die Regierung Luther abgestimmt, der Regierungswechsel brachte die Aktionen um ihren Erfolg.

2. Die anderen Landes- und Provinzorganisationen des RLB waren nicht zu Protestaktionen bereit. Ein Versuch des Pommerschen Landbundes in Stralsund eine Notkundgebung zu veranstalten, wurde ein Misserfolg. „Schlesien und die Provinz Sachsen haben beide ausgezeichnete Ernten stehen, die dortige Landwirtschaft sieht mithin die Not nicht im entferntesten so bedrohlich an, wie es bei uns der Fall ist. Mecklenburg hat mit seinen Wahlen zu tun gehabt. Durch den Ausfall der Wahlen hat

---

[235] Vgl. „Betr. Einkommensteuer-Vorauszahlungen am 15. ds. Mts.“, in: Landbund Friedeberg 5.1926, Nr. 19 (14.5.); „Nachlaß der am 15. Mai fälligen Einkommensteuerrate.“, in: Landbundnachrichten des Kreises Ober-Barnim 8.1926, Nr. 19 (14.5.).

[236] Vgl. Aufruf in: Niederlausitzer Landwarte 1926, Nr. 9 (15.5.).

[237] Schr. BLB (Lechler) an Präsidium RLB v. 2.6.26, in: BArch R8034 I RLB, Nr. 17b, Bl. 297-298 + RSS.

[238] Vgl. die Auszüge aus den Schreiben der Kreislandbundvorsitzenden in: ebda.

[239] Siehe hierzu, auch die folgenden Zitate: Rschr. BLB (Lechler) an Kreisgeschäftsstellen v. 16.6.26, in: BArch R8034 I RLB, Nr. 17b, Bl. 286-289.

die Organisation fraglos einen schweren Schlag erlitten. Das Königreich [!] Sachsen hat seine grossen Demonstrationsversammlungen gehabt... . Wir stehen vorläufig also in unserem aktiven Kampfe allein."

3. „Wenn wir in Brandenburg jetzt im Juni in den Kreisstädten wieder allein demonstrieren würden, so würde es nur dann einen Sinn haben, wenn man die unbewaffnete Bauernschaft bewusst gegen die bewaffnete Staatsgewalt eingesetzt hätte. Versammlungen ohne gewalttätig radikales Vorgehen hätten keinen Zweck gehabt. Ein derartiges Vorgehen würde jedoch gleichbedeutend mit revolutionären Unruhen angesehen werden und würde demgemäss als solches von Herrn Severing mit äusserster Rücksichtslosigkeit unterdrückt werden." [240]

Trotz dieser Absage der Protestkundgebungen wurde noch an einer eventuellen Massenkundgebung in Berlin, unter bestimmten Voraussetzungen, festgehalten.

Die Mobilisierung der Massen des Brandenburgischen Landbundes im Mai war in den Augen der Mitglieder erfolglos. Schuld daran gab man der Reichslandbundspitze. In einem Schreiben des Vorsitzenden Nicolas an das Präsidium des RLB erläuterte er nochmals, „dass sich in weiten Kreisen des Brandenburgischen Landbundes eine starke Misstimmung gegen den Reichs-Landbund breit macht." Er berichtete von einer Bezirksversammlung des KLB Westhavelland:

> „Hier trat erneut in Erscheinung, dass die Stimmung gegen den Reichs-Landbund ausserordentlich erregt ist. Es wurde dem Reichs-Landbund in schärfster Weise vorgeworfen, dass er nicht genügend Aktivität zeige. Man merke draussen nichts von der Arbeit des Reichs-Landbundes. Im Reichs-Landbunde sässen nur ehemalige Offiziere, die vielleicht früher ihren Posten glänzend ausgeführt hätten, aber von der Wirtschaft nichts verstünden und infolgedessen die Interessen der Landwirtschaft auch nicht genügend wahrzunehmen verstünden. Man hätte dabei den Eindruck, als ob diese Herren auf einem sehr hohen Pferde sässen und erhaben über die Mitglieder des Landbundes hinwegsähen. Insbesondere wurde darüber Klage geführt, dass man im Reichs-Landbund den Bauern offenbar nicht für voll ansähe."[241]

Die Missstimmung gegen die Reichslandbundspitze wurde, nicht nur, wie hier gezeigt, von den brandenburgischen Bauern, sondern, wie Nicolas betonte, auch von den Großgrundbesitzern vorgetragen.

---

[240] Tatsächlich ordnete der Preußische Innenminister Severing im Hinblick auf mögliche weitere Protestkundgebungen an, „dass gegen jeden Versuch, die öffentliche Ruhe und Ordnung zu gefährden, mit aller Schärfe eingeschritten, gegebenen Falles die Strafverfolgung Beteiligter unnachsichtig in die Wege geleitetet werden wird." Rschr. Pr. MdI (i. V.: Meister) an Ober- und Regierungspräsidenten v. 9.6.26, in: BLHA 2A Reg. Potsdam I Pol, Nr. 1096, Bl. 79.

[241] Schr. BLB (Nicolas) an Präsidium RLB v. 30.6.26, in: BArch R8034 I RLB, Nr. 17b, Bl. 292-293, hier: 292+RS.

Die Kulmination im Jahre 1928: die letzte große Protestaktion

Die Voraussetzungen für Protestkundgebungen sahen Anfang des Jahres 1928 ganz anders aus als im Jahr 1924 und 1926. Die Preise für Vieherzeugnisse waren seit 1926 gefallen und Anfang 1928 fielen auch die Preise für pflanzliche Nahrungsmittel wieder. Der Beginn der landwirtschaftlichen Krise als Folge einer weltweiten landwirtschaftlichen Überproduktion war unaufhaltsam.[242]

Nun war der Reichslandwirtschaftsminister der ehemalige RLB-Präsident Martin Schiele und ein Protest gegen die Reichsregierung wäre somit vor allem gegen den eigenen Minister gerichtet. Doch zum einen sollten die Massenkundgebungen Schieles landwirtschaftsfreundliche Politik im Kabinett selbst schützen[243], zum anderen lenkte man die Proteste um. So war der Protest beim Reichslandbundtag (und BLB-Tag) am 21. Januar 1928 in Berlin, der die großen Protestwellen einleitete, vor allem gegen die preußische Regierung gerichtet. Unter Mitwirkung Schieles sollte eine Protestresolution an den preußischen Landwirtschaftsminister Steiger (SPD) durch eine Deputation überbracht werden.[244] Auf dem Landbundtag wurde zudem klar, worum es bei den Landbundprotesten noch ging: Das „Schicksalsjahr" 1928 war ein Wahljahr. Sowohl die Wahlen für den Reichstag, wie auch für den Preußischen Landtag sollten stattfinden.[245] Besonders die Deutschnationalen wussten, dass sich ihre Anhängerschaft, auch unter den Bauern, vermindert hatte. Diese musste mobilisiert werden.

Die Protestaktionen waren dieses Jahr weiter auf das Reich verteilt, wobei ein Schwerpunkt im Nordwesten Deutschlands lag.[246] In Oldenburg demonstrierten 25 000 - 30 000 Personen am 26. Januar und über 140 000 protestierten am 28. Januar in Schleswig-Holstein. Es war vor allem der Preisverfall beim Schlachtvieh, der die Proteste in diesen (und anderen west- und süddeutschen) Gebieten verursacht hatten.

In Brandenburg fanden die Protestversammlungen um den 12. März statt.[247] Nach Angaben des Brandenburgischen Landbundes umfassten die

---

[242] Henning, S. 193-196. Becker, 92-94.

[243] Vgl. Becker S. 260-261. Vgl. auch „Zum Notprogramm der Reichsregierung", in : Der BLB 9.1928, Nr. 15 (2. Apr.-Nr.).

[244] Vgl. „Reichs-Landbundtag und Brandenburgischer Landbundtag.", in: Der BLB 9.1928, Nr. 5 (5. Jan.-Nr.). Die Forderung wurde übrigens vom Vorsitzenden des Kreislandbundes Angermünde, Behnke, in einer „zündenden" Rede vorgetragen; der Vorschlag, dass die ganze Versammlung zu Steiger marschieren sollte, wurde abgelehnt. Steiger war aber nicht in seinem Ministerium anwesend.

[245] Damals noch nicht bekannt war, dass die Wahlen auf den Mai vorgezogen würden.

[246] Vgl. Bermann u. Megerle, S. 222-226.

[247] Vgl. „Der Sturm nimmt zu.", in: Der BLB 9.1928, Nr. 12 (3. März-Nr.). Vgl. auch die Berichte der Landräte vor und nach den Kundgebungen in: BLHA 2A Reg. Potsdam I Pol, Nr. 1106.

Aktionen 110 000 Teilnehmer (gegenüber 55 000 im Jahre 1926!). Gegenüber 1926 und auch 1924 fanden in Brandenburg weniger Kundgebungen statt, dafür waren die durchschnittlichen Teilnehmerzahlen pro Veranstaltung gestiegen. Zum Teil ist dies darauf zurückzuführen, dass einige Kundgebungen von mehreren Kreislandbünden veranstaltet worden waren. Es gab mehr Demonstrationszüge zum Landrats- oder Finanzamt als 1926.

Die größte Versammlung fand diesmal in Prenzlau mit über 9 000 Teilnehmern statt. In Friedeberg waren es 8 000, in Landsberg 7 500, in der Ostprignitz 6 000, in der Westprignitz 4 000, in Luckenwalde und Zauch-Belzig je 3 000, in Crossen 2 400, im Kreis Beeskow-Storkow 1 500 und im Kreis Oststernberg 1 300 Teilnehmer, die auch in den Straßen demonstrierten.

In Frankfurt versammelten sich die Landbünde Lebus und Weststernberg, dazu eine Abordnung aus dem Kreis Züllichau-Schwiebus[248], zu einer Kundgebung von 4 000 Teilnehmern, wobei die Demonstration zum Regierungspräsidium ging. Der KLB Cottbus veranstaltete zusammen mit dem KLB Spremberg eine Notversammlung von 4 000 Teilnehmern. In Ruppin und in Angermünde fanden Kundgebungen mit etwa je 6 000 Personen statt. In Guben und Lübben gab es Protestversammlungen mit einigen tausend Teilnehmern.

Einige Kreislandbünde veranstalteten schon Ende Februar, Anfang März eine zu einer Notversammlung erweiterte ordentliche Generalversammlung. (so Oberbarnim, Soldin, Königsberg, Westprignitz, Züllichau-Schwiebus, Osthavelland), der Kreislandbund Luckau hielt schon am 15. Februar eine Generalversammlung ab, bei der 1 800 Teilnehmer zum Landratsamt und Finanzamt in Luckau marschierten.[249] Am 12. März hielten einige dieser Kreislandbünde eine kleinere Sitzung ab, etwa eine Vertrauensmännerversammlung. Die Kreislandbünde bei Berlin veranstalteten Ortsgruppenversammlungen, so Teltow Anfang März, Niederbarnim am 26. März. Diese beiden Kreislandbünde waren, wie 1926, insbesondere für eine eventuelle Großdemonstration in Berlin vorgesehen: „Wir ste-

---

[248] Vgl. „Die Notkundgebung des Landvolkes in Frankfurt a. O.“, in: Landbund Kreis Lebus 9.1928, Nr. 11 (17.3.). Der Kreislandbund Züllichau-Schwiebus entsandte eine Abordnung von 200 Teilnehmern. Am 2. März hatte er eine Generalversammlung, auf der ebenfalls eine Resolution verabschiedet wurde. Vgl. „Der Notruf unserer Generalversammlung vom 2. März. Entschließung zur Notlage unserer Landwirtschaft.“, in: Landbund Züllichau-Schwiebus 9.1928, Nr. 9 (2.3.); „Die Generalversammlung vom 2. März 1928.“, in: ebda., Nr. 10 (9.3.); „Notkundgebung der Kreislandbünde Lebus, Weststernberg und Züllichau-Schwiebus in Frankfurt-Oder.“, in: ebda., Nr. 11 (16.3.).

[249] Vgl. „Bericht über die Generalversammlung des Kreislandbundes Luckau am 15. Febr. 1928 in Luckau.“, in: Niederlausitzer Landwarte 1928, Nr. 4 (25.2.), in: BArch R8034 II RLB-Pressearchiv, Nr. 2917, Bl. 189-190.

hen bereit zum Marsch nach Berlin"[250] Diese an Mussolinis „Marsch nach Rom" anknüpfende Parole, schon bei den Demonstrationen 1924 und 1926 als Drohung ins Spiel gebracht, schien aber eher Propaganda denn wirklich angedacht gewesen zu sein. So berichtete der Landrat des Kreises Oberbarnim:

> „Natürlich schwebt den Hitzköpfen Mussolinis konzentrischer ‚Marsch nach Rom' vor. Sie sind sich aber wohl klar, daß dies mit ihren Machtmitteln ein Wahnsinn wäre und nur durchführbar ist, wenn die Reichswehr mitmacht. Wie ich höre, soll sich auch der Reichslandbund von großen Demonstrationszügen nach Berlin nicht viel versprechen, auch die Hitzköpfe neigen wohl der Ansicht zu, daß sie in Berlin recht beengt sein würden…"[251]

Die Kundgebungen, die abgehalten wurden, waren mächtiger als 1926: Die Zahl der in den Straßen Demonstrierenden hatte sich vermehrt. Thematisch knüpften sie an die Versammlungen 1924 und 1926 an. Die Not der Landwirtschaft wurde noch dramatischer beschrieben, die Forderungen noch unverschämter, wie in der vom Brandenburgischen Landbund aufgesetzten, in allen Protestversammlungen verabschiedeten „Erklärung!": „Wir fordern Niederschlagung aller öffentlichen Lasten für die deutsche Landwirtschaft bis zur Sicherung gerechter Lebensunterlagen für alle ihre Glieder."[252] Die Vertreter von Handel und Gewerbe beteiligten sich nun bei allen Notkundgebungen. Auch diesmal traten wie schon 1926 meist mehrere Hauptredner bei den Versammlungen auf.

Neu war in diesem Jahr, dass bei einigen Kundgebungen die Teilnehmer einen öffentlichen Eid leisteten. Bei der Generalversammlung des KLB Oberbarnim ließ der Hauptredner, der Vorsitzende des KLB Angermünde Behnke, die Versammelten folgenden Schwur leisten: „Der Kampf geht los zum Siege oder Tod!"[253] Inhaltlich knüpfte dieser Schwur an die in vielen anderen Veranstaltungen propagierte Kampfbereitschaft an. In Ruppin und Crossen leisteten die Versammelten den Rütli-Schwur:

> " Wir wollen sein ein einig Volk von Brüdern,
> in keiner Not uns trennen und Gefahr,

---

[250] „„Wir sind am Ende unserer Kraft!'", in: Landbund Teltow und Berlin 9.1928, Nr. 11 (16.3.).

[251] Schr. LR des Kreises Oberbarnim an Reg.Präs. in Potsdam v. 15.3.28, in: BLHA 2A Reg. Potsdam I Pol, Nr. 1106, Bl. 75-78, hier: Bl. 77.

[252] „Die Landvolk-Kundgebung in Luckenwalde", in: Der Kreis-Landbund Jüterbog-Luckenwalde 7.1928, Nr. 11 (17.3.), in: BArch R8034 II RLB-Pressearchiv, Nr. 2918 Bl. 10. Die auch hier abgedruckte „Erklärung" wurde wohl auf allen Veranstaltungen verlesen.

[253] „Notversammlung am 5. März 1928 in Wriezen.", in: Landbundnachrichten des Kreises Ober-Barnim 10.1928, Nr. 10 (9.3.). Die hetzerische Rede wurde auch vom Landrat des Kreises Oberbarnim kritisiert; vgl. Schr. Landrat des Kreises Oberbarnim an Reg.Präs. in Potsdam v. 15.3.1928, in: BLHA 2A Reg. Potsdam I Pol, Nr. 1106, Bl. 81-83, hier: Bl. 82.

Wir wollen frei sein, wie die Väter waren,
eher den Tod, als in der Knechtschaft leben.
Wir wollen trauen auf den höchsten Gott
und uns nicht fürchten vor der Macht des Menschen!" [254]

Besiegelt wurde mit diesem Schwur die Entschließung, in der indirekt zum Steuerstreik und zum Zusammenhalten gegen Pfändungen aufgerufen wurde. Der Akt einen Eid zu leisten war auch ein wesentliches Element der nordwestdeutschen Landvolkbewegung gewesen. Er appellierte an die bäuerliche Dorfgemeinschaft. Es handelte sich nicht wie bei den Kundgebungen 1926 um ein Treuegelöbnis, das eher einen adligen symbolischen Akt darstellt. Dass hierzu noch der Rütli-Schwur, ein antimonarchistisches Element, benutzt wurde, deutet auf den bäuerlichen Charakter der Bewegung hin, was auch bei den meisten Reden zum Vorschein kam.[255] In den Reden wurde der Zusammenhalt von Groß und Klein betont, in den Berichten wurden allerdings die Großgrundbesitzer weniger als 1926 erwähnt. Es waren die „Bauernmassen", die kurz vor einer „Bauernrevolution" standen und als „Bauernbattaillone" durch die Straßen zogen.

Die Gewaltbereitschaft bei den Demonstrationen nahm gegenüber 1926 noch zu. In Cottbus weigerte sich der Stellvertreter des Katasteramts-Direktors vor der Menge eine Ansprache zu halten.

> **„Nur mit Mühe konnte die Polizei hier die erbitterten Bauern abhalten, in das Katasteramt einzudringen**. Um ein Haar wäre es hier zu einem gewaltsamen Zusammenstoß gekommen. Ein **Kommunist** hatte sich auf die Treppe zum Katasteramt gestellt und begann eine Ansprache. Zuerst ließ man ihn gewähren, weil man nicht wußte, welcher Farbe er zugehörte. In dem Augenblick aber, als er versuchte, den Landbund und seine Führer anzugreifen, stieß die erbitterte Bauernschaft gegen ihn vor und hätte ihn sicher gelyncht, wenn er nicht von der Polizei sofort aus der Menschenmenge herausgezogen und in Schutzhaft genommen worden wäre."[256]

In Crossen durchbrachen die Demonstrationsteilnehmer die Polizeikette vor dem Finanzamt, während der erweiterte Vorstand des Kreislandbundes mit dem Finanzamtsleiter im Gebäude verhandelte. Der von der Polizei herbeigerufene Landbundvorsitzende Mahlke beruhigte die Demonstranten, konnte die Menge vom Eindringen ins Finanzamt abhalten und zum Abmarsch bewegen.[257]

---

[254] „Notkundgebung des Ruppiner Landvolkes. Rede des Kreislandbund-Vorsitzenden Jacobs-Gnewikow auf dem Paradeplatz.", in: Landbund Ruppin 9.1928, Nr. 11 (15.3.).

[255] Bei der Landvolktagung des Thüringer Landbundes wurde neben den schwarzen Fahnen auch eine rot-weiße Fahne mit einem schwarzen Bundschuh mitgeführt, damit an die Bauernkriege erinnert; vgl. „Die schwarzen Notfahnen!", in: Der Landbund (Cottbus) 9.1928, Nr. 11 (16.3.).

[256] „Unsere Notkundgebung!", in: Der Landbund (Cottbus) 9.1928, Nr. 11 (16.3.)

[257] Vgl. „Der große Tag!", in: Crossener Landbund 6.1928, Nr. 11 (17.3.).

Zu Tumulten kam es in der Ostprignitz. In Kyritz warfen die Demonstranten alle Scheiben des Finanzamtes ein.

2. Der Ausbruch der Gewalt: Kyritz an der Knatter

Der Fall „Kyritz" soll hier ausführlicher dargestellt werden.[258] Zum einen wegen der Besonderheit des Vorfalles selbst. Nach Bernkastel fand hier zum zweiten Mal während der Weimarer Republik eine ländliche Protestkundgebung mit tumultartigem Verlauf statt, zum ersten Mal mit Landbundbeteiligung. Erst ein halbes Jahr später folgten die gewalttätigen Proteste der nordwestdeutschen Landvolkbewegung. Der Kyritzer Prozess wurde von der Presse so ausführlich verfolgt, wie später die Landvolk-Prozesse. Zum anderen spielte der Kreis Ostprignitz eine außergewöhnliche Rolle in Brandenburg für den Erfolg der Nationalsozialisten auf dem Lande. Diese Sonderrolle des KLB Ostprignitz in Brandenburg, wie es auch der Nordwesten für Deutschland insgesamt darstellt, zeigte sich in den frühen, recht hohen Wahlerfolgen der NSDAP in der Ostprignitz. Zudem war es der erste brandenburgische Kreislandbund, in dem ein Nationalsozialist als Vorsitzender gewählt wurde. Dies hängt auch mit dem Fall „Kyritz" zusammen.

Bei den Tumulten des Jahres 1928 ist zu fragen nach dem Verhalten der Kreislandbundführung, der treibenden Personen, der Steinewerfer und dem Verhalten der restlichen Demonstranten. Dies führt uns zur Vorgeschichte, vor allem auch den Demonstrationen 1924 und 1926 in der Ostprignitz.

Aber wir kennen von diesem Kreis schon die Ereignisse während des Kapp-Putsches. In den Ort Kuhbier, 5 km von Pritzwalk entfernt, zogen am 17. März 1920 Streikende aus Pritzwalk (unter Führung des späteren Reichsbannervorsitzenden Henkel). Nach einer Schießerei bei einem Gehöft nahmen die Streikenden die Waffen der „Orts" (Einwohner-) wehr von Kuhbier in Beschlag.[259] Diese Militanz der Einwohner des Ortes sollte 1924, 1926 und vor allem 1928 wieder in Erscheinung treten.[260] Die

---

[258] Der Fall „Kyritz" stand im Mittelpunkt einer Diplomarbeit: Prill, Elisabeth, Die Rolle des Reichslandbundes im ehemaligen Kreise Ostprignitz in den Jahren 1919-1933, Dipl. Arb. (Geschichte) (MS) Potsdam 1965. Die recht umfangreichen Polizeiakten zu diesem Fall wurden darin nicht ausgewertet.

[259] Vgl. Abschr. Schr. Polizeiverw. Pritzwalk v. 20.3.20, in: BLHA 2A Reg. Potsdam I Pol, Nr. 1459, Bl. 375-377.

[260] Vgl. die spöttische Beschreibung des sozialdemokratischen Berliner „Abend" v. 26. 10. 28: „Wenn die Ortschaft nicht Kuhbier hieße, so müßte sie so genannt werden. Dieses treudeutsche Dörflein, das die wildesten und rabiatesten Mannen zur Kyritzer Demonstration entsandte.

Landbündler aus dem Ort Kuhbier, stellten schon Anfang 1928 einen bedeutenden Teil der Nationalsozialisten im Landbund.

Bereits am 10. August 1924 kam es in der Ostprignitz zu Ausschreitungen. Der Landbund hielt an diesem Tag in Pritzwalk seine Notkundgebung ab, während dort der Reichsbanner Schwarz-Rot-Gold ebenfalls eine Kundgebung mit Umzug allerdings zu der vom Landbund verpönten Verfassungsfeier abhielt. Nach der Landbundversammlung veranstalteten die 2 000 Teilnehmer, trotz des Verbots durch den anwesenden Oberlandjäger, einen Umzug zum Marktplatz.[261] Dort benutzten sie die vom Reichsbanner aufgebaute Tribüne, auf der der ehemalige Landrat und das Ehrenmitglied im Vorstand des KLB Ostprignitz, Friedrich v. Winterfeld, eine Rede hielt, und schmückten die Tribüne mit schwarz-weiß-roten Fahnen. Ob dieser Provokation – angeblich – hätten die Landbündler sogar schwarz-rot-goldene Fahnen abgehängt, formierten sich die Reichsbannerleute, da sie schon in den Wirtshäusern waren, teilweise angetrunken, zu einem Gegenumzug unter der Führung des Gewerkschaftssekretärs Henkel. Auf dem Marktplatz kam es nach kurzen verbalen Auseinandersetzungen zu einer Schlägerei, bei der 5-6 Leute verletzt wurden. Durch die Landjäger wurden größere Auseinandersetzungen vermieden. Viele Landbündler trugen dabei Totschläger. Die Landjäger nahmen einem Landbündler einen Totschläger ab: dem Sohn des Pfarrers aus Kuhbier.[262]

Bei der Notkundgebung am 15. Mai 1926 in Kyritz hatten viele der 4 000 Teilnehmer Stöcke mitgeführt. Da dies durch den Preußischen Innenminister verboten war, nahm die Polizei den Demonstranten die Stöcke ab. Dies ging auch fast reibungslos vonstatten. Lediglich die Ortsgruppe Kuhbier weigerte sich, die Stöcke abzugeben. Der Ortsgruppenführer Schneider beschimpfte damals die Polizeibeamten und wurde später deswegen zu 300 M Geldstrafe verurteilt.[263] Die Führung des KLB selbst lobte die Kampfbereitschaft seiner Basis und drohte gar mit weiterer Gewalt:

> „**Jeder** kämpfte persönlich an diesem Tage in vorderster Linie, **jeder** zeigte den ganzen Ernst seiner Lage, **jeder** bezeugte den festen Willen sich jetzt ver-

---

Kuhbier**...**wer den Namen ausspricht, dem zieht es wie Duft von prima Stalldünger und Muff von fliegendurchsummten Wirtsstuben durch die Nasenlöcher. Der Name bringt alle agrarischen Belange, alle ländlichen Hochziele auf die kürzeste Formel. Kuhbier – das ist nicht nur ein Ortsname, das ist Lebensinhalt. Tagsüber Kuh und abends Bier....[u.s.w.]“.

[261] Vgl. zum Folgenden: Schr. LR Egidi an Reg.Präs. v. 18.8.24, in: BLHA 2A Reg. Potsdam I Pol.., Nr. 1459, Bl. 316a-319+RSS.

[262] Vgl. Aussage (schriftl.). Oberlandjäger Dymke, in: BLHA 2A Reg. Potsdam I Pol., Nr. 1459, Bl. 365-367.

[263] „Bericht des Polizei-Majors Dr. Trull über den Kyritzer Landfriedensprozess mit einer Skizze der Örtlichkeit.“ (MS) o.O. o.D, in: BLHA 2A Reg. Potsdam I Pol, Nr. 1106, Bl. 189-221, hier: Bl. 190.

> eint durchzusetzen, **diesmal noch im Guten!** Aber auf **jeder** Miene stand geschrieben: **Aber zum letzten Male!**“[264]

Doch die Militarisierung der Landbündler ging noch weiter. Im Sommer 1927 war der Junglandbund Ostprignitz dem Wehrverband beigetreten. Ein Artikel des Vorsitzenden Lüdecke, ehemaliger Bauernhochschüler, beschwor hierzu die Kampfbereitschaft der Jungbauern.[265] Am 24. Juli 1927 beschloss der JLB die Gründung von Sportabteilungen: „Es muß nach Auffassung germanischer Art Pflicht sein eines jeden Junglandbündlers, in die Sportabteilung einzutreten wenn er noch Kampfwillen und soldatischen Geist in sich verspürt. ... Es sollen erst die Besten sein, die wirklich wissen, was Unterordnung, Kampfwille und Wehrgedanke heißt.“[266] Tatkräftig waren dann die Junglandbündler bei den Auseinandersetzungen am 12. März 1928 beteiligt.

Eine tragende Rolle bei der Radikalisierung der Bauern und Jungbauern im unmittelbaren Vorfeld der Protestdemonstration im Jahre 1928 spielte der Hauptgeschäftsführer Cordes. Wie oben schon gezeigt war er in früheren Jahren federführend bei den paramilitärischen Aufrüstung und den Übungen des KLB Ostprignitz. Nun befahl Cordes auf den vorbereitenden Ortsgruppenversammlungen die Mitnahme von Stöcken. Auch war er der Urheber der Entschließung des KLB bei der Generalversammlung vom 23. Februar 1928.[267]

Die Entschließung trug zur weiteren Verschärfung der Stimmung bei. Der Text wurde nicht nur in der Zeitung abgedruckt, sondern prangte auch auf einem grünen Plakat an den Litfasssäulen Berlins, mit Cordes Unter-

---

264 „Der Tag unserer Notkundgebung“, in: Mitteilungen Landbund Ostprignitz 6.1926, Nr. 20 (21.5.).

265 Lüdecke, „Junglandbund und Wehrgedanke!“, in: Mitteilungen Landbund Ostprignitz 7.1927, Nr. 27 (7.7.). Dieser Artikel erregte wohl einiges Aufsehen. Der Landrat beschwichtigte: „Wenn auch der Artikel geeignet ist, Mißverständnisse zu erwecken, so glaube ich doch nicht, daß von der Tätigkeit des Junglandbundes im hiesigen Kreis eine staatspolitische Gefahr zu erwarten ist....Er ist das Produkt eines geistig nicht ausgereiften Menschen, dem m. E. eine ernste Bedeutung für die Zukunft nicht beizumessen ist“ Dass Lüdecke schon jahrelang Artikel in der Landbundzeitung lancierte und die Jungbauern politisierte ist dem Landrat wohl entgangen. Die Verharmlosung von Landbund und Junglandbund („hat sich bisher rein sportlich betätigt“) durch den dem Landbund nahe stehenden Landrat Egidi führte auch zu Fehlschlüssen: „Die Leitung des hiesigen Landbundes selbst ... ist durchaus maßvoll und steht allen gewaltsamen Kundgebungen ablehnend gegenüber.“ Alle Zitate aus: Schr. LR Egidi an Reg.Präs. v. 22.9.1927, in: BLHA 2A Reg. Potsdam I Pol., Nr. 1097, Bl. 119.

266 Koch, H. „Sitzungsbericht der außerordentlichen Generalversammlung des Junglandbundes Ostprignitz, am 24. Juli 1927.“, in: Mitteilungen Landbund Ostprignitz 7.1927, Nr. 31 (6.8.).

267 Vgl. „Ordentliche Generalversammlung am 23.3.28 in Pritzwalk.“, in: Mitteilungen Landbund Ostprignitz 8.1928, Nr. 9 (2.3.). Abgedruckt im Anhang.

schrift. Dieses antisozialistische und antisemitische Machwerk wurde auf Beschluss des Amtsgerichts Berlin beschlagnahmt.[268] Das „Gnade Euch Gott Ihr Volksverderber wenn der Bauer aufsteht im Lande!" galt als Motto der folgenden Demonstration in Kyritz.

Am 12. März 1928 um 10 Uhr begann auf dem Marktplatz von Kyritz an der Knatter die Notkundgebung des Landbundes Ostprignitz mit 5 000 – 6 000 Teilnehmern – teils aus der Stadt, teils mit verstärkten Plan- und Sonderzügen, Post- und Lastautos und eigenen Fahrzeugen von außerhalb angereist.[269] An Polizeikräften waren insgesamt 21 Landjäger und ein Schutzpolizeikommando von 21 Beamten in der Stadt. Die Reden des KLB-Vorsitzenden v. Jena, der Vorstandsmitglieder MdL Staffehl, Müller II, v. Winterfeld und des Vertreters von Handel und Gewerbe A. Koch (Buchdruckereibesitzer) waren recht kurz und „nicht freundlich", aber nicht aufreizend. Aufgefordert von v. Jena marschierte die Menge zum Landratsamt, „ohne dass – wie 1926 – Ortstafeln vorangetragen wurden bzw. Unterführer eingesetzt waren". Fast alle Personen führten Stöcke mit. Da der Platz vor dem Landratsamt zu klein für die Menge war, schickte der Hauptgeschäftsführer Cordes den letzten Teil des Zuges zum Finanzamt weiter. „Hierbei wurde versäumt, diesem Teilzuge zum Finanzamt einen Führer beizugeben." Im Landratsamt sprach eine Abordnung von 12-15 Männern mit dem Landrat Egidi. Nach fast einer Viertelstunde wurde die Menge unruhig, zwei Glühbirnen, ein Stein und hartgefrorener Schnee wurden gegen das Eingangsportal des Landratsamtes geworfen. Die Abordnung verließ nun das Gebäude und unter der Führung von Cordes marschierte die Menge zum Finanzamt.

Der Teilzug, der schon vorher von Cordes weitergeschickt wurde, traf gegen 10^{30} Uhr vor dem Finanzamt ein. Die Stimmung war von Anfang an gereizt, Drohungen und Beschimpfungen („Blutsauger" u. ä.) wurde den Finanzbeamten zugerufen und „mit drohendem Umherfuchteln der Handstöcke in der Luft begleitet". Landjägerbeamte versuchten – zunächst mit Erfolg – den Raum vor dem Finanzamt freizuhalten. Nach etwa 10 Minuten ging die Menge dazu über, Stein und gefrorenen Schnee gegen das Gebäude zu werfen. Zuerst richteten sich die Würfe gegen das Hoheitszei-

---

[268] Vgl. „Der Widerhall unseres Aufrufes", in: Mitteilungen Landbund Ostprignitz, 8.1928, Nr. 10 (9.3.); Schr. Generalstaatsanwalt an Justizministerium v. 14.3.1928, in: GStA PK I. HA Rep. 84a., Nr. 14725, Bl. 7-8. Der Umschlag im Anhang des Schreibens enthält das grüne Plakat.

[269] Die folgende Darstellung folgt weitgehend: „Bericht des Polizei-Majors Dr. Trull über den Kyritzer Landfriedensprozess mit einer Skizze der Örtlichkeit." (MS) o.O. o.D, in: BLHA 2A Reg. Potsdam I Pol, Nr. 1106, Bl. 189-221. Daraus auch die folgenden Zitate. Ergänzend der Bericht des Kreislandbundes: „Montag, den 12. März.", in: Mitteilungen Landbund Ostprignitz 8.1928, Nr. 11 (16.3.).

chen (Reichsadler) über dem Eingang, dann flog ein Stein durch das Fenster des Kassenraumes und einer durch ein Fenster im ersten Stock.

Nun wurden 10 Schupobeamte zur Verstärkung der Sperrkräfte aus dem Finanzamt hinzugezogen. Dies erregte die Gemüter noch mehr, es erschollen Rufe: „Wir sind doch keine Kommunisten, was soll die Schupo.“ Das Werfen von Steinen und hartgefrorenem Schnee wurde fortgesetzt. Als der Hauptzug der Demonstranten vom Landratsamt eintraf, begab sich eine Abordnung zum Finanzamt. Die Polizei bat den Demonstrationsführer Cordes, seinen Einfluss auf die Menge geltend zu machen. „Dieser tat jedoch nichts, um die Menge zu beruhigen, rief vielmehr den Demonstranten zu: ‚Nun schreit doch, nun lärmt doch'!“ Nun gab der Einsatzleiter der Schupo das Kommando „Maschinenpistole fertig“, der Führer der Landjäger das Kommando „Pistolen frei“. Daraufhin zogen auch mehrere Demonstranten Pistolen und machten diese schussbereit.[270] Doch die Menge war durch die Schießbereitschaft der Polizei zunächst eingeschüchtert. Allerdings gelang es einigen „Hetzern“ die Menge wieder aufzureizen. Der lauteste von ihnen war der Landbündler und Nationalsozialist Kleine aus Kuhbier. Er beschimpfte vor allem die Schupos und verlangte, von der Menge unterstützt, die Zurücknahme einzelner Beamter. Die Polizei gab diesen Forderungen nach, zog auch die Maschinengewehrpistolen ins Gebäude zurück. Die Demonstranten drohten nun, die Sperrkette zu durchbrechen und verlangten den Abzug der Schupo. Die Landbundführer handelten mit der Polizei einen Kompromiss aus. Die Menge räumte den Gehweg vor dem Gebäude, dafür verließ die Schupo den Bereich des Finanzamtes und fuhr zum Katasteramt.

Laut Abmachung sollten die Demonstranten geschlossen zum Katasteramt ziehen. Doch weniger als die Hälfte der Versammelten rückte dorthin ab. Der Rest drängte gegen die städtische Polizei und Landjäger vor und warf die Fensterscheiben des Finanzamtes ein. 64 Fensterscheiben waren zerstört, kein Fenster der Frontseite des Finanzamtes war heil geblieben.

Nun änderte sich auch das Verhalten der Landbundführer gegenüber den staatlichen Organen. Insbesondere v. Jena hatte bis dahin die Forde-

[270] So das Ergebnis der Hauptverhandlung des Kyritz-Prozesses. Die Personen wurden allerdings nicht ermittelt. Der Landrat Egidi berichtete, dass Staffehl „mir nach der Demonstration die schwersten Vorwürfe gemacht (hat), daß ich Schutzpolizei gegen die Bauern aufgeboten habe. Die Beamten könnten froh sein, daß nicht mehr passiert wäre, denn von seinen Leuten haben mindestens 80-90 Schußwaffen bei sich geführt.“ Schr. LR Egidi an Reg.Präs. v. 17.3.28, in: BLHA 2A Reg. Potsdam I Pol, Nr. 1106, Bl. 239-244, hier Bl. 244. Nach der Demonstration fanden sich auf dem Platz Patronen, darunter zwei Dumdumgeschosse, und leere Patronenhülsen. Vgl. Schr. Kreisleiter [Landjäger] (Dymke) an Oberstaatsanwalt v. 15.3.28, in: BLHA 2A Reg. Potsdam I Pol, Nr. 1106, Bl. 245-261.

rung nach dem Erscheinen des Finanzamtsleiters Reinholz vor den Demonstranten mit wüsten Beschimpfungen begleitet.

> „Jetzt sahen die Führer ein, was sie angerichtet hatten und begannen offenbar für ihr eigenes Wohl zu fürchten. Nun auf einmal konnten sie dem Regierungsrat Reinholz ihre Wünsche wieder in höflicher Weise vortragen, ja, sie baten geradezu flehentlich darum, der Zeuge Reinholz möge doch wenigstens allein vor das Finanzamt treten. Der Angeklagte Staffehl, der vorher gegenüber dem Regierungsrat Reinholz besonders anmassend aufgetreten war, hatte beinahe Tränen in den Augen, als er um das Heraustreten des Finanzamtleiters bat. Er erklärte, die Führer hätten über die Menge jede Gewalt verloren und wenn Reinholz ihre Bitte nicht erfülle, sei ihr eigenes Leben gefährdet. Er berief sich hierbei auf die Erfahrungen, die der Führer des Reichslandbundes, Graf Kalckreuth, hätte machen müssen, der von Landbundmitgliedern stundenlang in seiner Berliner Wohnung eingesperrt gehalten und dem schliesslich die Wohnungseinrichtung demoliert sei, weil er für die Belange der Landwirte nicht genügend bei der Regierung vorstellig geworden sei.
> Auch der Angeklagte Cordes bat den Regierungsrat Reinholz jetzt inständigst, doch herauszutreten, er wusste anscheinend nicht mehr ein und aus.“[271]

Die Ausschreitungen der Demonstranten waren zu ihrem Höhepunkt gekommen, eine Stürmung des Finanzamtes war wahrscheinlich.[272] Die meisten Angestellten des Finanzamtes hatten das Gebäude schon verlassen. Die Landjäger forderten wieder die Schupo an. Reinholz und Staffehl riefen den Landrat an, dass dieser die Menge beruhigen sollte. Als die Menge von dem beabsichtigten Erscheinen des Landrats Egidi erfuhr, erschollen einige Hurra-Rufe. Doch v. Jena rief den Demonstranten zu: „Der Landrat ist ja ein ganz guter Mann, aber ihr braucht ihn deshalb doch nicht mit Hurra zu empfangen, der gehört zur preussischen Regierung und ist unser Gegner.“ In dieser Situation und angesichts der Tatsache, dass Egidi dem Landbund sehr wohlgesonnen war, war dies eine sehr gefährliche Aufputschung der Stimmung.

Die Ansprache des Landrats wurde immer wieder gestört und der Finanzamtsleiter beschimpft. Trotzdem gelang es ihnen und v. Jena und Staffehl, die Menge zu beruhigen. Ein Teil der Demonstranten setzte sich unter der Führung Cordes zum Katasteramt ab, der Rest begann sich zu zerstreuen. In diesem Augenblick fuhr allerdings der LKW mit der Schupo statt hinter das Finanzamt vor das Gebäude. Ein Teil der Menge strömte wieder zurück. Da gab der Landrat den Befehl, die „Hauptschreier“, Kleine und Dierke, festzunehmen und die Menge unter Anwendung von

---

[271] „Bericht des Polizei-Majors Dr. Trull über den Kyritzer Landfriedensprozess mit einer Skizze der Örtlichkeit.“ (MS) o.O. o.D, in: BLHA 2A Reg. Potsdam I Pol, Nr. 1106, Bl. 189-221, hier Bl. 207.

[272] Die von E. Prill in den 1960er Jahren befragten Teilnehmer der Demonstration gaben an, dass ihr Ziel tatsächlich die Erstürmung des Finanzamtes und die Vernichtung der Steuerakten, wie in Bernkastel, war; Prill, S. 90.

Gummiknüppeln zu zerstreuen. In dem Handgemenge wurde ein Polizeibeamter von mehreren Personen, darunter auch Kleine, mit Stöcken niedergeknüppelt. Es gelang der Polizei aber schnell, Kleine und Dierke zu ergreifen.

Die zu diesen Vorgängen parallel verlaufende Versammlung vor dem Katasteramt verlief relativ ruhig. Lediglich eine Fensterscheibe wurde zerstört, als eine Abordnung mit dem Katasteramtsleiter verhandelte. Als die Demonstranten vor dem Katasteramt von einem Radfahrer erfuhren, dass ein Mann aus Kuhbier (Kleine) verhaftet worden sei, gab der Landbundortsgruppenvorsitzende Schneider aus Kuhbier den Befehl zum Rückmarsch zum Finanzamt. Auch die noch auf dem Weg zum Katasteramt befindlichen Demonstranten unter Führung von Cordes kehrten wieder um. Ebenfalls fanden sich nun die Teilnehmer einer Versammlung der NSDAP auf dem Platz vor dem Finanzamt ein. „Nun waren alle Demonstranten wieder glücklich vor dem Finanzamt versammelt." Zu Ausschreitungen kam es nicht mehr, Kleine und Dierke waren auch wieder freigelassen worden. Etwa um 14^{30} Uhr war die Notkundgebung zu Ende, die auswärtigen Demonstranten verließen Kyritz wieder. Zurück blieb ein Finanzamt, bei dem die Scheiben der Vorderfront und das Hoheitszeichen zertrümmert waren.

Der Prozess gegen Teilnehmer der Demonstration fand vom 23. Oktober bis 6. November in Kyritz statt. Die Verteidigung bediente sich der Argumentation des Landbundes: die Bauern waren durch die Not erregt und die Anwesenheit der Schupo hätte sie „zu ungeheurer Empörung" gereizt; sie „wurden durch die vorgehaltenen Pistolen und Gummiknüppel derartig gereizt, daß es nunmehr Fensterscheiben in Massen und das Leben des ‚Pleitegeiers' kostete."[273]

Unter den 55 Angeklagten waren der KLB-Vorsitzende v. Jena, der Hauptgeschäftsführer Cordes und MdL Staffehl. Daneben 36 Landwirte (darunter 11 Großgrundbesitzer), 9 Jungbauern und zwei Kaufleute, ein Maschinenfabrikant, ein „Aufkäufer", zwei Handwerkermeister und ein Arbeiter. Vier Angeklagte, darunter Schneider und Kleine, kamen aus Kuhbier.[274]

Die Urteile fielen recht mild aus. Die meisten Angeklagten erhielten Freisprüche, lediglich 13 Angeklagte wurden verurteilt zu Geldstrafen und mehrmonatige Haftstrafen, die zu zweijährigen Bewährungsstrafen umgeändert wurden.[275]

Die Ausschreitungen am 12. März sind nicht auf das Vorhandensein der Schupo zurückzuführen – auch bei anderen Landbundprotestversamm-

---

[273] „Montag, den 12. März.", in: Mitteilungen Landbund Ostprignitz 8.1928, Nr. 11 (16.3.).

[274] Liste der Angeklagten bei Prill, Anlage Nr. 4.

[275] Vgl. „Die Märtyrer von Kyritz.", in: Der BLB 9.1928, Nr. 46 (2. Nov.-Nr.).

lungen war die Schupo präsent. Zu den Gewalttätigkeiten haben zu einem großen Maße einzelne „Rädelsführer" oder militante Gruppen, wie die Leute aus Kuhbier, beigetragen. Aber auch diese waren bei anderen Landbunddemonstrationen präsent (so etwa im Kreis Crossen). Auffallend war die hohe Gewaltbereitschaft der Demonstranten insgesamt, die während der Demonstration und vor allem vorher, wie gezeigt, noch geschürt wurde. Der Hauptschuldige an den Ausschreitungen war aber die Kreislandbundführung. Schon die Organisation der Demonstration war äußerst mangelhaft. Der Demonstrationszug war nicht nach Ortsgruppen zusammengestellt, wobei die Vertrauensmänner Ordnerfunktionen hätten übernehmen können, noch waren andere Ordnungskräfte eingeteilt. Vor der Kundgebung vor dem Landratsamt wurde ein Teil der Demonstranten einfach ohne Führung zum Finanzamt weitergeschickt, stand also außerhalb der Kontrolle der Landbundführung. Von nun an war die Versammlung zerfahren. Später gelang es den Landbundführern nicht mehr, ein geschlossenes Abrücken der Demonstranten vom Finanzamt zum Katasteramt durchzusetzen. Zwischendurch gab es sogar eine Dreiteilung der Demonstranten: Ein Teil, der beim Katasteramt war, ein Teil der zum Katasteramt marschierte und ein Teil, der sich vor dem Finanzamt aufhielt.

Für den Landrat war das Verhalten des Kreislandbundvorsitzenden v. Jena auf dessen Unerfahrenheit zurückzuführen. Denn v. Jena war erst seit einem halben Jahr Vorsitzender, er wurde für den verstorbenen Wolfgang v. Dallwitz gewählt. Abgesehen von seinen Äußerungen über den Landrat, war er nach Ansicht der Landjäger und des Landrates bemüht, die Menge zu beruhigen. Dagegen heizten Staffehl und Cordes die Stimmung immer wieder an. Doch auch ihnen entglitt die Kontrolle über die Protestierenden und sie zeigten Schwäche, als sie den Landrat und den Finanzamtsleiter um Hilfe baten. Selbst wenn es für die Menge nicht sichtbar war, spätestens beim Prozess wurde dies öffentlich.

Eine besondere Rolle spielte der Hauptgeschäftsführer Cordes. Er stand den Demonstranten näher als v. Jena und Staffehl, führte und lenkte diese. Er bildete die Nahtstelle zwischen Landbundführung und Demonstranten. Er provozierte die Auseinandersetzungen, in dem er anstatt die Menge zu beruhigen diese aufstachelte: „...bei jedem Steinwurf, der gegen das Finanzamt erfolgte, tat er seine Zustimmung durch Zunicken und Zulächeln kund und forderte dadurch die Menge zu weiteren Ausschreitungen auf."[276]

Der Angeklagte beim Kyritzer Prozess mit der höchsten verhängten Haftstrafe war der Nationalsozialist Kleine aus Kuhbier. Er stach aus der Menge vor dem Finanzamt am 12. März durch seine aufreizenden Sprüche und sein gewaltsames Auftreten hervor. Nach den Polizeiberichten hatte er

---

[276] Schr. Kreisleiter [Landjäger] (Dymke) an Oberstaatsanwalt v. 15.3.28, in: BLHA 2A Reg. Potsdam I Pol., Nr. 1106, Bl. 245-261, hier: Bl. 249.

die Führung des gewaltsamen Teils der Demonstranten. Schon bei der Generalversammlung am 23. Februar hatte die nationalsozialistische Gruppe im Landbund Ostprignitz, darunter möglicherweise auch Kleine, die Abwahl des Vorsitzenden v. Jena wegen Führungsschwäche gefordert.[277] Die Ereignisse am 12. März 1928 und das, was beim Prozess im Herbst 1928 an die Öffentlichkeit drang, bestätigten diese Führungsschwäche. Die Landbundführer unterstützen die Gewalttätigkeiten, bis sie selbst nicht mehr damit fertig wurden und die Lösung dem Landrat überantworteten. Während der Demonstration und auch danach distanzierten sie sich nicht von den Gewalttätern, im Gegenteil: sie verteidigten die Ausschreitungen (Schuld lag bei der Schupo) und ließen sich wie alle anderen Angeklagten als „Märtyrer von Kyritz" feiern. Die Nationalsozialisten wurden dadurch aufgewertet. Diese Aufwertung fand noch einen Höhepunkt bei der Mitgliederversammlung am 10. März 1929, fast genau ein Jahr nach den Unruhen. Zugegen war dort der Reichslandbundpräsident Martin Schiele. „Vor Beginn der Versammlung hatte der Herr Präsident um ein Zusammensein mit ‚unseren Kyritzern' gebeten. Dieses Zusammensein gab allen die Ueberzeugung, daß unsere Herzen den gleichen Klang hatten."

Die Wirkung der Kyritzer Unruhen verschlechterte die Position der Deutschnationalen. Auf das „Amüsement einer sich etwas langweilenden Menge"[278], so die Mitangeklagte, die stramm rechte Ada v. Klitzing (geb. v. Rohr) beim Prozess, folgten weitere Geländegewinne der Nationalsozialisten. Die Versammlung der NSDAP während der Kundgebung am 12. März, die zunächst unterbrochen und nach der Protestversammlung fortgeführt wurde, war sehr gut besucht.[279] Am 25. März wurde der Nationalsozialist und stellvertretende Vorsitzende des Vereins der ehemaligen Bauernhochschüler, Richard Kackstein, als 2. Vorsitzender des Junglandbundes gewählt.[280] Bei den Reichstagswahlen am 20. Mai 1928 erhielt die NSDAP in der Ostprignitz ihr bestes Ergebnis in Brandenburg; hier war der Anteil der Stimmen auf dem Land sogar höher als der Anteil in den Städten. Die Provinziallandtagswahl 1929 und die Reichstagswahl 1930 führten zu weiteren Wahlerfolgen der NSDAP und Ende 1930 wählte der Kreislandbund Ostprignitz als erster brandenburgischer Landbund einen Nationalsozialisten zum Vorsitzenden. Sowohl v. Jena als auch Staffehl,

---

[277] „Bericht des Polizei-Majors Dr. Trull über den Kyritzer Landfriedensprozess mit einer Skizze der Örtlichkeit." (MS) o.O. o.D., in: BLHA 2A Reg. Potsdam I Pol, Nr. 1106, Bl. 189-221, hier Bl. 191.

[278] Zit. nach Prill, S. 57.

[279] Der Landbund Ostprignitz distanzierte sich im Nachhinein ausdrücklich von der NSDAP-Veranstaltung; vgl. „Montag, den 12. März.", in: Mitteilungen Landbund Ostprignitz 8.1928, Nr. 11 (16.3.).

[280] Vgl. „Sitzungsbericht über die Generalversammlung des Junglandbundes, 25. 3. 28.", in: Mitteilungen Landbund Ostprignitz 8.1928, Nr. 14 (6.4.)

beide nun bei der Landvolkpartei, hatten keinen Rückhalt mehr bei den Landbundmitgliedern.

3. Boykott- und „Streik"-Aktionen

„Steuerstreik" und „Kaufenthaltung"

Hatten die brandenburgischen Landwirte, wie gezeigt, zu Zeiten der Zwangswirtschaft den Lieferstreik angedroht und auch eingesetzt, so waren nach der Währungsstabilisierung zwei andere Boykottaktionen auf dem Programm der Landbünde: der „Steuerstreik", d.h. der Steuerzahlungsboykott, und die „Kaufenthaltung", das war vor allem ein Boykott des Kaufs von Düngern und Maschinen. Zum ersten Mal wurden die Kaufenthaltung und der Steuerstreik bei den Notkundgebungen 1924 ausgerufen. Das Motiv für letzteres war, eine Steuersenkung für die Landwirtschaft zu erreichen. Doch schon im Vorfeld war die Entschiedenheit der Regierung, gegen einen Steuerstreik vorzugehen, klar. Die meisten Entschließungen der Kreislandbünde enthielten deswegen abgemilderte, oft vage Formulierung, wie die des Kreislandbundes Friedeberg:

> „Wir erklären, wir sind nicht in der Lage:
> 1) Im Monat August Steuern zu zahlen. …
> 2) Kunstdünger für die Ernte 1925 zu beschaffen.
> 3) Bis auf weiteres irgend welche Maschinen zu kaufen."[281]

Während dies nur ein halbherzig ausgesprochener Boykottaufruf war, rief der Kreislandbund Züllichau-Schwiebus dagegen offen zum Boykott auf:

> „Zum Beweis dafür, daß die deutsche Landwirtschaft – festgefügt in der großen Organisation des Reichslandbundes – gewillt ist, auch entschlossen den Weg der Selbsthilfe zu beschreiten, wenn die Regierung nicht hilft, erklärt die heutige Notversammlung folgendes:
> I. Die Landwirte stellen **sofort** sämtliche Zahlungen an Reichs- und Staatssteuern ein.
> II. Die Landwirte stellen **sofort** jeglichen Bezug von Kunstdünger ein, dergleichen jeglichen Neuankauf landwirtschaftlicher Maschinen."

Weiter enthielt die Entschließung einen Passus, der später zum Kern der Notgemeinschaften der Landvolkbewegung wurde:

> „Wir erklären jeden Landwirt und jeden mittelbar oder unmittelbar von der Landwirtschaft lebenden Menschen für einen Verräter, der den Behörden z. B. bei Zwangsversteigerungen die Hand zur Enteignung des landwirtschaftlichen Besitzes bietet."

---

281 „Große Protestkundgebung der Landwirtschaft des Kreises Friedeberg", in: Landbund Friedeberg 3. 1924, Nr. 33 (16.8.).

Im Anschluss an die im Landbundblatt abgedruckte Entschließung stand: „Von **allen** Landwirten wird verlangt, daß sie sich dem Beschluß fügen, ohne Rücksicht auf die Folgen, die für den einzelnen entstehen.“[282] Wegen der Aufforderung zum Steuerstreik wurden einige Führer angezeigt und der Vorsitzende des Kreislandbundes, Herter-Zion, und der Geschäftsführer Fink zu einer in eine Geldstrafe umgewandelte Haftstrafe verurteilt.[283]

Wenn auch die Rechtsanwälte für den Prozess vom Brandenburgischen Landbund und vom Reichslandbund gestellt wurden und die Geldstrafe aus dem Etat des Brandenburgischen Landbundes genommen wurde, so war klar, dass die Spitzenorganisationen keinen Steuerstreik ausrufen wollten.[284] Dass die Führer des Kreislandbundes Züllichau-Schwiebus einen Steuerstreik ausriefen, geschah, so der Geschäftsführer Fink, auf Druck der Mitglieder:

> „Der Fall zeigt einmal, wie die Führer einer Berufsorganisation, wie es der Landbund ist, durch die Verhältnisse und die Stimmung der Mitglieder unter Umständen auch zu Handlungen gedrängt werden, die sie in Konflikt mit den Strafgesetzen bringen.“[285]

Statt eines Steuerstreiks wurden nun massenweise Steuerstundungsanträge von den Landwirten über den Landbund an die Finanzämter gestellt. Dies brachte nicht nur eine Mehrarbeit für die Finanzämter, sondern auch für die Landbundgeschäftsstellen.

Über die Durchführung der Kaufenthaltung gibt es keine verlässlichen Aussagen. Interessant ist allerdings dass nach der Aussprache über die Entschließung des Kreislandbundes Züllichau-Schwiebus die Kaufenthaltung dahingehend erweitert wurde,

> „daß kein Landwirt bis zur Besserung der wirtschaftlichen Lage Kunstdünger **streuen** darf. Dieser Beschluß erschien zur Erhaltung der unbedingt notwendigen Einigkeit zwischen Groß- und Kleinbesitz notwendig. Dieser Beschluß wurde dann unter besonderer Zustimmung des Großgrundbesitzes in dieser Form gefaßt.“[286]

---

[282] „Die Notversammlung des Kreislandbundes am 10. August.“, in: Landbund Züllichau-Schwiebus-Bomst 5.1924, Nr. 33 (17.8.).

[283] Vgl. „Strafanzeige gegen die Führer unseres Kreislandbundes“, in: Landbund Züllichau-Schwiebus-Bomst 5.1924, Nr. 42 (19.10.). Fk. [Fink], „Verurteilung unseres Vorsitzenden Herrn Herter und des Geschäftsführers Herrn Fink.“, in ebda. 6.1925, Nr. 5 (30.1.).

[284] Vgl. Rschr. Nicolas an die ersten Vorsitzenden v. 9.9.1924, in: BArch R8034 I RLB (BLB), Nr. 176, Bl. 70-72.

[285] Fk. [Fink], „Verurteilung unseres Vorsitzenden Herrn Herter und des Geschäftsführers Herrn Fink.“, in : Landbund Züllichau-Schwiebus-Bomst 6.1925, Nr. 5 (30.1.).

[286] „Die Notversammlung des Kreislandbundes am 10. August.“, in: : Landbund Züllichau-Schwiebus-Bomst 5.1924, Nr. 33 (17.8.).

Aus diesem Beschluss spricht deutlich das Misstrauen der Bauern gegenüber dem Großgrundbesitz, dass jener eben doch seine Vorräte an Kunstdünger einsetze und sich damit einen Erntevorteil verschaffe. Dieses Misstrauen sollte sich auch bei den anderen Kaufenthaltungen immer wieder einstellen.

Während 1926 nur wenige Kreislandbünde darauf hingewiesen hatten, dass die Landwirte die Steuern nicht bezahlen „können", war bei den Notkundgebungen 1928 die „Zahlungsunfähigkeit" wieder zentrales Thema. Schon im Februar gaben zehn Gemeinden im Kreis Angermünde, die durch das Hochwasser 1927 stark betroffen waren, durch den Landbund dem Landrats- und Finanzamt bekannt, dass sie keine Steuern mehr zahlen könnten.[287] Diesem Beispiel folgten andere Gemeinden in den Kreisen Oberbarnim, Ruppin und Templin.

In einem Rundschreiben vom 28. Februar 1928 rief die RLB-Führung seine Mitgliedsverbände zu einem Steuerstreik auf.[288] In der Öffentlichkeit jedoch wies der Landbund die Vorwürfe, einen Steuerstreik ausgerufen zu haben, von sich:

> „Man wird sicher den Landbund beschuldigen, daß er zur Einstellung der Zahlungen aufgefordert, oder wie man sagt, zum Steuerstreik gehetzt habe. Das ist natürlich glatter Unsinn. Tatsache ist aber, daß von unten her eine starke Bewegung durch das Land läuft und alle Dörfer erfaßt. Man einigt sich und tritt mit den Nachbargemeinden in Verbindung. Man kommt geheim zusammen und trifft untereinander durch Handschlag bindende Verabredungen. Geredet wird nicht viel, man ist sich schnell einig."[289]

Diese Beschreibung einer Bewegung von „unten" erinnert stark an die Landvolkbewegung in Schleswig-Holstein. Kern der Bewegung lag in den Dörfern, der „Dorfgemeinschaft". In Brandenburg zielte diese Bewegung aber nicht auf eine neue Organisation, sondern auf die „Selbsthilfe". Diese „Selbsthilfe"-Bewegung, die von den Landbundführern immer als Alternative angedroht wurde, ging in Form des Steuerboykotts von einigen verarmten, besonders schwer vom Hochwasser 1927 betroffenen Gemeinden des Oderbruches im Kreis Angermünde aus.

Ob bei der Steuerverweigerung die Landbundführung initiativ war, lässt sich schwer rekonstruieren. Federführend waren aber die Geschäftsführung und der Vorstand bei den Verhandlungen mit dem Finanzamt.[290]

---

[287] Vgl. „Der Kampf beginnt!", in: Landbundnachrichten des Kreises Ober-Barnim 10.1928, Nr. 7 (17.2.).

[288] Vgl. Pyta, Besteuerung, S. 373. Die meisten Provinzial- und Landeslandbünde milderten den Passus ab, um nicht wegen Aufruf zum Steuerstreik juristisch belangt zu werden.

[289] „Steigende Not! Unmöglichkeit, Steuern und Abgaben zu zahlen.", in: Landbund Niederbarnim 8.1928, Nr. 10 (11.3.).

[290] Vgl. M[asberg], „Ein Jahr Landbundarbeit. Der auf der Generalversammlung erstattete Jahresbericht 1927/28.", in: Landbund Angermünde 9.1928, Nr. 47(17.11.), in:

Diese unterbanden also nicht diese Steuerverweigerungen, wie dies ein Monat zuvor die Landbundführung des Kreises Lebus in Lebuser Oderbruchgemeinden getan hatte.[291] Im Gegensatz hierzu trieb der Vorsitzende des Kreislandbundes Angermünde, der Bauer Behnke, die Steuerstreikbewegung voran. Auf der Notversammlung des benachbarten Kreislandbundes Oberbarnim am 5. März 1928 hielt er eine mit tosendem Beifall bedachte Rede, in der er zum bäuerlichen Kampf und zur Bildung örtlichen Kampfgruppen zur Zerschlagung des Staates aufrief. Eine für diese Versammlung vorbereitete gemäßigte Resolution wurde von den völkischen Vorstandsmitgliedern v. Schoenermark und v. Oppen-Tornow abgelehnt und die Mitwirkung Behnkes bei der Formulierung der Entschließung durchgesetzt. Diese stark von Behnke geprägte Entschließung hatte folgenden Wortlaut:

> „1. Entschließungen werden nicht mehr gemacht.
> 2. In allen Ortschaften ist der Kampf zu organisieren, insbesondere durch Sicherstellung der Nachrichtenübermittlung und der Marschbereitschaft aller 16- bis 60-Jährigen. Schriftliche Bereiterklärung ist zu fordern.
> 3. Wir sind nicht gewillt, Zwangsmaßnahmen weiter zu ertragen:
> ‚Die Kuh bleibt im Stall, Der Stall bleibt unser.'
> Das System dieses Staates wird an der ‚Dorfgemeinschaft' scheitern.
> Dies ist unsere Macht! Reichslandbund benutze sie!"[292]

Nach Verlesung der Resolution ließ Behnke die Versammelten den Schwur leisten: „Der Kampf geht los zum Siege oder Tod!". Zentraler Bezugspunkt in Behnkes Propaganda war die „Dorfgemeinschaft", die nun zum Mittel der „Selbsthilfe" greifen und sogar kampfbereit gemacht werden sollte. Doch die Steuerboykottbewegung griff nicht weit über die Nachbarkreise von Angermünde hinaus. Lediglich die Führung des Kreislandbundes Ostprignitz suchte ihre Ortsgruppen zu einem Steuerstreik zu mobilisieren, wofür v. Jena und Cordes zusätzlich zu dem Kyritz-Verfahren noch angeklagt worden waren.[293]

Im Kreis Angermünde verzichteten der Landrat und die Finanzbehörden auf eine zwangsweise Einziehung der Steuern, da sie befürchteten,

---

BArch R8034 II RLB-Pressearchiv, Nr. 2918, Bl. 162. Ende Februar waren schon aus 30 Gemeinden Erklärungen, die Steuern nicht zahlen zu können, eingegangen.

[291] Vgl. „Protestversammlung des Oderbruches.", in: Landbund Kreis Lebus 9.1928, Nr. 2 (14.1.).

[292] „Notversammlung am 5. März 1928 in Wriezen.", in: Landbundnachrichten des Kreises Ober-Barnim 10.1928, Nr. 10 (9.3).

[293] Beide wurden freigesprochen; vgl. „Wieder ein Landbund-‚Steuerprozeß'", in: Der BLB 10.1929, Nr. 3 (3. Jan.-Nr.); „Cordes wieder freigesprochen", in: ebda., Nr. 7 (3. Feb.-Nr.). Der Vorsitzende des KLB Prenzlau wurde verurteilt: „Noch eine Verurteilung", in: ebda., Nr. 17 (4. Feb.-Nr.); der Hauptgeschäftsführer des KLB Cottbus, Zöllner, in der Revision freigesprochen: „Freigesprochen", in: ebda., Nr. 18 (5. Feb.-Nr.).

„dass Gewaltakte vorkommen, die leicht die Erregung der ländlichen Bevölkerung zur Siedehitze bringen können."[294] Die Zwangsmaßnahmen und daraus folgende gewaltsame Proteste hätten sicherlich zur Ausweitung der Steuerstreikbewegung geführt. Die weiteren steuerlichen Vergünstigungen, besonders im Kreis Angermünde, trugen ebenfalls zur Eindämmung dieser Bewegung in der Uckermark bei. Letztendlich war es dem Verhalten der Führung des Brandenburgischen Landbundes zuzuschreiben, dass die „Selbsthilfe" auf wenige Kreise und wenige Orte beschränkt blieb. Diese Aktion wurde nahezu totgeschwiegen: der Steuerboykott im Kreis Angermünde war der Landbundführung nur eine kurze Mitteilung in ihrer Zeitschrift wert.[295] Man drohte zwar bei den Kundgebungen am 12. März wieder mit einem Steuerboykott, jedoch gleichzeitig erklärte man, dies sei kein Streikaufruf, sondern die Konstatierung der Zahlungsunfähigkeit der Landwirte. Einen Streik organisieren wollte man aber nicht; dies hätte Zwangsmaßnahmen des Staates provoziert. Zur „Selbsthilfe" wollte man ebenfalls nicht aufrufen, denn diese Aktion hätte die Bahn des organisierten Protestes verlassen und die eigene Organisation gefährdet.[296] So blieb der „Steuerstreik" ein Drohmittel, den der Landbund nie selbst anwenden wollte, mit dem er aber seine eigenen agrarpolitischen Vorstellungen vor allem auf parlamentarischem Wege durchsetzte. Als im Juli 1928 Behnke starb, verlor die „Selbsthilfe"-Bewegung einen wichtigen Motor, was sicher auch zu ihrem Ende beitrug.

Der Käuferstreik 1929

Im Jahre 1929 rief der Brandenburgische Landbund zum letzten Mal zu einer gemeinsamen Aktion mit „gewerkschaftlichen" Kampfmitteln auf. Es handelte sich dabei um einen Käuferstreik unter dem Motto „Maßnahmen zum Erhalt der Betriebe". Zum ersten Mal wurde ein Streik in Gang gesetzt und Richtlinien dafür erlassen – wobei betont wurde, dass dies kein Streik sei sondern eine „Kaufenthaltung". Dieser Käuferstreik wurde mit den Landes- und Provinziallandbünden Ostpreußen, Pommern, Mecklenburg-Schwerin, Hannover, Thüringen und Hessen abgesprochen. Als Grundlage diente ein Entschluss des Bundesvorstandes des RLB vom 23. Februar 1929, alle Käufe bis zur Grenze des Ertragbaren einzustellen. Bei der Vertreterversammlung des Brandenburgischen Landbundes am 10. April wurde die „Kaufenthaltungsparole" verabschiedet, die am 10. Mai vom Gesamtvorstand noch verschärft und in „Richtlinien" konkretisiert

[294] Schr. LR Angermünde an Regierungspräsidium Potsdam v. 7.3.28, in: BLHA 2A Reg. Potsdam I Pol, Nr. 1106, Bl. 8-11, hier: Bl. 9.

[295] „274 uckermärkische Bauern...", in: Der BLB 9.1928, Nr. 7 (2. Feb.-Nr.). Dieser kurze Artikel stand in der Rubrik „Wochenschau".

[296] Die Landvolkbewegung in Schleswig-Holstein, die zu einem völligen Zusammenbruch des dortigen Bauernvereins führte, bot hierzu das beste Beispiel.

wurde und am 15. Mai in Kraft treten sollte. Diese beinhaltete den Verzicht bzw. die Einschränkung beim Kauf von Maschinen, Futtermitteln, Kunstdünger, Luxusartikel, nicht unbedingt erforderlichen Gegenständen des täglichen Bedarfs (Bekleidung, Haushaltsgegenstände). Neu- und Umbauten sollten nicht durchgeführt werden, Käufe nur mit Bargeld erledigt werden, der Kauf bei Fliegenden Händlern ganz unterbleiben und Festlichkeiten eingeschränkt werden.

Die Richtlinien des Brandenburgischen Landbundes waren unscharf formuliert, teilweise formulierten ihn die Kreislandbünde schärfer. So beschloss der Landbund Soldin, „Es ist einstweilen kein Kunstdünger zu kaufen oder zu bestellen.“[297] Der KLB Crossen beschloss zur Durchführung der Kaufenthaltung, dass „in jeder Ortsgruppe ein Vollzugs- und Ueberwachungsausschuß, bestehend aus 3 bis 5 aktiven Mitgliedern, gebildet werden“ soll.[298]

Der Vertreterausschuss des KLB Oststernberg hingegen forderte: „Die Anwendung von Kunstdünger darf nur dort stattfinden, wo dadurch eine höhere Rente mit Sicherheit zu erwarten ist.“ Der Vertreterausschuss stellte aber gleichzeitig den Antrag an den BLB, „beim Reichslandbund in Bezug auf die Beschaffung von künstlichem Dünger und von Maschinen eine schärfere Bestimmung zu erwirken, zu deren Innehaltung alle Landbundorganisationen zu verpflichten sind.“[299] Die vom Vorstand des BLB beschlossene Regelung besagte, dass jeder Düngereinkauf für die Herbstbestellung bis auf weiteres zu unterbleiben hat“, bzw. schon bestellter Dünger im Herbst vorläufig nicht anzuwenden sei; die „Düngeranwendung bei der augenblicklich auf dem Feld stehenden Ernte ist dagegen frei.“[300] Diese etwas schärfere Boykottmaßnahme war aber relativ folgenlos, wie der Vertreter des Großgrundbesitzes im Bezirk I des Landbundes Lebus, Graf Hardenberg, bei der Versendung der Verpflichtungserklärung am 14. Juni 1929 mitteilte: „Wie ich gestern in Berlin erfuhr, wird ungefähr im September ein Beschluss gefasst werden, nach dem zur Frühjahrsbestellung der Kunstdünger wieder freigegeben wird. Der Nicht-Düngerbezug zur Herbstbestellung wird m.E. ohne nachteilige wirtschaftliche Folgen befolgt werden können.“[301]

---

297 „Sebsthilfemaßnahmen der Mitglieder des Landbundes Soldin“, in: Landbund Soldin 11.1929, Nr. 20 (17.5.).

298 „Bericht über die Hauptversammlung am 2. Mai 1929. Die Selbsthilfemaßnahmen einstimmig beschlossen.“, in: Crossener Landbund 10.1929, Nr. 19 (11.5.).

299 „Sitzung des Vertreterausschusses des Landbundes Oststernberg am 16. Mai 1929.“, in: Nachrichtenblatt des Landbundes Ost-Sternberg 11.1929, Nr. 21 (25.5.).

300 Rschr. Landbund Lebus v. 3.6.1929, in: BLHA Rep. 37 Herrschaft Neuhardenberg, Nr. 1896, Bl. 58.

301 Schr. Hardenberg an Amtsrat Koppe (Wollup) und Oberamtmann Koppe (Kienitz) v. 14.6.1929, in: BLHA Rep. 37 Herrschaft Neuhardenberg, Nr. 1896, Bl. 61.

Die „Kaufenthaltung" sollte, wie es auch der Vorsitzende des BLB Nicolas auf der Vertreterversammlung des KLB Prenzlau am 25. Mai ausführte[302], zwei Ziele erfüllen. Zunächst sollte darauf hingewirkt werden, dass die Landwirte ihre Betriebe von der intensiven zur „rationellen" Wirtschaft umstellen. Gemeint war damit, dass die Landwirte die Ausgaben drosseln sollten, so etwa Futtermittel selbst produzieren und weitmöglichst auf Gründüngung umstellen sollten. Die Ernte würde dadurch zwar geringer ausfallen, aber ein gleicher oder gar höherer Gewinn wäre trotz geringerer Einnahmen durch die geringeren Ausgaben gesichert („Nicht höchster Umsatz, sondern Rente!" war das Schlagwort[303]). Zum zweiten sollten durch den Käuferstreik die Industrie und der Handel sich für die Landwirtschaft einsetzen. Man erhoffte insbesondere sich so einen Druck auf die Regierung und das Parlament, um höherer Zölle und Abänderung der Handelsverträge durchzusetzen.

Die Landbundmitglieder sollten Verpflichtungserklärungen zur Boykotteinhaltung unterschreiben. Zur Durchführung der Kaufenthaltung sollten auch die Nichtmitglieder angehalten werden. In den Ortsgruppen sollten überall Vollzugs- und Überwachungsausschüsse gebildet werden, für die Großgrundbesitzer war pro Bezirk ein verantwortlicher Großgrundbesitzer zur Durchführung und Kontrolle des Käuferstreiks verantwortlich.[304]

Die „Kaufenthaltung" wurde in den meisten Kreislandbünden erst ab Mitte Mai ausgesprochen, oft Anfang Juni nochmals in einer Sitzung die Durchführung abgeklärt, erst „Ende Juni war die Kaufenthaltungsparole überall in der Provinz durchgedrungen."[305] Es dauerte also ziemlich lange bis die Mitglieder von einem Käuferstreik überzeugt werden konnten. Der Höhepunkt der Bewegung war im Juli, danach flaute die Bewegung ab. Als der Gesamtvorstand des BLB am 25. September 1929 den Kunstdüngerkauf freigab, war die Kaufenthaltung fast überall in der Provinz längst aufgegeben.

Zwar feierte der Brandenburgische Landbund die Aktion als Erfolg, zum einen für den einzelnen Landwirt, der die Kaufenthaltung mitmachte: „Nichts konnte so sehr die Parole nach Verringerung des Betriebsrisikos unterstreichen, wie die katastrophale Preisentwicklung im Herbst 1929." Zum anderen aber hätte die Bewegung dazu beigetragen, „den Boden für die parlamentarischen Forderungen der Landwirtschaft im Jahre 1929

[302] Vgl. „Maßnahmen zur Erhaltung der Betriebe", in: Landbund Prenzlau 10.1929, Nr. 22 (1.6.).

[303] „Nicht höchster Umsatz, sondern Rente.", in: Landbund Beeskow-Storkow 5.1929, Nr. 27 (6.7.).

[304] Vgl. „Bericht über die Hauptversammlung am 2. Mai 1929", in: Crossener Landbund 10.1929, Nr. 19 (11.5.).

[305] Geschäftsbericht des Brandenburgischen Landbundes e. V. für das Jahr 1929, Berlin 1930, S. 19.

vorzubereiten."[306] Doch war die Aktion eher kläglich gescheitert und eingeschlafen. Nach Nicolas war die „Aktion der Kaufenthaltung ... verpufft, weil sie im Reiche nicht zur einheitlichen Durchführung gebracht werden konnte."[307] Doch die Kaufenthaltung scheiterte nicht nur an anderen Provinzial- oder Landesbünden. So beurteilte der Jahresbericht des Angermünder Landbundes die Aktion eher selbstkritisch: „Im Rückblick auf die Durchführung muß festgestellt werden, daß wohl viele Landbündler einsichtsvoll als treue Vorkämpfer ihren Mann gestanden haben, daß andrerseits aber unter unseren 2000 Mitgliedern im Kreise eine große Anzahl bei einer solch lebenswichtigen Frage, bei der es auf eine einheitliche Durchführung ankam, die erforderliche Opferwilligkeit, Tatkraft und Geschlossenheit vielfach nicht in dem notwendigen Umfange aufzubringen vermochten."[308] Es fehlte die notwendige Solidarität![309]

Zusammenfassung

Die Untersuchung der Demonstrationswellen 1924, 1926 und 1928 haben gezeigt, dass sich die brandenburgischen Bauern auch nach den unruhigen und mobilisierenden Phasen von Revolution, Putschgefahr und Hyperinflation 1918 bis 1923 weiter radikalisiert und politisiert haben.

Doch die Radikalisierung war schon 1924 zu sehen und nahm kontinuierlich zu und, wie am Beispiel der Ostprignitz zu sehen war, auch die Gewaltbereitschaft. Diese Radikalisierung wandte sich nicht nur gegen die politischen Gegner, gegen die verhasste Republik. Vielmehr zeigte sich in dieser Radikalisierung ein Prozess, der zunehmend bäuerliche Protestformen annahm und die Dominanz der adligen Führungsrolle der Bewegung abstreifte. Letztendlich richtete sich diese Radikalisierung gegen die alte Elite. Diese war auch kaum noch in der Lage, die von ihr selbst mitinitialisierte Radikalisierung zu kontrollieren. Es waren die bäuerlichen opinion leader, bäuerliche Landbund-Ortsgruppenvorsitzende und Bezirksvorsitzende, die „ihre Bauern" mobilisieren oder aber auch beruhigen konnten.

Der Kreis Ostprignitz kann wohl mit dem Modell der nordwestdeutschen Bauernbewegung verglichen werden. Prototypisch waren hier der

---

306 Ebda., S. 2.

307 Schr. Nicolas an Minister v. 8.11.1929, in: BArch R8034 I RLB, Nr. 18, Bl. 274-278, hier: 275RS.

308 „Landbundjahresbericht 1928/29", in: Landbund Angermünde 10.1929, Nr. 47 (23.11.).

309 Ähnlich ernüchternd auch der Kreislandbund Friedeberg. Auf die Forderung des KLB-Vorsitzenden an die Ortsgruppen, Berichte über den Stand der Aktion zu erfahren, antworteten von 74 Dörfern nur 30. „Die Kreisführung weiß heute – 5 Wochen nach dem Erlaß – noch nicht einmal, ob in der Hälfte der Dörfer die notwendigen Versammlungen stattgefunden haben."; in: „Wird die Not die Landwirte zusammenschmieden?", in: Landbund Friedeberg 8.1929, Nr. 23 (7.6.).

Ausbruch der Gewalt und der frühe Erfolg der NSDAP; Vorreiter war dieser Kreis nicht nur für Brandenburg, sondern auch für Deutschland, in Bezug auf die Gewalttätigkeit 1928 und dem Erfolg der NSDAP (der erste Kreislandbund Deutschlands mit nationalsozialistischer Führung). Doch gerade diese Radikalisierung und Politisierung hängen eng mit der Entwicklung eines radikalen bäuerlichen Standesbewusstseins und auch der Entwicklung im Junglandbund zusammen.

Die Radikalisierung setzte 1928 nicht bei Null an und der Erfolg der NSDAP ist nicht durch diesen Gewaltausbruch erklärbar, wie es der Großteil der Forschung vermittelt.[310]

IV. Misslungene Mobilisierung: die Landbundgenossenschaften

Eine Untersuchung der politischen Willensbildung durch die wirtschaftspolitischen Organisationen sollte die Genossenschaften, als rein wirtschaftliche Organisationsformen, eher als Randthema behandeln. Doch der Brandenburgische Landbund begann Anfang der 1920er Jahre eigene Genossenschaften aufzubauen. Dies hatte einen hohen Mobilisierungseffekt. Das Scheitern der Landbund-Genossenschaften führte jedoch zu einem Desintegrationsprozess, der zu einem erheblichen Mitgliederschwund in den Landbünden und erheblichen Spannungen zwischen „Groß und Klein“ führte.

Die Landwirte hatten zur Durchsetzung ihrer wirtschaftspolitischen Forderungen eigene Organisationen (Landbünde, Bauernvereine, Bauernverbände). Die landwirtschaftlichen Genossenschaften waren dagegen Zusammenschlüsse mit rein wirtschaftlichen Zielen. Das Spektrum war dabei recht umfangreich, so gab es Kreditgenossenschaften, Bezugs- und Absatzgenossenschaften, Elektrogenossenschaften, Maschinengenossenschaften, Weidegenossenschaften usw.[311] Die Entstehung der meisten Genossenschaften waren Reflexe auf krisenhafte Erscheinungen. Der

---

[310] So u. a. auch Peter Manstein, Die Mitglieder und Wähler der NSDAP 1919-1933. Untersuchungen zu ihrer schichtenmäßigen Zusammensetzung, Frankfurt/M. u. a. ²1989, S. 59-60. Zwar greift die Forschung mit ihrem Modell auf Heberle zurück, doch gerade dieser zeigt die Entwicklungen vor 1928 auch auf, auch er sieht die Jungbauernschaft als Triebfeder der Radikalisierung, wobei er ihren Einfluss beschränkt sieht, vgl. Heberle, S. 147-149. Andrerseits sieht er auch, dass die junge Generation früh zu den Nationalsozialisten ging, vgl. Heberle, S. 162.

[311] Vgl. Stephan Merl, Das Agrargenossenschaftswesen Ostdeutschlands 1878-1928. Die Organisation des landwirtschaftlichen Fortschritts und ihre Grenzen, in: Ostelbische Agrargesellschaft, S. 287-322, hier: S. 290-291.

Boom der Genossenschaftsbewegung begann mit dem Auf- und Ausbau der Kreditgenossenschaften in den 1860er Jahren, den Zeiten des Geldmangels. Die große landwirtschaftliche Krise ab den 1870er Jahren ließ die Zahl der Bezugs- und Absatzgenossenschaften in die Höhe schnellen.

1. Gründung und Ausbau der Genossenschaften

Zur Entstehungszeit des Brandenburgischen Landbundes 1919 war das Genossenschaftswesen in der Provinz – im Vergleich mit den westlichen und südlichen Provinzen Preußens und Ländern Deutschlands – schwach entwickelt[312]. Die bestehenden Einzelgenossenschaften waren im „Verband der landwirtschaftlichen Genossenschaften der Provinz Brandenburg“, der Provinzialorganisation des „Reichsverbandes der deutschen landwirtschaftlichen Genossenschaften“ (Offenbach), und im „Raiffeisenverband“ organisiert; nur wenige Genossenschaften waren Mitglieder des Genossenschaftsverbandes des BdL. Sowohl von der Anzahl der Genossenschaften, der Mitglieder als auch vom Warenumsatz lag Brandenburg weit hinter den Verhältnissen des westlichen Deutschlands zurück. Die hauptsächliche Ursache hierfür war die starke Präsenz des Großgrundbesitzes, der seine Waren auf anderen Wegen lange gut absetzen konnte.

Zur Förderung des Genossenschaftswesens richtete der Brandenburgische Landbund im Sommer 1919 einen Genossenschaftsausschuss ein. In diesem saßen neben den Landbundfunktionären die Vertreter der bestehenden Genossenschaftsverbände. Der Ausschuss erließ am 26. November 1919 Richtlinien für die Kreisgenossenschaftsausschüsse. Zweck dieser Ausschüsse war, den „Genossenschaftsgedanken in den Kreisen zu fördern und auszubreiten, den Wirtschaftsverband [d. i. Kreislandbund] in genossenschaftlichen Fragen zu beraten und durch den Zusammenschluss die wirtschaftliche Hebung der Landwirtschaft zu erstreben.“[313] Vertreten waren in diesen Ausschüssen neben dem Kreislandbund die im Kreise tätigen Genossenschaftsverbände. Den Vorsitz sollte ein Vertreter des

---

[312] Vgl. Merl, Tabelle 3, S. 294-295. Die Zahlen beziehen sich auf das Jahr 1912, während des Krieges dürften kaum neue Genossenschaften hinzugekommen sein. Vgl. auch „Das Genossenschaftswesen im Kreise Ostprignitz.“, in: Mitteilungen vom Landbund Ostprignitz 3.1922, Nr. 4 (27.1); „Das landwirtschaftliche Genossenschaftswesen.“, in: Nachrichtenblatt des Wirtschaftsverbandes für den Kreis Oststernberg 3.1921, Nr. 52 (31.12.). Die Übersichten beinhalten nicht, wie viele Landwirte in den einzelnen Genossenschaften Mitglieder waren und welcher Anteil des Warenumsatzes durch die Genossenschaften abgedeckt war. Die Genossenschaftsgeschichte in Brandenburg ist ein Desiderat der Forschung.

[313] „BLB. Bericht über die Sitzung des Genossenschaftsausschusses des BLB am 26. November 1919.“, in: Nachrichtenblatt des Deutschen Landbundes 1919, Nr. 15 (15.12.).

Kreislandbundes führen. Dies war für die Genossenschaftsorganisationen Reichsverband (Offenbach) und Raiffeisen nicht ganz unproblematisch, da der BdL (als Vorläufer der Landbünde) schon im Weltkrieg damit begonnen hatte, die Genossenschaftsverbände unter seiner Ägide zusammenzuführen.[314] Nicht zu unrecht befürchteten die bisherigen neutralen, eher liberal ausgerichteten Genossenschaftsverbände vom BdL „geschluckt" zu werden.

Knapp ein Jahr später, im Oktober 1920, beriet der Gesamtvorstand des BLB den Vorschlag der Genossenschaftsverbände über eine verstärkte Zusammenarbeit. Die Genossenschaftsverbände stellten die Bedingung, dass die Kreislandbünde ihre wirtschaftliche Tätigkeit aufgeben sollten. Eine solche Vereinbarung war im Kreise Züllichau-Schwiebus, das angeblich „über das bestausgebaute Genossenschaftswesen der Provinz" verfügte, schon vorher getroffen worden. Diese beinhaltete Folgendes:

> „1. Der Kreislandbund überläßt jede kaufmännische Betätigung ausschließlich den Genossenschaften, macht also keinerlei Geschäfte.
> 2. Der Kreislandbund wirbt in seinem Mitgliederkreise für die Genossenschaften und den Genossenschaftsgedanken überhaupt.
> 3. Als Gegenleistung erhält der Kreislandbund von den Genossenschaften einen noch zu vereinbarenden Gewinnanteil."[315]

Doch nicht in allen Kreislandbünden stieß dieses Modell auf uneingeschränkte Zustimmung. Zwar erklärten sich auf der Gesamtvorstandssitzung des BLB 21 Kreislandbünde mit dem Vorschlag zur Zusammenarbeit einverstanden, jedoch machten vier Kreise ihre Entscheidung von noch schwebenden Verhandlungen mit den Genossenschaften abhängig und weitere vier Kreislandbünde wollten sich die Option offen halten, selbst wirtschaftlich tätig zu werden.[316]

Die folgende Entstehung der Landbundgenossenschaften war keine Entscheidung der Provinzialorganisation. Die Mehrheit der Kreislandbünde war 1920 nicht gewillt, selbst Genossenschaften zu gründen. Doch die dezentrale Organisationsstruktur der Landbünde ermöglichte, dass einige Kreislandbünde in der Frage der genossenschaftlichen Organisation eigene Wege gingen. Federführend bei der Gründung von Landbundgenossenschaften waren die Niederlausitzer Landbünde, insbesondere der Cottbuser Kreislandbund und die treibende Kraft war dabei der Vorsitzende

---

[314] Vgl. Merl, S. 319-320; Flemming, Landwirtschaftliche Interessen, S. 139; Unkritisch gegen die Landbundbestrebungen: Werner Düring, Die Entwicklung des ländlichen Personalkredits der Provinz Brandenburg nach der Stabilisierung unter besonderer Berücksichtigung der Kreditgenossenschaften, Berlin 1928, S. 78-79.

[315] „Kreislandbund und Genossenschaften.", in: Landbund Züllichau-Schwiebus 1.1920, Nr. 38 (26.9.).

[316] Vgl. „Von der Vollvorstandssitzung." , in: Der BLB 1.1920, 41 (3. Okt.-Nr.). Wie sich welche Kreislandbünde entschieden haben ist nicht mitgeteilt.

Gneomar v. Natzmer-Gahry, der führende Kopf der Niederlausitzer Landbundbewegung.
Am 12. August 1920, also zwei Monate vor der eben erwähnten Vorstandssitzung des BLB, beschloss eine außerordentliche Generalversammlung des Bauernverbandes [KLB] Cottbus die Gründung einer „Wirtschaftsstelle (Kreisgenossenschaft) des Bauernverbandes", dies sollte durch den Eintritt des KLB in die bestehende Viehverwertungsgenossenschaft geschehen. Damit bestätigte die Generalversammlung einen Vorschlag der Vertreterversammlung des KLB vom 1. August.[317] Auf beiden Versammlungen war es v. Natzmer, der die Gründung in größeren Reden propagiert hatte. Er bezeichnete die bevorstehende Aufhebung der Fleischzwangsbewirtschaftung als Anlass zur Gründung der Genossenschaft. Der bei der Generalversammlung anwesende Hauptgeschäftsführer des BLB Weyland überbrachte „die Grüße des Brandenburgischen Landbundes und spricht dessen Dank dafür aus, daß der Kreis-Bauern-Verband Cottbus wieder einmal als Pionier im Brandenburgischen Landbund bahnbrechend vorangehen will."[318] Möglicherweise beabsichtigte der Vorstand des BLB – zumindest zu diesem Zeitpunkt – selbst Genossenschaften aufzuziehen.

Bei der am 29. August abgehaltenen Generalversammlung des KLB Calau warb ein Vertreter der Landbundgenossenschaft Cottbus zum Beitritt; die Entscheidung hierüber wurde von der Versammlung zunächst noch vertagt.[319] Doch noch im gleichen Jahr trat der KLB Calau der Genossenschaft bei und 1922 trat der KLB Lübben hinzu.[320]

Bei der Generalversammlung der Genossenschaft am 19. April 1923 wurde dieser Entwicklung Rechnung getragen. Der Vorstand und der Aufsichtrat wurden nun paritätisch aus Vertretern der Kreise besetzt. Der Name wurde ebenfalls geändert in „Niederlausitzer Landbund-Genossenschaft e.G.m.b.H." [321] Schon Anfang 1922 war die Genossen-

---

[317] Vgl. „Vertreterversammlung,", in: Der Landbund 1.1920, Nr. 24. (6.8.).

[318] „Außerordentliche Generalversammlung am 12. August.", in: Der Landbund 1.1920, Nr. 26 (20.8.).

[319] „Mitteilungen des Verbandes.", Der Landbund 1.1920, Nr. 28 (3.9.).

[320] Die wohl aggressive Ausdehnungsstrategie der Genossenschaft wurde aber auch kritisch, gar feindlich gesehen. So beschwerte sich der Vorsitzende des KLB Spremberg, v. Killisch-Horn in der Gesamtvorstandsitzung des BLB „über die Versuche des Kreisbauernverbandes [KLB] Cottbus, die Geschäfte der Kreisgenossenschaft Cottbus unbefugt und gegen den Willen des Spremberger Landbundes auch auf die Mitglieder des Spremberger Landbundes auszudehnen." „Niederschrift über die Sitzung des Gesamtvorstandes des Brandenburgischen Landbundes am 24. August 1921..", in: BArch R8034 I RLB, Nr. 49a, Bl. 255-266, hier. Bl. 263.

[321] Vgl. „Generalversammlung der Kreis-Landbund-Genossenschaft Cottbus.", in: Der Landbund 4.1923 Nr. 17 (27.4.).

schaft aus dem Offenbacher Verband aus- und dem RLB-Genossenschaftsverband beigetreten.[322]

Dem Beispiel Cottbus folgten bald auch andere brandenburgische Kreislandbünde: für fast alle Kreise wurden weitere 17 Kreislandbundgenossenschaften entweder neu gegründet oder bestehende Genossenschaften zu Landbundgenossenschaften umformiert, so dass 1924 folgende Landbundgenossenschaften existierten[323]:

„Landbundgenossenschaft Angermünde“ (gegr. Jan. 1923); „Wirtschaftliche Kreisgenossenschaft des Landbundes Crossen“ (gegr. Juli 1921); „Niederlausitzer Landbund-Genossenschaft e.G.m.b.H.“ für Cottbus, Calau und Lübben; „Kreis-Landwirtschafts-Gesellschaft Friedeberg“; „Landbund- Ein- und Verkaufs-Genossenschaft Guben“; „Kreislandbund-Genossenschaft Jüterbog“; „Lebuser Landbund-Genossenschaft“ für die Kreise Lebus und Königsberg (gegr. Juni 1921)[324]; „Landbund-Genossenschaft Luckau“; „Niederbarnimer Landbund-Genossenschaft“ (gegr. April 1922); „Oberbarnimer Landbund-Genossenschaft“ (gegr. Nov. 1921); „Landbund-Genossenschaft Osthavelland“ (gegr. Mai 1922); „Landwirtschaftliche Ein- und Verkaufsvereinigung Ostpriegnitz“; „Landwirtschaftlicher Ein- und Verkaufsverein, Zielenzig“ für den Kreis Oststernberg; „Landbundgenossenschaft Sorau“; „Teltower Landbund-Genossenschaft“ (gegr. Apr. 1922); „Landbund-Genossenschaft Westhavelland“; „Landbundgenossenschaft Weststernberg“; „Landwirtschaftliche Kreisgenossenschaft d. Kreises Zauch-Belzig“.

Zusammengeschlossen waren sie aber nicht in einer eigenen Provinzialorganisation, sondern sie waren direkt der RLB-Genossenschaft angeschlossen, die dafür aber eine eigene „Abteilung Brandenburg“ schuf.[325]

Im Mai 1923 waren in sechs Landkreisen keine der RLB-Genossenschaft angeschlossen Verbände vorhanden. „Mit dem Raiffeisenverband arbeiten die Kreislandbünde Beeskow-Storkow und Spremberg, mit dem Offenbacher Verband die Kreislandbünde Ostprignitz,

---

[322] Vgl. “Kreis-Landbund-Genossenschaft.“, in: Der Landbund 3.1922, Nr. 7 (17.2.).

[323] Die Namen nach der Zusammenstellung in: Landbund Heimatkalender 1925, Cottbus 1924. Für den Kreis Angermünde wurde dort fälschlicherweise keine Genossenschaft angegeben. Die Gründungdaten erheben keinen Anspruch auf Vollständigkeit, sollen aber einen Anhalt auf die zeitliche Streuung der Gründungen geben. Die im Landbundkalender erwähnte Westpriegnitzer Landbund-Genossenschaft war, falls sie diesen Namen trug, keine der RLB-Genossenschaft angeschlossene Genossenschaft.

[324] Obwohl die Genossenschaft sich schon früh vom Kreis Lebus auf den Kreis Königsberg ausgebreitet hatte, erfolgte die Namensumbennung in „Königsberg-Lebuser Landbund-Genossenschaft“ erst im November 1927; „Bericht über die Generalversammlung der Lebuser Landbund-Genossenschaft.“, in: Landbund Kreis Lebus 8.1927, Nr. 49 (3.12.).

[325] Vgl. Niederschrift über die Vorstandssitzung am 30. Mai 1923 …“, in: BArch R8034 I RLB, Nr. 49a, Bl. 228-231, hier Bl. 229+RS.

Prenzlau, Ruppin, Templin und Züllichau. Der Kreislandbund Soldin hat sich bis jetzt noch mit keiner genossenschaftlichen Spitzenorganisation verbunden."[326]

Die KLB-Genossenschaft der Ostprignitz ist wohl noch dem RLB-Genossenschaftsverband beigetreten. 1923 wurde angegeben, dass im Kreis Landsberg eine Genossenschaft vorhanden ist (vermutlich die Königsberg-Lebuser Genossenschaft). Im Kreise Westprignitz war vom Kreislandbund keine Genossenschaft, sondern die „Westprignitzer Landbund G.m.b.H." gegründet worden. Dieses privatkapitalistische Unternehmen hatte 20 Geschäftsanteile „von denen 19 im Besitze des Landbundes als Organisation sind und von denen 1 dem Geschäftsführer Herrn Kerckhoff als Mitbegründer gehört."[327] Festgelegt war, dass der Gewinn nur diesem Verbande oder dem Kreislandbund zufließen sollte.

Nicht alle Kreislandbund-Genossenschaften hatten in ihren Kreisen die anderen Genossenschaftsverbände verdrängt. Im Kreis Zauch-Belzig blieb sogar ein Teil des Kreises seiner alten Genossenschaft treu und verwahrte sich gegen den Anschluss an die KLB-Genossenschaft.

Recht unterschiedlich waren auch die Entwicklungen der Mitgliederzahlen.[328] Den bei weitem höchsten Mitgliederstand einer KLB-Genossenschaft erreichte die Niederlausitzer Landbundgenossenschaft. Im Sommer 1922 hatte sie schon über 3 700 Mitglieder, allerdings in drei Kreisen. Die Lebuser Genossenschaft hatte ihren Höchststand 1925 mit 2 474 Mitgliedern (2 Kreise), knapp 1 600 hatte die Teltower und rund 1 150 die Zauch-Belziger Genossenschaft.

Die meisten Genossenschaften hatten aber zwischen 300 und 400 Mitgliedern. Die erst spät (1923) gegründete Angermünder Landbund-Genossenschaft sogar nur 123 Mitglieder im Juni 1924. Insgesamt war die Mitgliederentwicklung bis 1925 – im Vergleich zu den Jahrzehnten zuvor – recht imposant. Dies umso mehr, da die ersten Jahre der Genossenschaften in eine nachfragereiche Zeit, also keine Krisenzeit der Landwirtschaft, fielen.

Der Auf- und Ausbau der Landbundgenossenschaften erfolgte recht schnell. Vor allem die Niederlausitzer Landbundgenossenschaft erreichte einen hohen Umsatz mit einem breiten Angebot von Bezugs- und Absatzwaren. Es wurden neue Lager errichtet und Zweigfilialen eröffnet, wie der Jahresbericht von 1922/23 euphorisch berichtete:

---

[326] Niederschrift über die Vorstandssitzung am 30. Mai 1923 …", in: BArch R8034 I RLB, Nr. 49a, Bl. 228-231, hier Bl. 229RS.

[327] „Unsere Handelsabteilung.", in: Landbund Westprignitz 4.1923, Nr. 31 (4.8.).

[328] Hier wird kein vollständiges Bild der Mitgliederentwicklung der Genossenschaften wiedergegeben. So sind von einigen Genossenschaften gar keine von einigen nur vereinzelt Zahlen vorhanden. Die Zahlen sollen lediglich Anhaltspunkte geben.

„Das Netz der Lagerhäuser in den drei Kreisen wurde immer enger ausgebaut, sodaß am Jahresende (einschließlich der Hilfsläger) 17 Zweigniederlassungen vorhanden waren, darunter ein großer Teil als Eigentum der Genossenschaft. Käuflich erworben wurden in Vetschau das jetzige Hotel ‚Landbundhof', in Lübben das Riedel'sche Fabrikgrundstück und in Drebkau ein Grundstück an der Bahn. Eigene Bauten wurden ausgeführt in Goyatz, Welchensdorf und Neuzauche. ... Neueren Datums ... ist die pachtweise Uebernahme der Dampfmühle Drebkau, die in zufriedenstellender Weise auf zwei Mahlgängen Tag und Nacht die der Genossenschaft angelieferten Getreidemengen sofort verarbeitet.“ [329]

Das Lagersystem wurde noch weiter ausgebaut, ein Lager im Kreis Spremberg errichtet.[330] Auch andere Genossenschaften bauten ihr Lagersystem aus und errichteten teilweise auch Mühlen.

Der Vorstoß der Landbünde, Genossenschaften auf- und auszubauen, trug zunächst zum Anwachsen und Erstarken der Genossenschaftswesens in Brandenburg bei. Die Appelle allein bewirkten sicher nicht diesen Prozess, vor allem erklären sie auch nicht die Neugründungen als Landbundorganisationen. Die Landbünde setzten sich bewusst - teilweise lautstark – von den bislang dominierenden Genossenschaftsorganisationen des „Offenbacher Verbandes“ und „Raiffeisen“ ab.

Das Misstrauen gegen die schon professionalisierten Genossenschaftsformen wurde hier aufgegriffen und eine den Landwirten auf den ersten Blick entgegenkommendere Organisationsform angeboten:

„Nun die Frage, welche noch von einigen nicht klar Sehenden gestellt wird, ‚warum genügen uns nicht die im Kreise bestehenden Genossenschaften, wie Raiffeisen usw.' Kurz könnte die Antwort lauten: weil die Gewinne, welche diese Genossenschaften aus unsrem Kreise erzielen, nur zum geringsten Teil den Genossen wieder selbst zu gute kommen, dieselben fließen in andere Unternehmungen.“[331]

Weit mehr als nur Misstrauen zeigen folgende Ausführungen über die ganz verschiedenen Konzepte der Landbund-Genossenschaften und den „professionellen“ Genossenschaften:

„Wir haben vor dem Kriege in der Landwirtschaft mehrere sogenannte Landwirtschaftliche Genossenschaften mit ihren Zweigstellen gehabt, die auch heute noch bestehen, z. B. Raiffeisen, Hauptgenossenschaft [d. i. der Offenbacher Verband]. Diese Genossenschaften, die die Landwirte mit Dünge- und Futter-

[329] Niederlausitzer Landbund-Genossenschaft e.G.m.b.H. (Geschäftsbericht vom 1.7.22 – 30.6.23.)“, in: Der Landbund 5.1924, Nr. 4 (25.1.).

[330] Vgl. Landbund-Heimatkalender auf das Jahr 1925. Hrsg. v. Paul Zöller, Cottbus [1924], S. 38-39.

[331] Jaenicke, Albert, „Lebuser Landbund und seine Genossenschaften“, in: Landbund Kreis Lebus 2.1921, Nr. 1 (2.7.), in: BArch R8034 II RLB-Pressearchiv, Nr. 2913, Bl. 58.

> mitteln und Saatgut versorgt haben, sind rein kaufmännische Unternehmungen einzelner weniger Persönlichkeiten geworden, deren erste Mitarbeiter kaufmännisch vorgebildete Direktoren sind. Sie verfügen über größere Kapitalien, die sie aus ihren Gewinnen, die eigentlich der Landwirtschaft gehören gesammelt haben. Diese Art der Genossenschaft kann vom heutigen Standpunkt des Landbundes aus nicht mehr als richtig anerkannt werden. … Es ist trotz eingehender, fast zweijähriger Verhandlungen, nicht gelungen, diese Genossenschaftsverbände mit dem Reichslandbund zu vereinigen, da das kaufmännische Element sich der wirtschaftspolitischen Organisation nicht unterordnen will, abgesehen davon, dass wohl leitende Persönlichkeiten um ihre gutbezahlten Stellungen fürchten. Infolgedessen mussten die Landbünde aus den eingangs erwähnten Gründen dazu übergehen, eigene Genossenschaften, an der jeder Landwirt mit gleichen Rechten sich beteiligen kann, zu gründen, wie dies unser Landbund in seiner Wirtschaftsgenossenschaft getan hat.“[332]

Der feste Zusammenschluss aller Landwirte nicht nur in einer wirtschaftspolitischen Organisation sondern auch in nur einer Genossenschaft sollte sich selbstverständlich unter der Ägide des Landbundes vollziehen. Insbesondere die Raiffeisengenossenschaften stieß man vor den Kopf und jahrelange Reibereien folgten. So antwortete der im Kreise Lebus sehr rührige Landbündler und Landbundgenossenschaftler Albert Jänicke auf die Kritik eines Raiffeisenfunktionärs:

> „Unser Wille, ganz besonders aber deren Wille, die überzeugte Raiffeisenleute waren, war es, die alten Organisationen der jetzigen Zeit entsprechend umzubauen. Wir, die wir die Hauptträger von Raiffeisen waren, wollten ja gerade dem Willen des alten Raiffeisen folgen und wäre dieser tatkräftige Mann noch am Leben gewesen, so wäre unser Wunsch auch erfüllt worden. Als wir aber vor ca. drei Jahren den jetzigen Allgewaltigen von Raiffeisen unsere Wünsche vortrugen, die dahin gipfelten, daß wir wirtschaftlich in unseren Kreisen selbständig sein wollten und uns auch Gewinne verbleiben sollten, da wurden diese Herren ablehnend, weil sie einsahen, daß ihnen dadurch ihre Einnahmequellen versiegten und wir Landwirte selbst die Herren in unserem Geschäfte wurden. …
> Wir Landwirte kommandieren uns selbst und lassen uns nicht von Kräften aus Berlin kommandieren, die ihre Existenz nur unserer Arbeit zu verdanken haben.“[333]

Gegenüber diesen professionell arbeitenden, damit oft distanzierter und unpersönlicher wirkenden großen Organisationen plädierten die Landbünde für die lokalen kleinen Genossenschaften; man schritt in die Anfangszeit des Genossenschaftswesens zurück. Nutznießer der Gewinnschöpfung „für den Kreis“ sollten aber nicht nur die Landwirte (Genossenschaftler)

---

[332] M., „Landbund und Landbundgenossenschaft“, in: Landbund Sorau-Forst 3.1922, Nr. 21 (26.5.).

[333] Jaenicke, Albert, „Raiffeisen meldet sich!“, in: Landbund Kreis Lebus 5.1924 Beilage zu Nr. 7 (16.2.). Vgl. auch in derselben Ausgabe: „Spar- und Darlehnskassen.“.

direkt sein. Vielmehr wurde als Nutznießer auch der Landbund, und nach deren Vorstellung damit eben indirekt der einzelne Landwirt, genannt. Finanziell wurde dies so umgesetzt, dass die Genossenschaften einen großen Anteil der Kosten der Landbundzeitung, das Landbund-Haus, das Landbund-Auto u. a. mitfinanzierten.[334]

Wichtiger noch als finanzielle Zuschüsse waren für die Landbünde aber die weiteren Mobilisierungseffekte. So verabschiedete der Vorstand des BLB im Mai 1923 eine Entschließung über das Verhältnis von Landbünden und Landbundgenossenschaften:

> „Die Kreislandbundgenossenschaften sind nach ihrem Gründungszweck in erster Linie Organe zur Ausbreitung und Festigung der Landbundziele. Die Kreislandbünde haben daher mit ihrem ganzen Einfluss dahin zu wirken, dass die Landbundgenossenschaften im Landbundsinne gegründet und geleitet werden und in ihrer Geschäftsbetätigung diesem Gründungszwecke treu bleiben."[335]

In den meisten Landbundgenossenschaften mussten die Mitglieder der Genossenschaft auch Mitglieder des Landbundes sein. Diesen in der Satzung festgeschriebenen Mitgliedszwang gab es im KLB Cottbus auch umgekehrt: nach Gründung der Genossenschaft wurde festgeschrieben, dass die Mitglieder des KLB auch in der Landbundgenossenschaft Mitglieder sein müssten.[336] Doch die Zwangsmitgliedschaft der Genossenschaftler im Landbund war wichtiger als die Zwangsmitgliedschaft der Landbündler in der Genossenschaft. Dies zeigen die Vielzahl der Genossenschaftssatzungen mit der Landbundverpflichtung als auch der Fall in der Niederlausitzer Landbundgenossenschaft, wo „eine Reihe von Mitgliedern, die nicht Mitglied der Kreislandbünde werden wollten, wie es die Satzungen fordern, einstimmig aus der Genossenschaft ausgeschlossen"[337] wurden. Umgekehrt ist diese Regelung nie getroffen worden.

Das genaue Gegenteil der Neutralität, zu der sich Raiffeisen und Offenbacher Verband verpflichtet hatten, um möglichst viele Landwirte zu Genossenschaftlern zu machen, verbanden die Landbünde mit dem Genossenschaftsgedanken: Landwirte für die wirtschaftpolitische Organisation mit eben stark politischer Ausrichtung zu gewinnen und an diese zu

---

[334] Beispielsweise wurde in Angermünde ein Landbundbahnspeicher in Verbindung mit einem Landbundhause gebaut. Vgl. „Rückblick auf die vorjährige Landbundarbeit im Kreise Angermünde. (Geschäftsbericht für 1923.)", in: Landbund Angermünde 5.1924 Nr. 4 (26.1.).

[335] „Niederschrift über die Vorstandssitzung am 30. Mai 1923 …", in: BArch R8034 I RLB, Nr. 49a, Bl. 228-231, hier Bl. 230.

[336] Vgl. Außerordentliche Generalversammlung am 12. August.", in: Der Landbund 20,26

[337] „Generalversammlung der Kreis-Landbund-Genossenschaft Cottbus.", in: Der Landbund 4.1923, Nr. 17 (27.4.).

binden. Die beiden großen Genossenschaftsverbände wehrten sich gegen diese Genossenschaftsvereinigung unter Landbundvorherrschaft eben aus folgenden Gründen: die parteiische Ausrichtung, Kopplung von Genossenschaft und wirtschaftspolitischer Organisation und die Negierung des Primats der Wirtschaftlichkeit.

Die Schaffung solch einer „Einheitsfont" und die Mobilisierung der Bauern für den Landbund war dagegen treibendes Motiv für das starke Engagement der Großgrundbesitzer bei der Genossenschaftsbewegung. Es war nicht nur v. Natzmer, der die ganze Landbund-Genossenschaftsbewegung initiierte und in Brandenburg ins Rollen brachte. Überall finden wir Großgrundbesitzer, die sich stark machten für die Genossenschaften. So trat bei der Gründungsversammlung der Crossener Landbund-Genossenschaft der Rittergutsbesitzer Freiherr v. Rheinbaben auf, der „ausführlich seine Gründe dar[legt], die ihn als überzeugten Raiffeisenmann nun jetzt dazu veranlaßten, vorbehaltlos für die Gründung einer eigenen Genossenschaft einzutreten."[338]

Auf der anderen Seite war es eben dieses Engagement der Großgrundbesitzer, das den teilweise begründeten Vorurteilen der Bauern entgegengesetzt wurde. Denn weit weniger als die Bauern hatten es die Großgrundbesitzer wirtschaftlich nötig, sich in Genossenschaften zu engagieren – zumindest bis zu jener Zeit. Sie hatten meist eigene Absatzwege, wenn nicht allein so mit einem oder zwei anderen Großgrundbesitzern. Dementsprechend war auch ihre Position gegenüber den Händlern eine stärkere als die eines einzelnen Bauern, der nur ein Kleinlieferant oder Kleinabnehmer war. Aber nur wenn sich die Großgrundbesitzer in der Genossenschaftsbewegung engagierten, war ein Erfolg dieser Bewegung garantiert. Und das taten sie – nicht nur was den Beitritt und die Vorstands- und Aufsichtsratsposten betrafen, sondern sie zeichneten auch oft mehr Geschäftsanteile, als es die Mindestzeichnung (abhängig von der ha-Zahl) erforderte.

In den Vorständen und Aufsichtsräten der Genossenschaften waren zudem die Großgrundbesitzer überrepräsentiert, d. h. mehr als ein Drittel dieser Posten waren von Großgrundbesitzern besetzt, so wie in der Niederlausitzer Landbundgenossenschaft: Die Vorstands- und Aufsichtsratsposten wurden auf die Vertreter der KLB Cottbus, Calau und Lübben verteilt.[339] Im neunköpfigen Vorstand saßen neben den drei Hauptgeschäftsführern der Kreislandbünde drei Rittergutsbesitzer und ein Rittergutspächter. Im Aufsichtsrat waren von 15 Mitgliedern sechs Rittergutsbesitzer; in den beiden Gremien saßen insgesamt sieben adlige Groß-

---

338 „Die Gründung unserer Wirtschafts-Genossenschaft. Bericht über die Hauptversammlung am 17. Juli 1921.", in: Crossener Landbund 2.1921 Nr. 29 (22.7.).

339 Im Vorstand saßen vier Vertreter aus Cottbus, drei aus Calau und zwei aus Lübben; im Aufsichtsrat acht aus Cottbus, vier aus Calau und drei aus Lübben.

grundbesitzer. Im Vorstand saßen lediglich zwei bäuerliche Mitglieder, im Aufsichtsrat sieben. Weit entfernt von der in den KLB-Vorständen postulierten Drittelung der Sitze nach Betriebsgrößen waren in dem Genossenschaftsvorstand nicht einmal ein Drittel der Mitglieder bäuerliche Vertreter, im Aufsichtrat weniger als die Hälfte. Vorstandvorsitzender wurde v. Natzmer-Gahry, der schon in der Kreislandbund-Genossenschaft Cottbus Vorsitzender des Aufsichtsrates war. Die Niederlausitzer Landbundgenossenschaft repräsentierte sich zumindest in den Spitzenorganen als eine Organisation der Großgrundbesitzer.

Das Engagement der Großgrundbesitzer traf nicht nur auf Gegenliebe bei den kleineren Besitzern. So richtete sich die mahnende Entgegnung an den Kleingrundbesitz: „Muß man sich nicht die Hände über den Kopf zusammenschlagen, wenn eine Landbundgenossenschaft darum bemisstraut wird, weil Großgrundbesitzer auch in ihr vertreten sind! Was könnten oder sollten diese zu Ungunsten des Kleingrundbesitzes unternehmen?“[340] Aber gerade die starke Präsenz der Großgrundbesitzer in den Vorständen und Aufsichtsräten nährte das Misstrauen, wie im Kreis Lebus. Hier wehrte sich der 2. Vorsitzende der Landbund-Genossenschaft, Albert Jaenicke („Bauernhofbesitzer“), gegen folgendes Gerücht:

> „Von unserer Genossenschaft würde den kleinen Besitzern das Getreide zu den allerbilligsten Preisen abgekauft, um zu noch verbilligteren Preisen an die Großgrundbesitzer weiterverkauft zu werden; also so, dass sich der Großgrundbesitzer am Kleinbesitzer bereichert. Hierbei nennt der Herr Kersting noch besonders den Namen unseres 1. Vorsitzenden des Vorstandes, Herrn von Albedyll-Clessin und hofft gerade damit, der Einigkeit zwischen Groß und Klein einen ordentlichen Schlag zu versetzen.“[341]

2. Die Zusammenbrüche

Der Verdienst der Landbundgenossenschaften lag darin, dass sie bisher noch nicht genossenschaftlich organisierte Landwirte als neue Mitglieder gewannen und den genossenschaftlichen Warenverkehr in Brandenburg vergrößerten. Doch die brandenburgischen Landbundgenossenschaften

---

340 „Grundsätzliches zur Frage der Landbundgenossenschaften. Ein Wort gegen Mißtrauen und Lauheit.“, in: Landbund Angermünde 5.1924, Nr. 71 (22.10.).

341 Jaenicke, Albert, „Die Fremdlinge im Lebuser Kreis gegen unsere Genossenschaft!“, in: Landbund Kreis Lebus 4.1923, Nr. 45(10.11.). Zum weiteren Verlauf siehe: „Nochmals: Die Fremdlinge im Lebuser Kreis gegen unsere Genossenschaft“, in: Landbund Kreis Lebus 4.1923, Nr. 46 (17.11.). Im folgenden Prozess nahm Kersting die Beschuldigungen gegen v. Albedyll zurück, Jaenicke und der KLB-Geschäftsführer ihrerseits die Beleidigungen und Angaben über Kersting: „Erklärung.“, in: Landbund Kreis Lebus 5.1924, Nr. 50 (13.12.).

meisterten die Bewährungsprobe Hyperinflation und Währungsumstellung nicht. Die Umsätze gingen nach der Währungsumstellung zurück, die Bilanzen auf Goldbasis zeigten ein bescheidenes bis katastrophales Bild der neuen Genossenschaften. Viele der Kreislandbundgenossenschaften mussten in Liquidation gehen, einige gingen in Konkurs. Die Krise der Landbundgenossenschaften führte auch zu einer Krise der Landbünde.

Das dramatischste Ereignis bei der Krise der Landbundgenossenschaften war der Zusammenbruch der Niederlausitzer Landbundgenossenschaft. Für die gesamte Provinz war dieser Zusammenbruch entscheidend, da die Niederlausitzer Landbundgenossenschaft die größte in Brandenburg war, als erste beispielgebend bei Gründung und Ausbau gewesen war und ihr Zusammenbruch weitere Zusammenbrüche zumindest mit auslöste.

Bei der Niederlausitzer Landbundgenossenschaft brachte die Umstellung der Bilanzen auf Goldmarkbasis im Sommer 1924 zum Vorschein, dass sie eine schwache finanzielle Basis hatte. Nach Prüfungen durch die Revisionsverbände wurde den Verantwortlichen im Frühjahr 1925 die katastrophale Finanzlage klar. Bei der Generalversammlung der Niederlausitzer Landbundgenossenschaft Ende März 1925 behauptete man noch, „daß alle die lächerlichen und boshaften Gerüchte über unsere Landbundgenossenschaft durch die vorgelegten Bilanzen entkräftet wurden.“[342] Doch inzwischen waren die Direktoren durch den Aufsichtsrat entlassen und Strafanzeige gegen diese erlassen worden.[343] Anfang Juli musste eine weitere Generalversammlung einschneidende Satzungsänderungen vornehmen und Anfang August setzte der Kreislandbund Cottbus einen Untersuchungsausschuss ein, der nach einem schuldhaften Verhalten von Landbundmitgliedern im Vorstand und Aufsichtsrat der Genossenschaft fahnden sollte. Im Herbst 1925 leitete die Genossenschaft ein Liquidationsverfahren ein.

Doch die Einleitung des Verfahrens führte nicht zu einem raschen Ende der Genossenschaft (geschweige zu einem erfolgreichen Neubeginn). Die Genossenschaftler hafteten nämlich entsprechend ihres Haftungsanteils für die anfallenden Schulden, auch wenn sie gleich austraten. Jahre gingen vorüber, bis sich Großanteilseigner und Kleinanteilseigner der Genossenschaft und die Gläubiger einigen und das Konkursverfahren beenden konnten.[344]

---

[342] „Generalversammlung der Niederl. Landbund-Genossenschaft.“, in: Der Landbund 6.1925, Nr. 13 (3.4.).

[343] Vgl. „Generalversammlung unserer Landbundgenossenschaft.“, in: Der Landbund 6.1925, Nr. 14 (10.4.).

[344] Man bemühte sich, die kleineren Bauern zu schützen: „Denkschrift zum Schutze der kleinbäuerlichen Existenzen, die durch den Konkurs der Niederlausitzer Landbund-Genossenschaft Gefahr laufen, vernichtet zu werden.“, in: GStA PK I. HA Rep. 87, Nr. 10122, Bl. 304a.

Weitere Genossenschaftspleiten folgten dem Zusammenbruch der Niederlausitzer Landbundgenossenschaft. Fast parallel verlief die Krise in der Crossener Landbundgenossenschaft, für den Kreislandbund „der härteste Schlag, der uns überhaupt treffen konnte, der unseren Landbund bis in die Grundfeste zu erschüttern drohte: der Zusammenbruch der Wirtschaftlichen Kreisgenossenschaft.“[345]. Nach einer Krisensitzung Ende August 1925 folgte der Auflösungsbeschluss im September. Auch hier zog sich das Konkursverfahren hin – im Februar 1932 war dies immer noch nicht abgeschlossen.

Die Landbundgenossenschaft des Kreises Zauch-Belzig, die – so Ende 1924 – „die schwere Wirtschaftskrise ohne Störungen überwunden hat“, beschloss im Jahr darauf ihre Auflösung.[346] Der Versuch, die Genossenschaft ohne Konkursverfahren abzuwickeln, scheiterte. Der Grund lag darin, dass die Umstellung von Papiermarkanteilen auf Anteile auf Goldbasis im März 1925 zwar beschlossen, jedoch nicht richtig durchgeführt worden war. Gegen eine Abwicklung entsprechend den Wünschen der Mehrheit wehrten sich aber die Großanteilseigner (mit Papiermarkanteilen). Den angestrengten Gerichtsprozess gegen die Genossenschaft gewannen diese und das Konkursverfahren musste eingeleitet werden – zum Nachteil der Kleinanteilseigner (der Bauern).

Die Oberbarnimer Landbund-Genossenschaft beschloss ihre Auflösung im April 1926, die Immobilien und sonstiges Inventar wurde an einen Händler verkauft, den man auch den Landbundmitgliedern gleich weiterempfahl.[347]

Doch auch jene Landbundgenossenschaften, die nicht aufgelöst wurden, hatten schwer zu kämpfen. So standen Vorstand und Aufsichtsrat der Lebuser Landbund-Genossenschaft im Herbst 1925 „vor der Frage, entweder die Genossenschaft still aufzulösen oder die Genossenschaft auf gesunde Füße zu stellen.“[348] Auf einer äußerst lebhaften Generalversammlung entschloss man sich zum Weiterbestehen und erhöhte das Betriebskapital durch eine Anteilserhöhung. „Die Versammlung ging auseinander mit dem festen Willen, ihre Genossenschaft am Leben zu erhalten.“[349] Vorausgegangen waren der Vorstands- und Aufsichtsratssitzung eine Besprechung „im kleinen Kreise“, bei der es „nach eingehender Aussprache

---

[345] „Jahres-, Geschäfts- u. Tätigkeitsbericht.“, in: Crossener Landbund 7.1926 Nr. 6 (13.2.).

[346] Vgl. „Generalversammlung der Landwirtschaftlichen Kreisgenossenschaft.“, in: Landbund Zauch-Belzig 6.1925, Nr. 35 (29.8.).

[347] Vgl. „Liquidation der Oberbarnimer Landbund-Genossenschaft.“ und „Die Oberbarnimer Landbundgenossenschaft“ in: Landbundnachrichten des Kreises Ober-Barnim 8.1926, Nr. 20 (21.5.)

[348] „Landbund-Genossenschaft.“, in: Landbund Kreis Lebus 6.1925 Nr. 41 (10.10.).

[349] „Generalversammlung der Lebuser Landbund-Genossenschaft.“, in: Landbund Kreis Lebus 6.1925 Nr. 47 (21.11.).

dazu kam, daß Direktor Frank seine Tätigkeiten niederlegte....Die Frage der Liquidierung des Unternehmens ist ernsthaft besprochen worden, jedoch stellte sich heraus, daß uns dieses ganz wesentlich teurer würde...".[350]

Auch die Landbund-Genossenschaft Sorau-Forst hatte im zweiten Halbjahr 1925 große Schwierigkeiten; aber Vorstand und Aufsichtsrat waren „der Auffassung gewesen, durchzuhalten und nicht zu früh den Kampf aufzugeben."[351]

Es war nicht die wirtschaftliche Lage, die zur Stagnation, ja zum Rückschritt in der Landbundgenossenschaftsbewegung führte. Die Bilanzen auf Goldmarkbasis zeigten überall, dass die Lage der Genossenschaften schön geredet worden war. Die Vorkommnisse in der großen Niederlausitzer Landbundgenossenschaft, die von der gegnerischen Presse selbstverständlich ausgebreitet wurden, wurden von den Landwirten aufmerksam verfolgt.[352] Die sich häufenden Gegendarstellungen konnten nicht verhindern, dass viele Landwirte kritischer wurden, Fragen stellten und aus den Landbundgenossenschaften austraten, ein Prozess, der bis zum Ende der Weimarer Republik anhielt. Ebenso ließ aber auch der Warenverkehr der Genossenschaften stark nach – die Appelle zum genossenschaftlichen Zusammenschluss fruchteten nicht mehr.

Die Schuld an der Krise der Landbundgenossenschaften gaben die Landbund- und Landbundgenossenschaftsfunktionäre zunächst der allgemeinen wirtschaftlichen Lage. Insbesondere wurden die „Juden" als Sündenböcke herangezogen. Diese hätten mit ihren Banken und Handelshäusern gerade die Landbundgenossenschaften in Schulden und ins Verderben gestürzt und die „jüdische Presse" die Genossenschaftler so verunsichert, dass diese ihren Warenverkehr mit den Genossenschaften einschränkten oder gar aufgaben. Dieses Argumentationsmuster griff aber nun hier nicht mehr oder zumindest nicht mehr richtig. Die Basis ließ sich so einfach nicht blenden.

Mit den ersten Untersuchungen fanden die Funktionäre schnell die Schuldigen der Katastrophe: die Direktoren bzw. Geschäftsführer der Genossenschaften. In Crossen zum Beispiel wurde der Direktor der Land-

[350] Schr. Hanni [Carl Hans] Hardenberg an Bodo v. d. Marwitz v. 17.9.1925, in: BLHA Rep. 37 Gut Friedersdorf, Nr. 366, Bl. .22-23, hier Bl. 22+RS.

[351] „Bericht über die ordentliche Generalversammlung der Landbund-Genossenschaft Sorau-Forst e.G.m.b.H.", in: Landbund Sorau-Forst 7.1926 Nr. 44 (5.11.).

[352] So kam es auch in der Lebuser Genossenschaft bald zu Austritten, wie später zugegeben wurde: „Bedauerlich bleibt, daß eine größere Anzahl von Mitgliedern voreilig, veranlaßt durch frühere unsinnige Gerüchte, aus der Genossenschaft ausgeschieden sind..."; „Bericht über die Generalversammlung der Lebuser Landbund-Genossenschaft.", in: Landbund Kreis Lebus 8.1927, Nr. 49 (3.12.).

bundgenossenschaft auch in zweiter Instanz wegen Bilanzverfälschung und Untreue zu einer Gefängnisstrafe von vier Monaten und einer Geldstrafe von 500 RM verurteilt.[353] Damit schien für den Vorstand des Kreislandbundes die „Schuldfrage für den Zusammenbruch der Genossenschaft geklärt zu sein".[354] Sie waren ja diejenigen, die die Genossenschaft falsch geführt hätten und tatsächlich auch schwere Geschäftsfehler gemacht hatten. Doch selbst in letzterem Fall waren andere zumindest mitverantwortlich. Im Kreis Zauch-Belzig führte die Anklage gegen die Geschäftsführer der Landbund-Genossenschaft gar zu einem Freispruch der Angeklagten.[355]

Die Bilanz des Direktors der Crossener Landbund-Genossenschaft war bis 1925 von einem Revisor der brandenburgischen Landbundgenossenschaften positiv geprüft worden, der sich „immer lobend über die Geschäftsführung und die Buchführung geäußert hatte."[356] Aber aus „Gerüchten, die aufgetaucht waren, hatte der Aufsichtsrat Veranlassung genommen, andere Revisoren zu bestellen, damit der Verbandsrevisor nachgeprüft würde." Statt einer ausgeglichenen Bilanz wurde von einem zweiten Gutachter schließlich ein Verlustsaldo von 103 000 RM festgestellt, das am 31.7.1925 schon bei 181 000 RM lag. „Da dieses Ergebnis der Buchprüfung der Versammlung überraschend kam, da die Genossenschaft früher immer als vertrauenswürdig hingestellt worden war, ergoß sich die Enttäuschung der Versammlung zunächst über Vorstand und Aufsichtsrat." Der Streit wurde abgebrochen und auf eine gerichtliche Klärung verschoben.[357]

Tatsächlich scheinen die von der RLB-Genossenschaftszentrale gesandten Revisoren für die brandenburgischen Landbundgenossenschaften nicht fähig gewesen zu sein, die Falschbilanzierungen, die von anderen Revisoren aufgedeckt wurden, zu sehen. Das Unvermögen von Vorständen und Aufsichtsräten der Genossenschaften, dies zu kontrollieren, führte zu Rücktritten[358] und gar Anklagen.

Die Ursachen der Zusammenbrüche liegen jedoch tiefer als in falschen Geschäftsbilanzierungen. Bei den Fehleranalysen zeigten sich eklatante Mängel in den Landbundgenossenschaften, die zum Großteil aus dem falschen Konzept herrührten.

---

[353] „Die Berufungsverhandlung gegen Direktor Birkholz", in: Crossener Landbund 9.1928, Nr. 49 (17.11.).

[354] „Jahres-, Geschäfts- und Tätigkeitsbericht 1928. (Schluß.)", in: Crossener Landbund 10.1929, Nr. 7 (16.2.).

[355] Vgl. „Kreisgenossenschaft!", in: Landbund Zauch-Belzig 7.1926, Nr. 45 (13.11.).

[356] Dies und folgende Zitate aus: „Generalversammlung der Wirtschaftlichen Kreisgenossenschaft vom 27.8.25.", in: Crossener Landbund 6.1925, Nr. 107 (15.9.).

[357] „Genossenschaft.", in: Crossener Landbund 10.1929, Nr. 9 (2.3.).

[358] So der Vorsitzende des Vorstandes, Bürgermeister Jahn, im Kreis Zauch-Belzig; vgl. „Kreisgenossenschaft.", in: Landbund Zauch-Belzig 6.1925, Nr. 28 (11.7.).

Maßgebend für die Zusammenbrüche war die möglichst schnelle organisatorische Ausbreitung mit günstigsten Konditionen für die Mitglieder bei fehlender Aufstockung des Grundkapitals. Außer Acht gelassen wurden notwendige Aufgaben der Genossenschaften: die Kontrolle der lokalen Genossenschaften, die Einstellung von geschultem und ausgebildetem Personal, die Zusammenfassung und auch Schließung von kleinen Genossenschaften. Notwendig waren aber auch erhöhte Ansprüche an die landwirtschaftlichen Betriebe selbst: wirtschaftlich sinnvolle Betriebsführung, höhere Hygiene und Qualitätssteigerung bei den Produkten und die Einführung von Mindeststandards.

Das Ziel, die landwirtschaftlichen Genossenschaften wieder auf ihre bäuerliche Basis zu beziehen und die Gewinne direkter wieder den Landwirten zuzuführen, zollte dem Unbehagen der Landwirte gegen die stark professionalisierten und damit auch stärker anonymisierten Genossenschaftsverbände Tribut. Doch die Anstellung unfähiger Direktoren vor allem gar unfähiger Revisoren der RLB-Genossenschaft hätte auch auf dem Hintergrund der Erfahrungen der Kinderkrankheiten der anfänglichen Genossenschaftsbewegung des 19. Jahrhunderts vermieden werden können. Zu viel Geld floss nicht nur direkt sondern „indirekt" den Landwirten der Kreise zu: Zeitungen, Propaganda, Landbundgelder, Autos, Häuser etc. Dieser „zweckentfremdete Einsatz ihrer Mittel" erfolgte auch dann noch, als überflüssiges Geld nicht mehr vorhanden war.[359]

Jene Kreislandbundgenossenschaften, die besser wirtschafteten (wie die in Teltow), litten aber durch die Krise der anderen. Die Warnungen aus dem Offenbacher und dem Raiffeisenverband waren in den Wind geschlagen worden. Man hatte Raiffeisen, wie oben gezeigt, Einmischung oder gar Verbreitung übler Gerüchte vorgeworfen.[360]

Das Hauptmotiv für den Erfolg der Landbund-Genossenschaften war der Hauptgrund ihres Scheiterns: das kaufmännische Prinzip wurde den (wirtschafts-) politischen Zielen untergeordnet. Selbstkritisch beurteilte dies im Nachhinein auch der „kritische Landbündler" (v. Bredow):

„Ziele, die in der politischen Organisation verfolgt werden müssen, müssen herausbleiben aus der genossenschaftlichen Betätigung; leider ist dieser Fehler an vielen Stellen gemacht worden. Die Genossenschaft ist ein kaufmännisches Unternehmen, und das darf man nie vergessen."[361]

Eine weitere strukturelle Schwäche der Landbund-Genossenschaftsbewegung war ihr trotz massiver Propaganda so geringer Organisationsgrad. Weit entfernt waren die Landbundgenossenschaften von der Organisie-

[359] Merl, S. 320.

[360] Vgl. „Spar- und Darlehenskassen" und Jaenicke, Albert, „Raiffeisen meldet sich!" in: Landbund Kreis Lebus 5.1924, Nr. 7 (16.2.).

[361] [Bredow, v.], Über und um den Landbund. (Kritische Gedanken eines Landbündlers.), (MS 15 S.), in: BArch R8034 I RLB, Nr. 42a, Bl. 56-70, hier S. 9.

rung aller Landwirte. Ja weit weniger Mitglieder hatten diese als die Landbünde selbst. Schon vor dem großen Kollaps der Landbundgenossenschaftsbewegung löste sich die Kreislandbundgenossenschaft des Osthavellandes auf, begründet mit dem schwachen Mitgliederanteil:

„Die Hoffnungen, die bei der Eröffnung der Genossenschaft mit der Gründung verknüpft wurden, haben sich nicht erfüllt. Von den etwa 1800 Landbundmitgliedern traten nur 460 der Genossenschaft bei. Die Genossenschaft wurde während der Inflationszeit ausgebaut durch Ausbau des Speichers in Nauen und Gründung der Filialen in Kremmen, Flatow, Wustermark und Vorketzin. Da nur 1/3 der Landbundmitglieder Mitglieder der Genossenschaft geworden waren, waren die Geldmittel der Genossenschaft sehr beschränkt, und der aufgezogene Apparat war zu umfangreich ausgebaut für den Warenverkehr, der sich in der Genossenschaft entwickelte.“[362]

Nicht einmal im bestorganisierten Kreis, in Cottbus, waren mehr als drei Viertel der Landbundmitglieder in der Genossenschaft. Inwieweit diese ganz, teilweise oder gar nicht ihre Waren über die Genossenschaft bezogen oder absetzten, ist schwer zu ermitteln. Zumindest für den Milchabsatz kann man aufzeigen, dass dieser im Unterschied zum Rheinland und Westfalen, mit hohem Grad von genossenschaftlichem Zusammenschluss, kaum durch die märkischen Landwirte erfolgte. Die Forderung, dass alle Mitglieder der Genossenschaft im Landbund Mitglied sein mussten, hätte auch andersherum lauten müssen: alle Mitglieder des Landbundes müssen in der Genossenschaft sein. Dass dieses Prinzip nicht durchgesetzt wurde – das zum Wohle der Genossenschaft hätte erfolgen müssen – zeigt einmal mehr, dass es den Landbundfunktionären weniger um die wirtschaftliche Stärkung der Landwirte durch Genossenschaften ging. Die Landbundparole „Einigkeit macht stark“ versagte hier.

So sehr die Großgrundbesitzer die Genossenschaftsbewegung auch unterstützten, umso mehr verwundert es, dass gerade in jenen Kreisen, in denen der Großgrundbesitz dominierte, keine Landbundgenossenschaften vorhanden waren. In den acht Kreisen, in denen es keine Landbundgenossenschaften gab, wurden fünf Kreise von den Großgrundbesitzern dominiert: Landsberg, Prenzlau, Ruppin, Soldin, Templin. Für die anderen drei Kreise lassen sich andere Erklärungsmuster für das Nichtzustandekommen

---

362 „Uebernahme des Geschäftsbetriebes der Landbund-Genossenschaft Osthavelland durch die Reichslandbund-Aktien-Gesellschaft.“, in: Landbund Osthavelland 1.1924 Nr. 15 (11.10.). Die Übergabe an die Reichslandbund-AG war nur ein Zwischenspiel. Ende 1925, wahrscheinlich bedingt durch die Krise der Landbundgenossenschaften, verkaufte die AG die Filiale an eine bekannte Handelsfirma aus Spandau; vgl.: „Reichslandbund-A.-G., Zweighaus Nauen.“, in: Landbund Osthavelland 2.1925, Nr. 48 (28.11.).

der Landbundgenossenschaften finden.[363] Dass die Großgrundbesitzer in den anderen Kreisen die Genossenschaft so unterstützten, ist ein Indiz dafür, dass weniger das wirtschaftliche Interesse als vielmehr die verbandspolitische Taktik treibendes Motiv war. Inwieweit diese Großgrundbesitzer auch ihren Warenverkehr in die Genossenschaft eingebunden hatten, lässt sich schwer nachvollziehen. Dass gerade die großgrundbesitzerstarken Kreise gefehlt hatten, dürfte ein Grund für das Scheitern einer Provinzialgenossenschaft gewesen sein. Auf jeden Fall trug das auch zur strukturellen Schwäche der brandenburgischen Landbundgenossenschaften bei.

3. Die katastrophalen Folgen

Beim Kollaps der Landbundgenossenschaften brach bei den Konkurrenzunternehmen Raiffeisen und Offenbacher Verband höchstens Häme, aber kein Jubel aus. Im Kreise Zauch-Belzig war es eher Erleichterung bei der beim Offenbacher Verband gebliebenen Genossenschaftlern: „Aus der Mitte der Versammlung wird dem Geschäftsführer noch der besondere Dank dafür ausgesprochen, daß er s. Zt. den Beitritt der hiesigen Genossenschaft zur Kreisgenossenschaft verhindert und dadurch die Mitglieder vor größeren Verlusten bewahrt hat.“[364]

Unmittelbare Folge der Krise der brandenburgischen Landbundgenossenschaften war der Austritt vieler Landwirte aus den Landbundgenossenschaften. Dies betraf aber nicht nur die in Auflösung und Liquidation befindlichen Landbundgenossenschaften, sondern auch jene, die die Krise meisterten und weiter existieren konnten. Aus der angeblich mit Erfolg weiter bestehenden Lebuser Landbundgenossenschaft, die am 1.6.1926 noch 2 126 Mitglieder hatte, trat im Geschäftsjahr 1926/27 mehr als ein Drittel der Mitglieder aus (774).[365] Im Laufe der nächsten Jahre verringerte sich die Zahl weiter kontinuierlich. Im Juni 1933 hatte sie noch 1 087 Mitglieder.[366]

---

363 Im Kreis Züllichau-Schwiebus waren viele katholische Bauern, eine „neutrale“ Gewerkschaft diente sicher als Puffer. Der Kreis Spremberg sollte zunächst an die Niederlausitzer Landbundgenossenschaft angebunden werden; zumindest eine Zweigstelle war in diesem Kreis. Im stark bäuerlich geprägten Kreis Beeskow-Storkow könnten die internen Konflikte zwischen Großbauern und Kleinbauern im Landbund das Projekt Landbundgenossenschaft ins Hintertreffen geraten haben.

364 Die 4. ordentliche Generalversammlung des landwirtschaftlichen Ein- u. Verkaufs-Verein (Landbund) e.G.m.b.H. Großkreutz, in: Landbund Zauch-Belzig, 6.1925, Nr. 33 (15.8.).

365 Vgl.: „Lebuser Landbund-Genossenschaft e.G.m.b.H., Frankfurt/O. Bilanz per 30. Juni 1927, in: Landbund Kreis Lebus 8.1927, Nr. 50 (11.12.).

366 Vgl. „Bilanz vom 30. Juni 1933“, in: Landbund Kreis Lebus 14.1933, Nr. 52 (30.12.).

Die Serie von Zusammenbrüchen erzeugte bzw. verstärkte das Misstrauen der Landwirte gegen das Genossenschaftswesen überhaupt. Erstes „Opfer" hierbei war das geplante Großprojekt des RLB: die „Brotfabrik". 1924, also nach der Währungsumstellung, begann der RLB Reklame zu machen für sein Projekt. Eine Brotfabrik sollte vom RLB in oder bei Berlin gebaut werden, um die Großstadt mit Brot zu beliefern. Das Getreide hierzu sollte von den dem RLB angeschlossenen Genossenschaften kommen. Die Finanzierung sollte von den einzelnen Landbundmitgliedern auf freiwilliger Basis erfolgen.

Hierzu wurde ein mächtiger Propagandafeldzug gestartet. Angefangen in der Spitzenorganisation, dann auf Länder-/Provinzebene, dann Kreisebene wurden Artikel und Aufrufe lanciert. Die Kreislandbundvorsitzenden und Geschäftsführer, ja die Bezirks- und gar Ortsgruppenvorsitzenden hielten Sitzungen ab, mit dem fast alleinigen Zweck, die „Brotfabrik" voranzutreiben und „Aktien" für deren Bau zu zeichnen.

Dies Projekt bedeutete den Einstieg der landwirtschaftlichen Genossenschaften in die Lebensmittelverarbeitung für Getreide (ähnlich wie die Molkereien für die Milch). Die Stoßrichtung war klar gegen den privatkapitalistischen Handel gerichtet. In der Propaganda zielte diese „Selbsthilfeaktion" weniger auf diesen an sich, sondern auf den „jüdischen Handel". Mit stark antisemitischer Propaganda wurde bei der Basis für dass Projekt geworben: „**Helft alle mit,** den Internationalen die Macht über unsere Existenz zu entreißen."[367]

Das Projekt rief Misstrauen und Ablehnung nicht nur bei den privaten Handelsorganisationen hervor. Das Bäckergewerbe, das eigentlich mit einbezogen werden sollte, wandte sich bald gegen das Projekt, zu sehr fürchtete man die Konkurrenz.[368]

Bei den Landbündlern selbst lief das Projekt eher schleppend an. Wieder und wieder mussten Sitzungen einberufen werden, um Anteilszeichnungen zu erlangen. Abgesehen von einer allgemeinen Genossenschaftsskepsis war es wohl die Währungsumstellung und geringere Gewinnaussichten, die die Landwirte vorsichtig beim Geldausgeben werden ließ. Gescheitert ist das Projekt aber endgültig durch die Krise der Landbundgenossenschaften. Sang- und klanglos verschwand das Projekt – zu groß war nun das Misstrauen gegen die Genossenschaften des RLB, ja gegen die Genossenschaften überhaupt.

Wie tief das Misstrauen gegen Genossenschaften nach dem Zusammenbruch war, zeigen spätere erfolglose oder mit wenig Erfolg behafteten Versuche von Genossenschaftsgründungen. Bei der Propaganda für eine Viehverwertungsgenossenschaft im Kreis Crossen, die 1928 vom Land-

[367] Bohl, Dr. K., „Brotfabrik und Getreidepreis.", in: Crossener Landbund 5.1924, Nr. 119 (25.10.).

[368] Vgl. Bohl, Dr. K., „Brotfabriken des Reichslandbundes", in: Crossener Landbund 5.1924, Nr. 100 (11.9.).

wirtschaftlichen Verein ausgegangen war und angeblich ein sehr geringes Risiko für die Genossenschaftler beinhaltete, ging man sehr behutsam vor. Die Wichtigkeit des Zusammenschlusses war für den Kreislandbund Grund dafür, dass er „trotz der außerordentlich trüben Erfahrungen beim Zusammenbruch der Genossenschaft die Besprechung der gegründeten Viehverwertungsgenossenschaft auf die Tagesordnung gesetzt habe.“[369] Trotz der wärmsten Empfehlungen für die Viehverwertungsgenossenschaft scheiterte das Projekt kläglich, das Misstrauen überwog.[370]

Ähnlich erging es einer im Jahre 1929 gegründeten Eierverwertungsgenossenschaft für die Kreise Lebus und Weststernberg. Diese musste ein Jahr später ihre Geschäftsaktivitäten beenden und wurde später aufgelöst.[371] Wichtigster Grund dafür war die „Einstellung der Mitglieder zum Genossenschaftsgedanken überhaupt.“[372]

Das Misstrauen gegen Genossenschaften ging sogar so weit, dass im Kreis Crossen 1927 eine Entwässerungsgenossenschaft abgelehnt wurde. „Obwohl die Besitzer die Entwässerungsbedürftigkeit ihrer Flächen anerkennen, verhielten sich einige ablehnend mit der Begründung, daß sie infolge der schlechten Erfahrung mit der Wirtschaftlichen Kreisgenossenschaft grundsätzlich keine Freunde derartiger Bewegungen mehr seien.“ Der zuständige Kreisbaumeister betonte zwar, dass diese „sich selbst am meisten schädigten und außerdem im Interesse des Allgemeinwohls eine verwerfliche Handlung begehen“[373], doch selbst die Androhung eines zwangsweisen Verfahrens – zum Nachteil der Landwirte – fruchtete zunächst nicht. Der Kreisbaumeister musste gar auf einer Versammlung des Kreislandbundes, unterstützt vom Vorstand, die Landwirte beschwören, das Projekt anzunehmen.[374]

Der schwache genossenschaftliche Organisationsgrad der brandenburgischen Landwirtschaft schien sich nach dem Ersten Weltkrieg durch die rege Propaganda der Landbünde und einzelner Funktionäre zu ändern. Der zumindest in einigen Kreisen vorhandene Auftrieb hätte einen enormen Wandel vollziehen können. Doch die Naivität der Funktionäre führte zu einer Krise, die die sich wandelnde Einstellung der brandenburgischen

---

369 Dr. Bohl, „Bericht über die Hauptversammlung am 6. Sept.“, in: Crossener Landbund 9.1928, Nr. 37 (15.9.).

370 Vgl. „Jahres-, Geschäfts- und Tätigkeitsbericht 1928. (Schluß.), in: Crossener Landbund 10.1929, Nr. 7 (16.2.).

371 Vgl. „Auflösung der Eierverwertungsgenossenschaft e.G.m.b.H. Frankfurt/O.“, in: Landbund Kreis Lebus 13.1932, Nr. 14 (2.4.).

372 „Eierverwertungsgenossenschaft Frankfurt a. Oder. Ordentliche Generalversammlung.“, in: Landbund Kreis Lebus 1931, Nr. 23 (6.6.).

373 „Vortermin in Seedorf und Jähnsdorf zur Gründung einer Entwässerungsgenossenschaft.“, in: Crossener Landbund 8.1927, Nr. 20 (14.5.).

374 Dr. Bohl, „Die Hauptversammlung des Landbundes am 9. Juni 1927.“, in: Crossener Landbund 8.1927, Nr. 25 (18.6.)

Landwirte ins Gegenteil kehrte: statt auf einen gestärkten Genossenschaftsgeist traf man nun auf ein gegenüber dem Genossenschaftswesen enormes Misstrauen. Während der landwirtschaftlichen Krise ab 1928 fehlte so den Bauern zumindest in Brandenburg ein wichtiges Mittel zur Bewältigung oder Abmilderung der Krise: die wirtschaftliche Selbsthilfe.

Aber nicht nur die Genossenschaften, sondern auch die Landbünde selbst waren durch die Genossenschaftskrise betroffen. Die finanzielle Förderung der Landbünde durch die Genossenschaften war teilweise erheblich. Nun musste das Landbundauto wieder abgeschafft, Grundstücke verkauft und Personal eingespart werden. Gerade auch für die Propaganda waren nun weniger Mittel vorhanden.

Eine der ersten Folgen der Krise der Niederlausitzer Landbundgenossenschaft war, dass die gemeinsame Landbund-Zeitschrift für die Kreislandbünde Cottbus, Calau und Lübben aufgeben wurde und der KLB Cottbus und der KLB Calau jeweils eine Zeitschrift in verkleinertem Format herausgaben.[375] Der Landbund Crossen reduzierte die Herausgabe seiner Zeitschrift wieder auf ein wöchentliches Erscheinen. Die Einsparungen waren teilweise recht schmerzlich, das Einstellen der Zeitungen störte doch die innerverbandliche Kommunikation in den Kreisen erheblich. Aber dies war noch die harmloseste Folge für die Landbünde.

Landbünde und Landbundgenossenschaften waren sehr eng miteinander verknüpft. Viele Landwirte traten nicht nur aus den Genossenschaften aus, sondern auch aus den Landbünden. Landbünde und Landbundgenossenschaften sollten nun in den Köpfen wieder getrennt werden: „Es herrscht eine geradezu unglaubliche Unkenntnis über die vielfachen landwirtschaftlichen Einrichtungen in unserem Kreise. Alle werden kunderbund durcheinandergeworfen. Wenn alles klappt, wie in der vergangenen Zeit, kann man sich das ruhig gefallen lassen. Versagt aber eine Einrichtung, wie die Genossenschaft, und der Zorn der Beteiligten ergießt sich auf den ‚Landbund', dann hört die Gemütlichkeit auf und es muß Klarheit geschaffen werden."[376] Wie der Geschäftsführer des Crossener Landbundes so reagierten auch die anderen Landbundfunktionäre: Indem sie darauf hinwiesen, dass die beiden Organisationen völlig getrennte Einrichtungen

---

[375] Mit der Nr. 34 verabschiedete sich das Landbundblatt am 28. August. Mit der Nummer 35/44 erschien das Blatt am 6.11. wieder – nun in verkleinertem Format. Die erste Nummer im Jahre 1926 war die Nummer 1/14 vom 5. April.

[376] Bohl, Dr., „Zur Aufklärung", in: Crossener Landbund, 6.1925, Nr. 108 (17.9.). Vgl. auch „Landbund und Landbundgenossenschaft", in: Landbund Sorau-Forst 6.1925, Nr. 50 (11.12.). Vgl. den schon erwähnten Artikel des Blattes aus dem Jahre 1922, der Landbund und Landbund-Genossenschaft eng verbunden sieht: M., „Landbund und Landbundgenossenschaft", in: Landbund Sorau-Forst 3.1922, Nr. 21 (26.5.).

seien, versuchten sie eine Krise des Landbundes zu verhindern – dies gelang ihnen jedoch nicht.

Zu stark waren die Verbindungen und das Hauptmotiv zur Gründung der Landbundgenossenschaften, die Stärkung der Landbundorganisation, kehrte sich nun ins Gegenteil um: Durch das Scheitern der Landbundgenossenschaften kam es zu einer Schwächung der Landbundorganisation. Kein anderes Ereignis oder wirtschaftlicher oder politischer Wandel haben einen so dramatischen Mitgliederverlust der Landbünde verursacht. Besonders deutlich zeigte sich dies beim Kreislandbund Cottbus. Von seinen über 5 000 Mitgliedern im Jahre 1923 verlor er bis 1926 die Hälfte, der KLB Crossen etwa ein Drittel der Mitglieder.

Möglicherweise hätte der Schaden, der durch den Zusammenbruch der Landbundgenossenschaften verursacht wurde, durch eine schnelle Konkursabwicklung begrenzt werden können. Doch insbesondere die Auflösung der Niederlausitzer Landbundgenossenschaft wurde zu einem langen, zähen Prozess.[377] Weder die RLB-Genossenschaft noch die Großgrundbesitzer fanden sich bereit, die Konkursschäden zu übernehmen. Gerüchte, dass die Großgrundbesitzer noch Gewinne davon trügen oder weniger von den Schulden übernehmen sollten, kursierten bei den Bauern. Das in den Jahresberichten immer wieder erhoffte Ende des Mitgliederschwundes und ein Wiedererstarken des Cottbuser Kreislandbundes erfüllten sich nicht. Im Jahresbericht 1925/1926 frohlockte man verfrüht: „Erfreulicherweise ist die Mitgliederzahl wieder im Wachsen“, dramatisch war die Zahl der Mitglieder von 5 150 im Juni 1924 auf 2 263 Mitglieder gesunken.[378] Ende 1929 betrug die Mitgliederzahl „noch 1763. Die Zeit der Unruhe, hervorgerufen durch die Landbundgenossenschaft, scheint nunmehr überwunden zu sein. Der Vorstand rechnet im Jahre 1930 mit einem Wiederanstieg der Mitgliederziffer.“[379] Ende 1930 betrug diese jedoch nur 1 688, Ende 1931 1 655 Mitglieder[380], also weniger als ein Drittel der Mitgliederzahlen von 1923!

Das weitere Verfahren der Konkursabwicklung der Landbundgenossenschaften hielt den Mitgliederschwund nicht auf, wie der Crossener Landbundgeschäftsführer selbst zugeben musste: „Allgemein organisatorisch stand der Landbund auch im abgelaufenen Jahr unter dem Zeichen des Zusammenbruches der Genossenschaft. Die am 2. Juni beschlossene

---

[377] Vgl. z. B.: „Das Ende der Landbund-Genossenschaft. Wird der Konkurs aufgehoben?“, in: Der Landbund 10.1929 Nr. 15 (12.4.). Im August 1931 wurde das Konkursverfahren endlich aufgehoben vgl. „Bericht über die Generalversammlung“, in Der Landbund 13.1932, Nr. 3 (22.1.).

[378] „Jahresbericht 1925/26. (Erstattet in der Generalversammlung am 10. März.), in: Der Landbund 8.1927, Nr. 14 (8.4.).

[379] „Bericht über die Generalversammlung am 13. Februar 1930.“, in: Der Landbund 11.1930, Nr. 8 (21.2.).

[380] „Bericht über die Generalversammlung.“, in: Der Landbund 13.1932, Nr. 3 (22.1.).

Nachzahlung von 15 RM. pro Anteil erwies sich als neuer schwerer Schlag gegen den Landbund und bedeutete für ihn einen weiteren Mitgliederverlust.“[381]

Selbst die großen Demonstrationen 1926 und 1928, die einen erheblichen Mobilisierungseffekt hatten und gar zu Mitgliederzuwachs führten, konnten den Mitgliederschwund nicht mehr aufhalten. Der Mitgliederschwund beruhte auf einem erheblichen Vertrauensschwund, der sich auch sofort bei den Wahlen 1925 bemerkbar machte. In Crossen sah man die Folgen des Zusammenbruchs der Genossenschaft: „Dieser schwere Schlag und die außerordentliche Schädigung trat denn auch bei der Wahl zum Kreis- und Provinziallandtage in herber Deutlichkeit in die Erscheinung.“[382] Folgen dieser Krise zeigten sich noch bei den Wahlen ab 1928, wie weiter unten gezeigt wird.

Selbst bei den im Landbund Gebliebenen war eine große Enttäuschung feststellbar und richtete sich insbesondere gegen die Vorsitzenden und führenden Funktionäre. Dies betraf Bauern und Großgrundbesitzer zunächst gleichermaßen. Sogar der Bauernführer Gauger wurde deswegen angegriffen, obwohl er keinen leitenden Posten in der Genossenschaft seines Kreises innehatte.[383] Auch der bäuerliche KLB-Vorsitzende Malke im Kreis Crossen stand in heftiger Kritik wegen der Genossenschaftsfrage.[384]

Da in den Genossenschaften die Großgrundbesitzer mehrheitlich in Führungspositionen waren, so traf die Kritik vornehmlich sie. Insbesondere zwei Großgrundbesitzer standen aber im Kreuzfeuer der Kritik: Gneomar v. Natzmer und Walter Stubbendorff.

Der bürgerliche Großgrundbesitzer Walter Stubbendorff löste 1924 Graf Kalckreuth als Vorsitzenden des Verbandsausschusses des RLB-Genossenschaftsverbandes ab.[385] Sein Konzept des Ausbaus und mehrere geschäftliche Fehlgriffe (etwa der Aufkauf maroder Unternehmen) trugen wesentlich zur Krise der Landbundgenossenschaften bei und die finanzielle Schwäche der Verkaufsstelle ließ keine Unterstützung einzelner Kreislandbundgenossenschaften zu. Stubbendorff schob, wie einige Vorsitzende von KLB-Genossenschaften, die Schuld einem unfähigen Direktor zu.

---

381 „Ein Jahr Landbundarbeit.“, in: Crossener Landbund 9.1928, Nr. 5 (4.2.).

382 „Jahres-, Geschäfts- u. Tätigkeitsbericht.“, in: Crossener Landbund 7.1926, Nr. 6 (13.2.).

383 Vgl. „Erklärung!“, in: Landbund Zauch-Belzig 6.1925, Nr. 36 (5.9.).

384 Malke nahm 1928 die Wiederwahl als KLB-Vorsitzender an, mit der Zusage, dass er nur solange im Amt bliebe bis die Genossenschaftsfrage geklärt sei. Vgl. „Bericht über die Jahres-Hauptversammlung am 28. Januar 1928.“, in: Crossener Landbund 9.1928, Nr. 5 (4.2.).

385 Vgl. „27. Verbandstag des Genossenschaftsverbandes des Reichs-Landbundes.“, in: Landbund Havelland 5.1924, Nr. 25 (14.7.).

Doch hatte er, nach dem Tod eines Direktors selbst kurzfristig (als Laie!) die Geschäftsführung übernommen und war für die Anstellung des neuen (unfähigen) Direktors allein verantwortlich. Schließlich unterstützte er das falsche Konzept eines immensen, unabgesicherten Ausbaus der Landbundgenossenschaften. Nicht nur die Basis, sondern auch führende Köpfe im Brandenburgischen Landbund, wie auch im Reichslandbund übten Kritik an Stubbendorff und wollten ihn zur Aufgabe seiner Ämter zwingen. Stubbendorff war nicht gewillt, freiwillig zu gehen und ein Versuch 1929, ihn aus dem Arbeitsausschuss des Brandenburgischen Landbundes abzuwählen, scheiterte. Ein daraufhin eingesetzter Untersuchungsausschuss über Stubbendorffs Rolle in der Genossenschaftsfrage brachte keine Ergebnisse. Maßgeblich trug dazu die Erklärung des RLB-Präsident Graf Kalckreuth bei, die Stubbendorff als Unschuldigen darstellte. Prekär war lediglich, dass Graf Kalckreuth sein Vorgänger in den RLB-Genossenschaften gewesen war und wahrscheinlich selbst die falsche Politik eingeleitet hatte. Die Hoffnung führender Bauernvertreter des BLB, dass die Bauern der Westprignitz Stubbendorff aus seinen Ämtern im Kreislandbund abwählen würden, erfüllte sich nicht. Im Gegenteil konnte Stubbendorff seinen Kreis mobilisieren; dort gab es ja keine Genossenschaftspleite.

Stubbendorff war der deutschnationale Großgrundbesitzer, der im Arbeitsausschuss des Brandenburgischen Landbundes die Hugenberglinie der Partei vertrat. Er galt wegen dem Genossenschaftszusammenbruch als politisch tot. Von den Hugenbergianern wurde er jedoch politisch am Leben erhalten. So färbte sein miserables Ansehen auf die Partei ab. Gerade die Landwirte, die durch die Genossenschaft direkt und indirekt geschädigt wurden, sahen einen der Hauptverantwortlichen der Genossenschaftskrise als den Repräsentanten der DNVP, der deutschnationalen Großgrundbesitzer.

Anders als Stubbendorff konnte Gneomar v. Natzmer, der Vorsitzende des KLB Cottbus, nicht mehr gerettet werden. Er hatte die Gründung der Niederlausitzer Landbundgenossenschaft initiiert und vorangetrieben, war zunächst Vorstandsvorsitzender und später Aufsichtratsvorsitzender und hatte schließlich den Landbundgenossenschaftsgedanken im Brandenburgischen Landbund am heftigsten vertreten. Die Schuld am Scheitern der Genossenschaft schob er anderen (den Direktoren und dem „jüdischen Handel") zu. Doch bald sprach auch die Landbundpresse vom „Versagen des Herrn von Natzmer in den kaufmännischen Dingen"[386] und er selbst

386 „Einmütige Vertrauenskundgebung für von Natzmer.", in: Crossener Landbund 6.1925, Nr. 115 (3.10.).

hatte wohl zum Ausgleich der hohen Verluste der Genossenschaft eines „seiner beiden Güter verkauft.“[387]

Gegen die Kritik von außen[388] insbesondere aber von der Basis gab es ab 1925 Vertrauenserklärungen des Kreislandbundes: „Welcher Geist im Landbunde Cottbus steckt, zeigt sich an folgendem Vorfall: Als die Vertrauensfrage für den Vorsitzenden, Herrn von Natzmer-Gahry, gestellt wurde, da rief einer der anwesenden Kleinbauern: ‚Und im Unglück nun erst recht!‘. Begeistert stimmte die ganze Versammlung in diese Vertrauenskundgebung ein. Man sieht, daß die Angriffe der jüdischen Hetzpresse gegen Herrn von Natzmer genau das Gegenteil von dem bewirkt haben, was sie bezweckten.“[389]

Im Mai 1928 gab es nochmals eine Vertrauenserklärung für v. Natzmer,[390] doch im Sommer desselben Jahres musste er als Kreislandbundführer zurücktreten. Bei seinem Rücktritt gab er allerdings nicht die Genossenschaftspleite als Motiv an, sondern seinen Wechsel zum Automobilclub von Deutschland.[391] Ehrlicher war da schon seine rechte Hand, der Hauptgeschäftsführer des KLB Paul Zöllner. Er begründete seinen Rücktritt wenige Monate nach v. Natzmers mit dem Scheitern der Genossenschaft: „Der Zusammenbruch der Genossenschaft und der damit verbundene Mitgliederrückgang sind hierfür Veranlassung.“[392]. Der Rücktritt v. Natzmers war ein Zugeständnis an die unzufriedenen Bauern. Dass v. Natzmers Nachfolger ein Bauer (Heinrich Fischer, MdL) war, deutet darauf hin, dass die Großgrundbesitzer in der Defensive waren und die umlaufenden Gerüchte bei dem Konkursverfahren deren Ansehen stark geschmälert hatten.

Das Scheitern des v. Natzmer-Gahry war prägend nicht nur im Kreis Cottbus, sondern für die Niederlausitz insgesamt. Denn er war der konservativ-deutschnationale Großgrundbesitzer, der das Landvolk nach der Revolution ins rechte Lager geführt hatte. Er hatte nicht nur die Nieder

---

[387] „Unlautere Kampfesweise des Volksfreundes.“, in: Landbund Kreis Lebus 6.1925, Nr. 49 (5.12.).

[388] R. Müller verweist hierbei auf die Vorwürfe des sozialdemokratischen „Volksfreunds". Danach hätte sich v. Natzmer durch Manipulationen bereichert; vgl. Müller, Wählerbewegung, S. 67. Ob dies nur Gerüchte waren, sei dahingestellt. Sicherlich nährte dies das Misstrauen einiger Bauern, dass die Großgrundbesitzer auf Kosten des kleineren Besitzes Geschäftsmanipulationen tätigten. Doch die Hauptkritik der Bauern – dies, wie auch die Dimensionen der Genossenschaftspleite verkennt R. Müller – richtete sich gegen die Unfähigkeit v. Natzmers.

[389] „Cottbuser Bauernschaft treu zum Landbund! ‚Und im Unglück nun erst recht!‘“, in: Der BLB 7.1926, Nr. 1 (1. Jan.-Nr.). Wie sehr dies inszeniert war, zeigen die Massenaustritte aus dem Landbund.

[390] Vgl. „Beschlüsse der Vertretertagung.“, in: Der Landbund 9.1928 Nr. 18 (4.5.).

[391] Vgl. „Unser neuer Führer!“, in: Der Landbund 9.1928, Nr. 39 (28.9.).

[392] Zöllner, Paul, „Zum Abschied. Liebe Landbundmitglieder!“, in: Der Landbund 10.1929 Nr. 39 (27.9.).

lausitzer Landbünde initiiert, er war führend in den paramilitärischen Organisationen, führender Kopf der DNVP und Wortführer der Niederlausitzer Großgrundbesitzer. Er war als adliger Großgrundbesitzer, der – fußend auf dem alten BdL-Konzept – in der Weimarer Republik der Massenführer des rechten Lagers, der „politische Makler" der Rechten, par excellence wurde. Er hatte es geschafft, in einem dominant kleinbäuerlichen Gebiet sich eine Massenbasis zu schaffen. All dies wurde zerstört durch die Genossenschaftspleite. Nicht, dass die Bauern nun ins linke Lager gewechselt wären. Aber ihr Vertrauen in den Großgrundbesitz und ihr Vertrauen in die DNVP war geschwunden. Wie zu zeigen sein wird, kamen in Brandenburg die ersten Ansätze zur Gründung der bäuerlich akzentuierten Landvolkpartei aus der Niederlausitz – teilweise recht deutlich distanzierte man sich vom Großgrundbesitz.

Zusammenfassung

Die landwirtschaftlichen Genossenschaften schufen die Möglichkeit für die Bauern und Großgrundbesitzer, dem privatkapitalistischen Handel die Stirn zu bieten und bei Bezug und Absatz langfristig günstigere Preise zu erhalten. Doch das landwirtschaftliche Genossenschaftswesen war in Brandenburg bis zum Ersten Weltkrieg im Vergleich zu westlichen Regionen Deutschlands schwach entwickelt. Mit der wirtschaftspolitischen Sammlungsbewegung im Landbund ab 1919 war auch das Zusammengehen im wirtschaftlichen Sinne auf der Tagungsordnung. Doch zum einen gelang es nicht, eine einheitliche Genossenschaft aufzubauen. Zu stark waren die Bestrebungen, die wirtschaftlichen Organisationen unter die wirtschaftspolitischen und politischen Bestrebungen des Landbundes zu stellen. Man hörte nicht auf die Warnungen von Mitgliedern des Offenbacher Genossenschaftsverbandes und Raiffeisen – selbst Landbundmitglieder – davor, die wirtschaftliche Funktionsfähigkeit und eine professionelle Geschäftsführung dem angeblich basisnahen Prinzip zu opfern.

Zum andern zeigte sich beim Aufbau der Landbundgenossenschaften eine mangelnde Bereitschaft der Landwirte zum wirtschaftlichen Zusammenschluss. Aus Andeutungen und Mahnungen erfährt man, dass die Genossen bei Gelegenheit ihre eigene Organisation umgingen und an private Händler ihre Produkte verkauften bzw. landwirtschaftliche Maschinen, Dünger und Saatgut von diesen kauften. Offensichtlich ist aber der mangelnde Organisationsgrad. Chancen hätte die Landbundgenossenschaft gehabt, wenn alle Landbundmitglieder auch in die Landbundgenossenschaft eingetreten wären. Von so vielen Mitgliedern waren aber die Landbundgenossenschaften weit entfernt. Bei den meisten Kreislandbünden waren höchstens ein Fünftel der Mitglieder auch in der Landbundgenossenschaft – und nicht einmal in allen Kreisen gab es überhaupt eine Landbundgenossenschaft. Als die Landbundgenossenschaften zusammenbrachen, war das Geschrei groß und die Großgrundbesitzer büßten an

Ansehen und Autorität ein. Aber vor allem wirkte die antisemitische Propaganda vom „international agierenden jüdischen Händlertum" nun als Ventil. Statt Solidaritätsdisziplin einzuhalten, oder sich die Schwäche mangelnder Solidarität einzugestehen, fand man den Sündenbock: „den Juden".

V. Adel gegen Adel oder: Was ist Führung?

Die bisherige Untersuchung zeigte, wie im Landbund die Bauern zwischen 1924 und 1928 an Selbstbewusstsein gewannen und sich aus der Dominanz der Großgrundbesitzer lösten. Diese Konflikte wurden offen ausgetragen und ein Teil der bäuerlichen Jugend griff die Vorherrschaft des adligen Großgrundbesitzes an, so dass es gar zu einem Bruch mit dem Landbund kam. Doch die Großgrundbesitzer, selbst die adligen, waren politisch keine homogene Gruppe, sondern wie zu zeigen sein wird, gab es auch unter diesen selbst heftige Flügelkämpfe.[393] Es gab zwei Streitpunkte, die zu schweren Kämpfen innerhalb der politischen Rechten, innerhalb des Landbundes und gar innerhalb der Großgrundbesitzer führten. Der eine Punkt war die Frage, ob die Rechte, mit der DNVP als 1924 immerhin stärkster Partei, einen strikt oppositionellen Kurs beibehalten oder ob diese versuchen sollte, Einfluss auf die Regierungspolitik zu gewinnen, gar selbst in die Regierung gehen sollte. Diese so genannte agrargouvernementale Richtung versuchte durch einen Kompromisskurs die Bedingungen für die Landwirtschaft zu verbessern oder erträglich zu gestalten. Der andere Konflikt betraf die Rolle der adligen Großgrundbesitzer innerhalb der von ihnen selbst geschaffenen Massenorganisationen. Hierbei ging es vor allem um die Frage der Führung. Die einen sahen sie als dem Adel vorbehalten, quasi angeboren an und begriffen die Bauern als Masse, die zu folgen hatte. Die anderen sahen sich eher als Führer an, die sich in den Organisationen erst ihre Legitimation zu beweisen hatten. Dieses neue Elitenleitbild ging zwar davon aus, dass sich die Adligen behaupten würden, schloss andere neue Führer aber nicht aus.

Wie stark diese Konflikte innerhalb der adligen Großgrundbesitzer waren, zeigte eine Tagung, die der damals bedeutendste adlige Groß grundbesitzer in Brandenburg, Dietlof v. Arnim-Boitzenburg, zum 30. März 1926 einberufen hatte.[394] Er wollte mit der Tagung den konservati-

[393] Vgl. zu diesem Kapitel auch meinen Aufsatz: Pomp, Landadel.

[394] Vgl. zu der Tagung auch: Jens Flemming, Konservatismus als „nationalrevolutionäre Bewegung". Konservative Kritik an der Deutschnationalen Volkspartei 1918-1933, in: Deutscher Konservatismus im 19. und 20. Jahrhundert. Hrsg. von D.

ven Flügel in der DNVP stärken und innerhalb der Partei und des Landbundes eine konservative Organisation schaffen.[395] Hierzu wurden ehemalige Mitglieder der Deutschkonservativen Partei Brandenburgs und solche Männer eingeladen, die man als „konservativ" betrachtete. Immerhin waren dabei über 250 brandenburgische Konservative versammelt, zum überwiegenden Großteil waren dies adlige Großgrundbesitzer.[396] Die Einladenden waren vor der Tagung optimistisch ja euphorisch: „Auch aus den hier einlaufenden zahlreichen Zusagen geht ganz deutlich hervor, dass die Herren mit reichlich hohen Erwartungen kommen. Es scheint eine ähnliche Stimmung zu herrschen, wie sie seinerzeit bei der Gründung des Bundes der Landwirte gewesen sein mag."[397]

Der Verlauf der Tagung sollte ganz anders werden als der der Gründungsversammlung des BdL 30 Jahre zuvor. Für v. Arnim-Boitzenburg bot sie „das Bild der ungeheuerlichen Zerrissenheit und Uneinigkeit, und hat mich außerordentlich enttäuscht."[398] Von den Anwesenden erklärten sich nach der Tagung nur 33 schriftlich bereit zur Mitarbeit an einer konservativen Organisation.[399]

1. Der Streit um Fundamentalopposition und gouvernementalen Weg

Als fundamentaler Gegner der Republik zeigte sich v. Arnim-Boitzenburg. Bis 1918 war er Präsident des Herrenhauses gewesen, bis 1921 war er im Kreistag und Kreisdeputierter.[400] Da er sich jedoch aus fundamentaloppositionellen Erwägungen weigerte, den Eid auf die Verfassung abzulegen,[401] durfte er nicht als Kreisdeputierter fungieren.

Innerhalb der politischen Rechten demonstrierte er seine oppositionelle Haltung anlässlich der Vorgänge nach dem Rathenau-Mord 1922. Wie die

---

Stegmann, B.-J. Wendt u. P-Ch. Witt, Bonn 1983, S. 295-331, hier: S. 314-317; Pyta, Dorfgemeinschaft, S. 294 u. 298.

395 Rschr. v. Arnim-Boitzenburg an v. d. Marwitz März 1926, in: BLHA Rep. 37 Gut Friedersdorf, Nr. 477, Bl. 154.

396 Bis zum 15. März waren 350 Rundschreiben verschickt, am 24. März lagen 250 Anmeldungen vor. Schr. Brauer an v. Arnim-Boitzenburg v. 24.3.26, in: BLHA Rep. 37 Herrschaft Boitzenburg, Nr. 4428, Bl. 145.

397 Schr. Brauer an v. Arnim-Boitzenburg v. 20.3 26, in: ebda., Bl. 157.

398 Schr. v. Arnim-Boitzenburg an Westarp v. 27.4.26, in: ebda., Bl. 101.

399 Liste in: ebda., Bl. 108-109.

400 Zu seiner Person vgl. Sieghart Graf v. Arnim, Dietlof Graf von Arnim-Boitzenburg. Ein preußischer Landedelmann und seine Welt im Umbruch von Staat und Kirche, Limburg 1998. Seine politische Rolle in der Weimarer Republik ist in dieser Biografie aber verharmlosend dargestellt.

401 Vgl. Schr. v. Arnim-Boitzenburg an Bettac v. 12.3.21, in: BLHA Rep. 37 Herrschaft Boitzenburg, Nr. 4421, Bl. 8.

meisten Deutschnationalen distanzierte er sich vom Attentat. Er kritisierte jedoch das Verhalten der Führung DNVP, die sich von den extrem völkischen Positionen distanzierte und die Völkischen aus der Partei drängte. Gegen diese gouvernementalen Tendenzen regte v. Arnim gar die Reaktivierung der Deutschkonservativen Partei an.[402]

Anfang 1924 sprach sich jedoch sogar der Agraroppositionelle v. Arnim-Boitzenburg für eine Regierungsbeteiligung der Deutschnationalen aus. Angesichts der Ausarbeitung der Grundsteuer im Preußischen Landtag schien er in einem Brief an den Reichslandbundvorsitzenden Roesicke von seiner starren Oppositionshaltung abzugehen.[403] Wie Roesicke schrieb, standen der Reichslandbund und der DNVP zur Änderung der Verhältnisse vor zwei Alternativen:

> „Der schnellste Umschwung ist ein solcher, der sich auf äußerliche Machtmittel stützen kann. Jeder Versuch, der bisher von irgend einer Seite gemacht worden ist, hiermit etwas zu erreichen, ist gescheitert. Ich bin auch der Überzeugung, daß solche Versuche weiter scheitern werden, wenn nicht besondere, nicht im voraus zu bestimmende Ereignisse eintreten.
> Der zweite Weg führt dahin, daß man sich bestrebt, an die Stelle zu kommen und diese zu beeinflussen, von der aus schließlich die zurzeit bestehende Macht ausfließt, das ist die Regierung. Ich bedaure es daher, daß es nicht möglich war, daß diejenige politische Partei, die die Landwirtschaft in ihrem Zahlenverhältnis am umfassendsten vertritt, sich hat entschließen können, unter Zurückstellung aller Bedenken unter allen Umständen [sic!] die Politik zu verfolgen, die nach meiner Auffassung allein zum Ziel führen kann, nämlich Fuß in der Regierung zu fassen.“[404]

Was Roesicke hier vorschlug, war nichts anderes als das Einschlagen eines agrargouvernementalistischen Kurses und v. Arnim pflichtete diesem in einem Antwortschreiben bei.[405] Doch für von Arnim-Boitzenburg

---

[402] Schr. v. Arnim an v. Hildebrandt v. 1.8.22, in: BLHA Rep. 37 Herrschaft Boitzenburg, Nr. 4426, Bl. 149. Zu den Vorgängen in der DNVP vgl. auch Werner Liebe, Die Deutschnationale Volkspartei 1918-1924, Düsseldorf 1956, S. 61-71.

[403] Schr. v. Arnim-Boitzenburg an Roesicke v. 31.1.24, in: BLHA Rep. 37 Herrschaft Boitzenburg, Nr. 4426, Bl. 124-125.

[404] Schr. Roesicke an v. Arnim-Boitzenburg v. 3.2.24, in: BLHA Rep. 37 Herrschaft Boitzenburg, Nr. 4426, Bl. 123. Vgl. hierzu auch: Jens Flemming, Zwischen Industrie und christlich-nationaler Arbeiterschaft. Alternativen landwirtschaftlicher Bündnispolitik in der Weimarer Republik, in: Industrielle Gesellschaft und politisches System. Beiträge zur politischen Sozialgeschichte. Hrsg. v. Dirk Stegmann u.a., Bonn 1978, S. 259-276, hier: S. 263.

[405] „Ich teile absolut Ihre Auffassung im zweiten Punkte Ihrer Ausführung, dass von mir nahe stehenden Politikern in letzter Zeit ein schwerer Fehler gemacht worden ist, indem man nicht in die Reichsregierung ging. Dieser Fehler ist zur Zeit nicht auszugleichen, darf aber nicht wiederholt werden." Schr. v. Arnim-Boitzenburg an Roesicke v. 8.2.22, in: BLHA Rep. 37 Herrschaft Boitzenburg, Nr. 4426, Bl. 122.

und viele andere sollte ein Regierungseintritt der Deutschnationalen kompromisslos, ohne größere Abstriche an deutschnationalen Zielen (vor allem außenpolitischen) ablaufen.

Anlässlich der Abstimmung über die „Dawesgesetze" im Jahre 1924, bei der ein Teil der Deutschnationalen für die Änderung des verfassungsändernden Reichseisenbahngesetz stimmte und somit die Ratifizierung des Dawesabkommen ermöglichte, war für einige Deutschnationale der Zeitpunkt des Austrittes gekommen. Ein Teil der Abtrünnigen trat der Deutschvölkischen Freiheitspartei bei.

Der Brandenburgische Landbund betonte seine parteipolitisch neutrale Haltung auch gegen diese Partei und viele Deutschvölkische waren Mitglieder im Landbund. Wie schon bei der Gründung der DVFP 1922 bestritt der BLB nun, wie oben gezeigt, verstärkt wieder deren Anspruch als die „Völkischen" angesehen zu werden. Betont wurde, dass der Landbund „völkisch" eingestellt sei, ohne parteipolitische Akzentuierung. Als gar von Deutschvölkischen eine eigene wirtschaftspolitische Bauernorganisation aufgezogen wurde, griff man diese heftiger an. Insbesondere als sogar Ortsgruppen dieser Organisation in Brandenburg auftauchten. In diesem Zusammenhang ist auch der Rücktritt von zwei KLB-Vorsitzenden zu sehen.

Bei der Generalversammlung des KLB Ruppin im Mai 1925, nach vorausgegangener Vorstands- und Vertrauensmännerversammlung, wurde vom stellvertretenden Vorsitzenden bekannt gegeben, dass „unser hochverehrter Herr v. Brockhusen sein Amt als Vorsitzender des Kreislandbundes niedergelegt hat." In der folgenden Aussprache wurde diese Entscheidung bedauert und es wurde „der dringende Wunsch ausgesprochen, daß nun nicht etwa noch die wertvolle Arbeitskraft des Landbunddirektors, Korvettenkapitän a. D. Hermann, dem Landbunde verloren gehen möge. Insbesondere wünscht man dem Junglandbund die Erhaltung dieses mannhaften Erziehers!"[406] Die Wahl des neuen Vorsitzenden zeigte, dass nun ein Richtungswechsel stattfinden sollte. Gewählt wurde der Großgrundbesitzer Wilhelm Jacobs-Gnewikow. Jener hatte aber schon 1922 Opposition gegen v. Brockhusen, den Initiator der Ruppiner, ja Brandenburger Landbundbewegung gemacht.[407] Ihm war die Geschäftsführung zu dilettantisch und v. Brockhusen zu sehr mit seiner eigenen (völkischen) Politik beschäftigt. Zwar war v. Brockhusen nicht in der DVFP, doch leitete er den Skaldenorden, die völkische Loge. Der Rücktritt v. Brockhusens bedeutete nicht den Rückzug aus der Landbundpolitik; sehr aktiv war

---

406 „Bericht über die außerordentliche Generalversammlung des Kreislandbundes Ruppin am 28. Mai 1925.", in: Landbund Ruppin 8.1925, Nr. 23 (5.6.).

407 Zusammen mit anderen Großgrundbesitzern trat Jacobs im Jahre 1922 aus dem Landbund aus, zog dies aber wieder zurück. Vgl. Brockhusen, v., „An den Landbund", in: Landbund Ruppin 3.1922, Nr. 50 (15.12); diese zogen aber bald ihre Austritte wieder zurück vgl. „An unsere Mitglieder!", in ebda., Nr. 52 (30.12.).

er noch im Bauernhochschulkuratorium des BLB. Aber seine verbandspolitische Linie im Kreis Ruppin endete spätestens mit dem doch recht frühen Rücktritt „seines“ Geschäftsführers Peter Hermann im September desselben Jahres.[408]

Der Rücktritt des Vorsitzenden des KLB Oberbarnim, v. Oppen-Tornow, erfolgte ein Jahr später. Er selbst begründete den Entschluss, der „ihm äußerst schwer“ gefallen war: „Seine stark angegriffene Gesundheit, die eigene schwierige wirtschaftliche Lage und noch besondere Gründe, die außerhalb seiner Tätigkeit als Landbundführer lägen, machten es dringend nötig, sich eine Schonzeit zu erbitten.[409] Als neuer KLB-Vorsitzender wurde im Juni 1926 der von v. Oppen vorgeschlagene Großgrundbesitzer Oberamtmann Roloff-Frankenfelde gewählt. Unter den „besonderen Gründen“ dürften seine Aktivitäten für die Deutschvölkischen vor allem aber sein Engagement für den Anführer der Schwarzen Reichswehr, Buchrucker, und die Fememörder maßgeblich gewesen sein. Zumindest brachte ihn dies auch – so nachträglich seine eigene Aussage – in finanzielle Bedrängnis.[410] Es gibt nur wenig Hinweise auf einen internen Machtkampf – lediglich bei der Wahl des neuen Vorsitzenden gab es Widerspruch gegen die Wahl durch Zuruf und es musste eine Zettelwahl durchgeführt werden. Später allerdings hatte es einen Machtkampf für die Wiedereinsetzung v. Oppens gegeben.

Mit Oppen war der zweite, völkisch eingestellte KLB-Vorsitzende des Brandenburgischen Landbundes innerhalb kurzer Zeit zurückgetreten. Die Deutschvölkischen waren zwar die entschiedensten Vertreter eines fundamentaloppositionellen Kurses und härtesten Gegner der Agrargouvernementalen. Doch es waren nicht nur die Gemäßigten, sondern gerade auch die Hardliner in der DNVP, so Jacobs, an der Verdrängung der völkischen KLB-Vorsitzenden beteiligt.

Am 30. August 1924 trat v. Arnim-Boitzenburg wegen der Abstimmung zur Ratifizierung des Dawesplanes, dem „2. Versailler Vertrag“, aus der DNVP aus.[411] Er trat aber weder der NSDAP noch der DVFP bei, sondern regte in einem Schreiben an Graf Westarp dazu an, die Deutschkonserva-

[408] Ab der Ausgabe des Landbundes Ruppin vom 8.10. 1925 war der verantwortliche Schriftleiter der neue Hauptgeschäftsführer Erich Friedrich Heuer.

[409] „Ordentliche Generalversammlung des Landbundes Ober-Barnim am 11. Juni 1926 in Wriezen.“, in: Landbund-Nachrichten des Kreises Ober-Barnim 8.1926, Nr. 24 (18.6.).

[410] Vgl. Schr. v. Oppen-Tornow an Giese v.12.2.1937, in: BLHA Rep. 37 Gut Bollersdorf, Nr. 16 Bl. 69-71; vgl. auch das Schreiben des ehemaligen KLB-Geschäftsführers: Abschr. Schr. Schmidt-Imbrek an Giese o.D., in: ebda., Bl. 76-77.

[411] Schr. v. Arnim-Boitzenburg an v. Arnim-Kröchlendorff (Vors. der DNVP Kreis Templin) v. 30.8.24, in: BLHA Rep. 37 Herrschaft Boitzenburg, Nr. 4426, Bl. 95.

tive Partei wieder ins Leben zu rufen. Die Mehrheit der „Neinsager" in Brandenburg blieb jedoch in der DNVP. Der Großteil des adligen Großgrundbesitzes dürfte zu ihnen gehört haben.[412]

Doch die Minderheit der Befürworter eines Kompromisskurses unter den brandenburgischen Adligen war nicht unbedeutend, sowohl an Zahl als auch an politischem Gewicht. Schon bei der Abstimmung über das Dawesgesetz war von den Reichstagsabgeordneten des Brandenburgischen Landbundes der einzige Vertreter des adligen Großgrundbesitzes, von Keudell, ein „Jasager"[413]. Doch innerhalb des Landbundes setzte sich allmählich jene gemäßigte, agrargouvernementale Richtung durch.

Nach Verabschiedung der Dawesgesetze kam es im Januar 1925 zur ersten Regierungsbeteiligung der DNVP im Reich. Doch Ende Oktober traten die deutschnationalen Minister aus der Regierung Luther zurück. Grund waren die Verhandlungen über die Locarno-Verträge, die die Deutschnationalen ablehnten. Diese wurden im November dann ohne die Stimmen der DNVP angenommen. Seitens der Gouvernementalisten hagelte es Proteste gegen die Entscheidung der DNVP, ihre oppositionelle Haltung bis zum Regierungsaustritt durchzusetzen.[414]

Auch der Brandenburgische Landbund kritisierte heftig diese Entscheidung der DNVP. In der Vorstandssitzung des BLB am 9. Dezember 1925 wurde eine Entschließung an den RLB gefasst, die scharf gegen die DNVP vorpreschte:

> „Wir können eine Politik, die den Wirtschaftsfragen der Landwirtschaft kein ausreichendes Verständnis entgegenbringt, nicht mitmachen. Die Deutschnationalen haben geglaubt, wegen Locarno aus der Regierung austreten zu müssen. Sie sind somit in Opposition getreten.
> Es muss ausdrücklich betont werden, dass sich der Landbund nicht in Opposition zur Regierung begeben hat. Er will positiv an dem Wiederaufbau unserer Wirtschaft mitarbeiten. Von den Deutschnationalen müssen wir verlangen, dass sie trotz ihres Austritts aus der Regierung, wodurch sie die Situation für die Landwirtschaft sehr erschwert haben, nun gegen diejenigen Regierungsstellen, mit denen die Landwirtschaft zusammen arbeiten muss, nicht grundsätzlich Opposition um jeden Preis treiben, sondern dass sie an der Lösung der

---

412 Schr. v. Arnim-Boitzenburg an Graf [Westarp], ebda., Bl. 93-94.

413 Vgl. Liebe, DNVP, S. 168, Anm. 422. Zu den Mitgliedern des Brandenburgischen Landbundes, die für die Annahme des Reichseisenbahngesetzes stimmten gehörte noch der Landwirt Krüger aus Hoppenrade. Diejenigen, die gegen die Annahme stimmten waren: Gutsbesitzer Ohler und der Großgrundbesitzer Stubbendorff. v. Keudell war im Vorstand des Kreislandbundes Königsberg/Neumark und Vorsitzender des Brandenburgischen Waldbesitzerverbandes (Korporativ dem Brandenburgischen Landbund angeschlossen). Zwar wurde v. Keudell 1927 Innenminister im zweiten Kabinett mit DNVP-Beteiligung, doch war er im Brandenburgischen Landbund relativ bedeutungslos.

414 Vgl. Gessner, Agrarverbände, S. 49.

grossen schwebenden Wirtschaftsfragen, bei denen es sich um Sein oder Nichtsein der Landwirtschaft handelt, aktiv mitarbeiten."

Über diese Kritik und Mahnung an die DNVP hinaus ging die Entschließung weiter:

> „Wir erwarten ferner vom Reichs-Landbund, dass er sich nicht eindeutig auf die Deutschnationale Volkspartei stützt, sondern die Ziele der Landwirtschaft mit denjenigen Parteien durchzusetzen versucht, die uns ihre Mitarbeit in unserem Existenzkampf zusagen. Die politische Richtung einer Partei darf dabei nicht massgebend sein. Wenn wir mit der Sozialdemokratie, als einer Hauptvertreterin der Konsumenten, mehr erreichen können, als mit anderen Parteien, so müssen auch einmal solche Wege beschritten werden.".[415]

Führender Vertreter des agrargouvernementalen Kurses war der Vorsitzende des BLB, Jean Nicolas. Nach der durch v. Arnim-Boitzenburg einberufenen Versammlung am 30. März 1926 verfasste er eine Denkschrift unter dem Titel „Landbundarbeit und Politik", die den agrargouvernementalen Standpunkt verdeutlichte. Noch einmal stellte er das Dilemma zwischen außenpolitischen und wirtschaftpolitischen Zielen der DNVP da:

> „Wenn wir also von der Deutschnationalen Volkspartei schroffste Außenpolitik verlangen, so dürfen wir ihr keine ungerechten Vorwürfe machen, wenn es ihr bis jetzt nicht geglückt ist, innerpolitisch und wirtschaftspolitisch für die Landwirtschaft Durchschlagendes zu erreichen. Anders liegt die Sache, wenn ich mich zu der Auffassung durchringen muß, daß ich die, vom rein nationalen Standpunkt aus betrachtet, zwar richtige Außenpolitik in absehbarer Zeit, die unsere Wirtschaft noch zu tragen vermag, gegen die uns entgegenstehenden Machtfaktoren durchsetzen kann. Dann muß ich erwägen, ob mir ein schroff nationaler Standpunkt wirklich hilft, oder ob ich mich dabei nicht wirtschaftlich zugrunde richte, schließlich Haus und Hof verlassen muß und selbst mit meinem ganzen Stande zur Bedeutungslosigkeit herabsinke."

Offen plädierte Nicolas für eine Regierungsbeteiligung der DNVP und fügte zum Argument der Beeinflussung der Wirtschaftspolitik im Reich ein weiteres Argument für einen gouvernementalen Kurs der DNVP zu:

> „Will die Partei im heutigen demokratischen Deutschland, so wie es gegenwärtig gestaltet ist, auf die Wirtschaftspolitik Einfluß gewinnen, den sie von Rechts wegen haben müßte, um unseren Belangen Rechnung zu tragen, so wird sie das nur erreichen, wenn sie der Regierung selbst angehört. Nur so wird sie auch in der Lage sein, was nicht verkannt und unbeachtet gelassen

---

[415] „Entwurf zu einer Entschließung des Gesamtvorstandes des Brandenburgischen Landbundes zur Politik der Deutschnationalen Volkspartei" angehängt an Schr. BLB (Nicolas) an RLB (Graf Kalckreuth), in: BArch R8034 I RLB, Nr. 17b, Bl. 390-395, hier: Bl. 393-395.

werden darf, bei der Besetzung der politischen Beamtenstellen mitzuwirken."[416]

Gegen diese Denkschrift erläuterte v. Arnim-Boitzenburg in einem Schreiben an Nicolas sowie auch in einem eigenen Rundschreiben unter dem Titel „Landbund, Arbeit und Politik" seine oppositionelle Stellung gegenüber der gouvernementalen von Nicolas. Für ihn war Ziel der Nicolas'schen Anschauungen,

> „dass man als Wirtschaftspolitiker und Landbündler von der Deutschnationalen Partei verlangen muss, dass sie auf dem Gebiete der Aussenpolitik den schroff nationalen Standpunkt aufgibt, d.h. also die Luther-Stresemann/sche – Locarnopolitik – mitmacht, um sich dadurch die Möglichkeit zum Eintritt in die Regierung zu eröffnen und auf diese Weise einen Einfluss auf die Gestaltung der Wirtschaftspolitik und auf die Besetzung der Beamtenstellen zu verschaffen. Die Deutschnationale Volkspartei soll also in Wahrnehmung der materiellen Interessen der Landwirte eine reine Opportunitätspolitik treiben. Eine derartige Politik kann aber auf dem Gebiete der inneren Politik dauernde Erfolge nicht erreichen.".[417]

Unterstützung in seinem oppositionellen Kurs bekam v. Arnim-Boitzenburg wohl schon in der Versammlung am 30. März von Harald v. Brünneck-Trebnitz. In einem Rundschreiben auf Nicolas' gedrucktes Rundschreiben untermauerte er nochmals den oppositionellen Standpunkt v. Arnims:

> „Die Regierung mit ihren Gefolgsparteien handelt dem ‚Los von Versailles ! Los vom Dawes-Abkommen !' gerade entgegengesetzt. Sie verstrickt sich freiwillig immer mehr in die Fesseln des Auslandes.
> Dem müssen alle rechtsgesinnten Parteien entgegenarbeiten, das geht nur durch allerschärfste Opposition.
> Die Ansicht, dass die Rechtsparteien danach streben sollen, in die Regierung hinein zu gehen, um ‚das jeweils Mögliche' zu erreichen oder, ‚um Schlimmeres zu verhüten' oder um ‚positive Mitarbeit zu leisten' (negative Mitarbeit kenne ich übrigens nicht) oder wie alle die schönen Redensarten (Schlagwörter!) heissen, so bejahen wir diesen Staat. Das sei fern von uns !"[418]

Erwähnenswert ist aber die ähnliche Zielrichtung der strikt Oppositionellen. Für v. Brünneck war „unser Ziel: Abschaffung des Parlamentarismus

---

[416] Nicolas, Jean, Landbundarbeit und Politik. (Rundschreiben an den Großgrundbesitz der Provinz Brandenburg.), Berlin [1926], in: BArch R8034 I RLB (BLB), Nr. 178, Bl. 30-37, hier Bl. 31 (S. 3) und Bl. 30RS (S. 2).

[417] v. Arnim-Boitzenburg, Dietloff, Landbund, Arbeit und Politik. Zum Schreiben des Vorsitzenden des Brandenburgischen Landbundes an den Großgrundbesitz der Provinz Brandenburg vom April 1925 [muss 1926 heißen], (MS) in: BLHA Rep. 37 Herrschaft Boitzenburg, Nr. 4429, Bl. 53-56+RSS, hier Bl. 55+RS.

[418] Schr Harald v. Brünneck an Graf Arnim-Boitzenburg, Nicolas-Rostin, v. Stünzner-Karbe, v. Falkenhayn-Frankfurt a.O., v. Oldenburg-Januschau v. 2.5.1926, in: BLHA Rep. 37 Herrschaft Boitzenburg, Nr. 4428 Bl. 93-96, hier Bl. 93.

und Begründung einer nationalen Diktatur und durch dies – das kann Jahre dauern – Zurück zur Monarchie“ und stärker noch: „Diktatur erstreben und mit allen gesetzlichen Mitteln herbeiführen, das ist die Parole, das soll unser Ziel sein!“[419] Aber nicht nur der jüngere und früh zur NSDAP abwandernde v. Brünneck, sondern auch v. Arnim-Boitzenburg propagierte „die Beseitigung des parlamentarischen Regimentes und die Abschaffung des allgemein gleichen und geheimen Verhältniswahlrechtes.“[420] Langfristiges Ziel war für ihn die Wiedereinführung der Monarchie – „Ich bin Monarchist und werde es auch bleiben.“ – mit der Überzeugung, „dass wir nur auf dem Boden der Monarchie wieder aus dem Sumpf, der Ohnmacht und Ehrlosigkeit, der Wehrlosigkeit und wirtschaftlichen Schwäche empor steigen können, zu staatlicher Macht und wirtschaftlicher Selbstständigkeit.“ Doch auch er bejahte die Diktatur:

> „Die gegenwärtige Regierungsform … zu ändern ist ein nationales Erfordernis. Wenn Sie darauf warten wollen, bis etwa durch den Stimmzettel eine solche Änderung möglich wäre, so glaube ich, werden sich Ihre Enkel noch nicht einer solchen erfreuen können. …
> Es kommt bei einem Diktator auch gar nicht darauf an, ob er diesem oder jenem Stande hilft, der Diktator muss zunächst das Vaterland von einer Regierungsform befreien, die es in den 7 Jahren ihres Bestehens von Stufe zu Stufe abwärts geführt hat, und jetzt in kürzester Zeit den Sprung in den Abgrund machen wird. Auf Parteien oder einzelne Stände zu stützen, wäre für den Diktator völlig verfehlt. Auf die Bewaffnete Macht muss er sich stützen und mit einzelnen hervorragenden Köpfen ein Neues schaffen, das zum Heile des Vaterlandes arbeiten kann. Ich sehe einen anderen Ausweg nicht mehr. Wird dieser Weg nicht in absehbarer Zeit beschritten werden wir in wenigen Jahren samt und sonders nicht mehr auf unserer Scholle sitzen, wir können uns unserer Haut wehren, soviel wie wir wollen …“[421]

Dies war das Konzept von 1923, an dem v. Arnim-Boitzenburg festhielt, die Errichtung einer Diktatur durch einen militärischen Putsch (es sollte ja 7 Jahre später anders kommen!). Doch Nicolas hatte aus dem Jahre 1923 seine Folgerungen gezogen. Fernziel war auch bei ihm die Abschaffung der demokratischen Republik: „Das Ziel, die Befreiung Deutschlands, zu erreichen, bleibt in jedem Falle das gleiche, die Frage, die allein zur Erörterung stehen kann, ist lediglich die Taktik.“ Fern schien ihm der Gedanke an eine Diktatur:

---

[419] Ebda., Bl. 95. Das Wort „gesetzlichen“ wurde später handschriftlich mit ziemlicher Sicherheit von v. Brünneck eingefügt.

[420] v. Arnim-Boitzenburg, Dietlof, Landbund, Arbeit und Politik. Zum Schreiben des Vorsitzenden des Brandenburgischen Landbundes an den Großgrundbesitz der Provinz Brandenburg vom April 1925 [muss 1926 heißen], (MS) in: BLHA Rep. 37 Herrschaft Boitzenburg, Nr. 4429, Bl. 53-56+RSS, hier Bl. 55RS. Vgl. auch Malinowski, Vom König zum Führer, S. 245.

[421] Schr. v. Arnim-Boitzenburg an Nicolas v. 1.5.1926, in: ebda., Bl. 63-66 (+RS), hier: Bl. 66 und Bl. 64RS.

> "Zum Schluß will ich die Stimmungen nicht unerwähnt lassen, die sich, stärker und stärker werdend, mit dem Wunsche nach einem Diktator oder wenigstens nach einer Diktatur beschäftigen. Meinem Gefühl nach sind diese ein Zugeständnis der eigenen Schwäche oder mindestens der Bequemlichkeit, das Fehlen an Mut und Entschlossenheit, unsere eigenen Belange gegenüber den anderen Ständen durchzusetzen. Diese Mühe und Arbeit wollen wir lieber einem Willensstärkeren, einem Diktator überlassen. Wir erwarten selbstverständlich von ihm, daß er zuerst uns selbst hilft. Aber da möchte ich die Frage stellen, auf wen soll sich denn dieser Stärkere, Machtvollere stützen? Etwa auf die Landbevölkerung, die selbst uneinig, wie niemals zuvor, sich in hunderte von Meinungen zersplittert? Allein das Versammlungsbild vom 30. März hat dies zur Genüge gezeigt."[422]

Den agrargouvernementalen Kurs im Brandenburgischen Landbund vertraten nicht nur Jean Nicolas, andere bürgerliche Großgrundbesitzer oder Bauern. Vielmehr – und das zeigen die Differenzen im märkischen Adel auch adlige Großgrundbesitzer. Innerhalb des Brandenburgischen Landbundes nämlich war einer der vehementeste Fürsprecher eines gouvernementalistischen Kurses Dietloff v. Arnim-Ragow.

Er propagierte eine entschiedene Haltung der DNVP und des Reichslandbundes für die Unterstützung der Landwirtschaft. Im August 1925 kritisierte er bei einer Vorstandssitzung des Brandenburgischen Landbundes die DNVP wegen der Annahme der seiner Meinung nach unzureichenden Zollvorlage. Adressat seiner Kritik war hier der Agraroppositionelle Stubbendorff, der bei der Sitzung die Annahme der Zollvorlage verteidigt hatte.[423] Drei Monate später setzte er bei der Vertreterversammlung des Brandenburgischen Landbundes nicht nur eine Erklärung gegen den Reichslandwirtschaftsminister von Kanitz durch. Heftige Attacken führte er dabei auch gegen Reichslandbundführung und die DNVP, v. a. wegen der Rücktritte der DNVP-Minister anlässlich der Verhandlungen über die Locarno-Verträge. [424]

Gerade auch v. Arnim-Ragow erregte sich darüber, dass wegen außenpolitischer Ziele der DNVP die Agrarpolitik ins Hintertreffen kam. Bei der Versammlung am 30. März 1926 sollte er wegen dieses Konfliktes mit v. Arnim-Boitzenburg in ein Rededuell kommen.

Am 22. Juni 1926 fand ein Treffen des Brandenburgischen Landbundes mit dem Parteiführer der DNVP, Graf Westarp, statt. Zunächst erhob von Arnim-Ragow

---

[422] Nicolas, Jean, Landbundarbeit und Politik. (Rundschreiben an den Großgrundbesitz der Provinz Brandenburg.), Berlin [1926], in: BArch R8034 I RLB (BLB), Nr. 178, Bl. 30-37, hier Bl. 31 (S. 3) und Bl. 33RS (S. 8).

[423] Vgl. „Niederschrift über die Vorstandssitzung am 19.8.1925", in: BArch R8034 I RLB, Nr. 17b, Bl. 462-477.

[424] Vgl. „Niederschrift über die Vertreterversammlung des Brandenburgischen Landbundes am 4.11.1925", in: ebda., Bl. 402-425. Wieder verteidigte Stubbendorff die Reichslandbundführung.

„in einer grossangelegten Rede gegen die Leitung der Deutschnationalen Volkspartei Vorwürfe. Sie hätte die Partei so geführt, dass sie bei den kommenden Wahlen 40 % verlieren würde. Er verlangt Eintritt in die Regierung und Invordergrundstellen der Innenpolitik und Wirtschaftspolitik. Die Partei wäre schuld am Sturz des Kabinetts Luther und damit schuld daran, dass die Interessen der Landwirtschaft nicht bei der Regierung vertreten würden. Sie sollte nicht nur an aussenpolitischen Forderungen hängen, sondern müsste mit der tatsächlich gegebenen Lage rechnen und danach handeln.“[425]

Hierauf ergriff v. Hardenberg, ebenfalls ein Vertreter des alten märkischen Adels, das Wort. Er „unterstützt die Angriffe des Vorredners. Die nationale Bewegung, wie die Stellung der Rechtsparteien sei in der schlechtesten Position seit 1918. Man sollte endlich etwas dagegen unternehmen, dass Stellen, vor denen der autoritätsduselige Preussische Bürger Respekt habe, verseucht seien durch Parteizugehörigkeit… .“ Nachdem der stellvertretende Vorsitzende des Brandenburgischen Landbundes, der Bauer Albert Bethge, noch kurz erklärte, dass die Stimmung auf dem Lande gegen die Partei sei, verteidigte Westarp den Kurs der Partei, den Austritt aus der Regierung und den Sturz der Regierung Luther. Zum Schluss seiner Rede wandte er sich gegen den Versuch, eine Agrarpartei zu gründen und betonte noch einmal die Linie der Deutschnationalen: „Ist der Ansicht, dass ohne ideelle Gesichtspunkte die Partei überhaupt nichts erreichen könnte, weder materiell noch ideell. Richtet Apell an die Versammlung, nationale Gesichtspunkte höher zu stellen als wirtschaftliche Interessen.“ Doch die Rede Westarps wurde sofort vom Vorsitzenden des Brandenburgischen Landbundes, Nicolas, kritisiert. Ebenfalls kritisch sah dies v. Natzmer-Gahry.[426] v. Arnim-Ragow wandte „sich in scharfen Worten gegen den ‚Appell' des Grafen Westarp, der in diesem Hause nicht nötig sei. Hier fänden die vaterländischen Belange mehr Beachtung als sonst irgendwo.“ Einzig und allein Stubbendorff verteidigte bei dieser Sitzung Westarp und den Kurs der DNVP.[427]

Der Landbundvorsitzende, Nicolas, hatte geschickterweise die Agrargouvernementalisten v. Arnim-Ragow und Graf Hardenberg gegen Graf Westarp aufgestellt. Diese gehörten zu den hervorragenden Vertretern des ostelbischen Adels, der sonst eigentlich damals – wie auch heute in der Forschung – als treibende Kraft eines agraroppositionellen Kurses angese-

---

[425] Dieses und folgende Zitate in: „Sitzung des Brandenburgischen Landbundes vom 22. 6. 1926.“, in: ebda., Bl. 283-285. Auch v. Arnim-Boitzenburg war zu dieser Sitzung eingeladen, konnte aber aus terminlichen Gründen nicht daran teilnehmen.

[426] „Herr v. Natzmer fasst das Ergebnis der Rede dahin zusammen, dass sie beweist, der Erfolg der D.N.V.P. aussenpolitisch, innenpolitisch und parteitaktisch sei gering.“; ebda.

[427] Von von Keudell ist lediglich erwähnt, dass er die Vorwürfe gegen Westarp, dass dieser nur die Alten regieren lassen wolle, zurückwarf. Irgendwelche Äußerungen v. Keudells zum Kurs der Partei enthält das Protokoll nicht. Der MdR und spätere Innenminister war ein prominenter Befürworter des Agrargouvernementalismus.

hen wurde (wird). Dass bei dieser Sitzung die Vertreter des adligen Großgrundbesitzes den agraroppositionellen Kurs der DNVP verwarfen, musste den Parteiführer der DNVP beeindrucken. Der künftige agrargouvernementalistische Kurs der Partei führte zur zweiten Regierungsbeteiligung der DNVP.

Der Konflikt zwischen Agrargouvernementalen und Fundamentaloppositionellen sollte sich jedoch bald innerhalb der DNVP und auch innerhalb der Landbünde verschärfen. Er führte zu internen Machtkämpfen und auch zu neuen Parteikonstellationen innerhalb des rechtsextremen Lagers. Es war aber kein Kampf zwischen den verschiedenen Besitzgrößen, sondern Bauer gegen Bauer, Großgrundbesitzer gegen Großgrundbesitzer, selbst alter märkischer Adel gegen alten märkischen Adel.

Ganz anders verlief die Konfliktlinie der Großgrundbesitzerversammlung vom März 1926 bei der Frage um die künftige Rolle des Adels.

2. Adlige Führer oder Massenführer

Das zweite große Streitthema der Versammlung am 30. März 1926 war das Verhältnis von Großgrundbesitzern und Bauern, war die Frage des Verhältnisses von Führer und Masse. Nicolas kennzeichnete dies in seinem gedruckten Rundschreiben an den Großgrundbesitz folgendermaßen:

> „Auch unser Verhältnis zur Bauernschaft wird noch nicht richtig erkannt und gewürdigt. Weil einem oder dem anderen Herren nach der Revolution und vielleicht auch später die Stellung im Kreise, in der Provinz oder als sonstiger Abgeordneter, von der Bauernschaft nicht zuerkannt wurde, weil er glaubte, sie nur auf Grund seines alten Namens und seiner Stellung beanspruchen zu können, steht dieser oder jener Herr jetzt schmollend zur Seite. Das geht nicht an, denn in den Kreisen oder Provinzen, wo diese Vogel-Straußpolitik allgemein geübt werden sollte, wird es dann kommen, daß sich diese Herren am entscheidenden Tage werden umgeben sehen nicht von Freunden, sondern Feinden aus dem Lager der Bauernbündler und noch schlimmerer Vertreter. …
> Nach meinen Erfahrungen der letzten sieben Jahre stelle ich fest, daß der aufgeklärte märkische Bauer unbedingt in gleicher Front mit dem Großgrundbesitz stehen will und wird, wenn wir auch seiner Eigenart Rechnung tragen. Können wir ihn überzeugen, so wird er mit uns durch dick und dünn gehen. Von ihm geachtete größere Besitzer und Großgrundbesitzer, die er als wahre uneigennützige Männer erkannt hat, wird er durchaus als Führer schätzen und ihnen treueste Gefolgschaft leisten.“[428]

[428] Nicolas, Jean, Landbundarbeit und Politik. (Rundschreiben an den Großgrundbesitz der Provinz Brandenburg.), Berlin [1926], in: BArch R8034 I RLB (BLB), Nr. 178, Bl. 30-37+RSS, hier Bl. 33 (S. 7).

Mit jenen „schmollend zur Seite Stehenden“ traf er auch den Einberufer der Versammlung. Denn v. Arnim-Boitzenburg hatte nach der Revolution selbst die Erfahrung machen müssen, dass der Adel selbst auf dem Lande nicht mehr die Rolle spielte, die ihm im Kaiserreich noch zugestanden wurde. Gerade die Bauern in der vom Großgrundbesitz initiierten Landbundorganisation waren nicht mehr gewillt, lediglich als Fußvolk zu dienen, sondern strebten selbst nach politischer Teilhabe an der Macht. Wie oben beschrieben, bekam v. Arnim-Boitzenburg dies anlässlich der Aufstellung der Kandidaten zur Kreistagswahl 1921 zu spüren, als er nicht auf die Liste gewählt worden war.

Auf diesem Hintergrund ist die Replik von v. Arnim-Boitzenburg auf Nicolas' Rundschreiben zu sehen:

> „Es wird auch Ihnen bekannt sein, dass in der Zeit nach der Revolution vielfach in geradezu schmählicher Weise der Adel vor den Kopf gestossen worden ist, indem man nicht die Tätigkeit der betreffenden Persönlichkeit etwa kritisierte, sondern lediglich den adligen Namen als ein genügendes Moment betrachtete, um den betreffenden für öffentliche Stellen als ungeeignet zu erklären. Sind Sie etwa der Ansicht, dass man solche Verunglimpfungen einfach an sich abgleiten lassen kann? Mit meinem Begriff von Ehre verträgt sich eine derartige Behandlung nicht. Ich bin nie gewohnt gewesen, mich um irgendein Amt zu bemühen. Wenn ich solche in mehr als genügender Zahl erreicht habe, so geschah es weil die, die mit mir auf demselben Gebiet zusammen arbeiteten, mich wohl dafür als geeignet gehalten haben. Soll man jetzt, nachdem einem Schimpf angetan worden ist, sich etwa um Posten bemühen, um die man sich früher nicht gestritten hat? Die einem von selbst angetragen worden sind? Ich für meine Person werde mich dazu niemals hergeben“[429]

Genau diese noch vor dem Kriege bei den Konservativen gebräuchliche Honoratiorenpolitik war aber nun nicht mehr angesagt; auch von Landbundseite und Nicolas wurden Aktivitäten zur Erreichung von Funktionärsposten gefordert. Für v. Arnim-Boitzenburg war dies jedoch undenkbar:

> „Der adlige Name hat vielfach schon genügt, um einen Großgrundbesitzer von der Berücksichtigung bei allen vorkommenden Wahlen und der Aufnahme in Wahllisten auszuschliessen. Es steht mit den Tatsachen deshalb in Widerspruch, wenn Herr N i c o l a s den Sachverhalt so hinstellt, als ob nur einem oder dem anderen Herren die Stellung im Kreise oder der Provinz oder als sonstigem Abgeordneten von der Bauernschaft nicht zuerkannt wurde, weil er glaubte, sie nur auf Grund seines alten Namens oder seiner Stellung beanspruchen zu können. Eine Ausnahme ist im Allgemeinen nur mit solchen adligen Großgrundbesitzern gemacht worden, welche, vielfach ohne vorher eine Stellung eingenommen zu haben, unter Aufgabe ihrer Überlieferung sich zu einer

[429] Schr. v. Arnim-Boitzenburg an Nicolas 1.5. 1926, in: BLHA Rep. 37 Herrschaft Boitzenburg, Nr. 4429, Bl. 63-66, hier: Bl. 64RS.

> Verbeugung vor der Masse bequemt haben und um deren Gunst bemüht haben.“[430]

Im Prinzip kritisiert er hier jene Adligen, die sich als Führer in den Massenorganisationen mit modernen Strategien durchgesetzt haben, wie eben jene Engagierten v. Brockhusen, v. Natzmer etc. Für v. Arnim war dieses kein adliges Handeln („Aufgabe ihrer Überlieferung“) mehr. Wohl erkannte er, dass der adlige Großgrundbesitzer „in den verschiedenen Organisationen mitarbeiten, sich an ihren Veranstaltungen beteiligen und sich durch seine Betätigung den ihm gebührenden Einfluss wieder verschaffen“[431] muss. Doch beim Einordnen in die Landbund-Organisation sollte kein „sogenannter Kadavergehorsam“ verlangt werden. Keineswegs hätte er jene Worte unterschreiben können, die Nicolas in einem Rundschreiben zitierte, das er auf Reaktionen auf sein gedrucktes Rundschreiben verfasst hat:

> „Einer der Herren, die sich an mich geschrieben haben, sagt wörtlich: ….
> ‚Die Grossen müssen ihre Aufgaben erkennen:
> Selbst tüchtig durchgebildet sein, keine Trennungswand gegen die Berufsgenossen dulden, mitarbeiten an allen Fragender sie betreffenden Landwirtschaft, Zusammenschluss im Kleinen wie im Grossen betreiben, dann wird ihnen das Vertrauen zuströmen, das nötig ist, um Führer sein zu können.’
> Ich bin der Ansicht, dass die vorstehenden Ausführungen den Kernpunkt der ganzen Führerfrage gut treffen. Die neue Führerschaft muss sich der Einzelne erkämpfen.“[432]

Einen v. Arnim-Boitzenburg diametral entgegengesetzten Typus eines adligen Großgrundbesitzers verkörperte auch in dieser Hinsicht v. Arnim-Ragow. Er stürzte sich seit seinem Umzug in den Kreis Beeskow-Storkow regelrecht in die Organisationsarbeit des Landbundes. Als zweiter Vorsitzender des Kreislandbundes war er nicht nur ständig bei den Vertreterversammlungen der Provinzorganisation, sondern beteiligte sich auch an der Organisationsarbeit in seinem und anderen Kreisen. So wirkte er bei dem Aufbau der Junglandbünde mit, jenen Jugendorganisationen der Landbünde, die eine stark bäuerliche Akzentuierung besaßen.[433] In seinen Reden in

---

[430] v. Arnim-Boitzenburg, Dietlof, Landbund, Arbeit und Politik. Zum Schreiben des Vorsitzenden des Brandenburgischen Landbundes an den Großgrundbesitz der Provinz Brandenburg vom April 1925 [muss 1926 heißen], (MS) in: BLHA Rep. 37 Herrschaft Boitzenburg, Nr. 4429, Bl. 53-56, hier Bl. 53RS.

[431] Ebda., Bl. 53

[432] Rschr. Nicolas „Im Anschluss an mein Rundschreiben an den Grossgrundbesitz der Provinz Brandenburg.“, in: BLHA Rep. 37 Herrschaft Boitzenburg, Nr. 4429, Bl. 89-90.

[433] Schon bevor er Kreislandbundvorsitzender in Beeskow-Storkow wurde, hielt er die Weiherede für den JLB Jüterbog-Luckenwalde (in diesem Kreis war er früher Landrat gewesen); vgl. Der Volksbote v. 18.2.1925, in: BArch R8034 II RLB-

den Versammlungen der Landbundorganisationen, wie auch im Kreistag machte er sich zum Obwalter kleinbäuerlicher Interessen seines Kreises. Dieses Verhalten dürfte zu seiner Wahl zum Vorsitzenden des Kreislandbundes Beeskow-Storkow, in dem er einen großbäuerlichen Vorsitzenden ablöste, im Herbst 1926 beigetragen haben.[434]

Seine Organisationsarbeit führte auch schon früh zu einem Disput mit v. Arnim-Boitzenburg. Im Winter 1923/24 führte der Brandenburgische Landbund eine Kampagne gegen die hohen Beiträge der Landkrankenkassen, in deren Verlauf sie auch zum Boykott der Beitragszahlungen aufriefen. Daraufhin schrieb v. Arnim-Suckow als Vorsitzender der Templiner Landkrankenkasse einen in dem Templiner Kreisblatt veröffentlichten Artikel, der die Kampfweise des Brandenburgischen Landbundes vehement angriff. v. Arnim-Ragow forderte in einem Brief an v. Arnim-Boitzenburg diesen auf, eine öffentliche Erklärung gegen die Haltung v. Arnim-Suckows zu verfassen oder zumindest als Vermittler zwischen Landbund und v. Arnim-Suckow zu fungieren. „Sollte der Suckower auf seinem Standpunkt beharren..., so wird ein Kampf zwischen Landbund und Suckower entstehen, der weder dem Ansehen der Familie noch des Großgrundbesitzes noch der gemeinsamen Sache der Landwirtschaft zu dienen geeignet ist."[435] In seinem Antwortschreiben erklärte v. Arnim-Boitzenburg, dass er, obwohl er den Streik für nicht angemessen hielte, diesen unterstützte und sogar dem Suckower Arnim den Rücktritt als Vorsitzender der Krankenkasse vorgeschlagen hätte. Doch gegen eine Erklärung der Arnimschen Großgrundbesitzer gegen v. Arnim-Suckow wandte er ein, dass

> „wir durch eine derartige Erklärung einen persönlichen Gegensatz zwischen Herrn von Arnim-Suckow und uns unterstreichen würden. Unsere Ansicht kennt er, die Sache aber zu persönlichen Differenzen kommen zu lassen,

---

Pressearchiv, Nr. 3383, Bl. 55-56. Ebenso war v. Arnim-Ragow im Kuratorium der Bauernhochschule.

434 Der bisherige Vorsitzende, der Bauer Karl Schulze, trat Anfang 1926 zurück; vgl. Titelblatt in: Landbund Beeskow-Storkow 2.1926, Nr. 5 (30.1.). Als Begründung nannte er die Geschehnisse um die Kreistagswahl 1925, bei der einige Kleinbauern eine eigene Liste aufgestellt hatten, weil sie sich durch die vom Kreislandbund mitaufgestellte Liste nicht vertreten sahen. v. Arnim-Ragow versah als zweiter Vorsitzender die Geschäftsführung des Kreislandbundes bis zu seiner Wahl als erster Vorsitzender am 1. November 1926. Auch im Kreistag setzte er sich für die ärmere kleinbäuerliche Bevölkerung im Süden des Kreises ein; vgl. „Kreistag vom 31. März 1927.", in: Landbund Beeskow-Storkow 3.1927, Nr. 15 (9.4.). Landbund Beeskow-Storkow 2.1926. Bei der Kreistagswahl 1929 wurde übrigens keine Sonderliste der Kleinbauern mehr aufgestellt. Die Bauern sahen ihre Interessen also besser durch den Großgrundbesitzer v. Arnim-Ragow vertreten als durch den ehemaligen KLB-Vorsitzenden, den Großbauern Schulze.

435 Schreiben v. Arnim-Ragow an v. Arnim-Boitzenburg v. 24.12.23 in: BLHA Rep. 37 Herrschaft Boitzenburg, Nr. 4502, Bl. 50-51RS.

scheint mir im Interesse der Familie und auch für die Zukunft durchaus unangebracht.“[436]

Für v. Arnim-Ragow stand die Landbundorganisation schon über dem Zusammenhalt der Adligen. Eine öffentliche Auseinandersetzung zugunsten einer Organisationsdisziplin hielt er auch gegen Familienmitglieder, anders als v. Arnim-Boitzenburg, für durchaus angebracht.

Nicht einmal innerhalb der Agraroppositionellen gab es aber eine Übereinstimmung hinsichtlich der Frage nach Führer und Masse, wie es dies auch nicht bei den Gouvernementalen gab. Insbesondere Harald v. Brünneck, der auf der Sitzung vom 30. März 1926 und danach v. Arnim-Boitzenburg in seinem Oppositionskurs unterstützt hatte, ging in dieser Frage nicht mit diesem konform:

„Völlig überein stimme ich mit Herrn Nicolas darin, was er über die Zusammenarbeit der Grossgrundbesitzer mit den Bauern sagt. Wir müssen zusammen gehen! Wir gehören auf Gedeih und Verderben zueinander!
Dass Grossgrundbesitzer und Bauer sich noch immer nicht überall dazu verstehen können, dafür liegt die Schuld, wie immer, auf beiden Seiten – auf Seiten des Grossgrundbesitzers vielleicht mehr. Ueberzeugt wird allerdings der Bauer schwer, und nicht nur der Bauer.“[437]

Wie v. Brünneck dieses Verhältnis Führer-Masse sah und auch umsetzte, zeigt der Konflikt zwischen adligen Großgrundbesitzern im Kreis Lebus.[438]

Im Kreis Lebus wurde der Stahlhelm von dem Großgrundbesitzer Udo v. Alvensleben-Arensdorf geleitet, der auch, wie oben erwähnt, der ehemalige Führer des paramilitärischen „Wehrbunds Ostmark“ war. Dessen Stellvertreter war Harald v. Brünneck-Trebnitz. Unter der Leitung v. Alvenslebens entwickelte diese Kreisabteilung des Stahlhelms besonders laute und aggressive Aktivitäten.[439] Anfang 1926 verschärfte aber v. Alvensleben die Disziplin innerhalb der Organisation. In einem Rundschreiben an die Großgrundbesitzer des Lebuser Stahlhelms lud er diese zu einem Treffen ein, bei dem er u. a. die „Stellung der Herren Großgrundbe-

---

[436] Schreiben v. Arnim-Boitzenburg an v. Arnim-Ragow v. 30.12. 23, in: ebda., Bl. 52-53. v. Arnim-Suckow trat übrigens am 27.12.23 aus dem Landbund aus; siehe: Nachrichtenblatt des KLB Templin 6.1924, Nr. 1 (4.1).

[437] Rschr. Harald von Brünneck, „Bemerkungen zu der Schrift des Herrn Nicolas, Vorsitzenden des Brandenburgischen Landbundes: .. Landbundarbeit und Politik.“, in: BLHA Rep. 37 Herrschaft Boitzenburg, Nr. 4428, Bl. 93 – 96, hier: Bl. 95.

[438] Vgl. zu diesem Konflikt: Malinowski, Vom König zum Führer, S. 534-536; Pyta, Dorfgemeinschaft, S. 344-347; Merkenich, S. 146; Pomp. Landadel, S. 199-204.

[439] Mehrere Zusammenstöße des Stahlhelms Lebus mit dem „Reichsbanner“ und dem „Rot-Front-Kämpferbund“ erfolgten ab 1926. Udo v. Alvensleben war zudem Führer der Kreisabteilung des 1926 verbotenen „Wehrbundes Ostmark“; siehe dazu oben.

sitzer und der Herren Offiziere innerhalb des Stahlhelm und ihr Verhalten bei Veranstaltungen" besprechen wollte. Besonders bemängelte er das Fernbleiben von Großgrundbesitzern bei öffentlichen Veranstaltungen und bei Ortsgruppenversammlungen. Neben der Klärung von Richtlinien für Großgrundbesitzer ging es ihm noch darum, „die Frage zu prüfen, wie gegen solche Standesgenossen vorzugehen ist, die ihre Pflichten gröblich verletzten."[440]

Im Juli 1926 bemängelte v. Alvensleben in einem Rundschreiben nochmals das Fernbleiben der Großgrundbesitzer bei Veranstaltungen am Beispiel einer Propagandarundfahrt der Ortsgruppe Seelow. Heftigste Angriffe richtete er dabei an die adligen Großgrundbesitzer:

> „Wenn unser Stand bezügl. des Einsatzes seiner Person und des Opferns von Bequemlichkeiten zurückhaltender ist, als die übrigen Kameraden, so muß dieses selbstverständlich eine starke Mißstimmung erzeugen und Freudigkeit und Aktivität lähmen. ... Nur durch Aktivität und Kampfgeist kann der Stahlhelm das leisten, was er soll, und wir ließen lieber die Finger davon, wenn wir nicht in der Lage sein sollten, ihn dann und wann zu mächtigen Kundgebungen einzusetzen. Es bedeutet aber die Selbsterhaltung und das Ansehen unseres Standes, daß wir dabei vorangehen."[441]

v. Alvensleben forderte hier von seinen Standesgenossen eine Beteiligung und Einordnung (in führender Stellung) in eine von Adligen initiierte und geführte Massenorganisation ein. Als Begründung (oder Warnung) nannte er die „Selbsterhaltung" des Standes. Er knüpfte hiermit an die Diskussion adliger Kreise an, wie das Selbstverständnis des Adels in der Republik definiert und ihr Führungsanspruch durchgesetzt werden könne. v. Alvensleben nahm dieselbe Position ein, wie v. Brünneck:

> „Die beste Gelegenheit, sich das Vertrauen seiner Leute zu erwerben und sie dann im vaterländischen Sinne zu erziehen d.h. Politik treiben, bieten die vaterländischen Verbände wie Stahlhelm, Wehrwolf, Kriegervereine. In sie gehört der Grundbesitzer herein; hier muss er mit seinen Leuten Kamerad unter Kameraden sein und, wenn er auch nicht äußerlich Führer des Verbandes ist, ihn doch geistig führen."[442]

---

[440] Rschr. an „Euer Hochwohlgeboren" von v. Alvensleben, Kreisführer Stahlhelm-Wehrwolf/Kr. Lebus vom 20.5.1926, in: BLHA Rep. 37 Gut Friedersdorf, Nr. 479, Bl. 9-11. In einem Rundschreiben vom 14.6.1926 berichtet v. Alvensleben, daß bei der Sitzung „keine bindende Regel über das Verhalten von Großgrundbesitzern innerhalb ihrer Stahlhelmortsgruppen" festgelegt wurden, lediglich die Teilnahme an Veranstaltungen und Einnahme der „gebührenden Stellung" legte er in dem Rundschreiben fest; vgl. ebda. Bl. 23.

[441] Rschr. von v. Alvensleben vom 10.7.1926, in: BLHA Rep. 37 Gut Friedersdorf, Nr. 479, Bl. 32.

[442] Vgl. Rschr. „Grossgrundbesitzer und Landarbeiter" von v. Brünneck vom 1.6.1926, in: BLHA Rep. 37 Gut Friedersdorf, Nr. 481, Bl. 16-22.

Für v. Brünneck musste der Adel in den Massenorganisationen seinen Führungsanspruch erst durchsetzen und behaupten. Steht er diesen nur beiseite und ist passiv, so verliert er diesen Führungsanspruch. Eine Ansicht, die der von Nicolas sehr nahe kam, aber im Widerspruch zu den Anschauungen Arnim-Boitzenburgs über die Rolle des Adels stand.

Auch in den Landbundorganisationen wurde der Adel gewarnt, dass er durch seine Passivität seinen Führungsanspruch verliere. Aber v. Alvensleben ging noch einen Schritt weiter:

> „Mit Rücksicht auf die vielen braven Kameraden, die jedesmal wieder mit der gleichen Begeisterung alles mitmachen und auch mit Rücksicht auf Ihren Führer, der zweierlei Arten von Stahlhelmkameraden nicht anerkennen kann, ist die Ortsgruppe angewiesen, in Zukunft schärfer gegen alle diejenigen vorzugehen, die es am nötigen Opfergeist und der richtigen Gesinnung fehlen lassen."[443]

Der Warnung folgte bald die Umsetzung. Am 21. 12. 1926 wurde Bodo von der Marwitz-Friedersdorf aus der Stahlhelm-Ortsgruppe Seelow ausgeschlossen.[444] Mit Schreiben vom 26. Dezember 1926 wurde zwar dieser Ausschluss zurückgezogen, da ein Schreiben der Ortsgruppe vom 2. Juni, dass ihm den Ausschluss androhte, v. d. Marwitz nicht erhalten hatte. Doch dieses Schreiben enthielt in scharfer Form eine Androhung für den Ausschluss. Vorgeworfen wurde v. d. Marwitz, dass er an den regelmäßigen Versammlungen nicht teilnehme und bei Großversammlungen sich nicht in die Ortsgruppe eingereiht hätte.

> „Dieses Verhalten zeigt erschreckend deutlich, dass bei Ihnen das Verständnis für Stahlhelmkameradschaft völlig fehlt, und dass Sie noch nicht wissen, daß im Stahlhelm jeder Standesunterschied unangebracht ist. ...Die Stahlhelmkameraden folgern daraus, dass Sie sich für zu gut halten in Reih und Glied mit ihnen zu stehen. ...Dass Sie finanzielle Leistungen für den Stahlhelm aufgebracht haben, entzieht sich unserer Erkenntnis; das ist Sache der höheren Führung. Hierbei kann ich die Bemerkung nicht unterdrücken, dass falsches kameradschaftliches Verhalten durch Geld nicht aufgewogen wird."[445]

Daraufhin erklärte v. d. Marwitz seinen Austritt: „Mit dem Schreiben vom 29. ds. M. hat die Ortsgruppe fernerhin einen Ton angeschlagen, der es mir unmöglich macht, der Ortsgruppe weiterhin anzugehören...."[446]

[443] Rschr. von v. Alvensleben vom 10.7.1926, in: BLHA Rep. 37 Gut Friedersdorf, Nr. 479, Bl. 32.

[444] Abschrift Schr. Stahlhelm Ortsgruppe Seelow an v. d. Marwitz vom 21.12.1926, in: BLHA Rep. 37 Gut Friedersdorf, Nr. 339, Bl. 60.

[445] Abschrift Schr. Stahlhelm (Ortsgruppe Seelow) an v. d. Marwitz v. 29.12.1926, in: ebda., Bl. 63-64.

[446] Abschrift Schr. v. d. Marwitz an die Ortsgruppe des Stahlhelms in Seelow vom 31.12.1926, in ebda. Bl. 65.

Der Konflikt zog weitere Kreise. v. d. Marwitz lag wohl richtig, wenn er v. Brünneck, der seit einem halben Jahr Kreisführer des Stahlhelms war, als Drahtzieher des Ausschlusses vermutete.[447] Er trug deswegen seinen Konflikt mit dem Stahlhelm und v. Brünneck auf der Tagung des „Siebener-Ausschusses“ der „Vereinigung der Großgrundbesitzer des Kreises Lebus“ vor. Diese Vereinigung, 1923 gegründet, war ein lockerer Zusammenschluss, in dem die Großgrundbesitzer eine gemeinsame Linie suchten, um ihre Interessen durchzusetzen.[448] Im Siebenerausschuss saß neben v. d. Marwitz auch v. Hardenberg.[449]

v. d. Marwitz brachte hier nicht nur den Konflikt mit der Ortsgruppe zur Sprache, sondern auch mit dem jetzigen Kreisführer v. Brünneck. Sein eigenes passives Verhalten begründete er damit, dass er von der irrigen Annahme ausgegangen sei, „dass sämtliche Herren des Grossgrundbesitzes und überhaupt alle, die ihr Interesse dem Stahlhelm durch finanzielle Leistungen pp. bekunden, jeweils als Mitglied in die Ortsgruppe Ihres Wohnbezirkes eingereiht seien, ähnlich wie beispielsweise bei der Partei.“[450] Wäre er von einer aktiven Mitgliedschaft (mit Anwesenheitspflicht bei Ortsgruppensitzungen, Einreihung bei Aufmärschen etc.) und nicht von einer eher fördernden Mitgliedschaft ausgegangen, so wäre er aus dem Stahlhelm ausgetreten. Den Vorwurf, den er gegen den Ortsgruppenführer des Stahlhelms und insbesondere gegen v. Brünneck vor dem Siebenerausschuss vorbrachte, war der, dass diese ihm vor der Abmahnung und dem Ausschluss keine persönliche Rücksprache angeboten hatten. Vielmehr hätten sie sein Verhalten gleich öffentlich angeprangert. Da aber „in den Reihen der Stahlhelmleute Beamte von mir, mein Lehrer, womöglich Arbeiter“ seien, hätte dies zur Folge, dass „Leute die von mir abhängig oder wenigstens in gewissem Sinne abhängig sind, … dann in mir als ihren Chef im Alltag einen Kerl [sehen], den sie als gute Stahlhelmleute verachten müssen.“[451] Nach „endloser Diskussion“ kam die Versammlung

[447] B. v. d. Marwitz, „Notizen für meine Ausführungen vor dem Siebener-Ausschuss des Grossgrundbesitzes am 6. Januar 1927“ in: ebda., Bl. 53-59, hier Bl. 55.

[448] Von der Vereinigung sind im Nachlass Bodo v. d. Marwitz' keine Protokolle, sondern lediglich Einladungen zu Versammlungen vorhanden, v. a. in: Ebda, Nr. 481. Themen der Vereinigung waren danach: Politik, Parteien, Wehrverbände, Landbund, Genossenschaften, auch Landwirtschaftstechnik etc.

[449] Im Siebenerausschuss waren 1926/27 daneben noch v. Stünzner-Karbe (Vorsitzender), Simon-Lossow, Schulz v. Heinersdorf, v. Flemming-Buckow und v. Brünneck-Wulkow (Onkel von v. Brünneck-Trebnitz). Vgl. Rschr. von v. Stünzner v. 20. 1. 1927 und 15.2.1927, in: BLHA Rep. 37 Gut Friedersdorf, Nr. 481, Bl. 45-47.

[450] [Bodo] v. d. Marwitz, „Notizen für meine Ausführungen vor dem Siebener-Ausschuss des Grossgrundbesitzes am 6. Januar 1927“ (Ms.), in: BLHA Rep. 37 Gut Friedersdorf, Nr. 339, Bl. 53-59, hier: Bl. 54.

[451] Ebda., Bl. 57.

zu einer Einigung, und Marwitz hatte danach den „Eindruck, daß ich mit dem Ergebnis der Aussprache befriedigt sein kann …“.[452]

Zwar erklärte sich v. Brünneck in der Sitzung bereit, bei einem weiteren ähnlichen Fall Rücksprache mit dem Betroffenen zu halten, doch eine Entscheidung über die Frage der besonderen Stellung der adligen Großgrundbesitzer wurde in der Sitzung des Siebenerausschusses nicht gefällt. Die Haltung von v. Brünneck-Trebnitz kommt in einem auch in der Sitzung vorgelesenen Brief an v d. Marwitz zur Geltung:

> „Sie haben durch Ihr Verhalten den Kameraden gegenüber Standesunterschiede geschaffen, die wir im Stahlhelm nicht anerkennen und haben dadurch gegen die Grundprinzipien einer Organisation verstoßen, die sich Deutschlands Neuaufbau zum Ziele setzt.
> Dieser Neuaufbau kann nur auf den Trümmern des Klassenhasses erstehen. Die Seelen der Leute ‚niederen Ranges' von diesem Gift zu reinigen hat sich der Stahlhelm zum vornehmsten Ziel gesetzt. Vorbedingung für diese Reinigung ist, dass wir im Stahlhelm keine Klassenunterschiede aufkommen lassen, keine Kameraden I. und II. Klasse kennen, sondern als rocher de bronce gleiche Pflicht und gleiches Recht für alle stabilisieren.
> Ich bedaure lebhaft, Ihnen, mit dem mich auch Bande alter Offizierskameradschaft und gemeinsamer Zugehörigkeit zum alten preußischen Adel und Grossgrundbesitzertum verknüpfen, alles dies sagen zu müssen. Aber ich stehe auf dem unerschütterlichen Standpunkt, dass alle diese Rücksichten da schweigen müssen, wo es sich um Grösseres handelt, nämlich um das Festhalten an dem Fundament der Stahlhelmorganisation.“[453]

Vor dem Siebenerausschuss griff v. d. Marwitz in seiner Rede v. Brünneck wegen mangelndem Standesbewusstsein und standesgemäßem Fehlverhalten an:

> „Sie [Herr v. B.] mögen vor der versammelten Stahlhelm-Mannschaft meinetwegen sagen, dass keiner eine Sonder-Behandlung geniesst. Von Ihnen und den Führern aber, die meine Standesgenossen sind und mit mir in den Begriffen der alten Armee gross geworden sind, erwarte ich, dass Sie sich der Möglichkeit bedienen, die Ihnen durch Aussprache unter vier Augen gegeben ist, ehe Sie vor der Öffentlichkeit mich preisgeben.“

Als weitere Maßnahmen zählte von der Marwitz das Anrufen einer Autorität („wie Herr von Stünzner“) und bei unumgänglichem Ausschluss

---

[452] Marwitz „Aktenvermerk über Verlauf der Sitzung“ (hs.) v. 6.1.26 [muss 27 heißen], in: BLHA Rep. 37 Gut Friedersdorf, Nr. 481, Bl. 44RS. Enthält auch Notizen über die Einigung. Das Ausschussmitglied v. Flemming urteilte aber anders: „Ich habe das Gefühl, daß man Ihnen in Frankfurt neulich keineswegs gerecht geworden ist. Dieser Druck, bis man überhaupt den Schatten einer Stellungnahme einfing!“; Schr. v. Flemming an v. d. Marwitz v. 10.1.27, in: BLHA Rep. 37 Gut Friedersdorf, Nr. 360, Bl. 238.

[453] Schr. v. Brünneck an v. d. Marwitz v. 4. 1.1927, in BLHA Rep. 37 Gut Friedersdorf, Nr. 479, Bl. 89-90, hier: Bl. 90+RS.

(„nach der angeblich allgemeinen Mißstimmung“) die Aufforderung, selbst Konsequenzen zu ziehen, auf. Vor Nichtachtung des adligen Standeskodex warnte er v. Brünneck:

> „Glauben Sie dies Zugeständnis in der Behandlung von ehemaligen Offizieren und Standesgenossen nicht machen zu können, dann Herr v. B. radikalisieren Sie ihre Bewegung und erziehen in Ihr nicht den Zusammenschluß aller nationalen Kräfte. … Sie haben, wie kaum ein anderer Kreisführer hier im Lebuser Land ein Instrument zur Gewinnung der Standesgenossen für die Sache. Gerade mit dem Mittel des im Grossgrundbesitzerverein gepflegten Standesbewußtseins und der alten Offiziersbegriffe und der von uns allen gewünschten Standesdisziplin können Sie alles erreichen, anders aber nur das Gegenteil wirken.“[454]

So treffend wie v. d. Marwitz hier die Radikalisierung der Bewegung voraussagte, täuschte er sich doch über seine Standesgenossen und deren Macht: v. Brünneck sollte nämlich später – nach 1933 – gegen das Standesbewusstsein „alles erreichen“. Doch zunächst siegte noch der Zusammenhalt der Großgrundbesitzer.

Als im Frühjahr 1927 die Wahl des 1. Vorsitzenden des Kreislandbundes Lebus anstand, verschickte v. Alvensleben ein Rundschreiben, in dem er aufforderte, v. Brünneck als stellvertretenden Vorsitzenden zu wählen, wie dies von den Vertretern des Landbundbezirkes Müncheberg vorgeschlagen wurde.[455] Der Geschäftsführer des Kreislandbundes Lebus, v. Falkenhayn, versandte daraufhin ein Rundschreiben, in dem er v. Alvensleben zurechtwies, dass die Wahl des stellvertretenden Vorsitzenden gar nicht vorgesehen sei.[456] Daraufhin antwortete v. Alvensleben in einem zweiten Rundschreiben, dass trotzdem, notfalls nach einer Satzungsänderung, v. Brünneck als stellvertretender Vorsitzender gewählt werden solle.[457]

Schon nach dem ersten Rundbrief sandte v. d. Marwitz ein Schreiben an v. Alvensleben,[458] nach dem zweiten Rundschreiben eins an v. Stünzner, in denen er diese Aktion angriff.[459] Denn der bisherige stellvertretende Vorsitzende des Kreislandbundes war der von der Großgrundbesitzervereinigung aufgestellte Rittergutsbesitzer Simon, ebenfalls Mitglied des Siebenerausschusses. Die Aufstellung eines Gegenkandidaten bedeutete

---

[454] v. d. Marwitz, „Notizen für meine Ausführungen vor dem Siebener-Ausschuss des Grossgrundbesitzes am 6. Januar 1927“ (Ms.), in: BLHA Rep. 37 Gut Friedersdorf, Nr. 339, Bl. 53-59, hier: Bl. 56 und Bl. 58-59.

[455] Rschr. „Betr. Landbundführerwahl“ (o.O, o.Z.), in: BLHA Rep. 37 Gut Friedersdorf, Nr. 481, Bl. 56.

[456] Rschr. „Zur Aufklärung“ Brandenb. LB Kreis Lebus (v. Falkenhayn) [3.5.1927], in: ebda., Bl. 55.

[457] Rschr.: „ Betr. Landbundführerwahl“ (o.O, o.Z.), in: ebda., Bl. 57.

[458] Abschrift Schr. v. d. Marwitz an v. Alvensleben 2.5.1927, in: ebda., Bl. 54+RS.

[459] Schr. v. d. Marwitz an v. Stünzner 7.5.1927, in: ebda., Bl. 58.

einen direkten Angriff auf den Zusammenschluss der Großgrundbesitzer, oder wie v. d. Marwitz meinte, eine „Indisziplin", die eine „schärfste Zurechtweisung verdient".[460]

Bei der Vertreterversammlung des Kreislandbundes Lebus am 11. Mai 1927 wurde v. Brünneck nicht in den geschäftsführenden Vorstand gewählt, Simon blieb stellvertretender Vorsitzender. [461] v. Brünneck trat im selben Monat aus der Großgrundbesitzervereinigung aus.[462] Ein weiteres Vorgehen der Großgrundbesitzervereinigung erübrigte sich zunächst, da v. Brünneck und v. Alvensleben im selben Jahr noch aus dem Kreis wegzogen – es war das Gerücht im Umlauf, dass v. Brünneck homosexuell sei.[463]

Als die beiden 1929 zurückkehrten, wurde gegen v. Brünneck seitens des Siebener-Ausschusses ein gesellschaftlicher Boykott ausgesprochen:

> „Sicherem Vernehmen nach ist Herr Harald von Brünneck wieder in Trebnitz. Der 7er Ausschuss der Grossgrundbesitzer hat am 1. 10.29 hierzu Stellung genommen und folgende Verhaltensmassregeln beschlossen:
> Jede Gemeinschaft, jeder Verkehr mit Herrn von Brünneck wird abgelehnt und ist untersagt. Wir kennen ihn nicht, wir grüssen ihn daher auch nicht. Sein Gruss wird nicht erwidert;
> Das Haus Trebnitz ist auf keinen Fall zu betreten;
> Den Damen des Hauses Trebnitz ist ausserhalb des Hauses Trebnitz in althergebrachter Weise und in voller gesellschaftlicher Form zu begegnen;
> Wer entgegen dieser Vorschrift mit Herrn von Brünneck irgendwie verkehrt, stellt sich ausserhalb unserer Gesellschaftskreise und ist gleichfalls mit ihm zu brechen."[464]

Da Alvensleben sich nicht an diesen Boykott hielt, wurde auch über ihn ein gesellschaftlicher Boykott ausgesprochen; zudem rief man die Ehrengerichte zweier Regimentsvereinigungen an, die die Haltung des v. Alvensleben rügten.[465]

Was v. Brünneck und v. Alvensleben 1927 durchsetzen wollten, war die Einordnung ihrer adligen Standesgenossen in die „Masse". Berücksichtigung von Standesinteressen oder eine Sonderstellung der Adligen sollte es nicht mehr geben; ja die Forderung ging fast bis zu dem von v. Arnim-

---

[460] Ebda.

[461] Vgl. „Bericht über die Vertreterversammlung des Landbundes Kreis Lebus am 11. Mai 1927", in: Landbund Kreis Lebus 8.1927, Nr. 21 (21.5.).

[462] Vgl. Rschr. von v. Stünzner v. 1.7.27, in: BLHA Rep. 37 Gut Friedersdorf, Nr. 481, Bl. 66.

[463] Vgl. auch Pyta, Dorfgemeinschaft, S. 345.

[464] Rschr. Siebener-Ausschuß (v. Stünzner-Karbe) v. 1. 10. 29, in: BLHA Rep. 37 Gut Friedersdorf, Nr. 345, Bl. 219.

[465] Vgl. Rschr. Siebener-Ausschuß v. 19. 12. 29, in: Ebda. Bl. 222; Abschrift Schr. v. Flemming-Buckow an v. Alvensleben v. 13. 8. 30, in: Ebda, Nr. 360, Bl. 241-245.

Boitzenburg geschmähten „Kadavergehorsam". Führungspositionen wollten sie nicht durch Standesgenossen, sondern durch die Massen legitimiert sehen – v. Brünneck war auf Vorschlag des Landbundbezirks (Bauern) und nicht von der Großgrundbesitzervereinigung als Kandidat angetreten. Einen ähnlichen Standpunkt, wenn auch nicht so extrem, nahm v. Arnim-Ragow ein wie auch einige andere adlige Großgrundbesitzer in Landbund-Funktionen. Er sah sich als Vertreter der (Klein-) Bauern, durch sie sah er sich legitimiert. Oft sprach er in ihrem Namen gegen seine Standesgenossen. Von diesen forderte er auch, wie beim Fall des v. Arnim-Suckow, die Unterordnung unter die Organisationsdisziplin.

Dagegen blieb, wie das Beispiel des v. Arnim-Boitzenburg und dem Gros des Lebuser Adels zeigt, wohl die Mehrheit des brandenburgischen Adels bei ihren alten Standesgewohnheiten. Der Adel hatte seine eigenen Zirkel. Selbst im Landbund, wo er ja mit Bauern zusammen war, gab es besondere Formen des exklusiven Zusammenseins. Wenn auch nicht in jedem brandenburgischen Kreis eine Großgrundbesitzervereinigung wie in Lebus vorhanden war, so waren es die Arbeitgebervereine, in denen zunächst einmal über Verbandspolitik und Politik geredet wurde.

Die Anprangerung von Standesgenossen in der Öffentlichkeit – vor der Masse – wurde als unstandesgemäße Bloßstellung getadelt. Auch wenn man in denselben Organisationen war wie die Bauern oder Landarbeiter oder Städter, so wahrte man Distanz. Ganz gewöhnliche Versammlungen, wenn man nicht gerade einen Vortrag hielt, besuchte man nicht, die Schulungen (so genannte Führerkurse im Landbund oder Junglandbund oder die Bauernhochschulkurse) hatte man nicht nötig. Dieses Verhalten war nach außen als „Passivität" sichtbar. Die „Aktivität", wie sie von Brünneck, Nicolas und andere beanspruchten, erforderte aber ein moderneres Organisationsverhalten, das unvereinbar war mit den alten Standesgewohnheiten. Die Adligen waren weit, sehr weit davon entfernt, in die „verqualmten Gaststuben" zu den Bauern zu gehen, wie Gauger es 1921 gefordert hatte. Aber nicht einmal zu den Landbundversammlungen kam die Mehrheit der adligen Großgrundbesitzer mehr, wie oben gezeigt. Die Beschwerden der KLB-Vorsitzenden, Bauern oder Großgrundbesitzern, sind Legion.

Die Gründe mögen vielfältig sein. Angefangen damit, dass die Großgrundbesitzer Aktivitäten im Landbund nicht mehr als so dringlich ansahen wie am Anfang der Bewegung bis hin zu dem Gefühl, als Minderheit im Landbund an den Rand gedrückt zu sein. Die politischen Ziele der Großgrundbesitzer in den ersten Jahren der Republik waren entweder erreicht (wie die Verhinderung der Sozialisierung oder Landabgabe) oder in weite Ferne gerückt (die Zerstörung der Republik und die Wiedererrichtung der Monarchie). Als Masse zählten sie nicht, und um Einfluss bei den Bauern zu haben, mussten sie sich nun anstrengen. Ob sie von den Bauern verdrängt wurden oder sich selbst zurückzogen, spielte kaum eine Rolle: das Selbstbewusstsein der Bauern war in den kommenden Jahren von entscheidender Bedeutung. Die Außenwirkung der adligen Abstinenz war fatal, insbesondere, wenn es sich um Funktionäre im Landbund handelte. Für die Bauern stellte es sich so dar, dass man die Großgrundbesitzer nicht brauchte. Mit der Abwesenheit auf Bezirks- ja Kreislandbundebene gaben sie mehr und mehr ihren Anspruch auf local leadership, als politische und ideologische Weichensteller auf.

Zusammenfassung

Die „Stabilisierungsphase" war für den Brandenburgischen Landbund jener Zeitraum, in dem sich gewaltige Umbrüche ereigneten. Von der Forschung bisher kaum ins Auge gefasst, zeigen diese den Wandel von einer 1923/24 vom Großgrundbesitz beherrschten Organisation zu einer Organisation, die stark bäuerlich geprägt war.

Hierbei handelt es sich zum Teil um Prozesse, die schon mit der Gründung des BLB einsetzten und 1923 verdeckt oder nicht offensichtlich waren.[466] Eine enorme Menge bäuerlicher Führungskräfte war aktiv, ja die bäuerlichen Funktionäre waren nun politisch-ideologisch geschult. Im JLB und in der BHS machte sich eine neue Generation bereit. Die Landbünde „verbäuerlichten", dass heißt ideologisch wurden die Bauern aufgewertet und, wie bei den Demonstrationen aufgezeigt, neue „bäuerliche" Formen eingesetzt; Bauern führten die Massen bzw. die führenden Großgrundbesitzer mussten über bäuerliche Führer Einfluss auf die Massen ausüben. Oder sie scheiterten - wie im Fall Kyritz - an ihrer Führungsrolle mit bleibendem Verlust an Ansehen. Schlimmer jedoch war der Vertrauensverlust, den die Großgrundbesitzer durch die Genossenschaftspleite erlitten hatten. Mit v. Natzmer verloren die brandenburgischen Adligen den bedeutendsten „politischen Makler" der Rechten. Aber auch die anderen bedeutenden „politischen Makler" im Brandenburgischen Landbund, v. Oppen und v. Brockhusen, waren in den Hintergrund getreten, ihrer Funktionsposten enthoben worden.

---

[466] So jammerte v. Arnim-Suckow schon Ende 1919 über die Macht der Bauern: „Ich soll veredelnd auf den Landbund einwirken. Ja – wie soll das geschehen, nachdem bei Gründung des Templiner Wirtschaftsverbandes die Parole ausgegeben wurde: die grossen Herren will man heute nicht haben. Wie im Kreis Templin, so wird es auch in der Mehrzahl der Kreise gewesen sein. Radikale Bauern, Pächter und kleine Gutsbesitzer haben sich an die Spitze der Verbände geschwungen und regieren heute dort nach ihrer Art. Uns grosse Besitzer ... hat man ausgeschaltet, nur unsere hohen Mitgliedsbeiträge sind den oben genannten Herren sehr angenehm." Schr. v. Arnim-Suckow an v. Oppen [-Tornow] v. 15.11.1919, in: BLHA Rep. 37 Gut Bollersdorf, Nr. 16.

Aber die Bauernhochschule in Brandenburg, die Protestbewegungen mit stark bäuerlichem Charakter, die Genossenschaftspleiten und die offenen Konflikte unter den Adligen selbst waren Prozesse dieser Phase, die letztendlich zu einer enormen Stärkung des bäuerlichen Selbstbewusstseins und zu einem Legitimationsschwund der adligen Großgrundbesitzer führten.

Dies provozierte Spannungen, die sich zunächst verbal zeigten, zu Austritten aus dem Landbund führten, sich vor allem bald bei den Wahlen manifestieren sollten. Auffallend ist auch die Behandlung der Auflösung der Gutsbezirke. Diese wurden 1927 aufgelöst und in die bäuerlichen Gemeinden eingegliedert. Zwar gab es von den Großgrundbesitzern dagegen Stellungnahmen und Eingaben, doch zu eine größeren Propaganda führte dies nicht. Dies hätte ja auch zu Spannungen mit den Bauern geführt. So vollzog sich die Eingliederung eher still und leise. Dagegen konnten die Abstimmungen über das Volksbegehren und den Volksentscheid über die Fürstenenteignung lauthals bekämpft werden. Mit dem ähnlichen Argument wie gegen die Sozialisierung des Großgrundbesitzes zog man auch gegen die Fürstenenteignung zu Felde: „erst die Großen, dann die Kleinen."

Der Bruch zwischen Bauern und Großgrundbesitzern zeigte sich aber auch in der Ideologie. Zwar waren die Großgrundbesitzer immer noch erfolgreich darauf bedacht, dass die Bauern nicht ins liberale Lager abwanderten, doch innerhalb der Landbund-Ideologie stießen die Bauern mit einem bisher nicht dagewesenen Führungsanspruch gegen die Elite adliger Großgrundbesitzer. Ausdruck dessen war die Bauerntums-Ideologie, die nah an der Landbundideologie angelehnt, zum Vorläufer der Blut- und Boden-Ideologie wurde.[467] Diese wurde nicht nur von den fanatischen Bauernhochschülern, sondern auch von den bäuerlichen Meinungsführern verbreitet und gerne aufgenommen, damit wurde eine „geistige Infrastruktur" geschaffen.[468]. Zugespitzt lässt sich formulieren, dass die Bauern die Blut- und Bodenideologie schon verinnerlicht hatten, bevor die NSDAP

---

[467] Conte zieht die Linie von den Agrarromantikern und Kulturpessimisten Riehl, Hansen, Spengler direkt zu Darré, lässt dabei aber Tanzmann aus. Erstere waren aber integraler Bestandteil der BdL-/ Landbundideologie. Der wichtige Zwischenschritt Bauerntumsideologie ist aber entscheidend für den schnellen Erfolg der Nationalsozialisten. Vgl. Domenico Conte, Dinamica elettorale, associazionismo agrario e ideologia ruralistica tra anni Venti e Trenta, in: Cultura politica e società borghese in Germania fra Otto e Novecento. Hrsg. v. Gustavo Corni u. Pierangelo Schiera, Bologna 1986, S. 285-314, hier: S. 299-314.

[468] Thomas Nabert, Agrarkonservative Konzeptionen in der Weimarer Republik, in: Adel und Junkertum im 19. und 20. Jahrhundert. Biographische Studien zu ihrer politischen, ökonomischen und sozialen Entwicklung. Hrsg. v. Jürgen Laubner, Halle 1990, S. 92. Auch er zieht die Linie von Landbundideologie über Bauerntumsideologie zur Blut- und Bodenideologie Darrés, vgl. S. 91-92.

ihre Propaganda auf das Land ausdehnte; die Bauerntumsideologie erkämpfte sich ihren Platz in dem Ideologienkonglomerat der NSDAP.

D Eigene Wege der Bauern: weg von der DNVP (1928-1933)

Die Erschütterungen, die im Landbund stattgefunden hatten, das Abbröckeln der Mitglieder durch die Genossenschaftspleite, der Ausbruch führender Jungbauern, das Zerwürfnis der adligen Landelite führten nicht zu einem Zusammenbruch der Landbundorganisationen. Wohl war aber allen klar, dass die deutschnationale Partei, in der die Großgrundbesitzer dominierten, bei den kommenden Wahlen Verluste erleiden würden.

Die Phase der Auflösung der Weimarer Republik (1928 – 1933) ist geprägt durch eine Krise, die zunächst die Landwirtschaft erfasste. Doch die durch den Weltmarkt beeinflusste Überproduktionskrise der Landwirtschaft wurde verschärft durch die Krise des industriellen Sektors. Der Preisverfall traf gerade auch die Veredelungsprodukte; Zollbeschränkungen nützten kaum etwas gegen die enorm nachlassende Nachfrage. Eindeutig zeigte sich, wie stark abhängig das Land von der Stadt war. Diese Seite des Abhängigkeitsverhältnis wurde allerdings von den landwirtschaftlichen Organisationen nicht erwähnt und problematisiert.

Es gab gewaltige staatliche Stützungsmaßnahmen für die Landwirtschaft. Neben einer landwirtschaftsfreundlichen Zoll- und Steuerpolitik, sind hier die Versuchsringbildung, die staatlicherseits mit enormen Summen unterstützte und erzwungene Vereinigung der Genossenschaften und nicht zuletzt die „Osthilfe“ zu nennen. Darunter versteht man „die Summe aller Maßnahmen zur Besserung der Lage in den östlichen Grenzgebieten mit staatliche Mitteln Die wichtigste Osthilfe-Maßnahme war die landwirtschaftliche Entschuldung."[1] Die Osthilfe, von Ostpreußen immer weiter auf westlichere Gebiete ausgedehnt, stellte viele vom Konkurs bedrohte landwirtschaftliche Betriebe unter einem Gläubigerschutz, setzte dafür aber auch staatliche Kontrollverwalter ein. Gerade die Osthilfe verhinderte so massenhafte Konkurse landwirtschaftlicher Betriebe. „Die Stützungs-

---

1 Alexandra Frank, Die Entwicklung der ostelbischen Gutswirtschaften im Deutschen Kaiserreich und in den Anfangsjahren der Weimarer Republik, Weiden und Regensburg 1994, S. 73.

maßnahmen für die Landwirtschaft stellten zu Beginn der dreißiger Jahre eine erhebliche Belastung für die öffentlichen Haushalte dar. Bis Ende 1932 hatte der Staat insgesamt 2 Milliarden RM an Agrarhilfe ausgegeben (das sind etwa 3 Prozent der gesamten Staatsausgaben in den Jahren 1930 bis 1932).[2]

Trotz dieser Stützungsmaßnahmen siegten bei den Landwirten jene Stimmen, die „Fort mit dem System" riefen. Doch den Zerfall der DNVP ab 1928 bis zum überragenden Wahlsieg der NSDAP 1932 kann man nicht einfach als das Einsammeln missmutiger Protestwähler ansehen. Es war nicht ein Abfallen der Massen von der Führung. Vielmehr fanden in diesen 5 Jahren Machtkämpfe und ein Wandel innerhalb der bäuerlich-großgrundbesitzerlichen Führungselite statt.

I. Der Verlust der deutschnationalen Vormachtstellung

1. Die Wahlen im Jahre 1928

Wahlkampf

Im Vorfeld der Reichs- und Landtagswahlen am 20. Mai 1928 schien es zunächst, dass der Brandenburgische Landbund wieder nahezu uneingeschränkt Wahlpropaganda für die DNVP machen würde. Nach einer schriftlichen Anfrage über Kandidatenwünsche antworteten die Kreislandbünde im Herbst 1927 nicht oder so, dass „darin neue Wünsche nicht zum Ausdruck gebracht"[3] worden seien. Vorausgegangen war schon eine Bundesvorstandssitzung des RLB, bei der von einer generellen Aufstellung von Landbundlisten Abstand genommen worden war. Doch der RLB gewährte nicht nur die üblichen regionalen Ausnahmen zur Aufstellung von Landbundlisten, sondern behielt sich auch für andere Regionen die Option offen, Landbundparteien ins Leben zu rufen. Ins Auge gefasst wurde dies für den Fall, dass die liberale Deutsche Bauernschaft eine Bauernpartei gründen sollte, mit der Möglichkeit, „dass nicht unerhebliche Teile unserer Mitgliedschaft die Liste einer deutschen Bauernpartei wählen würden, da die Tendenz besonders in den bäuerlichen Kreisen nach

---

2 James, S. 62.

3 Rschr. BLB „Niederschrift über die 22. ordentliche Vertreterversammlung des BLB am 26. Oktober 1927" v. 1.11.27, in: BArch R8034 I RLB, Nr. 50, Bl. 57-63, hier: Bl. 63.

Loslösung von den jetzigen politischen Parteien stark vorhanden wäre."[4] Der Landbund wusste also wohl von der Unzufriedenheit seiner Mitglieder vor allem mit der DNVP.

Bei der Vertreterversammlung des Brandenburgischen Landbundes am 25. Januar 1928 hatte sich beim Tagesordnungspunkt „Politische Wahlen" die bei der Herbstvertreterversammlung vorherrschende einvernehmliche Haltung grundsätzlich geändert:

> „Es werden insbesondere die Probleme einer eigenen Landwirtschaftspartei und eigener Listen mit Bindung an die bisherigen politischen Parteien behandelt. Die Ansichten darüber, ob einer dieser beiden Wege beschritten werden soll, gehen weit auseinander. Übereinstimmung herrscht jedoch darüber, dass die Landwirtschaft sich von den Parteien, auch von den Deutschnationalen, so wie bisher nicht weiter behandeln lassen darf."[5]

Schon in früheren Jahren war die Gründung einer Bauernpartei von den bäuerlichen Funktionären gefordert worden, doch blieb diese lediglich als Drohung im Verhandlungspoker mit den anderen Parteien stehen. Ob bei dieser Versammlung die Gründung einer Bauernpartei schon konkreter ins Auge gefasst wurde, lässt sich an dem summarischen Protokoll nicht ablesen; vermutlich stellte die Gründung einer Bauernpartei wieder nur eine Drohung dar.[6] Erstaunlich war aber die übereinstimmende Kritik an der DNVP, obwohl hochrangige brandenburgische Vertreter von dieser zugegen waren.

Unruhe in die Wahlverhandlungen brachte Mitte Februar die Ankündigung von drei ehemaligen Reichstagsabgeordneten der DNVP, die „Christlich-Nationale Bauern- und Landvolkpartei" (CNBP) zu gründen.[7] Am 23 Februar fand eine Besprechung des Engeren Vorstandes des BLB mit den Vertretern der Landesverbände Potsdam I, Potsdam II und Frankfurt a. O. der DNVP statt. Es sollte die Frage diskutiert werden, „welche Parole der Landbund befolgen solle: Eigene Landlisten, Anschluß an die Christliche Bauernpartei oder Verbleib bei den Deutschnationalen."[8] Die Vertreter der DNVP, die schon bei der Kandidatenaufstellung erhebliche

---

4 Rschr. BLB v. 17.9.27, in: BArch R8034 I RLB (BLB), Nr. 178, Bl. 39-40 [nur die beiden ersten Seiten noch vorhanden], hier: Bl. 40.

5 Rschr. BLB „Niederschrift über die 23. ordentliche Vertreterversammlung des BLB am 25. Januar 1928." v. 6.3.28, in: BArch R8034 I RLB, Nr. 50, Bl. 40-49, hier: Bl. 45.

6 Mitgeteilt wurden in dem Protokoll lediglich die an der Aussprache beteiligten; darunter war Lehmann – der spätere Kandidat der Landvolkpartei für die Landtagswahlen vom Mai.

7 Vgl. Gessner, Agrarverbände, S. 108. Unter der Rubrik „Wochenschau" des BLB-Organs die Mitteilung über die Gründung sowie die Entschließung des RLB-Bundesvorstandes, in: Der BLB 9.1928, Nr. 8 (3. Febr.-Nr.)

8 Rschr. Landesverb. Potsdam I DNVP v. 24.2.28, in: BArch R8034 I RLB (BLB), Nr. 178, Bl. 41-43, hier: Bl. 41.

Zugeständnisse an den Landbund gemacht hatten, übten nun massiven Druck auf den Landbundvorstand aus und drohten mit einem Kampf, falls eigene Landbundlisten oder der Anschluss an die CNBP propagiert würden. Der Vorsitzende des BLB, Nicolas, vertrat in seinem Referat zwar die Aufstellung eigener Listen des Landbundes, schloss sich aber im Verlauf der Sitzung der Ansicht der Parteileitung der DNVP an. Der eine stellvertretende Vorsitzende, Gauger, war schon vorher weder für eigene Listen noch für die Bauernpartei, wollte sich aber dem Beschluss des Vorstandes anschließen. Lediglich der andere stellvertretende Vorsitzende, Bethge, setzte sich für eigene Listen ein.

Bei der Vorstandssitzung des BLB am 29. Februar stellte der Vorsitzende des Thüringischen Landbundes, Höfer, die CNBP vor.[9] Die endgültige Entscheidung sollte bei der eine Woche später stattfindenden Vorstandssitzung des BLB fallen, bei der Stubbendorff das einführende Referat hielt.

Die Entschließung der außerordentlichen Vorstandssitzung am 8. März erteilte der Aufstellung von Landbundlisten und der Unterstützung der CNBP eine Absage:

> „Ausschlaggebenden Erfolg verspricht sich der Brandenburgische Landbund davon, wenn diejenige Partei, die sich bisher die meisten Verdienste um die Landwirtschaft erworben hat, ihren überwiegend agrarischen Charakter behält und ihn möglichst noch erweitert. Auch im kommenden Reichstag werden nur die großen Parteien bestimmend auf das parlamentarische Regierungssystem einwirken können. Es ist daher unbedingt erforderlich, daß wir auf diese großen Parteien maßgebenden Einfluß ausüben und so unsere Stoßkraft durch sie verstärken. Die Schlagkraft der großen Rechten darf durch Splitterparteien nicht vermindert werden."[10]

Dies war nichts anderes als eine Wahlempfehlung für die DNVP. Der Appell am Ende der Entschließung an „Einsicht und Solidaritätsgefühl der märkischen Bauern..., diesen erfolgversprechenden Weg zielklar und ohne innere Konflikte zu gehen" deutete schon auf die bekannte Stimmung unter den märkischen Bauern hin. Er trug nicht die Siegeszuversicht von 1924, sondern die Gewissheit, dass die deutschnationalen Führer an Vertrauen auch bei den Bauern verloren hatten.[11]

Kurz vor den Reichstags- und Landtagswahlen erschien ein Aufruf brandenburgischer Bauernführer zu den Wahlen. Bemerkenswert daran ist zunächst, dass hier über 60 „Bauernführer" einen Aufruf an die bäuerliche

---

9 Vgl. „Vom Landbund. Die Vorstandssitzung…", in: Der BLB 9.1928, Nr. 10 (1. März-Nr.).

10 „Der Brandenburgische Landbund zu den Wahlen.", in: Der BLB 9.1928, Nr. 11 (Zweite März-Nr.).

11 Ähnlich skeptisch äußerte sich auch Lechler in seinem Leitartikel; s. Lechler, Walter, „Wen soll ich wählen", in: Der BLB 9.1928, Nr. 11 (Zweite März-Nr.).

Basis unterschrieben haben – an erster Stelle steht die Unterschrift Gaugers. Selbstbewusst nennen sie sich „die erwählten Führer des Brandenburgischen Bauernstandes", bezeichnen sich als „**Bauern und Kleinbauern Brandenburgs,** die seit mehr als einem Jahrzehnt für Euch gekämpft und Euer Vertrauen genossen haben, Namen, deren Träger Ihr längst kennt." [12] Auf dieser Liste taucht kein Adliger, kein Großgrundbesitzer auf. Diese Form des Aufrufs war neu, kennzeichnet aber gleichwohl die Einflussmöglichkeit der Bauernführer: Ein Bauer folgt eher einem Bauern als einem (adligen) Großgrundbesitzer. Ein Aufruf in dieser Erscheinungsform zeugt von dem großen Vertrauensschwund gegenüber der Landbundführung und den Großgrundbesitzern.

Die Argumentation derjenigen, die mit ihrem „Herzen in einer eigenen Bauernpartei gestanden hätten" und wie Gauger oft die DNVP kritisiert hatten[13], wieder für die DNVP einzutreten, war altbekannt und teilweise auch schlüssig:

1. Eine Interessenpartei hat es in den Parlamenten oft schwer, führt auch eher zur Zersplitterung der Wählerstimmen.
2. Für die Organisation einer Bauernpartei war zu wenig Zeit geblieben.
3. Die DNVP hatte dem Landbund Zugeständnisse gemacht.

Das letzte Argument bezieht sich darauf, dass in Brandenburg viele aussichtsreiche Kandidaten der DNVP Mitglieder des Landbundes waren.[14] Allerdings waren es zwei Großgrundbesitzer, die die Spitzenkandidaten der DNVP für den Wahlkreis Potsdam I und Frankfurt waren: Stubbendorff und v. Keudell. Keudell hatte aber nicht einmal eine Führungsposition in der Landbundorganisation und Stubbendorff galt im Brandenburgischen Landbund eher als Vertreter der Partei als umgekehrt; zudem hatte er ja durch sein Verhalten beim Genossenschaftszusammenbruch viel Missstimmung bei den Bauern provoziert.

Welche Wirkung dieser Aufruf letztendlich hatte, ist nicht bekannt. Anhand der Wahlergebnisse ist schwer abzulesen, ob trotz des Aufrufes die DNVP herbe Verluste einstecken musste oder ob wegen des Aufrufes sie noch so viele Stimmen bekommen hatte.

---

[12] Dieser Aufruf erschien in der Tagespresse und mehreren Kreislandbundblättern. Vgl. Entschließung des Kreislandbundes Ostprignitz, in: Mitteilungen vom Landbund Ostprignitz 8.1928, Nr. 9 (2.3.). Die folgenden Zitate sind hieraus.

[13] Den Umschwung Gaugers vom Kritiker zum Unterstützer der DNVP kennzeichnet der Kommentar des Volksboten Jüterbog über Gaugers Rede auf dem Stiftungsfest des JLB Jüterbog am 18.2.28: „Das Bemerkenswerte an Gaugers Rede war, daß er der Deutschnationalen Volkspartei volles Lob zollte!", in: „Der Jungsturm des Landbundes", in: Volksbote (Jüterbog) Nr. 43 v. 20.2.28, in: BArch R8034 II RLB-Pressearchiv, Nr. 2917, Bl. 183

[14] Vgl. die Auflisten aussichtsreicher Kandidaten im Landbundorgan: „Kandidaten für die nächsten Wahlen.", in: Der BLB 9.1928, Nr. 20 (3. Mai-Nr.).

Das Bemerkenswerteste an dem Aufruf und für die Wahlanalyse aufschlussreich ist die Tatsache, dass hier Unterschriften von einigen Bauernführern fehlten. Bethge, der stellvertretende Vorsitzende des BLB hatte nicht unterschrieben. Aus Calau und Luckau hatte kein Bauernführer unterschrieben, es fehlten die Unterschriften der bäuerlichen Kreislandbundvorsitzenden aus Crossen, Niederbarnim und Teltow und von vielen anderen kleinen Bauernführern fehlten Unterschriften. Mag für den einen oder anderen es Zufall gewesen sein, nicht auf die Liste zu kommen, so war es doch bei vielen, vor allem den Erwähnten, bereits Programm: Sie wollten die DNVP nicht mehr unterstützen.

Die Wahlpropaganda des BLB richtete sich wie immer gegen „links", das heißt gegen die sozialistischen und liberalen Parteien. Die Wahlempfehlung galt „rechts", allen voran der DNVP. Wahlunterstützung sagte der Hauptgeschäftsführer dem „Völkisch-nationalen Block", der DVP, der CNBP und dem Zentrum zu, falls diese Mitglieder des BLB aufstellen sollten.[15] Dementsprechend wurden die Kandidaten, die Mitglieder des Brandenburgischen Landbundes waren, von folgenden Parteien veröffentlicht: DNVP, DVP, „Völkisch-nationaler Kampfblock" (das ist im Wesentlichen die DVFP) und CNBP.[16] Das Zentrum hatte also kein Mitglied des BLB aufgestellt. Von den rechten Parteien erhielt keine Wahlempfehlung die Wirtschaftspartei, „die vorwiegend die Partei des städtischen Hausbesitzes ist, ... wenn auch manche Forderungen dieser Partei ... mit den Forderungen des Landbundes übereinstimmt."[17] Die NSDAP wurde vom BLB ebenso abgelehnt, weil sie, obwohl „nationale Ziele" verfolgend, eine „ausgesprochene Arbeiterpartei" sei, die „sozialistische Ziele" verfolge, besonders mit der „Forderung nach unentgeltlicher Enteignung von Boden".[18] Die „sozialistische Einstellung" der NSDAP wurde aber nicht nur mit dem § 17 des Grundsatzprogramms von 1920, sondern auch mit der Politik der NSDAP im Reichs- und Landtag begründet. Die neuen agrarpolitischen Grundsätze der NSDAP wurden nicht erwähnt.

Die Kreislandbünde schlossen sich überwiegend der Wahlpropaganda des Brandenburgischen Landbundes an. Die DNVP wurde als die Partei der Landwirtschaft dargestellt, in Wahlversammlungen, den Zeitschriften sowie auf Landbundversammlungen wurde wieder Propaganda für die Partei gemacht. Wo Kandidaten des Kreislandbundes aufgestellt waren, wurde dies besonders hervorgehoben. In der Westprignitz war die Propaganda der DNVP besonders eindringlich, da hier der KLB-Vorsitzende

---

[15] Vgl. Lechler, Walter, „Landbund, Wahlen und politische Parteien.", in: Der BLB 9.1928, Nr. 17 (4. April-Nr.).

[16] Vgl. „Kandidaten für die nächsten Wahlen.", in: Der BLB 9.1928, Nr. 20 (dritte Mai-Nr.); in der Nr. 17 waren noch keine Kandidaten der CNBP veröffentlicht.

[17] Lechler, Walter, „Landbund, Wahlen und politische Parteien.", in: Der BLB 9.1928, Nr. 17 (4. April-Nr.).

[18] „Die Ziele der Nationalsozialisten", in: Der BLB 9.1928, Nr. 18 (1. Mai-Nr.).

Günther Kandidat für den Landtag, der stellvertretende Vorsitzende Stubbendorff Kandidat des Reichstags waren.[19] Die Deutsche Volkspartei wurde kaum erwähnt.[20] Der Völkische Kampfblock und die CNBP wurden als wählbar hingestellt, doch meist von der Wahl abgeraten, da sie Splitterparteien seien. Von der Wahl der NSDAP wurde aus denselben Gründen, wie dies der BLB vorbrachte, abgeraten; besonders wurde auf die Besitzfeindlichkeit der NSDAP hingewiesen.

Die südlichen Landbünde wichen jedoch erheblich von der Wahlpropaganda des BLB und der meisten Landbünde ab. Abgesehen von Cottbus, wo der 2. Vorsitzende Fischer-Burg als Landtagskandidat der DNVP aufgestellt war, waren in diesen Kreisen führende Leute der Kreislandbünde auf den Listen der CNBP. Spitzenkandidat für den Landtag im Wahlkreis Frankfurt a. O. war der Vorsitzende des Kreislandbundes Luckau, Lehmann.

Wahlergebnisse

Die Wahl 1928 endete mit herben Verlusten für die rechten Parteien, die DNVP erlitt ein Debakel.[21] Sie verlor bei den Landtagswahlen ca. 25 % ihrer Stimmen, bei den Reichstagswahlen sogar ca. 30 %. In beiden Parlamenten blieb sie zwar zweitstärkste Partei, der Abstand zu den Sozialdemokraten hatte sich aber erheblich vergrößert. In Brandenburg waren diese Verluste entsprechend hoch.

Auffällig ist hier, dass die DNVP (absolut und relativ) auf dem Land mehr Stimmen verlor als in der Stadt. Die Ergebnisse auf dem Brandenburger Land (Gemeinden unter 2 000 Einwohnern)[22] kennzeichnen die

---

[19] Auf dem Titelblatt des Landbundes Westprignitz vor der Wahl prangten die Bildnisse und Kurzlebensläufe der beiden, darunter ein Ausschnitt aus den Wahlzetteln mit den Kreuzen bei der DNVP; Landbund Westprignitz 9.1928, Nr. 20 (19.5.).

[20] Der Kreisverein Angermünde der DVP klagte nach der Wahl über die Nichtbeachtung seiner Partei seitens des Landbundes: „Der ‚Landbund Angermünde' ... hat in seiner Besprechung der Landbundkandidaten in seiner Nr. 12 v. 12.5. zunächst die Kandidatur v. Holtzendorff als vollständig aussichtslos hingestellt und den Landbundkandidaten Oekonomierat Dr. Schiftan, der an sicherer Stelle der Landesliste stand, nicht einmal erwähnt. Als ‚besondere Empfehlung' für die D.V.P. war eingangs noch gesagt, dass der Landwirt Hepp der Partei den Rücken gekehrt hätte. Mit seiner Nr. v. 19.5. gab der ‚Landbund' in Angermünde seine Ueberparteilichkeit jedoch ganz auf und warb in seinem Wahlaufruf ausschliesslich für Liste 2 (Dn.) und Liste 12 (D.Vk.Bl.).“; Abschr. Schr. DVP OG Angermünde (Bormann) an LB Angermünde [o.D.], in: BArch R8034 I RLB (BLB), Nr. 179, Bl. 12.

[21] Vgl. Andreas Müller, „Fällt der Bauer, stürzt der Staat.“ Deutschnationale Agrarpolitik 1928-1933, München 2003, S. 78-81.

[22] Vgl. Tabellen 9-12. Bei den Ergebnissen für den Kreis Westhavelland bei der Reichstagswahl 1928 muss berücksichtigt werden, dass durch die Bildung des

Situation: In den einzelnen Kreisen verlor sie zwischen 5 und 10 Prozentpunkten. Ein wichtiger Faktor war dabei die Wahlbeteiligung, die zwischen 3 und 5 Prozentpunkte gesunken war.

Die anderen rechten Parteien, die DVP und die Zentrumspartei, erlitten ebenfalls Stimmeneinbußen. NSDAP und Völkischer Kampfblock (DVFP) hatten jeweils weniger Stimmenanteile als die 1924 von beiden Parteien getragene Nationalsozialistische Freiheitsbewegung; rechnet man für 1928 die Stimmen der zwei Parteien zusammen, so erreichten sie leichte Stimmengewinne. Doch mit unter 2 % galten diese als Splitterparteien, ebenso wie die CNBP. Auch diese erreichte in den meisten Kreisen nicht über 2 %. Zulegen konnte auch die Wirtschaftspartei in den ländlichen Kreisen Brandenburgs, im Schnitt um 1,3 Prozentpunkte. Die DDP hielt in etwa ihren Stimmenanteil, die Deutsche Bauernpartei blieb mit unter 2 % unbedeutend. Sozialdemokraten und Kommunisten hatten wie im Reich insgesamt zulegen können, die SPD hatte in den Kreisen einen Zuwachs von 3 bis 5 Prozentpunkten, die KPD von 1 bis 3 Prozentpunkten. Leicht zugelegt hatten die ganz kleinen, oft neuen Parteien. Insgesamt kamen sie auf einen Zuwachs von 1 bis 2 Prozentpunkten.

Betrachtet man die Abweichungen von diesem allgemeinen Trend in den ländlichen Gebieten Brandenburgs, so fallen die prozentualen Stimmengewinne der DNVP in den Kreisen Beeskow-Storkow, Calau und Westhavelland auf. Doch in den Kreisen Westhavelland und Calau täuschen die prozentualen Gewinne, denn durch die Eingemeindungen und Städtezuwächse wurde die Zahl der Stimmberechtigten erheblich vermindert. Der Abzug der städtischen und stadtnahen Wahlstimmen führte dazu, dass die ländlichen (das bedeutet stärker deutschnational eingestellten) Wähler mehr Gewicht erhielten. Absolut verlor die DNVP dort ebenso wie in den anderen Kreisen.

Lediglich im Kreis Beeskow-Storkow hatte die DNVP nicht nur prozentuale sondern auch absolute Stimmengewinne. Diese erhielt sie wohl wesentlich von denjenigen Wählern, die 1924 für die rechtsradikale NS-Freiheitsbewegung votiert hatten. Diese Protestwähler waren vermutlich jene Kleinbauern, die mit dem KLB-Vorsitzenden Schulze unzufrieden gewesen waren. Nach dessen Rücktritt fühlten sie sich bei dem neuen KLB-Vorsitzenden v. Arnim-Ragow (und nun auch Landtagskandidat) besser vertreten und das für die DNVP gegenüber 1924 verbesserte, aber dem brandenburgischen Durchschnitt entsprechende Wahlergebnis ist auf diesen Wechsel zurückzuführen.

Betrachtet man die Kreise mit überdurchschnittlichen Wahlverlusten der DNVP, so fällt auf, dass die meisten sich davon im Süden befinden. Es waren dies die Niederlausitzer Kreise und die Kreise Crossen und Züllichau-Schwiebus, jene Kreise, die am meisten von der Landbundgenossen-

---

Stadtkreises Rathenow gegenüber der Wahl 1924 weniger Wahlberechtigte im Landkreis waren.

schaftspleite betroffen waren. In diesen Kreisen hatte die CNBP auf dem Land bedeutende Stimmenanteile erhalten und war über den Status einer Splitterpartei hinausgewachsen. In Crossen hatte sie sogar einen Anteil von 29,3 %.

In der Niederlausitz hatte die Genossenschaftssache dem deutschnationalen v. Natzmer und der DNVP größten Schaden zugefügt, die Partei war tief abgestürzt. Die Landvolkpartei konnte einen Teil der Stimmen auffangen. Im Kreis Cottbus, wo der Landbund die CNBP nicht unterstützte und der KLB-Vorsitzende Fischer als Kandidat der DNVP auftrat, kam die Landvolkpartei auf lediglich 2% aber die DNVP hatte mit 15,5 Prozentanteilen hohe Verluste. In den anderen Kreisen hatten die beiden Parteien zusammen aber nie die Ergebnisse der DNVP bei der Reichstagswahl 1924 erreichen können.

Andere Parteien waren nur in geringem Maße Nutznießer des deutschnationalen Wahldebakels.[23] Ein Großteil der Stimmen wanderte ab in das Lager der Nichtwähler.

Im Kreis Oberbarnim, wo die DNVP 13,9 Prozentpunkte verlor, hatte der Völkische Kampfblock mit 9,2 % der ländlichen Stimmen (Landtag) sein bestes Ergebnis in Brandenburg erzielt.[24] Dieser Erfolg in Oberbarnim ist vor allem mit dem Spitzenkandidaten des Kampfblockes für die Landtagswahl des Wahlbezirkes Potsdam II verknüpft: der ehemalige Kreislandbundvorsitzende v. Oppen-Tornow. Der Wahlaufruf und die Wahlpropaganda von einigen Landbündlern dürfte zu diesem Ergebnis noch beigetragen haben.[25]

---

23 In den Kreisen Westprignitz, Templin, Ruppin, Osthavelland und Teltow hatten die SPD und KPD überdurchschnittlich gewonnen. Neben einem Zuzug von Bevölkerungsgruppen, v. a. im Kreis Teltow und dem Aktivieren von bisherigen Nichtwählern dürften in diesen Kreisen auch Landarbeiter von der DNVP zur SPD abgewandert sein; hier wirkte sich die Spaltung des Brandenburgischen Landarbeiterbundes und der Übergang des Großteils der Mitglieder zum christlichen Landarbeiterbund aus. In den Kreisen Osthavelland und Teltow hatte die Wirtschaftspartei sicher auch von dem Verlust der DNVP in den kleineren Städten profitiert.

24 Vgl. Pr. Statistik 293, II, S. 14-15.

25 Unterstützungsaufruf für v. Oppen-Tornow als Anzeige in: Landbundnachrichten des Kreises Ober-Barnim 10.1928, Nr. 20 (16.5.). Als Abschrift „Landbündler!", in: BArch R8034 I RLB, Nr. 18, Bl. 1. In Neutrebbin, aus dem zwei Landwirte den Aufruf unterschrieben hatten, war der Kampfblock um eine Stimme (154) stärker als die DNVP (153); in Cunersdorf mit dem Gut Cunersdorf hatte der Kampfblock 50 Stimmen gegenüber 28 für die DNVP; in Harnecop, wo neben dem Völkischen v. Schoenermark noch ein weiterer Landbündler den Aufruf unterschrieben hatte, erhielt der Kampfblock 111 Stimmen, die DNVP keine Stimme (!); diese Wahlgemeinde bildete darin auch für Oberbarnim eine Ausnahme. In Bollersdorf mit dem v. Oppen gehörigen Gut erhielt der Kampfblock dagegen „nur" 21 Stimmen gegenüber 32 für die DNVP. Die Einzelergebnisse aus: „Das Ergebnis der Reichstags-

In der Ostprignitz verlor die DNVP 11,9 Prozentpunkte. Dies war, neben dem Nichtwählen vor allem auf das Anwachsen der Stimmen für die NSDAP und den Völkischen Kampfblock zurückzuführen, wie am Beispiel der Landtagswahlen zu erkennen ist.[26] Die Nationalsozialistische Freiheitsbewegung erhielt 1924 in diesem Kreis auf dem Lande 602 Stimmen, das waren 2,7 % der gültigen Stimmen. 1928 erreichte der Völkische Kampfblock 1 062 Stimmen, dies war mit 5,2 % ein überdurchschnittliches Resultat. Doch noch stärker war hier die NSDAP. Diese erhielt 1 239 Stimmen und hatte mit 6,1 % ihr bestes Ergebnis in Brandenburg.

Das Ostprignitzer Land lag mit 11,3 % der Stimmen für die beiden faschistischen Parteien an der Spitze Brandenburgs, und diese „Spitzenposition" sollte der Kreis bis 1933 nicht mehr abgeben. Der enorme Anstieg der faschistischen Parteien in der Ostprignitz ist zum Großteil zurückführbar auf die Kyritzer Unruhen und vor allem auf die Radikalisierung der Landbevölkerung.

Eine weitere Erklärung für das Anwachsen der NSDAP ist die Agitation der Junglandbündler, wie weiter unten mit Hilfe lokaler Ergebnisse noch beschrieben wird. Bemerkenswert sind die Ergebnisse in den Hochburgen der Ehemaligen Bauernhochschüler: Im Kreis Ruppin hatte die NSFB 1924 466 Stimmen (1,9 %), 1928 die NSDAP und Völkischer Kampfblock zusammen 1 033 Stimmen (4,4 %) und im Kreis Lebus hatte die NSFB 1 157 Stimmen (4,0 %), 1928 die faschistischen Parteien zusammen 2 110 (7,6 %).

So uneinheitlich die Abwanderungen von der DNVP zu anderen Parteien waren, so war doch in allen Kreisen Brandenburgs der Stimmenverlust der DNVP in erster Linie durch die Wahlenthaltung hervorgerufen. Die Landbündler waren sich einig bei der Beurteilung der Ergebnisse als Wahlschlappe für die DNVP. Der Brandenburgische Landbund bezeichnete die „unglaubliche Parteienzersplitterung" auf der Rechten und die „Wahlfaulheit"[27] als Gründe für den Sieg der Linken. Die Vielzahl der rechten Parteien sah auch die Zeitschrift des Kreislandbund Sorau-Forst als Ursache

wahl im Kreise Oberbarnim.", in: Landbundnachrichten des Kreises Ober-Barnim 10.1928, Nr. 23 (8.6.). Zu vermuten ist, dass auf dem Gut Cunersdorf der Stahlhelm-Führer v. Arnim-Cunersdorf, der Schwiegersohn des Gutsbesitzers, mit dem Kampfblock sympathisiert hatte. In der Stadt Bad Freienwalde erhielt übrigens der Kampfblock fast so viele Stimmen wie die DNVP.

26 Bei den Reichstagswahlergebnissen war der Völkische Kampfblock unter „Sonstige" Parteien mit eingerechnet. Lediglich für die Landtagswahlen war der Völkische Kampfblock in der veröffentlichten offiziellen Liste getrennt aufgeführt. Für folgende Daten vgl. Preußische Statistik 293, II, S. 14-19 und Preußische Statistik 278, III, S. 10-14.

27 „Zum Wahlausfall", in: Der BLB 9.1928, Nr. 22 (5. Mai-Nr.).

für die vielen Wahlenthaltungen: „Es war eine Wahl ohne Schwung. …Nicht der frisch, frei, fröhliche Kampf gegen die rote und goldene Internationale mußte geführt werden, all überall standen sich die um das Wohl des Vaterlandes Ringenden im Bruderkampf gegenüber.“[28]

Zu den Parteizersplitterern zählte man auch die CNBP.[29] Dort wo die Landvolkpartei sich durchgesetzt hatte, wurde deren Ergebnis als Erfolg dargestellt: „Der Stimmenverlust der ‚Deutschnationalen' wird in gewisser Weise durch die neue ‚Christlich-nationale Bauern- und Landvolkpartei', über deren Gründung man verschiedener Meinung sein kann, einigermaßen ausgeglichen…“[30]
Kritik an der DNVP klang in den Zeitschriften nur vom Kreislandbund Königsberg an: „Aufgabe der großen rechten Partei der Deutschnationalen wird es sein, staatspolitische Aufklärung und Schulung in der wahlfreien Zeit mehr als bisher zu betreiben. Aus der politischen Ungeschultheit großer Wählermassen in Deutschland erklärt sich zum starken Teile das Ergebnis vom 20. Mai.“[31] Diese Kritik richtete sich an die strukturelle Schwäche der DNVP: Sie war eine nur zur Wahlzeit aktive (Honoratioren)Partei. Doch öffentliche Kritik war selten.

Innerhalb des Brandenburgischen Landbundes rief der Wahlausgang wiederum heftige Kritik an der Reichslandbundführung hervor, wie ein „streng vertrauliches“ Schreiben von Nicolas an das RLB-Präsidium zeigte:

> „Ungeheures Unheil hat die Haltung des Landbundes gelegentlich der letzten Wahlen draussen im Lande offensichtlich hervorgerufen. Die Mitglieder haben es nicht zu begreifen vermocht, dass der eine Präsident des Reichs-Landbundes nur für die Deutschnationale Volkspartei eingetreten ist, während der andere Präsident zusammen mit mehreren Beamten des Reichs-Landbundes durch ihren Beitritt zu der neu gebildeten Christlich-nationalen Bauernpartei dokumentieren, dass diese Partei für den Landbund die gegebene sei. Die Masse der Bauern will keine eigene Entscheidungen treffen, sie wünschen eine klare Parole von der Spitze.“[32]

Dem Schreiben, das die Umorganisation der Reichslandbundführung mit nur einem geschäftsführenden Vorsitzenden forderte, waren Schreiben beigelegt, die die duale Führung des Reichslandbundes kritisierten und für

---

28 „Die Wahl 1928.“, in: Landbund Sorau-Forst 9.1928, Nr. 22 (1.6.).

29 Explizit angeführt in: Opale, „Das Wahlergebnis vom 20. Mai.“, in: Nachrichtenblatt des Kreislandbundes Königsberg Nm. 9.1928, Nr. 22 (2.6.).; „Nach der Wahl“, in: Landbund Ruppin 9.1928, Nr. 23 (7.6.).

30 Fink, „Vergleich des Wahlergebnisses des Kreises Züllichau-Schwiebus 1928 und 1924.“, in: Landbund Züllichau-Schwiebus 9.1928, Nr. 22 (1.6.).

31 Opale, „Das Wahlergebnis vom 20. Mai.“, in: Nachrichtenblatt des Kreislandbundes Königsberg Nm. 9.1928, Nr. 22 (2.6.).

32 Abschr. Schr. Nicolas an Präs. RLB v. 29. 6.28, in: BLB 175, Bl. 9-18, hier: Bl. 10. Nicolas gab auch hier keine Präferenz für irgendeine Partei ab.

den Wahlausgang verantwortlich machten. Die schärfste Kritik an der DNVP kam vom Kreislandbundvorsitzenden Volckmann aus Osthavelland, jenem Kreis, in dem die DNVP noch die geringsten Verluste hatte:

> „Die Erfolge in wirtschaftspolitischer Hinsicht sind meiner Ansicht nach nur zu erreichen, indem die Führung des Reichs-Landbundes – die Personen müssen gewechselt werden, da die jetzigen zu sehr belastet – sich weniger parteipolitisch und dafür mehr wirtschaftspolitisch einstellt, dass man es nicht unter seiner Würde hält, mit anders politisch denkenden Leuten die wirtschaftlichen Fragen zu verhandeln, um sie für die eigenen Ideen zu gewinnen zu versuchen und die Parteipolitik ausschliesslich den hierfür bestimmten Parteien überläßt.
> Die augenblickliche Führung des Reich-Landbundes ist derartig parteipolitisch befangen, dass sie sich heute in diesen Gedanken gar nicht hineinzudenken weiss, ausserdem infolgedessen auch gar keine Verbindung mit den linken politischen Parteien bekommen kann.
> Meiner Ansicht nach hat der Reichs-Landbund sich von den Deutschnationalen für ihre Parteizwecke mißbrauchen lassen. Wir wollen uns vollkommen klar darüber sein, dass die Wahlen nicht nur ein Fiasko für die Deutschnationalen gewesen sind, sondern auch ein Misstrauensvotum für die Führung des Reichs-Landbundes.“[33]

Der Großgrundbesitzer Volckmann vertritt hier einen extrem gouvernementalistischen Kurs, der schon den Einfluss der DNVP in der RLB-Spitze verdrängen wollte. Dabei setzte sein KLB sich bei der Wahl noch vehement für die DNVP ein.

Gegenüber der Kritik an der DNVP, dass diese wegen politischer Ziele (v. a. Außenpolitik) die wirtschaftlichen Ziele außer Acht gelassen habe, kam die Kritik, dass zur Erreichung wirtschaftlicher Erfolge die Partei an politischem Profil verloren habe.[34] Doch gerade die Schaukelpolitik der Partei war ein Faktor, der zu den Wahlverlusten mit beigetragen hatte. Entscheidender als die Politik der Partei waren die Vorgänge im Landbund. Das Argument, dass die Reichslandbundführung keine eindeutige Wahlparole ausgesprochen habe und damit ihre Anhänger verunsichert habe, war allerdings schwach. Denn auch 1924, als die DNVP ihren größten Triumph feierte, gab es keine eindeutige Wahlempfehlung des Reichslandbundes für die DNVP. Dass 1928 gerade auch in Brandenburg, wo die DNVP doch relativ deutlich vom Landbund unterstützt wurde, die Partei ebenso verloren hatte, zeigt doch, dass andere Erklärungsmuster herangezogen werden müssen.

Bedeutend an dieser Wahl war, dass eine Landbundpartei in Form der CNBP entstanden war und dass diese auf Anhieb in einigen Kreisen über 10 %, in zwei Kreisen sogar über 20 % erreichte – dies in einer Gegend, wo der adlige Großgrundbesitzer v. Natzmer 1924 das Land für die DNVP

---

[33] Ebda., Bl. 14.

[34] Vgl. Reisner, Stahlhelm, Landbund und Deutschnationale Volkspartei, Frankfurt [1929], in: BArch R8034 I RLB (BLB), Nr. 178, Bl. 45-51.

mobilisiert hatte. Dass nun Bauern mit ihrer neuen Partei doch relativ erfolgreich waren, zeigt zweierlei. Erstens hatte der deutschnationale (adlige) Großgrundbesitz an Vertrauen und damit an Zugkraft für die DNVP verloren. Zweitens waren bäuerliche Führer nun selbstbewusst genug, sich politisch von den konservativen Großgrundbesitzern zu trennen. Aber nicht nur die Landvolkpartei, sondern auch die Wahlenthaltungen oder auch die Zunahme der faschistischen Parteien– gerade in der Ostprignitz nach den Kyritzer Unruhen – zeigen den Vertrauensverlust, den die deutschnationalen Großgrundbesitzer im Landbund erlitten hatten.[35]

2. Die Christlichnationale Bauern- und Landvolkpartei (CNBP)

Bis zur Reichstagswahl 1930 sollten die beiden Parteien NSDAP und CNBP in Brandenburg an Boden gewinnen, die vor der Reichstagswahl 1928 auf dem Lande nur marginal vertreten waren. Während für die Entwicklung der NSDAP noch relativ gutes Archivmaterial vorhanden ist, ist die Quellenlage zur Erforschung der CNBP sehr ungünstig. Da diese zunehmend nicht nur ehemalige deutschnationalen Landbundanhänger, sondern vor allem auch Landbundfunktionäre gewann, ist deren Entwicklung stark mit den Machtkämpfen in der DNVP verstrickt, wie im Folgenden gezeigt werden soll.

Die Entwicklung bis zur Reichstagswahl 1928

Die CNBP war Anfang 1928 der Versuch, eine Landbundpartei ins Leben zu rufen, die diejenigen Bauern erfassen sollte, die die DNVP nicht wählen wollten. Unverkennbar ist die Kontinuität zu den früheren Bemühungen, eine Landbundpartei zu gründen oder eine Landbundliste aufzustellen. Es waren die Bauern der Niederlausitz, oft dieselben Personen, die weg von der DNVP und eine eigene Partei wollten. Eine Tradition, wie sie es in anderen Ländern von einer Landbundpartei zur CNBP gegeben hatte, gab es indirekt also auch in Brandenburg, nur dass es hier keine Landbundliste gegeben hatte. Unter der Dominanz der ostelbischen deutschnationalen Großgrundbesitzer war 1924 das Projekt Landbundpartei aufgegeben worden. Nun – mit dem gestärkten Selbstbewusstsein der bäuerlichen opinion leaders und dem Vertrauensverlust der Großgrundbesitzer – wurde die Bauernpartei Realität.

Das Hauptvertretungsgebiet der CNBP waren im Deutschen Reich jene Gegenden, in denen schon vor 1928 eigene Landbundlisten existiert hat-

---

[35] Auch Weichlein zeigt bei seiner Untersuchung des Kurhessischen Landbundes, dass nicht nur viele Protestwähler zur CNBP wechselten, sondern auch, dass „enttäuschte Landwirte ...in großer Zahl der Wahlurne ferngeblieben sein" müssen; Weichlein, S. 201.

ten, also die Länder Hessen, Waldeck, Baden, Württemberg und vor allem Thüringen, die „Geburtsstätte der Christlich-nationalen Bauern- und Landvolkpartei."[36]. Jene im Westen gelegenen Landbünde hatten einen stark bäuerlichen Charakter. Attraktiv konnten sie auch im Osten werden, bei jenen Bauern, die der DVP oder dem Zentrum den Rücken gekehrt hatten, und jenen, die nun auch der DNVP nicht mehr folgen wollten.

Nachdem der Brandenburgische Landbund in seiner Vorstandssitzung am 8. März 1928 die Aufstellung einer Landbundliste für die Maiwahlen wiederum abgelehnt hatte, war es der Vorsitzende des Kreislandbundes Luckau, Lehmann, der die Entwicklung der CNBP – nach deren Konstituierung ebenfalls am 8. März – in Brandenburg vorantrieb. Über den Charakter der Partei und deren Stellung im Landbund gibt uns aber die Zeitschrift des Crossener Landbundes den besten Einblick.

Die Vertrauensmännerversammlung des Crossener Landbundes am 14. Januar 1928 sprach sich „einstimmig für besondere Landbundlisten aus…" und der Vorstand wurde beauftragt „beim Brandenburgischen Landbund in diesem Sinne zu wirken."[37] Doch bei der Hauptversammlung des Crossener Landbundes am 12. April rief der KLB-Vorsitzende Malke entsprechend den Beschlüssen des BLB zur Wahl der DNVP auf:

> „Er hätte am liebsten die Landlisten gesehen und habe sich gemäß der Versammlungsbeschlüsse auch dafür eingesetzt. Sie seien jedoch nicht freigegeben worden. Der Landbund empfehle daher seinen Mitgliedern, die Landbundkandidaten zu wählen, die fast ausschließlich wieder auf der Liste der Deutsch-Nationalen Partei stünden."[38]

Am 14. Mai 1928 (6 Tage vor der Wahl!) berief der Landbund noch eine Hauptversammlung ein, die einzig die Wahlparole zum Thema hatte; beschlossen wurde hier: „Entweder DNVP oder CNBP".[39] Als erster Redner der Versammlung trat der zweite Vorsitzende des KLB Cottbus und Landtagskandidat der DNVP Fischer-Burg auf. Er vertrat die auch im Aufruf der brandenburgischen Bauernführer aufgeführten Argumente zur Wahl

---

[36] Müller, CNBP, S. 486. Vgl. auch Dressel, S. 54-55; bei ihm auch die Vorgeschichte als Kontinuität von Landbundpartei zu CNBP.

[37] „Bericht über die Vertrauensmännerversammlung am 14. Januar 1928.", in: Crossener Landbund 9.1928, Nr. 3 (21.1.). Die Bemerkung, dass im Verlauf der Aussprache über die Wahl „auch die Genossenschaftsangelegenheit berührt wurde" lässt darauf spekulieren, dass die Entscheidung gegen die DNVP mit dem Vertrauensverlust (Person v. Natzmer) wegen des Genossenschaftszusammenbruchs zusammenhing. Allerdings war dies nun eher das ausschlaggebende Moment, da Malke sich schon früher für Landbundlisten eingesetzt hatte.

[38] „Bericht über die Hauptversammlung am 12. 4. 28.", in: Crossener Landbund 9.1928, Nr. 16 (21.4.).

[39] Vgl.: Dr. Bohl, „Die Haupt- (Wahl-) Versammlung am 14. Mai 1928. Wahlparole: Entweder Liste Nr. 2 oder Liste Nr. 15.", in: Crossener Landbund 9.1928, Nr. 20 (19.5.). Hieraus auch die weiteren Zitate.

der Deutschnationalen. Als zweiter Redner sprach für die CNBP der Rittergutsbesitzer Ernst v. Thümmel, Landbundabgeordneter aus Thüringen.[40] Es war taktisch geschickt, einen adligen Großgrundbesitzer in Brandenburg, einer Hochburg des Großgrundbesitzes, sprechen zu lassen. Hervorzuheben ist seine Interpretation des Landbundgedankens:

> „Ueber den ihm hier im Osten hie und da entgegentretenden Gegensatz zwischen Klein und Groß müsse er sich wundern. Wir ziehen doch ...an einem Strang. Wir in Thüringen kennen keinen Unterschied. Dort ist Höfer, ein kleiner Landwirt mit ca. 50 Morgen in 600 Meter Höhe unser bewährter Führer. Und bei uns Großgrundbesitzern kommt garnicht der Gedanke auf, daß uns eine Perle aus der Krone fällt, wenn wir uns unter Höfer als Bauern [...] stellen, wenn er nur die Eigenschaft hat, um die Bauern zu führen."

Ob diese doch bäuerliche Ansicht des Miteinander von Groß und Klein bei den adligen Großgrundbesitzern in Thüringen üblich war, kann hier nicht beurteilt werden. Im ostelbischen Brandenburg hätte dieser Adlige damit fast allein gestanden. v. Thümmels Auftreten nahm sicher den Argumenten von der Spaltung zwischen Groß und Klein den Wind aus den Segeln und war eine optimale Einführung für den folgenden Hauptredner des Wahlkampfes, den Bauerngutsbesitzer und Spitzenlandtagskandidat der CNBP für den Wahlkreis Frankfurt, Karl Lehmann.

Lehmann setzte sich in seiner „wuchtigen Art" für die Landvolkpartei ein. Deutlich zeigte er das gewachsene bäuerliche Selbstbewusstsein und demgegenüber die politische Unterrepräsentation: „Bei den Demonstrationen haben wir unsere Macht erkannt. Daraus müßte etwas Neues entstehen, und das ist das Vorgehen als selbständige Partei. Wir müssen eine eigene Fraktion bilden. ...Die Bauern können sich in den übrigen Parteien nicht restlos durchsetzen." Ohne direkten Angriff auf die DNVP oder die Großgrundbesitzer beschrieb er die Partei als Bauernpartei und beendete die Rede mit dem bäuerlichen Motto:

> „Was dem Bauernstand soll frommen
> Muß von Bauernkandidaten selber kommen."

Nach diesem Redner sprach der KLB-Vorsitzende Malke sich dafür aus, beide Parteien zu empfehlen. Der Antrag eines Vertrauensmannes, nur die CNBP zu empfehlen, wurde allerdings nur vom 2. Vorsitzenden unterstützt, der Rest der Versammlung sprach sich dagegen aus. Der Argumentation des Hauptgeschäftsführers Bohl zu Folge hätte die alleinige Unterstützung gegen „**den** fundamentalen Grundsatz der Organisation...nämlich ... den Grundsatz der Ueberparteilichkeit des Landbundes" verstoßen. Weniger dies als vielmehr die Widerstände der auch im Landbund Crossen (finanziell) starken Großgrundbesitzer dürfte zu dieser Doppelempfehlung beigetragen haben. Für die Wahlentscheidung war

---

[40] Vgl. zu seiner Person: Müller, CNBP, S. 493.

aber auch das Urteil der bäuerlichen Meinungsführer wichtig gewesen sein, wie aus dem Versammlungsbericht deutlich wurde: „Der Vertrauensmann Kühn-Treppeln verlangte im Auftrage seiner Mitglieder [der Ortsgruppe], daß Herr Malke klipp und klar Farbe bekennen solle, welcher Partei er sich anschlösse." Die Antwort, dass der Vorsitzende des KLB für die CNBP stimmen würde, dürfte zum guten Abschneiden der Landvolkpartei im Kreis Crossen beigetragen haben. Offensichtlich war hier die Wirkung bäuerlicher Meinungsführer.

Dagegen hatten die Großgrundbesitzer kaum noch eine Bedeutung für die politische Willensbildung. So berichtete der Vertrauensmann der Ortsgruppe Schönfeld auf der Versammlung am 14. Mai 1928 in Crossen „über die Wirkung der Versammlung, die Herr v. Troilo als Kandidat der Deutsch-Nationalen Volkspartei in seiner Ortschaft abgehalten habe." Leider verrät das Landbundblatt hier nichts Näheres. Nur das Wahlergebnis lässt ahnen, dass das Auftreten v. Troilos in Schönfeld eine Katastrophe gewesen sein muss: In diesem Ort sank gegenüber der Wahl 1924 die Stimmenzahl für die DNVP von 238 auf 31, die CNBP erhielt hier 141 Stimmen.[41]

Die CNBP betonte zwar, dass sie nicht nur auch Interessen der Großgrundbesitzer sondern auch die der Landarbeiter und kleinen Gewerbetreibenden auf dem Land („Landvolk"!) vertreten wolle. Sie wollte eine Partei der Landwirtschaft und der dieser nahe stehenden sozialen Gruppen sein. Doch die CNBP akzentuierte ihre Wahlpropaganda ganz auf die Bauern. Dies ging so weit, dass man sie meist nur als die „Bauernpartei" bezeichnete. In der Wahlpropaganda musste man den Wählern einbläuen, dass diese bei der Stimmabgabe die CNBP nicht mit der neuen liberalen „Deutschen Bauernpartei" verwechselten.

Ein Motiv, die CNBP ins Leben zu rufen, war die Gründung dieser „Deutschen Bauernpartei". Man wollte im Landbund ein Abwandern der Bauern nach „links" durch die eigene Partei verhindern. Ideologisch standen sich die CNBP und die DNVP sehr nahe. Allerdings setzte die Landvolkpartei ihren parlamentarischen Schwerpunkt ganz auf die Vertretung landwirtschaftlicher Interessen und Machteinfluss, ohne dass sie aus politisch-ideologischen Gründen sich von einer Regierungsbeteiligung zurückziehen wollte. Schließlich wollte sie sich von dem Nimbus der DNVP als Mischung von Stadt- und Land-Partei, mehr noch als Partei des ostelbischen Großgrundbesitzes absetzen. Ideologisch vertrat sie mehr die Bauerntumsideologie als die Landbundideologie, ein bedeutender Unterschied.

---

[41] Vgl. „Das Ergebnis der Reichstagswahl im Kreise Crossen a.O.", in: Crossener Landbund 9.1928, Nr. 21 (26.5.).

Die Entwicklung bis zu Reichstagswahl 1930

Über die Entwicklung der Partei in den Jahren 1928 und 1929 lassen sich nur vage Aussagen machen. Sicherlich waren in diesen Jahren noch mehr bäuerliche Funktionäre zur Landvolkpartei übergetreten. Aber die Ausbildung einer Parteiorganisation blieb rudimentär, lediglich die Spitzenorgane wurden geschaffen, der Unterbau war schwach. Noch stärker als die DNVP war die CNBP an den Landbund gebunden.

Als Beispiel für die Entwicklung der CNBP in Brandenburg soll wiederum der Kreis Crossen dienen. Obwohl der KLB Crossen schon im April 1928 eine Wahlempfehlung für die CNBP ausgesprochen hatte und bei der Kreistagswahl 1929 sich eine „Landbundliste" formiert hatte, wurde der Kreisverband der CNBP erst am 23. Januar 1930 gegründet.[42] Zur Gründungsversammlung, bei der 75 Ortschaften vertreten waren, hatte der Vorsitzende des KLB, Malke, eingeladen. In der Eröffnungsrede nannte er gleich die Motive der Gründung:

> „Der Landbund ist parteipolitisch neutral. Aber die Bauern müßten sich genau so wie die Wirtschaftspartei und die Nationalsozialisten organisieren. Die politischen und wirtschaftlichen Verhältnisse ließen die baldige Auflösung des Reichstages möglich erscheinen. ... Es handle sich jetzt darum, feste Mitglieder als finanzielle Träger der Partei zu werben."

Angesichts der Aussicht eines Reichstagswahlkampfes brauchte die Partei Geld. Die Beiträge sollten alle an die zentrale Parteiorganisation in Berlin abgeführt werden, im Kreis selbst sollte „kein großer Apparat mit erheblichen Kosten aufgezogen werden." Die Gelder durch den Landbund einzuziehen, wie es bisher die DNVP gemacht hatte, kam höchstwahrscheinlich wegen der immer noch starken DNVP, vielleicht auch schon wegen der NSDAP, nicht in Frage. Dies verstieß gegen die selbst postulierte „Neutralität des Landbundes" und Malke war darauf bedacht, den Landbund parteipolitisch „neutral" zu halten. Er plädierte dafür, „daß der Kreisvorsitzende der Partei und der Vorsitzende des Landbundes nicht ein und dieselbe Person sei", auch in den Ortsgruppen sollten die Vorsitzenden der beiden Organisationen nicht in einer Person vereinigt sein. Diese „neutrale" Haltung Malkes diente dem Schutz des Landbundes, in dem Deutschnationale noch genug Anhänger hatten (vor allem die finanziell wichtigen Großgrundbesitzer) und die Nationalsozialisten allmählich an Anhängern gewannen. Eine eindeutige Haltung der Landbundführung barg die Gefahr der Spaltung des Landbundes.

Allerdings waren die Verknüpfungen von Landbund und CNBP nicht zu übersehen. Kreisvorsitzender der CNBP in Crossen wurde der dritte Vorsitzende des KLB, Hermann Welke. Malke saß schon als Vertreter der

---

[42] Vgl. hierzu und folgenden Zitaten: „Gründungsversammlung der Christlich-Nationalen Bauern- und Landvolkpartei", in: Crossener Landbund 11.1930, Nr. 5 (1.2.).

CNBP im Kreistag, zudem war er im Vorstand der brandenburgischen CNBP. Die in den Diskussionen bei der Gründungsversammlung sich Beteiligenden waren fast alle Ortsgruppenvorsitzende oder Bezirksvorsitzende.

Die Ausrichtung der Partei orientierte sich am gouvernementalistischen Kurs, wie Malke betonte: Die Partei „müsse auch mal mit den anderen Parteien, wie Zentrum und Demokratische Partei, stimmen. Sie müsse auch in die Regierung gehen."

Stärker jedoch als die gouvernementale Ausrichtung war die bäuerliche Akzentuierung bei der Gründungsversammlung. Diese richtete sich sogar explizit gegen den Großgrundbesitz. Während Welke noch betonte, dass „ein Teil des Großgrundbesitzes mitmachen" werde, hielt demgegenüber Malke fest, dass zwar in Thüringen und auch in Brandenburg der Großgrundbesitz im Parteivorstand vertreten sei, „aber im Kreise könne die Partei auch ohne Großgrundbesitz aufgezogen werden." Noch eindeutiger traten andere Versammlungsteilnehmer auf:

> „Herr Kupke-Pfeifferhahn trat energisch dafür ein, daß die Partei unter Ausschluß des Großgrundbesitzes gebildet werde und wurde dabei von den Herren Kühn-Treppeln, Müller-Bindow und Gerlach-Wend.-Sagar unterstützt. Die Partei werde nur groß werden ohne Großgrundbesitz. Nur so werde sie wachsen. Der Wahlkampf gestalte sich leichter.
> Die Abstimmung darüber ergab die überwiegende Mehrheit für die Gründung der Partei unter Ausschluß des Großgrundbesitzes. Nur 4 Stimmen waren dafür."[43]

Auch andernorts wurden Stimmen gegen die Großgrundbesitzer laut, doch dieser offene Affront gegen die Großgrundbesitzer war wohl einzigartig in der Provinz Brandenburg. Die Crossener Großgrundbesitzer sahen Malke als Urheber des Beschlusses und verlangten zunächst vom Vorstand des KLB eine Missbilligungserklärung[44]. Dann verlangten sie von Malke die öffentliche Rücknahme seiner oben zitierten Worte („falsch verstanden") und die Rücknahme des Beschlusses auf einer Vertrauensmännerversammlung unter Einladung der Großgrundbesitzer, andernfalls würden sie aus dem Landbund austreten.[45] Die Drohung war ernst zu nehmen.[46] Ein

[43] Paul Kühn-Treppeln und Hermann Müller-Bindow waren Bezirksvorsitzende des Landbundes, also wichtige bäuerliche opinion leader. Beide waren übrigens 1933 Mitglieder des kommissarisch bestellten KLB-Vorstandes, d.h. Mitglieder der NSDAP.

[44] Schr. Fournier u. a. an Vorstand des LB des Kreises Crossen v. 10.2.30, in: BArch R8034 I RLB (BLB), Nr. 177, Bl. 38.

[45] Vgl. Schr. Dallmer u. a. an Malke v. 27.2.30, in ebda. Bl. 42 RS und Schr. Dallmer an BLB v. 27.2.30, in ebda. Bl. 41 RS. Beide Briefe erhielten Malke und der BLB.

[46] So teilte ein Großgrundbesitzer dem BLB mit, „daß ich lediglich zufolge der seit Jahren zur Schau getragenen Anfeindung gegenüber dem Großgrundbesitz, bzw. dem Pachtbesitz seitens des Landbundvorsitzenden Herrn Malke am 1. Januar aus

Dementi Malkes erfolgte zumindest in der Landbundzeitung nicht. Doch der „Beschluß, die Partei ohne Großgrundbesitzer aufzuziehen, wurde auf Grund mehrerer schriftlicher Beschwerden seitens des Großgrundbesitzes in der eigens dazu einberufenen Vertrauensmännerversammlung am 20. März mit 45 gegen 15 Stimmen revidiert."[47] Eine Spaltung des Landbundes und ein damit verbundenes finanzielles Desaster wurde durch diesen Beschluss verhindert. Den meisten Großgrundbesitzern ging es sicher nicht darum, in die Landvolkpartei einzutreten, sondern vielmehr darum, weitere großgrundbesitzerfeindliche Tendenzen im Landbund und in der CNBP zu unterbinden. Sehr deutlich kehrten sie ihre „Herr-im-Haus-Mentalität" heraus, auch wenn dabei zu Tage trat, dass dies nur über ihre finanzielle Vormachtstellung zu erreichen war.

Der betont bäuerliche Anspruch, ja sogar großgrundbesitzerfeindliche Impetus, den die CNBP in Brandenburg hatte, hat sich gerade zu jener Zeit, als der Kreisverein Crossen gegründet wurde, gewandelt. Im Verlauf des Jahres 1930 traten verstärkt Großgrundbesitzer zur Landvolkpartei über, die die gouvernementalistische Linie des Landbundes gegen die Hugenberganhänger, die zum Großteil adlige Großgrundbesitzer waren, vertraten.

Ein früher Übertritt eines Großgrundbesitzers war der von v. Arnim-Ragow. Er war als prominenter Großgrundbesitzer im Juli 1929 zur Landvolkpartei übergewechselt und erklärte dies öffentlich: „Ich habe mich der Christlichnationalen Bauern- und Landvolkpartei angeschlossen, überzeugt, daß in einem wirtschaftlich und politisch geeinten, kulturell gehobenen Bauernstand das stärkste Fundament für ein gesundes deutsches Staatsleben ruht."[48] Wie erwähnt, war er nicht nur ein prominenter Gouvernementalist, sondern auch eine in Brandenburg seltene Ausnahme eines adligen „Bauernführers". Übertritte von Großgrundbesitzern zur Landvolkpartei waren zu diesem Zeitpunkt aber selten.

Die große Abwanderung der Gouvernementalen aus der DNVP begann erst Ende 1929. Die sich verschärfenden Auseinandersetzungen zwischen den Oppositionellen und den Gouvernementalen in der DNVP nach der Reichstagswahl 1928 gingen immer mehr zugunsten der Hugenbergan-

---

der Organisation ausgeschieden bin, da ich weder Lust noch Veranlassung hatte, mir die in jeder Versammlung ausgesprochenen Beleidigungen meines Berufsstandes gefallen zu lassen." Schr. Uhden an BLB vom 23.2.30, in: ebda. Bl. 40 RS.

47 „Jahresbericht 1930", in: Crossener Landbund 12.1931, Nr. 7 (21.2.).

48 Arnim, von, Landrat a. D. [Erklärung], in: Landbund Beeskow-Storkow 5.1929, Nr. 28 (13.7.). Womöglich war der Übertritt mit v. Gereke, Vorsitzender des preußischen Landgemeindeverbandes, abgesprochen, der fast zur gleichen Zeit übertrat; v. Arnim war Vertreter der Amts- und Gutsbezirke des brandenburgischen Landgemeindeverbandes. Vgl. Günther Gereke, Ich war königlich-preußischer Landrat, Berlin 1970, S. 152. Ein Hinweis auf v. Arnims Austreten findet sich dort allerdings nicht.

hänger aus, deren wichtigste Etappen die Wahl Hugenbergs zum Parteivorsitzenden im Oktober 1928 und die Machtkämpfe um das Volksbegehren gegen den Young-Plan im Sommer 1929 waren.[49] Zwischen dem 27. November und 4. Dezember 1929 kam es zur ersten großen Spaltung in der DNVP. Die Austritte zu diesem Zeitpunkt waren noch begrenzt,[50] erst mit der zweiten großen Spaltung der DNVP im Juli/August 1930 sollte sich die größere Schar führender Gouvernementalisten von der Partei trennen.

Die Konflikte von Agrargouvernementalisten und Hugenberganhängern führten im Brandenburgischen Landbund zu einem persönlichen Konflikt zwischen MdR Walter Stubbendorff, dem führenden Hugenbergianer im BLB, und MdL Wilhelm Gauger, als einer der führenden Gouvernementalisten im Landbund. Die Auseinandersetzung, die teilweise in eine Schlammschlacht ausartete, wäre nicht erwähnenswert, wenn nicht hier zwei gegensätzliche Pole des Landbundes aufeinander getroffen wären: auf der einen Seite der Bauernführer Gauger, der kein Blatt vor den Mund nahm und impulsiv reagierte, auf der anderen Seite ein bürgerlicher Großgrundbesitzer, der den Habitus eines Adligen anstrebte und als Parteipolitiker groß wurde. Der Konflikt entlud sich nach dem Austritt eines Teils der deutschnationalen Reichstagsabgeordneten aus der DNVP; darunter waren vom Brandenburgischen Landbund Wilhelm Ohler und Hermann Staffehl.[51]

Begonnen hatte der Streit, als Stubbendorff in einem Brief vom 6. Dezember 1929 Gauger vorwarf, ein Gerücht über ein Verhältnis Stubbendorffs mit seinem Dienstmädchen gegenüber dem MdR Lejeune-Jung und Gerda Treviranus, Sekretärin des MdR Treviranus, verbreitet zu haben. Bis zur Rücknahme dieser Behauptung wollte Stubbendorff Gauger „bei jeder passenden Gelegenheit öffentlich einen gemeinen Lumpen und Ehrabschneider nennen…“.[52] Da Stubbendorffs Position im Landbund und der DNVP durch sein Verhalten in der Genossenschaftsgeschichte schon stark angegriffen war, musste er gegen jedes Gerücht, ob wahr oder falsch, vorgehen, um nicht politisch kaltgestellt zu werden. Dieser Angriff gegen Gauger überspannte jedoch den Bogen der persönlichen Auseinandersetzung. Gauger konterte in einem Antwortschreiben mit einem impulsiven und letztendlich ungeschickten Gegenangriff. Er leugnete den Vorwurf, das Gerücht über Stubbendorff und sein Dienstmädchen verbreitet zu

---

49 Vgl. Bracher, Auflösung, S. 276-283.

50 Bracher, Auflösung, S. 283-285; darunter aber Walter v. Keudell.

51 Vgl. Die Deutschnationalen und die Zerstörung der Weimarer Republik. Aus dem Tagebuch von Reinhold Quaatz 1928-1933. Hrsg. v. Hermann Weiß u. Paul Hoser, München 1989, S. 93; Bracher, Auflösung, S. 284-285.

52 Abschr. Schr. Stubbendorff an Gauger, 6.12.29, in: BArch R8034 I RLB (BLB), Nr. 199, Bl. 5.

haben, zählte aber gleich drei andere Gerüchte über Stubbendorffs außereheliche Beziehungen auf und hakte einem Gerücht über finanzielle Schiebereien Stubbendorff nach („Wie steht es mit der Broschüre, die der Reichs-Landbund angeblich aufgekauft hat für schweres Geld, die erschien, als Sie das erste Mal für den Reichstag kandidierten?“). Zudem warf er Stubbendorff vor, den Hauptgeschäftsführer des Brandenburgischen Landbundes Lechler einen „Judenjungen“ genannt zu haben, „dem man es an der Visage und seinen Handbewegungen ansieht, dass er jüdisches Blut hat und ein Schädling ist und sobald wie möglich entfernt werden muß…“[53].

Die Auseinandersetzung zwischen Stubbendorff und Gauger wurde bei der Sitzung des Arbeitsausschusses des Brandenburgischen Landbundes am 11. Dezember 1929 beraten.[54] Allen Beteiligten war dieser Konflikt zuwider und keiner wollte sich mit dieser Sache befassen; lediglich Bethge sprach sich für eine stärkere Unterstützung Gaugers aus. Dies obwohl die Situation auf einen Rücktritt Gaugers oder Stubbendorffs von der Landbundtätigkeit hindeutete.[55] Eine Untersuchung des Konflikts hätte sicher auch wenig Aussicht auf Erfolg gehabt, da, wie Nicolas zutreffend bemerkte[56], sich keine Zeugen zur Bewahrheitung irgendwelcher Gerüchte bereit gefunden hätten. Selbst ein Ehrengericht hätte damit keine Handhabe gegen irgendeinen der Konfliktpartner gehabt und solch eine Einrichtung war beim Landbund nicht vorgesehen Dies wurde von den Ausschussmitgliedern aufgegriffen, um ihre Nichtbeschäftigung mit dem Konflikt zu entschuldigen. Beschlossen wurde von den Ausschussmitgliedern, „1.) Bezüglich der Äußerungen über Herrn Lechler ist seitens des engeren Vorstandes eine Untersuchungskommission einzusetzen. 2.) Bezüglich der anderen schwebenden Beleidigungsangelegenheiten werden die Herren auf den Weg der Privatklage verwiesen“[57] In dem am folgenden Tag zusammengekommenen Untersuchungsausschuss wegen Lechler stand Eh-

---

53 Schr. Gauger an Stubbendorff v. 9.12.29, in: ebda., Bl. 6-7, hier: Bl. 6RS und Bl. 7.

54 Nachdem Gauger und Stubbendorff befragt wurden, wurde unter Ausschluss der beiden der Konflikt behandelt. Vgl. das die Reden zusammenfassende Protokoll: „Aus den Verhandlungen des Arbeitsausschusses am Mittwoch, dem 11. Dezember 1929“, in: BArch R8034 I RLB (BLB), Nr. 199, Bl. 92-97.

55 So Gauger in seinem Brief vom 9.12. Bei der Ausschusssitzung griffen Bethge und v. Arnim-Ragow eindeutig Partei für Gauger. v. Arnim sah aber die Lösung diese Frage anders geregelt: „Vielleicht kommen wir durch Neuwahl des Ausschusses im Januar um die ganze Sache herum. Ich möchte beinahe annehmen, dass Herr Stubbendorff … nicht wiedergewählt wird.“; „Aus den Verhandlungen des Arbeitsausschusses am Mittwoch, dem 11. Dezember 1929“, in: ebda., Bl. 96.

56 Vgl. Schr. Nicolas an Gauger v. 18.12.29, in: ebda., Bl. 52-54, hier Bl. 52RS und Schr. Nicolas an Gauger, Rostin 19.12.29, in: ebda., Bl. 26-28, hier: Bl. 27.

57 „Aus den Verhandlungen des Arbeitsausschusses am Mittwoch, dem 11. Dezember 1929“, in: ebda., Bl. 92-97, hier Bl. 97. Beide Opponenten unterlagen aber der parlamentarischen Immunität!

renwort gegen eidesstattliche Erklärung. Mit Bedauern wurde festgestellt, dass die Person Lechler in die Auseinandersetzung hineingetragen wurde und dass „führende Persönlichkeiten im Brandenburgischen Landbund aus einem persönlichen Streit heraus ihre unter vier Augen geführte Unterhaltung benutzen, um lediglich Schmutz aufzuwirbeln und den Bestand des Brandenburgischen Landbundes gefährden.“[58]

Gauger war über den Ausgang der Verhandlung der Untersuchungskommission sehr erzürnt, zumal ein Ehrengerichtsverfahren vor dem Landesverband Potsdam I der DNVP angestrengt wurde. Er fühlte sich von Nicolas und Lechler im Stich gelassen und bezeichnete den Ausgang als Sieg Stubbendorffs: „Erster Sieg. Meine Freunde versagen, sogar die Bauern.“. Im selben Briefe brachte Gauger den Streit wieder auf eine politische Ebene:

> „Und nun der bisherige Parlamentsklatsch dazu. Kaufhold sagt, Stubbendorff gelte bei der Parteileitung als Bauernabgeordneter der Genossenschaftsgeschichte als unmöglich, und ich sollte ihn ersetzen, - jedenfalls nicht wahr, aber nicht unmöglich. Lehmann und christliche Bauern sagen zu mir, Du sollst vor der Partei abgewürgt werden, und dann werfen sie Dich hinaus, komme also vorher zu uns! Auch das glaube ich nicht - wir sind doch Menschen und nicht lauter gemeine Schweine. -
> Und wenn ich gehe, gehe ich freiwillig und krieche nicht irgendwo als geduldet unter. Ich denke nicht, dass der Einfluss Stubbendorffs so gross ist. Der Landbund wird sich sowieso an diesem Mann noch schwer den Magen verderben und zwar bald, und das schadet ihm nichts, er hat es (der Landbund) nicht besser verdient, viele, auch ich, fangen an Grossgrundbesitz, Landbund und Menschen vom Schlage Stubbendorffs zu identifizieren - so sind sie alle!“ [59]

Nicolas und Lechler konnten Gauger von dem in diesem Briefe angekündigten Rücktritt von allen Ämtern im Landbund in den folgenden Tagen abhalten. Doch als das Ehrengericht „der Hugenberg-Dommes-Stubbendorff-Partei, genannt Deutschnationale“[60] am 9. Januar 1930 ein wiederum neutrales Urteil fällte[61], drohte Gauger mit dem Austritt aus der DNVP. Er forderte schnellstmöglich ein neues Verfahren, denn zum einen hatte Stubbendorff ein Rundschreiben gegen Gauger verschickt. Zum anderen musste Stubbendorff zugeben, dass Gauger gar nicht das Gerücht über ihn und sein Dienstmädchen verstreut hatte, wie er in seinem Brief vom 6. Dezember schrieb. Auch Nicolas forderte in einem Brief an den

---

[58] „Verhandelt am 12. Dezember 1929“ (gezeichnet: Jacobs, Bochow, Dr. Borchers), in: ebda., Bl. 75-78, hier: Bl. 78. Stubbendorff gab zwar zu, die Geschäftsführung Lechlers kritisiert zu haben, alle indirekten oder direkten Bezeichnungen Lechlers als Jude bestritt er, meinte sogar, dass die „jüdischen Gebärden“ Gauger selbst gemacht habe.

[59] Schr. Gauger an Nicolas, Beelitz 17.12.29, in: ebda., Bl. 48-50, hier: Bl. 49RS-50.

[60] Ebda., Bl. 48.

[61] Abschr. Schr. DNVP Landesverband Potsdam I o. D., in: ebda., Bl. 36.

Landesverband Potsdam I der DNVP nachdrücklich, „die Angelegenheit unbedingt sofort" zu regeln, „da ich nicht glaube, dass es sonst gelingen wird, Herrn Gauger noch länger bei der Partei zu halten."[62]

Gauger blieb noch in der Partei. Die „erste große Spaltung der DNVP"[63] zwischen dem 27. November und 4. Dezember 1929 war der Hintergrund für den Konflikt zwischen Gauger und Stubbendorff. Möglicherweise agitierte Gauger zu dieser Zeit sogar gegen Stubbendorff, der zwischen Treviranus und Hugenberg noch als Vermittler fungierte.[64] Dass Stubbendorff nun nicht nur den Genossenschaftsskandal, sondern auch diesen Konflikt „überlebte", lag sicher an seiner herausragenden Stellung als Hugenbergianer im Landbund. Die Hugenberganhänger dominierten die Brandenburgische DNVP und hatten auch eine starke Stellung in den Kreislandbünden, vor allem im nördlichen Teil der Provinz.

Obwohl Gauger schon vorher gegen die Hugenbergianer gewettert hatte und erkennen ließ, dass er sich in dieser Partei nicht mehr wohl fühlte, trat er auch in den Nachwehen dieser Spaltung nicht aus der DNVP aus. Dabei fehlte es nicht an Bemühungen der Landvolkparteiler, Gauger zu gewinnen. So verhandelten sie schon vor der Wahl 1928 mit ihm und im Folgenden versuchten sie immer wieder ihn zum Übertritt zu bewegen. Abgesehen davon, dass er einen mächtigen Einfluss auf die Bauern Brandenburgs hatte, waren seine Kritik an der DNVP und den deutschnationalen Großgrundbesitzern und sein Streben, die Position der Bauern zu stärken, wichtige Bezugspunkte zu den Interessen der Partei, schon vor der eindeutigen agrargouvernementalistischen Ausrichtung der CNBP. Sein Zögern lag zum einen darin begründet, dass er die Gefahr der Spaltung des Landbundes vor Augen hatte, zum anderen darin, dass er die strukturelle Schwäche der Landvolkpartei sah. Denn abgesehen davon, dass eine reine Interessenpartei die Belange der Bauern im Parlament möglicherweise weniger durchsetzen konnte, war diese Sondergruppierung auch hinderlich für Gaugers Vorstellung von Dorfgemeinschaft oder Volksgemeinschaft. Zwar trat die CNBP an, alle Interessen des Landes zu vertreten, doch mobilisiert hat sie vor allem die Bauern. Schon an Landarbeitern hatte sie weniger Zulauf und in den kleineren Städten war sie fast bedeutungslos.

Doch die weitere Entwicklung in der DNVP zeigte die nicht mehr zu verhindernde Spaltung. Anlass für einen weiteren Streit war am 12.- 14.

---

62 Schr. Nicolas an DNVP Landesverband Potsdam I v. 18.1.30, in: ebda., Bl. 37.

63 Bracher, Auflösung, S. 284; Müller, Fällt der Bauer, S. 149-153.

64 Das Gespräch zwischen Lejeune und Gerda Treviranus, bei der Gauger angeblich das Gerücht über Stubbendorff verbreitet hatte, muss am 2. oder 3. 12. stattgefunden haben. Am Abend des 3.12. traten Treviranus, Lejeune und viele andere Deutschnationale aus der Partei aus (darunter war übrigens auch v. Keudell); Außerdem erwähnt Stubbendorff ein Gespräch zwischen Treviranus und Gauger am 3.12.; „Verhandelt am 12. Dezember 1929" (gezeichnet: Jacobs, Bochow, Dr. Borchers), in: BArch R8034 I RLB (BLB), Nr. 199, Bl. 75-78, hier: Bl. 75.

April 1930 die Zustimmung der Gouvernementalisten zu Schieles Agrarprogramm, die zu einer scharfen Kritik der Parteileitung am 25. April führte.[65] In Brandenburg vertrat Gauger öffentlich die Gouvernementalisten,[66] Stubbendorff die Hugenbergianer.[67] Erst im Sommer 1930 führten die Konflikte um Reichstagsauflösung und Brüningscher Notverordnung zum endgültigen Auszug der Gouvernementalisten aus der Partei.[68] Auch Gauger trat am 8. August 1930 aus der DNVP aus. Er hielt sich bei seiner Austrittserklärung an die Argumentation der anderen ausgetretenen Agrargouvernementalisten:

> „Nachdem die Deutschnationale Volkspartei sich durch die Abstimmung der Mehrheit ihrer Reichstagsfraktion gegen die Notverordnung des Reichspräsidenten von Hindenburg sowie durch die Beschlüsse des Parteivorstandes und des Vertretertages auf eine Politik festgelegt hat, die ich gegenüber der Landwirtschaft nicht mehr verantworten kann, erkläre ich hiermit meinen Austritt aus der Partei."[69]

Nun erst trat Gauger zur Christlichnationalen Bauern- und Landvolkpartei über, zu jener Partei, die ihn stets umworben hatte, und zu der er gute Beziehungen hatte.[70] Aber er wechselte weniger als „Bauer", sondern vielmehr als Gouvernementalist zu dieser Partei.

Von den Reichstagsabgeordneten im Brandenburgischen Landbund waren nun Wilhelm Ohler (Vorstandsmitglied im KLB Teltow)[71] und Hermann Staffehl (2. Vorsitzender des KLB Ostprignitz), von den Landtagsabgeordneten außer Gauger noch Fischer (Vorsitzender des KLB Cottbus) zur CNBP übergetreten. Aber nicht nur Bauern, sondern auch

---

65 Vgl. Bracher, Auflösung, S. 291-292 u. S. 295; Gessner, Agrarverbände, S. 227-229.

66 Vgl. Gauger, Wilhelm, „Kritik an Schiele", in: Der BLB 11.1930, Nr. 18 (5. April-Nr.).

67 Stubbendorff, Walter, „Der Streit zwischen Landbund und Partei", in: Landbund Westprignitz 11.1930, Nr. 18 (3.5.). Vgl. auch Gessner, Agrarverbände S. 229; danach wurde dieser Artikel auch in „Der Tag" v. 1.5.30 abgedruckt.

68 Bracher, Auflösung, S. 301-303; Gessner, Agrarverbände, S. 227-234; Die Deutschnationalen (Quaatz), S. 114; Müller, Fällt der Bauer, S. 170-181.

69 Abgedruckt in: Landbund Beeskow-Storkow 6.1930, Nr. 33 (16.8.).

70 So berichtete bei der Arbeitsausschusssitzung des BLB am 11.12.29, als der Fall Gauger – Stubbendorff beraten wurde, der Landvolkparteiler Malke, dass „Gauger ... heute vormittag bei der Sitzung der christlich-nationalen Bauern von Tisch zu Tisch [ging] und sagte, einer von beiden, er oder Stubbendorff, bleibe auf der Strecke."; „Aus den Verhandlungen des Arbeitsausschusses am Mittwoch, dem 11. Dezember 1929", in: BArch R8034 I RLB (BLB), Nr. 199, Bl. 92-97, hier Bl. 96.

71 Wilhelm Ohler war Spitzenkandidat der CNBP im Wahlbezirk Potsdam II. Ohler wird von Quaatz im Frühjahr desselben Jahres noch als Hugenberganhänger eingeschätzt; Die Deutschnationalen (Quaatz), S. 109.

Großgrundbesitzer, die auf den gouvernementalistischen Kurs der DNVP setzten, finden nun den Weg zu der Bauernpartei.[72]

An bedeutenden Großgrundbesitzern finden wir auf der Seite der CNBP im Jahre 1930: v. Jena (Vorsitzender des KLB Ostprignitz; Reichstagskandidat), v. Stavenhagen (Vorsitzender des KLB Soldin), Roloff (Vorsitzender des KLB Oberbarnim). v. Oppen-Dannenwalde (Landwirtschaftskammerpräsident) und v. Arnim-Mellenau (Vorsitzender des KLB Templin).

Der Vorsitzende Nicolas, der den gouvernementalistischen Kurs im BLB mit vertrat und auch schon früh eine Landbundpartei unterstützt hatte, ist wohl zunächst bei der DNVP geblieben; erst im Sommer 1931 trat er der CNBP bei. [73]

Mit den Übertritten veränderte sich auch tendenziell der Charakter der CNBP. Gegenüber dem Wahlkampf 1928 trat der bäuerliche Aspekt der Partei in den Hintergrund und die Ausrichtung zielte mit Schiele auf einen gouvernementalistischen Kurs.

3. Die Nationalsozialistische Deutsche Arbeiterpartei

Die Bauernhochschüler und die NSDAP

Die NSDAP war bis 1927 in Brandenburg nur schwach vertreten.[74] Als die Gaue im Januar 1928 neu eingeteilt wurden und die Gaue Ostmark (umfasste v. a. den Regierungsbezirk Frankfurt/O.) und Brandenburg (umfasste den Regierungsbezirk Potsdam) für die Provinz Brandenburg entstanden, war die Partei noch vorwiegend auf kleinbürgerlich-städtische Schichten konzentriert.

Der weitere Ausbau der brandenburgischen NSDAP-Organisation erhielt wesentliche Impulse durch ehemalige Bauernhochschüler. Nach der Entlassung der Bauernhochschullehrer Kerlen und v. Wangenheim folgten führende Kräfte des „Vereins Brandenburgischer Bauern und Bauernhochschüler e. V.“ dem Beispiel von Wangenheims, der im März 1928 eingeschriebenes Mitglied der NSDAP wurde.[75] Rechtzeitig vor den Wahlen im

[72] So trat zu diesem Zeitpunkt v. Keudell, der schon bei der ersten Spaltung im Dezember 1929 aus der DNVP ausgetreten war, nun in die Landvolkpartei ein.

[73] Der ebenfalls sich für den gouvernementalistischen Kurs einsetzende v. Hardenberg ist wohl nicht in die CNBP eingetreten; sein Freund v. d. Marwitz unterstützte wohl die CNBP; eingetreten ist er aber wahrscheinlich nicht. Vgl. Pomp, Landadel, S. 206.

[74] Vgl. Schr. MdR Kube an MdR Gregor Strasser v. 14.2.1928, in: BA NS 22, Nr. 1064.

[75] Aus Mitgliedsnummer 77 217: vgl. Personalbogen v. Wangenheim, in: BArch R 16 I, Nr. 164.

Mai begannen viele Bauernhochschüler Propaganda für die NSDAP zu machen. Den Umschwung bemerkte man ganz deutlich in der Aprilausgabe der Verbandszeitschrift „Der deutsche Jungbauer“: Nicht nur der Artikel „Adolf Hitler über die Bauernnot“, sondern auch der Rest der Zeitschrift beinhaltete nur nationalsozialistische Propaganda.[76] Doch schon auf die mündliche Propaganda für die NSDAP seitens der Bauernhochschüler reagierten die Landbundführer. So griff der Vorsitzende des KLB Lebus, Mudrack, zusammen mit dem Hauptgeschäftsführer, v. Falkenhayn, den 1. Vorsitzenden des Vereins der Bauernhochschüler Wilhelm Bredow anlässlich einer NSDAP-Versammlung in der Stadt Lebus an.[77]

Der Brandenburgische Landbund reagierte auf die Propaganda der Bauernhochschüler für die NSDAP nicht nur mit einem Angriff auf Wilhelm Bredow,[78] sondern auch mit einer Darstellung der NSDAP als „Arbeiterpartei“ (für Bauern nicht wählbar). Begründet wurde diese Darstellung folgendermaßen: „In letzter Zeit sind an uns namentlich von Jungbauern verschiedene Anfragen über die Ziele der Nationalsozialisten gerichtet worden…“.[79] Auch der Landbund Ostprignitz richtete im Mai 1928 in seinem Wahlaufruf für die DNVP besondere Worte an die Junglandbündler, in denen nicht nur vor den ‚linken' Parteien, sondern auch vor den völkischen gewarnt wurde:

> „Landvolk-Jugend! Das **Beispiel Mussolini** wird euch als nachahmenswert vor Augen gehalten. Wohlan, wie machte es Mussolini? Richtete er seine Angriffe

---

[76] Vgl. Der deutsche Jungbauer 3.1928, Nr. 24 (15.4.).

[77] Der Angriff war allerdings recht ungeschickt: Sie bezeichneten Wilhelm Bredow als Einberufer der Versammlung und Landesverbandsvorsitzenden der NSDAP für den Wahlkreis Frankfurt a. O. Mit dieser unwahren Behauptung schwächte sie ihre Angriffe gegen die Reden des NSDAP-Mannes und Ortsgruppenvorsitzenden des Landbundes, den Landwirt Erfurth. Der Artikel musste in der Kreislandbundzeitung richtig gestellt werden und bot Bredow die Gelegenheit diesen Artikel als „Lügenbericht“ zu bezeichnen. Vgl. Mudrack und v. Falkenhayn „Eine Versammlung der national-sozialistischen Freiheitspartei“, in: Landbund Kreis Lebus 9.1928, Nr. 13 (31.3.). Schon die Bezeichnung „national-sozialistischen Freiheitspartei“, ein Begriff von 1924, für die NSDAP kennzeichnet die mangelnde Sorgfalt bei Recherche und Abfassung des Artikels, was von der NSDAP gleich aufgegriffen wurde. Vgl. „Nationalsozialistische deutsche Arbeiterpartei“, in: Landbund Kreis Lebus 9.1928, Nr. 15 (15.4.). Bredows Gegenangriff in: Wilhelm Bredow „Teile und herrsche!“, in: Der deutsche Jungbauer 3.1928, Nr. 24 (15.4.). Bemerkenswert für die Einstellung der Bauernhochschüler ist dabei die Mitteilung, dass nicht nur er, sondern auch eine „Anzahl Kameraden“ als Zuhörer der Versammlung am 25. März zugegen waren.

[78] „Jugendtorheiten“, in: Der BLB 9.1928, Nr. 18 (1. Mai-Nr.). Vgl. dazu den Gegenangriff im Organ der Bauernhochschüler: „Jugendtorheiten.“, in: Der deutsche Jungbauer 3.1928, Nr. 25 (15.5.).

[79] „Die Ziele der Nationalsozialisten“, in: Der BLB 9.1928, Nr. 18 (1. Mai-Nr.). Der Artikel war vor den Artikel „Jugendtorheiten“ gesetzt.

> gegen die Rechtsparteien, suchte er ihnen ihre Anhänger abtrünnig zu machen? Mit nichten! Er fischte **nicht,** wie unsere **Splitterparteien** es machen, **im Fischkasten der großen nationalen Partei.**"[80]

Dass die NSDAP eine größere Resonanz bei den Junglandbündlern erreichte[81], lag nicht nur an dem, wie es in dem Aufruf hieß, „feurigen Tatendrang" der Jugend, sondern auch daran, dass viele Bauernhochschüler, deren Aufgabe es bisher war, die Junglandbündler ideologisch für die Landbundsache zu belehren, nun Propaganda für die Partei machten. Sie erreichten aber nicht nur die Jugend, sondern auch schon einige „Alt"-Landbündler.

Der Wahlerfolg der NSDAP in der Ostprignitz bei der Reichstagswahl 1928 ist durch die Radikalisierung des Landbundes erklärbar. Dass aber gerade die NSDAP – und nicht etwa die DVFP – dort so gut abschnitt, ist zum Teil auf die Organisationsarbeit ehemaliger Bauernhochschüler für die NSDAP zurückzuführen. Führend bei der Propagandaarbeit für die NSDAP in der Ostprignitz war der ehemalige Bauernhochschüler Richard Kackstein. Er war auch stellvertretender Vorsitzender des dortigen Junglandbundes und schon bei den Kyritzer Krawallen aufgefallen.

Bemerkenswert ist auch, dass jene Kreise, in denen die NSDAP relativ viel zugelegt hatte (Ostprignitz, Ruppin und Lebus), die Hochburgen der Bauernhochschüler waren. In der Wahlanalyse für den Kreis Königsberg machte der Hauptgeschäftsführer des KLB folgende Ausführungen;

> „**Die Nationalsozialisten** haben trotz der Unterstützung einiger irregeführter **ehemaliger Bauernhochschüler** auf dem Lande keinen Eindruck zu schaffen vermocht. Ihre Hauptkampfgebiete waren Sellin, Adlig-Reetz und Kgl-Reetz. Erfolg: Sellin 53, Adl-Reetz 8, Kgl-Reetz 22 Stimmen!"[82]

In Sellin wohnten zwei, in Königlich-Reetz ein ehemalige Bauernhochschüler. Sie hatten hier zwar Erfolge, diese waren aber lokal beschränkt – noch![83]

Auch in anderen Kreisen lassen sich dort hohe Anteile der NSDAP bei den Wahlen feststellen, wo ehemalige Bauernhochschüler wohnten. Im Kreis Oberbarnim erreichte die NSDAP ihr bestes Ergebnis im Ort Heckelberg mit 61 Stimmen (27,1 %) - die DNVP erhielt hier 66 Stimmen.

---

80 „Landvolk der Prignitz, denke nach, prüfe u. handle!", in: Mitteilungen vom Landbund Ostprignitz 9.1928, Nr. 20 (18.5.).

81 Dass die NSDAP eher (d.h. früher und zunächst stärker) die Jungbauern, Jungwähler erreichte betonten auch schon Zofka und Heberle; vgl. Zofka, Ausbreitung, S. 61; Heberle, S. 162.

82 Opale, Dr., „Das Wahlergebnis vom 20. Mai.", in: Nachrichtenblatt des Kreislandbundes Königsberg Nm. 9.1928, Nr. 22 (2.6.). Der Hauptgeschäftsführer Opale bezeichnete diesen Erfolg als „Selbstzerfleischung im eigenen Lager".

83 Von den anderen vier Bauernhochschülern kamen zwei aus der Stadt Bärwalde. Hier erreichte die NSDAP 53 Stimmen, mit 2,76 % war dies der höchste Anteil in den sechs Gemeinden über 2.000 Einwohnern des Kreises Königsberg.

In Heckelberg wohnten der Bauernhochschüler und Gauführer des Vereins der Ehemaligen Georg Hübner sowie der Bauernhochschüler Wilhelm Hübner. Im Kreise Prenzlau kamen aus zwei (von sechs) Orten, in denen die NSDAP über 10 % erhielt, Bauernhochschüler. Im Kreis Züllichau-Schwiebus erhielt die NSDAP ihr bestes Ergebnis im Ort des Gauführers Erich John: in Oppelwitz erhielt sie 20 Stimmen (15,4 %). In Liebenau, wo der Bauernhochschüler Knothe und zwei andere Bauernhochschüler herstammten, erhielt sie mit 13 Stimmen ihr zweitbestes prozentuales Ergebnis im Kreis. Im Kreis Westprignitz erhielt die NSDAP in vier Orten über 10 %, in zweien wohnten ehemalige Bauernhochschüler.[84]

Der Einfluss der Bauernhochschüler bei der Reichstagswahl 1928 war aber nicht lokal begrenzt. Denn die Bauernhochschüler wirkten weit über ihr eigenes Dorf hinaus. So lobte Siegfried Kasche, einer der Bezirksleiter des NSDAP-Gaues Ostmark, die Unterstützung der Bauernhochschüler bei der Wahlpropagandaarbeit.[85] Neben dem Verbreiten von Wahlpropaganda und dem Schlepperdienst (Aufgaben, die sie als Junglandbündler schon hatten) war es die mündliche Propaganda für Parteiversammlungen (nun für die NSDAP), die die Bauernhochschüler erledigten.[86]

Bevor wir die weitere Entwicklung der NSDAP betrachten, muss erklärt werden, warum sich viele der Bauernhochschüler der NSDAP zuwandten. Von der ideologischen Erziehung lag es auf der Hand, dass sich viele Bauernhochschüler einer völkischen Partei zuwenden würden. Einige waren auch schon in der DVFP. Dass die Bauernhochschüler aber zur NSDAP wechselten hängt mit den Lehrern zusammen. So trat v. Wangenheim im Januar 1928 der NSDAP bei. Der bisherige Leiter Kerlen war schon in der Frühphase der NSDAP Parteimitglied geworden. Doch gerade Kerlen machte keine Parteikarriere und gegen die Aussage v. Arnim-

---

[84] Vgl. „Das Ergebnis der Reichstagswahl im Kreise Oberbarnim.“, in: Landbund-Nachrichten des Kreises Ober-Barnim 10.1928, Nr. 23 (8.6.); „Vergleichende Übersicht über das Ergebnis der Reichstagswahlen 1924 u. 1928 im Kreise Prenzlau.“, in: Landbund Prenzlau 9.1928, Nr. 23 (9.6.); „Das Ergebnis der Reichstagswahl im Kreise Westprignitz.“, in: Landbund Westprignitz 9.1928, Nr. 24 (16.6.); „Wahlergebnisse im Kreise Züllichau-Schwiebus.“, in: Landbund Züllichau-Schwiebus 9.1928, Nr. 21 (25.5.).Da die örtlichen Wahlergebnisse nur aus wenigen Kreisen vorlagen, kann davon ausgegangen werden, dass in anderen Kreisen ähnliche Zusammenhänge feststellbar sind.

[85] So erbat Siegfried Kasche: „Zu der Gautagung die Bauernhochschüler (Bredow usw.) einzuladen, daß mit ihnen gemeinsam die Werbearbeit durchgeführt werden kann. Ich habe damit im Kreise Züllichau-Schwiebus die besten Erfahrungen gemacht.“ [Kasche] an Gauleitung Ostmark v. 9.4.1929, in: BArch NS 26, Nr. 203.

[86] Dies waren Forderungen für die weitere Arbeit für die NSDAP, die im Jungbauern veröffentlicht wurden. Vgl. „Wahlergebnisse in der Mark Brandenburg.“, in: Der deutsche Jungbauer 3.1928, Nr. 26 (15.6.). Hier wurde auch nach den Erfahrungen im Wahlkampf auf den Wert der mündlichen Propaganda für das Land besonders hingewiesen.

Ragows, dass die Lehrer Propaganda für die NSDAP gemacht hätten, steht die Aussage Kerlens in einem Schreiben an einen Bauernhochschüler im März 1927, ein dreiviertel Jahr vor seiner Kündigung, ein Jahr vor den Reichstagswahlen:

> „Dann haben wir über politische Parteien und über die Nazis mehr als genug gesprochen! Sie wissen, dass ich Adolf Hitler kenne, seitdem er halbblind und der Sprache kaum mächtig aus dem Pasewalker Lazarett eben entlassen zuerst am 30.4.19 bei Dietrich Eckart auftauchte und wie ich zuerst gefochten habe gegen die Rätejuden in München. Solange Dietrich Eckart, Adolf Hitlers getreuer Ekkehard, lebte, ging es gut mit Hitler; aber seitdem Eckart – ich kann nur sagen – gemordet ist, ist Hitler von einer Blase umgeben, die mir nicht passt und die ich ablehne. Im Gefängnis hat Hitler das Schreiben gelernt und ist ein literarisch - philosophisch einseitig, und zwar städtisch-einseitig verbogener Mann geworden, mit dem w i r als V e r t r e t e r des L a n d - v o l k e s nichts, aber auch nichts mehr gemein haben. Die Hitleriten sind … eine städtische, nicht ländliche Bewegung und können uns Bauern nicht helfen. Manche ihrer Lehren, und ganz besonders ihre volkswirtschaftlichen Lehren sind tatsächlich Wahnsinn. … Die N.S.D.A.P. ist eine A r b e i t e r , d.h. Fabrikarbeiterpartei…“.[87]

Obwohl noch selbst Mitglied der NSDAP, lehnte Kerlen zu diesem Zeitpunkt die NSDAP als städtische Partei und als Arbeiterpartei ab, ähnlich wie der Brandenburgische Landbund gegen die Partei argumentierte. Der Umschwung auch bei den Bauernhochschülern ist aber nur mit dem Wandel der NSDAP 1927/28 zu erklären.

Die Landpropaganda

Nach Aufspaltung des NSDAP Gaues Berlin-Brandenburg Anfang 1928 sahen die Gauleiter von Brandenburg und Ostmark die Chance, die Parteiorganisation ihrer Gaue zu stärken. Wohl wissend, dass die Landbevölkerung die größte Gruppe in Brandenburg war, mussten sie ihre bisher vor allem städtische Propaganda auf eine ländliche Propaganda umstellen,

---

[87] Abschr. Schr. Kerlen an Schulz v. 4.3.27, in: BArch NS 26, Nr. 205; auch abgedruckt in: Nachrichtenblatt des Kreislandbundes Königsberg 10.1929, Nr. 27 (6.7.). Vgl. Kurt Kerlen, „Lebenslauf des Schriftstellers Kurt Kerlen (No. 92 66) Zingst" v. 5.6.1938 in: BArch (ehem. BDC) RKK, Kurt Kerlen. Kerlen war Geschäftsführer des völkischen Schutz- und Trutzbundes Gau Nordbayern mit Sitz in Nürnberg. In München war er bekannt für seine aufputschenden, radikal antisemitischen Reden. Vgl. Uwe Lohalm, Völkischer Radikalismus. Die Geschichte des Deutschvölkischen Schutz- und Trutz- Bundes 1919-1923, Hamburg 1970, S. 293-294. Lohalm beschreibt hier den tumultartigen Versammlungsverlauf am 7. Januar 1920 im Münchner Kindlkeller, bei der Kerlen die Rede mit dem Thema „Die Judenfrage“ hielt. „Zum ersten Mal war auch Adolf Hitler dabei, der sich ebenfalls zu Wort meldete.“

bzw. erweitern. Vor allem in einer bauernbetonten Propaganda sahen sie die Möglichkeit, Wählermassen zu gewinnen.

Der Wandel von einer Partei, die die Industrie-Arbeiterschaft zu gewinnen suchte, zu einer, die das Kleinbürgertum und auch die Bauern erobern wollte, vollzog sich ab Ende 1927 reichsweit.[88] Deutliches Kennzeichen war die Nominierung des Bauern Werner Willikens als Reichstagskandidaten im Wahlkreis Südhannover-Braunschweig. Ursache für den Wandel der Zielgruppen nationalsozialistischer Propaganda war die Erkenntnis der NSDAP-Reichsleitung Ende 1927, dass es ihr nicht gelungen war, die Industriearbeiter zu gewinnen. Um aber einen breiten bäuerlichen Massenanhang zu gewinnen, bedurfte es weitergehender Zugeständnisse der Partei.

Das erste bedeutende war die Revision des Artikels 17 des Parteiprogramms von 1920. Die „Erläuterung zum Artikel 17" durch Hitler im April 1928[89] machte aus der Forderung der Enteignung des Großgrundbesitzes einen Kampf gegen jüdische Spekulation. Diese Revision war dringend notwendig, denn wie schon nach der Novemberrevolution die Großgrundbesitzer die Gefahren einer Ausweitung der demokratischen und sozialistischen Forderungen nach Enteignung des Großgrundbesitzes auch auf den bäuerlichen Besitz beschworen, so schürten die Landbundführungen in ihrer Wahlpropaganda die Enteignungsängste der Bauern als Waffe gegen die NSDAP.[90] Inwieweit die Revision des § 17 kurz vor der Wahl noch eine Rolle spielte, lässt sich nicht nachvollziehen, wichtig war dies aber für die langfristige Propaganda.

Die NSDAP begann (auch) in Brandenburg ab 1928 außerhalb der Wahlkampfzeit Werbefeldzüge in Städten, aber auch in den Dörfern. Das Abhalten von Parteikundgebungen außerhalb der Wahlkampfzeit war in Brandenburg etwas Neues, lediglich die KPD hatte ihre „Landsonntage" auch außerhalb der heißen Phase des Wahlkampfes unternommen. Diese „Landsonntage" waren Propagandafahrten, bei denen Berliner Kommunis-

---

88 Vgl. J. E. Farquharson, The Plough and the Swastika. The NSDAP and Agriculture in Germany 1928-45, London u. Beverly Hills 1976, S. 3; Gustavo Corni, Hitler and the Peasants. Agrarian Policy of the Third Reich, 1930-1939, New York u. a. 1990, S. 19-21. Daniela Münkel, Nationalsozialistische Agrarpolitik und Bauernalltag, Frankfurt/M. u. New York 1996, S. 68-69.

89 Abgedruckt in: Der Nationalsozialismus. Dokumente 1933 – 1945. Hrsg. v. Walther Hofer, Frankfurt/M., S. 28-31. Die NSDAP sah in diesen „Erläuterungen" keine Revision des als „unabänderlich geltenden" Parteiprogramms. Die Erläuterungen weichen aber so stark von dem Artikel 17 ab, dass man von einer „Revision" sprechen muss.

90 Vgl. z. B. „Parteienrevue.", in: Landbund Sorau-Forst 9.1928, Nr. 18 (4.5.). „Unsere Beurteilung der Nationalsozialistischen Arbeiterpartei.", in: Landbund Ruppin 9.1928, Nr. 20. Noch Anfang 1931 waren die Ängste einer Sozialisierungsgefahr bei v. Arnim-Boitzenburg nicht ganz weggewischt; vgl. Malinowski, Vom König zum Führer, S. 517-519.

ten mit Lastwagen sonntags auf die Dörfer fuhren, dort Flugblätter verteilten und meist vom Lastwagen aus Reden hielten.[91]

Ganz anders gestalteten die Nationalsozialisten ihre Propagandazüge. Sie unternahmen jeweils ein- bis zweiwöchige Propagandatouren, wobei jeden Abend nicht nur in den Veranstaltungsräumen der Städte, sondern auch in den Wirtshäusern in den Dörfern neben städtischen, vor allem auch ländliche (oder mit der Landwirtschaft vertraute) Redner sprachen. Diese „Propagandawellen", wie sie von den Nationalsozialisten bezeichnet wurden, wurden oft wiederholt, so dass nicht nur fast jedes Dorf innerhalb eines Jahres erreicht wurde, sondern einige auch zweimal. Der Erfolg der NSDAP lag nicht nur darin, dass sie dabei Mitglieder warb, sondern sich auf dem Lande bekannt und vertraut machte[92] und eben Bauern dann auch als Wähler gewann.[93] Erstaunlich ist hierbei, dass die Landbevölkerung nicht mit Ablehnung auf diese moderne Form der Propaganda reagierte. Im Gegenteil: Viel häufiger war die Kritik an den Deutschnationalen zu hören, dass diese nur vor Wahlen präsent sei.[94]

Grundlegend für den Erfolg der Propagandawellen der NSDAP waren aber – besonders auf dem Lande – die Vorbereitungen der Veranstaltungen. Diese oblagen anfangs fast ausschließlich den ehemaligen Bauern-

---

91 Parteiveranstaltungen in Gasthäusern waren selten, da die KPD diese kaum anmieten konnte.

92 So schrieb der Ortsgruppenleiter von Spremberg anlässlich der Ankündigung einer Sonnenwendfeier in einem größeren Dorf und mehrerer Landversammlungen am folgenden Tag: „Die Veranstaltungen sollen dienen, uns auf dem Lande Boden zu schaffen." Schr. Kurt Kaulbars an Siegfried Kasche Spremberg 19.5.1929, in: BArch NS 26, Nr. 204.

93 Überzeugend wies Ohr diesen Zusammenhang von Versammlungspropaganda und Wahlerfolg nach. Der Versuch aber, die informelle Mobilisierung statistisch zu erfassen und, so sein Ergebnis, deren Wirkung als quasi unbedeutend zu bezeichnen, ist nicht geglückt. Denn schwerlich lässt sich informelle Mobilisierung statistisch erfassen. Sein Indikator (Beteiligung persönlich bekannter Personen aus der eigenen Gemeinde an den Propagandaaktivitäten) ist äußerst schwach. Zunächst finden sich viele Hinweise , dass Meinungsführer des Dorfes (das mussten nicht unbedingt Pg. sein) wohl an der Vorbereitung der Versammlung beteiligt waren, bzw. im Nachhinein auch über Erfolg und Misserfolg berichtet haben, was für eine spätere Versammlung entscheidend war. Zudem waren es auch nicht unbedingt Meinungsführer aus dem Dorf, wohl aber aus dem Nachbardorf oder der benachbarten Kleinstadt, die Einfluss auf den Propagandaerfolg hatten. Vgl. Dieter Ohr, Nationalsozialistische Versammlungspropaganda und Wahlerfolg der NSDAP: eine kausale Beziehung?, in: Historical Social Research Vol. 22 1997, Nr. 3/4, S. 106-127. Ders., Nationalsozialistische Propaganda und Weimarer Wahlen. Empirische Analysen zur Wirkung von NSDAP-Versammlungen, Opladen 1997.

94 Dieser früher von der DNVP verbreitete Vorwurf, dass die „städtischen" Parteien nur vor den Wahlen den Bauern umgarnten, um ihn danach liegen zu lassen, fiel nun auf die Deutschnationalen selbst zurück.

hochschülern, bald aber auch anderen Junglandbündlern.[95] Sie waren verantwortlich für das Plakatieren von Flugblättern, Verteilen von Handzetteln und – dies war besonders wichtig – für die mündliche Propaganda.[96] Sie erfüllten damit eine Aufgabe, die sie schon bei den Wahlkämpfen der Deutschnationalen gemacht hatten, nun stellten sie diese in den Dienst der NSDAP. Bei den Veranstaltungen waren sie dabei, beteiligten sich auch gelegentlich an den Diskussionen. Schließlich forderte der Bezirksleiter Kasche im Februar 1929 für eine NSDAP-Bezirkstagung in Züllichau sogar einen Spielmannszug des Junglandbundes an.[97]

Dass einige ehemalige Bauernhochschüler später in der NSDAP Funktionärsposten übernahmen, liegt auf der Hand. Doch die Karriere des ehemaligen Bauernhochschullehrers Freiherr Alexander v. Wangenheim ist erstaunlich und für die weiteren Betrachtungen wichtig.[98] Von 1922-1923 war er schon Mitglied der NSDAP gewesen. Am 5.1.1928 trat er der NSDAP wieder bei, wurde vor den Reichstagswahlen 1928 Redner der NSDAP und im April Gaupressewart der NSDAP.[99] Im Dezember wurde v. Wangenheim zum Gauführer der SA für die beiden brandenburgischen Gaue „Brandenburg" und „Ostmark" ernannt,[100] im Juni des folgenden Jahres trat er von diesem Posten zurück.[101] Im Dezember 1929 wurde v. Wangenheim „Referent für Land- und Bauernfragen" der Gauleitung Brandenburg und übernahm damit eine Tätigkeit, die er ab Oktober 1930 als Landwirtschaftlicher Gaufachberater des „agrarpolitischen Apparates" weiterführte und ausbaute. Schließlich übernahm er 1930 die Schriftleitung der Gauzeitung „Märkischer Adler" und wurde sogar stellvertretender Gauleiter des NSDAP-Gaues Brandenburg.

---

95 So etwa im Kreis Oberbarnim: „In T i e f e n s e e erklärten sich am 8. April nach einer Rede des Pg. Staebe 30 Junglandbundführer zur nationalsozialistischen Wahlparole und ebneten so dem Redner einen erfolgversprechenden Feldzug durch den Kreis Oberbarnim."; Roter Adler v. 11.6.28.

96 Möglicherweise auch für die Anmeldung in den Wirtshäusern.

97 Schr. Kasche an Kögel v. 20.2.1929, in: BArch NS 26, Nr. 202. Wieviel Trommler und Pfeifer der Junglandbündler, die Kasche „in Braunhemden … stecken" wollte, Kögel mitgebracht hat, war nicht zu ermitteln.

98 Vgl. hierzu: Statisten in Uniform. Die Mitglieder des Reichstags 1933-1945. Ein biographisches Handbuch. Bearb. von Joachim Lilla, Düsseldorf 2004, Nr. 1214, S. 708-709. Vgl. auch seinen Personalbogen beim RNS: BArch R 16 I, Nr. 1375.

99 Vgl. Rschr. NSDAP Gau Ostmark v. 27.4.1928, in: BArch NS 26, Nr. 200.

100 Vgl. Schr. Saf Oberost (Stennes) v. 24.11.28, in: BArch NS 22, Nr. 1064. In diesem Schreiben empfiehlt er die Zusammenfassung der beiden SA-Formationen unter Führung von v. Wangenheim, die Besprechung sollte am 2.12.29 stattfinden.

101 Schr. v. Wangenheim an Stennes vom 26.6.29, in: BArch NS 22, Nr. 1064. In diesem Schreiben begründet er seinen Rücktritt damit, dass viele Anordnungen ohne sein Wissen erlassen wurden.

Über die Propaganda in den Reden der NSDAP auf den brandenburgischen Dörfern lassen sich nur indirekt Aussagen machen. Die Themen waren sehr wohl auf die Bauernschaft abgestimmt, so etwa „NSDAP und Bauern“ oder etwa „Der Kampf der Nationalsozialisten um Scholle und Blut"[102] Mit ihrer antisemitischen, antiliberalen, antirepublikanischen Zielsetzung, wie die der DNVP und CNBP, konnte sie sich als rechte Partei ausweisen, und vom Landbund, der DNVP und der CNBP kam auch keine Kritik an der doch gleichen Zielsetzung. Wie bei der Landbundideologie verschränkte sich auch bei den Nationalsozialisten die Trias von Antisemitismus, Antikapitalismus und Antikommunismus.[103] Um aber die bäuerlichen Massen zu gewinnen, war es wichtig, ihren Antisozialismus als national<u>sozialistische</u> Partei zu beweisen. Dabei reichte es nicht nur, gegen sozialistische Parteien zu kämpfen (mit Worten und roher Gewalt). Vielmehr musste des öfteren der Enteignungsartikel der NSDAP „klargestellt“ werden. Zudem musste die Partei Angriffe wegen ihrer arbeiter-/konsumentenfreundlichen Parlamentspolitik und damit – so ihre Gegner – landwirtschaftsfeindliche Politik abwehren.[104]

Eine wichtige Rolle bei der Selbstdarstellung der Partei auf dem Lande spielte die völkische Bauerntumsideologie. Ein Hinweis, dass diese schon vor Darré für die Bauernpropaganda wichtig war, sind die handelnden Personen: v. Wangenheim und die ehemaligen Bauernhochschüler. Insbesondere die Betonung der „Bauern“ und deren Wert für das zukünftige Deutschland fußte auf der völkischen Bauerntumsideologie.[105] Die Führungsrolle der Bauern spielte in der Bauerntumsideologie die zentrale Rolle. Der Widerspruch zwischen diesem Anspruch und der Dominanz der nichtbäuerlichen Führungskräfte in der NSDAP-Spitze wurde wohl erst später „aufgelöst“: Es galt nachzuweisen, dass diese bäuerlicher Abstammung waren und „bäuerlich dachten“, ein Hilfsmittel, wie dies auch in der völkischen Bauerntumsideologie angewandt wurde. Diese Perversion wurde ab 1933 noch stärker benutzt. So wurde nicht nur Adolf Hitler

---

[102] Schr. Kasche an Johann Kliem v. 24.9.1929, in: BArch NS 26, Nr. 202. Im Aktenbestand von Siegfried Kasche fanden sich keine Redeprotokolle, wohl aber verabredete er vorher mit den Orts oder Stützpunktleiter die Schwerpunkte der Reden.

[103] Vgl. Farquharson, Plough, S. 39.

[104] So beklagte sich ein Nationalsozialist, dass der Landbund behauptet hatte, dass die Nationalsozialisten gegen das Agrarprogramm gestimmt hätten und die Bauern in seinem Dorf, erst seit kurzem hellauf vom Nationalsozialismus begeistert, von diesem wieder abfielen. Er bat Kasche um eine Rede im Dorf als Gegenpropaganda. Schr. O. Jank an S. Kasche v. 9.5.1930, in: BArch NS 26, Nr. 211.

[105] Vgl. hierzu die Anmerkungen in der Zeitschrift „Der deutsche Bauer“ zu der abgedruckten Rede Hitlers in Hamburg vor schleswig-holsteinischen Bauern: „Unsere Leser werden erkennen, daß den Ausführungen Adolf Hitlers die gleiche Weltanschauung zu Grunde liegt, auf denen sich grundsätzlich die Tätigkeit der ehemaligen Brandenburgischen Bauernhochschule aufbaute.“ „Adolf Hitler und die Bauernnot.“, in: Der deutsche Bauer 3. 1928, 24. Folge (15. 4.).

zum „Bauernsohn“ oder gar „Bauern“,[106] sondern die meisten Führungskräfte der NSDAP „bewiesen“ ihre bäuerliche Herkunft.[107]

Doch der bäuerliche Führungsanspruch als ideologischer Baustein diente auch als taktische Forderung. Die Propaganda der NSDAP kämpfte ausdrücklich nicht gegen den Landbund sondern gegen die Landbundführung.[108] Die Angriffe gegen Landbundfunktionäre[109], vor allem auch gegen deutschnationale adlige Großgrundbesitzer fußte auf vier oft gelogenen Behauptungen:

1. Die Person sei „jüdisch“, „jüdisch versippt“ oder „Judenfreund“.[110]
2. Die Person sei Freimaurer.
3. Die Person unterstütze die Dawesgesetze; sie arbeite mit den „feindlichen“ Parteien (SPD, DDP) zusammen.
4. Die Person verdiene sehr viel, oft aus Landbundgeldern (von den bäuerlichen Mitgliedern).

Der Bund freier deutscher Bauer

Der Aufstieg der NSDAP hatte in Brandenburg zunächst die Auswirkung, dass eine weitere Partei neben der CNBP viele Anhänger im Landbund fand und es zu internen Konflikten kam. Doch es kam auch zu Abspaltungen vom Landbund. So sind die oben beschriebenen Kämpfe im Kreisjunglandbund Lebus, die letztendlich zu einer neuen Landjugendorganisation außerhalb des Landbundes führten, auch als Konflikt zwischen Nationalsozialisten und Hugenberganhängern zu sehen. Zwar war der KLB-Vorsitzende Mudrack wesentlich am Herausdrängen der Bauernhochschüler beteiligt, andrerseits gab es bei den Junglandbündlern viele, die die Abspaltung von der Landbundorganisation betrieben.

Doch nicht nur die Jugend, auch die Alten rückten vom Kreislandbund ab. Bald nach der Abspaltung des Junglandbundes wurde im Februar 1929 der „Bund Freier Deutscher Bauer“ gegründet, dessen Vorsitzender Rein-

---

[106] Höhepunkt der Verdrehung der Bauerntumsideologie lieferte Kurt Kerlen, als er Hitler zum „Bauern“-Führer machte, indem er ihn als Bauernsohn darstellte: Knud Flemming [= Kurt Kerlen], „Wer ist Adolf Hitler? Sein Vater ein Bauernsohn, seine Mutter eine Bauerntochter“, in: Roter Adler v. 7. 11. 1931.

[107] Sie wiesen im Führerlexikon von 1934 auf ihre (angebliche) bäuerliche Abstammung hin; vgl. Eidenbenz, S. 77.

[108] Vgl. die Anweisung einer Propagandaabteilung (vermutlich der Reichspropagandaabtlg.): „Landbund: unaufhörlicher Hinweis auf den Verrat des Bauerntums durch die Landbundführer (Dawesvertrag u.s.w.)“; Propagandabtlg. an Gaultg. Brandenburg v. 14.12.28, in: BArch R 187, Nr. 205 Bd. 1, Bl. 90. Vgl. Schr. (D) Kasche an Boetticher, Sorau 27.4.29, in. BArch NS 26, Nr. 202: „Wir bekämpfen die Führerschaft, nicht den Landbund als solchen.“

[109] Vgl. auch Farquharson, Plough, S. 37.

[110] Vgl. Schr. Lechler an Gauger v. 8.2.30, in: BArch NS 26, Nr. 211. Insbesondere soll v. Wangenheim u. a. Nicolas, Lechler und Jacobs als Juden bezeichnet haben.

hard Bredow war.[111] Reinhard Bredow, der sich rühmte, aus einem alten märkischen Bauerngeschlecht zu stammen, war jahrelang Mitglied des erweiterten Vorstandes des Kreislandbundes Lebus; sein Bruder Theodor war sogar Mitglied des engeren Vorstandes. Beide hatten Söhne, die am Küstriner Putsch teilnahmen, in die Bauernhochschule gingen und in führenden Positionen des Vereins tätig waren. Während des Konfliktes um die Bauernhochschüler legten Theodor und Reinhard Bredow ihre Vorstandsposten im KLB nieder. Im Sommer 1929 trat Reinhard Bredow der NSDAP bei.[112] Von den acht Gründungsmitgliedern des „Bundes Freier Deutscher Bauer“ waren außer Reinhard noch zwei weitere Bredows beteiligt. Geschäftsführer wurde Alexander Frhr. v. Wangenheim. Der Verein stand den Nationalsozialisten nahe und war eine Konkurrenzorganisation zum Landbund. Als Mitteilungsblatt diente die Zeitschrift der ehemaligen Bauernhochschüler „Der deutsche Bauer“.[113] Vor allem griff der Verein die Führung des Landbundes und den Einfluss der (deutschnationalen) Großgrundbesitzer an. Der Landbund warnte seine Mitglieder sofort vor diesem Verein.[114] Der „Bund Freier Deutscher Bauer“ dürfte kaum über den Kreis Lebus hinausgewachsen sein. In dem Bericht über die Hauptversammlung vom 22. März 1930 war lediglich zu erfahren, dass „der Bund in der letzten Zeit eine erfreulich stattliche Zahl neuer Einzelmitglieder sowohl wie ganzer Gruppen gewonnen hat, die dem Bunde korporativ beigetreten sind.“[115] Zwar erwähnt der Bericht das Ziel „einer straffen und kampfesfrohen Bauernorganisation für den Bauernstand innerhalb der Partei“, doch eine größere Propagandaaktion der NSDAP, sich diesem Verband anzuschließen, hatte es nicht gegeben. Vielmehr beschloss die Hauptversammlung nach dem Vorschlage des Vorsitzenden „unter den Bauern nachdrücklich für den Eintritt in die NSDAP zu werben.“[116]

Das Bestreben, Mitglieder des Landbundes abzuwerben, zeigte sich eindrucksvoll am „Fall Knothe“. Kurt Knothe war ein ehemaliger Bauernhochschüler. Als Vorsitzender der JLB-Ortsgruppe Liebenau beantragte er

---

111 Vgl. „Bund Freier Deutscher Bauer e. V.“, in: Der deutsche Bauer 4. Jg. 1929, 38. Folge (15. 6.).

112 Nach seiner Mitgliedsnummer; vgl. BArch R 43 I, Nr. 1316.

113 Ab der 42. Folge (15.10.29) des 4. Jahrgangs firmierte die Zeitschrift als Amtliches Mitteilungsblatt auch des „Bundes Freier Deutscher Bauer e. V.“ neben des Vereins der Ehemaligen und der BHS-Genossenschaft. Allerdings enthielt die Zeitschrift kaum Mitteilungen über den Bund.

114 Vgl. Rschr. KLB Lebus v. 17.5.29, in: BLHA Rep. 37 Herrschaft Neuhardenberg, Nr. 1896, Bl. 53-55.

115 „Bund Freier Deutscher Bauer.“, in: Der deutsche Bauer 5. Jg. 1930, 48. Folge (15.4.). Eine Mitgliederzahl wurde nicht genannt, was zu dem Schluss führt, dass diese nicht hoch war. Der angegebene Artikel war der letzte über den Bund in dieser Zeitschrift.

116 Ebda.

im Januar 1929 eine Satzungsänderung beim KJLB Züllichau-Schwiebus, die den Landbund angriff und die Lockerung des Verhältnisses Junglandbund und Altlandbund vorsah.[117] Nachdem sein Antrag abgeschmettert worden war, versandte Knothe ein Rundschreiben. Darin griff er nicht nur die Führer des Landbundes mit den bekannten nationalsozialistischen Argumenten („Freimaurer, jüdisch, Zusammenarbeit mit Juden,[118] Dawes-Jasager") an, sondern auch den Altlandbund als lediglich wirtschaftspolitische Organisation. Er sah die Abspaltung des Junglandbundes als „Etappe" zum „vorläufigem Endziel: ‚Austritt unseres Kreisjunglandbundes aus dem Brandenburgischen Junglandbund und Eintritt in den Märkischen Junglandbund…".[119] Diese Drohung einer Abspaltung vom Landbund stieß beim Junglandbund auf Kritik[120] und bei der Führung des KLB auf

[117] Beim § 2 Abs. 9 „Die Grundanschauung des Junglandbundes ist ebenso wie die des Landbundes christlich und völkisch vaterländisch" beantragte er die Streichung des „wie des Landbundes", da „Die Grundanschauung des Landbundes …wirtschaftspolitisch" sei. Beim § 7 beantragte er die Streichung des Satzes „Der jeweilige Geschäftsführer des Landbundes ist beratendes und stimmberechtigtes Vorstandsmitglied des Junglandbundes". Seine Begründung lautete: „Der Junglandbund soll eine Organisation von Jungbauern und Jungbäuerinnen sein, in der niemand anders etwas zu sagen hat als diese allein. Uns wurde bereits von anderer Seite gesagt, der Landbund ist ja lediglich eine Versorgungsanstalt ehemaliger Offiziere."; Abschr. Schr. OG Liebenau (Knothe) an Vorstand KJLB v. 9.1.1929, in: BLHA Rep. 37 Herrschaft Neuhardenberg, Nr. 1896, Bl. 27. Auch dieses Schreiben führte zu dem Unvereinbarkeitsbeschluss der Mitgliedschaft im BLB und im Verein der Bauernhochschüler durch die Vertreterversammlung des BLB am 23.1.1929.

[118] Insbesondere warf er Kalckreuth vor, im Aufsichtsrat der „IG Farben (jüdisch)" zu sitzen; Rschr. Knothe „Rundschreiben an alle, die es angeht!" v. 9. 4. 1929, in: BArch NS 26, Nr. 205. Kalckreuth stellte diese Behauptung in einem Schreiben an Knothe als unwahr dar; abgedruckt in: Fink, „Falsche Behauptung" in: Landbund Züllichau-Schwiebus 10.1929, Nr. 18 (3.5.) Kasche entschuldigte sich bei Kalckreuth halbherzig für „diese falschen Veröffentlichungen [von Knothe], wie sie im politischen Leben öfter vorkommen" gleichzeitig warnte er nochmals vor der Zusammenarbeit der Landbundführer mit Juden; Schr. (D) Kasche an Kalckreuth v. 25.4.29, in: BArch NS 26, Nr. 205.

[119] Rschr. Knothe „Rundschreiben an alle, die es angeht!" v. 9. 4. 1929, in: BArch NS 26, Nr. 205.

[120] Vgl. Abschr. Schr. E. Nitschke an Knothe v. 24.4.1929. Der Junglandbündler Nitschke rechtfertigte die Organisationen des Landbundes und erinnerte an das Verbot in der Satzung des Junglandbundes, Parteipolitik zu treiben. Der Errichtung einer (Bauern-) Diktatur und einem rigiden Antisemitismus (Verbannung der Juden) stimmte er im Prinzip zu, lediglich ein langsameres Vorgehen mahnte er dabei an. Er forderte aber Knothe dazu auf, zum Brandenburgischen Junglandbund zurückzukehren und dort zu wirken, „und dann werden sich auch Männer finden, die dann eine Diktatur in unseren Sinne aufrichten werden."

Gegenpropaganda.[121] Insbesondere der Geschäftführer des KLB, Fink, wehrte sich gegen die Abspaltungsversuche und die Angriffe der NSDAP auf den Landbund, obgleich er der Partei durchaus mit Sympathie zugewandt war.[122]

Am 30. Juni 1929 kam es bei der Vertreterversammlung und bei der Generalversammlung zur Kampfabstimmung. Knothe beantragte den Beschluss: „...Der Kreisjunglandbund Züllichau-Schwiebus E. V. schließt sich **korporativ** dem „Bund freier deutscher Bauer E. V." (bzw. dem Märkischen Junglandbund E. V.) an....“; dagegen beantragte Alfred Schulz „Alle Junglandbündler, die Mitglieder des „Bundes freier deutscher Bauer E. V." (Sitz in Lebus) oder irgendeiner anderen dem Landbunde feindlich gesinnten Organisation sind, sind aus dem Junglandbund ausgeschlossen."[123] In der Vertreterversammlung stimmten 11 Ortsgruppen für den Antrag Knothes und 49 dagegen, alle Ortgruppen außer einer für den Antrag Schulz.[124] In der Generalversammlung stimmte lediglich etwa ein Zehntel (von 118 anwesenden Mitgliedern) für Knothe und gegen Schulz.[125] Auf Grund dieses Ergebnisses legte der Vorsitzende des Kreisjunglandbundes, der ehemalige Bauernhochschüler Erich John, sein Amt nieder.[126] Die Junglandbundortsgruppe Liebenau (Knothe) trat am 3./4. Juli dem „Bund Freier Deutscher Bauer" korporativ bei.[127]

---

[121] Vgl. Rschr. KLB Züllichau-Schwiebus (Fink) an Vorstandsmitglieder und Vertrauensmänner des Alt- und Junglandbundes v. 2.5.29, in: BArch NS 26, Nr. 205. Vgl. hierzu die Replik „Vornehme und wahrhaft deutsche Art.", in: Der deutsche Bauer 4.1929, 39. Folge (15. 7.).

[122] Vgl. Schr. Fink an Kasche v. 2.5.29, Kasche an Fink v. 13.5.29 und Fink an Kasche v. 16.5.29, alle in: BArch NS 26, Nr. 205. Bezeichnend die Äußerung Finks im Schreiben v. 2.5.29: „Mit dem Kampfziel Ihrer Partei bin ich durchaus einverstanden, nicht aber mit der Kampfesart. Bekämpfen Sie alle anderen Parteien, so viel sie wollen, lassen Sie aber den Landbund in Ruhe...".

[123] „Junglandbund! Einladung zur einer außerordentlichen Generalversammlung.", in: Landbund Züllichau-Schwiebus 10.1929, Nr. 25 (21.6.). In der gleichen Nummer ist der schon erwähnte Brief Kerlens an Alfred Schulz abgedruckt, aus dem hervorgeht, dass jener Schulz, ehemaliger Bauernhochschüler, 1927 den Junglandbund verlassen und zur NSDAP überwechseln wollte. Schulz ist aber zum (Jung)Landbund zurückgekehrt. Im „Der deutsche Bauer" deswegen angegriffen („Judas-Rolle"); vgl. „Kerlen früher und heute!", in: Der deutsche Bauer 4.1929 40. Folge (15. 8.).

[124] Der Widerspruch ist nicht erklärt worden.

[125] Vgl. Fink, „Die außerordentliche Generalversammlung unseres Junglandbundes am 30. Juni.", in: Landbund Züllichau-Schwiebus 10.1929, Nr. 27 (5.7.).

[126] Vgl. „Junglandbund", in: ebda. Nichts deutet daraufhin, dass John den Versuch der Abspaltung mit vorantrieb, wahrscheinlich war er Mitglied im „Bund freier deutscher Bauer". Er war 1929 Mitglied der NSDAP und bei der Propagandaverteilung involviert; vgl. Schr. Kasche an Löhnholdt v. 23. 6.1929, in: BArch NS 26, Nr. 202.

[127] „Bund Freier Deutscher Bauer.", in: Der deutsche Bauer 4.1929 40. Folge (15.8.).

Schon im Vorfeld hatte Fink vor dem „Bund freier deutscher Bauer" gewarnt.[128] Insofern überrascht die noch große Zahl von Ortsgruppen, die für die Abspaltung eintraten. Die Abstimmung war kein Votum gegen die NSDAP, die bei den Züllichauer Jungbauern und -bäuerinnen sicher einen höheren Sympathieanteil hatte. Abgestimmt wurde hier gegen eine Konkurrenzorganisation des Landbundes. Die Taktik der Abspaltung musste misslingen, denn die nationalsozialistische Konkurrenzorganisation hatte genauso wenig Chancen wie der liberale Bauernbund oder die völkischen Bauernschaften 1924. Dass die NSDAP im Folgenden nicht genauso dem Druck des Landbundes ausgesetzt war wie die DVFP, hatte vor allem mit der neuen Taktik der Nationalsozialisten der Unterwanderung des Landbundes wie auch mit dem Verhalten der DNVP und der CNBP zu tun.

Trotz dieser Antilandbundaktionen blieb die NSDAP bei ihrem Konzept: Bekämpfung der Landbundführer und keine Propaganda gegen die Landbundorganisation. Dies ist auch aus den Beschwerden der Landbundführungen absehbar. Selbst der „Bund freier deutscher Bauer" betonte mehrmals, dass er nichts gegen den Landbund, sondern gegen dessen Führung habe. Der NSDAP-Bezirksführer Kasche versuchte im Knothekonflikt zu vermitteln, arbeitete auch mit Landbundleuten, v. a. mit dem Geschäftsführer des KLB Züllichau-Schwiebus, Fink, zusammen. Als „Erfolg" seiner Kungelei darf man den Übertritt Finks zur NSDAP am 31. Oktober 1929 sehen.[129]

Zwar gelang es den Nationalsozialisten nicht, eine wirklich ernsthafte Konkurrenzorganisation zum Landbund aufzubauen, doch viele nationalsozialistische Bauern traten ab 1928 aus dem Landbund aus bzw. viele aus dem Landbund ausgetretene Bauern traten in die NSDAP ein.[130]

Zusammenfassung

Die Wahlen von 1928 hatten der DNVP eine herbe Niederlage bereitet. Gerade auch in den brandenburgischen Landgemeinden, Hochburgen der Partei, hatte sie viele Wähler verloren. Diese stimmten aber weniger für andere Parteien, sondern blieben der Abstimmung fern, fanden keine Alternative.

Lediglich in der Niederlausitz hatten sich kurz vor der Wahl viele bäuerliche Landbund-Funktionäre dazu entschlossen, sich für die neue CNBP zu entscheiden. Während der Großteil der anderen Bauernführer des BLB

---

[128] Vgl. Fink, „Nochmals der ‚Bund freier deutscher Bauer'!", in: Landbund Züllichau-Schwiebus 10.1929, Nr. 26 (28.6.).

[129] Vgl. Schr. Fink an Kube v. 30.11.1929, in: BArch NS 26, Nr. 212, Bl. 12-16.

[130] Zahlen finden wir hierzu nicht. Aber als nationalsozialistische Bauern kurz vor und nach der Machtergreifung in die nun „nationalsozialistischen" Landbünde eintraten, zeigte sich dass der Großteil schon vorher im Landbund gewesen war.

noch für die DNVP warben, schafften sie es – angesichts der kurzen Propagandatätigkeit – noch viele Bauern für die Landvolkpartei zu überzeugen.

Dass gerade in der Niederlausitz diese Partei sich schnell ausbreitete hatte zwei Gründe. Zum einen hatte der Zusammenbruch der Niederlausitzer Landbundgenossenschaft ein großes Misstrauen gegen die Großgrundbesitzer und vor allem gegen die DNVP geschaffen.

Zum anderen war die Niederlausitz schon vorher gegenüber der DNVP voreingenommen. Hier waren noch 1920 die liberalen Parteien stärker und hier votierten 1920 – 1924 die bäuerlichen opinion leaders für eine Landvolk- oder Bauernpartei. Der Propagandatätigkeit v. Natzmers war es zu verdanken, dass die bäuerlichen Meinungsführer 1924 für die DNVP stimmten und das Land in der Niederlausitz hohe Stimmengewinne für die Deutschnationalen verzeichnete. Mit dem Fall v. Natzmers war die deutschnationale Zugmaschine für die Niederlausitz abhanden gekommen.

Der Organisationsapparat der Landvolkpartei blieb jedoch in Brandenburg eher rudimentär. So fand eine Parteigründung für den Kreis Crossen erst Anfang 1930 statt. Den Kern der Partei bildeten die bäuerlichen Meinungsführer im Landbund. Nur langsam breitete sich die Partei auch in die bäuerlichen Gebiete um Berlin aus, in dem vom Großgrundbesitz dominierten Norden fasste sie kaum Fuß. Ihr Profil verlagerte sie aber, als aus der DNVP die gouvernementalen Kräfte herausgedrängt wurden und nun zur Landvolkpartei wechselten. Darunter waren auch viele (adlige) Großgrundbesitzer. Der Nimbus einer „Bauernpartei“ schwächte sich ab, blieb aber noch erhalten.

Anfang 1928 entwickelte sich eine andere Partei zum ernsthaften Konkurrenten der DNVP: die NSDAP. Diese hatte, nachdem sie daran gescheitert war, die Industriearbeiterschaft zu gewinnen, sich daran gemacht, den Mittelstand zu erobern. Die programmatische Umstellung zur Gewinnung der Bauern erfolgte 1927/28, die völkische Bauerntumsideologie wurde von der Partei aufgenommen.

Der Ausbau der Parteiorganisation zwischen 1928 und 1930 war recht erfolgreich. Geschickt verstand es die Partei mit Bauern oder der Landwirtschaft nahestehende Personen Propaganda auf dem Land zu machen.[131] Ein wichtiger Faktor spielten dabei die ehemaligen Bauernhochschüler, deren radikale Mehrheit bald nach Entlassung von Kerlen und v. Wangenheim aus der Bauernhochschule zur NSDAP fand. Bis dahin im Landbund schon als Meinungsführer nicht nur für die Jugend etabliert, wurden sie nun Agitatoren für die Nazipartei. Die Wirkung sah man schon bei der Reichstagswahl 1928, wo sie – wenn auch noch lokal beschränkt – Wähler für die NSDAP gewannen, darunter vermutlich viele Jungwähler. Spätestens im Jahr 1929 gewann die Partei auch ältere bäuerliche Mei

[131] Farquharson betonte die Bedeutung der lokalen Propaganda: „the local cell was the biggest single factor in vote-catching"; Farquharson, Plough, S. 42.

nungsführer und sie konnten die mit der Landbundführung Unzufriedenen sammeln.[132] Auch in Brandenburg war die NSDAP „vor ihrem Durchbruch zur Massenpartei ... eine Bauernpartei".[133]

Wichtigste Person zur Eroberung des Landvolkes in Brandenburg war der ehemalige Lehrer der Bauernhochschule, Alexander Freiherr v. Wangenheim. Zuständig für die Presse und gar als agrarpolitischer Fachberater des Gaues Brandenburg (schon vor Errichtung des agrarpolitischen Apparates!) konnte er mit seiner Bauerntumsideologie Bauern für die Partei gewinnen. Mit Hilfe seines Einflusses kamen ehemalige Bauernhochschüler auch an Funktionärsposten in der Partei, wie Richard Kackstein, der Kreisleiter der NSDAP in der Ostprignitz wurde.[134] Nicht zuletzt seine guten Kontakte zu den ehemaligen Bauernhochschülern schafften ihm Einflussmöglichkeiten nicht nur bis auf die lokalen Ebenen, sondern auch in den benachbarten brandenburgischen Gau Ostmark der NSDAP.

II. Die rechtsradikale Allianz von deutschnationalen Adligen und nationalsozialistischen Bauern

1. Die Reichstagswahl von 1930

Wahlkampf

Nachdem am 16. und 18 Juli 1930 die Brüningschen Notverordnungen am Votum von KPD, SPD, NSDAP und einer Mehrheit deutschnationaler Reichstagsabgeordneter gescheitert war, verfügte Brüning am 18. Juli mit Hilfe des Artikels 48 die Auflösung des Reichstages. Am gleichen Tage verließen 25 Reichstagsabgeordnete die DNVP, ein Teil von ihnen schloss sich der CNBP an. Am 22. Juli verabschiedete der Bundesvorstand des Reichslandbundes eine Entschließung, die die Haltung der Hugenbergan-

---

[132] Insofern spricht auch für das brandenburgische Land die These von der „Alterung" der Partei; vgl. hierzu: Jürgen W. Falter u. Michael H. Kater, Wähler und Mitglieder der NSDAP. Neue Forschungsergebnisse zur Soziographie des Nationalsozialismus 1925 bis 1933, in: GG 19.1993, S. 155-177, hier. S. 174-175.

[133] Schieder, S. 151.

[134] Über diesen Einfluss beklagten sich andere, städtische Parteigenossen, die schon längere Zeit Parteimitglieder waren; vgl. Schr. Dr, Jensen an Parteigen. Brückner v. 30.9.1931, in: BArch NS 22, Nr. 1046. Er schlug gar die Absetzung Kacksteins vor. Kackstein war spätestens im Dezember 1929 Kreisleiter; vgl. Rschr. NSDAP Gau Brandenburg v. 5.12.1929, in: BArch NS 22, Nr. 1046.

hänger scharf verurteilte, der DNVP eine deutliche Absage erteilte und seine Mitglieder aufforderte, „der Sammelparole des Bundesvorstandes zu folgen und, soweit es die örtlichen Verhältnisse irgend zulassen, einzutreten für die Wahl auf Landvolklisten in allen Provinzen und Ländern. Nach wie vor bleibt die Unabhängigkeit und Selbständigkeit der Landbund-Organisation gegenüber jedem Parteigebilde oberstes Gebot!“[135]

Auf der außerordentlichen Vorstandssitzung des Brandenburgischen Landbundes am 26. Juli sollte eine Wahlparole verabschiedet werden. Nach der Zusammensetzung des Vorstandes hätte er sich dem Reichslandbundaufruf anschließen können: Nicht nur, dass die Vorsitzenden Nicolas, Bethge und Gauger eindeutig Schiele-Unterstützer und für Landvolklisten bzw. für die CNBP waren, auch die Mehrheit des Gesamtvorstandes dürfte dafür zu gewinnen gewesen sein. Doch die Entschließung[136], die bei der Vorstandssitzung herauskam, war zwar gegen „links“ gerichtet, eine eindeutige Parteiaussage enthielt sie jedoch nicht, betonte auch, keine eigenen Listen aufzustellen. Bei der Forderung, mehr Vertreter des Landvolkes in den Reichstag zu wählen, und dem Dank, „den Männern, die unbekümmert um die Auflösung des Reichstages Mittel und Wege gefunden zu haben, das begonnene Werk zur Gesundung der Landwirtschaft fortzusetzen“, kann man eine indirekte Unterstützung der CNBP erkennen.[137] Die Parolen: „Für unseren Hindenburg! Für die Rettung der Landwirtschaft durch das geschlossene Landvolk! Für die deutsche Freiheit!“ zeigen immerhin einen Versuch der Ausgewogenheit. Können die ersten beiden Parolen für die Landvolkpartei reklamiert werden, allerdings ohne die Nennung Schieles, so war die letzte Parole, die Betonung des außenpolitischen und fundamentaloppositionellen Primats, mit dem außenpolitischen Ziel eindeutig pro Hugenberg (oder die NSDAP).

Der Grund für die „überparteiliche“ Stellungnahme des BLB-Vorstandes lag weniger in dem schon zu erkennenden Abdriften eines Teils der Mitglieder zur NSDAP, sondern vielmehr in den Aktivitäten der Deutschnationalen. Die brandenburgischen Hugenberganhänger, vor allem die Großgrundbesitzer, hatten schon seit Juni gegen die landvolkparteili-

---

135 „Die Parole des Landvolkes.“, in: Landbund Zauch-Belzig 11.1930, Nr. 30 (26.7.).

136 Vgl. „Wahlparole des Brandenburgischen Landbundes.“, in: Der BLB 11.1930, Nr. 31 (5. Juli-Nr.). Daraus auch die folgenden beiden Zitate.

137 Vgl. „Anfang der Osthilfe. Notverordnung von Schiele durchgesetzt.“, in: Der BLB 11.1930, Nr. 31 (5. Juli-Nr.): „Mit vollem Recht spricht deshalb der Brandenburgische Landbund in seiner oben veröffentlichten Entschließung zu den Wahlen den Männern, also vor allem H i n d e n b u r g und S c h i e l e , seinen Dank aus…“. Die Nennung Schieles und die Platzierung des Artikels unter die Wahlparole zeigt deutlich, zu welcher Richtung der engere Vorstand des BLB tendierte.

chen Landbündler mobil gemacht.[138] Bei einem Treffen von „7 Gutsbesitzern“ mit Hugenberg am 2. Juli wurde beschlossen, dass der Vorsitzende des Wahlkreisverbandes Potsdam, General v. Dommes, „sich im Laufe des Juli mit maßgeblichen Personen unserer Richtung in allen Kreisen in Verbindung setzt und Anfang August eine Besprechung dieser Personen unter seiner Leitung in Berlin stattfinden soll.“ Das Ziel war „Sammeln“ und „zunächst innerhalb des Landbundes eine starke Bewegung zugunsten der Hugenbergrichtung und gegen die Bildung von Sonderparteien zu entfachen.“ „Ein offizieller Bruch mit dem Landbund soll zunächst noch nicht erfolgen, solange die Fronten nicht geklärt sind. Austritt aus dem Bund bleibt uns als letztes Mittel.“ [139] Auch Arnim-Boitzenburg glaubte, „dass es noch nicht nötig ist aus dem Landbund auszutreten, …dass bei einer energischen Aktion unsererseits, eine grosse Anzahl der Landbundmitglieder sich auf unsere Seite stellen und die Leitung des Landbundes zwingen werden eine andere Politik zu machen.“[140] Sein Ziel, Nicolas „abzukiiren“, bezeichnete er noch „als sekundäre Frage“.

Ob diese noch diskret geführten Aktivitäten dem Vorsitzenden des BLB bekannt waren, ist unwahrscheinlich. Doch die Entschließung des Vorstandes des KLB Templin – ein Tag vor der Vorstandssitzung des BLB, auf der die Wahlparole beschlossen wurde – trug deutliche Züge deutschnationaler Großgrundbesitzerpolitik:

> „Der Kreislandbund lehnt … die Aufstellung einer eigenen Liste zur Reichstagswahl durch den Brandenburgischen Landbund ab. Einesteils ginge damit sein Charakter als berufständische Vertretung verloren, da dadurch in dem heutigen System eine neue Partei nur geschaffen würde. Andernteils ist der Kreislandbund auch nicht des Glaubens, daß seine Mitglieder restlos sich dieser neu geschaffenen Partei wegen ihrer Einzelbindungen an schon bestehende Parteien anschließen werden.“[141]

Dies bedeutete nun keine eindeutige Aussage zugunsten der DNVP, aber eine klare Absage an die CNBP. Da ein Brief v. Arnim-Boitzenburgs vom 24. Juli an den Vorsitzenden des KLB Templin, Eichelkraut, in dem der

---

[138] Vgl. Schr. v. Arnim-Boitzenburg an v. Schoenermarck v. 20.6.30, in: BLHA Rep. 37 Herrschaft Boitzenburg, Nr. 4506, Bl. 197; Schr. v. Schoenermarck an v. Arnim v. 23.6.30, in: ebda. Bl. 196; Schr. v. Arnim an v. Schoenermarck v. 1.7.30, in: ebda., Bl. 195.

[139] Schr. Arnim-Cunersdorf an Arnim-Boitzenburg v. 4.7.30, in: BLHA Rep. 37 Herrschaft Boitzenburg, Nr. 4434, Bl. 117+RS. Neben Arnim-Cunersdorf nahm an der Sitzung der sieben Großgrundbesitzer auch v. Schoenermarck teil.

[140] Schr. Arnim-Boitzenburg an Arnim-Cunersdorf v. 8.7.30, in: ebda., Bl. 114-115, hier Bl. 114.

[141] „Wahlparole des Brandenburgischen Landbundes“ in: Nachrichtenblatt des Kreislandbundes Templin 12.1930, Nr. 30 [=Nr. 31-falsche Zählung] (1.8.).

Graf gegen die „Landbundlisten" argumentiert,[142] Eichelkraut erst nach der Vorstandsitzung des BLB erreichte, war dessen Einflussnahme wirkungslos. Es ist anzunehmen, dass zumindest sein Vetter Arnim-Kröchlendorff, Vorstandsmitglied im KLB Templin und DNVP-Kreisvorsitzender, in diese Richtung gewirkt hat. Wahrscheinlich haben noch andere von Großgrundbesitzern dominierte Kreislandbünde, möglicherweise auch Großgrundbesitzer aus bäuerlich dominierten Kreislandbünden, bei der Vorstandssitzung des BLB vom 26. 7. gegen Landbundlisten bzw. gegen die CNBP argumentiert. Diese waren zwar in der Minderheit, doch sie waren die finanzstärksten.

Die Sammlungspolitik der Hugenbergianer führte im Folgenden zu einem Vorbereitungstreffen am 9. August. Eingeladen hatte dazu nicht, wie am 2. Juli geplant, von Dommes, sondern v. Arnim-Boitzenburg und v. Arnim-Cunersdorf. Diese Änderung war erfolgt, um „der Einbe[r]ufung nicht lediglich den Charakter deutsch-national zu geben".[143] Zwar waren die Einladenden keine Parteifunktionäre, aber dennoch politisch einflussreiche Hugenberganhänger.[144] Ein Blick auf die Teilnehmer ergibt ein treffendes Bild deutschnational-konservativer Macherpolitik, wie sie im Kaiserreich öfter anzutreffen war und alle Junkerfeindbilder bestätigt: Von 15 Teilnehmer waren 13 adlig; alle, außer General v. Dommes, waren Großgrundbesitzer. Abgesehen von den pommerschen Teilnehmern v. Rohr, Graf v. d. Schulenburg - Schloß Filehne und v. Kleist (Vorsitzender des Deutsch-Konservativen Hauptvereins) und dem Berliner v. Dommes kamen alle aus Brandenburg, vorwiegend aus den nördlichen, großgrundbesitzdominierten Kreisen.[145] Neben v. Dommes als Vorsitzender des DNVP-Wahlkreises Potsdam war v. Stünzner-Karbe als Vorsitzender des DNVP-Wahlkreisverbandes Frankfurt (und MdL) vertreten. DNVP-Kreisführer waren v. Arnim-Kröchlendorff und v. Bredow-Stechow. Landtagsabgeordneter v. Winterfeld-Neuendorf und Reichstagsabgeordneter Stubbendorff. Der zweite bürgerliche Großgrundbesitzer auf dieser Versammlung war der ebenfalls aus der Westprignitz kommende Heinke, als Stahlhelmführer wie auch v. Arnim-Cunersdorf anwesend.

---

[142] Schr. Arnim-Boitzenburg an Eichelkraut v. 24.7.30, in: BLHA Rep. 37 Herrschaft Boitzenburg, Nr. 4434, Bl. 112+RS.

[143] Schr. v. Schoenermarck an v. Arnim-Boitzenburg v. 27.7.30, in: BLHA Rep. 37 Herrschaft Boitzenburg, Nr. 4434, Bl. 102. Hieraus auch die Namen der potentiellen Teilnehmer.

[144] So war v. Arnim-Cunersdorf Stahlhelmführer des Barnims; vgl. Schr. Gau NSDAP Brandenburg an Reichsleitung v. 1. 7. 1932, in: BArch NS 22, Nr. 1046. v. Arnim-Boitzenburg trat erst am 11. August der DNVP wieder bei; vgl. Schr. v. Arnim-Boitzenburg an v. Dommes v. 11.8.30, in: BLHA Rep. 37 Herrschaft Boitzenburg, Nr. 4434, Bl. 83; Text auch veröffentlicht: NPKZ Nr. 244 v. 30.8.30.

[145] Je zwei aus den Kreisen Templin, Westprignitz, Oberbarnim, je einer aus den Kreisen Ostprignitz, Lebus, Königsberg, Jüterbog-Luckenwalde und Westhavelland.

Am 24. August 1930 fand das erste große Treffen der Hugenberganhänger in Berlin statt. Von den 63 eingeladenen Personen, die abgesehen vom Kreis Crossen aus allen brandenburgischen Kreisen kamen, war nur noch eine Minderheit adlig (26) aber die Mehrheit Großgrundbesitzer. Von den 24 Nichtgroßgrundbesitzern waren 3 Geschäftsführer: Dr. Lübbert anstelle von v. Dommes; die KLB-Geschäftsführer Krüger (Osthavelland) und Heuer (Ruppin) waren mit den KLB-Vorsitzenden angereist. Lediglich 19 bäuerliche Besitzer waren anwesend, die meisten waren bloßes Beiwerk, um den Charakter einer Großgrundbesitzerveranstaltung zu verwischen.[146] Sicher waren unter ihnen auch Bauernführer, die einiges Gewicht besaßen. Doch von den 60 Bauernführern, die 1928 den Wahlaufruf für die DNVP unterschrieben hatten, waren lediglich fünf vertreten: der Bauernhofbesitzer E. Walk (Prenzlau), der Gutsbesitzer R. Henning (Ruppin), MdL Dermietzel (Angermünde), MdL und KLB-Vorsitzender Günther (Westprignitz) und KLB-Vorsitzender und Reichstagskandidat Mudrack (Lebus). Diese von adligen Großgrundbesitzern vorbereitete, vom Großgrundbesitz dominierte, mit Bauern angereicherte Hugenberg-Versammlung erinnerte an alte BdL-Zeiten.

Kernpunkt dieses Treffens vom 24. August, vier Wochen vor der Wahl, war die Verabschiedung eines Aufrufes, der in den Tageszeitungen veröffentlicht wurde. Der Aufruf kritisierte die Schielesche gouvernementalistische Politik und rügte die positive Stellungnahme der Reichslandbundspitze zu den Landvolklisten:

> „Wir wollen im Landbund bleiben. Wir müssen aber fordern, daß der Landbund unsere Berufsvertretung bleibt und die Parteipolitik denjenigen politi-

---

[146] Dabei hatten die Großgrundbesitzer sich ‚ihre' Bauern ausgesucht und nach Berlin mitgenommen. Ganz auffällig ist dies im Kreis Templin, aus dem gleich vier Bauern vertreten waren. Bezeichnend ist dabei Arnim-Boitzenburgs Aussage über den Bauern Mohr: „Wie ich Dir neulich schon sagte, glaube ich nicht, dass Herr Mohr-Wichmannsdorf, sich auf unsere Seite stellt. Ich beobachtete, dass als die Anwesenheitsliste herum gereicht wurde, er sich nicht in dieselbe eintrug; wahrscheinlich um nicht, falls etwa die Namen veröffentlicht würden, darunter zu stehen. Einen anderen Grund kann ich mir schwer für dieses nicht-unterschreiben vorstellen. Ich glaube, wir müssen hier nach einer anderen Persönlichkeit suchen, die mehr auf unserer Seite steht, als der genannte Herr." Schr. v. Arnim-Boitzenburg an [v. Arnim-Kröchlendorff] v. 27.8.30, in: BLHA Rep. 37 Herrschaft Boitzenburg, Nr. 4434, Bl. 82. Doch muss sich Arnim-Boitzenburg getäuscht haben, wie aus den Vorbereitungen für eine Sitzung Anfang Januar 1931 hervorgeht: „Wie neulich beschlossen wurde sollten noch kleinere Besitzer zu der Sitzung am 7. Januar namhaft gemacht werden. Ich nenne Ihnen daher noch den Bauernhofbesitzer Mohr aus Wichmannsdorf bei Boitzenburg und den Gutsbesitzer Berg in Lychen. …Herrn Mohr werde ich, da ich durch Wichmannsdorf mit dem Auto durchfahre, voraussichtlich selbst mitbringen."; Schr. v. Arnim-Boitzenburg an v. Arnim-Cunersdorf v. 25.12.30, in: ebda., Bl. 52.

> schen Parteien überläßt, die immer für die nationalen Interessen der deutschen Landwirtschaft eingetreten sind.“[147]

Dies war eine Absage an die Landvolkpartei, jedoch keine eindeutige Aussage zur Wahl der DNVP. In einer gedruckten Fassung enthielt der Aufruf gegenüber dem in der Presse veröffentlichten aber einen Zusatz. Darin wurde offen für Hugenberg und die DNVP geworben und er enthielt folgenden Aktionsplan:

> „Um unser obengenanntes Ziel durchzusetzen, schließen wir uns innerhalb des Landbundes zusammen. ...Zunächst muß in jedem Dorf ein Vertrauensmann feststellen, wer der Entschließung beitritt. Die Namen sind dem unten angegebenen Vertrauensmann des Kreises baldmöglichst mitzuteilen. Im November werden die Kreis-Vertrauensleute zu weiterer Beschlußfassung zusammentreten.“[148]

Hiermit wurde nichts anderes als die Zusammenfassung und Bildung einer Organisation von Hugenberganhängern innerhalb des Landbundes angepeilt. Diese sollte maßgeblichen Einfluss auf die Landbundpolitik gewinnen und Landvolkparteiler bzw. andere gemäßigte Funktionäre von ihren Posten verdrängen. Dass die Organisation sich bis auf Ortsebene ausgebreitet hat, ist unwahrscheinlich.

Die ganze Sache hatte einen Haken: Den Hugenberganhängern fehlten die Massen. Aus diesem Grunde war der öffentliche Wahlaufruf nicht eindeutig ein DNVP-Aufruf. In dem Entwurf hatte der Schlusssatz der Wahlparole noch geheißen:

> „...und die Politik derjenigen Partei überlässt, die bisher als einzige stets ganz für die Landwirtschaft eingetreten ist, und den Kampf gegen die Sozialdemokratie unerbittlich fortsetzt. Das ist die deutschnationale Volkspartei.“[149]

Die fast rein ‚blaue' Versammlung vom 24. August 1930 hatte einen braunen Fleck: der einzige Vertreter aus dem Kreis Guben, der Gutsbesitzer Schulz-Sembten, war Nationalsozialist. Die Einladung dieses Nationalsozialisten und die Abänderung der Wahlparole zugunsten von DNVP und NSDAP war ein Zugeständnis an die auch im Landbund stark gewor-

---

[147] Vgl. „Eine Kundgebung brandenburgischer Landwirte“, in: NPKZ Nr. 241 v. 27.8.30.

[148] [Aufruf], in: BLHA Rep. 37 Herrschaft Boitzenburg, Nr. 4434, Bl. 67. Es handelte sich dabei nicht um eine „Erklärung der Bauern im Brandenburgischen Landbund“, wie Merkenich dies fälschlicherweise betitelte und Andreas Müller diesen Fehler übernahm; vgl. Merkenich, S. 305 und Müller, Fällt der Bauer, S. 186. Es war, wie auch inhaltlich gezeigt, eine Erklärung der Landwirte, so im Aufruf wie im Titel der Neuen Preußischen Kreuzzeitung. Insbesondere war dies eine Erklärung der vom Großgrundbesitz dominierten Hugenberganhänger. Ein Titel wie „Erklärung der Bauern im Brandenburgischen Landbund“ hätte die Massen der anderen Bauernführer sicher empört.

[149] „Entwurf“ (MS), in: BLHA Rep. 37 Herrschaft Boitzenburg, Nr. 4434, Bl. 91.

denen Nationalsozialisten. Es knüpfte an das Bündnis zum Volksbegehren gegen den Youngplan an, nur dass nun die nationale Front gegen die Landvolkpartei antrat.[150]

Doch innerhalb der Funktionärsschicht des BLB hieß der Wahlkampf DNVP oder CNBP. Die Hugenbergianer hatten dabei nicht nur den Wahlaufruf des BLB neutralisiert. Nachdem einige Kreislandbünde eine eindeutige Wahlempfehlung für die Landvolkpartei ausgesprochen hatten, erreichten die Deutschnationalen auch die Aufforderung des BLB-Vorstandes an die Kreislandbünde, keinen einseitigen Wahlkampf für eine der rechten Parteien zu machen und überparteilich zu bleiben.[151]

Eindeutige Wahlempfehlung für die CNBP gaben die Kreislandbünde Beeskow-Storkow, Calau, Cottbus, Crossen, Guben, Luckau, Soldin, Teltow und Groß-Berlin.

Lediglich ein Kreisverband gab eine eindeutige Wahlparole für die DNVP heraus: Stubbendorffs Kreislandbund Westprignitz. Dessen massive Wahlpropaganda enthielt sogar einen aggressiven Angriff auf die CNBP.[152]

Dem Neutralitätsbegehren kamen die meisten Kreislandbünde nach. Doch gab es einige Aufrufe, an denen man die Richtung des Vorstandes erkannte oder wo die Vorsitzenden dieser oder jener Partei angeschlossen waren, was ebenfalls seine Wirkung auf die Landbundmitglieder gehabt haben dürfte. Dabei haben die vom Großgrundbesitz dominierten Kreise eher eine indirekte Wahlempfehlung für die DNVP, die Niederlausitzer Kreise und die bäuerlichen Kreise der Mittelmark eher eine für die CNBP gemacht.[153]

Im Kreislandbund Zauch-Belzig kam der Wahlkampf zwischen DNVP und CNBP unter den Funktionären wohl am deutlichsten zum Ausdruck. In seiner Wahlparole gab der Kreislandbund nur eine allgemeine Empfeh-

---

[150] Vgl. Schr. Schoenermarck an v. Arnim-Boitzenburg v. 23. 6. 1930, in: BLHA Rep. 37 Herrschaft Boitzenburg, Nr. 4506, Bl. 196.

[151] Vgl. „Wahlparole des Brandenburgischen Landbundes.“, in: Nachrichtenblatt des Kreislandbundes Templin 12.1930, Nr. 34 (1.8.).

[152] Vgl. W. Stubbendorff „Erklärung!“, in: Landbund Westprignitz 11.1930, Nr. 36 (6.9.). Diese „Erklärung“ schrieb Stubbendorff angesichts einer angekündigten Wahlkampfveranstaltung mit Gauger und v. Arnim-Ragow im Kreise Westprignitz. Sie gipfelte in der Behauptung Stubbendorffs, dass „**die Schaffung einer berufständischen Landvolkpartei** für die Interessen der Landwirtschaft **direkt schädlich ist**…“.

[153] Eine direkte oder indirekte Wahlempfehlung für die DNVP machten die KLB: Friedeberg, Jüterbog-Luckenwalde, Königsberg, Lebus, Prenzlau, Ruppin, Templin, Westhavelland, Westprignitz. Eine direkte oder indirekte Wahlempfehlung für die CNBP die KLB: Angermünde, Beeskow-Storkow, Calau, Cottbus, Crossen, Guben, Luckau, Lübben, Oberbarnim, Ostprignitz, Soldin, Spremberg, Teltow und Groß-Berlin.

lung gegen „Marxismus“ und für rechts aus und betonte in seinem Überparteilichkeitsanspruch, dass sowohl der 1. Vorsitzende Marschalleck als auch der Hauptgeschäftsführer van den Berg keiner Parteiorganisation angehörten.[154] Als für das Landvolk hauptsächlich in Frage kommende Parteien nannte das Kreislandbundorgan die DNVP, die CNBP und die NSDAP, wobei die NSDAP sowohl anerkennend genannt als auch kritisch betrachtet wurde. Die Stellung führender Landbündler im Kreis Zauch-Belzig kommt durch die Wahlbetrachtungen im Landbundorgan vom 23. August zum Ausdruck:

> „Bislang wählte man auf dem Lande zum größten Teil die Deutschnationale Volkspartei. Diese tritt auch jetzt wieder unter Hugenberg an die Öffentlichkeit. In unserem Kreise ist der Träger des Gedankens dieser Partei Herr Kapitän von Jorck in Golzow. Große Teile sind allerdings von dieser Partei abgesplittert, die Landvolkpartei hat sich gebildet, deren 1. Vorsitzender in unserem Kreis Herr Gauger ist. Beide Herren sind als Führer im Landbunde bekannt…“.[155]

Der Bauernführer Gauger hatte in seinem Wahlkreis Potsdam I lediglich den sechsten Platz auf der Kandidatenliste der CNBP, jedoch im Wahlkreis Frankfurt einen aussichtsreichen 2. Platz. Nun erst hatte auch der Kreislandbund Zauch-Belzig ein starkes Zugpferd für die Landvolkpartei und nicht nur den auch 1930 kandidierenden Obstgutbesitzer August Martin. Der Stahlhelmführer v. Jorck, Teilnehmer der Hugenbergsitzung vom 24. August, kandidierte nicht für den Reichstag. Als Schirmherr des JLB Zauch-Belzig hatte er aber den Vorsitzenden des Nordgaues des Junglandbundes, den Jungbauern Hans Regenstein, als Reichstagskandidaten auf die Kandidatenliste der DNVP gesetzt.

Die Zahl der Kreislandbünde die die Landvolkpartei mehr oder minder offen unterstützte hatte zwar gegenüber 1928 stark zugenommen, doch war dies eine schwache Mehrheit. Die starke Minderheit, die die DNVP unterstützten, waren die vom Großgrundbesitz dominierten Landbünde. Eine eindeutige Wahlempfehlung für die NSDAP gab es in keinem Landbund. Meist wurde die Partei aber als für das Landvolk wählbare rechte Partei genannt. Lediglich einige wenige Kreislandbünde, die die CNBP unterstützten, sprachen sich offen gegen die Nationalsozialisten aus. Die Nationalsozialisten waren kaum in den Führungskadern der Kreislandbünde vertreten. Gelegentlich meldeten sie sich zu den Wahlkampfversammlungen der Landbünde zu Wort, doch ihren Wahlkampf veranstalteten sie außerhalb von Landbundversammlungen.

Die auferlegte neutrale Haltung der Landbünde kam der NSDAP zu Gute. Im Unterschied zur Wahl 1924 wurden von den Kreislandbünden

---

[154] Vgl. Marschalleck, „Parole des Kreislandbundes Zauch-Belzig für die Reichstagswahl am 14. September 1930.“, in: Landbund Zauch-Belzig 11.1930, Nr. 33 (16.8.).

[155] „Der Wahlkampf!“, in: Landbund Zauch-Belzig 11.1930, Nr. 34 (23.8.).

keine Wahlveranstaltungen und -bereisungen organisiert. Weit wichtiger war hier die Einstellung der lokalen Meinungsführer. Doch nicht nur zwischen den Kreislandbünden kam die unterschiedliche Parteinahme zur Geltung, sondern vor allem auch innerhalb der einzelnen Kreislandbünde, bzw. der ländlichen Bevölkerung innerhalb eines Kreises. Als Beispiel mag hier der Kreis Lebus dienen, in dem diese Zerstrittenheit sich am auffälligsten manifestierte. Der Kreislandbundvorsitzende Hermann Mudrack war Reichstagskandidat der DNVP, allerdings auf einer aussichtslosen 5. Stelle für den Wahlkreis Frankfurt. Auf der Liste der CNBP im selben Wahlkreis stand ebenso aussichtslos der Gartenbaudirektor Franz Grobben, Mitglied des KLB Lebus.[156] Die NSDAP hatte im Wahlkreis Frankfurt den Bauern Reinhard Bredow, ehemals im Kreislandbundvorstand vertreten, an einem aussichtsreichen zweiten Platz und den ehemaligen Lebuser Junglandbundvorsitzenden Alfred Alter an neunter Stelle.[157]

Wahlergebnis

Die Zerrissenheit im rechten ländlichen Milieu spiegelt sich im Ergebnis der Reichstagswahlen wider. Sahen vor der Wahl führende Funktionäre im Brandenburgischen Landbund, dass die ländliche Bevölkerung zwischen Deutschnationalen oder Landvolkparteiler entscheiden würde, so wiesen die Ergebnisse doch die NSDAP als dritte, ja stärkste rechte Partei auf dem Lande aus.

Betrachten wir die Wahlergebnisse in den brandenburgischen Gemeinden unter 2 000 Einwohnern, ohne den Kreis Arnswalde, so fällt zuerst die gegenüber 1928 wieder gestiegene Wahlbeteiligung auf, die in etwa auf dem Niveau der Dezemberwahl 1924 lag. 1924: 79 %, 1928: 74,2 %, 1930: 79,1 %. Die DNVP erlebte weitere, starke Wahlverluste. Sie erreichte nur noch 15,1 % der ländlichen Stimmen Brandenburgs (1928: 37,0 %; 1924: 46,4 %) in absoluten Zahlen war sie von 304 095 (1924) auf 220 885 (1928) im Jahr 1930 auf 98 351 Stimmen gefallen, hatte also weniger als ein Drittel der Stimmenanzahl von 1924. Auch die ebenfalls von den Landbünden noch empfohlene DVP hatte weitere Stimmeneinbußen zu verzeichnen: 1924 hatte sie noch 55 837 Stimmen (8,5 %), 1928 noch 34 846 (5,8 %) und 1930 dagegen nur 16 253 (2,5 %). Als Alternati-

156 Bei der von den Nationalsozialisten dirigierten Neuordnung des KLB im Juni 1933 wurde er Vorstandsmitglied; zu diesem Zeitpunkt war er vermutlich Mitglied der NSDAP.

157 Auch innerhalb des Großgrundbesitzes im Kreis Lebus lassen sich drei Vertreter der Parteien nachweisen: v. Stünzner-Karbe war Vorsitzender des DNVP-Wahlkreises Frankfurt und gehörte zum inneren Zirkel der Hugenberganhänger; von v. d. Marwitz wissen wir, dass er sich öffentlich für die Landvolkpartei aussprach; als Vertreter der NSDAP sei hier v. Brünneck genannt.

ve für die DNVP hatte sie sich beim Landvolk verabschiedet, so der Geschäftsführer der DVP, Wahlkreisverband Potsdam I, Beyer:

> „Wenn wir erst an fünfter Stelle einen Landwirt bringen, so ist das eine Folge der Taktik des Brandenburgischen Landbundes, für den die Deutsche Volkspartei überhaupt nicht zu existieren scheint. Wir sehen in der Gründung der Landvolkpartei eine ausgesprochene Berufspartei und bedauern diese Entwicklung, da wir der Ansicht sind, dass der Landwirtschaft am besten gedient ist, wenn sie möglichst stark in den bürgerlichen Parteien vertreten ist. Wir sind überzeugt, dass die Landwirtschaft auch noch zu dieser Erkenntnis kommen wird. Was wir der Landvolkpartei wünschen, ist dieses: Es möge ihr gelingen, die grosse Zahl der Bauern, die schon durch die Propaganda der Nationalsozialisten sehr stark verwirrt und verhetzt sind, zu sich rüber zu ziehen. Das ist unser aufrichtiger Wunsch für die Landvolkpartei.“[158].

Die von einigen KLB empfohlene Zentrumspartei, in Brandenburg aber angesichts des geringen Katholikenanteils schwach vertreten, hatte ihr Ergebnis von 1928 stabilisiert, das Ergebnis von 1924 nicht erreicht: 1924 hatte das Zentrum noch 6 763 Wähler (1,03 %), 1928 4 890 Wähler (0,82 %) und 1930 5 613 Wähler (0,86 %). In dem Kreis, in dem die Zentrumspartei noch am stärksten vertreten war, Züllichau-Schwiebus, hatte sie sich aber gehalten: 1924 1 352 Stimmen (8,4 %), 1928 1 150 Stimmen (7,8 %) und 1930 1 444 Stimmen (8,9 %).

Die Christlichnationale Landvolkpartei, die die ländlichen Stimmen der DNVP beerben wollte, hatte gegenüber 1928 ihren Stimmenanteil erheblich steigern können: gegenüber 2,9 % hatte sie nun 12,6 %, absolut war sie von 17 339 auf 82 374 Stimmen angewachsen. Damit hatte aber die CNBP auf dem Brandenburger Land nicht einmal die Stimmenanzahl der DNVP erreicht. Beide Parteien zusammen hatten 180 725 Stimmen, das waren etwa 75 % der Stimmenanzahl beider Parteien von 1928 oder etwa 60 % der Stimmen, die die DNVP 1924 erreicht hatte. Als stärkste rechte Partei auch auf dem Brandenburger Land ging die NSDAP bei den Wahlen hervor. Sie erhielt 160 148 Stimmen (24,6 %).

Eine Wahlbetrachtung in den einzelnen Kreisen ergibt für die DNVP folgendes Bild: Verluste hatte sie überall und zwar zwischen 11,0 Prozentpunkten (Westhavelland) und 44, 0 Prozentpunkten (Soldin). Im Kreis Westprignitz war die Partei am stärksten vertreten (39,9 %), im Kreis Crossen am schwächsten (4,3 %). Die Landvolkpartei hatte fast überall zugelegt und zwar zwischen 2,3 Prozentpunkten (Ruppin) und 20,7 Prozentpunkten (Soldin). Lediglich im Kreis Züllichau-Schwiebus hatte sie einen Stimmenrückgang von 8,5 Prozentpunkten.

Die NSDAP hatte im Kreis Ostprignitz mit 48,9 % ihren höchsten Stimmenanteil (und höchsten Zuwachs) im Kreis Teltow mit 11,8 % ihren niedrigsten Stimmenanteil (und niedrigsten Zuwachs). Sie profitierte in

---

158 DVP Wahlkreisverband 4 (Beyer) an den BLB v. 28.8.1930, in: BArch R8034 I RLB (BLB), Nr. 179, Bl. 11.

allen Kreisen wohl am meisten von der im Vergleich zu 1928 höheren Wahlbeteiligung; Die Nichtwähler von 1928 waren vor allem zu ihr gekommen.

Um die Wirkung der Haltung der Kreislandbundvorstände auf die Wahlen zu analysieren, wurden nur die Ergebnisse der drei rechten Parteien DNVP, CNBP und NSDAP (kurz: „Rechte") verglichen. Insgesamt hatten bei der Reichstagswahl 1930 die „Rechte" in den Landgemeinden unter 2.000 Einwohnern auf dem Gebiet des BLB über 340 000 Stimmen erhalten, das entspricht in etwa der Stimmenzahl bei der Reichstagswahl 1924.[159] Von der Gesamtzahl der Stimmen für die Rechte hatte die DNVP einen Anteil von 28,9 %, die CNBP einen Anteil von 24,2 % und die NSDAP einen Anteil von 47 %.

Betrachtet man hier wieder in den einzelnen Kreisen die rechten Parteien nach ihrer Abweichung von diesen durchschnittlichen Stimmenanteilen, so fällt einem die Dichotomie von deutschnationalen und landvolkparteilichen Kreisen auf. Im vom Großgrundbesitz dominierten Norden, wo die meisten Kreislandbünde die DNVP empfohlen hatten, hatte die DNVP überdurchschnittliche Stimmenanteile, während im Südteil Brandenburgs die CNBP überdurchschnittliche Stimmenanteile hatte. Ausnahme hiervon waren die nördlichen Kreise Angermünde und Soldin, wo der Stimmenanteil der CNBP über dem Durchschnitt lag. Im Süden hatten zwei Kreise überdurchschnittlichen Anteil der DNVP und der CNBP: Jüterbog-Luckenwalde und Teltow; in Teltow war der KLB-Vorsitzende Landvolkparteiler.

Die Einflussnahme der Landbundführung lässt sich an den beiden Kreislandbünden festmachen, die die massivsten Wahlkampagnen für eine Partei gemacht hatten. In Stubbendorffs Kreis Westprignitz erhielt die DNVP ihr bestes Ergebnis: 39,9 % (bzw. 53,6 % der Stimmen für die Rechte). In Crossen erhielt die CNBP 36,7 % (bzw. 61,4 % der Stimmen für die Rechte).

Die Verteilung der Kreise mit über- und unterdurchschnittlichem Anteil der NSDAP lässt sich weder geographisch noch soziologisch erklären. Wir finden Kreise mit überdurchschnittlichem NSDAP-Anteil sowohl im Süden als auch im Norden Brandenburgs. In fünf Kreisen hatte die NSDAP ein überdurchschnittliches Ergebnis: Ostprignitz, Friedeberg, Landsberg, Weststernberg und Züllichau-Schwiebus. Zwei Kreise sollen davon untersucht werden. In der Ostprignitz hatte die NSDAP, wie schon

[159] Vgl. Tabelle 17. Einfachheitshalber wurden hier die Stimmen der DVP herausgelassen. Dem Stimmenzuwachs der „Rechten" von 1924 bis 1930 um ca. 20.000 Stimmen steht der Stimmenverlust der DVP von fast 40.0000 Stimmen gegenüber. Mit Einschluss der DVP zu den rechten Parteien hätten diese 1930 etwa gleich viele Stimmen wie 1924 erhalten (hier muss man wieder die Änderung des Wählerpotenzials berücksichtigen).

bei den Wahlen 1928 und 1929, ihr bestes Ergebnis, diesmal mit 48,9 % (bzw. 68,2 % der Stimmen der rechten Parteien). Hier hatte die NSDAP mit ihrem Kreisleiter Kackstein erfolgreich Propaganda gemacht. Dies war auch der einzige Kreis, in dem die Haltung des Kreislandbundvorsitzenden kaum Wirkung gezeigt hatte. Der KLB-Vorsitzende und sein Stellvertreter waren auf der Kandidatenliste der CNBP, aber die CNBP erreichte hier nur magere 7,1 %. Das Vertrauen in die Landbundführung war hier vollkommen zerstört, wie es sich schon bei den Wahlen 1928 angedeutet hatte.

Im Kreis Züllichau-Schwiebus erreichte die NSDAP mit 39,9 % ihr zweitbestes Ergebnis, mit 71,2 % sogar den höchsten Anteil an rechten Stimmen. In diesem Kreis hatte die CNBP sogar mehr als die Hälfte ihrer Wähler von 1928 verloren. Der Einfluss des Landbundes auf das Wahlergebnis ist zunächst nicht zu erkennen, denn die Wahlaufrufe waren strikt neutral. Doch von dem Geschäftsführer Fink wissen wir, dass er Ende Oktober 1929 zur NSDAP übergetreten war. Seine Position wurde noch durch die Vorsitzendenwechsel im Jahre 1930 gestärkt: Der langjährige Vorsitzende Rittergutsbesitzer Herter-Zion trat im Februar 1930 zurück, sein beim Wechsel schon kranker Nachfolger, Otto Wiedenbeck, verstarb am 27. Juli 1931.[160] Dadurch bekam der langjährige Geschäftsführer mehr Gewicht bei der politischen Ausrichtung des Landbundes. Bemerkenswert ist auch die Einflussnahme der NSDAP Anfang 1930. Diese konnte im Landbundblatt nicht nur eine Anzeige ihrer Ortsversammlungen abdrucken lassen[161], zu diesem Zeitpunkt noch unüblich, sondern in dem Landbundorgan konnte der nationalsozialistische Rittergutsbesitzer Hauk auch einen langen Artikel platzieren, der sich massiv gegen die Grüne Front und die Landvolkpartei richtete.[162] Eine Wahlbeeinflussung zugunsten der NSDAP fand hier, anders als in der Ostprignitz, über den KLB-Vorstand statt.

Die Karte 2 soll die Einflussnahme des Landbundes auf die Wahlentscheidung verdeutlichen.[163] Die Farbe der Kreisgebietsfläche gibt an, welche Parteien überdurchschnittlich viel gewannen; die Farbe der Kreisna-

[160] Vgl. „Nachruf!“, in: Landbund Züllichau-Schwiebus 12.1931, Nr. 30 (31.7.).

[161] Anzeige mit Vortragsverzeichnis: „Hinein in die Front des Nationalsozialismus“, in: Landbund Züllichau-Schwiebus 11.1930, Nr. 2 (10.1.).

[162] Hauk, „Soll die Scholle sterben?“, in : Landbund Züllichau-Schwiebus 11.1930, Nr. 12 (21.3.).

[163] Bei der Darstellung wurde nicht umgesetzt, wer die höchsten Anteile im Kreise hatte, das war in fast allen Kreisen die NSDAP. Gerade die NSDAP, zum Teil auch die DNVP erreichte Wählerschichten, die außerhalb des Einflusses der Landbünde waren. Um dies zu entzerren wurde auf der Karte das Gebiet der Kreise mit der Farbe der Partei farblich dargestellt, die über dem Anteil ihrer Stimmen im gesamten Gebiet lagen. Das heißt DNVP über 15,1 %, CNBP über 12,6 % und NSDAP über 24,6 %. Wo zwei Parteien über ihrem Gesamtanteil lagen, wurden die Gebietsfläche straffiert.

men gibt die Parteizugehörigkeit der Vorsitzenden an.[164] Wo der Vorsitzende sich neutral verhielt oder wo die Parteizugehörigkeit nicht zu erfahren war, ist der Kreisname schwarz gedruckt.

Bei der Karte fällt die Dichotomie zwischen vom Großgrundbesitz beherrschten Kreisen, in denen die DNVP ihre besten Ergebnisse erzielte, und den kleinbäuerlich geprägten Kreisen, in denen die CNBP überdurchschnittlich abschnitt, ins Auge. Die NSDAP-Erfolge können dagegen keiner Betriebsgrößenstruktur der Kreise zugeordnet werden; d.h. überdurchschnittliche Ergebnisse hatte sie sowohl in Großgrundbesitzer-, Bauern- und Kleinbauern-Kreisen.

Von besonderer Bedeutung ist die Einstellung der Kreislandbundvorsitzenden. Überdurchschnittliche Ergebnisse erhielten die CNBP und DNVP in jenen Kreisen, in denen auch die Vorsitzenden der jeweiligen Partei angehörten. Lediglich im Kreis Ostprignitz hatte die CNBP, der der Vorsitzende angehörte, unterdurchschnittlich abgeschnitten. Das zeigte, dass er nicht mehr das Vertrauen der Basis hatte, wie es schon die Vorfälle in Kyritz zu Tage gebracht hatten.

Der Gesamtvorstand des BLB feierte das Wahlergebnis als „ein sichtbares Zeichen dafür, daß das deutsche Volk eine entschiedene Schwenkung gegen den Marxismus vorgenommen hat."[165] Doch die Freude über den Sieg der Rechten überdeckte die gewaltigen Veränderungen innerhalb des rechten Spektrums, vor allem seit ihrem letzten großen Erfolg 1924. Die Rechte war nun enorm zersplittert.

Die CNBP war die große rechte Partei, die zum einen bäuerliche Funktionäre und deren Anhang repräsentierte, zum anderen eine gouvernementalistische Richtung vertrat, die auch von Großgrundbesitzern gestützt wurde. Zwar legte die Partei auch in Brandenburg kräftig zu, dennoch muss das Ergebnis eher als Misserfolg gelten: In Brandenburg erreichte sie nur einen Bruchteil der ländlichen Bevölkerung und selbst bei den Bauern hat sie nur ein Drittel als Wähler gewonnen. Einfluss an dieser Entwicklung hatte nicht nur die NSDAP mit ihrer Diffamierungskampagne und die Hugenberganhänger, die nicht nur eine eindeutige Wahlaussage zugunsten der CNBP verhindert, sondern auch in ihren Kreisen massiv die CNBP unterdrückt hatten.

---

[164] Ausnahmen sind der Kreis Zauch-Belzig, wo die Parteizugehörigkeit des 2. Vorsitzenden, Gauger, für die Farbe des Kreisnamens ausschlaggebend war, da Gauger sicher den größten Einfluss auf die Landbundmitglieder hatte. Auch wurde für den Kreis Züllichau-Schwiebus die Parteizugehörigkeit des Hauptgeschäftsführers, Fink, als bestimmend für die Wahlbeeinflussung, wie oben beschrieben, herangezogen,

[165] „Der Brandenburgische Landbund zum Wahlergebnis und zur Osthilfe", in: Der BLB 11.1930, Nr. 39 (4. Sept.-Nr.). Die Sitzung fand am 17. September statt.

Ein wesentlicher Grund für das schwache Wahlergebnis der CNBP lag auch in der gouvernementalistischen Schiele-Politik und den agrarpolitischen Forderungen des RLB. Denn die landwirtschaftliche Krise, die 1930 noch durch die Weltwirtschaftskrise dramatisch verschärft wurde, konterkarierte die Erfolge der staatlichen Agrarpolitik. Die Agrarzollerhöhungen bewirkten kaum eine Preiserhöhung für landwirtschaftliche Produkte, allerdings federten sie den Preisverfall ab. Die Landbundfunktionäre wollten oder konnten die gouvernementalistische Politik nicht als Erfolg anpreisen, im Gegenteil: ihre Forderungen wurden immer höher – angesichts der Krise im industriellen Sektor zielten diese schon auf eine einseitige, rücksichtlose Förderung der Landwirtschaft. Die durchgesetzte „Osthilfe“ wurde zunächst als großer Erfolg der Gouvernementalisten zu Beginn des Wahlkampfes gefeiert. In den Ausführungsbestimmungen der Osthilfe fanden die Agrarier ihre unrealistischen Wunschvorstellungen nicht umgesetzt, und sie wurde kurz vor der Wahl selbst von den Gemäßigten als Misserfolg verkauft.[166] Somit wurde der gouvernementalistische Kurs, den die CNBP sich als großes Wahlkampfmotto ausgewählt hatte und der die landwirtschaftsfreundliche Politik der Regierung auch bewirkt hatte, von vielen bäuerlichen Wählern als gescheitert angesehen.

Die DNVP, seit den Abspaltungen wieder eine reine Fundamentaloppositionspartei, konnte jedoch die Masse der enttäuschten Bauern nicht gewinnen. Dies lag wohl weniger daran, dass ihr Name mit der von 1924 bis 1930 betriebenen Schaukelpolitik verhaftet war, denn zu offensiv warb sie mit dem programmatischen Wandel unter Hugenberg. Vielmehr zeigte sie sich, zumindest in Brandenburg, als Honoratiorenpartei wie die Konservative Partei im Kaiserreich, in der der ostelbische (adlige) Großgrundbesitz das Sagen hatte.

Der Sieger im rechten Lager, die NSDAP, hatte fast die gleiche Ideologie und Programmatik wie die DNVP. Zusammen kämpften die beiden Parteien mit unverschämten wirtschaftspolitischen Forderungen und der Verkündung des Scheiterns der gouvernementalistischen Politik gegen die Landvolkpartei. Die Propaganda der NSDAP richtete sich jedoch gegen Standesdünkel bei den Deutschnationalen und in ihrem Kampf gegen die Führung der Landbünde – gleichermaßen gegen Schiele- und Hugenberganhänger – sammelte sie die Unzufriedenen, Landbundmitglieder und schon Ausgetretene. Die neutrale Haltung vieler Kreislandbünde bot der modernen Parteiorganisation der NSDAP die größten Vorteile im Wahlkampf, da die rudimentär entwickelten Parteiorganisationen von CNBP und DNVP auf die früher ausgeübte Wahlarbeit der Landbundorganisationen stärker angewiesen waren. Nur in den Kreisen, in denen Landbundwahlarbeit voll eingesetzt wurde (Crossen, Westprignitz), hatte die NSDAP relativ schwache Ergebnisse.

---

[166] Vgl. Schr. Nicolas an Schiele v. 27.6.1930, in: BArch R8034 I RLB, Nr. 18, Bl. 101-103.

Die Reichstagswahlen 1930

Vergleich der Wahlerfolge von DNVP, CNBP und NSDAP

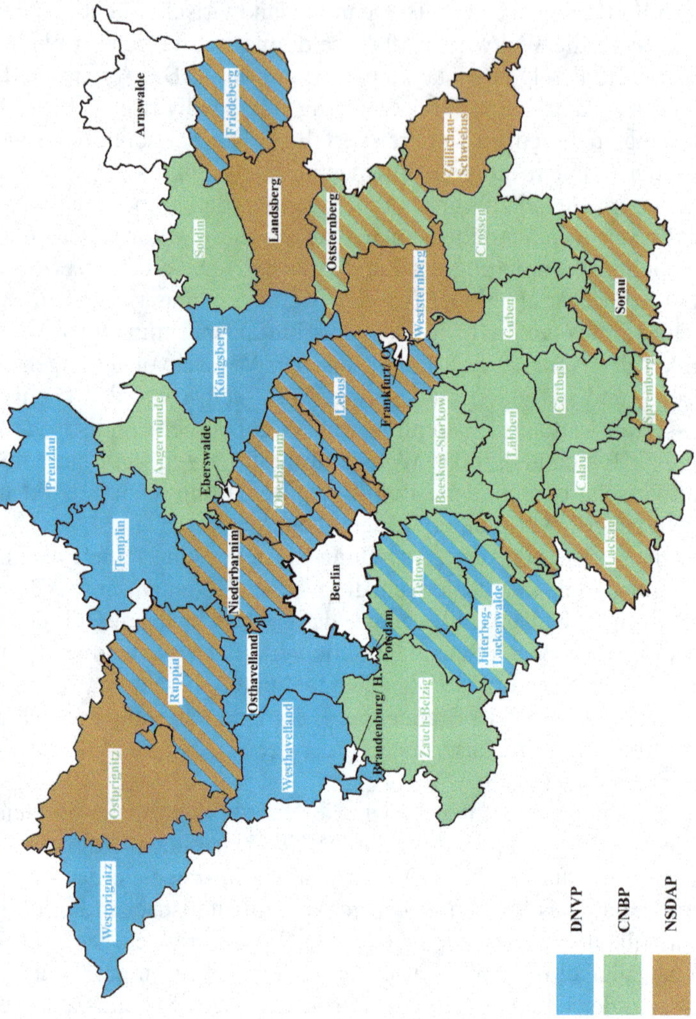

Wie bei den Wahlen die Bauern etwa zu je einem Drittel DNVP, CNBP und NSDAP gewählt hatten, so dürfte das Verhältnis dieser politischen Kräfte im Landbund ähnlich gewesen sein. Der Hauptgeschäftsführer des BLB, Lechler, schätzte im Februar 1931 das Verhältnis zum Zeitpunkt der Reichstagswahl ebenso ein: „Wir rechnen ungefähr damit, dass 1/3 unserer Mitglieder mindestens der Nationalsozialistischen Partei angehört. Wahrscheinlich wird sich dies Verhältnis seit den Wahlen zu Gunsten der Nationalsozialistischen Partei noch wesentlich verschoben haben."[167] Der Anteil nationalsozialistischer Bauern im Landbund sollte sich in der folgenden Zeit noch erheblich steigern.

2. Der Pakt von Deutschnationalen und Nationalsozialisten

Der agrarpolitische Apparat der NSDAP

Eine für die kommenden Jahre wichtige neue Organisation für die bäuerlichen Anhänger innerhalb der NSDAP wurde im August 1930, kurz vor den Wahlen, geschaffen: der „agrarpolitische Apparat" (aA).[168] Organisator und Leiter des aA war W. R. Darré, der erst im Mai 1930 zum „Berater der Reichsleitung der NSDAP in landwirtschaftlichen Fragen" ernannt worden war. Aufgabe des agrarpolitischen Apparates war zum einen die Propaganda speziell für die Landwirtschaft treibende Bevölkerung, zum anderen sollte der aA der Partei Aufschluss geben über die Stimmung in der landwirtschaftlichen Bevölkerung und die Vorgänge in allen landwirtschaftlichen Organisationen. Der aA war strikt hierarchisch organisiert.[169]

Für die Ernennung zuständig waren die jeweiligen Parteileiter und die Funktionäre der höheren Ebene des aA. Auch in der weiteren Tätigkeit der landwirtschaftlichen Fachberater blieb die doppelte Zuständigkeit: die Fachberater waren gegenüber Partei und aA weisungsgebunden und berichtpflichtig.

---

[167] Schr. Lechler an Johannes Schultze-Schmergow v. 3.2.1931, in: BArch R8034 I RLB (BLB), Nr. 201.

[168] Vgl. zum Aufbau und organisatorischer Entwicklung bis 1933 v. a.: Gies, NSDAP und die landwirtschaftlichen Organisationen.

[169] Vgl. Gies, Darré, S. 47. Er war gegliedert in: Landwirtschaftlicher Reichsfachberater, Landwirtschaftliche Landesfachberater (LLF), Landwirtschaftliche Gaufachberater (LGF), Landwirtschaftliche Abschnittsfachberater (LAF), Landwirtschaftliche Bezirksfachberater (LBF), Landwirtschaftliche Kreisfachberater (LKF), Landwirtschaftliche Ortsfachberater (LOF) und Landwirtschaftliche Vertrauensleute (LVL). Die Anweisung zur Ernennung von LAF erließ Darré Ende 1931, von LLF 1932, die übrigen waren schon im Herbst 1930 von Darré geplant.

Zum Landwirtschaftlichen Gaufachberater für den Gau Brandenburg (Regierungsbezirk Potsdam) wurde Frhr. Alexander v. Wangenheim ernannt. Personell bedeutete dies keine Veränderung, da Wangenheim schon seit 1929 Fachberater für landwirtschaftliche Fragen des Gaues war. Im Gau Ostmark (Regierungsbezirk Frankfurt und die westpreußischen Kreise) wurde Reinhard Bredow zum LGF berufen. Eine mögliche Alternative wäre Siegfried Kasche gewesen, der im Gau schon lange Redner für landwirtschaftliche Themen war und im Märkischen Adler dazu Artikel geschrieben hatte und weiterhin schrieb. Doch Bredow kam den Anforderung Darrés, das Vertrauen der Berufskollegen zu haben und der Landwirtschaft verbunden zu sein, näher: er war Bauer, Vorsitzender des „Bundes Freier Bauer" und ehemaliges Mitglied des erweiterten Vorstandes des KLB Lebus. Beide LGF waren eng mit der Brandenburgischen Bauernhochschule und den „Ehemaligen" – den eifrigsten Agitatoren der NSDAP auf dem Brandenburger Land 1928/29 – verbunden: Wangenheim als Lehrer und Herausgeber der Zeitschrift, Bredow durch seine Söhne und Neffen, die zu den führenden Ehemaligen gehörten. Die völkische Bauerntumsideologie hatten sie schon verbreitet, als es noch keinen aA gab und Darré noch nicht einmal seine Kontakte zur Reichsleitung der NSDAP geknüpft hatte. Zu Landwirtschaftlichen Bezirks- und Kreisfachberatern wurden meist Landwirte gemacht, die schon vorher als Redner in den Dörfern aufgetreten und als Orts- oder Stützpunktleiter der Partei tätig gewesen waren. Die meisten waren wohl im Landbund oder ehemalige Landbundmitglieder. Auch von den „ehemaligen Bauernhochschülern" übernahmen einige Funktionärsposten auf höherer Ebene im aA: Knothe war LBF (ab 1931); Wilhelm Bredow LBF; Daase LKF (seit 1930/31) und LAF (1935); Grieben LBF (Januar 1931); Kackstein LKF (1930); Lehniger LKF (1933); Mette LKF (1930); Wittkopp LKF (1930), Rau LKF (1933).[170] Alfons Zabel war seit 1933 im aA „Gaufachberater für das Bauernhochschulwesen".[171] Insbesondere im Gau Brandenburg, in dem v. Wangenheim LGF war, wurden viele ehemalige Bauernhochschüler Funktionäre im aA.

Die von Gies so hervorgehobene Bedeutung des agrarpolitischen Apparates für die Eroberung des flachen Landes muss zumindest für Brandenburg relativiert werden. Schon vor der Errichtung des aA gab es eine Propaganda für die landwirtschaftliche Bevölkerung, an der die meisten Mitglieder des aA bis dahin als offizielle Redner der NSDAP, Funktionäre oder wie viele Bauernhochschüler als einfache Mitglieder ihren Anteil

---

[170] Viele andere waren wohl auf unteren Ebenen Landwirtschaftliche Fachberater, wie etwa Reeps seit 1930 LOF oder Schützke seit 1931 LOF.

[171] Von den sieben, bis Mai 1933 ernannten „Kreisfachbearbeiter für das Bauernhochschulwesen" des Gaus Ostmark hatten sechs die BHS vor 1928 besucht. Vgl. „An die landwirtschaftlichen Kreisfachberater im Gau Ostmark!", in: „Märkischer Adler" v. 21.5.1933.

hatten. Schon vor Darré spielte die Bauerntumsideologie, "Blut- und Boden-Ideologie" dabei eine wichtige Rolle. Der wichtigste Grund für den Niedergang der CNBP war nicht, wie Gies behauptete, die „beispielhafte Agitationskampagne des aA" von Herbst 1931 bis November 1932. Denn die Kampagne gegen die Landvolkpartei hatte schon vor 1930 begonnen und ab Herbst 1931 startete die Kampagne gegen die Deutschnationalen. Letztendlich war die Agitation der Nationalsozialisten nicht der einzige oder wichtigste Grund für das Scheitern der CNBP.

Durch den aA der NSDAP steigerte sich allerdings die Effizienz der nationalsozialistischen Propaganda. Ein wesentlicher Erfolg Darrés war zudem, dass der Konflikt „Raus aus dem Landbund" oder „Eroberung der Landbundorganisationen" 1931 endgültig zugunsten letztgenannter Taktik entschieden wurde.[172] Schließlich wurde durch den aA die Landwirtschaft innerhalb der NSDAP aufgewertet: Innerhalb der Parteiorganisation wurde ihr ein höherer, besonderer Platz zugeordnet; die Blut- und Bodenideologie wurde nun integraler Bestandteil des NS-Ideologienkonglomerats. Durch den aA wurde auch das Ansehen der NSDAP auf dem Land aufgewertet. Er bot für viele Bauern, die in der eigentlichen Parteiorganisation keinen Platz mehr fanden, neue Funktionärsposten. Zum anderen sah die ländliche Bevölkerung, dass ein Bauer in dieser Partei Funktionen übernehmen und aufsteigen konnte.[173] Diese Einbindung von Bauern hatte die DNVP nie geschafft und sie blieb somit aus bäuerlicher Perspektive eine Partei von Städtern und Großgrundbesitzern.

Gleichwohl hat es von Seiten der DNVP ebenfalls Anstrengungen gegeben, die ländliche Bevölkerung zu gewinnen. In der Initiative zur Gewinnung von Vertrauensleuten, wie sie am Rande der Sitzung vom 24. August 1930 gestartet wurde, kann man den Versuch eines Organisationsaufbaus sehen, den die NSDAP mit ihrem aA letztendlich erfolgreich zur selben Zeit gestartet hat. Auch die Initiierung von „Propagandawellen" nach der Reichstagswahl sollte zur Gewinnung der ländlichen Wählermassen dienen. Doch die „Novemberwelle",[174] die im Süden Brandenburgs im November 1930 von der DNVP unternommen wurde, war lächerlich im Vergleich zu den „Propagandawellen" der NSDAP und zudem verfehlt: Lediglich in den Städten kam es zu Redeveranstaltungen. Doch ein v. Stünzner-Karbe in Landsberg oder ein Graf Schulenburg-Lieberose in Lübben ist ein ungeeigneter Redner für die städtischen Wählermassen, für die ländlichen war dies der falsche Ort (Gauger sprach 1921 von verqualmten Gaststuben, wo sich die Großen hinbegeben müssten), mit adligen Großgrundbesitzern wahrscheinlich nun auch die falschen Redner.

---

[172] Vgl. Gies, NSDAP, S. 361-362.

[173] Auch wenn nur wenige tatsächlich in die eigentliche Parteiorganisation aufstiegen.

[174] Vgl. hierzu: BArch R8005 DNVP, Nr. 18.

Neben der Unfähigkeit der Deutschnationalen zur Massenpropaganda für das Land und zum Aufbau einer schlagkräftigen Organisation war es aber auch das Misstrauen der Bauern gegen die deutschnationalen Großgrundbesitzer, das den Versuch zur Wiedergewinnung der ländlichen Massen zum Scheitern brachte. Hugenberg und seine Anhänger hatten sich auf die Fahne geschrieben, möglichst bald die Republik zu zerschlagen. Statt eine Massenbasis wieder zu gewinnen suchten die Deutschnationalen nun die massentaugliche NSDAP als Bündnispartner zu gewinnen.

Der Pakt

Nach den Reichstagswahlen im September 1930 war es das Nahziel der Hugenbergianer, die Landvolkparteiler und die Gemäßigten aus den Vorständen der Landbünde zu verdrängen. Der Vorsitzende des Pommerschen Landbundes, v. Rohr-Demmin, hatte hierfür zu einer Sitzung der Hugenberganhänger auf nationaler Ebene zum 14. Oktober 1930 eingeladen. Er machte dazu den Vorschlag, „in grösserer Geschlossenheit dem zuständigen Landbund den Austritt anzukündigen."[175] Demgegenüber betonte v. Arnim-Boitzenburg, dass „sich unsere Organisation, wenn man sie so nennen soll, nicht mit dem Austritt aus dem Landbund beschäftigt, sondern mit der Frage, ob es nicht möglich wäre, innerhalb der Landbundorganisation einen Einfluß dahin gehend zu gewinnen, dass unsere Richtung in diesem die Oberhand gewinnt." Für die brandenburgischen Hugenberganhänger ginge es darum, „den jetzigen Vorsitzenden des Brandenburgischen Landbundes, Herrn Nicolas-Rostin, zu beseitigen, der nach unserer Ansicht ungeeignet ist, die Führung weiter in der Hand zu behalten."[176]

Bei diesem Treffen im „Habsburger Hof" in Berlin war neben v. Rohr und v. Arnim-Boitzenburg auch Duesterberg und Stubbendorff für die Deutschnationalen anwesend; mit dabei waren aber auch Darré und andere „aktive Nationalsozialisten".[177] Das Bündnis von Hugenberganhängern und Nationalsozialisten wurde hier auf hoher Ebene beschlossen. Es richtete sich, so aus der Einladung herauslesbar, gegen die gemäßigten Kräfte im Landbund.

Bei der Versammlung der Brandenburgischen Hugenberganhänger am 27. November 1930 waren die Themen: „Durchsetzung unserer Richtung in den Kreislandbünden – Zusammenarbeit mit den Nationalsozialisten –

---

[175] Schr. v. Rohr an Graf Arnim-Boitzenburg v. 26.9.1930, in: BLHA Rep. 37 Herrschaft Boitzenburg, Nr. 4434, Bl. 65.

[176] Schr. v. Arnim-Boitzenburg an v. Rohr v. 1.10.1930, in: BLHA Rep. 37 Herrschaft Boitzenburg, Nr. 4434, Bl. 73.

[177] „Die Tagebücher R. Walther Darré's 1930-1945. bearb. v. Hanns Deetjen, in: Stadtarchiv Goslar, NL Darré, Nr. 484. Ob es am selben Tag ein rein deutschnationales Treffen gab, ist möglich. Darré vermerkt für den 19. November und 13. Januar weitere Treffen mit v. Rohr.

Vorbereitung der Wahl zum Brandenburgischen Landbund“[178]. Nach Darstellung des teilnehmenden zweiten Vorsitzenden des KLB Niederbarnim, Wendtland, war in dieser Sitzung „sehr viel grösserer Besitz vertreten gewesen“ und „die ganze Versammlung parteipolitisch von den Deutschnationalen unter Hinzuziehung nationalsozialistischer Anhänger aufgezogen“.[179] Motivation der Veranstalter waren die kommenden innenpolitischen Kämpfe, für die man sich rüsten müsse, für die man „z. Zt. in Reserve bleiben“ müsse (Stubbendorff) bzw. der Stahlhelm „abwarten wolle, bis von Links der Anstoss gegeben würde“ (Morozowicz)[180]. Für die bevorstehende Zeit sei aber Nicolas zu schwach und müsse abgewählt werden. Als Gegenkandidat präsentierte v. Arnim-Cunersdorf das Reichstagsmitglied Stubbendorff. Der Vorsitzende des KLB Lebus, Mudrack, wies darauf hin, dass „seiner Auffassung nach 2/3 der Kreise für Herrn Nicolas eingestellt seien, 1/3 dagegen für Herrn Stubbendorff.“

Stubbendorff meinte allerdings, dass

> „das Stimmenverhältnis etwa halb und halb jetzt bestünde. Die Deutschnationalen müssten sich mit den Nationalsozialisten zusammentun.
> Es soll darauf hingewirkt werden, dass in den Kreislandbünden noch vor den Wahlen für den Brandenburgischen Landbund Generalversammlungen stattfinden. Nichtdeutschnationale Vorsitzende sollen zum Rücktritt gezwungen werden. Wenn die Generalversammlung normalerweise zu einem späteren Zeitpunkt stattfände, so soll darauf hingewirkt werden, dass sie vorverlegt würde. Nötigenfalls stünden Flugblätter gegen Vorsitzende zur Verfügung. Auch könne man dem Vorsitzenden Deputationen auf den Hals schicken. Wenn weiter nichts zu erreichen sei, solle man versuchen, den Kreis zu zwingen, dass sie Stimmen nicht einheitlich abgeben würden, dann könnte der Kreis mit seinem Stimmenverhältnis somit brachgelegt werden. Man könne evtl. auch den Vorsitzenden, die an ihren Plätzen klebten, den Weggang dadurch schmackhaft machen, dass man vorschlüge, sie zu Ehrenvorsitzenden zu wählen.“

---

178 Rschr. v. Arnim-Cunersdorf v. 18.11.30, in: BLHA Rep. 37 Herrschaft Boitzenburg, Nr. 4434, Bl. 58.

179 Lechler, Walther, „Bericht über eine Versammlung, die Herr von Arnim-Cunersdorf für den 27. November nach Berlin einberufen hatte.“, in: BArch R8034 I RLB, Nr. 18, Bl. 9-13; hier Bl. 10. Eine Liste der Eingeladenen enthält in etwa die Namen der Eingeladenen vom 24. August; vgl.: Schr. Dommes an Arnim-Boitzenburg v. 21.11.30, in: BLHA Rep. 37 Herrschaft Boitzenburg, Nr. 4434, Bl. 57 u. 59-61 (Liste). Schulz-Sembten (nun LKF des aA) war wieder darunter, sonst aber keine NS-Prominenz – zumindest auf der Einladungsliste. Dass dann doch noch mehr Nationalsozialisten zugegen waren, ist möglich, denn Wendtland stand auch nicht auf der Liste der Eingeladenen.

180 Lechler, Walther, „Bericht über eine Versammlung, die Herr von Arnim-Cunersdorf für den 27. November nach Berlin einberufen hatte.“, in: BArch R8034 I RLB, Nr. 18, Bl. 9-13; hieraus auch folgende Zitate.

Der Angriff richtete sich gegen Landvolkparteiler bzw. andere Gemäßigte und zwar mit allen Mitteln: „Die anwesenden Herren möchten sich wie der Hecht im Karpfenteich betrachten und Sorge tragen, dass die Ziele der Versammlung durchgesetzt würden." Die Hugenbergianer konnten sich zwar auf den Großteil der Großgrundbesitzer stützen, aber bei den Vorstandswahlen waren sie auf die Mithilfe der Nationalsozialisten angewiesen, die unter den Bauern immer mehr Anhänger fanden. Ein Austritt aus dem Landbund war nur als äußerste Maßnahme vorgesehen.

Ein zumindest symbolhafter, wichtiger Schritt für die Allianz von Deutschnationalen und Nationalsozialisten, der „Nationalen Front", war das Treffen von brandenburgischen adligen Großgrundbesitzern und Hitler, das seit November geplant war und am 21. Januar 1931 stattfand.[181] Symbolhaft für das Verhältnis der Allianz war hierbei auch die Art des Zusammentreffens: nicht Hitler war Gast in einem herrschaftlichen Hause (wie geplant), sondern die Adligen wurden als Gäste des „Führers" empfangen. Die Erleichterung, die Arnim-Boitzenburg darüber empfand, Hitler nicht empfangen zu müssen, ist schon fast unverständlich.[182]

Nach dem Zusammentreffen äußerte sich v. Arnim-Boitzenburg, als Vertreter der alten Elite, überrascht positiv über Hitler:

> „... hatte ich Gelegenheit, in einer ganz kleinen Privatversammlung von etwa 15 Personen, mit Herrn Hittler in Berührung zu kommen, und ihn über seine Zwecke und Ziele sprechen zu hören. Ich kann nur sagen, dass der Vortrag, den er hielt, ganz ausgezeichnet war, und zu irgend einer Beanstandung keinen Anlass bot. Wenn der Nationalsocialismus sich in dieser Richtung bewegte, die Hittler als seine Richtlinien angibt, würde man ohne weiteres mit ihm einverstanden sein können."

Graf Arnim störte sich lediglich an den lokalen „Agitatoren, die die Ziele ihres Führers offenbar nicht genau kennen".[183]

Dieses Treffen Hitlers mit der brandenburgischen Noblesse besiegelte den in die Wege geleiteten Pakt von adligen Großgrundbesitzern und den Nationalsozialisten. Dieser Pakt wurde ein dreiviertel Jahr vor der Bildung der „Harzburger Front" am 11. Oktober 1931, die in der Forschung als der Pakt von Nationalsozialisten und Deutschnationalen gekennzeichnet wird, geschlossen.

---

[181] Vgl. hierzu: Pomp, Landadel, S. 208-209; Malinowski, Vom König zum Führer, S. 478. Kurt Gossweiler u. Alfred Schlicht, Junker und NSDAP 1931/32, in: ZfG 1967, S. 644-662. Der von diesen erwähnte Einladende war v. Oppen-Tornow.

[182] Denn adliger Usus war es doch, dass der Höherstehende als Gastgeber auftrat und, wenn dieser im Gegenzug der Einladung als Gast Folge leistete, dies schon als Gunstbezeugnis zu bewerten war. Hatte der Adel seine Etikette verloren oder Hitler als Führer schon anerkannt oder einfach Angst vor dem „braunen Schmutz", den Hitler in ihre Häuser bringen könnte?

[183] Schr. v. Arnim-Boitzenburg an Durchlaucht [Fürst Eulenburg-Hertefeld] v. 26. 2. 1931, in: BLHA Rep. 37 Herrschaft Boitzenburg, Nr. 4434, Bl. 41 – 45, hier: Bl. 41. Auch abgedruckt in Gossweiler und Schlicht, S. 655-657.

Ein erster Erfolg des Bündnisses von Hugenbergianern und Nationalsozialisten war die „Eroberung" des Kreislandbundes Ostprignitz. Zwei Wochen nach der ersten großen Versammlung der Hugenberganhänger im August wurde am 6. September 1930 auf der Vorstandssitzung des Kreislandbundes der 1. Vorsitzende v. Jena wegen seiner Reichstagskandidatur für die CNBP heftig angegriffen. Er legte daraufhin seinen Vorsitz nieder und der 2. Vorsitzende Staffehl lehnte die Übernahme der Geschäftsführung ab, da er ebenfalls Landvolkkandidat war.[184] In der Vorstandssitzung vom 25. November 1930 legte der gesamte Vorstand seine Ämter für die Neuwahl in den Bezirken nieder.[185] Zur Jahreswende wurde der Nationalsozialist Martin Wendt als 1. Vorsitzender des Kreislandbundes gewählt.[186] Der erste Kreislandbund nicht nur Brandenburgs, sondern Deutschlands war von der NSDAP „erobert" worden.[187] Der Angriff auf die Landvolkparteiler, möglicherweise auch die Wahl selbst[188], war ohne die Unterstützung der Deutschnationalen nicht möglich. Als Zeichen der Zusammenarbeit darf die Zuwahl von den Deutschnationalen Emil Schneider und Adda v. Klitzing (beide Teilnehmer der Hugenbergtreffen, beide aktiv bei den Kyritzer Unruhen 1928) in den KLB-Vorstand gesehen werden. Dass der pommersche v. Rohr als Hauptredner bei der Generalversammlung des KLB im März 1931 auftrat und über „Landvolk und Nationale Revolution" sprach,[189] ist sicher ebenso Ausdruck dieses Paktes der „Nationalen Front". Gewinner dieses Paktes wurde hier, wie später im großen Stil, die NSDAP.[190]

---

[184] Rostocker Anzeiger v. 7.9.30, in: BArch R8034 II RLB-Pressearchiv, Nr. 2919, Bl. 148.

[185] Vgl. „Der Landbundvorstand,...", in: Mitteilungen Landbund Ostprignitz 10.1930, Nr. 48 (28.11.).

[186] Vgl. „Unser neuer Vorstand.", in: Mitteilungen Landbund Ostprignitz 11.1931, Nr. 1 (9.1.).

[187] Stolz verkündete Darré schon die Ankündigung dieses Erfolgs; Rschr. Darré an LGF v. 22.12.1930, in: BArch NS 22, Nr. 449.

[188] Eine Aufschlüsselung der Parteimitgliedschaft des wählenden Vorstandes war nicht möglich; v. Oppen-Dannenwalde war Landvolkparteiler, Wendt Nationalsozialist. Lediglich vier Vorstandsmitglieder waren 1934 Ortsbauernführer, darunter einer noch Hauptabteilungsleiter der Kreisbauernschaft. Dies deutet daraufhin, dass die Mehrheit des KLB-Vorstandes 1931 nicht nationalsozialistisch war.

[189] Vgl. „Unsere ordentliche Mitgliederversammlung am 22. März in Pritzwalk", in: Mitteilungen Landbund Ostprignitz 11.1931 Nr. 12 (27.3.).

[190] Deutlicher war dies nun beim Kreisjunglandbund Ostprignitz: Im Januar 1931 wurde der ehemalige Bauernhochschüler Reeps, LOF im aA, zum 1. Vorsitzenden gewählt; der Kreisleiter der NSDAP und LKF des aA, Kackstein, wurde als 2. Vorsitzender im März wiedergewählt. Vgl. „Kreisjunglandbund. Vorstandssitzung.", in: Mitteilungen Landbund Ostprignitz 11.1931, Nr. 3 (23.1.) und „Junglandbund.", in: ebda., Nr. 12 (27.3.).

Sturm gegen Nicolas

Die Abwahl des Vorsitzenden des Brandenburgischen Landbundes, Nicolas, – erklärtes Ziel der Hugenbergianer – sollte auf der Vertreterversammlung am 28. Januar 1931 stattfinden. Das vorbereitende Treffen der Hugenbergianer fand am 7. Januar statt.[191] Von den Deutschnationalen wurde nun nicht der im November bestimmte Kandidat Stubbendorff, sondern v. Bredow-Landin vorgeschlagen. Die nationalsozialistischen Vertreter schlugen dagegen v. Oppen-Tornow vor. „Nach längerer Aussprache erklärte sich die Mehrheit der Anwesenden für von Oppen."[192] Zwar war v. Oppen-Tornow zu diesem Zeitpunkt noch kein Nationalsozialist,[193] doch stand er der Partei sehr nahe. Der Mehrheit der anwesenden Hugenberganhänger bereitete es aber gar keine Schwierigkeiten den Kandidaten der Nationalsozialisten als künftigen Vorsitzenden der bedeutendsten Provinzialorganisation des RLB zu wählen.[194]

Der Landvolkparteiler v. Arnim-Ragow hatte schon bald nach der Versammlung der Hugenberganhänger Ende November 1930 die Gegenkräfte mobilisiert. Für den 17. Dezember 1930 hatte er die Vorsitzenden der

---

[191] Nach dem Treffen vom 27.11.30 fand noch ein Treffen am 18. Dezember statt, zu der v. Arnim-Cunersdorf eingeladen hatte; vgl. Schr. v. Arnim-Boitzenburg an v. Quast v. 12.12.30, BLHA Rep. 37 Herrschaft Boitzenburg, Nr. 4434, Bl. 56.

[192] Rschr. NSDAP Gau Brandenburg [gez. Gauleiter Schlange und LGF Wangenheim] v. 8.1.31, in: BLHA Rep. 61 NSDAP Krs. Eberswalde-Oberbarnim OG Woltersdorf, Nr. 121, Bl. 4. Zunächst wurde v. Bredow-Landin vorgeschlagen. Doch sprach sich die Mehrheit der Anwesenden dann für den Kandidaten der NSDAP aus, doch eher widerwillig, wie dem Rundschreiben zu entnehmen ist: „Nach der ganzen Stimmung in der Versammlung erscheint es uns zweifelhaft, dass der Wunsch nach der Wahl von Oppens wirklich ehrlich ist. Die Versammlung hatte eine gewisse Angst vor uns." Das Rundschreiben trägt das hs. Datum vom 8. Januar. Das Schreiben bezieht sich auf „die heutige Sitzung von Vertretern des Landbundes". Entweder wurde die Sitzung vom 7. auf den 8. Januar gelegt, oder die Unterschrift mit Datum wurde erst einen Tag später zugefügt.

[193] So fälschlicherweise ein Rundschreiben der NSDAP: „Die Parteileitung wünscht, dass sämtliche Mitglieder des Landbundes, die der NSDAP angehören, bei der Präsidentenwahl des Brandenburgischen Landbundes Herrn von Oppen-Tornow wählen, der Nationalsozialist ist."; Rschr. Gaubefehl I Gau Ostmark der NSDAP v. 7.1.30, in: BArch R 187, Nr. 205 Bd. 2, Bl. 68-70, hier: Bl. 69. Danach auch eigene Fehler: Pomp, Landadel, S. 210. Möglicherweise war v. Oppen-Tornow, der erst Ende 1931 der NSDAP beitrat, zu diesem Zeitpunkt noch bei der DVFP.

[194] Vgl. auch Schr. v. Arnim-Boitzenburg an v. Arnim-Cunersdorf v. 9.1.31, in: BLHA Rep. 37 Herrschaft Boitzenburg, Nr. 4434, Bl. 49: „Leider konnte ich nicht bis zum Schluß der Sitzung bleiben…Ich habe daher nicht mehr erlebt, was eigentlich bezüglich der zu wählenden Persönlichkeiten beschlossen ist. Ich nehme an, dass sich die Mehrheit für Herrn von Oppen ausgesprochen hat, würde dies aber gern genau wissen, damit hier im Kreise die nötigen Schritte getan werden können, um den Vorsitzenden bei der Wahl dazu zu bewegen, dass er ihm die Stimme gibt."

Kreislandbünde Angermünde, Prenzlau, Teltow und Groß-Berlin, Calau, Cottbus, Jüterbog-Luckenwalde, Guben, Luckau, Lübben, Niederbarnim, Sorau-Forst, Zauch-Belzig, Weststernberg, Beeskow-Storkow, Spremberg und Soldin zu einem Treffen eingeladen, das die Wiederwahl Nicolas' sicherstellen sollte. Viele KLB-Vorsitzende waren Landvolkparteiler, die meisten vertraten bäuerlich geprägte Kreise. Da Nicolas weder Bauer noch Landvolkparteiler war, hätte seine Abwahl allein möglicherweise noch keinen großen Verlust aus der Sicht der bäuerlichen Funktionäre bedeutet. Doch v. Arnims Einladung beinhaltete die Drohung, dass in diesem Fall auch die bäuerlichen Stellvertreter Gauger und Bethge zurücktreten würden. „Schwere Erschütterungen" des BLB wären dann in der Tat „unvermeidlich" geblieben.[195]

Die Mobilisierungsanstrengungen zugunsten der Wiederwahl Nicolas' waren erfolgreich, wie der Tag der Vertreterversammlung am 28. Januar 1931 zeigte. So zeigte eine Probeabstimmung in der von Graf Hardenberg geführten Vorbesprechung der KLB-Vorsitzenden vor der eigentlichen Vertreterversammlung, dass die Mehrheit der Kreislandbünde Nicolas wieder wählen würde. Der Hugenbergianer Stubbendorff war überrascht, dass „z.B. der Kreislandbund Lebus, den wir fest als gegen Herrn Nicolas eingestellt beurteilt hatten, sich auf die Gegenseite stellte. Auch der Kreis Jüterbog stimmte in dieser Vorabstimmung für den bisherigen Vorstand."[196] Entgegen der von dem Leiter dieser Vorbesprechung vorgeschlagenen „einstimmigen" Wiederwahl bestand Stubbendorff auf einer Kampfabstimmung und einer großen Aussprache bei der Vertreterversammlung.

Bei der Vertreterversammlung erhielt Nicolas im 1. Wahlgang nicht die erforderliche Zweidrittelmehrheit: 709 von 1161 abgegebenen Stimmen.[197] Die „nationale Front" präsentierte nun zwei Kandidaten: den Hugenberganhänger v. Bredow und den von den Nationalsozialisten aufgestellten v. Oppen-Tornow, die 270 bzw. 182 Stimmen erhielten. Im 2. Wahlgang erhielt Bredow zwar 342 Stimmen, mit 764 Stimmen erreichte

---

[195] Rschr. v. Arnim-Ragow v. 8.12.30, in: BArch R8034 I RLB, Nr. 18, Bl. 8. Von der Sitzung ist kein Protokoll vorhanden, lediglich das Einladungsschreiben.

[196] Schr. Stubbendorff an v. Arnim-Boitzenburg v. 17.2.31, in: BLHA Rep. 37 Herrschaft Boitzenburg, Nr. 4434, Bl. 45-46, hier Bl. 45 RS. Der Vorsitzende des KLB Jüterbog-Luckenwalde, der Gutsbesitzer Arndt, war auf der Liste der Eingeladenen zu den Hugenbergianertreffen v. 24.8 und 27.11.30; eine Einladung hatte er aber auch für das von v. Arnim-Ragow organisierte Treffen am 17.12.30 erhalten.

[197] Vgl. auch zum Folgenden: „Vertreterversammlung des Brandenburgischen Landbundes.", in: Der BLB 12.1931, Nr. 5 (1. Feb.-Nr.). Die Stimmenanzahl berechnete sich für jeden KLB nach der Mitgliederzahl und dem bezahlten Beitrag (der von der Mitgliedsfläche abhing). Bei der Stimmabgabe konnten die Stimmen der einzelnen KLB noch nach den jeweiligen Vertretern geteilt werden. Da die Abstimmung geheim war, war es nicht einmal dem anwesenden Stubbendorff möglich festzustellen, welche Kreislandbünde wen gewählt hatten.

Nicolas aber die erforderliche absolute Mehrheit. Auch die beiden stellvertretenden Vorsitzenden wurden wieder gewählt: Gauger mit Zweidrittelmehrheit (817 Stimmen) und Bethge mit einfacher Mehrheit (742 Stimmen).[198] Der gegen beide stellvertretende Vorsitzende aufgestellte Gegenkandidat, der Nationalsozialist Martin Wendt, erhielt bei der Kampfabstimmung gegen Bethge immerhin 418 Stimmen.

Dass nicht alle Stimmen für die drei Vorsitzenden Stimmen der Landvolkparteiler waren, zeigte die einzige Abstimmung für die Wahl in den Arbeitsausschuss des BLB. Gegen den Vorsitzenden des KLB Crossen, den Landvolkparteiler Malke, traten der Vorsitzende des KLB Lebus, der Hugenberganhänger Mudrack, und der neue Vorsitzende des KLB Ostprignitz, der Nationalsozialist Wendt, an. Schon im ersten Wahlgang erhielt Mudrack mit 681 Stimmen die absolute Mehrheit, während Malke lediglich 422 Stimmen erreichte (Wendt 40). Im zweiten Wahlgang erhielt Mudrack 658, Malke 406 Stimmen. Vergleicht man diesen Wahlgang mit der Wahl Nicolas gegen Bredow und v. Oppen, so dürfte jeweils etwas mehr als ein Drittel der Stimmen für die Landvolkpartei (v. a. aus den Niederlausitzer und Südberliner bäuerlichen Kreisen) und die „Nationale Front" (v. a. aus den nordwestlichen Großgrundbesitzerkreisen) abgegeben worden sein;[199] knapp ein Drittel der Stimmen waren „neutral". Von diesen konnte Mudrack wohl einige gewinnen (neben seinem eigenen Stimmenkontingent), nachdem er in der Vorbesprechung sich für die Wiederwahl Nicolas' ausgesprochen hatte.[200] Seine Taktik, sich als Hugenberganhänger angesichts der Machtverhältnisse für die Wiederwahl von

---

[198] Die Vertreterversammlung verzichtete einstimmig auf einen zweiten Wahlgang und ließ Bethge als gewählt gelten.

[199] Laut „Rotem Adler" waren die Kreise Friedeberg, Landsberg, Ostprignitz, Ruppin, Templin, Westhavelland und Zauch-Belzig für eine „Aenderung in der Zusammensetzung des bisherigen Vorstandes"; vgl. „Zur Vorstandswahl im Landbund", in: Roter Adler v. 30.1.31. Die Informationen müssen aus der Vorbesprechung gezogen worden sein. Hier hatte aber Zauch-Belzig für Nicolas gestimmt. Möglicherweise hat der Schreiber Züllichau-Schwiebus gemeint, auch die Westprignitz ist dort vergessen worden. Nimmt man zu den korrigierten Kreisen noch den Kreis Oberbarnim, von dem zumindest ein Teil der Stimmen (Oppen-Tornow) für die nationale Front eintrat, so dürften diese 9 Kreise etwas über ein Drittel der Stimmen ausgemacht haben (Nach einer Stimmenaufstellung von 1926). Auf der anderen Seite waren 13 Kreise die landvolkparteinah waren: Calau, Cottbus, Guben, Lübben, Luckau, Spremberg, Sorau-Forst, Beeskow-Storkow, Teltow/Groß-Berlin, Zauch-Belzig, Angermünde, Soldin, Sorau-Forst, auch diese Kreise hatten etwas über ein Drittel der Stimmen (im Vergleich zu den neun Kreisen hatten diese weniger angeschlossene Fläche und damit weniger Stimmen). Diese grobe Schätzung berücksichtigt nicht das Stimmensplitting in den Kreisen.

[200] Vgl. Schr. Stubbendorff an v. Arnim-Boitzenburg v. 17.2.31, in: BLHA Rep. 37 Herrschaft Boitzenburg, Nr. 4434, Bl. 45-46.

Nicolas auszusprechen, hatte ihm endlich einen Posten im Arbeitsausschuss eingebracht.[201]

Vier weitere Mitglieder des Arbeitsausschusses wurden durch Zuruf gewählt. Wieder gewählt wurden dabei v. Arnim-Ragow, Jacobs und Holzheimer; neu gewählt der KLB-Vorsitzende der Ostprignitz Wendt (für Staffehl). Die wohl von Stubbendorff vorgeschlagene[202] und von der Vertreterversammlung akzeptierte Wahl des Nationalsozialisten, darf als Zugeständnis an die nationalsozialistischen Anhänger im Landbund angesehen werden, ebenso wie die Zuwahl v. Oppen-Tornows in den Arbeitsausschuss durch den Vorstand. Zwar hatte die „Nationale Front" im BLB nicht die Abwahl von Nicolas, doch im Arbeitsausschuss erhebliche Zugewinne erreicht. Sie hatten nun fünf Vertreter im Arbeitsausschuss gegenüber zwei im Vorjahr. Die Landvolkparteiler waren jetzt nur noch mit drei (statt fünf) Mitgliedern vertreten (Gauger, v. Arnim-Ragow und Holzheimer), während die „Neutralen", d.h. keiner Partei Verpflichteten, Nicolas, Bethge, v. Hardenberg und Bochow wieder vertreten waren. Noch hatte die „Nationale Front" nicht die Mehrheit (5:7). Für sie war die Versammlung der „Kampf der Lauen gegen die Starken, in denen leider die Lauen gewannen"[203]. Doch mit der Wahl Wendts hatte der Arbeitsausschuss seinen ersten Nationalsozialisten, mit v. Oppen-Tornow bald den zweiten.

3. Die Auflösung der CNBP

Bis zur nächsten, ein Jahr später stattfindenden Vorstandswahl änderten sich die Machtverhältnisse im Landbund grundlegend. In einige Kreislandbundvorstände wurden, ähnlich wie beim Provinzialvorstand, Nationalsozialisten aufgenommen, entsprechend der Forderung der NSDAP, „frische Kräfte in die Vorstände zu bringen" bzw. „Berücksichtigung der Stärke der Nationalsozialisten". So wechselte der KLB Beeskow-Storkow, dessen Vorsitzender der Landvolkparteiler v. Arnim-Ragow war, am 17.

---

[201] Schon bei der Hugenbergversammlung sprach sich Mudrack angesichts der Mehrheitsverhältnisse für Nicolas sich für dessen Wiederwahl aus; vgl. Lechler, Walther, „Bericht über eine Versammlung, die Herr von Arnim-Cunersdorf für den 27. November nach Berlin einberufen hatte.", in: BArch R8034 I RLB, Nr. 18, Bl. 9-13; hier Bl. 11. Mudrack war 1930 bei einer Kampfabstimmung gegen Holzheimer und Lehmann an der Aufnahme in den Arbeitsausschuss schon im ersten Wahlgang gescheitert; vgl. „Niederschrift über die 27. Vertreterversammlung des BLB am 29. Januar 1930.", in: BArch R8034 I RLB, Nr. 50, Bl. 8-15, hier: Bl. 13.

[202] Vgl. den vor Stolz strotzenden Bericht des KLB-Geschäftsführers hierüber in: „Bericht über die Vorstandssitzung des Westprignitzer Landbundes am 9.2.31 im Landbundhause in Perleberg.", in: Landbund Westprignitz 12.1931, Nr. 7 (21.2.).

[203] Ebda.

Februar 1931 gleich fünf Vorstandsmitglieder aus, mindestens zwei davon waren Nationalsozialisten, die Kreistagsmitglieder Streichan und Troppenz.[204] Aber auch im Kreislandbund Westprignitz (Stubbendorff) wurde zumindest ein Nationalsozialist, der ehemalige Bauernhochschüler und LKF des aA Otto Daase, am 9. Februar in den Vorstand gewählt.[205] Noch vor den Vorstandswahlen im Winter 1931/32 trat der Landvolkparteiler Roloff als Vorsitzender des KLB Oberbarnim zurück. Für ihn wurde am 22. Juni 1931 wieder v. Oppen-Tornow gewählt.[206] Völkische und Nationalsozialisten hatten damit ihr Ziel, den Rücktritt Roloffs, erreicht. Trotzdem dürfte Roloff nicht wegen diesem Druck gewichen sein, sondern tatsächlich aus gesundheitlichen Gründen.[207] Mit v. Oppen, der erst am Jahresende in die NSDAP eintrat, wurde aber ein anderer Nationalsozialist mit in den Vorstand gewählt: Walter Scheerer.[208]

Ein Machtwechsel durch die Aufnahme von Nationalsozialisten in die Vorstände wäre nicht oder nur sehr langsam von statten gegangen. Entscheidend für den Umschwung 1931 war, dass die Landvolkpartei in diesem Jahr nicht nur die meisten Anhänger und Mitglieder, sondern auch führende Funktionäre im Landbund verlor.

Der immense Mitglieder- und Anhängerschwund der CNBP im Jahre 1931 (spätestens bei den Wahlen 1932 ablesbar) kann nicht allein durch die Propagandatätigkeit und Verdrängungstaktik von Hugenberganhängern und Nationalsozialisten erklärt werden.[209] Für das Scheitern der CNBP waren stärker die parteiinternen Gründe ausschlaggebend. Zum

---

[204] „Generalversammlung des Kreislandbundes Beeskow-Storkow, am 17. Februar 1931.“, in: Landbund Beeskow-Storkow 7.1931, Nr. 7 (21.2.)

[205] „Bericht über die Vorstandssitzung des Westprignitzer Landbundes am 9.2.31 im Landbundhause in Perleberg.“, in: Landbund Westprignitz 12.1931, Nr. 7 (21.2.).

[206] „Bericht über die ordentliche Generalversammlung am 22. Juni 1931.“, in: Landbundnachrichten des Kreises Oberbarnim 13.1931, Nr. 27 (3.7.).

[207] Vgl. Hübner, F. W., „Danksagung.“, in: Landbundnachrichten des Kreises Oberbarnim 13.1931, Nr. 24 (12.6.). So makaber dies klingen mag: sein Tod im Februar 1932 zeigt, dass sein Rücktrittsgrund „gesundheitliche Gründe“ ohne Anführungszeichen gebraucht werden kann.

[208] Er war ab dem 1. Februar 1930 Parteimitglied. 1932 im aA Fachberater für Gartenbau, ab 1933 LKF ab 1936 KBF; vgl. Personalbogen in: BArch R 16 I, Nr. 1366.

[209] Ganz extrem Gies, der den Niedergang der CNBP als alleinigen Erfolg des aA ansieht: „Innerhalb eines Jahres – von Herbst 1931 bis November 1932 – hatte eine beispiellose Agitationskampagne des aA die Christlichnationale Bauern- und Landvolkpartei aufgerieben: sie war im Reichstag nicht mehr vertreten.“ Gies, NSDAP und landwirtschaftliche Organisationen, S. 353. Vgl. auch Gies, Darré, S. 61 u. S. 63-65. Die Agitation der NSDAP gegen die Landvolkpartei war viel älter; zumindest in Brandenburg war die CNBP im Herbst 1931 schon halbaufgelöst; weder die Rolle der Hugenberganhänger noch die internen Schwächen der Landvolkpartei sind von Gies berücksichtigt worden.

einen pendelte sie zwischen ihren beiden Polen („Bauernpartei“ und „Schielepartei“), und zum anderen hatte sie keinen funktionierenden Parteiapparat aufgebaut.

Obwohl die CNBP gegenüber der Reichstagswahl 1928 bei der Reichstagswahl 1930 kräftig zugelegt hatte, muss der Wahlausgang als Misserfolg gewertet werden. Nicht nur, dass sie in den Städten kaum Stimmen gewonnen hatte, sondern auch unter dem Landvolk hatte sie nur die Bauern erreicht. In den nördlichen, vom Großgrundbesitz dominierten Kreisen in Brandenburg waren kaum Bauern zu gewinnen. Somit konnte die CNBP in Brandenburg nicht den Großteil der Bauern gewinnen. In den bäuerlichen Kreisen Brandenburgs, wo sie die Mehrheit der Bauern gewann, gelang es jedoch nicht den Großteil des Landvolkes zu gewinnen. Bei der Sammlung der mit den Deutschnationalen Unzufriedenen war mit der NSDAP ein Konkurrent aufgetreten, der sowohl Bauern als auch andere Landbewohner gewinnen konnte. Das Wahldebakel hatte viele Bauernführer der Landvolkpartei entmutigt.[210]

Das Auftreten als agrargouvernementalistische Partei („Schielepartei“) hatte ihr vielleicht einige Großgrundbesitzer zugeführt, die sich wohl wenig mit einer „Bauern“-partei identifizieren konnten. Gerade dies aber verhinderte einen Zulauf derjenigen, die angesichts der landwirtschaftlichen Krise nur noch den Sturz „des Systems“ als Lösung betrachteten. Besonders nach der Reichstagswahl nahmen die Stimmen zu, die das baldige Ende der Republik forderten.

Ein Signal für die Wende war die Wahl Kalckreuths im Oktober 1930 zum geschäftsführenden RLB-Präsidenten.[211] Die mäßigenden Kräfte verloren durch den Rücktritt Hepps vom RLB-Präsidium eine wichtige Schlüsselposition. Die fortschreitende landwirtschaftliche Krise und der Druck von Hugenbergianern und Nationalsozialisten bewirkten wohl, dass auch die gemäßigten Funktionäre härtere Töne anschlugen.

Bald nach der Reichstagswahl nahmen die Stimmen gegen die Regierung Brüning zu. Die Stimmung an der Landbundbasis war „verzweifelt“, wie die KLB-Vorsitzenden berichteten.[212] Demonstrationen in den Krei-

[210] Arno Panzer sah auch in der „Reichstagwahl von 1930... Höhepunkt und Wende zum Niedergang" der CNBP; Arno Panzer, Parteipolitische Ansätze der deutschen Bauernbewegung bis 1933, in: Europäische Bauernparteien. Hrsg. v. Heinz Gollwitzer, Stuttgart u. New York 1977, S. 524-560, hier: S. 536.

[211] So sah das auch Darré; vgl. R. Walther Darre', Zur Wahl des Grafen Kalckreuth zum Präsidenten des Reichslandbundes (MS ohne Datum), in: BArch NS 22, Nr. 1211. Zur Wahl Kalckreuths vgl. Gessner, Agrarverbände, S. 240-241; Merkenich, S. 304-306.

[212] Vgl. Abschr. Schr. KLB Weststernberg (Boldt) an BLB v. 9.10.30, in: BArch R8034 I RLB, Nr. 18, Bl. 40-43; Schr. BLB (Lechler) an Kalckreuth v. 1.11.30, in: ebda., Bl. 46-49; darin enthalten sind Auszüge von Schreiben der KLB Lebus, Zül-

sen lehnten die KLB ab, da man die Kreisbehörden nicht für die Not verantwortlich machte, und „man ihnen nicht die Fensterscheiben einzuschlagen brauche“. Außerdem fürchtete man, dass die Demonstrationsversammlungen zu parteipolitischen Versammlungen gemacht würden. Eher hielt man eine machtvolle Großdemonstration in Berlin als entsprechende Landbundmaßnahme für angemessen. Übereinstimmend waren die Berichte über die massive Kritik der Basis an der Führung bzw. an dem Landbundapparat, dem Austritt von Bauern aus dem Landbund und dem Zuwachs nationalsozialistischer Anhänger. So berichtete der KLB Beeskow-Storkow,

> „dass unter den kleinsten Bauern und Landwirten z. Zt. eine Bewegung zu bemerken sei, die aus Verzweiflung heraus bereits zu dem Standpunkt gelange, dass nur noch ein Anschluss an die Sozialdemokratie helfen könne. Eine andere Richtung wolle eine nationalsozialistische Kreisorganisation mit eigener Geschäftsstelle gründen.“[213]

Doch es gab nicht nur die (Gefahr der) Abwanderung von Mitgliedern. In Züllichau-Schwiebus hielt die Kreislandbundleitung „Rücksprachen mit einer grossen Zahl von Vertrauensmännern, die meistens als Nationalsozialisten stark radikal eingestellt sind.“[214] Die Nationalsozialisten kehrten hier nicht dem Landbund den Rücken; schließlich hatten sie zumindest mit dem Geschäftsführer Fink einen Parteigenossen in der KLB-Leitung. Sie forderten die radikalsten Maßnahmen seitens des Landbundes, forderten sogar das illegale Mittel „Aufforderung zum Steuerstreik“ und nahmen damit die Auflösung des Landbundes durch die Regierung in Kauf.

Nationalsozialisten und Hugenberganhänger heizten die Stimmung an.[215] Anlässlich der am 3. 12 1930 veröffentlichten Notverordnung kritisierte Nicolas die Ergebnisse für die Landwirtschaft[216] und teilte Minister Schiele seine Enttäuschung mit. Als Nicolas als BLB-Vorsitzender wieder gewählt wurde, verabschiedete die Vertreterversammlung eine an den RLB gerichtete Entschließung, um „dem Kabinett Brüning den schärfsten Kampf anzusagen…“[217] Bald darauf distanzierte sich Nicolas nun öffentlich von Schiele und forderte sogar dessen Rücktritt.[218]

---

lichau-Schwiebus, Beeskow-Storkow, Niederbarnim, Königsberg, Teltow – Berlin und Westhavelland.

213 Ebda., Bl. 48+RS.

214 Ebda., Bl. 47.

215 Für die NSDAP vgl. Kasche, Siegfried, „Der Landbund“, in: Der Märkischer Adler Nr. 19 v. 28.10.1930. für die Hugenbergianer vgl. Schr. Jacobs an Kalckreuth v. 9.12.30, in: BArch R8034 I RLB, Nr. 18, Bl. 4-7.

216 Vgl. „Unzulänglichkeit und Lückenhaftigkeit. Graf v. Kalckreuth über die neue Notverordnung.“, in: Der BLB 11.1930, Nr. 50 (2. Dez.-Nr.).

217 „Vertreterversammlung des Brandenburgischen Landbundes.“, in: Der BLB 12.1931, Nr. 5 (1. Feb.-Nr.).

218 Nicolas, „Herr Schiele und wir.“, in: Der BLB 12.1931, Nr. 6 (2. Feb.-Nr.).

Aber die (ehedem) gemäßigten Kräfte beschränkten sich bald nicht nur auf die Verurteilung Schieles, sondern fingen nun ihrerseits an, wie Nationalsozialisten und Deutschnationale gegen das „System" zu kämpfen. Offenkundig wurde dies beim RLB-Tag am 2. Februar 1931 in Berlin. Im Aufruf Kalckreuths wurde dieses Datum als „Der Tag der Abrechnung" bezeichnet.[219] Bethge, stellvertretender RLB-Präsident und stellvertretender BLB-Vorsitzender, der bisher den gouvernementalistischen Kurs des Landbundes unterstützt hatte, hielt seine Rede nach Kalckreuths Flammenrede gegen die Regierung Brüning:

> „Aus Ihrem Beifall entnehme ich Ihre Hochstimmung und aus Ihrer Hochstimmung Ihren Kampfeswillen. Als märkischer Bauer ist es mir eine ganz besondere Freude, in diesem Kuppelbau so viele Brandenburger heute zu sehen – den brandenburgischen Bauer, der den märkischen Sand bestellt, der am meisten mitleidet unter dieser Not des Roggenproblems und der Kartoffel."

Nach kurzen Worten gegen die Regierung Brüning und der Erinnerung an die „guten Zeiten" Bismarcks mündete der Schluss seiner Rede in ein Kampfgeheul:

> „Nicht Leisetreterei, nicht Beruhigungspillen, nicht Kompromisse können uns retten, sondern nur Kampfgeist. ...Die nationale Bewegung, die durch das Volk geht, entstanden aus Not und aus Verzweiflung und aus dem Willen, sich nicht auf die Dauer mehr opfern und ausschalten zu lassen, diese nationale Bewegung wird, so glaube ich, das einzige Mittel sein, um uns von dem jetzigen System, von Kompromissen und von der Krämerpolitik zu befreien...und zugleich auch die Selbstversorgung Deutschlands aus eigener Scholle zu erkämpfen. ...
> Auf denn deutsche Landwirtschaft zum Kampfe!
> Fort mit diesem System!...
> Kampf dieser Regierung!...
> Vorwärts denn zu einem neuen Reich!
> Aufwärts zu Deutschlands Freiheit!"[220]

Mit dem proklamierten Scheitern der Schielepolitik und der damit meist verbundenen Kampfansage an das „System" war ein wichtiger Faktor zur Unterstützung der Landvolkpartei weggefallen. Mehr und mehr Funktionäre traten nun aus der Landvolkpartei aus. Der Austritt des KLB-Vorsitzenden von Angermünde, Holzheimer, aus der CNBP erfolgte im Februar 1931. Er begründete dies mit der angeblichen Katholikenfreundlichkeit der CNBP, warf dies auch der NSDAP vor, wollte aber auch nicht mehr zur DNVP, sondern „neutral" bleiben.[221] In der Vertreterversamm-

---

[219] Kalckreuth, „Der Tag der Abrechnung", in: Der BLB 12.1931, Nr. 4 (4. Jan.-Nr.).

[220] „Reichs-Landbundtag.", in: Der BLB 12.1931, Nr. 5 (1. Feb.-Nr.).

[221] Vgl. Müller, S. 123, Rschr. KLB Angermünde (Hans Holzheimer) „Zum Reichslandbundwahlkampf" Februar 1931, in: BLHA Rep. 37 Gut Zichow, Nr. 29. Holzheimer entwickelte einen anachronistischen „Anti-Rom"-Kampf, bei dem er allen rechten Parteien (DNVP, CNBP, NSDAP) ihre Bindungen zum Katholizismus vor-

lung des KLB Angermünde am 20. März 1931 betonte er trotzdem stärker das „Scheitern Schieles" und den „Kampf gegen das System", der für ihn nur mit Einigkeit und „ohne Parteihader" möglich sei.[222] Am 16. Februar 1931 gab der Vorsitzende des Verbandes der Landwirte in Groß-Berlin, Richard Massante, der bei der Reichstagswahl 1930 für die Landvolkliste kandidierte, auf einer Landbundversammlung die Erklärung ab,

> „daß die Parteipolitik keinesfalls in den Verband hineingehörte, der wirtschaftspolitischen Zielen zu dienen hat. Die Ereignisse hätten gezeigt, daß es am besten sei, wenn man sich von der Parteipolitik in der Verbandsarbeit ganz fernhält. Er selber würde zukünftig in dieser Hinsicht mit gutem Beispiel vorangehen und keine Parteikandidatur annehmen."[223]

Im März trat auch der ehemalige KLB-Vorsitzende von Lübben, Frhr. v. Plotho aus der CNBP aus und trat damit als Vorsitzender des Kreisverbandes zurück.[224] Den wohl schlimmsten Verlust erlitt die Landvolkpartei Brandenburgs, als ihr Vorsitzender für den Wahlkreisverband Frankfurt/O. u. Grenzmark, der KLB-Vorsitzende v. Arnim-Ragow (nun: v. Arnim-Rittgarten da er auf sein Gut im Kreis Prenzlau gezogen war)[225], im Sommer 1931 aus der Partei austrat. Zum Ende des Jahres wurde er in die NSDAP aufgenommen.[226]

Zusammenfassung

Die DNVP verlor auch bei der Reichstagswahl 1930 weiter Stimmen. Gewinner waren die Landvolkpartei, vor allem aber die Nationalsozialisten. Diese war weit in das bäuerliche Lager eingebrochen, insbesondere

---

vorwirft. Vgl. auch das achtseitige, in die gleiche Richtung gehende Schreiben des Hauptgeschäftsführer des KLB Angermünde: Schr. Masberg an Lechler v. 4. 1. 1931, in: BArch R8034 I RLB (BLB), Nr. 177, Bl. 2-5.

[222] Vgl. „Die Vertreterversammlung am 20. März 1931.", in: Landbund Angermünde 12.1931, Nr. 13 (28.3.), in: BArch R8034 II RLB-Pressearchiv, Nr. 2920, Bl. 32. Stärker hob der Leiter der vom BLB geführten Bauernhochschule in Tzschetzschnow, v. Wrochem, bei seiner Rede den Kampf gegen Rom hervor.

[223] „Die Februar-Versammlung des Verbandes der Landwirte in Groß-Berlin e. V.", in: Landbund Teltow und Berlin 12.1931, Nr. 10 (13.3.).

[224] „Keine Landvolk-Session im Kreise Lübben. Missbilligung für Herrn v. Plotho", in: Landvolk-Nachrichten 16 v. 1931, in: BArch R8034 II RLB-Pressearchiv, Nr. 2920, Bl. 32.

[225] Dietloff v. Arnim war bis 1930 mit Marie Luise v. Witte verheiratet. Er war Pächter der dem Schwiegervater gehörenden Rittergüter Ragow und Merz. Nach der Scheidung zog er in den Kreis Prenzlau, wo ihm das Fideikommiss Güterberg und die Rittergüter Augustfeld und Rittgarten gehörten (von seinem 1914 verstorbenen Vater geerbt). Die Namenszusätze -Ragow und -Rittgarten (ab 1931) bezogen sich auf die Wohnorte. Zur Verdeutlichung, dass es sich um dieselbe Person handelt, wurde in dieser Arbeit Ragow in eckigen Klammern für die Zeit ab 1931 zugefügt.

[226] Vgl. Müller, CNBP, S. 416.

dort, wo die Landvolkpartei nur schwach war, das waren die vom Großgrundbesitz dominierten nördlichen Kreise. Schon vor der Wahl hatten sich die deutschnationalen Hardliner mit den Nationalsozialisten zusammengetan, um die Gemäßigten aus ihren Positionen zu verdrängen und gemeinsam den „Kampf gegen das System" und die Abschaffung der Republik anzugehen. Das war der Grund dafür, dass die Nationalsozialisten im Wahlkampf so wenig Gegenwind bekommen hatten.

Wolfgang Zollitsch irrt, wenn er schreibt: „Mit seinem kompromißlosen Kurs stieß der RLB in manchen Kreisen des Junkertums auf heftige Ablehnung, da man befürchtete, daß sich die agrarischen Interessen damit nur selbst isolierten. Kritiker dieses Kurses wurden aus dem Verband ausgegrenzt."[227] Diesen kompromisslosen Kurs setzte gerade das Junkertum, das waren die Hugenberganhänger, durch. Man brauchte allerdings dabei die Hilfe der Nationalsozialisten. Es war, zumindest in Brandenburg, die Minderheit der Adligen, die den gouvernementalen Kurs mittragen wollten.[228] Dies zeigen auch die Wahlergebnisse, da die gouvernementale CNBP in den Hochburgen des Adels wenig Stimmen erhielt.

Die Allianz von Hugenberganhängern und Nationalsozialisten ermöglichte nach der Reichstagswahl die Verdrängung von Landvolkparteilern aus den Landbundvorständen, die Gewinner waren dabei eindeutig die Nationalsozialisten. Aber nicht nur die massive Propaganda, vor allem der Nationalsozialisten mit persönlichen Attacken, führte zur Verdrängung der Gemäßigten. Vielmehr waren es zum einen die Krise und die mit den forcierten Forderungen nicht mehr mithaltenden Unterstützungen für die Landwirtschaft, die die Gemäßigten nun auch zu den radikalen Forderungen der strikt Oppositionellen führten. Zum anderen holte die Landvolkparteiler ihre nie aufgegebene Parole vom Kampf gegen das System ein. Von der CNBP wandten sich nun viele ab und traten meist zur NSDAP über. Wenige, meist adlige Großgrundbesitzer, kamen von der CNBP wieder zur DNVP zurück. Einige ehemalige Landvolkparteiler, darunter bedeutende Bauernführer, erklärten sich nun als „Neutrale".

---

[227] Wolfgang Zollitsch, Adel und adlige Machteliten in der Endphase der Weimarer Republik. Standespolitik und agrarische Interessen, in: Die deutsche Staatskrise 1930-1933. Handlungsspielräume und Alternativen. Hrsg. v. Heinrich August Winkler, München 1992, S. 239-256, hier: S. 254. Die Gemäßigten wurden aber nicht aus dem Verband ausgeschlossen, sondern höchstens von ihren Posten verdrängt. Aber nicht nur die Mehrheit des brandenburgischen Adels, sondern wohl des ostelbischen Adels dürften Träger der Fundamentalopposition gewesen sein. So war der Pommersche Landbund, der am stärksten vom Adel besetzt war, eine fundamentaloppositionelle Hochburg.

[228] Anders wohl in der Provinz Sachsen; allerdings finden sich später viele adlige Großgrundbesitzer wieder in der DNVP; vgl. Nabert, S. 103-107.

III. Der Siegeszug der Nationalsozialisten

1. Die Eroberung der Landwirtschaftskammer und der Landbünde

Die Landwirtschaftskammerwahl 1931

Einen Beweis für das Anwachsen der NSDAP-Anhänger unter den brandenburgischen Bauern waren die Landwirtschaftskammerwahlen am 15. November 1931. Gewählt werden sollten Kammermitglieder für 16 (die Hälfte der in der Kammer vertretenen) Kreise.[229] Bei den vergangenen Wahlen war in den meisten Kreisen jeweils nur ein Wahlvorschlag vorhanden, somit die Wahlhandlung dort hinfällig. Die Gegenlisten des liberalen Bauernbundes konnten lediglich 1921 einen kleinen Erfolg verbuchen. Nun aber stellten die Nationalsozialisten in jedem Kreis eigene Kandidatenlisten auf. Diese Vorgehensweise war von Darré angeordnet, um „die Stärke der Bewegung auf dem Lande eindeutig zu sondieren".[230] Von einigen Kreislandbünden wurde dies als Affront betrachtet, waren doch die Landwirtschaftkammerwahlen bisher eher Aufgabe der wirtschaftspolitischen Organisationen und nicht der Parteien. So urteilte der Vorsitzende des KLB Niederbarnim, Schröder, auf der Gesamtausschusssitzung am 17. September 1931:

> „Bei diesen Wahlen handele es sich nicht um politische Parteien und Parteiziele, sondern es seien wirtschaftliche Belange wahrzunehmen und nur sachliche Arbeit zu leisten. ...Diesmal habe die N.S.D.A.P. beschlossen, einen eigenen

---

[229] Gewählt wurde in den Kreisen des Regierungsbezirks Potsdam: Angermünde, Beeskow-Storkow, Jüterbog-Luckenwalde, Niederbarnim, Oberbarnim, Osthavelland, Ostprignitz; des Regierungsbezirks Frankfurt: Arnswalde, Friedeberg, Guben, Calau, Cottbus, Crossen, Königsberg, Landsberg und Lebus.

[230] Schr. Organ. Abtlg. II (Darré) an Organ Abtlg I v. 9.11.1931, in: BArch NS 22, Nr. 449. Gauleiter Schlange begründete die eigenen Listen damit, „daß wir unsre Stimmen zählen wollen"; NSDAP Gau Brandenburg (Schlange) an Reichsleitung v. 9.9.1931, in: BArch NS 22, Nr. 1046. Darré begründete offiziell den Wahlkampf mit eigenen Listen mit dem Kampf gegen „Vetternwirtschaft", für die „Sauberkeit in den Behörden"; Darré, R. Walther, „Deutsche Bauern! Warum stellt die NSDAP. eigene Listen bei den Wahlen zu den Landwirtschaftskammern auf?", in: Der Märkische Adler v. 11.10.1931.

> Wahlvorschlag einzureichen. Dies sei recht bedauerlich, denn dadurch würde mit Naturnotwendigkeit Zwist in die eigenen Reihen getragen."[231]

Der Vorsitzende des KLB Crossen, Malke, begründete in der Hauptversammlung am 24. September 1931 die Aufstellung der Landbundliste. Nachdem er einen Überblick über die Aufgaben der Landwirtschaftskammer gegeben hatte, zog er

> „daraus die Schlußfolgerung, daß die Wahlen ausschließlich die Sache der berufständischen Organisation, des Landbundes, sei. ...Er bedauere daher den Entschluß der Münchener Parteileitung der National-Sozialistischen-Deutschen-Arbeiter-Partei, in allen 16 Kreisen der Provinz, in denen jetzt gewählt werden würde, eigene Parteilisten aufzustellen. Dadurch werde ein unnötiger Zwist in die Reihen der Landwirtschaft getragen und den Gegnern das Schauspiel gegeben, daß Landvolk und Landvolk gegeneinander stehe. Außerdem habe die Landwirtschaftskammer die erheblichen auf ca. 100 000 RM zu veranschlagenden Kosten der nun notwendig gewordenen Wahl selbst zu tragen. Sparsamkeit müsse aber auch bei ihr oberster Grundsatz sein. Wenn auch die Führer der Nationalsozialisten in der Provinz und in den Kreisen das Einsehen hätten, so seien sie doch an die Weisung von München gebunden. Selbstverständlich könne der Landbund auf eine Beteiligung an den gerade ihn besonders angehenden Wahlen nicht verzichten. Nachdem in Berlin eine Aussprache der Landbundvorsitzenden der beteiligten 16 Kreise stattgefunden habe, sei 8 Tage später der Gesamtvorstand des Brandenburgischen Landbundes einstimmig dieser Auffassung gewesen. ... Man müsse nun bestrebt sein, einen Bruderkampf in den eigenen Reihen der Landwirtschaft und des Landbundes zu vermeiden. Unter diesem Gesichtspunkt wolle er von einer besonderen Agitationsarbeit absehen, wenn die Führung der NSDAP sich von dem gleichen Gedanken leiten lasse."[232]

Die NSDAP nutzte diesen Wahlkampf aber zu einer ausgiebigen Agitationskampagne. Zunächst griff sie die viel zu hohen Kosten der Landwirtschaftskammer (wegen des Beamtenapparates), bzw. die viel zu hohen Beiträge für die Landwirte an.[233] Ein Argument, das bei vielen Bauern auf offene Ohren stieß – Malkes Hinweis auf die hohen Wahlkampfkosten kann nur als ein Kontern verstanden werden. Die Nationalsozialisten postulierten, dass die Landwirtschaftskammer nichts für die Bauern erreicht habe, nichts bei der Regierung erreicht habe, sondern ein „gehorsamer Diener einer hohen Obrigkeit" oder „brüningfromm" sei.[234]

---

[231] „Für die Wahlen zur Landwirtschaftskammer", in: Landbund Niederbarnim 11.1931, Nr. 39 (4.10.). Ähnlich: „Zu den Landwirtschaftkammerwahlen!", in: Landbund Kreis Lebus 12.1931, Nr. 14 (14.11.); „Wahlen zur Landwirtschaftskammer.", in: Landbund Beeskow-Storkow 7.1931, Nr. 27 (10.10.).

[232] „Unsere Hauptversammlung am 24. September 1931.", in: Crossener Landbund 12.1931, Nr. 39 (3.10.).

[233] Vgl. „Forderungen der NSDAP zur Kammerwahl", in: Roter Adler v. 28.10.31.

[234] „Landvolkpartei als Kronzeuge für die NSDAP", in: Roter Adler v. 6.11.31.

Dann kritisierten die Nationalsozialisten die Zusammensetzung der Kammer, die überwiegend vom Großgrundbesitz beherrscht wurde. Der Anspruch der NSDAP war es, verstärkt Bauern in die Kammer zu schicken. Im Kreis Niederbarnim allerdings betonte während des nun doch entbrannten Wahlkampfes der Landbund, dass die NSDAP-Liste den größeren Besitz repräsentiere (im Durchschnitt 296 Morgen gegenüber 240 Morgen auf der Landbundliste) und schloss daraus: „Die Ansicht, daß man mit der Liste der N.S.D.A.P. die ‚Kleinen' wählen würde, während die Landbundliste die ‚Großen' enthielte, ist also völlig falsch."[235] Allerdings war Niederbarnim die Ausnahme. Die Kandidatenlisten der NSDAP enthielten zwar auch Großgrundbesitzer, jedoch war der bäuerliche Besitz stärker präsent als auf den Landbundlisten; im Durchschnitt lagen die Besitzgrößen ihrer Kandidaten unter denen der Landbundlisten.[236]

Der wichtigste Grund für die eigenen Listen war aber weniger die Frage der Besitzgrößen. Vielmehr ging es der NSDAP darum, ihren eigenen Einfluss in der Kammer, vor allem auf dem Lande zu mehren. Es war ein Parteienkampf, der sich gegen die Landvolkpartei und die Deutschnationalen richtete. So begründete der LGF des aA des Gaues Brandenburg, v. Wangenheim, die Aufstellung eigener Listen:

> „Wird nun verlangt, daß die Nationalsozialisten die vom Landbund aufgestellten Listen wählen sollen, so mutet man damit der stärksten und entschiedensten deutschen Bauernpartei zu, unter Verzicht auf ihre eigene Weltanschauung Vertreter von zwei anderen Parteien zu wählen, die sich in erbitterter Feindschaft gegenüberstehen. ... Wir Nationalsozialisten würden damit zu Wählern der Deutschnationalen und des Landvolkes werden und auf unsere Stellung als eigene Partei verzichten."[237]

In der Regel standen sich Landbundlisten und NSDAP-Listen gegenüber; die unbedeutenden kommunistischen oder sozialdemokratischen Listen spielten keine Rolle. Die Landbundlisten bezeichneten sich als unparteiisch oder überparteiisch. Sie suchten ihre Kandidaten unter den Landbundfunktionären aus, das waren Landvolkparteiler, Deutschnationale, sogar Nationalsozialisten und eben auch Parteilose. Die NSDAP machte diese Wahl zu einer Parteienwahl. Ihr Kampf richtete sich dabei nicht nur gegen die Landvolkpartei, sondern auch gegen die Deutschnationalen. Während der brandenburgische Gau Ostmark der NSDAP schon öfter gegen die Deutschnationalen agitiert hatte und diese Propaganda lediglich verstärkt

---

[235] „Die Wahlvorschläge zur Kammerwahl", in: Landbund Niederbarnim 12.1931 Nr. 42 (25.10.).

[236] Unter den neu gewählten Mitgliedern der Landwirtschaftskammer waren „Rittergutsbesitzer, Rittergutspächter oder Domänenpächter" auf der Liste des Landbundes 8 (von 19), auf der Liste der DNVP 1 (von 4) und auf der Liste der NSDAP 4 (von 34). Insgesamt hatten die Rittergutsbesitzer bei dieser Wahl einen geringeren Anteil an gewählten Kammermitgliedern als im Jahre 1921.

[237] Wangenheim, A. von, „Gegen unsere Verleumder!", in: Roter Adler v. 14.11.31.

wurde, bedeutete dies für den NSDAP-Gau Brandenburg eher eine Richtungsänderung. Die „Nationale Front“ beinhaltete zwar den gemeinsamen Kampf gegen „Links“, aber bei der Gewinnung der Landbevölkerung hatte sich kurz nach dem Treffen in Harzburg am 11. Oktober 1931 ein vehementer Parteienkampf der Bündnispartner NSDAP und DNVP entwickelt.

Einen Hinweis auf die Politisierung des Landwirtschaftskammer-Wahlkampfes war die vom KLB Cottbus aufgestellte Liste, die sich den Namen „Bürgerliche Vereinigung“ gab. Im Kreis Jüterbog Luckenwalde gab es neben der LB- und NSDAP-Liste eine Liste der Deutschnationalen. Der KLB Ostprignitz, dessen Vorsitzender der Nationalsozialist Wendt war, stellte keine Landbundliste auf. Dafür trat eine Liste der DNVP gegen die Liste der NSDAP an.

Die NSDAP-Listen enthielten auch Landbundmitglieder, vor allem aber auch ehemalige Landbundmitglieder. Im Kreis Niederbarnim hatten sie sogar ein Mitglied der Märkischen Bauernschaft, Willy Hübner, aufgestellt, im Landbundorgan als „demokratisch-sozialistisch“ gekennzeichnet.[238] Der Nationalsozialist Hübner veröffentlichte daraufhin einen polemischen Angriffsartikel gegen den Hauptgeschäftsführer des KLB, Evers. Interessant darin ist aber seine Erklärung zur „demokratisch-sozialistischen Bauernschaft“:

> „Diese Bemerkung zeigt deutlich den Wehmut, mit der Herr Evers den Abmarsch eines großen Teils der Niederbarnimer Bauern aus dem Landbundlager betrachtet, weil sich die Herren vom Landbund der Aufgabe nicht gewachsen fühlen, dem Bauern zu seinem Recht in steuerlicher und wirtschaftlicher Beziehung zu verhelfen. ... Die Führung der märkischen Bauernschaft ist leider noch heute demokratisch, aber über kurz oder lang wird auch hier eine Aenderung eintreten, da die Mitglieder schon heute zu mehr als die Hälfte [sic!] aus Nationalsozialisten bestehen ...“[239]

Man kann davon ausgehen, dass die Höhe des Anteils von Nationalsozialisten in der Bauernschaft übertrieben ist. Doch zeigt die Erklärung Hübners, dass ein Teil der mit dem Landbund unzufriedenen und zur Bauernschaft übergelaufenen Bauern nicht eine Wendung nach ‚links‘ gemacht haben, sondern ins nationalsozialistische Lager gewechselt sind.[240]

---

238 „Die Wahlvorschläge zur Kammerwahl“, in: Landbund Niederbarnim 12.1931 Nr. 42 (25.10.).

239 Hübner, Willy, „Sie sitzen auf einem falschen Pferd, Herr Evers!“, in: Roter Adler v. 14.11.31.

240 Über die Anzahl dieser nationalsozialistischen Bauern in der Bauernschaft ließ sich nichts ermitteln. Angesichts der Tatsache, dass die ersten drei Listenplätze der NSDAP in Niederbarnim von Landbundmitgliedern besetzt waren, während Hübner erst auf der vierten Stelle stand, ist ein Hinweis, dass deren Anzahl nicht allzu hoch war.

Wie üblich hatte die NSDAP ihre Wahlagitation mit Polemiken und Verleumdungen gespickt hatte, die nun voll auf Landbundfunktionäre abzielte. Dies traf nicht nur Evers, auch im Kreis Crossen wurde der KLB-Vorsitzende Malke mit falschen Anschuldigungen attackiert.[241]

Die Landwirtschaftkammerwahlen am 15. November 1931 wurden ein voller Erfolg der NSDAP. Von 55 zu vergebenden Mandaten errangen sie 32, das waren mehr als die Hälfte. Die Landbundlisten erhielten 20, die DNVP-Listen 3 Mandate. In neun der sechzehn Kreise hatten die Nationalsozialisten die meisten Mandate erhalten. In drei Kreisen erhielten NSDAP und Landbund gleich viele Mandate. Lediglich im Kreis Beeskow-Storkow, Crossen und Niederbarnim erhielten die Landbundlisten mehr Mandate. Für die beiden letztgenannten Kreise ist in den Landbundblättern ein sehr engagierter Wahlkampf gegen die NSDAP-Listen feststellbar, was den Erfolg der Landbünde erklären kann. Im Organ des KLB Beeskow-Storkow war dagegen von einem friedlichen Miteinander der Listen zu lesen. Allerdings gab es in diesem KLB einen nationalsozialistischen Vorsitzenden (v. Arnim-Rittgarten [=Ragow]); ein Votum für die Landbundliste bedeutete hier nicht ein Votum gegen die NSDAP. Im Kreis Niederbarnim war der zweite erfolgreiche Kandidat der Landbundliste auch Pg. Im Kreis Jüterbog konnte die DNVP-Liste mit zwei gewonnenen Mandaten einen Erfolg feiern, während die NSDAP auf nur einen Sitz kam. Die Landbundliste ging hier leer aus. Katastrophal für den Landbund war die Wahl in Guben; hier erhielt die Landbundliste kein Mandat, während die NSDAP alle drei gewann.

Das Jubelgeschrei der Nationalsozialisten „Große Wahlerfolge in der Mark – Brandenburgs Bauern für Hitler“[242] stimmte zwar von dem Ergebnis der erzielten Mandate, doch von der Zahl der Wähler her nicht. Die Wahlbeteiligung lag nämlich in den einzelnen Kreisen bei 40 bis 60 %.[243]

Eindeutiger dagegen lässt sich das Wahlergebnis für die Landvolkpartei bestimmen, denn diese Partei hatte ihre Basis allein in den Landbünden. Gerade in den Niederlausitzer Kreisen, in denen sie ihre Hochburgen

---

[241] Vgl. Malke, „Erklärung“, in: Crossener Landbund, 12.1931, Nr. 45 (14.11.); „Unsere Hauptversammlung am 17. Dezember 1931.“, in: ebda., Nr. 51/52 (26.12.).

[242] Angriff v. 17.11.31.

[243] In einem kleinen Artikel im Roten Adler wurde die geringe Wahlbeteiligung damit begründet, „daß die Bauern zum ersten Male zur Wahl schreiten mußten.“; Roter Adler v. 28.11.31. Die NSDAP hatte damit lediglich ca. 30 % der Bauern und Bäuerinnen als Wähler gewinnen können. Trotzdem kann davon ausgegangen werden, dass der Anteil derjenigen Bauern, die bei einer Wahl für den Landtag oder Reichstag für die NSDAP gestimmt hätten, viel höher gewesen wäre. Zum einen hatte die NSDAP noch ein Potenzial bei den Nichtwählern, denen die LWK-Wahl egal war oder die aus Protest gegen die LWK nicht zur Wahl gingen; zum anderen bedeutete die Wahl der Landbundliste keineswegs, dass man bei politischen Wahlen nicht die NSDAP wählen würde (so warben ja auch die Landbünde für ihre Liste).

hatte, hatte die NSDAP mehr Stimmen bekommen als die Landbundlisten.[244] Die Bauern waren von der Landvolkpartei zur NSDAP gewechselt.

Bei der Propaganda der NSDAP spielte die Landvolkpartei kaum noch eine Rolle. Schwergewicht lag nun beim Kampf gegen die Deutschnationalen bzw. die „Reaktion". Spektakulär war die erste Hauptversammlung der Landwirtschaftskammer mit den neuen Mitgliedern am 19. Dezember 1931. Die Nationalsozialisten forderten für sich 75 % der zu vergebenden Vorstandsposten einschließlich des Präsidentenpostens. Die Nationalsozialisten hatten, da nur in der Hälfte der Kreise neu gewählt wurde, etwa 40 von 113 stimmberechtigten Sitzen. Ein Angebot der anderen Mitglieder, 30 - 40 % der Posten zu bekommen, lehnte die NSDAP ab. Bei den tumultös verlaufenden Wahlen wurden sie entsprechend überstimmt. Nach der Wiederwahl v. Oppen-Dannenwaldes zum Landwirtschaftskammerpräsidenten verließen die nationalsozialistischen Kammermitglieder den Saal. Die nationalsozialistische Presse geißelte den Pakt von „Deutschnationalen und Landvolkparteiler" als „Dawesfront" und warf den Deutschnationalen den Bruch des Hugenbergpaktes vor. Die Angriffe gegen die Deutschnationalen wurden in der Erklärung zum Auszug vom nationalsozialistischen Kammermitglied Johannes Reeps (ehemaliger Bauernhochschüler) als Kampf der Bauern gegen den adligen Großgrundbesitz hochstilisiert:

> „Hier, auf unserer Seite und in unseren Reihen sitzen die märkischen Bauern, hier sitzen wir, die täglich in Wind und Wetter die Scholle bebauen. Bei Ihnen sitzen die Herren, die mit Jagdwagen über die Chaussee sausen und in Schlössern den Landwirt spielen."[245]

Die weitere Eroberung der Landbünde

Dieser Kampf gegen die „Reaktion" spielte bei den Landbundwahlen im Winter 1931/32 noch eine wichtige Rolle. Die Ergebnisse der Landwirtschaftskammerwahlen verstärkten den Anspruch, mehr Vorstandsposten zu bekommen. Einen Tag nach der Landwirtschaftskammerwahl forderten der Landwirtschaftliche Gaufachberater des aA im Gau Ostmark, Reinhard Bredow, und der Gauleiter vom Gau Brandenburg, Schlange, dass den Nationalsozialisten entsprechend ihrem Mitgliederzuwachs „auch in

[244] Lediglich der Kreis Crossen war hier noch eine Ausnahme

[245] „Unser Präsident bleibt der Bauer Pg. Wendt!", in: Roter Adler v. 22.12.31. Zur LWK-Sitzung vgl. auch: Wilhelm Kube, „Die Reaktion im Kampf gegen den Nationalsozialismus.", in: Der Märkische Adler v. 27.12.1931. In dem Bericht über die Versammlung im Amtsblatt der Landwirtschaftskammer sind diese Störungen nicht erwähnt; vgl.: „Verlauf der Hauptversammlung der Landwirtschaftskammer am Sonnabend, den 19. Dezember 1931.", in: Märkischer Landwirt 89.1932, Nr. 1 (Erste Jan.-Nr.).

den Reihen des Landbundes" „eine Mehrheit an Führerstellen freizugeben" seien[246]. In einer Besprechung der zwei Nationalsozialisten mit Nicolas forderten diese Neuwahlen der KLB-Vorstände noch vor der Wahl des Provinzialvorstandes. Falls eine stärkere Besetzung von Führungsstellen mit Nationalsozialisten nicht geschehe, würden viele NSDAP-Mitglieder aus dem Landbund austreten und diesen damit zerschlagen. Nicolas betonte demgegenüber die Überparteilichkeit des Landbundes. Er gab zwar zu, dass auch bei den märkischen Landwirten, „die nicht Mitglieder der N.S.D.A.P. seien oder nationalsozialistisch wählten, grosse Sympathie für diese Bewegung" herrsche, warnte aber davor, dass bei einem zu scharfen Vorgehen der Nationalsozialisten „die nichtnationalsozialistischen Landwirte aus dem Landbunde herausgingen und somit dieses Instrument doch zerschlagen würde."[247] Nachdem Nicolas noch darauf bemerkt hatte, dass Bredow wieder in den Landbund eintreten solle, lud er die Vorsitzenden der Kreislandbünde zu einer Versammlung am 9. Dezember 1931 ein.

Spätestens im Laufe dieses Monats dürfte Nicolas klar geworden sein, dass er keine Chancen für eine Wiederwahl als Vorsitzender des BLB hatte. In seinem Weihnachtsgruß an den Hauptgeschäftsführer, Lechler, bat der Stahlhelmführer Morozowicz „vertraulich die Frage zu besprechen, ob Herr Nicolas noch zu bleiben gedenkt oder nicht. Falls das letztere der Fall sein sollte, müssen wir uns auf einen neuen Kandidaten einigen, um keine Überraschungen zu erleben. Ich schlage Ihnen persönlich den Herrn v. Jorck vor."[248] Mit dem Eintritt Lechlers in die NSDAP am 31.12.1931 war wohl der Rücktritt Nicolas schon besiegelt.[249]

Die Vorstandswahlen in den Kreislandbünden vor der Provinzialvertreterversammlung bestätigten die Chancenlosigkeit Nicolas. Allerdings waren die Koalitionen bei den Wahlen zu den KLB-Vorständen nun sehr variantenreich.

Die Nationalsozialisten forderten die Neuwahlen der Gesamtvorstände in den Kreislandbünden und beanspruchten die Posten der KLB-Vorsitzenden oder zumindest eine starke Vertretung in den Engeren Vorständen. Der Forderung nach „angemessener" Vertretung im Engeren Vorstand kamen aber nur wenige KLB nach; meist verwiesen sie auf die

---

[246] Bredow an Nicolas v. 16.11.31, abgedruckt in: Rschr. Nicolas v. 4.12.31, in: BArch R8034 I RLB (BLB), Nr. 180, Bl. 1-5, hier: Bl. 1 u.2.

[247] Ebda., Bl. 3-4. Vgl zu seiner Forderung nach Überparteilichkeit, auch der führenden Funktionäre: Nicolas, „Erklärung" o.D., in: BArch R8034 I RLB (BLB), Nr. 176, Bl. 237-241.

[248] Schr. Morozowicz an Lechler v. 24.12.31, in: BLB, Nr. 187, Bl. 15.

[249] Beitrittsdatum aus Personalbogen Lechler: BArch R 16 I, Nr. 1342. Der Beitritt wurde wohl nicht publik gemacht, Nicolas könnte aber davon gewusst haben.

satzungsgemäßen Wahlen. Allerdings eroberten sich Nationalsozialisten Posten in den Erweiterten Vorständen.

Im KLB Templin wurde am 9. Januar 1932 der Nationalsozialist Belbe für den im Dezember verstorbenen Bettac als 2. Vorsitzender gewählt.[250] Vorausgegangen war hier eine stürmisch verlaufende Mitgliederversammlung am 15. Dezember 1931, auf der nationalsozialistische Vertreter den Rücktritt des Gesamtvorstandes beantragt hatten.[251] Die Versammlung am 9. Januar 1932 lehnte jedoch diesen Antrag ab, und es wurden lediglich – wie üblich – vier Vorstandsmitglieder ausgelost, für die eine Wahl stattfinden sollte. Nachdem der Vorsitzende Eichelkraut persönlich angegriffen wurde, stellte auch er seinen Posten zur Verfügung. Die Einigkeit konnte wiederhergestellt werden durch seine Wiederwahl und die Wahl Belbes als 2. Vorsitzenden.

Auch im Kreislandbund Westhavelland konnten die Nationalsozialsten „keinen vollen Erfolg“ erringen: „Wir erhielten den stellvertretenden Vorsitzenden, sowie einen weiteren Sitz in dem aus vier Männern bestehenden engeren Vorstand. Außerdem einen weiteren Sitz in dem erweiterten Vorstand. Von den sechs zur Wahl stehenden Plätzen erhielten wir also drei.“[252] Der Landbund war also nicht ganz erobert, aber die Nationalsozialisten kämpften nun weiter gegen die Deutschnationalen und Stahlhelmer in der Landbundführung.

Erfolgreicher waren die Nationalsozialisten dagegen im Kreislandbund Beeskow-Storkow beim Wechsel im Engeren Vorstand, nachdem v. Arnim-Rittgarten [=Ragow] wegen seines Wegzugs zurückgetreten war. Hier wurde am 13. Januar der vom Nationalsozialisten (LKF) Streichan vorgeschlagene Domänenpächter Neuhauß, mit 271 zu 266 Stimmen zum 1. Vorsitzenden gewählt. Als zweiten Vorsitzenden wählte man Streichan.[253]

Den größten Erfolg feierte die NSDAP im Kreis Guben. Hier war der gesamte Vorstand nach den erfolglosen Landwirtschaftskammerwahlen zurückgetreten. Am 18. Januar 1932 wählte eine außerordentliche Mitgliederversammlung den LKF des aA Schulz-Sembten zum 1. Vorsitzenden. Aber auch der 2. Vorsitzende und die beiden Stellvertreter waren Nationalsozialisten.[254] Als Vorsitzender des KLB Guben abgewählt war

[250] Vgl. „Bericht über die Mitgliederversammlung am 9. Januar 1931.“, in: KLB Templin 14.1932, Nr. 2 (15.1.).

[251] Vgl.: „Mitgliederversammlung des Kreislandbundes am 9. Januar.“, in: Landbund Templin 13.1931, Nr. 51(31.12.) und „Geschäftsbericht des Kreislandbundes e.V. für das Jahr 1931.“, in: Landbund Templin 14.1932, Nr. 2 (15.1.).

[252] „Der Kampf um den Landbund Westhavelland“, in: Roter Adler v. 29.1.1932.

[253] Vgl. „Generalversammlungen des Kreislandbundes“, in: Landbund Beeskow-Storkow 8.1932, Nr. 4 (23.1.); „Wieder ein Kreislandbund unser!“, in: Angriff v. 23.1.32. Ob Neuhauß Pg. war, ließ sich nicht ermitteln.

[254] Vgl. „Ein Landbundfort wird erobert“, in: Angriff v. 22.1.32. Für den 2. stellvertretenden Vorsitzenden wurde nicht „Pg.“ wie für die anderen drei Vorsitzenden, son-

der stellvertretende Vorsitzende des BLB und Präsident des RLB, der Bauer Bethge. Sein Wandel von einem Gouvernementalisten zu einem Scharfmacher gegen das „System", wie oben beschrieben, hatte ihm nichts genutzt.

Die Erfolge der Nationalsozialisten mögen in Guben und Beeskow-Storkow ohne den deutschnationalen Großgrundbesitz erreicht worden sein, in Templin hatte dieser zumindest mitgewirkt. Die Eroberung von weiteren Kreislandbünden scheiterte aber nun an dem geplatzten Bündnis von Deutschnationalen und Nationalsozialisten. Zwei relativ gut dokumentierte Beispiele mögen dies verdeutlichen.

Der Vorsitzende des KLB Angermünde, der Großgrundbesitzer Holzheimer, hatte nach seinem Austritt aus der CNBP eine „neutrale" Haltung eingenommen. Das heißt, er gehörte keiner Partei an, sondern kämpfte als „Landbündler" gegen das System. Diese Haltung hatte sich bei immer mehr Landbundfunktionären durchgesetzt, die nicht zur NSDAP übergewechselt waren. Am 25. Januar 1932 fand eine außerordentliche Mitgliederversammlung statt, die sich vor allem mit dem NSDAP-Antrag nach Neuwahl des Vorstandes befasste. Nachdem Holzheimer in seiner Eröffnungsansprache darauf hingewiesen hatte, dass schon im November Nationalsozialisten in den Erweiterten Vorstand aufgenommen worden waren,[255] begründete der Nationalsozialist Wilke den NSDAP-Antrag und forderte: „Anstelle des 1. Vorsitzenden und des Geschäftsführers werde Dr. Törfler-Gramzow und als 2. Vorsitzender er, Max Wilke, vorgeschlagen. Man würde sich auch mit dem Stahlhelm auf Rittergutsbesitzer von Colmar als Vorsitzenden zu einigen bereit sein." Holzheimer ging nun in einer längeren Rede in die Offensive. Er betonte seinen eigenen Kampf gegen das „System" und die Aktivitäten des KLB bei der Bildung der Notgemeinschaften. Dann zeigte er, dass sein Kampf gegen Rom Teil des Parteiprogramms der NSDAP wäre (dies beinhaltete aber allerdings nur einen Paragraphen gegen „römisches Recht"). Insbesondere aber bekämpfte er den nationalsozialistischen Antrag mit dem Punkt 6 des Parteiprogramms der NSDAP:

> „‚Wir bekämpfen', so hieße es wörtlich im Parteiprogramm, ‚die korrumpierende Parlamentswirtschaft einer Stellenbesetzung nur nach Parteigesichts-

---

dern „Nationalsozialist" angegeben; möglicherweise hatte er die Mitgliedschaft beantragt, war aber noch nicht als Mitglied aufgenommen, vielleicht war er aber auch lediglich Sympathisant.

[255] Der Pg. Wilke wurde für ein satzungsgemäß ausscheidendes Vorstandsmitglied, der Pg. Künkel für ein Vorstandsmitglied, das seinen Sitz zur Verfügung stellte, von der Jahreshauptversammlung gewählt; vgl. „Aus der Jahresversammlung am 19.11.1931.", in: Landbund Angermünde 12.1931, Nr. 49 (4.12.)

> punkten ohne Rücksicht auf Charakter und Fähigkeiten.' Als Vorsitzender lehne er ab, Parteien im Landbund herrschen zu lassen."[256]

Diese „oft von Beifall unterbrochene" Rede, die „unter stürmischer Zustimmung der Mehrheit" endete, beinhaltete nur, dass Holzheimer der bessere Nationalsozialist sei. Rittergutsbesitzer Colmar setzte sich nun für die Wiederwahl Holzheimers ein, die Zettelwahl wurde abgelehnt und Holzheimer ohne Widerspruch einstimmig (!) wieder gewählt. Auch der 2. Vorsitzende v. Winterfeld-Felchow wurde wieder gewählt mit nur zwei Gegenstimmen bei etwa 600 anwesenden Mitgliedern.

Zwei Tage zuvor, am 23. Januar 1932, fand in Prenzlau die Generalversammlung statt. Der KLB-Vorstand hatte schon am 9. Januar die Liste der satzungsgemäß ausscheidenden Vorstandsmitglieder veröffentlicht und die Wiederwahl vorgeschlagen.[257] Eine Woche später wurden drei Wahlvorschläge veröffentlicht: Der Landbundvorschlag der Wiederwahl, eine Liste der NSDAP und eine Liste des Stahlhelms, das heißt eine deutschnational eingestellte Liste.[258] Zudem hatte die NSDAP einen Antrag auf Neuwahl des Gesamtvorstandes beantragt; die Liste dazu wurde ebenfalls veröffentlicht.[259] Bei der sehr gut besuchten Generalversammlung wurde gleich nach der Begrüßungsansprache des Vorsitzenden Jahnke der Antrag der NSDAP nach Neuwahl des Gesamtvorstandes behandelt, wobei Jahnke zunächst bekannt gab, dass der Vorstand es ablehne zurückzutreten.[260] Nachdem Dieckmann und Bernd v. Stülpnagel den Antrag der NSDAP begründet hatten und der GF des KLB, Eymael, die dabei gebrachten Vorwürfe gegen den Landbund zurückgewiesen hatte, lehnte Elmering für die Deutschnationalen und v. Raven für den Stahlhelm die „einseitig parteiliche Liste" ab. Landrat a. D. v. Heyden appellierte an die Einigkeit im Landbund und schlug eine Verhandlungspause vor, in der der Vorstand die Ersatzwahlen unter Berücksichtigung der NSDAP-Mitglieder besprechen sollte. Für die NSDAP stimmte v. Arnim-Rittgarten [=Ragow] diesem Vorschlag zu und brachte den Vorschlag, mehr als vier Sitze für eine Neubesetzung freizugeben. Daraufhin stellte

---

256 „Die Mitgliederversammlung am 25.1.32.", in: Landbund Angermünde 13.1932, Nr. 4 (30.1.), in: BArch R8034 II RLB-Pressearchiv, Nr. 2920, Bl. 127.

257 „Zur Vorstandswahl am 23. Januar 1923.", in: Landbund Prenzlau 13.1932, Nr. 2 (9.1.).

258 Möglicherweise wurde nun eine Stahlhelmliste aufgestellt und nicht eine DNVP-Liste, da die Deutschnationalen den Nationalsozialisten vorwarfen, Parteipolitik in den Landbund zu tragen. Auch kann es sein, dass die man wegen zunehmenden Vertauensverlustes der DNVP einer eigenen Liste keine Chancen mehr einräumte.

259 „Vorstandswahl.", in: ebda., Nr. 3 (16.1.).

260 Vgl. „Generalversammlung des Landbundes Prenzlau", in: Prenzlauer Zeitung Nr. 21 v. 26.1.32, in: BArch R8034 II RLB-Pressearchiv, Nr. 2920, Bl. 120; „Generalversammlung des Landbundes Prenzlau.", in: Landbund Prenzlau 13.1932, Nr. 5 (30.1.).

Flügge fest, „daß man überhaupt nicht wisse, wieviel NSDAP-Mitglieder bereits im Vorstande seien. Bekanntlich käme ein Wechsel von einer Partei zur anderen öfter vor."[261] In der Verhandlungspause beanspruchte die NSDAP den Posten des 1. Vorsitzenden, eine Einigung brachte diese Verhandlung nicht mehr. Bei der Abstimmung durch die Generalversammlung wurde der NSDAP-Antrag auf Neuwahl des Gesamtvorstandes mit 324 zu 148 Stimmen abgelehnt. Nachdem die ausscheidenden Vorstandsmitglieder auf eine Wiederwahl verzichteten, wurde die Stahlhelmliste mit großer Mehrheit durch Handaufheben gewählt. Durch ihre intransigente Haltung, ermutigt vielleicht durch den Erfolg in Guben, verloren hier die Nationalsozialisten eine stärkere Vertretung im KLB-Vorstand.

Der Sturz von Nicolas

Der von Nicolas verfasste Leitartikel zur ersten Januarnummer 1932 darf als sein politisches Testament gelten[262]. Noch einmal beschrieb er die wirtschaftliche Lage als trostlos und bekräftigte die Forderungen zum Kampf gegen das „alte System" für ein „neues Deutschland". Zwar forderte er die „nationalsozialistische Bewegung" auf, „sich mit uns zu einer Font" zu vereinigen, gleichzeitig kritisierte er das Vorgehen der Nationalsozialisten und beteuerte, dass der Landbund sich „frei halten [muss] von dem Druck irgendeiner Partei".[263] Beschwörend warnte er davor, dass die jungen Kräfte die alten einfach verdrängen, nahm besonders Bezug auf die Entwicklung im Brandenburgischen Junglandbund:

> „Jeder Führer, das haben wir in soundsoviel Fällen bewiesen, ich denke an die Förderung unserer Junglandbund-Bewegung, freut sich, wenn, dem neuen Deutschland entgegen, mehr als in früheren Zeiten sich die jungen Kräfte regen, um am Aufbau mitzuarbeiten. Wir können dies aber nur wünschen und zulassen, wenn diese Jugend in ihrem stürmischen Drang besonnene Wege des Kampfes geht, sich allmählich einzuschalten sucht, um nicht Bewährtes zu zertrümmern. ...Es stärkt auch nicht die Achtung vor der nationalsozialistischen Bewegung und ihr Ansehen, wenn die jugendlichen Stürmer den Kampf auch gegen ihre Freunde mit Mitteln führen, die nicht nach jeder Richtung hin unangreifbar und wahrhaft ehrlich sind.
>
> Der wirtschaftpolitische Landbund und die nationalen Organisationen werden zum letzten Sturmangriff auf dieses System jeden, auch des letzten Mannes bedürfen. ... Möchte die Führerschaft der nationalsozialistischen Bewegung,

---

[261] „Generalversammlung des Landbundes Prenzlau", in: Prenzlauer Zeitung Nr. 21 v. 26.1.32, in: BArch R8034 II RLB-Pressearchiv, Nr. 2920, Bl. 120.

[262] Nicolas, „1932", in: Der BLB 13.1932, Nr. 1 (Erste Jan.-Nr.). Hieraus auch die folgenden Zitate.

[263] Bei Materna wird dabei nur der Pakt mit den Nationalsozialisten gesehen ohne auf die Kritik einzugehen. Hiermit wird Nicolas als Hugenberganhänger dargestellt, was er sicher nicht war, obwohl die Unterschiede zu diesem Zeitpunkt zugegebenermaßen nicht mehr sehr groß waren. Vgl. Materna, Brandenburg, S. 616.

> die in allen nationalen Kreisen wegen ihres jugendlichen Vorwärtsdrängens so viele Sympathien besitzt, dies nicht vergessen oder sich diese gar verscherzen, möchte vor allem auch Herr Hitler die Kraft der Mäßigung finden, daß er nicht nur dem Gedanken Raum gibt, alleiniger Sieger in einem Kampfe werden zu wollen, auch auf die Gefahr hin, daß durch einen unglücklichen Zufall seine kampffrohen Scharen einmal halt machen müssen. Sie werden dann der alten Reserven vielleicht doch einmal bedürfen, um neu gestärkt die Zwingburg doch zu nehmen."

Damit wollte Nicolas sicherlich nicht seine Wiederwahl doch noch garantiert wissen. Es war vielmehr der Appell, andere Führungskräfte im Landbund noch zu belassen. Schließlich zeigte die „Mäßigung" Hitlers den Erfolg, dass im Januar 1933 die altbewährten Kräfte, die alte adlige Elite, doch noch zum Sturz der Republik gebraucht wurden und willig mitgemacht haben. Bemerkenswert ist Nicolas' Appell an die Jugend, der fast schon eine Angst vor der nationalsozialistischen Bewegung beinhaltet, eine Jugend, der er doch 1924 noch zugerufen hatte, dass sie „Bannerträger eines dritten Deutschland" sein soll.[264] Dies zeugt von einem Nicolas in der Rolle des „Zauberlehrlings" – einer von vielen.

Bei der Vertreterversammlung des BLB am 27. Januar 1932 trat Nicolas zurück und sprach nochmals „bei seinen Abschiedsworten die Warnung aus, dass man den Landbund nicht zum Tummelplatz der Parteien werden lassen und wenigstens hier keine Fraktionsbildung dulden sollte."[265] Selbstverständlich wurde er zum Ehrenvorsitzenden gewählt. Seine Bitte, bei der Wahl Wilhelm Jacobs zum Vorsitzenden wenigstens einstimmig zu wählen, um nach außen hin Geschlossenheit zu demonstrieren, wurde allerdings nicht entsprochen. Doch Jacobs erhielt 765 Stimmen von 973 abgegebenen, gegenüber 197 für Wendt und sogar 11 für Nicolas. Noch am Vortag war wohl Stubbendorff als deutschnationaler Kandidat aufgestellt gewesen. In der Vorbesprechung von NSDAP-Funktionären des Gaues Ostmark am 26. Januar 1932 beschloss man v. Oppen-Tornow als Gegenkandidaten für den Kandidaten Stubbendorff aufzustellen, da dieser höhere Chancen als Wendt gehabt hätte.[266]

---

[264] „Unser Brandenburgischer Landbundtag.", in: der BLB 5.1924, Nr. 9 (5. Feb.-Nr.).

[265] Vgl. „Niederschrift über die 31. ordentliche Vertreterversammlung des BLB vom 27. Januar 1932.", in: BLHA Rep. 37 Herrschaft Lübbenau, Nr. 3383.

[266] Vgl. Schr. v. Oppen an Schulz v. 28.1.1932, in: BLHA Rep. 37 Gut Bollersdorf, Nr. 22, Bl. 1-8. Der neu im Parteiapparat mitarbeitende v. Oppen beklagte sich in diesem Schreiben über die nationalsozialistischen Funktionäre: „Nachdem die offizielle Sitzung geschlossen war, gingen die Teilnehmer, mit Ausnahme von mir, noch zu Biere, wobei dann alles wieder auseinandergeredet wurde, sodass mein Name in der Sitzung nicht genannt wurde. Ganz abgesehen von meiner Person, die garkeine Rolle spielt, ist es nach meiner Ansicht kein Zeugnis für die Eigenschaft eines Führers, wenn er nach einigen Stunden Biergenuss das Gegenteil von dem tut, was er ohne Bier für richtig erkannt hat."

Die Wahlen der stellvertretenden Vorsitzenden waren nicht mehr so eindeutig. Im ersten Wahlgang erhielt Gauger 436, Wendt 383 und Bethge 154 Stimmen. In der Stichwahl konnte sich Gauger knapp mit 486 gegen 448 Stimmen für Wendt durchsetzen. Als zweiter Vorsitzender erhielt Wendt 622 Stimmen gegenüber 351 Stimmen für Bethge. Man verzichtete auf eine zweite Stichwahl und Wendt wurde als gewählt betrachtet. Von der Vertreterversammlung wurden Holzheimer und Mudrack wieder gewählt. Für die zu Vorsitzenden gewählten Jacobs und Wendt und für den als KLB-Vorsitzender zurückgetretenen Arnim-Rittgarten [=Ragow] wurden Stubbendorff, v. Langenn und Fischer durch Zuruf neu gewählt. Die NSDAP hatte zwar nun einen stellvertretenden Vorsitzenden im BLB, aber im Arbeitsausschuss hatten die Hugenberganhänger die Mehrheit: Stubbendorff, v. Langenn und Mudrack. Die Landvolkpartei war nun nur noch durch Gauger als stellvertretendem Vorsitzenden und Fischer im Arbeitsausschuss vertreten.

Doch auch Gauger blieb der Landvolkpartei nicht mehr lange treu. Schon auf der Jahreshauptversammlung des KLB Zauch-Belzig am 12. Januar 1932 waren als Hauptredner der Nationalsozialist Wendt und der Stahlhelmführer Morozowicz, zwei führende Vertreter der „nationalen Front" in Brandenburg, eingeladen. Gaugers Einführungsrede behandelte die landwirtschaftliche Not und verurteilte die Agrarpolitik der Regierung. Schließlich bekannte er sich zur nationalen Front:

> „**Die Kampffronten zwischen Rechts und Links müssen klar herausgestellt werden.** Auch der Bauernstand muß die Entscheidung mit erkämpfen helfen. Es handelt sich darum, daß unser Vaterland endlich ein Nationalstaat wird. **Lieber will ich mit Rechts untergehen, als mit Links ein Scheindasein fristen.** … …**Der Landbund muß nun in der nationalen Front ein Kampfbund werden**."[267]

Bei der Vertreterversammlung im März 1932 gab Gauger bekannt, dass er „seine parteipolitischen Bindungen gelöst" habe, um „überparteilicher Führer" zu sein.[268] Gauger hatte sich also von der CNBP getrennt.[269] Er wurde schließlich von den Ortsgruppenvorsitzenden einstimmig als KLB-Vorsitzender wieder gewählt. Bei der Wahl seines deutschnationalen Stellvertreters, v. Jorck, gab es allerdings einen Gegenkandidaten, der ein Achtel der Stimmen auf sich vereinigen konnte.

Seit der Jahreshauptversammlung im Januar war Gauger dazu übergegangen, aus dem Landbund Zauch-Belzig einen „Kampfbund" zu machen. Zum einen setzte er in Ansätzen das Führerprinzip durch: er nannte sich nun Kreislandbundführer, er „ordnete an", er „befahl". Zum anderen be-

---

267 „Der Kampf um die Scholle.", in: Landbund Zauch-Belzig 13.1932, Nr. 2 (16.1.).
268 „Die Vertreterversammlung.", in: Landbund Zauch-Belzig 13.1932, Nr. 12 (26.3.).
269 Vgl. Müller, CNBP, S. 416: Er trat aber noch nicht in die NSDAP ein.

gann er die Landbundorganisation auszubauen: eine Vertreterversammlung wurde nun eingeführt. Am 20. Januar erließ er eine Anordnung, dass alle Ortgruppenführer neu zu wählen seien.[270] Das Ziel seiner Anordnung sah er auf der Vertreterversammlung erreicht:

> „Zu seiner lebhaften Freude könne er feststellen, daß durch einen Wechsel der Ortsgruppenführer der Bestand vieler Ortsgruppen fester geworden und daß viele durch die bestehenden politischen Meinungsverschiedenheiten abseits getretene Berufskollegen wieder zurückgekehrt und wieder vollwertige Mitglieder des Landbundes geworden sind.“[271]

Was wohl nichts anderes bedeutete, als dass nun einige Nationalsozialisten Ortsgruppenführer geworden und viele Nationalsozialisten wieder eingetreten waren. Seine Vorstellung vom Landbund als Kampfbund führte Gauger weiter aus:

> „Die oberste Herstellung der Dorfgemeinschaften im Landbund sei oberstes Gesetz für den Ortsgruppenführer. Sei diese in allen Ortsgruppen vorhanden, so sei das Ideal des Kampfbundes erreicht. …**Er appelliere aber dabei auch an den guten Willen aller Beteiligten und betone nochmals den alten Landbund-Grundsatz, daß zur Führung nur die persönlichen Qualitäten, nicht irgendwelche Parteizugehörigkeit ausschlaggebend seien.** Er habe dafür zu sorgen, daß der Landbund parteipolitisch ungebunden bleibe. Sonst gebe sich der Landbund selbst auf.“

Ähnlich wie Holzheimer betonte er auf der einen Seite seine Überparteilichkeit, auf der anderen Seite stellte er sich als den „besseren“ Nationalsozialisten dar. Seine Vorstellungen von einem über- oder unparteiischen Landbund als wichtigste Säule des kommenden „Dritten Reiches“ war zwar nicht die Vorstellung der nationalsozialistischen Partei, aber die Masse der Landbundmitglieder, auch oder gerade die nationalsozialistischen, konnte er überzeugen. Nach jahrelangem Wirken im Parlament und in der Provinz konzentrierte sich auf den Kampf innerhalb seines Kreises, was ihm fast ebensolchen Erfolg bescherte wie zu Beginn seiner Karriere. Ob auch die Großgrundbesitzer von Gaugers Wandel überzeugt waren, mag bezweifelt werden: Bei der Vertreterversammlung glänzten sie – mit Ausnahme von v. Tschirsky und dem im Vorstand vertretenen Großgrundbesitzern durch Abwesenheit, während alle bäuerlichen Ortsgruppenführer gekommen waren.

---

[270] Gauger, „Anordnung des Kreislandbundführers: ‚Macht mir den Landbund stark!‘ v. 20.1.32“, in: Landbund Zauch-Belzig 13.1932, Nr. 3 (23.1.)

[271] „Die Vertreterversammlung.“, in: Landbund Zauch-Belzig 13.1932, Nr. 12 (26.3.).

2. Die Notgemeinschaften und die Wahlen 1932

Die Notgemeinschaftsbewegung

Die 1931/32 initiierten „Notgemeinschaften“ waren Zusammenschlüsse gegen Zwangsversteigerungen. Wie oben beschrieben, gab es Ansätze solcher Zusammenschlüsse schon im Zusammenhang mit den Protestaktionen. Der Anschub zur Bildung der nun gegründeten „Notgemeinschaften“ kam aus der schleswig-holsteinischen Landvolkbewegung. Deren Wirken ist nicht nur in der Forschung, sondern auch in der Literatur beschrieben worden.[272]

In Brandenburg, wie auch in anderen Gegenden Deutschlands, wurde diese Bewegung imitiert. Pyta sieht in ihr das Wiedererwachen der Einflussnahme der Großgrundbesitzer: „Alle Anzeichen deuten darauf hin, daß sich der Großgrundbesitz diesem Ruf nicht entziehen wollte und nach Jahren selbstgewählter politischer Abstinenz am Ende der 20er Jahre wieder aktiver in das politische Geschehen eingriff.“[273] Um dieses zu relativieren, bzw. zu widerlegen, soll zunächst geklärt werden, wer treibende Kraft dieser Entwicklung in Brandenburg war. Der erste Brandenburgische KLB, der die Notgemeinschaftsparole erließ, war der KLB Ostprignitz. Die Vertrauensmännerversammlung fasste am 17. November 1931 folgenden Beschluss:

> „Die Vertrauensmännerversammlung des Landbundes Ostprignitz begrüßt die Selbsthilfeaktion der Schleswig-Holsteinischen, Ostpreußischen, Rügenschen und Mecklenburgischen Berufskollegen und beschließt ein gleiches Vorgehen für den Kreis und erklärt:
> ‚Die im Landbunde Ostprignitz zusammengeschlossenen Landwirte werden jeden, der vom heutigen Tage an einen landwirtschaftlichen Groß-, Mittel- oder Kleinbetrieb, Grund und Boden, lebendes oder totes Inventar auf oder infolge einer Zwangsversteigerung sich aneignet oder den bisherigen Pächter aus seiner Pachtung verdrängt, geschäftlich, persönlich und gesellschaftlich als Gegner betrachten und behandeln. Mit Händlern, Handwerkern und Gewerbetreibenden, die mit solchem Verruferklärten in Geschäftsverbindung treten, wird sofort jede geschäftliche Verbindung abgebrochen.‘“[274]

Eine weitere Anlehnung an die Bewegung in Schleswig-Holstein war die schwarze Fahne, die auf dem Landbundhaus in Pritzwalk gehisst wurde. Die Worte des Hauptgeschäftsführers Cordes zur Fahne umschreiben die Phrasen von Not und Kampf:

---

[272] So: Hans Fallada, Bauern, Bonzen und Bomben, Reinbek 1989. (Erstausgabe 1931).

[273] Pyta, Dorfgemeinschaft, S. 204.

[274] „Vertrauensmänner-Versammlung in Pritzwalk“, in: Mitteilungen Landbund Ostprignitz 11.1931, Nr. 47 (17.11.).

> „Sie soll nicht nur Klage und Trauer bedeuten, nicht nur das Zugeständnis, welch' schwere Last uns alle niederdrückt.
> Die Zeichen auf ihr, ‚Sense und Dreschflegel', sollen künden von ungebrochenem Fleiß, von dem starken Willen, auch in dieser dunklen Zeit unentwegt die tägliche Arbeit verrichten zu wollen. Und wenn auch der Totenkopf als Zeichen des Verfalls über den Werkzeugen steht. So liegt das ‚Dennoch' der Unerschrockenheit in diesem Bilde und die Werkzeuge werden weiter gebraucht, um dem Leben Sieg zu verhelfen."[275]

Am 19. November 1931 beschloss die Generalversammlung des Kreislandbundes Angermünde nach der Aufforderung durch den Vorsitzenden Holzheimer, dass im Kreis Notgemeinschaften gegründet werden sollen.[276] Am 7. Dezember gründete der KLB Oberbarnim eine Notgemeinschaft.[277] Im Kreis Lebus forderten schon am 5. November Landwirte des Bezirks Letschin vom Kreislandbund, zur Gründung von Notgemeinschaften aufzurufen,[278] ein ähnlicher Antrag lag dem KLB-Vorstand aus dem Bezirk Müncheberg vor.[279] Auf der Generalversammlung des Kreislandbundes Lebus am 21. Dezember wurden die Mitglieder aufgefordert, Notgemeinschaften zu gründen.[280] Im Kreis Zauch-Belzig rief lediglich der Landbundbezirk Belzig am 29 Januar 1932 die „Notgemeinschaft" aus,[281] der Kreislandbund selbst schloss sich diesem Vorgehen nicht an.[282]

Betrachtet man die Organisationen, die die „Notgemeinschaftsbeschlüsse" zuerst erließen, so waren dies solche, in denen die Nationalsozialisten führend waren: Die Kreislandbünde Ostprignitz und Oberbarnim hatten nationalsozialistische Vorsitzende, im Bezirk Belzig war der neu gewählte Bezirksvorsitzende des Landbundes der LKF des agrarpolitischen Apparates: Otto Benke. Im KLB Angermünde war der Vorsitzende, Holzheimer, zwar kein Nationalsozialist, aber zumindest führte er sich,

---

275 Cs. [=Cordes], „Die Notfahne über dem Landbundhaus", in: Mitteilungen Landbund Ostprignitz 12.1932, Nr. 1 (8.1.).

276 Vgl. „Beschlüsse und Feststellungen der Jahresversammlung am 19. November 1931.", in Landbund Angermünde 12.1931, Nr. 47 (21.11.); „Holzheimers Anklage gegen den Goldbetrug.", in: ebda., Nr. 48 (28.11.).

277 Vgl. „Gründung einer Notgemeinschaft im Kreise Oberbarnim", in: Landbundnachrichten des Kreises Ober-Barnim 13.1931, Nr. 50 (11.12.).

278 Vgl. „Wo stehen wir?", in: Landbund Kreis Lebus 12.1931, Nr. 47 (21.11.).

279 Vgl. „Vertreterversammlung des Landbundes", in: ebda., Nr. 46 (14.11.).

280 Vgl. „Beschluß der Generalversammlung des Landbundes Kreis Lebus.", in: ebda., Nr. 52 (26.12.).

281 Vgl. „Gründung einer Notgemeinschaft im Landbundbezirk Belzig.", in: Landbund Zauch-Belzig 13.1932, Nr. 5 (6.2.).

282 Die Vertreterversammlung im März erließ keinen entsprechenden Aufruf, im dort vorgetragenen Jahresbericht hieß es lediglich: „Auch in unserem Kreis hat der **Selbsthilfekampf** schon in einem Bezirke (Belzig) eingesetzt. Es wird, wenn nicht bald eine Änderung des Gesamtzustandes eintritt, auf den ganzen Kreis übergehen müssen." „Die Vertreterversammlung", in: ebda., Nr. 12 (26.3.).

wie oben gezeigt wurde, so auf. In den Bezirken Letschin und Müncheberg hatten die Nationalsozialisten zumindest einen starken Anhang.[283]

Später haben auch andere Kreislandbünde zur Bildung von Notgemeinschaften aufgefordert. Zu vermuten ist aber auch da, dass der Druck von nationalsozialistischen Mitgliedern oder gar Funktionären kam oder diese einen starken Einfluss auf die Bewegung nahmen. So wurde auf der Jahreshauptversammlung in Prenzlau am 23. Januar 1932 zur Gründung von Notgemeinschaften aufgerufen.[284] In diesem Kreis hatte nach einer Meldung des „Roten Adlers" das Amtsgericht Brüssow am 4. Februar für zwei Bauernschaften Zwangsversteigerungstermine angesetzt.

> „Von nah und fern erschien die Notgemeinschaft, und der Andrang war gewaltig. Der Führer der Notgemeinschaft, von Stülpnagel-Grünberg erklärte, daß jeder gesellschaftlich von der Notgemeinschaft gemieden werden solle, der ein Gebot abgibt. …
> Allgemein bedauert wurde es, daß die Landbundführung keinen Vertreter entsandt hatte, obwohl beide Besitzer langjährige Mitglieder des Landbundes sind. Es ist nicht ihr Verschulden, wenn sie durch wirtschaftliche Not nicht mehr in der Lage waren, ihre Wirtschaften aufrecht zu erhalten.
> Die Notgemeinschaft, wie sie Herr Stülpnagel ins Leben rief, ist, wie der Tag in Brüssow bewies mustergültig aufgezogen, da sie alles umfaßt, was von der Landwirtschaft lebt. Die gemeinsame Not hatte Landleute, Gewerbetreibende, Handwerker, Kleinkaufleute und Arbeiter zu einer machtvollen, disziplinierten Kundgebung vereinigt, die ihre Wirkung nicht verfehlen wird."[285]

Einen Erfolg für die betroffenen Besitzer hatte die Notgemeinschaft nicht, denn für beide Wirtschaften wurde ein Gebot abgegeben. Ein propagandistischer Erfolg aber war es für die NSDAP, denn von Stülpnagel war ihr Kandidat für den KLB-Vorsitzenden bei der Jahreshauptversammlung am 23. Januar 1932 gewesen. Vermutlich war er es, der die Notgemeinschafts-Forderung im KLB durchgesetzt hatte. Bald nach dieser Tat konnte aber der KLB Prenzlau von einer Notgemeinschaftsaktion (ebenfalls erfolglos) berichten, die unter der Führung eines wohl nichtnationalsozialistischen Vorstandsmitglieds erfolgte.[286]

Die Notgemeinschaftsbewegung wurde in Brandenburg also vor allem von Nationalsozialisten gefordert, vorangetrieben, geführt. Wenn hier Großgrundbesitzer aktiv waren, so waren diese als Nationalsozialisten beteiligt. Also nicht die Großgrundbesitzer, sondern die nationalsozialisti-

---

[283] Vertreter des Bezirks Müncheberg wollten, wie oben beschrieben, schon 1927 v. Brünneck als stellvertretenden Vorsitzenden des KLB.

[284] Vgl. „Generalversammlung des Landbundes Prenzlau.", in: Landbund Prenzlau 13.1932, Nr. 5 (30.1.).

[285] „Märkische Bauern halten zusammen", in: Roter Adler v. 12.2.32.

[286] Vgl. „Notgemeinschaft.", in: Landbund Prenzlau 13.1932, Nr. 9 (26.2.).

schen Großgrundbesitzer wurden aktiv[287]; aber eben auch die nationalsozialistischen Bauern. Die Gründung und Förderung von Notgemeinschaften durch die Nationalsozialisten – angefangen hatte dies mitten im Landwirtschaftskammer-Wahlkampf – hatte einen großen propagandistischen Effekt. So konnte man zeigen, dass die Partei sich aktiv für das „Landvolk“ einsetzte und „Bauernproteste“ unterstützte.

Ein vom BLB zusammengestellter und am 7. November 1932 versandter Bericht von zwölf brandenburgischen Kreislandbünden über Notgemeinschaften relativiert doch die Effizienz dieser Bewegung.[288] Danach hatten allein sechs Kreislandbünde keine Notgemeinschaft initiiert: Königsberg, Landsberg, Oststernberg, Teltow, Westprignitz und Weststernberg. Der Vorstand des KLB Calau hatte im März 1932 „zur Bildung von Notgemeinschaften dahin Stellung genommen, dass im Bedarfsfalle im Einvernehmen mit dem Kreislandbund Notgemeinschaften ins Leben gerufen werden sollen.“ Eine Mitteilung über eine Bildung einer Notgemeinschaft veröffentlichte der KLB nicht. Von den fünf Kreislandbünden, die in dem Bericht die Initiierung von Notgemeinschaften meldeten, berichteten zwei (Friedeberg und Lebus), dass keine Notgemeinschaftsaktionen stattgefunden hätten. Lediglich drei Kreislandbünde (Jüterbog-Luckenwalde, Prenzlau und Templin) erwähnten stattgefundene Aktionen.

Von weiteren vier Kreisen sind die Diskussionen über die Notgemeinschaft in den KLB-Zeitungen erwähnt. Der Vorstand des KLB Niederbarnim beschloss am 3. März „zur Gründung einer Notgemeinschaft zu schreiten und nach den Wahlen die Werbung hierfür aufzunehmen.“[289] Es erfolgte weder hier noch später ein spezieller Aufruf im Landbundorgan. Der Vorsitzende des KLB Crossen, Malke, erinnerte in der Hauptversammlung am 17. Dezember 1931 „an den bereits vor Jahren gefaßten Beschluß, bei Zwangsversteigerungen als Notgemeinschaft zu handeln.“[290] Der Erweiterte Vorstand hatte jedoch bereits am 15. Oktober beschlossen „von der Gründung der Notgemeinschaft abzusehen.“[291] Der KLB Cottbus erklärte am 3. Dezember 1931, dass, falls die Osthilfe keine Besserung der Lage bringe, zur Gründung von Notgemeinschaften aufge-

---

[287] Keineswegs „stellte sich der Großgrundbesitz an die Spitze der von den Bauern initiierten Protestaktionen“, so Pyta. Vgl. Pyta, Dorfgemeinschaft, S. 232.

[288] „Zusammenstellung der Berichte von Kreislandbünden über die Tätigkeit von Notgemeinschaften.“, in: BLHA Rep. 37 Herrschaft Neuhardenberg, Nr. 1896, Bl. 261-272.

[289] „Aus der Vorstandssitzung am 3. März 1932.“, in: Landbund Niederbarnim 12.1932, Nr. 10 (13.3.).

[290] „Unsere Hauptversammlung am 17. Dezember 1931.“, in Crossener Landbund 12.1931, Nr. 51/52 (26.12.).

[291] „Jahresbericht 1931“, in: ebda. 13.1932, Nr. 10 (12.3.).

rufen würde.[292] Einen Aufruf zur Gründung einer Notgemeinschaft findet sich später nicht. Im Kreis Züllichau-Schwiebus hatte sich der Kreisjunglandbund am 29. November 1931 zur Notgemeinschaft erklärt.[293] Der Geschäftsführer des KLB, Fink, und der Vorsitzende, Schultz-Buckow, erklärten auf der Generalversammlung des KLB am 4. März 1932, „daß die Bildung solcher Notgemeinschaften nicht zu befehlen ist, sondern, daß eine solche Bewegung von unten herauf in den Ortsgruppen von allein als Notbewegung entstehen muß."[294]

Die Mehrheit der Kreislandbünde initiierte entweder keine Notstandsgemeinschaft oder die Vorstände waren dabei sehr zögerlich. Die Gründe dafür waren mannigfaltig. Wenig Interesse hatten die deutschnationalen oder „neutralen" KLB-Vorstände an einer Bewegung, die von den Nationalsozialisten propagandistisch ausgenutzt werden konnte.[295] Viele KLB-Vorstände wiesen auf die mangelnde Disziplin ihrer Mitglieder hin, die für einen wirtschaftlichen und gesellschaftlichen Boykott notwendig wären.

Die Schwierigkeiten der Notgemeinschaft lagen aber in der Sache selbst begründet. Die Berichte wiesen darauf hin, dass Zwangsversteigerungen ein abgekartetes Spiel von Schuldnern und Bietern sein könnten, was in den seltensten Fällen nachweisbar wäre. Der KLB Prenzlau hatte schon jene von Zwangsversteigerung bedrohten Betriebe aus der Notgemeinschaft ausgenommen, die nicht „unverschuldet" Konkurs gegangen seien. Das Problem bestand darin, wer und wie man dieses beurteilt.[296] Ein Boykott der Gläubiger, in der Notgemeinschaft vorgesehen, war in vielen Fällen fast unmöglich, da man selbst auf diese im Geschäftsverkehr angewiesen war, so die ländlichen Sparkassen oder die ländlichen Genossenschaften (bei denen man wohl noch selbst Mitglied war). Besonders prekär aber war die Sachlage einer Zwangsversteigerung, wenn nicht nur der Schuldner, sondern auch der (die) Gläubiger Landbundmitglieder oder

---

292 Vgl. „Vertreterversammlung des Kreislandbundes Crossen", in: Crossener Landbund 12.1931, Nr. 49 (5.12.).

293 Vgl. „Junglandbundgeneralversammlung", in: Landbund Züllichau-Schwiebus 12.1931, Nr. 48 (4.12.).

294 „Unsere Generalversammlung am 4. März 1932", in: Landbund Züllichau-Schwiebus 13.1932, Nr. 11 (18.3.).

295 Aus dem Bericht des KLB Landsberg kann man dies herauslesen: „Die politische Spaltung im deutschen Volke trägt zudem gegenwärtig ebenfalls nicht dazu bei, eine geschlossene Kampfstellung zu erzielen." „Zusammenstellung der Berichte von Kreislandbünden über die Tätigkeit von Notgemeinschaften.", Anhang zu „Zusammenstellung der Berichte von Kreislandbünden über die Tätigkeit von Notgemeinschaften.", in: Herrschaft Neuhardenberg, Nr. 1896, Bl. 261-272, hier Bl. 263.

296 Nachdem schon Notgemeinschaften in Aktion getreten waren, musste der KLB Prenzlau diese insofern regulieren, dass ein dreiköpfiger Ausschuss über die Inkrafttretung der Notgemeinschaft beschließen sollte. Vgl. „Notgemeinschaft.", in: Landbund Prenzlau 13.1932, Nr. 10 (5.3.).

Notgemeinschaftsmitglieder waren. So ließ sich v. Arnim-Boitzenburg vom KLB-Vorsitzenden Eichelkraut bestätigen, dass für seine eigenen Pächter die Notgemeinschaft nicht eingreifen würde, damit er nicht selbst geschädigt würde.[297] Einen besonders krassen Fall zeigte der KLB Oststernberg, obwohl dort nicht die Notgemeinschaft initiiert wurde auf:

> „Zur Landbundgeschäftsstelle kommen zwei Landbundmitglieder aus einer Ortsgruppe – darunter der Ortsgruppenvorsitzende (Nach Zeitungsberichten hat sich dieser Schuldner übrigens kürzlich zu seiner Wirtschaft noch eine andere für 10 000 RM gekauft.) – und beschweren sich, dass ihnen wegen rückständiger Gemeindesteuern Vieh gepfändet worden ist. Da die Pfändung ungesetzlich ist, bleibt der Landbundgeschäftsstelle gar nichts anderes übrig, als den beiden Beschwerdeführern die Mittel in die Hand zu geben, mit denen sie sich gegen die Pfändung wehren können.
> Nach ziemlich vielen Bemühungen, bei denen auch der Brandenburgische Landbund zu Rate gezogen wird, wird die Zwangsvollstreckung aufgehoben.
> Für den Kreislandbund hatte die Angelegenheit aber die unangenehme Folge, dass mehrere Mitglieder der betr. Ortsgruppe aus dem Landbunde austraten, weil die Geschäftsstelle den beiden Gepfändeten behilflich gewesen sei und diese sich nun der Zahlung der Gemeindesteuern weiter entziehen könnten.
> Der Gemeindevorsteher des betr. Ortes war zunächst sehr entrüstet und wollte auch aus dem Landbund austreten. Nachdem er beruhigt worden war, fragte er den Kreislandbund um Rat, auf welche Weise er die Zwangsvollstreckung gegen die beiden Schuldner nunmehr durchführen könne.
> Der Kreislandbund wird also von Landbundmitgliedern in Anspruch genommen gegen und für dieselbe Zwangsvollstreckung."[298]

Der KLB Prenzlau wies zudem daraufhin, dass bei einem relativ hohen Gebot nicht nur die Gläubiger sondern auch der Schuldner einen Vorteil hätten. Der KLB Templin (inzwischen unter der Leitung des 2. Vorsitzenden, dem Nationalsozialisten Belbe) berichtete von der einzigen Aktion der Notgemeinschaft, in der die gesamte Wirtschaft versteigert werden sollte.

> „Hier handelt es sich darum, dass der in Frage kommende Besitz in der Zwangsversteigerung in die Hände einer Hypothekenbank gekommen war. Dieser Fall hat dazu geführt, dass das Gut schliesslich nicht in die Hand eines ordentlichen Landwirts, sondern in die Hand eines Schlächters übergegangen ist. Hieran aber hat die Landwirtschaft kein Interesse."[299]

---

297 Vgl. Schr. v. Arnim-Boitzenburg an Major [Eichelkraut] v. 20.4.1932 und Schr. Eichelkraut an Graf von Arnim-Boitzenburg v. 29.4.1932, in: BLHA Rep. 37 Herrschaft Boitzenburg, Nr. 4421.

298 „Zusammenstellung der Berichte von Kreislandbünden über die Tätigkeit von Notgemeinschaften.", in: BLHA Rep. 37 Herrschaft Neuhardenberg, Nr. 1896, Bl. 261-272, hier Bl. 266.

299 Ebda., Bl. 271.

Die Bedenken und tatsächlich auftretenden Schwierigkeiten waren für das Ausbreiten der Notgemeinschaftsbewegung hinderlich. Dass die Bewegung am Rand der Illegalität agierte (eine Anzeige des Landrates des Kreises Friedberg wegen Aufforderung zur Bildung von Notgemeinschaften gegen den KLB-Vorsitzenden wurde erst nach Verhandlungen wieder zurückgezogen), hätte diese nicht verhindert. Aber insgesamt trat die Notgemeinschaft, wie in den Berichten erwähnt, nicht so oft in Aktion: im Kreis Angermünde war nach einem Jahr keine Notgemeinschaft tätig geworden;[300] in Jüterbog-Luckenwalde im Sommer gar nicht, sonst nur in einem Fall erfolgreich, in einem zweiten wurde der Termin kurz vorher abgesagt; im Kreis Prenzlau waren es drei Fälle; im Kreis Templin hatte die Notgemeinschaft bei den anberaumten Zwangsversteigerungen von beweglichen Gütern erfolgreich agiert, der einzige Fall der Versteigerung einer ganzen Wirtschaft wurde oben erwähnt.

Hauptgrund für die mangelnde Aktivität der Notgemeinschaften waren die seit Ende 1931 für die ganze Provinz geltenden Bestimmungen der „Osthilfe". Die Hilfe bei der Einleitung und Durchführung der Sicherungsmaßnahmen absorbierte nicht nur die Kräfte der Geschäftsstellen. Vielmehr waren die Betriebe, für die Osthilfe-Verfahren eingeleitet wurden, erst einmal von Zwangsversteigerungen verschont. Die „Osthilfe" konterkarierte somit die Notgemeinschaftsbewegung.[301]

Mit der Notgemeinschaftsbewegung konnten die Nationalsozialisten zumindest im Winter 1931/32 propagandistisch aufzeigen, dass sie den Kampf der Bauern unterstützten. Die Gefahr, dass diese Bewegung sich zu einer Landvolkbewegung entwickelte, die auch der NSDAP aus den Händen glitt – und dies fürchtete die Partei[302], war gebannt. Aber selbst die Osthilfeverfahren, die die Zwangsversteigerungen weitgehend unterbanden, konnten die Nationalsozialisten, wie noch gezeigt wird, geschickt propagandistisch ausnutzen.

---

[300] Vgl. „Der Kreislandbund im Geschäftsjahr 1931//32.", in: Landbund Angermünde 13.1932, Nr. 48 (3.12.), in: BArch R8034 II RLB-Pressearchiv, Nr. 2920, Bl. 197. Als Grund wurde genannt: „Tatsächlich sind im letzten Jahre noch keine landwirtschaftlichen Betriebe im Kreise zwangsversteigert worden."

[301] So auch der Landbund Prenzlau: „Die Schutzmaßnahmen der Notverordnungen von Ende letzten Jahres haben die Zwangsversteigerungen so stark abgedrosselt, dass im Kreise Prenzlau nur 3 Betriebe unter den Hammer gekommen sind." In: BLHA Rep. 37 Herrschaft Neuhardenberg, Nr. 1896, Bl. 267.

[302] So drängte Darré den Gauleiter Rust im Gau Süd-Hannover-Braunschweig darauf, die „fähigen" Landwirte in den agrarpolitischen Apparat zu integrieren, da in diesem Gau die „riesengrosse Gefahr für unsere Bewegung [entsteht], weil alle diese Kräfte logischerweise bei der revolutionären Bewegung der Schwarzen Bauernfahne endigen müssen." Darré an Gauleiter Rust v. 27. 10 1931, in: BArch NS 22, Nr. 449. Die Gewaltbereitschaft und illegalen Aktionen der Landvolkbewegung hätten auch die NSDAP gefährden können; vgl. Farquharson, Plough, S. 11.

Die Wahlen 1932

Mitentscheidend für den Ausgang der Landtags- und Reichstagswahlen im Jahre 1932 war die Vorgeschichte der beiden Reichspräsidentenwahlen. Gegen die Wiederwahl des Reichspräsidenten Hindenburg, der nun von den Parteien der Mitte (SPD bis DVP) und sogar der CNBP unterstützt wurde, sprachen sich nicht nur die Nationalsozialisten sondern auch die DNVP aus. Die Deutschnationalen sahen in dem Mann, den sie 1925 in das Amt gebracht hatten, denjenigen, der nun die Mittelparteien und somit auch das „System" stützte. NSDAP und DNVP konnten sich für den ersten Wahlgang nicht auf einen Kandidaten einigen und schickten Hitler und den Stahlhelmführer Duesterberg ins Rennen. Der Brandenburgische Landbund gab ebenso wie der Reichslandbund eine Wahlparole gegen Hindenburg (Ehrenmitglied des RLB!) aus und forderte seine Mitglieder zur Wahl Duesterbergs oder Hitlers auf.[303] Die „Nationale Opposition" hatte sich, wie an der Wahl Jacobs als BLB-Vorsitzender schon deutlich geworden, durchgesetzt. Die Landvolkparteiler oder andere Gemäßigte hatten nun keinen Einfluss in den oberen Gremien mehr.

Beim ersten Wahlgang erhielt Hindenburg zwar nicht die absolute Mehrheit, aber mit knapp 50 % die meisten Stimmen im Reich. Betrachtet man die Wahlergebnisse in den ländlichen Kreisen (inklusive der Städte) der Provinz Brandenburg, so kann man daraus schließen, dass der Aufruf des Landbundes seine beabsichtigte Wirkung hatte. Hitler und Duesterberg erhielten zusammen mehr Stimmen als Hindenburg. Der deutschnationale Duesterberg erhielt in den meisten Kreisen etwas mehr Stimmen als die DNVP bei der Reichstagswahl 1930. Hitler jedoch konnte gegenüber dem NSDAP-Ergebnissen von 1930 kräftig zulegen. Er erhielt Stimmen von bisherigen Nichtwählern und ehemaligen Wählern verschiedener Parteien.[304] Diejenigen, die noch 1930 die Landvolkpartei gewählt hatten, hatten, wenn nicht Hindenburg, nun eher Hitler als Duesterberg gewählt. Die Ergebnisse in den Hochburgen der CNBP 1930 verdeutlichen dies. So hatte beispielsweise im Landkreis Crossen die CNBP 1930 7 581 Stimmen erhalten. Bei der Reichspräsidentenwahl erhielt Duesterberg 2 960 Stimmen (DNVP 1930: 1 639), Hitler 15 088 (NSDAP 1930: 6 005).[305]

---

[303] „Der RLB zur Reichspräsidentenwahl.", in: Der BLB 13.1932, Nr. 8 (4. Feb.-Nr.). Zu den Fraktionierungen innerhalb der Konservativen vgl. Pomp, Landadel, S. 213-215, Klotzbücher, S. 245-253, Berghahn, S. 195-219; ders., Die Harzburger Front und die Kandidatur Hindenburgs für die Präsidentschaftswahlen 1932, in: VfZ 13. Jg. 1965, S. 64-82; Walter Görlitz, Die Junker. Adel und Bauer im deutschen Osten. Geschichtliche Bilanz von 7 Jahrhunderten; Limburg a. d. Lahn 1964, S. 377.

[304] Deutlich wird dies an den kommenden Landtags- und Reichstagswahlen. Große Verlierer waren neben der Landvolkpartei die Wirtschaftspartei, die DVP und die volkskonservativen Parteien.

[305] Vgl. Statistik des Deutschen Reiches Nr. 427.

Beim zweiten Wahlgang sprachen sich der RLB und der BLB für den Kandidaten Hitler aus.[306] Zwar konnte Hitler nicht alle Stimmen, die beim ersten Wahlgang für Duesterberg abgegeben wurden, dazu gewinnen, doch es reichte in den meisten brandenburgischen Kreisen, um mehr als Hindenburg zu bekommen.

Der Trend dieser Wahlen bestätigte sich bei den Landtagswahlen in Preußen am 24. April 1932. Die DNVP verlor gegenüber der Reichstagswahl 1930, die NSDAP konnte ihre Stimmenzahl fast verdoppeln. Die CNBP hatte demgegenüber Riesenverluste und wurde nahezu bedeutungslos: In den Wahlkreisen Potsdam I, Potsdam II und Frankfurt hatte sie zusammen bei der Reichstagswahl 1930 noch ca. 99 000 Stimmen, bei der Landtagswahl im April ca. 16 000 Stimmen, bei der Reichstagswahl am 31. Juli nur noch 1 900, am 6. November 2 400 Wähler. Diese Wahlergebnisse zeigen den Zerfall der CNBP.[307]

Der Reichslandbund und der Brandenburgische Landbund hatten für die Landtagswahl und die Reichstagswahlen 1932 die Kreislandbünde aufgefordert, für die beiden „nationalen" Parteien einzutreten, aber keinen Wahlkampf zugunsten einer Partei zu veranstalten. Die Hoffnung, die die Deutschnationalen vor der Landtagswahl 1932 hatten, nämlich wieder an Stimmen zu gewinnen und etwa halb so stark zu werden wie die NSDAP[308], erfüllte sich nicht, die Partei verlor sogar an Stimmen. Die Auflösung der Landvolkpartei endete damit, dass die bäuerlichen Massen zur NSDAP liefen.

Machtkämpfe im Landbund

Die Erfolge der NSDAP bei den Reichspräsidenten- und Landtagswahlen gab den Nationalsozialisten Rückenwind bei der Bekämpfung der politischen Gegner und Eroberung von Funktionärsposten im Landbund. Besonders die noch übrig gebliebenen Landvolkparteiler bekamen dies zu spüren. So musste sich der Vorsitzende des KLB Cottbus, Fischer, vor der Vertreterversammlung für seinen Landtagswahlkampf (er war Spitzenkandidat der CNBP im Wahlkreis Frankfurt/O.) rechtfertigen, um dann noch eine Vertrauenserklärung von der Versammlung zu erreichen.[309] Vor dem Reichstagswahlkampf gab er die Parole „NSDAP oder DNVP" aus.

---

306 „Die bevorstehenden Wahlen.", in: Der BLB 13.1932, Nr. 13 (5. März-Nr.).

307 Vgl. Preußische Statistik Nr. 293, Statistik des Deutschen Reiches Nr. 382 und 434.

308 Vgl. hierzu: „Kommende Entscheidungen. Die Folgen der Preußenwahlen.", in: DTZ Nr. 116 v. 26.4.1932.

309 „Vertreterversammlung.", in: Landbund-Zeitung 13.1932, Nr. 21 (27.5.).

Dagegen konnte sich der KLB-Vorsitzende von Luckau, der Landvolkparteiler Karl Lehmann nicht halten. Im Sommer fand ein Vorstandswechsel statt. [310]

Im Kreis Crossen drängten die Nationalsozialisten auf den Rücktritt des Vorsitzenden Malkes und besonders des 3. Vorsitzenden Hermann Welke, der der Kreisführer der CNBP war. Schon am 21. April 1932 beantragte der Nationalsozialist Kögel auf der Hauptversammlung des KLB Crossen, „Herrn Welke wegen seines Eintretens für Hindenburg aus dem Vorstand des Landbundes auszuschließen.“[311] Die Versammlung, auf der nach Malke viele Nichtlandbundmitglieder zugegen waren, wurde wegen der entstandenen Unruhe vorzeitig abgebrochen.

Eine Woche darauf beantragte der Kreisleiter der NSDAP, Oberinspektor Fischer, den Rücktritt des dritten KLB-Vorsitzenden Welke. Im Mai sammelte die NSDAP 1080 Unterschriften von Landbundmitgliedern (mehr als ein Drittel), um eine außerordentliche Hauptversammlung einzuberufen. Die Anträge der NSDAP lauteten auf Neuwahl des Gesamtvorstandes, Streichung der Tagegelder des Vorstandes, Halbierung der Entschädigungssumme für den 1. Vorsitzenden und Ausgabensenkung für die Geschäftsstelle. Am 2. Juni 1932 fanden daraufhin zunächst eine Vertrauensmännerversammlung und dann eine Hauptversammlung statt.[312] Auf der Vertrauensmännerversammlung wies Malke in einer längeren Verteidigungsrede die Vorwürfe finanzieller Bereicherung als KLB-Vorsitzender zurück. Zudem betonte er die parteipolitische Neutralität des Landbundes. Zu seiner eigenen politischen Haltung machte er ausführliche Aussagen: so habe er bei der Reichspräsidentenwahl zunächst Duesterberg, im zweiten Wahlgang Hitler gewählt.

> „Bei der Landtagswahl sei er weder mit den Deutschnationalen noch mit den Nationalsozialisten gegangen, weil auf beiden Listen kein Bauer an sicherer Stelle auf den Wahlvorschlägen gestanden habe. Morozowicz und Hauk seien Rittergutsbesitzer und Merker-Meseritz sei nebenbei Getreidehändler.
> Von der Parteileitung der Landvolkpartei habe er zahlreiche Aufforderungen erhalten, an der Spitze des Wahlvorschlages im Bezirk Frankfurt (Oder) zu kandidieren. Er habe es jedoch abgelehnt. Als ihm dann die Wahlvorschläge der Deutschnationalen und der Nationalsozialisten ohne einen Bauern an sicherer Stelle bekannt geworden seien, habe er aus Protest gegen diese stiefmütter-

---

[310] Vgl. Rschr. BLB „Die Organisation des Brandenburgischen Landbundes.“ v. 10.10.32, in: BLHA Rep. 37 Herrschaft Neuhardenberg, Nr. 1896, Bl. 128-189, hier: Bl. 134.

[311] „Bericht über die Hauptversammlung am 21. April 1932.“, in: Crossener Landbund 13.1932, Nr. 17 (30.4.).

[312] Vgl. hierzu und zur Vorgeschichte: „Bericht über die außerordentliche Hauptversammlung am 2. Juni 1932.“, in: Crossener Landbund 13.1932, Nr. 23 (11.6.) und Nr. 24 (18.6.); vgl. auch: „Schärfster Machtkampf im Crossener Landbund“, in: Crossener Tageblatt v. 3.6.32, in: BArch R8034 II RLB-Pressearchiv, Nr. 2920, Bl. 168.

> liche Behandlung des landwirtschaftlichen Berufstandes in dem agrarischen Wahlkreis der Aufnahme seines Namens in die Landesliste der Landvolkpartei auf den dringenden Wunsch seiner Freunde im ganzen Wahlkreise zugestimmt. Gegen die parteipolitische Neutralität habe er nicht verstoßen."[313]

Die Mehrheit der Crossener Landbevölkerung konnte wohl seine Entscheidung für die Landvolkpartei nicht nachvollziehen, was unter anderem auch Malkes eher passivem Verhalten geschuldet war. Von den 7 179 Stimmen in den Landgemeinden des Crossener Kreises bei der Reichstagswahl 1930 für die CNBP waren bei der Landtagswahl im April 32 noch gerade 550 übrig geblieben.[314]

Bei der Vertrauensmännerversammlung verlas Malke die Namen von 18 Vertrauensleuten der Ortsgruppen, darunter sogar drei Bezirksvorsitzende, die den NSDAP-Antrag mitunterschrieben hatten.[315] Damit hatten gerade ein Sechstel der Bezirksvorsitzenden und nicht einmal ein Viertel der Vertrauensleute diesen Antrag unterschrieben. Dies bedeutet aber keineswegs, dass all die anderen Vertrauensleute nicht nationalsozialistisch eingestellt waren. So führte der Vertrauensmann der Ortsgruppe Preichow auf der Hauptversammlung aus:

> „Er gehöre seit der Gründung des Landbundes dem erweiterten Vorstande an. Die nationalsozialistische Bewegung müsse begrüßt werden. Seine Ortsgruppe habe durchweg nationalsozialistisch gewählt, aber der Landbund müsse neutral bleiben. ... Es wäre bedauerlich, wenn die Organisation durch die Partei zugrunde ginge. Der Landbund müsse bleiben."[316]

Es ist davon auszugehen, dass noch mehr Vertrauensleute, die Anhänger oder gar Mitglieder der NSDAP waren, sich dieser Meinung anschlossen: die NSDAP wählen, aber nicht bewährte Funktionäre des Landbundes durch Parteigenossen ersetzen. Bei der Abstimmung sprachen sich dann

---

[313] „Bericht über die außerordentliche Hauptversammlung am 2. Juni 1932.", in: Crossener Landbund 13.1932, Nr. 23 (11.6.).

[314] Vgl. „Landtagswahl-Ergebnis im Kreise Crossen", in: Crossener Landbund 13.1932 Nr. 17 (30.4.). Lediglich in seinem Heimatort Alt-Rehfelde erreichte die Landvolkpartei ihr bestes Ergebnis im Kreis: 45 Stimmen. Aber selbst hier hatte die Landvolkpartei verloren. Bei der Reichstagswahl 1930 erhielt sie noch 173 Stimmen. Die „nationalen" Parteien konnten in diesem Ort wie überall von dem Wählerwechsel profitieren: die DNVP erhielt 12 gegenüber 3 Stimmen 1930, die NSDAP steigerte sich von 19 auf 113 Stimmen. Vgl. auch: „Das Ergebnis der Reichstagswahl im Kreis Crossen.", in: Crossener Landbund 11.1930, Nr. 38 (20.9.).

[315] Malke sprach nur von zwei Bezirksvorsitzenden; doch der von ihm nicht erwähnte, auf der Unterschriftenliste auftauchende Vertrauensmann aus Merzwiese war im März zum neuen Bezirksvorsitzenden gewählt worden.

[316] „Bericht über die außerordentliche Hauptversammlung am 2. Juni 1932.", in: Crossener Landbund 13.1932, Nr. 23 (11.6.). Tatsächlich hatte in Preichow die CNBP bei der Landtagswahl nur noch 2 gegenüber 125 Stimmen 1930, die NSDAP steigerte sich von 10 auf 137 Stimmen.

nur noch vier Vertrauensleute und der Vorsitzende des Kreiswaldbauvereins für den Rücktritt des engeren Vorstandes aus. Das heißt, von den 18 Vertrauensleuten, die den NSDAP-Antrag unterstützt hatten, hat sich die Mehrheit von Malkes Richtigstellung der von Nationalsozialisten verbreiteten Gerüchte und seiner Verpflichtung zu parteipolitischer Neutralität überzeugen lassen.

Für die Hauptversammlung waren so viele Teilnehmer angereist, dass das Schützenhaus in Crossen als Versammlungssaal nicht ausreichte. Eine polizeiliche Genehmigung musste eingeholt werden, um die Tagung im Garten des Gebäudes abzuhalten. Zuerst hielten Malke, dann Welke ihre Verteidigungsreden. Letzterer wurde zunächst unterbrochen, dann gestand die Opposition ihm fünf Minuten Redezeit zu. Den Misstrauensantrag begründete der Kreisleiter der NSDAP, Fischer. „Als er dabei auf die Sünden der Regierung Brüning zu sprechen kam, griff die Polizei ein und erklärte politische Ausführungen für unzulässig. Als Herr Fischer weiter sprach und die Auflösung durch die Polizei drohte, schloß Herr Malke die Versammlung…“.[317] Malke wies noch daraufhin, dass die Abstimmung in den Ortsgruppen stattfinden sollte.

Die nationalsozialistische Opposition traf sich nach der Hauptversammlung im Schützenhaus und wählte den Landwirt F. Lehmann aus Crossen zum Gegenkandidaten für den Landbundvorsitz, während der LKF Kögel dies ablehnte und der vom Kreisleiter der NSDAP vorgeschlagene Streese von der Versammlung abgelehnt wurde, da er als Stadtförster „in erster Linie Beamter sei.“[318]

Zwar löste Welke bald nach der Versammlung die Kreisorganisation der CNBP auf, um nicht vor der Reichstagswahl „noch größere Zersplitterung in die Reihen der Landbevölkerung zu tragen“ und forderte seine Parteifreunde auf, „ihre Stimmen restlos den beiden Parteien der nationalen Opposition zu geben.“[319] Falls er mit dieser „Neutralisierung“ seinen Vorstandsposten retten wollte, so gelang es ihm jedoch nicht. Am 26. Juni 1932 fand die außerordentliche Vorstandssitzung statt. „Nach eingehender Beratung und Aussprache“ legte Welke sein „Amt als 3. Vorsitzender freiwillig nieder.“[320]

Als sein Nachfolger wurde in der Vorstandssitzung der Vertrauensmann der Ortsgruppe Crossen-Berg vorgeschlagen, der in der Herbst-Hauptversammlung mit großer Mehrheit gegen zwei nationalsozialistische Kandidaten gewählt worden war. Die Versammlung war nur schwach

[317] „Bericht über die außerordentliche Hauptversammlung am 2. Juni 1932.“, in: Crossener Landbund 13.1932, Nr. 24 (18.6.).

[318] „Schärfster Machtkampf im Crossener Landbund“, in: Crossener Tageblatt v. 3.6.32, in: BArch R8034 II RLB-Pressearchiv, Nr. 2920, Bl. 168.

[319] Welke, „Auflösungserklärung!“, in: Crossener Landbund 13.1932, Nr. 25 (25.6.).

[320] „Wichtige Beschlüsse der außerordentlichen Vorstandssitzung am 26. Juni 1932.“, in: Crossener Landbund 13.1932, Nr. 26 (2.7.).

besucht, der Großteil der nationalsozialistischen Oppositionellen fehlte. Das lag zum einen an der „am gleichen Tage in Sommerfeld stattfindenden Hitler-Kundgebung“ zum anderen daran, dass sich die „Gemüter“ beruhigt hatten.[321] Eine Abwahl Malkes stand nicht mehr auf der Tagesordnung. Nachdem der ehemalige Kreisvorsitzende der CNBP Welke als 3. Vorsitzender zurückgetreten war und Malke ganz auf Neutralitätskurs gegangen war (bei den Reichstagswahlen rief er zur Wahl von NSDAP und DNVP auf), war den Nationalsozialisten der Wind aus den Segeln genommen worden.

Bezeichnend ist hier auch der Gesinnungswandel der Großgrundbesitzer. Sie verteidigten nicht nur Malke, sondern auch Welke gegen die Machtansprüche der Nationalsozialisten.[322] Anstatt nun die Gemäßigten und (ehemaligen) Landvolkparteiler zusammen mit den Nationalsozialisten aus den Vorständen zu entfernen, verbanden sie sich mit den Gemäßigten gegen die Nationalsozialisten. Die verstärkte Propaganda der NSDAP gegen die deutschnationalen Großgrundbesitzer sowie die zunehmende Machtentfaltung der Nationalsozialisten dürften zu dieser neuen Konstellation beigetragen haben.

3. Die NSDAP und die Großgrundbesitzer

Anfang 1932 plädierte v. Oppen-Tornow, der gerade Mitglied in der NSDAP geworden worden war, dafür, dass die Partei sich um die Aufnahme adliger Großgrundbesitzer bemühen sollte. Für ihn war klar: „Der Großgrundbesitz denkt gar nicht daran, der NSDAP. feindlich gegenüber zu stehen; im Gegenteil, viele von ihnen wären froh, wenn sie Anschluss an die NSDAP. finden könnten.“[323] Mit der Gewinnung der Großgrundbesitzer, so Oppen, hätte die Partei zwar direkt keinen Massenanhang gewonnen, doch indirekt dadurch, dass die Großgrundbesitzer Einfluss auf ihre Arbeiter, die Bauern und die Gewerbetreibenden in den Kleinstädten hätten. v. Oppen-Tornow behauptete:

> „...die Ursache dafür, dass die meisten Grossgrundbesitzer heute noch der deutschnationalen Volkspartei angehören, liegt einfach in der konservativen Tradition dieser Kreise und daran, dass seitens der NSDAP. trotz aller gegen-

---

[321] „Hauptversammlung des Crossener Landbundes“, in: Crossener Tageblatt v. 21.10.32, in: BArch R8034 II RLB-Pressearchiv, Nr. 2920, Bl. 186.

[322] Bei der Vertrauensmännerversammlung ergriffen für den Verbleib des Vorstandes folgende Großgrundbesitzer das Wort: v. Seydlitz-Kurzbach (zweiter Vorsitzender des KLB), Fritz Fournier, Frhr. v. Rheinbaben und Frhr. v. Kottwitz. Alle gehörten zwei Jahre vorher zu den Großgrundbesitzern, die das Pamphlet gegen die Gründung der CNBP im Kreis Crossen unterschrieben hatten.

[323] Schr. v. Oppen an Schulz v. 28.1.1932, in: BLHA Rep. 37 Gut Bollersdorf, Nr. 22, Bl. 1-8. Daraus auch folgende Zitate.

> teiligen Versicherungen Enteignungsmassnahmen in sozialistischer-marxistischer Richtung befürchtet werden. Der Grossgrundbesitz in seiner Mehrheit ist sich aber vollkommen einig darüber im Klaren, dass die D.N.V.P. niemals in die Masse eindringen wird und dass es deshalb nicht ohne NSDAP. geht."

Der Wunsch von v. Oppen-Tornow, der als Deutschvölkischer zur NSDAP gewechselt war, die deutschnationalen Großgrundbesitzer in die Partei zu integrieren, gelang bis zur Machtergreifung 1933 nur ansatzweise. Mitentscheidend dafür war die Haltung der NSDAP.

Denn die Propaganda der NSDAP gegen die Deutschnationalen verstärkte sich im Winter 1931/32 massiv. Mit den Propagandareisen des Sohnes des Exkaisers, August Wilhelm, Kandidat der NSDAP im Landtagswahlkampf im April 1932, wurde weniger die Landvolkpartei als die DNVP angegriffen:

> „Wir können nur feststellen, daß sich Prinz August Wilhelm von Preußen die Herzen der Bauern, Bürger und Arbeiter im Sturme gewann. Auch die verbohrtesten Reaktionäre des im Kreis Lebus besonders rücksichtslosen Großgrundbesitzes mußten erkennen, daß Bauern und Landarbeiter sich ihrer Führung entzogen haben."[324]

Die Propaganda lavierte zwischen Köderung der Großgrundbesitzer[325] und Kampf gegen die „Reaktion"[326] und die DNVP[327].

Der Kampf gegen die „Reaktion"

Um die Reichstagswahl im November 1932 erreichte die Propaganda der NSDAP gegen den deutschnationalen Großgrundbesitz, insbesondere in ihrem Gau Ostmark, ihren Höhepunkt. In zwei Leitartikeln attackierte Wilhelm Kube die Deutschnationalen.[328] Im ersten Artikel bezeichnete er die ‚Papenregierung' als deutschnationale Regierung, die den Deutschen nur Not und Elend gebracht hätte, „abgesehen von den Bank- und Börsenfürsten und rund 1000 deutschnationalen Großgrundbesitzern im Osten,

---

324 „Seelow", in: Märkischer Adler v. 13.12.31.

325 Hauk, „Junker erwache, her zu Adolf Hitler!", in: Märkischer Adler v. 13.12.31.

326 So Hauk bei einer NSDAP-Versammlung: „Er wies auf die Notwendigkeit hin, daß die nationalsozialistischen Bauern endlich sich im Landbund gegenüber der Reaktion durchsetzten…"; in: Märkischer Adler v. 24.1.32.

327 Richard Menze, „Die Deutschnationale Partei und wir.", in: Märkischer Adler v. 17.1.32.

328 Kube war früher selbst einmal Funktionär in der DNVP. Vgl. zu Kube: Helmut Heiber, Dokumentation. Aus den Akten des Gauleiters Kube, in: Vierteljahreshefte für Zeitgeschichte 4.1956, S. 67-92; Kurt Adamy und Kristina Hübener, Provinz Mark Brandenburg – Gau Kurmark. Eine verwaltungsgeschichtliche Skizze, in: Verfolgung Alltag Widerstand, Brandenburg in der NS-Zeit. Hrsg v. Dietrich Eichholtz, Berlin 1993, S. 11-31, hier: S. 28.

die aus Mitteln der Osthilfe ‚umverschuldet' wurden…".[329] In dem anderen Leitartikel nach der Wahl warf er der „Reaktion" vor, 1918 („Kaiserflucht" und gescheiterte Gegenrevolution) und 1923 (gescheiterter Putsch) versagt und während der Republik zusammen „mit den Marxisten Deutschland zugrunde gerichtet" zu haben. Kube erklärte die Deutschnationalen zu Gegnern und verwarf die Bündnispolitik der „Nationalen Front": „Der Weg Adolf Hitlers und der Nationalsozialistischen Deutschen Arbeiterpartei muß einsam bleiben, wenn er zum Ziele führen soll."[330]

Die „Osthilfe" war für die Nationalsozialisten lange Zeit nur ein Mittel zur ‚Erhaltung des Systems'. Doch da auch Bauern Nutznießer dieser Stützungsmaßnahme waren und diese gewonnen und gehalten werden mussten, verklangen die Rufe nach Verdammung der Osthilfe. Im Jahre 1932 wurde aber die Verteilung der Osthilfegelder als Propagandawaffe gegen den Großgrundbesitz benutzt. Ähnlich wie die Kommunisten attackierten sie die Osthilfe als eine Unterstützung vor allem des Großgrundbesitzes. „In verschiedenen Kreisen der Provinz Brandenburg ist gelegentlich nationalsozialistischer Versammlungen die Behauptung aufgestellt worden, daß ein Zehntel der Osthilfe bisher für die Bauern und neun Zehntel für deutschnationalen Großgrundbesitz ausgeschüttet sei."[331] Dagegen hielt der BLB, dass „57 vh [der Mittel] für den bäuerlichen Betrieben und 43 vH den größeren Betrieben zugeflossen" sei.[332]

Doch die Nationalsozialisten beriefen sich in ihrer Propaganda vor allem auf den Kreis Lebus. Auch nach den November-Reichstagswahlen setzte die NSDAP im Kreis Lebus ihre Agitation fort; unter anderem ging es ihr darum, bei den Bezirksvorstandswahlen und Kreislandbundvorstandswahlen am 17. Dezember 1932 nationalsozialistische Bewerber durch zu bekommen. Als Propagandamittel dienten die Zahlen über die Osthilfe im Kreis Lebus, um „das reaktionäre und bauernfeindliche Treiben heutiger Vorstandsmitglieder unter Beweis [zu] stellen."[333]. Bis zum 28. Oktober 1932 hatten die beiden Großgrundbesitzer Graf Hardenberg und v. Flemming 727 000 RM, 15 Betriebe mittleren Besitzes 278 000 RM und 4 kleinbäuerliche Betriebe 13 500 RM als Darlehen

---

[329] Wilhelm Kube, „Wir schlagen Reaktion und Marxismus!", in: Märkischer Adler v. 6.11.32.

[330] Wilhelm Kube, „Moskau, Monarchie oder Nationalsozialismus?", in: Märkischer Adler v. 20.11.32.

[331] „Verteilung der Osthilfemittel auf Großbesitz und bäuerlichen Besitz.", in: Der BLB 13.1932, Nr. 44 (1. Nov.-Nr.).

[332] „Verteilung der Osthilfemittel auf Großbesitz und bäuerlichen Besitz.", in: Der BLB 13.1932, Nr. 51/52 (3. u. 4. Dez.-Nr.). Dieser Artikel enthält die korrigierten Angaben zum Artikel aus Nr. 44.

[333] Rschr. Friedrich v. 10.12.32, in: BLB Nr. 177, Bl. 55.

erhalten.[334] Der Gesamtvorstand des KLB erklärte in der Sitzung am 26 November 1932 dieses Missverhältnis damit, dass ein Personalmangel beim Landratsamt für die spätere Bearbeitung der kleineren Betriebe verantwortlich sei. In einer Erklärung rügte er den Kreisleiter der NSDAP, Friedrich:

> „Unter Bezugnahme auf die vorangegangenen Feststellungen erklärt der Gesamtvorstand, daß er mit Bedauern davon Kenntnis genommen hat, daß eines seiner Mitglieder [d.i. Friedrich] gegen andere Mitglieder des Vorstandes Vorwürfe betreffend der Umschuldung in der Oeffentlichkeit erhoben hat, ohne die Angelegenheit vorher im Landbundvorstande zur Sprache zu bringen. Dies Vorgehen ist geeignet, die Einigkeit im Landbunde zu zerstören. Das Verhalten des Vorstandsmitglieds, Herrn Friedrich-Altlangsow, der selbst in durchaus weitgehend wohlwollender Weise mit als erster umgeschuldet wird, muß als die Interessen des Landbundes schädigend gemißbilligt werden."[335]

Auf diese Erklärung antwortete der Gauleiter der Ostmark, Kube, im Märkischen Adler:

> „Als Fraktionsführer und Gauleiter des Parteigenossen Friedrich erkläre ich hiermit vor der Oeffentlichkeit, daß die reaktionäre Interessengemeinschaft, die den Vorstand des Kreislandbundes ausmacht, uns mit ihren Mißbilligungsbeschlüssen völlig gleichgültig ist. ...Die Bauern des Kreises Lebus werden aufgefordert, dafür Sorge zu tragen, daß der Vorstand eine zweckentsprechende Zusammensetzung erhält, damit derartige Uebertretungen zugunsten eines Großgrundbesitzers in Zukunft nicht mehr möglich sind."[336]

In einer Gegenerklärung verwahrte sich der KLB-Vorsitzende Mudrack gegen die Parteipolitik im Landbund und wies die „Einmischung des Herrn Kube" zurück.[337] Von den 11 in den Bezirken zu wählenden Vorstandsmitgliedern wurde lediglich eines nicht wieder gewählt. In den Geschäftsführenden Vorstand wurden die beiden Kandidaten wieder gewählt, eine beantragte Zuwahl Friedrichs wegen der Satzung zurückgewiesen.[338] Ein großer Erfolg der Nationalsozialisten blieb hier also aus. Die Propaganda gegen den deutschnationalen Großgrundbesitz aber wurde weit über den Kreis Lebus hinaus getragen.

Die Attacken gegen die (adligen) Großgrundbesitzer, bei denen man auch wie bei der ‚Osthilfe' Interessengegensätze zwischen Bauern und Großgrundbesitzern ausnutzte, wurden geschickt umgeformt in Angriffe

---

[334] Vgl. ebda. und auch: „Verteilung der Osthilfemittel auf Großbesitz und bäuerlichen Besitz.", in: Der BLB 13.1932, Nr. 51/52 (3. u. 4. Dez.-Nr.).

[335] „Sitzung des Gesamtvorstandes am Sonntag, den 26. November 1932.", in: Landbund Kreis Lebus 13.1932, Nr. 49 (3.12.).

[336] Wilhelm Kube, „Kreislandbund Lebus überschreitet seine Befugnisse.", in: Märkischer Adler v. 11.12.32.

[337] Mudrack, „Erklärung", in: Landbund Kreis Lebus 13.1932, Nr. 51 (17.12.).

[338] „Bericht über die Vertreterversammlung am 17. Dezember 1932.", in: Landbund Kreis Lebus 13.1932, Nr. 52 (24.12.).

gegen die „deutschnationalen“ oder „reaktionären“ Großgrundbesitzer. Heftig wiesen die Nationalsozialisten Vorwürfe zurück, sie kämpften gegen den Großgrundbesitz per se.[339] Mit Erfolg versuchte die NSDAP auch, (adlige) Großgrundbesitzer als Mitglieder zu gewinnen.

So trat einer der führenden Hugenbergianer der Provinz im Frühjahr 1932 der Partei bei: v. Arnim-Cunersdorf. Sein Einfluss lag nicht nur darin, dass er 1930 zusammen mit Arnim-Boitzenburg zu den Hugenberg-Versammlungen eingeladen hatte, und dass er Gutsverwalter war. Er war auch bis dahin Stahlhelmführer des Barnim gewesen, und so hoffte der Gauführer Schlange, dass dieser eine größere Gefolgschaft nachziehen würde.[340] Die Übertritte solcher Adliger wurden wohl als Erfolg gefeiert. Allerdings wurden nicht alle adligen Großgrundbesitzer herzlich in die Partei aufgenommen. So hatte sie Schwierigkeiten mit dem Entschluss des Landwirtschaftskammerpräsidenten v. Oppen-Dannenwalde in die NSDAP einzutreten.[341] Die unteren Parteiorgane waren gegen die Aufnahme v. Oppens in die Partei, da „von Oppen hier in der Prignitz politisch-landwirtschaftlich restlos ‚unten durch' ist und von keinem, noch nicht mal seinem eigenen Wahlkreis zur Kammerwahl aufgestellt wurde, ausserdem im Ruf eines ‚Konjunkturpolitikers' steht…“[342] Auch der Reichstagsabgeordnete Willikens urteilte negativ über eine eventuelle Aufnahme Oppens in die Partei: „Für unser nationalsozialistisches Bauerntum hier oben würde das einen ganz schweren Schlag propagandistisch und innerlich bedeuten.“[343] Für die Nationalsozialisten (in der Ostprignitz) war v. Oppen in mehrfacher Hinsicht inakzeptabel: Er war Landvolkparteiler gewesen und hatte als Landwirtschaftskammerpräsident den gouvernementalistischen Kurs mitgemacht. Ihn sah man als den Verantwortlichen für die hohen Landwirtschaftskammerbeiträge und schließlich war er erst im Dezember des vorigen Jahres als Präsident gegen die Stimmen der nationalsozialistischen Kammermitglieder wieder gewählt worden. Seine Person diente als Beispiel für einen „Dawes-Junker“, gegen den die Partei ihre Feldzüge führte. Gauleiter Schlange jedoch hatten nichts gegen einen Pg. v. Oppen-Dannenwalde, versprach sich aber damit keinen „Einbruch

[339] Vgl. „Bauer, Landwirt, Großgrundbesitzer“, in: Roter Adler v. 5.2.32.

[340] Vgl. Schr. Schlange an Straßer v. 20.6.32, in: BArch NS 22, Nr. 1046.

[341] Am 20. Juni 32 hatte er seinen Aufnahmeantrag gestellt; vgl. ebda. Laut Petzold war es Darré, der gegen v. Oppens Parteieintritt war, doch gegen Oppen dürften mehrere Parteigenossen gewesen sein. Laut dem bei Petzold veröffentlichtem Schreiben (vermutlich doch von Strasser) wäre v. Oppen schon bis zum 15. Juni schon eingetreten; vgl. Joachim Petzold, Großgrundbesitzer – Bauern – NSDAP. Zu ideologischen Auseinandersetzungen um die Agrarpolitik der faschistischen Partei 1932, in: ZfG 29.1981, S. 1128-1139, hier S. 1131-1132 u. S. 1139.

[342] So ein OG-Leiter in: Schr. Schlange an Strasser v. 17.5.32, in: BArch NS 22, Nr. 1046.

[343] Schr. Willikens an Reichsltg. der NSDAP, Abtlg. Landwirtschaft v. 9.7.32, in: BArch NS 22, Nr. 450.

in deutschnationale Kreise..., da Oppen sich in diesen Kreisen keines übermäßigen Einflusses erfreut."[344] Noch im November 1932 wurde ihm der Parteieintritt verwehrt, da er Mitglied im Berliner Rotary-Club war.[345]

Falls v. Oppen nun geglaubt hatte, durch seinen Parteieintritt seinen Präsidentenposten retten zu können, so hatte er sich geirrt. Die massiven Vorwürfe von Parteigenossen, dass Oppen nur seine Ämter retten wollte, zwangen ihn am 17. Januar 1933 zum Rücktritt.[346] Mag sein, dass er – wie viele andere 1932/33 – auf einen fahrenden Zug aufspringen wollte, um seinen Posten zu retten. Andrerseits kann sich seine Einstellung zum Nationalsozialismus durch seine Italienreise, von der er einen begeisterten Bericht über Mussolini-Italien drucken ließ[347], gewandelt haben.[348]
Die Zahl derjenigen adligen Großgrundbesitzer, die vor der Machtergreifung zur NSDAP übergetreten waren, war sicher geringer als derjenigen, die der DNVP die Treue hielten. Die DNVP erhielt sogar wieder Zuwachs an Großgrundbesitzern, die von der Landvolkpartei zurückkamen, wie etwa der KLB-Vorsitzende von Soldin Stavenhagen.[349] Auch ein Blick auf die Kandidatenlisten der Kreistagswahlen im März 1933 zeigt bei den deutschnationalen Listen einen höheren Anteil adliger Großgrundbesitzer als bei der NSDAP.[350]

Trotz Anfeindungen und Grabenkämpfen wurde das Bündnis von deutschnationalen Großgrundbesitzern und NSDAP bis zur Machtergrei-

---

[344] Schr. Schlange an Straßer v. 20.6.32, in: BArch NS 22, Nr. 1046.

[345] Vgl. Schr. Straßer, Glaser an Hauptabtlg. V (Landwirtschaft) v. 17.11.1932, in: BArch NS 22, Nr. 450.

[346] Vgl. „47. Hauptversammlung der Landwirtschaftskammer für die Provinz Brandenburg und für Berlin.", in: Märkischer Landwirt 90.1933, Nr. 4 (4. Januar-Nr.). In der Familienchronik ist dies so dargestellt, als ob v. Oppen freiwillig verzichtet hätte, weder sein Parteieintritt noch sein Mussolinibuch sind hierin erwähnt; vgl. Dietrich von Oppen, Lebensskizzen aus der Familie von Oppen vornehmlich im 20. Jahrhundert. Ein zeitgeschichtliches Lesebuch, Marburg/Lahn 1983/85, S. 418.

[347] Joachim von Oppen, Mussolini und die italienische Landwirtschaft. Bericht einer Studienreise im Mai 1930, 2. Aufl. Neudamm und Berlin 1931. Die erste Auflage erschien im Oktober 1930 im Selbstverlag. Aus diesem Bericht sticht die Begeisterung für Mussolini und den italienischen Faschismus hervor.

[348] Dagegen bezweifelte der zitierte OG-Leiter Oppens „Wandel": „Vor seiner Romreise wollte er, schwach ausgedrückt, von der N.S. D.A.P. nichts wissen und plötzlich nachher zur allgemeinen Verwunderung schwenkte er um. Ich habe die Sache verneint, da ich sie nicht glaube."; in: Schr. Schlange an Strasser v. 17.5.32, in: BArch NS 22, Nr. 1046.

[349] Vgl. Neue Preußische Kreuzzeitung Nr. 51 v. 20.2.1931.

[350] Als Beispiel sei hier auf den Kreis Lebus verwiesen. Auf dem deutschnationalen Wahlvorschlag „Kampffront Schwarz-Weiß-Rot" waren drei adlige Großgrundbesitzer, dagegen auf dem Wahlvorschlag der NSDAP keine adligen Großgrundbesitzer vertreten (von je 24 Kandidaten); Vgl. Landbund Kreis Lebus 14. 1933, Nr. 10 (11.3.).

fung nie ganz aufgehoben. Am 24. April 1932 veröffentlichten die „Vereinigten Vaterländischen Verbände“ sogar einen Aufruf gegen das Verbot der SA, der auch von führenden brandenburgischen Hugenberganhängern unterschrieben war.[351] Die Unterschriften gaben diese Adligen für jene Organisation, die nicht nur der Konkurrent „ihres“ Stahlhelms war, sondern auch in ihren Aktionen mit Terror und Mord weit über das hinausging, was die adligen Großgrundbesitzer noch als politische Aktion akzeptiert hätten. Doch zeigt dies die Bindung von Deutschnationalen und Nationalsozialisten, denn der „Streit um das SA-Verbot war ein grundsätzlicher Streit über die Frage, in welcher Ecke der politische Gegner zu orten sei."[352]

Deutschnationale Verteidigungsstrategie

Die nationalsozialistischen Angriffe gegen die Deutschnationalen bei den Wahlkämpfen, in der Landwirtschaftskammer und in den Landbünden verlangten eine Reaktion. Zunächst blieben die Deutschnationalen bei intern gehaltener Kritik oder defensiven Gegendarstellungen. Doch bald nahmen Reaktionen der Hugenberganhänger zu, wie etwa Mudrack, der beim Hardenberg-Osthilfe-Skandal eine Reueerklärung Friedrichs verlangte und der Partei eine Einmischung in Landbundangelegenheiten „verbot“.[353]

Zu einem offenen Konflikt zwischen Großgrundbesitzern und Nationalsozialisten kam es im nationalsozialistisch dominierten Kreislandbund Guben, wie einem Rundschreiben des Brandenburgischen Landbundes vom Oktober 1932 zu entnehmen ist:

> „Im Kreise Guben ist der gesamte deutschnationale Grossgrundbesitz aus dem Kreislandbunde ausgeschieden, weil dem derzeitigen Vorsitzenden der Vorwurf gemacht wird, er führe den Kreislandbund einseitig nationalsozialistisch. Nur 2 nationalsozialistische Grossgrundbesitzer sind im Landbunde geblieben. …Die ausgetretenen Grossgrundbesitzer haben dem Brandenburgischen Landbund gegenüber erklärt, dass sie voll und ganz auf dem Boden des Landbundes stünden und den Landbund gerade in heutiger Zeit als eine unbedingt notwendige wirtschaftspolitische Organisation ansähen. Sie wären bereit, die

---

[351] Rschr. VVVD v. 27.4.1932, in: BLHA Rep. 37 Herrschaft Boitzenburg, Nr. 4430, Bl. 8; dieses Rundschreiben enthielt neben dem Aufruf vom 24. April auch Unterschriftenlisten. Darunter war auch die Unterschrift von Graf Arnim-Boitzenburg. Die „Vereinigten Vaterländischen Verbände“ waren ein eher locker verbundene Arbeitsgemeinschaft rechter Parteien und Verbände; vgl. auch: James H. Diehl, Von der „Vaterlandspartei“ zur „Nationalen Revolution“: Die „Vereinigten Vaterländischen Verbände Deutschlands (VVVD)“ 1922-1933, in: VfZ 33. Jg. 1985, S. 617-639.

[352] Dirk Blasius, Weimars Ende. Bürgerkrieg und Politik 1930-1933, Göttingen ²2006, S. 49. Zum SA-Verbot und dessen Aufhebung siehe dort S. 41-54.

[353] Vgl. „Herr Mudrack erklärt!“, in: Märkischer Adler v. 22.1.33.

> ausgesprochenen Kündigungen zurückzunehmen, wenn der derzeitige Vorsitzende des Kreislandbundes Guben zurücktreten würde, wenn ferner gewisse Satzungsänderungen im Kreislandbund Guben vorgenommen würden, wenn weiter Überparteilichkeit des Landbundes auch in seinen Spitzenorganisationen auf das Bestimmteste durchgeführt würde...".[354]

Mit diesen Austritten hatte der Kreislandbund Guben erhebliche Einnahmeeinbußen. Der Vorsitzende des Landbundes, der Großgrundbesitzer Schultz-Sembten, sah sich aus „organisatorischen Gründen...ausserstande, jetzt zurückzutreten. Im übrigen glaubt er an sich die Möglichkeit gegeben, seinen Etat auch ohne den ausgetretenen Grossgrundbesitz bei allergrösster Einschränkung auszugleichen".[355] Ein Vergleich mit den anderen Kreislandbünden zeigt, dass der bäuerliche Besitz diesen Austritten nicht folgte: lag der KLB Guben hinsichtlich der Beitragsfläche nun an vorletzter Stelle (vor dem kleinsten KLB Spremberg), so lag er in der Zahl der angeschlossenen Betriebe an siebter Stelle aller brandenburgischen Kreislandbünde.

Dieser Konflikt zeigt beispielhaft, dass die Mehrheit der Großgrundbesitzer bei den Deutschnationalen geblieben ist. Die Boykottaktion der Gubenschen Großgrundbesitzer hatte jedoch keinen Erfolg gehabt. Noch im März 1933 boykottierten sie den Landbund und der Vorsitzende des KLB, Schultz-Sembten, „gab der Hoffnung Ausdruck, daß sich Klein und Großgrundbesitz einmal wieder geschlossen im Landbund zusammenfinden ...die Türen für den Großgrundbesitz seien nach wie vor offen."[356]

Auch im Kreis Züllichau-Schwiebus regten sich die Deutschnationalen. So lud im September Schulz-Buckow zu einer Großgrundbesitzer-Versammlung ein mit dem 1. Tagesordnungspunkt: „Stellungnahme zu der Tatsache, daß der Kampf der NSDAP in letzter Zeit sich von einem parteipolitischen zu einem Klassenkampf zugespitzt hat, auch gegen den Großgrundbesitz." Als Begründung zur Aufforderung, zahlreich zu erscheinen, und zur Aktivierung einer „verschärften Stahlhelmarbeit und Propagandaarbeit" nannte Schulz:

> „Der Großgrundbesitz wird z. Zt. derart stark angegriffen, daß es eine unbedingte Notwendigkeit ist, daß er sich mit allen Mitteln zur Wehr setzt, wenn er sich nicht selbst aufgeben will. Das Jubelgeschrei, das die marxistische Presse

---

[354] Rschr. BLB „Die Organisation des Brandenburgischen Landbundes." v. 10.10.1932, in: BLHA Rep. 37 Herrschaft Neuhardenberg, Nr. 1896, Bl. 128-198, hier: Bl. 146-147.

[355] Ebda., Bl. 147.

[356] „Die Generalversammlung, eine Siegesfeier unseres Landbundes!", in: Mitteilungen Landbund Guben 10.1933, Nr. 11 (16.3.), in: BArch R8034 II RLB-Pressearchiv, Nr. 2921, Bl. 25a.

auf Grund der letzten T a t e n der NSDAP losließ, dürfte wohl dem Letzten die Augen geöffnet haben."[357]

Dieses Einladungsschreiben nutzte der Landwirtschaftliche Abschnittsfachberater des aA, der Großgrundbesitzer Hauk zum Angriff gegen die „Herren von der Reaktion". Ob und wie sich die Großgrundbesitzer des Kreises Züllichau-Schwiebus gewehrt haben, ist nicht überliefert.

Bis zur Machtergreifung machten sich im Brandenburgischen Landbund keine deutschnationalen Aktivitäten zur Zurückdrängung der Nationalsozialisten bemerkbar. Nicht Zurückeroberung von Landbundposten, sondern eher Besitzstandwahrung bei einem Zusammenschluss von Deutschnationalen und Gemäßigten war die Tendenz im Winter 1932/33, wie sie sich schon im Winter davor durchgesetzt hatte.

Der BLB hatte sich im Jahre 1932 endgültig aus den Wahlkämpfen zurückgezogen, seine politische Leitfunktion verloren. Er erreichte in diesem Jahr nicht nur an Mitgliedern seinen absoluten Tiefstand, sondern war auch finanziell fast am Ende. Viele seiner Mitglieder zahlten weniger oder überhaupt nicht. Dies waren insbesondere die im Osthilfe-Verfahren stehenden Betriebe; hinsichtlich der Beiträge fielen hier die Großbetriebe ins Gewicht. Eine vom Vorstand des BLB ausgearbeitete Umgestaltung der Organisation (Zusammenfassung der Kreislandbünde mit Reduzierung der Geschäftsführerstellen) wurde aber nicht umgesetzt.[358]

Noch einmal riefen der RLB und der BLB zu einer Massenaktion gegen die Regierungspolitik auf. Nicht Demonstrationen, sondern Versammlungen, bei denen Telegramme und Briefe an Reichsregierung und Reichspräsident abgeschickt wurden, waren bestimmendes Element dieser Aktion.[359] Diese trug eindeutig die Handschrift der „Nationalen Front" zum Sturz der Regierung Schleicher. Es waren aber nicht diese Massenaktionen, sondern die Umtriebe der Hugenbergianer, die den Sturz ermöglichten. Mit der massiven Einflussnahme auf Hindenburg erreichten sie die Einsetzung des Kabinetts der „Nationalen Konzentration".

---

[357] Rschr. Schulz-Buckow v. 16.9.32, abgedruckt in: Hauk, A., „Die Reaktion im Kreise Züllichau-Schwiebus an der Arbeit!", in: Märkischer Adler v. 2.10.33.

[358] Rschr. BLB „Die Organisation des Brandenburgischen Landbundes" v. 10.10.1932, in: BLHA Rep. 37 Herrschaft Neuhardenberg, Nr. 1896, Bl. 128-198.

[359] Vgl. die Eingaben der RLB-Spitze: „Reichskabinett und Reichs-Landbund.", in: Der BLB 14.1933, Nr. 3 (3. Jan.-Nr.); „Eine Denkschrift des Landbund-Präsidiums an den Reichspräsidenten.", in: ebda., Nr. 5 (5. Jan.-Nr.).

4. Die Auflösung der Landbundorganisation und ein Ausblick in das „Dritte Reich“

Der Landbund nach dem 30. Januar 1933

Die Landbünde begrüßten das Ende der Republik, das seit ihrer Gründung ein Hauptziel war: „Erkämpft war die Wende, um die namentlich wir seit Jahren gerungen hatten.“[360] Nicht nur die Nationalsozialisten, sondern auch die Hugenberganhänger waren zufrieden. Denn Hugenberg war Reichsernährungsminister (zum Leidwesen Darrés) und hatte in Preußen die Ministerien für Landwirtschaft, Wirtschaft und Arbeit übernommen und der führende Großgrundbesitzer Hugenbergscher Richtung, v. Rohr-Demmin aus dem Pommerschen Landbund, war auch Staatssekretär im Reichsernährungsministerium geworden. Für den BLB war dies „ein Beweis für den Willen zum durchgreifenden Handeln auf agrarpolitischem Gebiete. Sein Einsatz bedeutet eine Bürgschaft, die die Landwirtschaft nur begrüßen kann.“[361] Selbst von den Gemäßigten im Landbund wurden das Ende der Republik und das neue Kabinett freudig begrüßt.[362]

Der Einfluss der Nationalsozialisten im Landbund war nun nicht mehr aufzuhalten. Bisher parteilose Landbundfunktionäre traten nun der NSDAP bei; so etwa Gauger im März[363] Fischer wechselte im April oder Mai 1933 zur NSDAP.[364] Weiter wurden Nationalsozialisten in die Landbundvorstände gewählt. So trat am 22. März Bethge („aus Altersgründen“) als Mitpräsident des Reichslandbundes zurück, für ihn wurde der Nationalsozialist Meinberg gewählt. In den Vorstandsausschuss des Brandenburgischen Landbundes wurde am 26. April 1933 der nationalsozialistische Vorsitzende des KLB Templin, Belbe, gewählt. Zudem beschloss

---

360 „Kabinettswechsel.“, in: Der BLB 14.1933, Nr. 6 (1. Feb.-Nr.).

361 „Im Anfang war die – Tat.“, in: ebda. Vgl. auch den Aufruf des KLB Westprignitz: „**Tretet alle ein** in die Gefolgschaft unserer Führer: **Hitler – Hugenberg – v. Rohr!**“, in: „Schließt die Reihen!“, in: Landbund Westprignitz 14.1933, Nr. 6 (11.2.).

362 Vgl. die Artikel in der Zeitschrift des gemäßigten KLB Sorau-Forst: „Das Kabinett der nationalen Konzentration.“, in: Landbund Sorau-Forst 14.1933, Nr. 5 (3.2.); „Zur Lage“, in: ebda., Nr. 6 (10.2.). Vgl. auch Gaugers Rede auf einer Versammlung der nationalen Verbände des Kreises Zauch-Belzig; „Kundgebung der nationalen Einheitsfront.“; in: Landbund Zauch-Belzig 14.1933, Nr. 6 (11.2.). Selbst der gemäßigte v. d. Marwitz begrüßte das Ende der Republik; vgl. Schr. v. d. Marwitz an Schulz v. Heinersdorf v. 25. 2. 1933, in: BLHA Rep. 37 Gut Friedersdorf, Nr. 477, Bl. 210.

363 Vgl. Personalbogen in: BArch R 16 I, Nr. 1328.

364 Fischer wollte wohl schon Mitte Januar zur NSDAP wechseln, um in den Provinziallandtag oder Kreistag zu kommen, trat aber im Februar der DNVP bei. Vgl. Schr. Ernst v. Schönfeldt an Zabeltitz v. 13.5.33 und Schr. Zabeltitz an Schönfeldt v. 3.6.33, in: BLHA Rep. 37 Gut Werben I, Nr. 295.

der BLB-Vorstand, mit dem LGF Wangenheim eine „Führerarbeitsgemeinschaft" zu bilden, und die Kreise wurden gebeten, ähnlich zu verfahren.[365] Das heißt, die Landbünde sollten mit dem agrarpolitischen Apparat der NSDAP zusammengeschlossen werden.

Dass die Aufnahmen von Nationalsozialisten in die Vorstände nur mehr oder weniger freiwillig erfolgten, zeigt das Beispiel des KLB Lebus. In den geschäftsführenden Vorstand des Kreislandbundes Lebus wurde im April der Nationalsozialist Friedrich, den man noch bis Januar heftig bekämpft hatte, berufen.[366] Ausschlaggebend dafür war der Beschluss des Gesamtvorstandes vom 18. März 1933, „daß auch im Kreise praktisch der nationale Zusammenschluß zum Ausdruck kommen müsse. Die persönlichen Gegensätze, die zurzeit hie und da noch beständen, seien unter allen Umständen zu bereinigen und zu beseitigen."[367]

Waren die vielfältigen Änderungen – zwar unter dem massiven Druck der NSDAP – aber noch relativ freiwillig geschehen, so änderte sich dies in den folgenden Monaten. Nachdem im Reich die politischen Gegner ausgeschaltet waren, gingen die Nationalsozialisten nun daran, auch ihre Koalitionspartner zu verdrängen. Schon am 5. Mai 1933 musste Kalckreuth als RLB-Präsident zurücktreten, da die NSDAP ihm einen Skandal anheftete.[368] Am 14. Juni trat Jacobs als Vorsitzender des Brandenburgischen Landbundes zurück, für ihn wurde Wendt gewählt. Engerer Vorstand und der Ausschuss waren jetzt mehrheitlich mit Nationalsozialisten besetzt; lediglich Mudrack und Stubbendorff waren die letzten Deutschnationalen im Ausschuss.[369] Am 27. Juni 1933 reichte Hugenberg sein Rücktrittsgesuch ein und die DNVP wurde aufgelöst.[370] Am 23. September 1933 wurde v. Rohr aus dem Reichsministerium für Landwirtschaft entfernt.[371]

---

[365] Vgl. „Vom Landbund. Die Vorstandssitzung…", in: Der BLB 14.1933, Nr. 18 (1. Mai-Nr..). Bereits am 4. April wurde die „Reichsführergemeinschaft" gebildet; vgl. Gies, Machtergreifung, S. 215.

[366] Vgl. „Berufung in den Vorstand.", in: Landbund Kreis Lebus 14.1933, Nr. 15 (15.4.).

[367] „Gesamtvorstandssitzung am 18. März 1933.", in: Landbund Kreis Lebus 14.1933, Nr. 12 (25.3.).

[368] Horst Gies, Die nationalsozialistische Machtergreifung auf dem agrarpolitischen Sektor, in: ZfAA 19. Jg. 1968, S. 210-232, hier: S. 218.

[369] Vgl. „Vom Landbund – Die Vorstandssitzung…", in: Der BLB 14.1933, Nr. 25 (3. Juni-Nr.). In den Engeren Vorstand wurden berufen: Belbe (Templin), Gauger (Zauch-Belzig), v. Langenn (Friedeberg). In den Arbeitsausschuss: v. Oppen-Tornow (Oberbarnim), Fischer (Cottbus), Lange (Luckau), Stubbendorff (Westprignitz) und Mudrack (Lebus).

[370] Vgl. Gies, Darré, S. 160-161. Im Organ des BLB waren diese Mitteilungen lediglich eine Notiz unter der Rubrik „Wochenschau"; in: Der BLB 14.1933, Nr. 27 (1. Juli-Nr.).

[371] Vgl. Gies, Darré, S. 161.

Auch auf Kreislandbundebene erfolgten Umorganisationen: Die Vorstände wurden mehrheitlich mit Nationalsozialisten besetzt. Bei einigen Kreislandbünden wurden die Konflikte öffentlich. Im Kreis Sorau stellte der Gauinspektor der NSDAP, Stumpf, am 28. April 1933 einen Antrag auf Neuwahl des KLB-Vorstandes.[372] Am 19. Mai fand eine Vertreterversammlung statt, auf der der Vorsitzende Graf Brühl und der Rest des Engeren Vorstandes zurücktrat. Zwar verlangte ein nationalsozialistischer Ortsgruppenvertreter zunächst die Neuwahl der Ortsgruppenvorstände, doch Graf Brühl berief sich auf die Satzung und schlug selbst einen KLB-Vorstand vor, dessen beide Vorsitzenden und der 1. Beisitzer Nationalsozialisten waren, während der 2. Beisitzer, der Vertreter der Genossenschaft kein Nationalsozialist war. Die Vorschlagsliste wurde einstimmig angenommen. Doch die drei gewählten nationalsozialistischen Vorstandsmitglieder wurden nach der Versammlung vom Gauinspektor Stumpf angewiesen, die Wahl nicht anzunehmen. Stattdessen berief Stumpf am 26. Mai 1933 eine Bauernversammlung ein, auf der er einen kommissarischen Vorstand bestimmte. Dabei gehörten sowohl der 1. Vorsitzende, Schölzke (seit 1929), wie auch der 2. Vorsitzende, Drews, nicht mehr dem Landbund an.[373] Tags darauf besetzte der neue Vorstand in SA-Uniform gewalttätig die Geschäftsstelle des Landbundes. Graf Brühl stellte am 1. Juni einen Strafantrag gegen den neuen Vorstand wegen „Hausfriedensbruch, Nötigung, Diebstahl und Unterschlagung".[374] Zudem brachte er eine nur einseitig bedruckte Ausgabe der Landbundzeitung heraus. Hierin erklärte er, dass er den neuen Vorstand nicht anerkenne, da dieser nicht satzungsgemäß gewählt worden war.[375] Am 24 Juni wurde vom kommissarischen Vorstand eine Generalversammlung einberufen, bei der ein neuer nationalsozialistischer Vorstand vom LGF Bredow ernannt wurde.[376]

Im Kreis Lebus sollte auf der Vertreterversammlung der Vorstand nach dem Willen der NSDAP neu gebildet werden: Der engere Vorstand sollte zusammengesetzt sein aus 4 Nationalsozialisten und 3 vom bisherigen Vorstand, der Gesamtvorstand aus 16 Nationalsozialisten und 11 vom

---

[372] Vgl. auch zu Folgendem: Graf v. Brühl, „Bericht über die Vorgänge, die zur Einsetzung eines kommissarischen Vorstandes für den Landbund des Kreises Sorau-Forst führten" v. 27.5.33, in: GStA PK I. HA Rep. 84a, Nr. 14163.

[373] Vgl. „Der Vorstand des Landbundes Sorau-Forst kommissarisch festgesetzt.", in: Landbund Sorau-Forst 14.1933, Nr. 22 (2.6.) [Kopf der Ausgabe mit Hakenkreuzen].

[374] Strafantrag v. 1.6.33, in: GStA PK I. HA Rep. 84a, Nr. 14163. Eine einstweilige Verfügung zog Brühl im August zurück; am 1.9.33 wurde das Verfahren niedergeschlagen aus „Anlass der Beendigung der nationalsozialistischen Revolution"; „Vermerk" in: ebda.

[375] Landbund Sorau-Forst 14.1933, Nr. 22 (9.6.) [einseitige Ausgabe mit altem Kopf].

[376] Vgl. Landbund Sorau-Forst 14.1933, Nr. 26 (30.6.).

bisherigen Vorstand, Vorsitzender sollte der Nationalsozialist Friedrich werden, Stellvertreter der bisherige Vorsitzende Mudrack. Doch nachdem sich der Kreisleiter der NSDAP durch Äußerungen eines Mitgliedes des Gesamtvorstandes angegriffen fühlte, verließ die NSDAP den Saal. Die übrig gebliebene Zweidrittelmehrheit beschloss Neuwahlen der Vertrauensleute.[377] Am 29. Juni wurde von der NSDAP aber ein Vorstand installiert, der rein nationalsozialistisch war.[378]

Nur wenige Kreislandbünde erhielten keinen nationalsozialistisch dominierten Vorstand, wie etwa der KLB Westprignitz. Aber auch hier wurde unter Führung Bredows nach dem Gleichschaltungsgesetz ein kommissarischer Vorstand gebildet, in dem nun noch mehr Nationalsozialisten waren.[379] Mit den Umwandlungen war das Ende der freien Berufsvertretungen besiegelt.

Die Generalversammlung des Landbundes Oberbarnim erklärte sogar in einer Entschließung am 8. Juni 1933 seine Selbstauflösung: „Wir Mitglieder des Kreislandbundes Ober-Barnim sind nach einem Vortrag unseres Vorsitzenden zu der Ueberzeugung gekommen, dass, nachdem Adolf Hitler die Führung des Reiches übernommen hat, die Aufgabe des Landbundes als erfüllt zu betrachten ist....“[380] Doch die NSDAP dachte gar nicht daran, die Landbundorganisationen aufzulösen. In einem Brief an den Vorsitzenden des KLB Oberbarnim, v. Oppen-Tornow, bezeichnete der geschäftsführende RLB-Präsident Meinberg die Entschließung als ein „Mir-in-den-Rücken-fallen“ und betonte die Aufgabe der „Standesorganisation, wie sie zur Zeit der Landbund darstellt“, als „Zusammenfassung und Vertretung des Willens des deutschen Bauerntums“.[381] Nun glichen die Aufgaben der „Standesorganisation“ denen des agrarpolitischen Apparates: Zum einen wurde über sie die Stimmung der Bauern in Erfahrung gebracht, zum anderen wurden über sie, vor allem über die Landbundorgane, Befehle erteilt.

Aufrufe zum Eintritt in den Landbund bestimmten die folgenden Monate, die sich zu unverblümten Drohungen steigerten. Anfang Juli erließ der neue BLB-Vorsitzende, Martin Wendt, einen Aufruf zur „Wiederaufbauarbeit“ mit der Bemerkung: „Widerstreben, Beiseitestehen oder Austritt aus dem Landbund werde ich als Sabotage bewerten.“[382] Die KLB-

---

[377] Vgl. „Beschluß der Vertreterversammlung vom 6. Juni 1933.“, in: Landbund Kreis Lebus 14.1933, Nr. 23 (10.6.).

[378] „Beschlüsse der Vertreterversammlung vom 29. Juni 1933.“, in: ebda., Nr. 27 (8.7.).

[379] Vgl. „Vorstandssitzung am 26. Juni.“, in: Landbund Westprignitz 14.1933, Nr. 26 (1.7.).

[380] Schr. v. Oppen-Tornow an Darré v. 9.6.33, in: BArch R8034 I RLB (BLB), Nr. 177, Bl. 71.

[381] Schr. Meinberg an v. Oppen-Tornow v. 21.6.33, in: ebda., Bl. 72-73.

[382] Wendt, Martin, „Landbündler, märkische Bauern!“, in: Der BLB 14.1933, Nr. 27 (1. Juli-Nr.).

Zeitschriften wiederholten diese Appelle, teilweise mit noch schärferen Formulierungen. So betonte der KLB Lebus:

> „Dies sind keine Aufrufe wie viele vorher.
> Sie sind eine ernste Mahnung und letzte Aufforderung, freiwillig in den Landbund einzutreten.
> Noch ist der Weg zum Eintritt frei![383]

Das Organ des KLB Züllichau-Schwiebus drohte sogar offen mit Zwang:

> „Wir... fordern alle Bauern auf, soweit sie ausgetreten sind oder überhaupt niemals Mitglied waren, sofort in den Landbund einzutreten und soweit sie in den zurückliegenden Wochen gekündigt haben, ihre Kündigung unverzüglich wieder rückgängig zu machen. Mittel und Wege stehen uns zur Genüge zur Verfügung, um derartige Sabotageabsichten zu verhindern."[384]

Der Landbund Zauch-Belzig überbot sogar noch diese Drohung:

> „Wer etwa gegen den Landbund sich betätigt, oder andere zum Austritt aus dem Landbund auffordert, treibt Sabotage am Werke Adolf Hitlers, ist ein Feind des landwirtschaftlichen Berufstandes und der nationalsozialistischen Bewegung und als solcher mit allen Mitteln auszumerzen."[385]

Von freiwilliger Mitgliedschaft konnte ab da nicht mehr die Rede sein. Der Zwang zum Eintritt in die Landbünde war ein weiterer Schritt der Umwandlung der Landbünde in ein Reichsnährstandsorgan.

Der Reichsnährstand, durch Gesetz vom 13. September 1933 gegründet, „umfaßte die Erzeuger, die Bearbeiter und Verarbeiter, ferner den Handel mit Agrarprodukten."[386] Auf Reichs-, Länder-/Provinz- und Kreisebene wurden Bauernführer, Obmänner und vier Hauptabteilungsleiter eingesetzt. Die Hauptabteilung I beinhaltete die Standesvertretung (vorher: Landbund), die Hauptabteilung II die Ausbildung (LwK; Landw. Vereine), die Hauptabteilung III den Warenbezug (Genossenschaften) und die Hauptabteilung IV den Landhandel. Alle Funktionäre waren nun Nationalsozialisten. Am 22. Dezember 1933 löste der Landesbauernführer Reinhard Bredow die Landwirtschaftlichen Vereine, die Märkische Bauernschaft und den Bund Freier deutscher Bauer auf. Den Brandenburgischen Landbund und den Brandenburgischen Junglandbund gliederte er samt den Kreisorganisationen (einschließlich dem Kreis Arnswalde) in

---

383 „Landbündler!", in: Landbund Kreis Lebus 14.1933, Nr. 31 (5.8.).

384 „Unser Landbund im Dritten Reich!", in: Landbund Züllichau-Schwiebus 14.1933, Nr. 18 (4.8.).

385 „Landbund und nationalsozialistischer Stände-Staat.", in: Landbund Zauch-Belzig 14.1933, Nr. 30 (29.7.).

386 Friedrich-Wilhelm Henning, Landwirtschaft und ländliche Gesellschaft in Deutschland. Bd. 2 1750 bis 1986, Paderborn 1988, S. 215.

den Reichsnährstand ein.[387] Die Kreisbauernführer ernannten ab Dezember 1933 die Bezirks- und Ortsbauernführer. Zum 31. März 1934 wurden die letzten noch existierenden Kreislandbund (nun: Kreisbauernschafts-)-Organe eingestellt.

Die meisten Kreisbauernführer kamen aus dem agrarpolitischen Apparat. Landesbauernführer Reinhard Bredow war seit der Zusammenführung der NSDAP-Gaue Brandenburg und Ostmark zum Gau Kurmark Landwirtschaftlicher Gaufachberater des aA. Alexander v. Wangenheim wurde Leiter der am 10. September eingeweihten „Märkischen Bauernhochschule" in Gransee[388], die im Jahre 1935 zur „Bauernschule Kurmark Alexander Freiherr von Wangenheim" umbenannt wurde.[389]

Mit der Errichtung des Reichsnährstandes waren fast alle höheren Funktionäre des Landbundes entfernt worden, so auch der ‚Bauernführer' Gauger. Doch am 17. Januar 1934 löste er den bisherigen Kreisbauernführer für Zauch-Belzig, den LKF Benke, ab. Obwohl er erst spät in die Partei eingetreten war, jahrelang vorher bekämpft worden war, brauchte die NSDAP Leute wie Gauger, der in Reden und Aufsätzen die Bauern für die nationalsozialistische Diktatur begeistern konnte.[390] Dies war ein Mittel, um schließlich die Zwangsmaßnahmen leichter durchführen zu können.

Ausblick

Die deutschnationalen Großgrundbesitzer schienen mit der Machtergreifung einen wichtigen Sieg errungen zu haben: Die verhasste Republik war abgeschafft, die „Nationale Diktatur" wurde errichtet. Doch damit – wie sich zeigen sollte – war für die Zukunft die Wiedererrichtung der Monarchie oder einer von den Adligen geprägten Staatsform beseitigt. Letztendlich war gar die Adelsqualität als Legitimation für führende Eliten endgültig abgeschafft, den Adel als Stand gab es nicht mehr.[391] Eine Opposition gegen dieses neue Regime kam bei den Adligen nicht auf. Die materiellen Verbesserungen in der Landwirtschaft, später die Aufrüstung und damit Berufschancen im Militär waren positive Grundlagen für die Akzeptanz

---

[387] Vgl. „Verfügung des Kreisbauernführers.", in: Landbund Kreis Lebus 14.1933, Nr. 51 (30.12.).

[388] „Weihe der Märkischen Bauernhochschule Gransee", in: Der dt. Bauer 8.1933, 89. Folge (15.9.).

[389] „Bauernschule Kurmark Alexander Freiherr von Wangenheim", in: Der dt. Bauer 10.1935, 135. Folge (15.11.). Die Leitung der Reichsbauernschule in Goslar, die v. Wangenheim übernehmen wollte, erhielt er allerdings nicht.

[390] Vgl. vor allem: Gauger, Wilhelm, „Was ist nun zu tun?", in: Landbund Zauch-Belzig 14.1933, Nr. 11 (18.3.). Der Artikel wurde auch in den anderen KLB-Zeitschriften abgedruckt. Ders., „Einige Grundgedanken zur organisatorischen Gleichschaltung innerhalb der Landwirtschaft.", in: ebda., Nr. 14 (8.4.).

[391] Vgl. Francis L. Carsten, Geschichte der preußischen Junker, Frankfurt 1988, S. 189 und 195.

des „Dritten Reiches“ durch die Adligen, die ideologische Nähe sowieso. Aber kamen nun Adlige an führende Positionen, dann nur weil sie den traditionellen Adelsbegriff (Geburtsadel) als führende Elite ablehnten. In Brandenburg war es jene Minderheit von adligen Großgrundbesitzern, die relativ früh in die NSDAP eingetreten waren, die ihre Führungspositionen durch Parteikarrieren erreichten: v. Brünneck war der einzige adlige Kreisbauernführer, v. Arnim-Rittgarten [=Ragow] wurde Landesdirektor der Provinz Brandenburg[392], v. Saher und v. Alvensleben wurden Landräte.

Ohne Parteizugehörigkeit keine Karriere, das traf zunächst einmal die deutschnationalen Hardliner, die nicht oder eben spät zur NSDAP gekommen waren. Dagegen fanden viele Landvolkparteiler oder gemäßigte Landbundfunktionäre – jene die die Hugenberganhänger und die Nationalsozialisten bekämpft hatten – kurz vor oder nach der Machtergreifung zur NSDAP: Wir finden hier Gauger, der Vorsitzende des KLB Cottbus, Fischer, trat in die NSDAP ein[393], der „Dawes-Umfaller“ v. Keudell wurde prominentes NSDAP-Mitglied und Freund Görings, der „Judenlümmel“ Lechler wurde Mitglied des Landesbauernrates von Ostpreußen, dann des Donaulandes und nach seiner Pensionierung trat er in den Landesbauernrat Kurmark ein.[394].

Für die Bauern brachte das „Dritte Reich“ zunächst viele Vorteile. Die Einführung der Reichsnährstands-Ordnung garantierte der Landwirtschaft auskömmliche Preise. Das Reichserbhofgesetz wertete die Bauern auf und schützte sie vor Enteignungen, auch wenn die rückwärtsgewandte Beurteilung ein „weitgehendes Scheitern“ der Erbhofpolitik feststellte[395]. Gauger betonte gar, dass dieses Gesetz von ihm schon längst gefordert worden war.[396] Die Nationalsozialisten rangen den Großgrundbesitzern nicht nur die Besserstellung der Landarbeiter ab, sondern setzten auch eine Zwangsabgabe landwirtschaftlicher Grundstücke an die Bauern durch. Diese mit Zwang durchgesetzte Landabgabe ähnelte der von den Demokraten geforderten Landabgabe.[397]

Für das bäuerliche Selbstbewusstsein bedeutend war, dass im „Dritten Reich“ das „Bauerntum“ kulturell aufgewertet und schließlich die Bauern-

---

[392] Vgl. die biographische Kurzdarstellung bei: Adamy und Hübener, Provinz Mark Brandenburg – Gau Kurmark, S. 29-30.

[393] Auch die Deutschnationalen bemühten sich noch ihn für sich zu gewinnen.

[394] Vgl. BArch R 16 I, Nr. 1342.

[395] Friedrich Grundmann, Agrarpolitik im „Dritten Reich“. Anspruch und Wirklichkeit des Reicherbhofgesetzes, Hamburg 1979, S. 151. Zur Landwirtschaft im Nationalsozialismus siehe auch: Kluge, S. 27-34 und S. 88-98.

[396] Vgl. Gauger „Zum Erbhofrecht.“, in: Landbund Zauch-Belzig 14.1933, Nr. 20 (20.5.). Er verwies dabei auf seinen 1931 erschienen Artikel: Gauger, „Bauer – Farmer“, in: ebda., 12.1931, Nr. 44 (7.11.).

[397] Pikanterweise war es in Brandenburg gerade ein prominenter NS-Funktionär, der sich gegen die Landabgabe vehement zur Wehr setzte: der Kreisbauernführer des Kreises Templin, der Großgrundbesitzer Max Belbe; vgl. BArch R 16 I, Nr. 1311a.

tumsideologie integraler Bestandteil der NS-Ideologie wurde. Wenn auch die NS-Ideologie ein Sammelsurium von Ideologieteilen war, so ragte die Bauerntumsideologie, die „Blut-und-Boden-Ideologie", doch heraus. Über den Reichsbauernführer Darré wurde sie Grundlage der SS-Ideologie. Sie durchdrang aber auch die Partei im Gesamten. Der bäuerliche Führungsanspruch wurde auf propagandistische Weise im „Dritten Reich" umgesetzt: Die NS-Elite stammte angeblich von Bauern ab.

Doch die Vorteile des NS-Regimes für die Bauern hatten auch Grenzen. Wer nicht mitmachte kam in Bedrängnis. Weniger Widerstand als vielmehr Ressentiments gab es auch bei einer Minderheit der Bauern, insbesondere bei den katholischen Landwirten. In Brandenburg gab es zumindest ein prominentes Mitglied des Landbundes, das Opfer des NS-Regimes wurde: Der ehemalige KLB-Vorsitzende Mankiewicz wurde wegen jüdischer Vorfahren bedrängt und öffentlich gebrandmarkt. Er trat sein Gut an seine Frau ab und flüchtete 1939 nach Norwegen. 1942 nahm er sich dort das Leben.[398]

Die RNS-Ordnung garantierte nicht nur Mindestpreise sondern setzte auch Höchstpreise. Mit der Umstellung auf die Kriegsproduktion, auch in der Landwirtschaft spätestens ab 1936, nahm der Zwang zu.[399]

Der Krieg ab 1939 führte wieder die Zwangswirtschaft ein; allerdings war diese nicht so chaotisch wie im Ersten Weltkrieg. Mehr Zwang aber hätten die Siedlungspläne der NSDAP für die Bauern bedeutet. Mit den Ostsiedlungsplänen waren die Zwangsumsiedlung von Kleinbauern und Bauernsöhnen und gewaltigen Umstrukturierungsplänen im „alten Reich" verbunden. Dass dies sich massiv gegen die Bauern richtete, zeigten die konkreten Umsetzungspläne und die Reaktionen der Bauern darauf während des Krieges.[400]

Letztendlich bedeutet der Krieg auch für die Bauern wieder, dass Bauern und Bauernsöhne ihren Hof verlassen und an die Front mussten, viele kehrten verletzt oder eben nicht mehr heim. Für Brandenburg brachte das Ende des Krieges die Aufteilung des Landes, in einen Teil der von Deutschland abgetrennt wurde und den Teil der bald in die nächste Diktatur überführt wurde.

---

[398] Zu Mankiewicz' Flucht nach Norwegen und Selbstmord vgl. die Korrespondenz von Mankiewicz und seiner Frau mit Bodo v. d. Marwitz, in: BLHA Rep. 37 Gut Friedersdorf, Nr. 395.

[399] Vgl. Corni, Hitler, S. 249-254. Trotz der Zwänge und Nachteile für die Bauern waren die Bauern nicht gänzlich unzufrieden mit dem NS-Regime; vgl. Münkel, S. 480-481.

[400] Uwe Mai, „Rasse und Raum". Agrarpolitik, Sozial- und Raumplanung im NS-Staat, Paderborn 2002.

Zusammenfassung

Mit den Landtags- und Reichstagswahlen 1928 setzte ein Prozess ein, bei dem die DNVP bis 1932 nahezu zur wahlstatistischen Bedeutungslosigkeit schrumpfte. 1928 blieb ein signifikanter Teil der potentiellen Wähler, in dem untersuchten Fall der ländlichen Bevölkerung, der Wahlurne fern. Die bäuerliche Bevölkerung und die Landarbeiterschaft, die noch 1924 deutschnational gewählt hatten, wandten sich von der Partei ab, fanden aber keine Alternative.

Im Landbund gab es 1928 noch viele bäuerliche Funktionäre, die im Wahlkampf für die DNVP Propaganda machten. Aber in der Niederlausitz hatten bäuerliche Funktionäre die Landvolkpartei gegründet und auf Kreisebene diese zu beachtlichen Wahlerfolgen geführt.

Bis zur Reichstagswahl 1930 änderte sich das rechte ländliche Parteienspektrum erheblich. Die Deutschnationalen unter Hugenberg begannen nun die gemäßigten Kräfte zu entmachten, aus der Partei zu drängen und propagierten den baldigen Sturz des Systems. Die Landvolkparteiler konnten ab 1928 nicht nur bedeutende Landbundfunktionäre gewinnen, sondern auch agrargouvernementalistisch eingestellte Großgrundbesitzer. Die CNBP war eine bäuerlich geprägte Partei mit einem gemäßigten, gouvernementalistischen Kurs.

Als dritte Partei stieg die NSDAP auf. Bei ihrem Bemühen, das Landvolk zu gewinnen, kamen ihr in Brandenburg die ehemaligen Bauernhochschüler und der Bauernhochschullehrer v. Wangenheim zu Hilfe. Bei den Wahlen 1928 sah man schon lokale Erfolge der Propaganda der Bauernhochschüler. Im Unterschied zur DNVP und CNBP, die oft nur kurz vor den Wahlen und dann auf dem Lande nur in Landbundversammlungen aktiv waren, überzog die NSDAP das Land mit flächendeckenden fast permanenten „Propagandawellen“. Größere Erfolge waren bei den Provinziallandtags- und Kreistagswahlen 1929 erkennbar. Indem sie 1929/30 neben den Bauernhochschülern auch andere Landbundfunktionäre gewinnen konnte, präsentierte sich die NSDAP als eine bäuerliche Partei, die den Kampf gegen das System forcierte.

Bei der Reichstagswahl 1930 erreichten diese Parteien etwa je ein Drittel des bäuerlichen Wahlvolkes. Die NSDAP war dabei in allen Kreisen etwa gleich stark präsent. Dagegen hatte die Landvolkpartei in den nördlichen, vom Großgrundbesitz dominierten Hochburgen der Deutschnationalen kaum einbrechen können, während die DNVP fast ganz aus der Niederlausitz verschwunden war.

Im Landbund fanden nun aber gewaltige Machtkämpfe statt. Die Parteien, die die Republik bald zerschlagen wollten, die DNVP und die NSDAP, verbündeten sich im Landbund, um den gemäßigten Kurs im Landbund zu ändern und die Landvolkparteiler aus ihren Posten zu entfernen. Es gelang ihnen auch langsam Funktionärsposten zu erobern, zumeist erhielten diese die Nationalsozialisten. Schneller hingegen war die Kursänderung im RLB durchgesetzt. Massiv schraubten sie die agrarpolitischen Forderungen an die Regierung so hoch, dass diese nahezu unerfüllbar waren. Die Krise beschleunigte den Wandel zum „Kampf gegen das System“. Relativ schnell brach die CNBP in Brandenburg, sowieso nur auf schwachen Füßen stehend, zusammen. Bis Ende 1931 war ein Großteil ihrer Anhänger zur NSDAP gewechselt. Viele bäuerliche Funktionäre zogen sich auf eine parteipolitische Neutralität zurück und plädierten ebenso für das schnelle Ende der Republik. Adlige Großgrundbesitzer fanden von der Landvolkpartei eher zur DNVP zurück.

Die NSDAP wechselte noch beim Niedergang der Landvolkpartei ihre Propaganda und kämpfte gegen ihren Verbündeten, den deutschnationalen adligen Großgrundbesitzern – mit Erfolg. Die Landwirtschaftskammerwahlen und die Wahlen 1932 brachten die NSDAP auf dem Lande zur stärksten Partei. Die DNVP war nun selbst zu einer von ihr immer verschmähten „Splitterpartei“ geworden.

Nun gab es im Landbund auch Kämpfe von Deutschnationalen, teilweise im Bündnis mit den „Neutralen“, gegen die Nationalsozialisten. Deutschnationale traten sogar fast geschlossen aus dem Landbund aus als Protest gegen nationalsozialistische Vorstände. Aber es wurde festgehalten am Kampf gegen das System und im Januar 1933 halfen die Deutschnationalen den Nationalsozialisten mit an die Macht und sie begrüßten das Ende der Republik.

Bald erfolgten unter massiven Druck die restlichen Eroberungen der Kreislandbünde durch die Nationalsozialisten. Mit der Errichtung des Reichsnährstandes war die freie wirtschaftliche Organisation „Landbund“ abgeschafft.

E Schluss: Von Zauberlehrlingen und Irregegangenen

Bei der Frage, warum so viele Bauern des Brandenburgischen Landbundes die NSDAP gewählt haben, ist zunächst zu berücksichtigen, dass die überwiegende Mehrheit der adligen Großgrundbesitzer bis zum Ende der Republik der DNVP treu geblieben sind, bzw. einige von der Landvolkpartei wieder zur DNVP zurückfanden. Waren die Bauern demgegenüber radikaler, sind sie eigene Wege gegangen? Entscheidend ist zuerst einmal, dass trotz aller Spannungen die Bauern und die Großgrundbesitzer im Landbund geblieben sind – es kam nicht zur großen Spaltung der wirtschaftspolitischen Organisation. Aber Bauern und Großgrundbesitzer waren am Ende der Republik in zwei verschiedenen Parteien.

Doch radikaler als die Großgrundbesitzer waren die Bauern in der NSDAP nicht. Die DNVP und mit ihr die adligen Großgrundbesitzer waren antidemokratisch, antiliberal und antisemitisch. Abgesehen vom Zeitraum 1924 - 1930, in dem sich ein Teil der Deutschnationalen mit der Republik arrangierte, waren die Landbundmitglieder vereint im festen Willen zur Abschaffung der Republik. Lautstark war die Fürstenwalder Hassbotschaft des Landbündlers, Deutschnationalen und Führer des Brandenburgischen Stahlhelms, Elhard v. Morozowicz: „**Wir hassen** mit ganzer Seele den augenblicklichen Staatsaufbau, seine Form und seinen Inhalt, sein Werden und sein Wesen.“[1]

Der Kern des deutschen evangelischen Adels, der ostelbische Landadel, war rechtsradikal. Ebenso aber auch die Bauern! In einem Punkt unterschieden sie sich doch: dem Führungsanspruch der adligen Großgrundbesitzer. Diesen wollten jene nicht aufgeben und die Mehrheit der Bauern ihn nicht mehr akzeptieren. Warum gingen die Bauern aber zur NSDAP?

---

1 Morozowicz, [Elhard] v., „Kameraden! Brandenburger!“, in: Nachrichtenblatt des Kreislandbundes Templin 10.1928, Nr. 37 (14.9.). Die „Fürstenwalder Haßbotschaft“ vom 4. September 1928 wurde in mehreren Landbundzeitschriften abgedruckt.

Der Adel

Mit der Errichtung der nationalsozialistischen Diktatur wurde der adlige Führungsanspruch zu Grabe getragen – der Adel in Deutschland wurde, nein, hat sich verabschiedet. Denn an dem Erstarken der Nationalsozialisten hatte er wesentlichen Anteil und das nicht erst seit dem Gang zu Hindenburg und der Bildung des „Kabinetts der nationalen Konzentration“. Der deutsche Landadel hatte sich verhalten wie der Zauberlehrling, der die dunklen Mächte rief und nicht mehr loswurde.

Die Entwicklungsstränge reichen, wie Puhle gezeigt hat, bis ins Kaiserreich, bis zur Gründung des BdL und der allmählichen Ausprägung einer präfaschistischen Ideologie zurück. Doch an dieser Stelle soll nochmals der Weg rekapituliert werden ab der Entstehung des Brandenburgischen Landbundes. Im ersten Kapitel dieser Arbeit wurde analysiert, wie es den adligen Großgrundbesitzern gelang, innerhalb weniger Jahre die Mehrheit der Bauern, die anfangs zum Teil auch gegen die Großgrundbesitzer aufgebracht waren, in einer gemeinsamen Organisation zu sammeln. Es gelang den adligen Großgrundbesitzern auch zu bewerkstellign, dass die Bauern von den liberalen Parteien oder der SPD abließen und die DNVP wählten, die auf dem Lande die Partei des Großgrundbesitzes war. Die Alternative einer Landbundpartei oder Landbundliste verstanden die Großgrundbesitzer zu verhindern. Viel Geld wurde investiert für die paramilitärischen Organisationen zum Kampf gegen die Republik. Durch seinen Einfluss auf den Landbund und auf die Presse gelang es auch die präfaschistische BdL-Ideologie, nun die Landbundideologie als gemeinsame Grundlage von „Groß und Klein“ zu verbreiten.

Es schien, als wären die Großgrundbesitzer in Brandenburg wieder Herr im Haus, die „Reintegration“ der ländlichen Bevölkerung gelungen. Doch was hatten sie geschaffen? Sicher hatten nun fast alle Bauern 1924 die DNVP gewählt, waren in einer Organisation, der auf Provinz- und Kreisebene Großgrundbesitzer vorstanden, waren gegen die Republik und im paramilitärischen Heimatbund, womöglich auch bereit zum „Marsch auf Berlin". Die permanente Mobilisierung durch den Kampf gegen die Zwangswirtschaft wurde in den Jahren danach im Kampf gegen Steuern und für Zölle weitergeführt. Aus den vereinzelten Protestaktionen wurden 1924, 1926 und 1928 groß angelegte Demonstrationsaktionen, die die Bauern weiter politisierten und radikalisierten und an den Landbund auch banden.

Doch was bedeutete die Landbundideologie, das Miteinander von Groß und Klein? Wie im zweiten Kapitel gezeigt wird, gestanden die Großgrundbesitzer den Bauern Führungspositionen zu und diese wurden als Führungskräfte sogar geschult und gestärkt. Der Adel unterstützte und verbreitete in den Landbundzeitschriften die der Landbundideologie nahe stehende Bauerntumsideologie, die vehementer noch den bäuerlichen Führungsanspruch einforderte –Aber waren Großgrundbesitzer auch Bauern? Die Frage blieb offen. Dennoch unterstützten die Großgrundbesitzer eine Bauernhochschule, in der die Bauernsöhne, aber eben keine Großgrundbesitzersöhne, zu künftigen Führungskräften ausgebildet werden sollten. Zunächst achteten sie kaum darauf, was da passierte, wie extrem völkisch die Bauernhochschule eingestellt war. Was sollten die Großgrundbesitzer auch dagegen sagen, wo sie doch selbst das „Völkische“ für sich in Anspruch nahmen.

Die bäuerlichen Meinungsführer wurden stärker und lauter. Wilhelm Gauger war der Bauernführer der Provinz, auf Kreisebene gab es Bauernführer, die Bezirks- und Ortsgruppenvorsitzenden bekamen mehr Gewicht, die Bauernhochschüler wurden gut ausgebildet. Das Selbstbewusstsein all dieser Bauernführer nahm zu, durch die Weiterverbreitung der Bauerntumsideologie steigerten sie bei ihren Berufskollegen das Selbstbewusstsein. Die adligen Großgrundbesitzer hatten dies zwar unterstützt, vor allem finanziell, aber sie gingen nicht selbst in die verrauchten Kneipen zu den Bauern. Verheerend für ihre Position und Einflussmöglichkeit war, dass sie sich auch von den Landbund-Sitzungen immer mehr zurückzogen.

Die Untersuchung der Entwicklung der Landbundgenossenschaften ergab, dass der Adel bei der Förderung des Genossenschaftswesens vollkommen scheiterte. Dabei war dies sein größtes und von der Idee her sinnvollstes Projekt. Mit der Verknüpfung des Aufbaus von Genossenschaften und der Sammlung der Bauern in wirtschaftspolitischer und politischer Beziehung versagten die Zauberlehrlinge. Sie hatten damit das Vertrauen der Bauern verloren, dass der adlige Großgrundbesitz sie führen könne. Der größte Propagandist der Landbundidee in der Niederlausitz, Gneomar v. Natzmer, war gescheitert und musste gehen. Jener, der es bis 1924 geschafft hatte, die Bauern, die Bauernführer unter deutschnationaler Vorherrschaft zu stellen. Die Großgrundbesitzer hatten damit eines ihrer besten Zugpferde verloren. Der Vertrauensverlust war aber flächendeckend. Die „Reintegration“ war gescheitert, die Bauern wandten sich von den Großgrundbesitzern ab; zum Teil traten sie aus der Landbundorganisation aus.

Nach dem Jahr 1923, das gekennzeichnet war durch Hyperinflation und Putschversuche, setzten sich innerhalb des Landbundes jene Stimmen durch, die sich für eine aktive Wirtschaftspolitik für die Landwirtschaft einsetzten. Der Reichslandbund beteiligte sich an der Regierung, arrangierte sich mit der Republik. Bäuerliche Funktionäre, aber auch Großgrundbesitzer, gar auch adlige, standen hinter dieser Politik. Sogar eine Koalition mit der SPD wurde nicht mehr ausgeschlossen. Heftige Flügelkämpfe innerhalb der DNVP begleiteten diese Entwicklung. War die Möglichkeit gegeben, dass der Landbund sich mit der Demokratie, der Republik abfand? Die Tendenz war sichtbar, aber genauso die Gegenkräfte und das war nicht nur der strikt oppositionelle deutschnationale Kern adliger Großgrundbesitzer. Auch bäuerliche Funktionäre agitierten gegen den Staat und ihre permanenten Mobilisierungsaktivitäten hatten starke antirepublikanische Züge.

So war, als sich 1928 die Landvolkpartei aufmachte, das Erbe der abbröckelnden DNVP anzutreten, nur der Ansatz einer republikbejahenden Richtung sichtbar. Stark war der Ruf gegen den deutschnationalen Großgrundbesitz! Dieser war aber nun auch bei jenen Kräften zu hören, die sich wie die Hugenberganhänger den Kampf gegen die Republik auf die Fahnen geschrieben hatten: Die Bauernführer, anfangs fast nur die Bauernhochschüler, ab 1929 auch Bauern, die der NSDAP beitraten. Die Bauern wandten sich ab 1928 von der DNVP ab und spalteten sich in eine Richtung, die die Republik sofort abschaffen wollte, und eine, die den gouvernementalen, die Landwirtschaft in den Parlamenten fördernden Weg gehen wollte.

In der DNVP, bei den adligen Großgrundbesitzern setzten sich jene Kräfte durch, die die Republik schnellstmöglich abschaffen wollten. Sie trieben die gouvernementalen Kräfte, darunter auch adlige Großgrundbesitzer, zur CNBP. Nun aber suchten die Zauberlehrlinge nicht mehr wieder die Bauern einzufangen, beziehungsweise scheiterten daran. Sie suchten aber jenen Bündnispartner, der ebenfalls die Republik schnell abschaffen wollte: die NSDAP. Schon vor der Reichstagswahl 1930 kam es zu dem Pakt von Hugenberganhängern und Nationalsozialisten und trotz der Kampagnen der NSDAP gegen den Adel hielt man daran fest, um die gemäßigten Kräfte im Landbund aus den Funktionärsposten zu verdrängen. Das Bündnis klappte, aber vorwiegend die NSDAP war Nutznießer dieses Paktes. Wie blind agitierten die adligen Großgrundbesitzer weiter. Als die Gemäßigten verdrängt waren oder sich diese „neutralisierten“, spürte man noch stärkeren Gegenwind des Bündnispartners NSDAP. Vor allem hatte der Adel nun seine Basis ganz verloren. 1932 kam es zwar zum Teil zum Zusammengehen mit den „Neutralisierten“, das heißt jenen Funktionären, die sich keiner Partei verschrieben hatten. Aber die Masse der Bauern und bäuerlichen Meinungsführer waren nun bei der NSDAP.

Von diesen wurden die deutschnationalen Adligen noch stärker bekämpft. Dies hinderte die Zauberlehrlinge aber nicht daran, die Republik gemeinsam mit den Nationalsozialisten zu bekämpfen und sich über ihr Ende zu freuen. Zutreffend hat Hans Rosenberg das Handeln der adligen Großgrundbesitzer charakterisiert:

"Blickt man auf die Taten und ihre Früchte und nicht auf die Erwartungen und hochtrabenden Worte, so ergibt sich als Wesen der letzten, historisch entscheidenden Phase des Herabsteigens in das Volk das Abgleiten in die politische Radikalisierung, konspirative Taktik und hemmungslose Demagogie, das Abschwenken zum politischen Abenteurertum, das Hineinrutschen in das Dritte Reich, die Kapitulation des Reichs landbundes, das Paktieren mit der nackten Gewalt, die moralische Nihilisierung."[2]

Die Bauern

Doch die Bauern waren kein willfähriges Opfer. Als sie sich nach dem Ersten Weltkrieg daran machten, gegen die als Gängelung empfundene Zwangswirtschaft anzukämpfen, war es die Republik, die diese noch aufrecht erhielt und nur langsam abbaute. Bald war – dank massiver Propaganda – vergessen, dass die Monarchie die Zwangswirtschaft eingeführt und ausgebaut hatte, dass auch der BdL daran beteiligt war. Es war vergessen, dass die Adligen mit zum Krieg aufgerufen hatten. Den regierenden sozialdemokratischen und liberalen Parteien gab man die Schuld an der Aufrechterhaltung der Zwangswirtschaft.

Man verbündete sich mit den Großgrundbesitzern, hatte man doch gemeinsame Feinde: die Republik, die Linken, die Stadt, die Moderne. Schließlich bot sich ein Sündenbock an, der dies alles miteinander zu verbinden schien, und so – laut Propaganda – sogar die Vernichtung der Bauern anstrebte: „die Juden". Der adlige Großgrundbesitzer fand einen Sündenbock, mit dem er vom eigenen Versagen ablenkte: „Nicht wir waren es – die Juden waren es!" Die Bauern nahmen den modernen Antisemitismus gern an, bot dieser doch ein einfaches Erklärungsmodell für eine komplizierter werdende moderne Welt.

Aber das Bündnis von Bauern und Großgrundbesitzern funktionierte nicht nur über Feindbilder. In den Landbundorganisationen, an die die Großgrundbesitzer relativ mehr Geld abführten, erhielten sie vermehrt Einfluss. Zwar waren die meisten KLB-Vorsitzenden Großgrundbesitzer. Aber die Drittelung der Posten in Großgrundbesitz, Mittelbesitz und Kleinbesitz war nicht nur bei den KLB-Vorständen, sondern oft auch bei den Ausschüssen und gar bei Kreistagskandidaten durchgesetzt. Sogar in den Parlamenten waren Bauern vertreten.

Die Empörung der Adligen darüber, dass sie im Vergleich zum Kaiserreich weniger Einfluss hatten, weniger Vertretungsrecht – sei es im Vergleich BdL - RLB, sei es in den Kreistagen oder Parlamenten – war kein Ausdruck ihrer habitualisierten Klagehaltung. Es zeigte wirklich den vermehrten Machtzuwachs der bäuerlichen Funktionäre, die das Vertrauen der Basis hatten. Sie waren nach oben Vertreter bäuerlicher Interessen, gleichzeitig hörte die Basis auf sie, sie waren Meinungsführer, opinion leaders.

Die Bauerntumsideologie unterstützte diesen Prozess des Wachsens bäuerlichen Selbstbewusstseins. Zelebriert wurde es in Landbund-

---

[2] Hans Rosenberg, Die Pseudodemokratisierung der Rittergutsbesitzerklasse, in: ders., Probleme der deutschen Sozialgeschichte, Frankfurt / M. 1969, S. 7-49, hier: S. 48.

Versammlungen, Erntefesten oder anderen Feiern. Die Großdemonstrationen wurden Aufmärsche selbstbewusster Bauern, diese forderten gar den „Marsch auf Berlin" – eine Großdemonstration des Landbundes in der verhassten Metropole.

Doch das Selbstbewusstsein der Bauern verhalf nicht dazu, dass man sich auch in wirtschaftlicher Beziehung zusammenschloss. Der Aufbau eines gemeinsamen Genossenschaftswesens, eine Alternative zum privatkapitalistischen Handel – in ihrer Sprache „jüdischem Handel" – wurde nicht als Ziel gemeinsamer Aktivität gesehen. Die Möglichkeit, in die vorhandenen Genossenschaften nun massenweise einzusteigen wurde nicht wahrgenommen. Selbst in die Landbundgenossenschaften traten die Bauern zögerlich ein, verglichen mit dem regelrechten Ansturm auf die Landbundorganisation. Als das erste dilettantisch aufgebaute Unternehmen zusammenbrach, floh man aus allen Genossenschaften, ja man wollte überhaupt nichts mehr von Genossenschaften wissen. Statt solidarischem Handeln und Wirtschaften blieben der Antisemitismus und die Forderung nach Unterstützung durch den Staat.

Nun aber folgten die Bauern den Großgrundbesitzern nicht mehr unbedingt, und der DNVP, in der kleine Landwirte kaum Einfluss hatten, kehrten sie nun massenweise den Rücken. Wie im dritten Kapitel gezeigt, wählten schon 1928 viele Bauern der Niederlausitz die CNBP, obwohl der BLB zur Wahl der DNVP aufgerufen hatte. Vor allem jene Bauern setzten sich für die neue Partei ein, die sich schon vor 1924, wie im ersten Kapitel gezeigt, für Landbundlisten stark gemacht hatten. In der weiteren Entwicklung ab 1928 zeigte sich die stark großgrundbesitzerfeindlichen Tendenzen bei den Anhängern der CNBP. Endlich hatte man in der CNBP eine Partei, in der die Bauern Einfluss hatten und die wirtschaftspolitischen Belange für die Landwirtschaft durchsetzen konnten.

Allerdings ging ein Teil der Bauern, radikal gegen die Republik eingestellt, auf ihrer Abwanderung von der DNVP zur NSDAP. Diese Bauern fanden, nachdem die Partei sich 1927/28 gewandelt hatte, viel Bekanntes. Neben der gemeinsamen Trias von Antikapitalismus, Antikommunismus und Antisemitismus wurde von den Propagandisten der NSDAP die schon vom Landbund bekannte Bauerntumsideologe verbreitet. Es waren meist Bauern oder diesen verbundene Redner, die in die Dörfer kamen. Mit dem agrarpolitischen Apparat bot die NSDAP den bäuerlichen Meinungsführern auch weitere Funktionärsposten an. Der Kampf gegen das System war das, was der Landbund schon von Anfang an propagiert hatte – und von dem auch die Landvolkparteiler, so ihre Aussage, im Prinzip nicht abgerückt waren.

Als die fortschreitende landwirtschaftliche Krise die agrarpolitischen Erfolge der Agrargouvernementalisten und damit auch der Landvolkpartei konterkarierte und es den Bauern trotz massiver staatlicher Unterstützungsmaßnahmen schlechter ging, schien das Ziel der Landvolkpartei verloren. Relativ schnell schwenkten viele bäuerlichen Meinungsführer um, und gingen von der CNBP zur NSDAP (aber nicht zur DNVP!) oder verhielten sich neutral: Landbundfunktionäre, die keiner Partei angehören wollten, den Kampf gegen das System aber stützten. Mit dem erfolgreichen Sturz der Republik begrub man aber auch die eigene Organisation, die freie wirtschaftspolitische Vereinigung – den Landbund.

Die Bauern in Brandenburg waren nicht durch die Krise erst radikal geworden und hatten deswegen die NSDAP gewählt. Vielmehr waren sie schon zu Beginn der Weimarer Republik radikalisiert und politisiert worden, sie waren sogar bereit, einen Putsch mitzumachen. Insbesondere während der "Stabilisierungsphase", der "Phase der trügerischen Ruhe" wurden sie nicht gemäßigter, sondern, wie an den Demonstrationen gezeigt, radikaler, sowohl in ihren Forderungen als auch in ihrem Auftreten, das bis zu den gewalttätigen Ausschreitungen in Kyritz führte. Auch waren die Bauern nicht führerlos, selbst wenn sie die Großgrundbesitzer nicht mehr per se als ihre „Führer" akzeptierten. Sie hatten nun eigene „Führer", denen sie folgten. Diese Politisierung und Radikalisierung wurde schon weit vor der Krise ab 1928 unterfüttert durch eine radikal völkische Bauerntumsideologie. Als die Nationalsozialisten 1927/28 die Landbevölkerung zu erreichen suchten, trafen sie in Brandenburg auf eine politisierte Bauernschaft. Die Aussage Merkenichs, dass „die unpolitische Grundstruktur der bäuerlichen Bevölkerung zum Vehikel für die nationalsozialistische Bewegung werden konnte"[3], muss auf den Kopf gestellt werden: Wegen ihrer politisch-ideologischen Ausprägung kam die Mehrheit der evangelischen Bauern zur NSDAP.

Betont werden muss, dass es nicht <u>die</u> Deutschen, nicht <u>die</u> Bauern waren, die Nationalsozialisten wurden. Aber es gab zwischen den evangelischen Bauern und der NSDAP Übereinstimmungen nicht nur in wirtschaftspolitischen Fragen, sondern auch in politischen Anschauungen und ideologischen Vorstellungen. Dies erklärt den Erfolg der nationalsozialistischen Eroberung der evangelischen Bauern ab 1928. So reüssierte der Nationalsozialismus in diesem agrarisch-konservativen Milieu, „weil er sich den konservativen Mentalitäten geschmeidig anpaßte, die konservativen Weltbilder und Symbole übernahm und durch jugendliche Militanz in fortwährenden Aktionen dynamisierte."[4] Doch diese „konservative Mentalität" war schon weit hinüber geschritten zu rechtsradikaler und auch faschistischer Einstellung vieler Bauern und Bauernführer.

Wie gezeigt wurde die völkische Bauerntumsideologie ab 1924 nicht nur von den Bauernhochschülern verbreitet, sondern auch von Bauernfüh-

---

[3] Merkenich. S. 256.

[4] Peter Lösche und Franz Walter, Katholiken, Konservative und Liberale: Milieus und Lebenswelten bürgerlicher Parteien in Deutschland während des 20. Jahrhunderts, in: GG 26.2003, S. 471-492, hier: S. 481-482.

rern, wie Wilhelm Gauger. Es war gar nicht nötig, dass mit dem agrarpolitischen Apparat Darré ab 1930 begann, „den Landbünden die NS-Ideologie einzuimpfen".[5] Diese war bei den Bauern, zumindest in Brandenburg, schon längst verbreitet. Allerdings wurde die Blut- und Bodenideologie mit Darré erst integraler Bestandteil des Konglomerats der NS-Ideologien. Es war die NSDAP, die sich zwischen 1927 bis 1930 umstellte, der Landwirtschaft und den Bauern nicht nur in der Programmatik, sondern auch in der Ideologie einen bedeutenden Platz einräumte. Durch die Bauernhochschüler und andere Bauernführer, die als Funktionäre in der Partei Karriere machten, änderte sich das Profil der NSDAP.

[5] Merkenich, S. 326.

Tabellen

Liste der Tabellen

Die Tabellen beziehen sich auf die ländlichen Kreise im Gebiet des Brandenburgischen Landbundes. Die Stadtkreise sowie der Kreis Arnswalde sind darin nicht enthalten.

Tabelle 14: Reichstagswahl am 14. September 1930 Ergebnisse in den Gemeinden unter 2 000 Einwohnern in Prozent (berechnet nach StDR 382).
Tabelle 15: Vergleich der Reichstagswahlen 1928 und 1930 absolut (berechnet nach StDR 372 u. 382).
Tabelle 16: Vergleich der Reichstagswahlen 1928 und 1930 nach Prozentpunkten (berechnet nach StDR 372 u. 382).
Tabelle 17: Vergleich Reichstagswahlergebnisse von DNVP, CNBP, NSDAP (NSFB) – Anteil in Bezug auf die Gesamtzahl der Stimmen der drei rechten Parteien (berechnet nach StDR 315, 372 u. 382).

Abkürzungen im Tabellenteil (soweit nicht im Abkürzungsverzeichnis)

CSV	Christlich-Sozialer Volksdienst
DBP	Deutsche Bauernpartei
DHP	Deutsch-Hannoversche Partei
DSP	Deutsch Soziale Partei
KVP	Konservative Volkspartei
N/L VP	Nationaldemokratische Volkspartei und Lausitzer Volkspartei (1920)
VRP	Volksrechtspartei
WiB	Deutscher Wirtschaftsbund für Stadt und Land
WiP	Wirtschaftspartei

Tabelle 1: Anzahl der Betriebe mit über 2 ha LNF im Jahr 1925

	Anzahl gesamt	2 - 5 ha		5 - 20 ha		20 - 100 ha		> 100 ha		Anteil > 20 ha	Anteil 5 100 ha
Kreis		absolut	%	absolut	%	absolut	%	absolut	%	%	%
Westprignitz	4.673	1.256	26,9	2.333	49,9	1.016	21,7	68	1,5	23,2	71,7
Ostprignitz	4.942	1.052	21,3	2.400	48,6	1.367	27,7	123	2,5	30,1	76,2
Ruppin	4.363	1.066	24,4	2.184	50,1	1.006	23,1	107	2,5	25,5	73,1
Templin	2.140	594	27,8	926	43,3	521	24,3	99	4,6	29,0	67,6
Prenzlau	1.463	294	20,1	542	37,0	451	30,8	176	12,0	42,9	67,9
Angermünde	2.626	727	27,7	1.335	50,8	480	18,3	84	3,2	21,5	69,1
Königsberg	3.767	1.015	26,9	2.002	53,1	663	17,6	87	2,3	19,9	70,7
Soldin	2.332	535	22,9	1.269	54,4	434	18,6	94	4,0	22,6	73,0
Landsberg	4.639	1.783	38,4	2.474	53,3	351	7,6	31	0,7	8,2	60,9
Friedeberg	3.449	1.166	33,8	1.888	54,7	356	10,3	39	1,1	11,5	65,1
Weststernberg	2.887	837	29,0	1.537	53,2	462	16,0	51	1,8	17,8	69,2
Oststernberg	3.013	837	27,8	1.712	56,8	419	13,9	45	1,5	15,4	70,7
Züllichau-Schwiebus	2.582	665	25,8	1.382	53,5	467	18,1	68	2,6	20,7	71,6
Westhavelland	2.115	481	22,7	853	40,3	697	33,0	84	4,0	36,9	73,3
Osthavelland	2.498	746	29,9	943	37,8	737	29,5	72	2,9	32,4	67,3
Zauch-Belzig	7.101	2.849	40,1	3.338	47,0	874	12,3	40	0,6	12,9	59,3
Jüterbog-Luckenwalde	4.200	1.397	33,3	2.091	49,8	684	16,3	28	0,7	17,0	66,1
Teltow	3.939	1.572	39,9	1.854	47,1	460	11,7	53	1,3	13,0	58,7
Beeskow-Storkow	3.372	1.664	49,3	1.391	41,3	269	8,0	48	1,4	9,4	49,2
Niederbarnim	2.791	855	30,6	1.229	44,0	659	23,6	48	1,7	25,3	67,6
Oberbarnim	2.119	411	19,4	1.020	48,1	620	29,3	68	3,2	32,5	77,4
Lebus	3.522	766	21,7	1.758	49,9	880	25,0	118	3,4	28,3	74,9
Luckau	5.050	2.220	44,0	2.444	48,4	345	6,8	41	0,8	7,6	55,2
Lübben	3.551	1.437	40,5	1.801	50,7	293	8,3	20	0,6	8,8	59,0
Cottbus	5.083	3.064	60,3	1.970	38,8	25	0,5	24	0,5	1,0	39,2
Calau	3.857	1.760	45,6	1.939	50,3	93	2,4	65	1,7	4,1	52,7
Crossen	4.402	2.188	49,7	2.110	47,9	61	1,4	43	1,0	2,4	49,3
Sorau	4.372	2.261	51,7	1.865	42,7	187	4,3	59	1,3	5,6	46,9
Guben	3.984	1.739	43,6	2.041	51,2	172	4,3	32	0,8	5,1	55,5
Spremberg	1.102	667	60,5	403	36,6	12	1,1	20	1,8	2,9	37,7
Gesamt	105.934	37.904	35,8	51.034	48,2	15.061	14,2	1.935	1,8	16,0	62,4
Mittel	3.531	1.263,5	34,5	1.701	47,7	502	15,5	65	2,3	17,8	63,2

Tabelle 2: Landwirtschaftliche Nutzfläche der Betriebe mit über 2 ha LNF im Jahr 1925

	Gesamte LNF	2 - 5 ha		5 - 20 ha		20 - 100 ha		> 100 ha		Anteil > 20 ha	Anteil 5 100 ha
Kreis		absolut	%	absolut	%	absolut	%	absolut	%		
Westprignitz	83.248,3	4.046,9	4,9	25.313,4	30,4	33.211,3	39,9	20.676,7	24,8	64,7	70,3
Ostprignitz	116.565,3	3.225,0	2,8	27.736,4	23,8	46.941,0	40,3	38.662,9	33,2	73,4	64,1
Ruppin	94.476,2	3.413,9	3,6	24.113,8	25,5	34.253,6	36,3	32.694,9	34,6	70,9	61,8
Templin	62.369,1	1.845,3	3,0	9.992,1	16,0	19.035,1	30,5	31.496,6	50,5	81,0	46,5
Prenzlau	92.089,6	905,6	1,0	5.693,7	6,2	22.141,2	24,0	63.349,1	68,8	92,8	30,2
Angermünde	70.348,3	2.270,0	3,2	14.648,8	20,8	17.498,3	24,9	35.931,2	51,1	75,9	45,7
Königsberg	84.703,1	3.222,8	3,8	22.139,8	26,1	22.894,7	27,0	36.445,8	43,0	70,1	53,2
Soldin	70.072,8	1.743,0	2,5	13.807,6	19,7	14.856,7	21,2	39.665,5	56,6	77,8	40,9
Landsberg	54.135,5	5.868,9	10,8	24.063,3	44,5	11.076,3	20,5	13.127,0	24,2	44,7	64,9
Friedeberg	51.901,3	3.819,0	7,4	19.054,8	36,7	11.216,5	21,6	17.811,0	34,3	55,9	58,3
Weststernberg	51.817,9	2.618,2	5,1	16.510,2	31,9	16.938,7	32,7	15.750,8	30,4	63,1	64,6
Oststernberg	46.515,8	2.718,9	5,8	17.532,9	37,7	14.030,5	30,2	12.233,5	26,3	56,5	67,9
Züllichau-Schwiebus	54.029,0	2.259,7	4,2	13.680,6	25,3	14.367,0	26,6	23.721,7	43,9	70,5	51,9
Westhavelland	67.243,7	1.497,0	2,2	9.623,1	14,3	28.307,2	42,1	27.816,4	41,4	83,5	56,4
Osthavelland	65.331,9	2.315,7	3,5	10.144,6	15,5	28.126,5	43,1	24.745,1	37,9	80,9	58,6
Zauch-Belzig	79.753,4	9.281,7	11,6	30.841,2	38,7	30.409,0	38,1	9.221,5	11,6	49,7	76,8
Jüterbog-Luckenwalde	59.235,3	4.665,4	7,9	20.260,0	34,2	23.785,7	40,2	10.524,2	17,8	57,9	74,4
Teltow	54.497,2	5.082,6	9,3	18.392,4	33,7	14.387,0	26,4	16.635,2	30,5	56,9	60,1
Beeskow-Storkow	40.341,0	5.129,8	12,7	14.482,9	35,9	8.619,5	21,4	12.108,8	30,0	51,4	57,3
Niederbarnim	53.927,8	2.673,8	5,0	13.268,4	24,6	23.699,1	43,9	14.286,5	26,5	70,4	68,5
Oberbarnim	64.878,2	1.301,4	2,0	11.898,6	18,3	22.030,4	34,0	29.647,8	45,7	79,7	52,3
Lebus	97.697,8	2.457,9	2,5	20.322,4	20,8	33.113,0	33,9	41.804,5	42,8	76,7	54,7
Luckau	54.236,6	7.459,6	13,8	23.662,1	43,6	9.644,6	17,8	13.470,3	24,8	42,6	61,4
Lübben	35.781,9	4.737,1	13,2	17.459,8	48,8	8.019,0	22,4	5.566,0	15,6	38,0	71,2
Cottbus	31.815,7	10.007,6	31,5	15.720,9	49,4	941,0	3,0	5.146,2	16,2	19,1	52,4
Calau	39.851,9	5.695,2	14,3	17.435,9	43,8	2.562,3	6,4	14.158,5	35,5	42,0	50,2
Crossen	39.328,1	7.134,7	18,1	19.570,8	49,8	1.701,1	4,3	10.921,5	27,8	32,1	54,1
Sorau	44.240,7	7.259,5	16,4	16.906,4	38,2	6.799,5	15,4	13.275,3	30,0	45,4	53,6
Guben	39.942,3	5.699,5	14,3	19.281,7	48,3	4.812,4	12,0	10.148,7	25,4	37,5	60,3
Spremberg	9.135,9	2.148,7	23,5	3.260,0	35,7	526,7	5,8	3.200,5	35,0	40,8	41,4
Gesamt	1.809.512	122.504	6,8	516.819	28,6	525.945	29,1	644.244	35,6	64,7	57,6
Mittel	60317,1	4083,5	8,7	17227,3	31,3	17531,5	26,2	21474,8	33,9	60,1	57,5

Tabelle 3: Reichstagswahl am 6. Juni 1920 Ergebnisse in den Gemeinden unter 2 000 Einwohnern absolut

Kreis	Wohnbev.	Stimmber.	Beteiligt	Gültig	DNVP	DVP	Z	DDP	SPD	USPD	KPD	DHP	WiB	DSP	N/L VP	Andere
Westprignitz	41.700	24.822	20.759	20.726	10.704	3.025	22	1.530	3.757	1.645	33	0	9	0	1	0
Ostprignitz	47.933	27.678	21.616	21.563	9.907	3.818	19	2.379	3.431	2.005	2	0	0	0	2	0
Ruppin	50.874	30.404	24.670	24.616	9.628	3.824	56	1.205	4.462	5.343	46	0	52	0	0	0
Templin	32.720	19.329	14.462	14.417	4.625	2.606	30	506	2.574	3.969	90	0	17	0	0	0
Prenzlau	35.924	17.424	14.322	14.281	5.532	2.452	16	233	687	5.325	34	0	0	0	2	0
Angermünde	43.565	26.029	20.454	20.420	7.668	3.429	67	642	2.555	5.819	205	0	8	25	2	0
Königsberg	55.521	33.131	25.070	24.965	11.161	2.580	28	1.404	5.336	4.241	213	0	0	0	2	0
Soldin	30.373	16.309	13.212	13.190	5.157	1.970	1	490	3.108	2.433	31	0	0	0	0	0
Landsberg	50.610	30.375	23.015	22.959	8.969	3.586	47	1.653	6.380	2.283	41	0	0	0	0	0
Friedeberg	38.843	22.995	17.632	17.542	8.176	1.688	39	815	4.679	2.138	7	0	0	0	0	0
Weststernberg	30.924	18.350	13.755	13.735	4.548	2.150	28	1.053	3.214	2.696	46	0	0	0	0	0
Oststernberg	31.253	18.701	14.015	13.980	5.512	2.928	63	922	1.992	2.560	3	0	0	0	0	0
Züllichau-Schwiebus	31.547	18.883	15.046	15.006	4.772	2.645	1.538	514	3.844	1.565	82	0	0	0	0	46
Westhavelland	37.876	22.124	18.689	18.641	5.417	1.697	48	1.162	7.077	2.567	250	0	399	0	24	0
Osthavelland	47.197	26.549	22.101	22.012	6.661	2.852	123	1.044	4.031	7.098	120	0	72	0	11	0
Zauch-Belzig	55.363	35.002	27.637	27.543	10.731	3.512	24	1.251	7.447	3.676	308	0	581	1	12	0
Jüterbog-Luckenwalde	35.534	22.010	17.256	17.187	7.429	2.629	15	1.261	3.917	1.928	8	0	0	0	0	0
Teltow	64.544	54.094	35.867	35.719	9.160	6.881	316	2.186	6.914	9.842	366	8	46	0	0	0
Beeskow-Storkow	38.395	23.774	18.878	18.794	4.391	3.692	66	1.479	4.668	4.220	167	2	109	0	0	0
Niederbarnim	65.550	41.559	32.555	32.393	7.163	6.487	206	1.457	6.592	10.024	208	0	225	0	31	0
Oberbarnim	41.133	24.242	19.260	19.197	5.234	2.750	68	963	2.382	7.770	14	0	8	0	8	0
Lebus	58.536	34.121	27.670	27.582	8.161	4.565	55	2.346	6.556	5.429	470	0	0	0	0	0
Luckau	49.280	29.675	23.502	23.428	11.020	1.718	81	1.299	6.558	2.066	611	0	0	0	0	75
Lübben	26.383	15.889	11.708	11.682	5.405	1.831	9	850	2.663	917	2	0	0	0	5	0
Cottbus	42.255	25.697	19.967	19.916	10.434	980	17	1.661	5.336	1.050	26	0	0	0	412	0
Calau	45.299	26.501	21.068	21.009	7.909	1.332	52	1.387	6.739	3.087	334	0	0	0	11	158
Crossen	39.328	24.356	18.092	18.047	10.644	1.265	31	1.015	3.248	1.825	19	0	0	0	0	0
Sorau	53.729	32.955	26.304	26.230	9.892	2.415	202	2.729	7.767	3.168	51	0	0	0	6	0
Guben	37.098	22.787	18.372	18.344	3.027	7.548	413	1.686	3.495	2.103	67	0	0	0	5	0
Spremberg	16.538	9.848	8.426	8.420	2.158	677	38	446	3.372	1.586	142	0	0	0	1	0
Gesamt	1.275.825	775.613	605.380	603.544	221.195	89.532	3.718	37.568	134.781	110.378	3.996	10	1.526	26	535	279
Max	65.550	54.094	35.867	35.719	11.161	7.548	1.538	2.729	7.767	10.024	611	8	581	25	412	158
Min	16.538	9.848	8.426	8.420	2.158	677	1	233	687	917	2	0	0	0	0	0

Tabelle 4: Reichstagswahl am 6. Juni 1920 Ergebnisse in den Gemeinden unter 2 000 Einwohnern in Prozent

Kreis	Bet.	DNVP	DVP	Z	DDP	SPD	USPD	KPD	DHP	WiB	DSP	N/L VP	Andere
Westprignitz	83,6	51,6	14,6	0,1	7,4	18,1	7,9	0,2	0,0	0,0	0,0	0,0	0,0
Ostprignitz	78,1	45,9	17,7	0,1	11,0	15,9	9,3	0,0	0,0	0,0	0,0	0,0	0,0
Ruppin	81,1	39,1	15,5	0,2	4,9	18,1	21,7	0,2	0,0	0,2	0,0	0,0	0,0
Templin	74,8	32,1	18,1	0,2	3,5	17,9	27,5	0,6	0,0	0,1	0,0	0,0	0,0
Prenzlau	82,2	38,7	17,2	0,1	1,6	4,8	37,3	0,2	0,0	0,0	0,0	0,0	0,0
Angermünde	78,6	37,6	16,8	0,3	3,1	12,5	28,5	1,0	0,0	0,0	0,1	0,0	0,0
Königsberg	75,7	44,7	10,3	0,1	5,6	21,4	17,0	0,9	0,0	0,0	0,0	0,0	0,0
Soldin	81,0	39,1	14,9	0,0	3,7	23,6	18,4	0,2	0,0	0,0	0,0	0,0	0,0
Landsberg	75,8	39,1	15,6	0,2	7,2	27,8	9,9	0,2	0,0	0,0	0,0	0,0	0,0
Friedeberg	76,7	46,6	9,6	0,2	4,6	26,7	12,2	0,0	0,0	0,0	0,0	0,0	0,0
Weststernberg	75,0	33,1	15,7	0,2	7,7	23,4	19,6	0,3	0,0	0,0	0,0	0,0	0,0
Oststernberg	74,9	39,4	20,9	0,5	6,6	14,2	18,3	0,0	0,0	0,0	0,0	0,0	0,0
Züllichau-Schwiebus	79,7	31,8	17,6	10,2	3,4	25,6	10,4	0,5	0,0	0,0	0,0	0,0	0,3
Westhavelland	84,5	29,1	9,1	0,3	6,2	38,0	13,8	1,3	0,0	2,1	0,0	0,1	0,0
Osthavelland	83,2	30,3	13,0	0,6	4,7	18,3	32,2	0,5	0,0	0,3	0,0	0,0	0,0
Zauch-Belzig	79,0	39,0	12,8	0,1	4,5	27,0	13,3	1,1	0,0	2,1	0,0	0,0	0,0
Jüterbog-Luckenwalde	78,4	43,2	15,3	0,1	7,3	22,8	11,2	0,0	0,0	0,0	0,0	0,0	0,0
Teltow	66,3	25,6	19,3	0,9	6,1	19,4	27,6	1,0	0,0	0,1	0,0	0,0	0,0
Beeskow-Storkow	79,4	23,4	19,6	0,4	7,9	24,8	22,5	0,9	0,0	0,6	0,0	0,0	0,0
Niederbarnim	78,3	22,1	20,0	0,6	4,5	20,4	30,9	0,6	0,0	0,7	0,0	0,1	0,0
Oberbarnim	79,4	27,3	14,3	0,4	5,0	12,4	40,5	0,1	0,0	0,0	0,0	0,0	0,0
Lebus	81,1	29,6	16,6	0,2	8,5	23,8	19,7	1,7	0,0	0,0	0,0	0,0	0,0
Luckau	79,2	47,0	7,3	0,3	5,5	28,0	8,8	2,6	0,0	0,0	0,0	0,0	0,3
Lübben	73,7	46,3	15,7	0,1	7,3	22,8	7,8	0,0	0,0	0,0	0,0	0,0	0,0
Cottbus	77,7	52,4	4,9	0,1	8,3	26,8	5,3	0,1	0,0	0,0	0,0	2,1	0,0
Calau	79,5	37,6	6,3	0,2	6,6	32,1	14,7	1,6	0,0	0,0	0,0	0,1	0,8
Crossen	74,3	59,0	7,0	0,2	5,6	18,0	10,1	0,1	0,0	0,0	0,0	0,0	0,0
Sorau	79,8	37,7	9,2	0,8	10,4	29,6	12,1	0,2	0,0	0,0	0,0	0,0	0,0
Guben	80,6	16,5	41,1	2,3	9,2	19,1	11,5	0,4	0,0	0,0	0,0	0,0	0,0
Spremberg	85,6	25,6	8,0	0,5	5,3	40,0	18,8	1,7	0,0	0,0	0,0	0,0	0,0
Gesamt	78,1	36,6	14,8	0,6	6,2	22,3	18,3	0,7	0,0	0,3	0,0	0,1	0,0
Max	85,6	59,0	41,1	10,2	11,0	40,0	40,5	2,6	0,0	2,1	0,1	2,1	0,8
Min	66,3	16,5	4,9	0,0	1,6	4,8	5,3	0,0	0,0	0,0	0,0	0,0	0,0

Tabelle 5: Reichstagswahl am 7. Dezember 1924 Ergebnisse in den Gemeinden unter 2 000 Einwohnern absolut

Kreis	Wohnbev.	Stimmber.	Beteiligt	Gültig	DNVP	NSFB	DVP	Z	DDP	SPD	KPD	DHP	WiP	DSP	USPD	Andere
Westprignitz	41.700	26.272	21.498	21.273	14.009	1.334	1.290	107	568	3.213	403	0	145	72	56	76
Ostprignitz	47.933	28.991	23.192	22.869	12.865	617	3.107	103	679	4.631	326	0	347	62	48	84
Ruppin	50.856	32.637	24.801	24.318	11.974	490	1.750	189	849	6.575	765	0	1.354	140	60	172
Templin	32.719	20.768	15.089	14.832	7.340	325	891	128	344	3.535	1.429	0	643	50	45	102
Prenzlau	35.924	19.371	15.779	15.525	8.276	911	1.310	196	264	3.308	991	0	181	15	25	48
Angermünde	43.565	28.089	20.851	20.548	9.859	1.630	1.595	158	533	3.867	2.189	0	482	49	91	95
Königsberg	55.358	35.436	26.752	26.386	13.994	829	2.223	107	652	6.443	1.604	0	255	104	146	29
Soldin	30.373	17.814	14.803	14.603	8.793	351	942	48	276	3.446	562	0	74	86	22	3
Landsberg	50.603	32.946	24.662	24.352	12.999	350	3.206	113	745	5.448	994	0	151	297	34	15
Friedeberg	38.760	24.476	18.898	18.675	10.438	322	1.683	109	421	4.685	673	0	75	212	37	20
Weststernberg	30.802	19.395	15.270	15.014	7.281	79	1.388	79	606	4.187	960	0	272	112	31	19
Oststernberg	31.241	20.000	15.654	15.476	8.529	282	2.050	126	401	2.760	935	0	279	83	17	14
Züllichau-Schwiebus	31.547	19.960	16.388	16.163	6.643	641	1.578	1.352	614	4.203	296	0	386	390	30	30
Westhavelland	62.438	43.087	36.732	36.234	10.361	769	2.123	354	3.834	14.317	2.306	0	1.927	84	61	98
Osthavelland	45.255	30.302	24.059	23.644	8.719	437	1.946	324	1.273	7.561	2.199	0	836	131	77	141
Zauch-Belzig	54.140	36.161	28.835	28.378	13.148	383	2.080	156	1.056	7.830	1.400	0	1.962	185	63	115
Jüterbog-Luckenwalde	38.113	23.513	18.549	18.265	9.585	262	1.555	125	761	4.737	517	0	524	107	22	70
Teltow	61.173	40.461	31.267	30.669	11.071	1.397	1.901	396	1.937	8.054	4.111	7	966	523	131	175
Beeskow-Storkow	38.395	25.246	18.546	18.276	6.588	1.627	1.326	148	818	4.897	1.599	17	802	305	70	79
Niederbarnim	52.144	40.118	29.929	29.362	9.275	619	2.154	368	1.525	8.917	4.178	0	1.611	305	229	181
Oberbarnim	46.915	31.009	22.951	22.546	9.308	870	1.414	244	757	5.179	3.433	0	984	91	164	102
Lebus	58.517	37.450	30.261	29.728	12.967	1.195	3.807	198	1.205	7.651	1.892	0	476	222	85	30
Luckau	51.572	32.796	27.048	26.712	13.478	218	1.327	188	1.206	7.684	1.110	0	1.242	139	109	11
Lübben	27.015	16.603	13.180	13.040	7.920	154	1.371	46	498	2.371	149	0	305	153	67	6
Cottbus	42.142	27.777	23.536	23.233	13.429	107	1.618	77	1.183	5.911	355	0	267	232	40	14
Calau	53.473	33.526	28.352	27.997	10.453	164	2.325	258	1.088	11.724	988	0	459	388	73	77
Crossen	39.328	25.540	19.202	18.944	11.741	138	1.330	109	576	3.688	612	0	204	465	65	16
Sorau	53.613	35.866	29.446	29.132	10.650	326	3.901	390	1.068	9.988	952	0	1.202	529	99	27
Guben	37.098	24.293	19.329	19.112	9.444	168	2.217	491	813	4.225	1.024	0	573	79	54	24
Spremberg	16.395	11.469	9.728	9.609	2.958	46	429	76	532	4.872	593	0	44	42	9	8
Gesamt	1.299.107	841.372	664.587	654.915	304.095	17.041	55.837	6.763	27.082	175.907	39.545	24	19.028	5.652	2.060	1.881
Max	62.438	43.087	36.732	36.234	14.009	1.630	3.901	1.352	3.834	14.317	4.178	17	1.962	529	229	181
Min	16.395	11.469	9.728	9.609	2.958	46	429	46	264	2.371	149	0	44	15	9	3

Tabelle 6: Reichstagswahl 7. Dezember 1924 Ergebnisse in den Gemeinden unter 2 000 Einwohnern in Prozent

Kreis	Bet.		DNVP	NSFB	DVP	Z	DDP	SPD	KPD	DHP	WiP	DSP	USPD	Andere
Westprignitz	81,8		65,9	6,3	6,1	0,5	2,7	15,1	1,9	0,0	0,7	0,3	0,3	0,4
Ostprignitz	80,0		56,3	2,7	13,6	0,5	3,0	20,3	1,4	0,0	1,5	0,3	0,2	0,4
Ruppin	76,0		49,2	2,0	7,2	0,8	3,5	27,0	3,1	0,0	5,6	0,6	0,2	0,7
Templin	72,7		49,5	2,2	6,0	0,9	2,3	23,8	9,6	0,0	4,3	0,3	0,3	0,7
Prenzlau	81,5		53,3	5,9	8,4	1,3	1,7	21,3	6,4	0,0	1,2	0,1	0,2	0,3
Angermünde	74,2		48,0	7,9	7,8	0,8	2,6	18,8	10,7	0,0	2,3	0,2	0,4	0,5
Königsberg	75,5		53,0	3,1	8,4	0,4	2,5	24,4	6,1	0,0	1,0	0,4	0,6	0,1
Soldin	83,1		60,2	2,4	6,5	0,3	1,9	23,6	3,8	0,0	0,5	0,6	0,2	0,0
Landsberg	74,9		53,4	1,4	13,2	0,5	3,1	22,4	4,1	0,0	0,6	1,2	0,1	0,1
Friedeberg	77,2		55,9	1,7	9,0	0,6	2,3	25,1	3,6	0,0	0,4	1,1	0,2	0,1
Weststernberg	78,7		48,5	0,5	9,2	0,5	4,0	27,9	6,4	0,0	1,8	0,7	0,2	0,1
Oststernberg	78,3		55,1	1,8	13,2	0,8	2,6	17,8	6,0	0,0	1,8	0,5	0,1	0,1
Züllichau-Schwiebus	82,1		41,1	4,0	9,8	8,4	3,8	26,0	1,8	0,0	2,4	2,4	0,2	0,2
Westhavelland	85,3		28,6	2,1	5,9	1,0	10,6	39,5	6,4	0,0	5,3	0,2	0,2	0,3
Osthavelland	79,4		36,9	1,8	8,2	1,4	5,4	32,0	9,3	0,0	3,5	0,6	0,3	0,6
Zauch-Belzig	79,7		46,3	1,3	7,3	0,5	3,7	27,6	4,9	0,0	6,9	0,7	0,2	0,4
Jüterbog-Luckenwalde	78,9		52,5	1,4	8,5	0,7	4,2	25,9	2,8	0,0	2,9	0,6	0,1	0,4
Teltow	77,3		36,1	4,6	6,2	1,3	6,3	26,3	13,4	0,0	3,1	1,7	0,4	0,6
Beeskow-Storkow	73,5		36,0	8,9	7,3	0,8	4,5	26,8	8,7	0,1	4,4	1,7	0,4	0,4
Niederbarnim	74,6		31,6	2,1	7,3	1,3	5,2	30,4	14,2	0,0	5,5	1,0	0,8	0,6
Oberbarnim	74,0		41,3	3,9	6,3	1,1	3,4	23,0	15,2	0,0	4,4	0,4	0,7	0,5
Lebus	80,8		43,6	4,0	12,8	0,7	4,1	25,7	6,4	0,0	1,6	0,7	0,3	0,1
Luckau	82,5		50,5	0,8	5,0	0,7	4,5	28,8	4,2	0,0	4,6	0,5	0,4	0,0
Lübben	79,4		60,7	1,2	10,5	0,4	3,8	18,2	1,1	0,0	2,3	1,2	0,5	0,0
Cottbus	84,7		57,8	0,5	7,0	0,3	5,1	25,4	1,5	0,0	1,1	1,0	0,2	0,1
Calau	84,6		37,3	0,6	8,3	0,9	3,9	41,9	3,5	0,0	1,6	1,4	0,3	0,3
Crossen	75,2		62,0	0,7	7,0	0,6	3,0	19,5	3,2	0,0	1,1	2,5	0,3	0,1
Sorau	82,1		36,6	1,1	13,4	1,3	3,7	34,3	3,3	0,0	4,1	1,8	0,3	0,1
Guben	79,6		49,4	0,9	11,6	2,6	4,3	22,1	5,4	0,0	3,0	0,4	0,3	0,1
Spremberg	84,8		30,8	0,5	4,5	0,8	5,5	50,7	6,2	0,0	0,5	0,4	0,1	0,1
Gesamt	79,0		46,4	2,6	8,5	1,0	4,1	26,9	6,0	0,0	2,9	0,9	0,3	0,3
Max	85,3		65,9	8,9	13,6	8,4	10,6	50,7	15,2	0,1	6,9	2,5	0,8	0,7
Min	72,7		28,6	0,5	4,5	0,3	1,7	15,1	1,1	0,0	0,4	0,1	0,1	0,0

Tabelle 7: Vergleich der Reichstagswahlen 1920 und 1924 absolut

Kreis	Wohnbev.	Stimmber.	Beteiligt	Gültig	DNVP	NSFB	DVP	DDP	WiP[1]	Z	Linke	Sonstige
Westprignitz	+0	+1.450	+739	+547	+3.305	+1.334	-1.735	-962	+136	+85	-1.763	+147
Ostprignitz	+0	+1.313	+1.576	+1.306	+2.958	+617	-711	-1.700	+347	+84	-433	+144
Ruppin	-18	+2.233	+131	-298	+2.346	+490	-2.074	-356	+1.302	+133	-2.451	+312
Templin	-1	+1.439	+627	+415	+2.715	+325	-1.715	-162	+626	+98	-1.624	+152
Prenzlau	+0	+1.947	+1.457	+1.244	+2.744	+911	-1.142	+31	+181	+180	-1.722	+61
Angermünde	+0	+2.060	+397	+128	+2.191	+1.630	-1.834	-109	+474	+91	-2.432	+117
Königsberg	-163	+2.305	+1.682	+1.421	+2.833	+829	-357	-752	+255	+79	-1.597	+131
Soldin	+0	+1.505	+1.591	+1.413	+3.636	+351	-1.028	-214	+74	+47	-1.542	+89
Landsberg	-7	+2.571	+1.647	+1.393	+4.030	+350	-380	-908	+151	+66	-2.228	+312
Friedeberg	-83	+1.481	+1.266	+1.133	+2.262	+322	-5	-394	+75	+70	-1.429	+232
Weststernberg	-122	+1.045	+1.515	+1.279	+2.733	+79	-762	-447	+272	+51	-778	+131
Oststernberg	-12	+1.299	+1.639	+1.496	+3.017	+282	-878	-521	+279	+63	-843	+97
Züllichau-Schwiebus	+0	+1.077	+1.342	+1.157	+1.871	+641	-1.067	+100	+386	-186	-962	+374
Westhavelland	+24.562	+20.963	+18.043	+17.593	+4.944	+769	+426	+2.672	+1.528	+306	+6.790	+158
Osthavelland	-1.942	+3.753	+1.958	+1.632	+2.058	+437	-906	+229	+764	+201	-1.412	+261
Zauch-Belzig	-1.223	+1.159	+1.198	+835	+2.417	+383	-1.432	-195	+1.381	+132	-2.138	+287
Jüterbog-Luckenwalde	+2.579	+1.503	+1.293	+1.078	+2.156	+262	-1.074	-500	+524	+110	-577	+177
Teltow	-3.371	-13.633	-4.600	-5.050	+1.911	+1.397	-4.980	-249	+920	+80	-4.826	+697
Beeskow-Storkow	+0	+1.472	-332	-518	+2.197	+1.627	-2.366	-661	+693	+82	-2.489	+399
Niederbarnim	-13.406	-1.441	-2.626	-3.031	+2.112	+619	-4.333	+68	+1.386	+162	-3.500	+455
Oberbarnim	+5.782	+6.767	+3.691	+3.349	+4.074	+870	-1.336	-206	+976	+176	-1.390	+185
Lebus	-19	+3.329	+2.591	+2.146	+4.806	+1.195	-758	-1.141	+476	+143	-2.827	+252
Luckau	+2.292	+3.121	+3.546	+3.284	+2.458	+218	-391	-93	+1.242	+107	-332	+75
Lübben	+632	+714	+1.472	+1.358	+2.515	+154	-460	-352	+305	+37	-995	+154
Cottbus	-113	+2.080	+3.569	+3.317	+2.995	+107	+638	-478	+267	+60	-106	-166
Calau	+8.174	+7.025	+7.284	+6.988	+2.544	+164	+993	-299	+459	+206	+2.625	+296
Crossen	+0	+1.184	+1.110	+897	+1.097	+138	+65	-439	+204	+78	-727	+481
Sorau	-116	+2.911	+3.142	+2.902	+758	+326	+1.486	-1.661	+1.202	+188	+53	+550
Guben	+0	+1.506	+957	+768	+6.417	+168	-5.331	-873	+573	+78	-362	+98
Spremberg	-143	+1.621	+1.302	+1.189	+800	+46	-248	+86	+44	+38	+374	+49
Gesamt	+23.282	+65.759	+59.207	+51.371	+82.900	+17.041	-33.695	-10.486	+17.502	+3.045	-31.643	+6.707
Max	+24.562	+20.963	+18.043	+17.593	+6.417	+1.630	+1.486	+2.672	+1.528	+306	+6.790	+697
Min	-13.406	-13.633	-4.600	-5.050	+758	+46	-5.331	-1.700	+44	-186	-4.826	-166

1) 1920= WiB

Tabelle 8: Vergleich der Reichstagswahlen 1920 und 1924 (nach Prozentpunkten)

Kreis	Beteiligt	DNVP	NSDAP	DVP	DDP	WiP[1]	Z	Linke	Sonstige
Westprignitz	-1,8	+14,2	+6,3	-8,5	-4,7	+0,6	+0,4	-9,0	+0,7
Ostprignitz	+1,9	+10,3	+2,7	-4,1	-8,1	+1,5	+0,4	-3,3	+0,6
Ruppin	-5,2	+10,1	+2,0	-8,3	-1,4	+5,4	+0,5	-9,6	+1,3
Templin	-2,2	+17,4	+2,2	-12,1	-1,2	+4,2	+0,7	-12,2	+1,0
Prenzlau	-0,7	+14,6	+5,9	-8,7	+0,1	+1,2	+1,2	-14,5	+0,4
Angermünde	-4,3	+10,4	+7,9	-9,0	-0,6	+2,3	+0,4	-12,1	+0,6
Königsberg	-0,2	+8,3	+3,1	-1,9	-3,2	+1,0	+0,3	-8,2	+0,5
Soldin	+2,1	+21,1	+2,4	-8,5	-1,8	+0,5	+0,3	-14,6	+0,6
Landsberg	-0,9	+14,3	+1,4	-2,5	-4,1	+0,6	+0,3	-11,3	+1,3
Friedeberg	+0,5	+9,3	+1,7	-0,6	-2,4	+0,4	+0,4	-10,0	+1,2
Weststernberg	+3,8	+15,4	+0,5	-6,4	-3,6	+1,8	+0,3	-8,9	+0,9
Oststernberg	+3,3	+15,7	+1,8	-7,7	-4,0	+1,8	+0,4	-8,6	+0,6
Züllichau-Schwiebus	+2,4	+9,3	+4,0	-7,9	+0,4	+2,4	-1,9	-8,6	+2,3
Westhavelland	+0,8	-0,5	+2,1	-3,2	+4,3	+3,2	+0,7	-7,0	+0,4
Osthavelland	-3,8	+6,6	+1,8	-4,7	+0,6	+3,2	+0,8	-9,5	+1,1
Zauch-Belzig	+0,8	+7,4	+1,3	-5,4	-0,8	+4,8	+0,5	-8,8	+1,0
Jüterbog-Luckenwalde	+0,5	+9,3	+1,4	-6,8	-3,2	+2,9	+0,6	-5,2	+1,0
Teltow	+11,0	+10,5	+4,6	-13,1	+0,2	+3,0	+0,4	-7,8	+2,3
Beeskow-Storkow	-5,9	+12,7	+8,9	-12,4	-3,4	+3,8	+0,5	-12,3	+2,2
Niederbarnim	-3,7	+9,5	+2,1	-12,7	+0,7	+4,8	+0,6	-6,6	+1,6
Oberbarnim	-5,4	+14,0	+3,9	-8,1	-1,7	+4,3	+0,7	-14,0	+0,8
Lebus	-0,3	+14,0	+4,0	-3,7	-4,5	+1,6	+0,5	-12,8	+0,8
Luckau	+3,3	+3,4	+0,8	-2,4	-1,0	+4,6	+0,4	-6,1	+0,2
Lübben	+5,7	+14,5	+1,2	-5,2	-3,5	+2,3	+0,3	-10,8	+1,2
Cottbus	+7,0	+5,4	+0,5	+2,0	-3,2	+1,1	+0,2	-5,1	-1,0
Calau	+5,1	-0,3	+0,6	+2,0	-2,7	+1,6	+0,7	-2,7	+0,9
Crossen	+0,9	+3,0	+0,7	+0,0	-2,6	+1,1	+0,4	-5,2	+2,5
Sorau	+2,3	-1,2	+1,1	+4,2	-6,7	+4,1	+0,6	-4,0	+1,9
Guben	-1,1	+32,9	+0,9	-29,5	-4,9	+3,0	+0,3	-3,1	+0,5
Spremberg	-0,7	+5,2	+0,5	-3,6	+0,2	+0,5	+0,3	-3,6	+0,5
Gesamt	+0,9	+9,8	+2,6	-6,3	-2,1	+2,7	+0,4	-8,1	+1,0
Max	+11,0	+32,9	+8,9	+4,2	+4,3	+5,4	+1,2	-2,7	+2,5
Min	-5,9	-1,2	+0,5	-29,5	-8,1	+0,4	-1,9	-14,6	-1,0

1) 1920= WiB

Tabelle 9: Reichstagswahl am 20. Mai 1928 Ergebnisse in den Gemeinden unter 2 000 Einwohnern absolut

Kreis	Wohnbev.	Stimmber.	Beteiligt	Gültig	SPD	DNVP	Z	DVP	KPD	DDP	WiP	NSDAP	DBP	CNBP	VRP	Andere
Westprignitz	41.621	26.014	19.339	19.175	4.099	10.351	70	1.106	282	422	472	316	220	46	515	1.276
Ostprignitz	47.267	28.883	20.839	20.501	4.576	9.097	48	1.164	464	669	382	1.284	659	78	718	1.362
Ruppin	51.490	32.360	23.607	23.262	7.177	8.814	143	1.319	1.263	716	1.624	678	322	106	355	745
Templin	34.588	21.895	15.117	14.824	4.281	5.577	104	779	1.883	560	345	101	257	86	215	636
Prenzlau	36.438	18.528	14.889	14.639	3.182	7.042	77	1.102	720	1.295	223	446	68	19	88	377
Angermünde	43.308	26.653	18.554	18.245	4.712	7.282	63	1.046	1.896	562	578	184	270	70	173	1.409
Königsberg	56.142	34.479	25.650	25.235	7.361	12.190	104	1.074	1.907	605	308	199	189	44	232	1.022
Soldin	30.949	17.563	13.976	13.793	3.916	7.863	40	541	384	356	55	102	199	17	92	228
Landsberg	51.270	32.485	24.572	24.319	7.122	11.522	101	2.190	860	790	462	163	489	45	255	320
Friedeberg	38.437	24.749	18.601	18.447	5.882	8.807	71	1.372	741	466	148	98	213	80	276	293
Weststernberg	30.021	18.776	13.833	13.622	4.397	5.339	55	918	1.541	361	274	68	184	152	55	278
Oststernberg	31.522	19.659	14.889	14.722	3.223	7.958	99	1.068	752	439	443	76	196	38	91	339
Züllichau-Schwiebus	32.120	19.491	15.052	14.841	4.457	4.388	1.150	894	362	515	426	95	55	2.094	188	217
Westhavelland	37.046	22.675	18.466	18.112	6.982	5.834	83	838	1.207	886	1.090	361	97	76	193	465
Osthavelland	45.344	29.931	23.051	22.644	8.153	6.001	282	987	3.239	911	1.913	450	101	106	37	464
Zauch-Belzig	56.892	38.775	29.298	28.814	9.233	10.732	101	1.305	2.297	923	2.063	195	275	420	109	1.161
Jüterbog-Luckenwalde	37.338	24.454	18.584	18.296	5.399	9.179	68	927	830	623	634	68	144	61	109	254
Teltow	63.820	46.430	33.867	33.296	9.325	8.398	339	2.156	6.746	2.188	2.590	369	0	126	76	983
Beeskow-Storkow	39.787	27.200	19.963	19.717	6.008	7.274	172	879	2.349	904	1.007	177	0	42	53	852
Niederbarnim	54.148	42.955	31.218	30.686	10.260	7.005	281	1.832	6.736	1.302	1.875	445	115	71	138	626
Oberbarnim	41.564	27.226	19.203	18.834	5.536	5.149	85	771	2.839	717	933	372	199	65	153	2.015
Lebus	59.008	37.279	28.554	28.085	8.354	9.979	146	2.401	2.863	987	444	793	171	30	298	1.619
Luckau	49.503	31.472	22.009	21.711	7.258	5.690	161	769	1.160	645	1.291	148	838	3.279	207	265
Lübben	25.988	16.424	10.644	10.520	2.265	3.003	19	681	396	333	696	102	218	2.454	43	310
Cottbus	43.634	27.836	20.793	20.467	7.033	8.658	58	1.508	447	651	622	204	458	407	118	303
Calau	41.228	24.931	19.603	19.320	8.277	7.602	106	1.020	490	401	549	105	171	309	92	198
Crossen	42.139	25.947	17.339	17.066	4.760	3.535	63	639	903	594	784	122	104	4.997	227	338
Sorau	52.047	34.055	25.952	25.563	9.764	7.762	250	1.809	941	803	2.051	481	325	525	472	380
Guben	38.418	24.834	17.848	17.603	4.701	6.480	465	1.442	1.324	590	631	84	108	1.334	196	248
Spremberg	18.521	12.169	10.188	10.025	5.442	2.374	86	309	883	405	142	78	23	162	30	91
Gesamt	1.271.598	816.128	605.498	596.384	183.135	220.885	4.890	34.846	48.705	21.619	25.055	8.364	6.668	17.339	5.804	19.074
Max	63.820	46.430	33.867	33.296	10.260	12.190	1.150	2.401	6.746	2.188	2.590	1284	838	4.997	718	2.015
Min	18.521	12.169	10.188	10.025	2.265	2.374	19	309	282	333	55	68	0	17	30	91

Tabelle 10: Reichstagswahl am 20. Mai 1928 Ergebnisse in den Gemeinden unter 2 000 Einwohnern in Prozent

Kreis	Bet.	SPD	DNVP	Z	DVP	KPD	DDP	WiP	NSDAP	DBP	CNBP	VRP	Andere
Westprignitz	74,3	21,4	54,0	0,4	5,8	1,5	2,2	2,5	1,6	1,1	0,2	2,7	6,7
Ostprignitz	72,1	22,3	44,4	0,2	5,7	2,3	3,3	1,9	6,3	3,2	0,4	3,5	6,6
Ruppin	73,0	30,9	37,9	0,6	5,7	5,4	3,1	7,0	2,9	1,4	0,5	1,5	3,2
Templin	69,0	28,9	37,6	0,7	5,3	12,7	3,8	2,3	0,7	1,7	0,6	1,5	4,3
Prenzlau	80,4	21,7	48,1	0,5	7,5	4,9	8,8	1,5	3,0	0,5	0,1	0,6	2,6
Angermünde	69,6	25,8	39,9	0,3	5,7	10,4	3,1	3,2	1,0	1,5	0,4	0,9	7,7
Königsberg	74,4	29,2	48,3	0,4	4,3	7,6	2,4	1,2	0,8	0,7	0,2	0,9	4,0
Soldin	79,6	28,4	57,0	0,3	3,9	2,8	2,6	0,4	0,7	1,4	0,1	0,7	1,7
Landsberg	75,6	29,3	47,4	0,4	9,0	3,5	3,2	1,9	0,7	2,0	0,2	1,0	1,3
Friedeberg	75,2	31,9	47,7	0,4	7,4	4,0	2,5	0,8	0,5	1,2	0,4	1,5	1,6
Weststernberg	73,7	32,3	39,2	0,4	6,7	11,3	2,7	2,0	0,5	1,4	1,1	0,4	2,0
Oststernberg	75,7	21,9	54,1	0,7	7,3	5,1	3,0	3,0	0,5	1,3	0,3	0,6	2,3
Züllichau-Schwiebus	77,2	30,0	29,6	7,7	6,0	2,4	3,5	2,9	0,6	0,4	14,1	1,3	1,5
Westhavelland	81,4	38,5	32,2	0,5	4,6	6,7	4,9	6,0	2,0	0,5	0,4	1,1	2,6
Osthavelland	77,0	36,0	26,5	1,2	4,4	14,3	4,0	8,4	2,0	0,4	0,5	0,2	2,0
Zauch-Belzig	75,6	32,0	37,2	0,4	4,5	8,0	3,2	7,2	0,7	1,0	1,5	0,4	4,0
Jüterbog-Luckenwalde	76,0	29,5	50,2	0,4	5,1	4,5	3,4	3,5	0,4	0,8	0,3	0,6	1,4
Teltow	72,9	28,0	25,2	1,0	6,5	20,3	6,6	7,8	1,1	0,0	0,4	0,2	3,0
Beeskow-Storkow	73,4	30,5	36,9	0,9	4,5	11,9	4,6	5,1	0,9	0,0	0,2	0,3	4,3
Niederbarnim	72,7	33,4	22,8	0,9	6,0	22,0	4,2	6,1	1,5	0,4	0,2	0,4	2,0
Oberbarnim	70,5	29,4	27,3	0,5	4,1	15,1	3,8	5,0	2,0	1,1	0,3	0,8	10,7
Lebus	76,6	29,7	35,5	0,5	8,5	10,2	3,5	1,6	2,8	0,6	0,1	1,1	5,8
Luckau	69,9	33,4	26,2	0,7	3,5	5,3	3,0	5,9	0,7	3,9	15,1	1,0	1,2
Lübben	64,8	21,5	28,5	0,2	6,5	3,8	3,2	6,6	1,0	2,1	23,3	0,4	2,9
Cottbus	74,7	34,4	42,3	0,3	7,4	2,2	3,2	3,0	1,0	2,2	2,0	0,6	1,5
Calau	78,6	42,8	39,3	0,5	5,3	2,5	2,1	2,8	0,5	0,9	1,6	0,5	1,0
Crossen	66,8	27,9	20,7	0,4	3,7	5,3	3,5	4,6	0,7	0,6	29,3	1,3	2,0
Sorau	76,2	38,2	30,4	1,0	7,1	3,7	3,1	8,0	1,9	1,3	2,1	1,8	1,5
Guben	71,9	26,7	36,8	2,6	8,2	7,5	3,4	3,6	0,5	0,6	7,6	1,1	1,4
Spremberg	83,7	54,3	23,7	0,9	3,1	8,8	4,0	1,4	0,8	0,2	1,6	0,3	0,9
Gesamt	74,2	30,7	37,0	0,8	5,8	8,2	3,6	4,2	1,4	1,1	2,9	1,0	3,2
Max	83,7	54,3	57,0	7,7	9,0	22,0	8,8	8,4	6,3	3,9	29,3	3,5	10,7
Min	64,8	21,4	20,7	0,2	3,1	1,5	2,1	0,4	0,4	0,0	0,1	0,2	0,9

Tabelle 11: Vergleich der Reichstagswahlen 1924 und 1928 absolut

Kreis	Wohnbev.	Stimmber.	Beteiligt	Gültig	DNVP	CNBP	NSDAP[1]	DVP	DDP	WiP	Z	Linke	Sonstige
Westprignitz	-79	-258	-2.159	-2.098	-3.658	+46	-1.018	-184	-146	+327	-37	+709	+1.863
Ostprignitz	-666	-108	-2.353	-2.368	-3.768	+78	+667	-1.943	-10	+35	-55	+35	+2.593
Ruppin	+634	-277	-1.194	-1.056	-3.160	+106	+188	-431	-133	+270	-46	+1.040	+1.110
Templin	+1.869	+1.127	+28	-8	-1.763	+86	-224	-112	+216	-298	-24	+1.155	+956
Prenzlau	+514	-843	-890	-886	-1.234	+19	-465	-208	+1.031	+42	-119	-422	+470
Angermünde	-257	-1.436	-2.297	-2.303	-2.577	+70	-1.446	-549	+29	+96	-95	+461	+1.708
Königsberg	+784	-957	-1.102	-1.151	-1.804	+44	-630	-1.149	-47	+53	-3	+1.075	+1.310
Soldin	+576	-251	-827	-810	-930	+17	-249	-401	+80	-19	-8	+270	+430
Landsberg	+667	-461	-90	-33	-1.477	+45	-187	-1.016	+45	+311	-12	+1.506	+752
Friedeberg	-323	+273	-297	-228	-1.631	+80	-224	-311	+45	+73	-38	+1.228	+550
Weststernberg	-781	-619	-1.437	-1.392	-1.942	+152	-11	-470	-245	+2	-24	+760	+386
Oststernberg	+281	-341	-765	-754	-571	+38	-206	-982	+38	+164	-27	+263	+529
Züllichau-Schwiebus	+573	-469	-1.336	-1.322	-2.255	+2.094	-546	-684	-99	+40	-202	+290	+40
Westhavelland	-25.392	-20.412	-18.266	-18.122	-4.527	+76	-408	-1.285	-2.948	-837	-271	-8.495	+573
Osthavelland	+89	-371	-1.008	-1.000	-2.718	+106	+13	-959	-362	+1.077	-42	+1.555	+330
Zauch-Belzig	+2.752	+2.614	+463	+436	-2.416	+420	-188	-775	-133	+101	-55	+2.237	+1.245
Jüterbog-Luckenwalde	-775	+941	+35	+31	-406	+61	-194	-628	-138	+110	-57	+953	+330
Teltow	+2.647	+5.969	+2.600	+2.627	-2.673	+126	-1.028	+255	+251	+1.624	-57	+3.775	+354
Beeskow-Storkow	+1.392	+1.954	+1.417	+1.441	+686	+42	-1.450	-447	+86	+205	+24	+1.791	+504
Niederbarnim	+2.004	+2.837	+1.289	+1.324	-2.270	+71	-174	-322	-223	+264	-87	+3.672	+393
Oberbarnim	-5.351	-3.783	-3.748	-3.712	-4.159	+65	-498	-643	-40	-51	-159	-401	+2.174
Lebus	+491	-171	-1.707	-1.643	-2.988	+30	-402	-1.406	-218	-32	-52	+1.589	+1.836
Luckau	-2.069	-1.324	-5.039	-5.001	-7.788	+3.279	-70	-558	-561	+49	-27	-485	+1.160
Lübben	-1.027	-179	-2.536	-2.520	-4.917	+2.454	-52	-690	-165	+391	-27	+74	+412
Cottbus	+1.492	+59	-2.743	-2.766	-4.771	+407	+97	-110	-532	+355	-19	+1.174	+633
Calau	-12.245	-8.595	-8.749	-8.677	-2.851	+309	-59	-1.305	-687	+90	-152	-4.018	-4
Crossen	+2.811	+407	-1.863	-1.878	-8.206	+4.997	-16	-691	+18	+580	-46	+1.298	+188
Sorau	-1.566	-1.811	-3.494	-3.569	-2.888	+525	+155	-2.092	-265	+849	-140	-334	+621
Guben	+1.320	+541	-1.481	-1.509	-2.964	+1.334	-84	-775	-223	+58	-26	+722	+449
Spremberg	+2.126	+700	+460	+416	-584	+162	+32	-120	-127	+98	+10	+851	+94
Gesamt	-27.509	-25.244	-59.089	-58.531	-83.210	+17.339	-8.677	-20.991	-5.463	+6.027	-1.873	+14.328	+23.989
Max	+2.811	+5.969	+2.600	+2.627	+686	+4.997	+667	+255	+1.031	+1.624	+24	+3.775	+2.593
Min	-25.392	-20.412	-18.266	-18.122	-8.206	+17	-1.450	-2.092	-2.948	-837	-271	-8.495	-4

1) 1924: NSFB

Tabelle 12: Vergleich der Reichstagswahlen 1924 und 1928 nach Prozentpunkten

Kreis	Beteiligt	DNVP	CNBP	NSDAP[1]	DVP	DDP	WiP	Z	Linke	Sonstige
Westprignitz	-7,5	-11,9	+0,2	-4,6	-0,3	-0,5	+1,8	-0,1	+5,6	+9,8
Ostprignitz	-7,8	-11,9	+0,4	+3,6	-7,9	+0,3	+0,3	-0,2	+2,7	+12,7
Ruppin	-3,0	-11,3	+0,5	+0,9	-1,5	-0,4	+1,4	-0,2	+5,9	+4,8
Templin	-3,6	-11,9	+0,6	-1,5	-0,8	+1,5	-2,0	-0,2	+7,8	+6,4
Prenzlau	-1,1	-5,2	+0,1	-2,8	-0,9	+7,1	+0,4	-0,7	-1,2	+3,2
Angermünde	-4,6	-8,1	+0,4	-6,9	-2,0	+0,5	+0,8	-0,4	+6,3	+9,4
Königsberg	-1,1	-4,7	+0,2	-2,4	-4,2	-0,1	+0,3	+0,0	+5,7	+5,2
Soldin	-3,5	-3,2	+0,1	-1,7	-2,5	+0,7	-0,1	-0,0	+3,6	+3,2
Landsberg	+0,8	-6,0	+0,2	-0,8	-4,2	+0,2	+1,3	-0,0	+6,2	+3,1
Friedeberg	-2,1	-8,2	+0,4	-1,2	-1,6	+0,3	+0,4	-0,2	+7,0	+3,0
Weststernberg	-5,1	-9,3	+1,1	-0,0	-2,5	-1,4	+0,2	-0,1	+9,1	+2,9
Oststernberg	-2,5	-1,1	+0,3	-1,3	-6,0	+0,4	+1,2	-0,1	+3,0	+3,6
Züllichau-Schwiebus	-4,9	-11,5	+14,1	-3,3	-3,7	-0,3	+0,5	-0,6	+4,5	+0,5
Westhavelland	-3,8	+3,6	+0,4	-0,1	-1,2	-5,7	+0,7	-0,5	-0,8	+3,7
Osthavelland	-2,4	-10,4	+0,5	+0,1	-3,9	-1,4	+4,9	-0,1	+8,7	+1,5
Zauch-Belzig	-4,2	-9,1	+1,5	-0,7	-2,8	-0,5	+0,2	-0,2	+7,3	+4,3
Jüterbog-Luckenwalde	-2,9	-2,3	+0,3	-1,1	-3,4	-0,8	+0,6	-0,3	+5,2	+1,8
Teltow	-4,3	-10,9	+0,4	-3,4	+0,3	+0,3	+4,6	-0,3	+8,2	+0,9
Beeskow-Storkow	-0,1	+0,8	+0,2	-8,0	-2,8	+0,1	+0,7	+0,1	+6,5	+2,4
Niederbarnim	-1,9	-8,8	+0,2	-0,7	-1,4	-1,0	+0,6	-0,3	+10,0	+1,2
Oberbarnim	-3,5	-13,9	+0,3	-1,9	-2,2	+0,4	+0,6	-0,6	+5,5	+11,7
Lebus	-4,2	-8,1	+0,1	-1,2	-4,3	-0,5	-0,0	-0,1	+7,6	+6,6
Luckau	-12,5	-24,2	+15,1	-0,1	-1,4	-1,5	+1,3	+0,0	+5,4	+5,5
Lübben	-14,6	-32,2	+23,3	-0,2	-4,0	-0,7	+4,3	-0,2	+5,5	+4,2
Cottbus	-10,0	-15,5	+2,0	+0,5	+0,4	-1,9	+1,9	-0,0	+9,4	+3,2
Calau	-5,9	+2,0	+1,6	-0,0	-3,0	-1,8	+1,2	-0,4	-0,3	+0,7
Crossen	-8,4	-41,3	+29,3	-0,0	-3,3	+0,4	+3,5	-0,2	+10,1	+1,4
Sorau	-5,9	-6,2	+2,1	+0,8	-6,3	-0,5	+3,9	-0,4	+4,0	+2,7
Guben	-7,7	-12,6	+7,6	-0,4	-3,4	-0,9	+0,6	+0,1	+6,5	+2,6
Spremberg	-1,1	-7,1	+1,6	+0,3	-1,4	-1,5	+1,0	+0,1	+6,1	+0,9
Gesamt	-4,8	-9,4	+2,9	-1,2	-2,7	-0,5	+1,3	-0,2	+5,7	+4,1
Max	+0,8	+3,6	+29,3	+3,6	+0,4	+7,1	+4,9	+0,1	+10,1	+12,7
Min	-14,6	-41,3	+0,1	-8,0	-7,9	-5,7	-2,0	-0,7	-1,2	+0,5

1) 1924: NSFB

Tabelle 13: Reichstagswahl am 14. September 1930 Ergebnisse in den Gemeinden unter 2 000 Einwohnern absolut

Kreis	Wohnbev.	Stimmber.	Beteiligt	Gültig	DNVP	CNBP	NSDAP	DVP	Z	KVP	CSV	WiP	DStP	SPD	KPD	Andere
Westprignitz	39.468	25.487	20.082	19.940	7.948	591	6.281	252	64	64	115	132	263	3.205	649	376
Ostprignitz	47.466	29.883	23.011	22.936	3.587	1.643	11.217	461	54	100	62	304	260	3.834	884	530
Ruppin	48.864	32.272	24.315	24.202	4.825	663	8.321	561	159	95	162	743	352	6.145	1.807	369
Templin	34.167	22.401	16.334	16.227	2.851	1.730	2.909	293	132	62	182	606	207	4.440	2.470	345
Prenzlau	36.124	18.718	15.014	14.892	3.573	1.434	4.372	463	70	35	86	171	310	2.904	1.257	217
Angermünde	43.142	27.218	21.188	21.019	3.160	3.295	4.930	634	70	125	175	509	356	4.660	2.757	348
Königsberg	55.351	34.846	27.975	27.810	7.258	2.607	6.476	569	87	128	352	248	616	6.145	3.073	251
Soldin	30.510	17.546	14.321	14.241	1.844	2.960	4.555	201	129	23	126	37	189	2.867	1.075	235
Landsberg	51.125	33.055	24.465	24.273	3.864	1.999	7.872	1.068	123	97	739	325	518	5.102	2.047	519
Friedeberg	38.371	24.428	19.846	19.721	3.426	2.170	5.525	595	90	26	348	428	195	5.006	1.662	250
Weststernberg	29.004	18.125	14.201	14.129	1.115	1.752	4.819	311	47	108	117	219	241	3.314	1.932	154
Oststernberg	29.402	18.224	14.167	14.088	1.912	2.433	4.408	371	92	75	342	260	244	2.431	1.193	327
Züllichau-Schwiebus	32.020	19.704	16.247	16.167	1.706	903	6.447	259	1.444	53	108	249	192	3.940	687	179
Westhavelland	35.881	22.402	18.675	18.561	3.938	746	4.023	379	91	67	81	624	596	6.215	1.614	187
Osthavelland	44.177	32.084	26.400	26.214	3.873	1.611	4.602	581	409	76	196	1.467	725	7.988	4.402	284
Zauch-Belzig	56.449	41.123	32.692	32.416	4.417	5.678	7.193	682	180	147	141	1.511	658	7.875	3.553	381
Jüterbog-Luckenwalde	35.383	23.875	18.356	18.188	4.419	3.154	2.501	418	60	68	107	752	447	4.930	943	389
Teltow	63.588	52.745	41.809	41.488	5.044	4.144	5.356	1.187	511	272	409	3.091	1.503	10.693	8.623	655
Beeskow-Storkow	39.598	28.899	21.803	21.672	2.848	3.658	3.378	541	237	82	175	1.242	581	5.291	3.354	285
Niederbarnim	52.376	47.003	37.297	37.038	3.983	1.435	6.641	1.172	434	103	368	1.821	1.034	10.241	9.372	434
Oberbarnim	34.487	22.611	18.320	18.186	2.630	1.894	4.423	335	109	102	64	558	414	4.138	3.228	291
Lebus	58.870	38.005	30.891	30.675	6.423	1.871	7.962	1.050	165	206	269	540	652	6.804	4.369	364
Luckau	46.707	30.682	23.957	23.820	2.112	4.633	5.938	306	119	117	161	1.141	737	6.533	1.469	554
Lübben	25.729	16.940	12.283	12.249	1.322	3.863	2.894	334	24	51	97	343	417	2.086	528	290
Cottbus	43.481	29.770	23.970	23.801	1.360	4.712	6.943	779	55	67	316	412	508	7.163	873	613
Calau	37.391	22.749	18.757	18.658	2.103	3.073	4.146	452	103	69	130	322	314	6.872	878	196
Crossen	42.084	26.202	19.760	19.633	810	7.197	3.711	273	65	135	101	856	377	4.379	1.382	347
Sorau	51.929	35.177	29.847	29.640	2.740	4.828	7.441	824	294	100	385	1.456	616	8.670	1.721	565
Guben	36.112	24.137	18.828	18.682	2.504	4.663	2.950	795	109	83	77	695	658	3.912	1.933	303
Spremberg	18.521	13.135	11.389	11.313	756	1.034	1.914	107	87	37	90	68	396	5.525	1.208	91
BLB	1.237.777	829.446	656.200	651.879	98.351	82.374	160.148	16.253	5.613	2.773	6.081	21.130	14.576	163.308	70.943	10.329
Max	63.588	52.745	41.809	41.488	7.948	7.197	11.217	1.187	1.444	272	739	3.091	1.503	10.693	9.372	655
Min	18.521	13.135	11.389	11.313	756	591	1.914	107	24	23	62	37	189	2.086	528	91

Tabelle 14: Reichstagswahl am 14. September 1930 Ergebnisse in den Gemeinden unter 2 000 Einwohnern in Prozent

Kreis	Bet.		DNVP	CNBP	NSDAP	DVP	Z	KVP	CSV	WiP	DStP	SPD	KPD	Andere
Westprignitz	78,8		39,9	3,0	31,5	1,3	0,3	0,3	0,6	0,7	1,3	16,1	3,3	1,9
Ostprignitz	77,0		15,6	7,2	48,9	2,0	0,2	0,4	0,3	1,3	1,1	16,7	3,9	2,3
Ruppin	75,3		19,9	2,7	34,4	2,3	0,7	0,4	0,7	3,1	1,5	25,4	7,5	1,5
Templin	72,9		17,6	10,7	17,9	1,8	0,8	0,4	1,1	3,7	1,3	27,4	15,2	2,1
Prenzlau	80,2		24,0	9,6	29,4	3,1	0,5	0,2	0,6	1,1	2,1	19,5	8,4	1,5
Angermünde	77,8		15,0	15,7	23,5	3,0	0,3	0,6	0,8	2,4	1,7	22,2	13,1	1,7
Königsberg	80,3		26,1	9,4	23,3	2,0	0,3	0,5	1,3	0,9	2,2	22,1	11,0	0,9
Soldin	81,6		12,9	20,8	32,0	1,4	0,9	0,2	0,9	0,3	1,3	20,1	7,5	1,7
Landsberg	74,0		15,9	8,2	32,4	4,4	0,5	0,4	3,0	1,3	2,1	21,0	8,4	2,1
Friedeberg	81,2		17,4	11,0	28,0	3,0	0,5	0,1	1,8	2,2	1,0	25,4	8,4	1,3
Weststernberg	78,4		7,9	12,4	34,1	2,2	0,3	0,8	0,8	1,6	1,7	23,5	13,7	1,1
Oststernberg	77,7		13,6	17,3	31,3	2,6	0,7	0,5	2,4	1,8	1,7	17,3	8,5	2,3
Züllichau-Schwiebus	82,5		10,6	5,6	39,9	1,6	8,9	0,3	0,7	1,5	1,2	24,4	4,2	1,1
Westhavelland	83,4		21,2	4,0	21,7	2,0	0,5	0,4	0,4	3,4	3,2	33,5	8,7	1,0
Osthavelland	82,3		14,8	6,1	17,6	2,2	1,6	0,3	0,7	5,6	2,8	30,5	16,8	1,1
Zauch-Belzig	79,5		13,6	17,5	22,2	2,1	0,6	0,5	0,4	4,7	2,0	24,3	11,0	1,2
Jüterbog-Luckenwalde	76,9		24,3	17,3	13,8	2,3	0,3	0,4	0,6	4,1	2,5	27,1	5,2	2,1
Teltow	79,3		12,2	10,0	12,9	2,9	1,2	0,7	1,0	7,5	3,6	25,8	20,8	1,6
Beeskow-Storkow	75,4		13,1	16,9	15,6	2,5	1,1	0,4	0,8	5,7	2,7	24,4	15,5	1,3
Niederbarnim	79,4		10,8	3,9	17,9	3,2	1,2	0,3	1,0	4,9	2,8	27,6	25,3	1,2
Oberbarnim	81,0		14,5	10,4	24,3	1,8	0,6	0,6	0,4	3,1	2,3	22,8	17,7	1,6
Lebus	81,3		20,9	6,1	26,0	3,4	0,5	0,7	0,9	1,8	2,1	22,2	14,2	1,2
Luckau	78,1		8,9	19,5	24,9	1,3	0,5	0,5	0,7	4,8	3,1	27,4	6,2	2,3
Lübben	72,5		10,8	31,5	23,6	2,7	0,2	0,4	0,8	2,8	3,4	17,0	4,3	2,4
Cottbus	80,5		5,7	19,8	29,2	3,3	0,2	0,3	1,3	1,7	2,1	30,1	3,7	2,6
Calau	82,5		11,3	16,5	22,2	2,4	0,6	0,4	0,7	1,7	1,7	36,8	4,7	1,1
Crossen	75,4		4,1	36,7	18,9	1,4	0,3	0,7	0,5	4,4	1,9	22,3	7,0	1,8
Sorau	84,8		9,2	16,3	25,1	2,8	1,0	0,3	1,3	4,9	2,1	29,3	5,8	1,9
Guben	78,0		13,4	25,0	15,8	4,3	0,6	0,4	0,4	3,7	3,5	20,9	10,3	1,6
Spremberg	86,7		6,7	9,1	16,9	0,9	0,8	0,3	0,8	0,6	3,5	48,8	10,7	0,8
Gesamt	79,1		15,1	12,6	24,6	2,5	0,9	0,4	0,9	3,2	2,2	25,1	10,9	1,6
Max	86,7		39,9	36,7	48,9	4,4	8,9	0,8	3,0	7,5	3,6	48,8	25,3	2,6
Min	72,5		4,1	2,7	12,9	0,9	0,2	0,1	0,3	0,3	1,0	16,1	3,3	0,8

Tabelle 15: Vergleich der Reichstagswahlen 1928 und 1930 absolut

Kreis	Wohnbev.	Stimmber.	Beteiligt	Gültig	DNVP	CNBP	NSDAP	DVP	DDP[1]	WiP	Z	Linke	Sonstige
Westprignitz	-2.153	-527	+743	+765	-2.403	+545	+5.965	-854	-159	-340	-6	-527	-1.456
Ostprignitz	+199	+1.000	+2.172	+2.435	-5.510	+1.565	+9.933	-703	-409	-78	+6	-322	-2.047
Ruppin	-2.626	-88	+708	+940	-3.989	+557	+7.643	-758	-364	-881	+16	-488	-796
Templin	-421	+506	+1.217	+1.403	-2.726	+1.644	+2.808	-486	-353	+261	+28	+746	-519
Prenzlau	-314	+190	+125	+253	-3.469	+1.415	+3.926	-639	-985	-52	-7	+259	-195
Angermünde	-166	+565	+2.634	+2.774	-4.122	+3.225	+4.746	-412	-206	-69	+7	+809	-1.204
Königsberg	-791	+367	+2.325	+2.575	-4.932	+2.563	+6.277	-505	+11	-60	-17	-50	-712
Soldin	-439	-17	+345	+448	-6.019	+2.943	+4.453	-340	-167	-18	+89	-358	-135
Landsberg	-145	+570	-107	-46	-7.658	+1.954	+7.709	-1.122	-272	-137	+22	-833	+291
Friedeberg	-66	-321	+1.245	+1.274	-5.381	+2.090	+5.427	-777	-271	+280	+19	+45	-158
Weststernberg	-1.017	-651	+368	+507	-4.224	+1.600	+4.751	-607	-120	-55	-8	-692	-138
Oststernberg	-2.120	-1.435	-722	-634	-6.046	+2.395	+4.332	-697	-195	-183	-7	-351	+118
Züllichau-Schwiebus	-100	+213	+1.195	+1.326	-2.682	-1.191	+6.352	-635	-323	-177	+294	-192	-120
Westhavelland	-1.165	-273	+209	+449	-1.896	+670	+3.662	-459	-290	-466	+8	-360	-420
Osthavelland	-1.167	+2.153	+3.349	+3.570	-2.128	+1.505	+4.152	-406	-186	-446	+127	+998	-46
Zauch-Belzig	-443	+2.348	+3.394	+3.602	-6.315	+5.258	+6.998	-623	-265	-552	+79	-102	-876
Jüterbog-Luckenwalde	-1.955	-579	-228	-108	-4.760	+3.093	+2.433	-509	-176	+118	-8	-356	+57
Teltow	-232	+6.315	+7.942	+8.192	-3.354	+4.018	+4.987	-969	-685	+501	+172	+3.245	+277
Beeskow-Storkow	-189	+1.699	+1.840	+1.955	-4.426	+3.616	+3.201	-338	-323	+235	+65	+288	-363
Niederbarnim	-1.772	+4.048	+6.079	+6.352	-3.022	+1.364	+6.196	-660	-268	-54	+153	+2.617	+26
Oberbarnim	-7.077	-4.615	-883	-648	-2.519	+1.829	+4.051	-436	-303	-375	+24	-1.009	-1.910
Lebus	-138	+726	+2.337	+2.590	-3.556	+1.841	+7.169	-1.351	-335	+96	+19	-44	-1.249
Luckau	-2.796	-790	+1.948	+2.109	-3.578	+1.354	+5.790	-463	+92	-150	-42	-416	-478
Lübben	-259	+516	+1.639	+1.729	-1.681	+1.409	+2.792	-347	+84	-353	+5	-47	-133
Cottbus	-153	+1.934	+3.177	+3.334	-7.298	+4.305	+6.739	-729	-143	-210	-3	+556	+117
Calau	-3.837	-2.182	-846	-662	-5.499	+2.764	+4.041	-568	-87	-227	-3	-1.017	-66
Crossen	-55	+255	+2.421	+2.567	-2.725	+2.200	+3.589	-366	-217	+72	+2	+98	-86
Sorau	-118	+1.122	+3.895	+4.077	-5.022	+4.303	+6.960	-985	-187	-595	+44	-314	-127
Guben	-2.306	-697	+980	+1.079	-3.976	+3.329	+2.866	-647	+68	+64	-356	-180	-89
Spremberg	+	+966	+1.201	+1.288	-1.618	+872	+1.836	-202	-9	-74	+1	+408	+74
BLB	-33.821	+13.318	+50.702	+55.495	-122.534	+65.035	+151.784	-18.593	-7.043	-3.925	+723	+2.411	-12.363
Max	+199	+6.315	+7.942	+8.192	-1.618	+5.258	+9.933	-202	+92	+501	+294	+3.245	+291
Min	-7.077	-4.615	-883	-662	-7.658	-1.191	+1.836	-1.351	-985	-881	-356	-1.017	-2.047

1) 1930: DStP

Tabelle 16: Vergleich der Reichstagswahlen 1928 und 1930 nach Prozentpunkten

Kreis	Beteiligt	DNVP	CNBP	NSDAP	DVP	DDP[1]	WiP	Z	Linke	Sonstige
Westprignitz	+4,5	-14,1	+2,7	+29,9	-4,5	-0,9	-1,8	-0,0	-3,5	-7,7
Ostprignitz	+4,9	-28,7	+6,8	+42,6	-3,7	-2,1	-0,5	+0,0	-4,0	-10,3
Ruppin	+2,4	-18,0	+2,3	+31,5	-3,4	-1,6	-3,9	+0,0	-3,4	-3,5
Templin	+3,9	-20,1	+10,1	+17,2	-3,4	-2,5	+1,4	+0,1	+1,0	-3,8
Prenzlau	-0,1	-24,1	+9,5	+26,3	-4,4	-6,8	-0,4	-0,1	+1,3	-1,4
Angermünde	+8,2	-24,9	+15,3	+22,4	-2,7	-1,4	-0,7	-0,0	-0,9	-7,1
Königsberg	+5,9	-22,2	+9,2	+22,5	-2,2	-0,2	-0,3	-0,1	-3,6	-3,1
Soldin	+2,0	-44,1	+20,7	+31,2	-2,5	-1,3	-0,1	+0,6	-3,5	-1,1
Landsberg	-1,6	-31,5	+8,1	+31,8	-4,6	-1,1	-0,6	+0,1	-3,4	+1,2
Friedeberg	+6,1	-30,4	+10,6	+27,5	-4,4	-1,5	+1,4	+0,1	-2,1	-1,1
Weststernberg	+4,7	-31,3	+11,3	+33,6	-4,5	-0,9	-0,5	-0,1	-6,5	-1,1
Oststernberg	+2,0	-40,5	+17,0	+30,8	-4,6	-1,2	-1,2	-0,0	-1,3	+1,0
Züllichau-Schwiebus	+5,2	-19,0	-8,5	+39,2	-4,4	-2,3	-1,3	+1,2	-3,9	-1,0
Westhavelland	+1,9	-11,0	+3,6	+19,7	-2,6	-1,7	-2,7	+0,0	-3,0	-2,4
Osthavelland	+5,3	-11,7	+5,7	+15,6	-2,1	-1,3	-2,9	+0,3	-3,0	-0,5
Zauch-Belzig	+3,9	-23,6	+16,1	+21,5	-2,4	-1,2	-2,5	+0,2	-4,8	-3,3
Jüterbog-Luckenwalde	+0,9	-25,9	+17,0	+13,4	-2,8	-0,9	+0,7	-0,0	-1,8	+0,3
Teltow	+6,3	-13,1	+9,6	+11,8	-3,6	-2,9	-0,3	+0,2	-1,7	+0,0
Beeskow-Storkow	+2,1	-23,8	+16,7	+14,7	-2,0	-1,9	+0,6	+0,2	-2,5	-2,1
Niederbarnim	+6,7	-12,1	+3,6	+16,5	-2,8	-1,5	-1,2	+0,3	-2,4	-0,4
Oberbarnim	+10,5	-12,9	+10,1	+22,3	-2,3	-1,5	-1,9	+0,1	-4,0	-10,1
Lebus	+4,7	-14,6	+6,0	+23,1	-5,1	-1,4	+0,2	+0,0	-3,5	-4,7
Luckau	+8,1	-17,3	+4,3	+24,2	-2,3	+0,1	-1,2	-0,2	-5,2	-2,5
Lübben	+7,7	-17,8	+8,2	+22,7	-3,7	+0,2	-3,8	+0,0	-4,0	-1,9
Cottbus	+5,8	-36,6	+17,8	+28,2	-4,1	-1,0	-1,3	-0,1	-2,8	-0,1
Calau	+3,8	-28,1	+14,9	+21,7	-2,9	-0,4	-1,1	+0,0	-3,8	-0,3
Crossen	+8,6	-16,6	+7,4	+18,2	-2,4	-1,6	-0,2	-0,0	-3,8	-1,0
Sorau	+8,6	-21,1	+14,2	+23,2	-4,3	-1,1	-3,1	+0,0	-6,8	-1,1
Guben	+6,1	-23,4	+17,4	+15,3	-3,9	+0,2	+0,1	-2,1	-2,9	-0,7
Spremberg	+3,0	-17,0	+7,5	+16,1	-2,1	-0,5	-0,8	-0,1	-3,6	+0,5
BLB	+4,9	-22,0	+9,7	+23,2	-3,3	-1,4	-1,0	+0,0	-2,9	-2,3
Max	+10,5	-11,0	+20,7	+42,6	-2,0	+0,2	+1,4	+1,2	+1,3	+1,2
Min	-1,6	-44,1	-8,5	+11,8	-5,1	-6,8	-3,9	-2,1	-6,8	-10,3

1) 1930: DStP

Tabelle 17: Vergleich Reichstagswahlergebnisse von DNVP, CNBP, NSDAP (NSFB) – Anteil in Bezug auf die Gesamtzahl der Stimmen der drei rechten Parteien

Kreis	1924 Rechte	1928 Rechte	1930 Rechte	1924 DNVP		1928 DNVP		1930 DNVP		1924 CNBP	1928 CNBP		1930 CNBP		1924 NSFB		1928 NSDAP		1930 NSDAP	
Westprignitz	15.343	10.713	14.820	14.009	91,3%	10.351	96,6%	7.948	53,6%	0	46	0,4%	591	4,0%	1.334	8,7%	316	2,9%	6.281	42,4%
Ostprignitz	13.482	10.459	16.447	12.865	95,4%	9.097	87,0%	3.587	21,8%	0	78	0,7%	1.643	10,0%	617	4,6%	1.284	12,3%	11.217	68,2%
Ruppin	12.464	9.598	13.809	11.974	96,1%	8.814	91,8%	4.825	34,9%	0	106	1,1%	663	4,8%	490	3,9%	678	7,1%	8.321	60,3%
Templin	7.665	5.764	7.490	7.340	95,8%	5.577	96,8%	2.851	38,1%	0	86	1,5%	1.730	23,1%	325	4,2%	101	1,8%	2.909	38,8%
Prenzlau	9.187	7.507	9.379	8.276	90,1%	7.042	93,8%	3.573	38,1%	0	19	0,3%	1.434	15,3%	911	9,9%	446	5,9%	4.372	46,6%
Angermünde	11.489	7.536	11.385	9.859	85,8%	7.282	96,6%	3.160	27,8%	0	70	0,9%	3.295	28,9%	1.630	14,2%	184	2,4%	4.930	43,3%
Königsberg	14.823	12.433	16.341	13.994	94,4%	12.190	98,0%	7.258	44,4%	0	44	0,4%	2.607	16,0%	829	5,6%	199	1,6%	6.476	39,6%
Soldin	9.144	7.982	9.359	8.793	96,2%	7.863	98,5%	1.844	19,7%	0	17	0,2%	2.960	31,6%	351	3,8%	102	1,3%	4.555	48,7%
Landsberg	13.349	11.730	13.735	12.999	97,4%	11.522	98,2%	3.864	28,1%	0	45	0,4%	1.999	14,6%	350	2,6%	163	1,4%	7.872	57,3%
Friedeberg	10.760	8.985	11.121	10.438	97,0%	8.807	98,0%	3.426	30,8%	0	80	0,9%	2.170	19,5%	322	3,0%	98	1,1%	5.525	49,7%
Weststernberg	7.360	5.559	7.686	7.281	98,9%	5.339	96,0%	1.115	14,5%	0	152	2,7%	1.752	22,8%	79	1,1%	68	1,2%	4.819	62,7%
Oststernberg	8.811	8.072	8.753	8.529	96,8%	7.958	98,6%	1.912	21,8%	0	38	0,5%	2.433	27,8%	282	3,2%	76	0,9%	4.408	50,4%
Züllichau-Schwiebus	7.284	6.577	9.056	6.643	91,2%	4.388	66,7%	1.706	18,8%	0	2.094	31,8%	903	10,0%	641	8,8%	95	1,4%	6.447	71,2%
Westhavelland	11.130	6.271	8.707	10.361	93,1%	5.834	93,0%	3.938	45,2%	0	76	1,2%	746	8,6%	769	6,9%	361	5,8%	4.023	46,2%
Osthavelland	9.156	6.557	10.086	8.719	95,2%	6.001	91,5%	3.873	38,4%	0	106	1,6%	1.611	16,0%	437	4,8%	450	6,9%	4.602	45,6%
Zauch-Belzig	13.531	11.347	17.288	13.148	97,2%	10.732	94,6%	4.417	25,5%	0	420	3,7%	5.678	32,8%	383	2,8%	195	1,7%	7.193	41,6%
Jüterbog-Luckenwalde	9.847	9.308	10.074	9.585	97,3%	9.179	98,6%	4.419	43,9%	0	61	0,7%	3.154	31,3%	262	2,7%	68	0,7%	2.501	24,8%
Teltow	12.468	8.893	14.544	11.071	88,8%	8.398	94,4%	5.044	34,7%	0	126	1,4%	4.144	28,5%	1.397	11,2%	369	4,1%	5.356	36,8%
Beeskow-Storkow	8.215	7.493	9.884	6.588	80,2%	7.274	97,1%	2.848	28,8%	0	42	0,6%	3.658	37,0%	1.627	19,8%	177	2,4%	3.378	34,2%
Niederbarnim	9.894	7.521	12.059	9.275	93,7%	7.005	93,1%	3.983	33,0%	0	71	0,9%	1.435	11,9%	619	6,3%	445	5,9%	6.641	55,1%
Oberbarnim	10.178	5.586	8.947	9.308	91,5%	5.149	92,2%	2.630	29,4%	0	65	1,2%	1.894	21,2%	870	8,5%	372	6,7%	4.423	49,4%
Lebus	14.162	10.802	16.256	12.967	91,6%	9.979	92,4%	6.423	39,5%	0	30	0,3%	1.871	11,5%	1.195	8,4%	793	7,3%	7.962	49,0%
Luckau	13.696	9.117	12.683	13.478	98,4%	5.690	62,4%	2.112	16,7%	0	3.279	36,0%	4.633	36,5%	218	1,6%	148	1,6%	5.938	46,8%
Lübben	8.074	5.559	8.079	7.920	98,1%	3.003	54,0%	1.322	16,4%	0	2.454	44,1%	3.863	47,8%	154	1,9%	102	1,8%	2.894	35,8%
Cottbus	13.536	9.269	13.015	13.429	99,2%	8.658	93,4%	1.360	10,4%	0	407	4,4%	4.712	36,2%	107	0,8%	204	2,2%	6.943	53,3%
Calau	10.617	8.016	9.322	10.453	98,5%	7.602	94,8%	2.103	22,6%	0	309	3,9%	3.073	33,0%	164	1,5%	105	1,3%	4.146	44,5%
Crossen	11.879	8.654	11.718	11.741	98,8%	3.535	40,8%	810	6,9%	0	4.997	57,7%	7.197	61,4%	138	1,2%	122	1,4%	3.711	31,7%
Sorau	10.976	8.768	15.009	10.650	97,0%	7.762	88,5%	2.740	18,3%	0	525	6,0%	4.828	32,2%	326	3,0%	481	5,5%	7.441	49,6%
Guben	9.612	7.898	10.117	9.444	98,3%	6.480	82,0%	2.504	24,8%	0	1.334	16,9%	4.663	46,1%	168	1,7%	84	1,1%	2.950	29,2%
Spremberg	3.004	2.614	3.704	2.958	98,5%	2.374	90,8%	756	20,4%	0	162	6,2%	1.034	27,9%	46	1,5%	78	3,0%	1.914	51,7%
Gesamt	321.136	246.588	340.873	304.095	94,7%	220.885	89,6%	98.351	28,9%	0	17.339	7,0%	82.374	24,2%	17.041	5,3%	8.364	3,4%	160.148	47,0%
Max	15.343	12.433	17.288	14.009	99,2%	12.190	98,6%	7.948	53,6%	0	4.997	57,7%	7.197	61,4%	1.630	19,8%	1.284	12,3%	11.217	71,2%
Min	3.004	2.614	3.704	2.958	80,2%	2.374	40,8%	756	6,9%	0	17	0,2%	591	4,0%	46	0,8%	68	0,7%	1.914	24,8%

Quellen und Literatur

Quellen

Archivalien:

Bundesarchiv (BArch)

N 2244	Nachlaß Gustav Rösicke
NS 22	Reichsorganisationsleiter der NSDAP
NS 26	Hauptarchiv der NSDAP,
R 16 I	Deutscher Reichsbauernrat
R 187	Sammlung Schumacher
R 43 I	Reichskanzlei
R8005	DNVP
R8034 I RLB	Reichslandbundarchiv
R8034 I RLB (BLB)	Archiv des Brandenburgischen Landbundes (im BLHA als Mikrofilm Rep. 73 BLB)
R8034 II	RLB-Pressearchiv
(ehem. BDC), RKK	ehemaliges Berlin Document Center, Reichskulturkammer

Geheimes Staatsarchiv Preußischer Kulturbesitz Dahlem (GStA PK)

I. HA Rep. 87	Preußisches Ministerium für Landwirtschaft, Domänen und Forsten
I. HA Rep. 84a	Justizministerium

Brandenburgisches Landeshauptarchiv (BLHA)

Rep. 2A	Reg. Potsdam I Pol. (Polizeisachen)
Rep. 6 B	Kreisverwaltung Lebus Landratsamt

Rep. 5 E Amtsgericht Neuruppin VR: Verband zur Wahrnehmung der Interessen der Landwirte des Kreises Ruppin. KLB
Rep. 37 Gut Bollersdorf
Rep. 37 Herrschaft Boitzenburg
Rep. 37 Herrschaft Neuhardenberg
Rep. 37 Gut Friedersdorf
Rep. 37 Herrschaft Lübbenau
Rep. 37 Gut Werben I
Rep. 37 Gut Zichow
Rep. 61 NSDAP

Stadtarchiv Goslar

NL R. Walther Darré
NL August Georg Kenstler

Gedruckte Quellen:

Zeitungen und Zeitschriften

Nachrichtenblatt der Arbeitsgemeinschaft der deutschen Landwirtschaft, (ab 1919, Nr. 5:) Nachrichtenblatt des Deutschen Landbundes 1919 - 1920.
Der Reichs-Landbund 1.1921 - 13.1933.
Der Brandenburgische Landbund 1.1920 - 14.1933.
Der Märkische Landwirt 2.1921 - 90.1933.
Der Kurmärkische Bauer (ab 1935:) Wochenblatt der Landesbauernschaft Kurmark 1933 - 10.1943.
Die Märkische Bauernhochschule, (ab 1926, 1. Folge:) Der deutsche Jungbauer, (ab 1929, 33. Folge:) Der deutsche Bauer 1924 - 1939.
Der Angriff
Roter Adler 1928 - 1932.
Märkischer Adler 1929 - 1933.

Kreislandbundzeitschriften (sortiert nach Kreisnamen)
Landbund Angermünde 1.1920, 5.1924, 10.1929 - 12.1931.
Landbund Beeskow-Storkow 2.1926 - 8.1932.
Der Landbund, (ab 1932, Nr. 1:) Landbund-Zeitung, (ab 1934, Nr. 7:) Bauern-Zeitung 1.1920 - 15.1934 [bis Januar 1926 gemeinsame Verbandszeitschrift der KLB Cottbus, Calau und Lübben ab Oktober 1926 bis 1929 erschienen die Zeitschriften Landbund Calau und Landbund Cottbus; ab 1929 wieder eine Zeitschrift der KLB Cottbus, Calau und ab 1931, Nr. 13 des KLB Spremberg]
Crossener Landbund 2.1921 -13.1932.

Landbund Friedeberg 1.1922, 3.1924, 5.1926, 7.1928 - 9.1930.

Der Kreis-Landbund Jüterbog-Luckenwalde 3.1923, 4.1924, 6.1927.

Nachrichtenblatt des Kreislandbundes Königsberg Nm. 9.1928 - 11.1930.

Der Neumärkische Landbote 1919 - 1923 [Organ des KLB Landsberg].

Landbund Kreis Lebus 4.1923 - 6.1925; 8.1927-14.1933.

Niederlausitzer Landwarte 1924 - 1926, 1930 - 1931.

Landbund Niederbarnim, (ab 1934, Nr. 2): Nachrichtenblatt der Kreisbauernschaft Niederbarnim 2.1922, 5.1925, 6.1926, 8.1928, 9.1929, 11.1931 - 14.1934.

Nachrichtenblatt des Wirtschaftsverbandes Ober-Barnim, (ab 1923:) Landbund-Nachrichten des Kreises Ober-Barnim 1.1919, 4.1923, 8.1926, 10.1928, 13.1931.

Landbund Osthavelland 1.1924, 2.1925, 4.1927, 5.1928.

Mitteilungen des Landbundes Ostprignitz, (ab 1933, Nr. 42:) Mitteilungen der Kreisbauernschaft Ostprignitz 1.1920 - 5.1924/25, 6.1926 - 14.1934

Nachrichtenblatt des Wirtschaftsverbandes für den Kreis Ost-Sternberg, (ab 1921, Nr. 18:) Nachrichtenblatt des Landbundes Ost-Sternberg 3.1921 - 14.1932 [ab 1932 zusammen mit KLB Weststernberg

Landbund Prenzlau, (ab 1933, Nr. 41:) Nachrichtenblatt der Kreisbauernschaft Prenzlau 4.1923 - 10.1929, 12.1931 - 15.1934.

Landbund Ruppin 1.1920 - 12. 1931.

Landbund Soldin 3.1921, 6.1924, 11.1929, 12.1930.

Landbund Sorau-Forst, (ab 1933, Nr. 42:) Hauptabteilung I Kreisbauernschaft Sorau-Forst 1.1920 - 4.1923, 6.1925 - 9.1928, 14.1933.

Landbund Teltow – Niederbarnim, (ab 1921, Nr. 16:) Landbund Teltow, (ab 1924, Nr. 1:) Landbund Teltow und Berlin 2.1921 - 12.1931, 14.1933

Nachrichtenblatt des Wirtschaftsverbandes des Kreises Templin, (ab 1923, Nr. 27:) Nachrichtenblatt des Kreislandbundes Templin, (ab 1933, Nr. 41:) Nachrichtenblatt der Kreisbauernschaft Templin 3.1921 - 16.1934.

Landbund Havelland 4.1923 - 12.1931 [Bis 1924, Nr. 28 Organ der KLB Ost- und Westhavelland, danach nur des KLB Westhavellandes].

Landbund Westprignitz, (ab 1934:) Kreisbauernschaft Westprignitz 1.1920 - 15.1934.

Landbund West-Sternberg, (ab 1932, Nr. 5:) Landbund West- und Oststernberg, (ab 1934:) Kreisbauernschaft West- und Oststernberg 2.1922 - 3.1923, 5.1925 - 8.1928, 10.1930 - 14.1934

Landbund Zauch-Belzig, (ab 1934, Nr. 3:) Kreisbauernschaft Zauch-Belzig 3.1922 - 15.1934

Landbund Züllichau-Schwiebus (ab 1923 bis 1927:) Landbund Züllichau-Schwiebus-Bomst (ab 1934, Nr. 3:) Bauernzeitung des Kreises Züllichau-Schwiebus 1.1920 - 15.1934

Zeitgenössisches Schrifttum

Alfred Alter, „Märkischer Junglandbund Kr. Lebus“. Zweite Denkschrift zur Entwicklung und den Ereignissen im Junglandbund Kr. Lebus, Lebus (3.2.) 1929.

Alter, Alfred, Denkschrift! An die Junglandbund-Ortsgruppen und Bezirke, z. H. der Vorsitzenden,. (MS) Jacobsdorf (30. Oktober) 1928.

Bauern-ABC. Bearb. von der Pressestelle des Reichs-Landbundes, Berlin 1928.

Betriebsverfassung und Besitzverhältnisse in der preußischen Landwirtschaft, in: Zeitschrift des Preußischen Statistischen Landesamtes 67.1927, Brandenburg, S. 222-224.

Buchrucker, [Bruno Ernst], Der Aufruhr bei Cottbus im März 1920. Mit 8 Kartenskizzen, Cottbus 1920.

Buchrucker, [Bruno Ernst], Im Schatten Seeckt's. Die Geschichte der „Schwarzen Reichswehr“, Berlin 1928.

Der Landbundgedanke. Zur Organisation des Landvolkes. Hrsg. v. Deutschen Landbund, Berlin[1920].

Der Nationalsozialismus. Dokumente 1933 – 1945. Hrsg. v. Walther Hofer, Frankfurt/M..

Die Deutschnationalen und die Zerstörung der Weimarer Republik. Aus dem Tagebuch von Reinhold Quaatz 1928 - 1933. Hrsg. v. Hermann Weiß u. Paul Hoser, München 1989.

Flemming, Knud [= Kurt Kerlen], Dunkle Mächte im Landbund, Berlin 1928.

Flemming, Knud (= Kurt Kerlen], Unterlagen zu einer deutschen Volksbürgerkunde, Köslin 1924.

Geschäftsbericht des Brandenburgischen Landbundes für das erste Geschäftsjahr, Berlin 1920.

Geschäftsbericht des Brandenburgischen Landbundes für 1926, Berlin 1927.

Geschäftsbericht des Brandenburgischen Landbundes für 1928, Berlin 1929.

Geschäftsbericht des Brandenburgischen Landbundes für 1929, Berlin 1930.

Geschäftsbericht des Brandenburgischen Landbundes für 1930, Berlin 1931.

Geschäftsbericht des Brandenburgischen Landbundes für 1931, Berlin 1932.

Landbund-Heimatkalender auf das Jahr 1925. Hrsg v. Paul Zöllner für die Kreislandbünde Cottbus, Calau und Lübben, Cottbus [1924].

Oppen, Joachim von, Mussolini und die italienische Landwirtschaft. Bericht einer Studienreise im Mai 1930, 2. Aufl. Neudamm und Berlin 1931.

Topf, Erwin, Die grüne Front. Der Kampf um den deutschen Acker, Berlin 1933.

Vortragsmaterial für Landbundführer und -Redner, Berlin 1925.

Statistiken und Handbücher

Genealogisches Handbuch des Adels

Niekammer's Landwirtschaftliche Güter-Adreßbücher, Bd. VII. Landwirtschaftliches Adreßbuch der Rittergüter, Güter und Höfe der Provinz Brandenburg, Leipzig 1929.

Niekammer's Landwirtschaftliche Güter-Adreßbücher, Bd. VII. Landwirtschaftliches Güter-Adreßbuch der Provinz Brandenburg, Leipzig 1923.

Preußische Statistik

Statisten in Uniform. Die Mitglieder des Reichstags 1933 - 1945. Ein biographisches Handbuch. Bearb. von Joachim Lilla, Düsseldorf 2004.

Statistik des Deutschen Reiches

Forschungsliteratur

Agrargeschichte. Positionen und Perspektiven. Hrsg. von Werner Troßbach und Clemens Zimmermann, Stuttgart 1998.

Adamy, Kurt und Kristina Hübener, Provinz Mark Brandenburg – Gau Kurmark. Eine verwaltungsgeschichtliche Skizze, in: Verfolgung Alltag Widerstand, Brandenburg in der NS-Zeit. Hrsg v. Dietrich Eichholtz, Berlin 1993, S.11-31.

Arnim, Sieghart Graf v., Dietlof Graf von Arnim-Boitzenburg. Ein preußischer Landedelmann und seine Welt im Umbruch von Staat und Kirche, Limburg 1998.

Baranowski, Shelley, The Sanctity of Rural Life. Nobility, Protestantism and Nazism in Weimar Prussia, New York u. a. 1995.

Baudisch, Rosemarie, Geographische Grundlagen und historisch-politische Gliederung Brandenburgs, in: Brandenburgische Geschichte. Hrsg. v. Ingo Materna u. Wolfgang Ribbe, Berlin 1995, S. 15-44.

Becker, Heinrich, Handlungsräume der Agrarpolitik in der Weimarer Republik zwischen 1923 und 1929, Stuttgart 1990.

Benz, Wolfgang, Was ist Antisemitismus?, Bonn 2004.

Berghahn, Volker Rolf, Die Harzburger Front und die Kandidatur Hindenburgs für die Präsidentschaftswahlen 1932, in: VfZ 13. Jg. 1965, S.64-82.

Berghahn, Volker Rolf, Der Stahlhelm. Bund der Frontsoldaten 1918 - 1935, Düsseldorf 1966.

Bergmann, Jürgen und Megerle, Klaus, Protest und Aufruhr der Landwirtschaft in der Weimarer Republik (1924 - 1933). Formen und Typen der politischen Agrarbewegung im regionalen Vergleich, in: Regionen im historischen Vergleich. Studien zu Deutschland im 19. und 20. Jahrhundert. Hrsg. v. Jürgen Bergmann u. a., Opladen 1987, S. 200-287.

Bergmann, Jürgen, „Das Land steht rechts!" Das „agrarische Milieu", in: Politische Identität und nationale Gedenktage. Zur politischen Kultur in der Weimarer Republik. Hrsg. v. Detlef Lehnert und Klaus Megerle, Opladen 1989, S. 181-206.

Bergmann, Klaus, Agrarromantik und Großstadtfeindschaft, Meisenheim am Glan 1970.

Blaich, Fritz, Der 'Winzersturm von Bernkastel'. Ursachen und Auswirkungen eines Steuerstreiks in der Weimarer Republik, in: ZfAA 33.1985, S. 2-26.

Blasius, Dirk, Weimars Ende. Bürgerkrieg und Politik 1930 - 1933, Göttingen ²2006.

Block, Irma, Das Zusammenwirken des Reichslandbundes mit den bürgerlichen Parteien, insbesondere der DNVP, in der Weimarer Republik, Diss. A. (MS) Potsdam 1970.

Bracher, Karl Dietrich, Die Auflösung der Weimarer Republik. Eine Studie zum Problem des Machtverfalls in der Demokratie, Königstein / TS. 1978.

Bramwell, Anna Christina, National Socialist Agrarian Theory and Practice: With special Reference to Darré and the Settlement Movement, Diss. (MS) Michaelmes Therm 1982.

Carsten, Francis L., Geschichte der preußischen Junker, Frankfurt 1988,

Cerny, Jochen und Fahlbusch, Lutz, Reichs-Landbund (RLB) 1921 – 1933, in: Lexikon zu Parteiengeschichte Bd. 3 Leipzig 1985, S. 688 - 712.

Conte, Domenico, Dinamica elettorale, associazionismo agrario e ideologia ruralistica tra anni Venti e Trenta, in: Cultura politica e società borghese in Germania fra Otto e Novecento. Hrsg. v. Gustavo Corni u. Pierangelo Schiera, Bologna 1986, S. 285-314.

Corni, Gustavo und Gies, Horst, „Blut und Boden". Rassenideologie und Agrarpolitik im Staat Hitlers, Idstein 1994.

Corni, Gustavo, Die Agrarpolitik des Faschismus: Ein Vergleich zwischen Deutschland und Italien, in: Tel Aviver Jahrbuch für deutsche Geschichte Bd. XVII, 1988, S. 391-432.

Corni, Gustavo, Hitler and the Peasants. Agrarian Policy of the Third Reich, 1930 - 1939, New York u. a. 1990.

Diehl, James H., Von der „Vaterlandspartei" zur „Nationalen Revolution": Die „Vereinigten Vaterländischen Verbände Deutschlands (VVVD)" 1922 - 1933, in: VfZ 33. Jg. 1985, S. 617-639.

Döring, Gerhard, Der Brandenburgische Landbund 1918 bis 1923 – eine reaktionäre wirtschaftspolitische Organisation der Agrarier, Staatsex. (MS) PH Potsdam 1965.

Dörr, Manfred, Die Deutschnationale Volkspartei 1925-1928, Diss. Phil. Marburg 1964.

Dressel, Guido, Der Thüringer Landbund – Agrarischer Berufsverband als politische Partei in Thüringen 1919 - 1933, Weimar 1998.

Düring, Werner, Die Entwicklung des ländlichen Personalkredits der Provinz Brandenburg nach der Stabilisierung unter besonderer Berücksichtigung der Kreditgenossenschaften, Berlin 1928.

Eidenbenz, Mathias, „Blut und Boden". Zu Funktion und Genese der Metaphern des Agrarismus und Biologismus in der nationalsozialistischen Bauernpropaganda R. W. Darrés, Bern 1993.

Eley, Geoff, Konservative und radikale Nationalisten in Deutschland: Die Schaffung faschistischer Potentiale 1912 - 1928, in: Eley, Geoff, Wilhelminismus, Nationalismus, Faschismus. Zur historischen Kontinuität in Deutschland, Münster 1991, S. 209 – 247.

Fallada, Hans, Bauern, Bonzen und Bomben, Reinbek 1989. (Erstausgabe 1931).

Falter, Jürgen W. u. Kater, Michael H., Wähler und Mitglieder der NSDAP. Neue Forschungsergebnisse zur Soziographie des Nationalsozialismus 1925 bis 1933, in: GG 19.1993, S. 155-177.

Falter, Jürgen W., Hitlers Wähler, München 1991.

Farquharson, J. E., The Plough and the Swastika. The NSDAP and Agriculture in Germany 1928-45, London u. Beverly Hills 1976.

Flemming, Jens, Landarbeiter zwischen Gewerkschaften und „Werksgemeinschaft". Zum Verhältnis von Agrarunternehmern und Landarbeiterbewegung im Übergang vom Kaiserreich zur Weimarer Republik, in: Archiv für Sozialgeschichte 16. 1974, S. 350 -418.

Flemming, Jens, Landwirtschaftliche Interessen und Demokratie. Ländliche Gesellschaft, Agrarverbände und Staat 1890 – 1925, Bonn 1978.

Flemming, Jens, Zwischen Industrie und christlich-nationaler Arbeiterschaft. Alternativen landwirtschaftlicher Bündnispolitik in der Weimarer Republik, in: Industrielle Gesellschaft und politisches System. Beiträge zur politischen Sozialgeschichte. Hrsg. v. Dirk Stegmann u.a., Bonn 1978, S. 259-276

Flemming, Jens, Die Bewaffnung des „Landvolks“. Ländliche Schutzwehren und agrarischer Konservatismus in der Anfangsphase der Weimarer Republik, in: MGM 2/79, S. 7-36.

Flemming, Jens, Quellen zur Agrargeschichte [u.a. Landwirtschaftskammern] in Archiven der Deutschen Demokratischen Republik, in: Archivbestände zur Wirtschafts- und Sozialgeschichte der Weimarer Republik. Übersicht über Quellen in Archiven der Bundesrepublik Deutschland. Bearb. von Thomas Trumpp und Renate Köhne, Boppard am Rhein 1979, S. 160-189.

Flemming, Jens, Konservatismus als „nationalrevolutionäre Bewegung“. Konservative Kritik an der Deutschnationalen Volkspartei 1918-1933, in: Deutscher Konservatismus im 19. und 20. Jahrhundert. Festschrift für Fritz Fischer zum 75. Geburtstag und zum 50. Doktorjubiläum. Hrsg. von D. Stegmann, B.-J. Wendt u. P-Ch. Witt, Bonn 1983, S. 295-331.

Frank, Alexandra, Die Entwicklung der ostelbischen Gutswirtschaften im Deutschen Kaiserreich und in den Anfangsjahren der Weimarer Republik, Weiden und Regensburg 1994.

Fritzsche, Peter, Wie aus Deutschen Nazis wurden, Zürich 1999.

Fröhlich, Elke und Broszat, Martin, Politische und soziale Macht auf dem Lande. Die Durchsetzung der NSDAP im Kreis Memmingen, in: Vierteljahreshefte für Zeitgeschichte 5. Jg. 1977, S. 546-572.

Gerbet, Klaus, Carl-Hans Graf von Hardenberg 1891 - 1958. Ein preußischer Konservativer in Deutschland, Berlin 1993.

Gereke, Günther, Ich war königlich-preußischer Landrat, Berlin 1970, S. 152.

Gerhard, Gesine, Bauernbewegung und Agrarromantik in der Weimarer Republik. Die Bauernhochschulbewegung und die Entwicklung der Blut-und-Boden-Ideologie des Nationalsozialismus, Mag. (MS) TU Berlin 1994.

Gessner, Dieter, Agrarverbände in der Weimarer Republik. Wirtschaftliche und soziale Voraussetzungen agrarkonservativer Politik vor 1933, Düsseldorf 1976.

Gies, Horst, Die nationalsozialistische Machtergreifung auf dem agrarpolitischen Sektor, in: ZfAA 19. Jg. 1968,S. 210-232.

Gies, Horst, NSDAP und landwirtschaftliche Organisationen in der Endphase der Weimarer Republik, in: VfZ 15.1967 (Heft 4), S. 341 – 376.

Gies, Horst, R. Walther Darré und die nationalsozialistische Bauernpolitik in den Jahren 1930 - 1933, Diss. Frankfurt/M. 1966.

Gilbhard, Hermann, Die Thule-Gesellschaft – Vom okkulten Mummenschanz zum Hakenkreuz, München 1994.

Görlitz, Walter, Die Junker. Adel und Bauer im deutschen Osten. Geschichtliche Bilanz von 7 Jahrhunderten; Limburg a. d. Lahn 1964.

Goodrick-Clarke, Nicholas, The occult roots of Nazism. The Ariosophists of Austria and Germany 1890 - 1935, Wellingborough 1985.

Gossweiler, Kurt u. Schlicht, Alfred, Junker und NSDAP 1931/32, in: ZfG 14.1967, S. 644-662.

Grundmann, Friedrich, Agrarpolitik im "Dritten Reich". Anspruch und Wirklichkeit des Reicherbhofgesetzes, Hamburg 1979.

Häbich, Theodor, Deutsche Latifundien. Ein Beitrag zur Berichtigung unserer Vorstellung von der bestehenden Verteilung des ländlichen Grundeigentums, Königsberg Pr. 1929.

Heberle, Rudolf, Landbevölkerung und Nationalsozialismus. Eine soziologische Untersuchung der politischen Willensbildung in Schleswig-Holstein 1918 – 1923, Stuttgart 1963.

Henning, Friedrich-Wilhelm, Landwirtschaft und ländliche Gesellschaft in Deutschland. Bd. 2 1750 bis 1986, Paderborn 1988.

Heiber, Helmut, Dokumentation. Aus den Akten des Gauleiters Kube, in: Vierteljahreshefte für Zeitgeschichte 4.1956, S. 67-92.

Hiller von Gaertringen, Friedrich Frhr., Monarchismus in der deutschen Republik, in: Die Weimarer Republik. Belagerte Civitas. Hrsg. v. Michael Stürmer, S. 254-271.

Holzbach, Heidrun, Das "System Hugenberg". Die Organisation bürgerlicher Sammlungspolitik vor dem Aufstieg der NSDAP, Stuttgart, 1981.

Hoyningen-Huene, Iris Freifrau v., Adel in der Weimarer Republik. Die rechtlich-soziale Situation des reichsdeutschen Adels 1918 - 1933, Limburg 1992.

James, Harold, Deutschland in der Weltwirtschaftskrise 1924-1936, Stuttgart 1988.

Klotzbücher, Alois, Der politische Weg des Stahlhelm, Bund der Frontsoldaten in der Weimarer Republik. Ein Beitrag zur Geschichte der "Nationalen Opposition", Diss. Phil. Erlangen-Nürnberg 1964.

Kluge, Ulrich, Agrarwirtschaft und ländliche Gesellschaft im 20. Jahrhundert, München 2005.

Kölling, Bernd, Familienwirtschaft und Klassenbildung. Landarbeiter im Arbeitskonflikt – das ostelbische Pommern und die norditalienische Lomellina 1901 - 1921, Vierow 1996.

Könnemann, Erwin, Organisation Escherich (Orgesch) 1920-1921, in: Lexikon zur Parteiengeschichte Bd. 3, Leipzig 1985, S. 555-563.

Kroll, Frank-Lothar, Utopie als Ideologie. Geschichtsdenken und politischen Handeln im Dritten Reich, Paderborn 1998.

Lapos, Andreas, Landwirtschaft und Politik in Baden 1918 bis 1925. Agrarverbände, Parteien und Regierung von der Novemberrevolution bis zum Ende der Zwangswirtschaft, Mag. (MS) Universität Karlsruhe 1992.

Liebe, Werner, Die Deutschnationale Volkspartei 1918 - 1924, Düsseldorf 1956.

Lösche, Peter und Walter, Franz, Katholiken, Konservative und Liberale: Milieus und Lebenswelten bürgerlicher Parteien in Deutschland während des 20. Jahrhunderts, in: GG 26.2003, S.471-492.

Lohalm, Uwe, Völkischer Radikalismus. Die Geschichte des Deutschvölkischen Schutz- und Trutz- Bundes 1919-1923, Hamburg 1970.

Lovin, Clifford R., Blut und Boden: The Ideological Basis of the Nazi Agricultural Program, In: Journal of the History of Ideas, Vol. XXVII April – Juni 1967 Nr. 2, S. 279-288.

Lutzhöft, Hans-Jürgen, Der Nordische Gedanke in Deutschland 1920 - 1940; Stuttgart 1971.

Mai, Uwe , „Rasse und Raum“. Agrarpolitik, Sozial- und Raumplanung im NS-Staat, Paderborn 2002.

Malinowski, Stephan, Vom König zum Führer. Sozialer Niedergang und politische Radikalisierung im deutschen Adel zwischen Kaiserreich und NS-Staat, Berlin 2003.

Manstein, Peter, Die Mitglieder und Wähler der NSDAP 1919 - 1933. Untersuchungen zu ihrer schichtenmäßigen Zusammensetzung, Frankfurt/M. u. a. [2]1989.

Materna, Ingo, Brandenburg als preußische Provinz in der Weimarer Republik (1918 bis 1933),in: Brandenburgische Geschichte. Hrsg. v. Ingo Materna u. Wolfgang Ribbe, Berlin 1995, S. 561-618.

Merkenich, Stephanie, Grüne Front gegen Weimar. Reichs-Landbund und agrarischer Lobbyismus 1918 – 1933, Düsseldorf 1998.

Miller, Hans Georg, Die deutsche Bauernhochschule (Die „ländlichen Volks-“ und „Bauernhochschulen“) auf entwicklungsgeschichtlicher, weltanschaulicher und agrarpolitischer Grundlage, Stuttgart 1928.

Moeller, Robert G., Economic Dimensions of the Peasant Protest in the Transition from Kaiserreich to Weimar, in: Peasant and Lords, S. 140-167.

Moeller, Robert G., Peasant, Politics and Pressure Groups in War and Inflation: A Study of the Rhineland and Westphalia, 1914 – 1924, Diss. (MS) Berkeley 1980.

Moeller, Robert G., Winners as Losers in the German Inflation: Peasant Protest over the Controlled Economy, 1920 – 1923, in: Die deutsche Inflation. Eine Zwischenbilanz. Hrsg. v. Gerald D. Feldmann u. a., Berlin u. New Yorck 1982, S. 255- 288.

Moeller, Robert G., German Peasants and Agrarian Politics, 1914 - 1924. The Rhineland and Westphalia, Chapel Hill and London 1986.

Moeller, Robert. G., Indroduction: Peasants and Lords in Modern German Historiography, in: Peasants and Lords in Modern Germany. Recent Studies in Agricultural History. Hrsg. v. R.G. Moeller, London und Sydney 1986, S. 1-23.

Mommsen, Hans, Aufstieg und Untergang der Republik von Weimar. 1918 - 1933, Berlin 2004.

Müller, Andreas, „Fällt der Bauer, stürzt der Staat.“ Deutschnationale Agrarpolitik 1928 - 1933, München 2003.

Müller, Klaus, Agrarische Interessenvertretung in der Weimarer Republik, in: Rheinische Vierteljahresblätter 38 (1974), S. 386-405.

Müller, Klaus-Peter, Politik und Gesellschaft im Krieg. Der Legitimitätsverlust des badischen Staates 1914 - 1918, Stuttgart 1988.

Müller, Markus, Die Christlich-Nationale Bauern- und Landvolkpartei 1928 - 1933, Düsseldorf 2001.

Müller, Ralf, Wählerbewegung und Gestaltung der Beziehungen zwischen DNVP und Landbund in den Jahren der Weimarer Republik im Regierungsbezirk Frankfurt (Oder), Diss. (A) (MS) Frankfurt/Oder 1991.

Müller, Wolfram, Die volksfeindliche Tätigkeit des militaristischen Wehrverbandes „Stahlhelm“ in Groß-Berlin und im Regierungsbezirk Potsdam in den Jahren 1924 bis 1933, Staatsex. PH (MS) Potsdam 1963.

Münkel, Daniela, Nationalsozialistische Agrarpolitik und Bauernalltag, Frankfurt/M. u. New York 1996.

Nabert, Thomas, Agrarkonservative Konzeptionen in der Weimarer Republik, in: Adel und Junkertum im 19. und 20. Jahrhundert. Biographische Studien zu ihrer politischen, ökonomischen und sozialen Entwicklung. Hrsg. v. Jürgen Laubner, Halle 1990.

Nabert, Thomas, Der Großgrundbesitz in der preußischen Provinz Sachsen 1913 - 1933. Soziale Schichtung, Ökonomische Position und politische Rolle, Köln u. a. 1992.

Nagel, Irma, Fememorde und Fememordprozesse in der Weimarer Republik, Köln u. Wien 1991.

Neumann, Kurt, Die Rolle des Reichslandbundes bei der Vorbereitung und Errichtung der faschistischen Diktatur in Deutschland (1928 – 1933), Diss. A. (MS) Rostock 1977.

Ohr, Dieter, Nationalsozialistische Versammlungspropaganda und Wahlerfolg der NSDAP: eine kausale Beziehung?, in: Historical Social Research Vol. 22 1997, Nr. 3/4, S. 106-127.

Ohr, Dieter, Nationalsozialistische Propaganda und Weimarer Wahlen. Empirische Analysen zur Wirkung von NSDAP-Versammlungen, Opladen 1997.

Osmond, Jonathan, Peasant Farming in South and West Germany during War and Inflation 1914 to 1924: Stability or Stagnation?, in: Die deutsche Inflation. Eine Zwischenbilanz. Hrsg. v. Gerald D. Feldmann u. a., Berlin u. New Yorck 1982, S. 289 – 307.

Osmond, Jonathan, A Second Agrarian Mobilization? Peasant Associations in South and West Germany, 1918 - 24, in: Peasants and Lords in Modern Germany. Recent Studies in Agricultural History. Hrsg. v. R.G. Moeller, London und Sydney 1986, S. 168 – 197.

Osmond, Jonathan, The Free Peasantry. Agrarian Protest in the Bavarian Palatinate 1893-1933, D. Phil. (MS) Oxford 1986.

Panzer, Arno, Das Ringen um die deutsche Agrarpolitik von der Währungsstabilisierung bis zur Agrardebatte im Reichstag im Dezember 1928, Kiel 1970.

Panzer, Arno, Parteipolitische Ansätze der deutschen Bauernbewegung bis 1933, in: Europäische Bauernparteien. Hrsg. v. Heinz Gollwitzer, Stuttgart u. New York 1977, S. 524 - 560.

Petzold, Joachim, Großgrundbesitzer – Bauern – NSDAP. Zu ideologischen Auseinandersetzungen um die Agrarpolitik der faschistischen Partei 1932, in: ZfG 29.1981, S. 1128-1139.

Piper, Ernst, Achtes Bild: „Die jüdische Weltverschwörung", in: Antisemitismus. Vorurteile und Mythen. Hrsg. v. Julius H. Schoeps und Joachim Schlör, Frankfurt a. M. 1995, S.127 – 135.

Pomp, Rainer, Brandenburgischer Landadel und die Weimarer Republik. Konflikte um Oppositionsstrategien und Elitenkonzepte, in: Adel und Staatsverwaltung in Brandenburg im 19. und 20. Jahrhundert. Ein historischer Vergleich. Hrsg. v. Kurt Adamy und Kristina Hübener, Berlin 1996, S. 185-218.

Pomp, Rainer, Landwirtschaft und agrarische Interessenvertretung in Baden 1914 – 1921, Mag. (MS) TU Berlin 1990.

Puhle, Hans-Jürgen, Agrarische Interessenpolitik und preußischer Konservatismus im wilhelminischen Reich (1893 – 1914). Ein Beitrag zur Analyse des Nationalismus in Deutschland am Beispiel des Bundes der Landwirt und der Deutsch-Konservativen Partei, Hannover 1966.

Puhle, Hans-Jürgen, Der Bund der Landwirte im Wilhelminischen Reich. Struktur, Ideologie und politische Wirksamkeit eines Interessenverbandes in der konstitutionellen Monarchie (1893-1914), in: Zur soziologischen Theorie und Analyse des 19. Jahrhunderts. Hrsg. v. W. Rüegg und O. Neuloh, Göttingen 1971, S. 145-162.

Puhle, Hans-Jürgen, Politische Agrarbewegungen in kapitalistischen Industriegesellschaften. Deutschland, USA und Frankreich im 20. Jahrhundert, Göttingen 1975.

Puhle, Hans-Jürgen, Von der Agrarkrise zum Präfaschismus. Thesen zum Stellenwert der agrarischen Interessenverbände in der deutschen Politik am Ende des 19. Jahrhunderts, Wiesbaden 1972.

Pyta, Wolfram, Besteuerung und steuerpolitische Forderungen des ostelbischen Großgrundbesitzes 1890 - 1933, in: Ostelbische Agrargesellschaft im Kaiserreich und in der Weimarer Republik. Agrarkrise – junkerliche Interessenpolitik – Modernisierungsstrategien. Hrsg. v. Heinz Reif, Berlin 1994, S. 361-378.

Pyta, Wolfram, Dorfgemeinschaft und Politik. Die Verschränkung von Milieu und Parteien in den protestantischen Landgebieten Deutschlands in der Weimarer Republik, Düsseldorf 1996.

Pyta, Wolfram, Die Weimarer Republik, Berlin 2004.

Reichardt, Sven, Faschistische Kampfbünde. Gewalt und Gemeinschaft im italienischen Squadrismus und in der deutschen SA, Köln u. a. 2002.

Reif, Heinz, Adel im 19. und 20. Jahrhundert, München 1999.

Reif, Heinz, Antisemitismus in den Agrarverbänden Ostelbiens während der Weimarer Republik, in: Ostelbische Agrargesellschaft im Kaiserreich und in der Weimarer Republik. Agrarkrise – junkerliche Interessenpolitik – Modernisierungsstrategien. Hrsg. v. Heinz Reif, Berlin 1994, S. 379-411.

Rose, Detlev, Die Thule-Gesellschaft. Legende – Mythos – Wirklichkeit, Tübingen 1994.

Rosenberg, Hans, Die Pseudodemokratisierung der Rittergutsbesitzerklasse, in: ders., Probleme der deutschen Sozialgeschichte, Frankfurt / M. 1969, S. 7-49.

Sabrow, Martin, Der Rathenaumord. Rekonstruktion einer Verschwörung gegen die Republik von Weimar, München 1984.

Sabrow, Martin, Märtyrer der Republik. Zu den Hintergründen des Mordanschlags vom 24. Juni 1922, in: Walther Rathenau 1867 – 1922. Die Extreme berühren sich, Berlin 1993, S. 221-236.

Sauer, Bernhard, Schwarze Reichswehr und Fememorde. Eine Milieustudie zum Rechtsradikalismus in der Weimarer Republik, Berlin 2004.

Schieder, Wolfgang, Die NSDAP vor 1933. Profil eine faschistischen Partei, in: GG 19.1993, S. 141-154.

Schiller, René, Vom Rittergut zum Großgrundbesitz. Ökonomische und soziale Transformationsprozesse der ländlichen Eliten in Brandenburg im 19. Jahrhundert, Berlin 2003.

Schlicker, Wolfgang, Die Artamanenbewegung – eine Frühform des Arbeitsdienstes und Kaderzelle des Faschismus auf dem Lande, in: ZfG 17.1970, S. 66-75.

Schumacher, Martin, Land und Politik. Eine Untersuchung über politische Parteien und agrarische Interessen 1914 – 1923, Düsseldorf 1978.

Schumacher, Martin, Quellen zur Geschichte der Agrarverbände und Agrarpolitik [u.a. Landwirtschaftskammern] in der Weimarer Republik, in: Archivbestände zur Wirtschafts- und Sozialgeschichte der Weimarer Republik. Übersicht über Quellen in Archiven der Bundesrepublik Deutschland. Bearb. von Thomas Trumpp und Renate Köhne, Boppard am Rhein 1979, S. 125-159.

Stegmann; Dirk, Vom Neokonservatismus zum Proto-Faschismus. Konservative Partei; Vereine und Verbände 1893-1920, in. Deutscher Konservatismus, S. 199-230.

Stoltenberg, Gerhard, Politische Strömungen im schleswig-holsteinischen Landvolk 1918 – 1933. Ein Beitrag zur politischen Meinungsbildung in der Weimarer Republik, Düsseldorf 1962.

Thimme, Annelise, Flucht in den Mythos. Die Deutschnationale Volkspartei und die Niederlage von 1918, Göttingen 1969.

Weichlein, Siegfried, Sozialmilieus und politische Kultur in der Weimarer Republik. Lebenswelt, Vereinskultur, Politik in Hessen, Göttingen 1996.

Weißbecker, Manfred, Deutschvölkische Freiheitspartei (DVFP) 1922-1933, in: Lexikon zur Parteiengeschichte Bd. 2, Leipzig 1984, S. 550-558.

Weißmann, Karlheinz , Schwarze Fahnen, Runenzeichen. Die Entwicklung der politischen Symbolik der deutschen Rechten zwischen 1890 und 1945, Düsseldorf 1991.

Wulff, Reimer, Die Deutschvölkische Freiheitspartei 1922 – 1928, Diss. Marburg 1968.

Ziemann, Benjamin, Front und Heimat, Ländliche Kriegserfahrungen im südlichen Bayern 1914 – 1923, Essen 1997.

Zofka, Zdenek, Between Bauernbund and National Socialism. The Political Reorientation of the Peasants in the Final Phase of the Weimar Republic, in: The Formation of the Nazi Constituency 1919 - 1933. Hrsg. v. Thomas Childers, London u. Sydney 1986, S. 37-63.

Zofka, Zdenek, Die Ausbreitung des Nationalsozialismus auf dem Lande. Eine regionale Fallstudie zur politischen Einstellung der Landbevölkerung in der Zeit des Aufstiegs und der Machtergreifung der NSDAP 1928 - 1936, München 1979.

Zollitsch, Wolfgang, Adel und adlige Machteliten in der Endphase der Weimarer Republik. Standespolitik und agrarische Interessen, in: Die deutsche Staatskrise 1930 - 1933. Handlungsspielräume und Alternativen. Hrsg. v. Heinrich August Winkler, München 1992, S. 239-256.

Zwicker, Stefan, „Nationale Märtyrer“: Albert Leo Schlageter und Julius Fucík. Heldenkult, Propaganda und Erinnerungskultur in Nationalsozialismus und Kommunismus, Paderborn 2006.

Personenregister

Abkürzungsverzeichnis

aA	agrarpolitischer Apparat
BArch	Bundesarchiv
BdL	Bund der Landwirte
BJLB	Brandenburgischer Junglandbund
BLB	Brandenburgischer Landbund
BLHA	Brandenburgisches Landeshauptarchiv
CNBP	Christlichnationale Bauern- und Landvolkpartei
DDP	Deutsche Demokratische Partei
DLB	Deutscher Landbund
DNVP	Deutschnationale Volkspartei
DTZ	Deutsche Tageszeitung
DVFP	Deutschvölkische Freiheitspartei
DVP	Deutsche Volkspartei
Frhr.	Freiherr
GG	Geschichte und Gesellschaft
GStA PK	Geheimes Staatsarchiv Preußischer Kulturbesitz
JLB	Junglandbund
KJLB	Kreisjunglandbund
KLB	Kreislandbund
KPD	Kommunistische Partei Deutschlands
LAF	Landwirtschaftlicher Abschnittsfachberater
LBF	Landwirtschaftlicher Bezirksfachberater
LGF	Landwirtschaftlicher Gaufachberater
LKF	Landwirtschaftlicher Kreisfachberater
LNF	Landwirtschaftliche Nutzfläche
LwK	Landwirtschaftskammer
MdR	Mitglied des Reichstages
MdL	Mitglied des Landtages
NSDAP	Nationalsozialistische Deutsche Arbeiterpartei
NSFB	Nationalsozialistische Freiheitsbewegung
RLB	Reichslandbund

Rschr.	Rundschreiben
SA	Sturmabteilung
Schr.	Schreiben
SPD	Sozialdemokratische Partei Deutschlands
SS	Schutzstaffel
USPD	Unabhängige Sozialdemokratische Partei Deutschlands
VfZ	Vierteljahreshefte für Zeitgeschichte
ZfAA	Zeitschrift für Agrargeschichte und Agrarsoziologie
ZfG	Zeitschrift für Geschichtswissenschaft

www.ingramcontent.com/pod-product-compliance
Lightning Source LLC
LaVergne TN
LVHW010645300926
849161LV00005B/1042